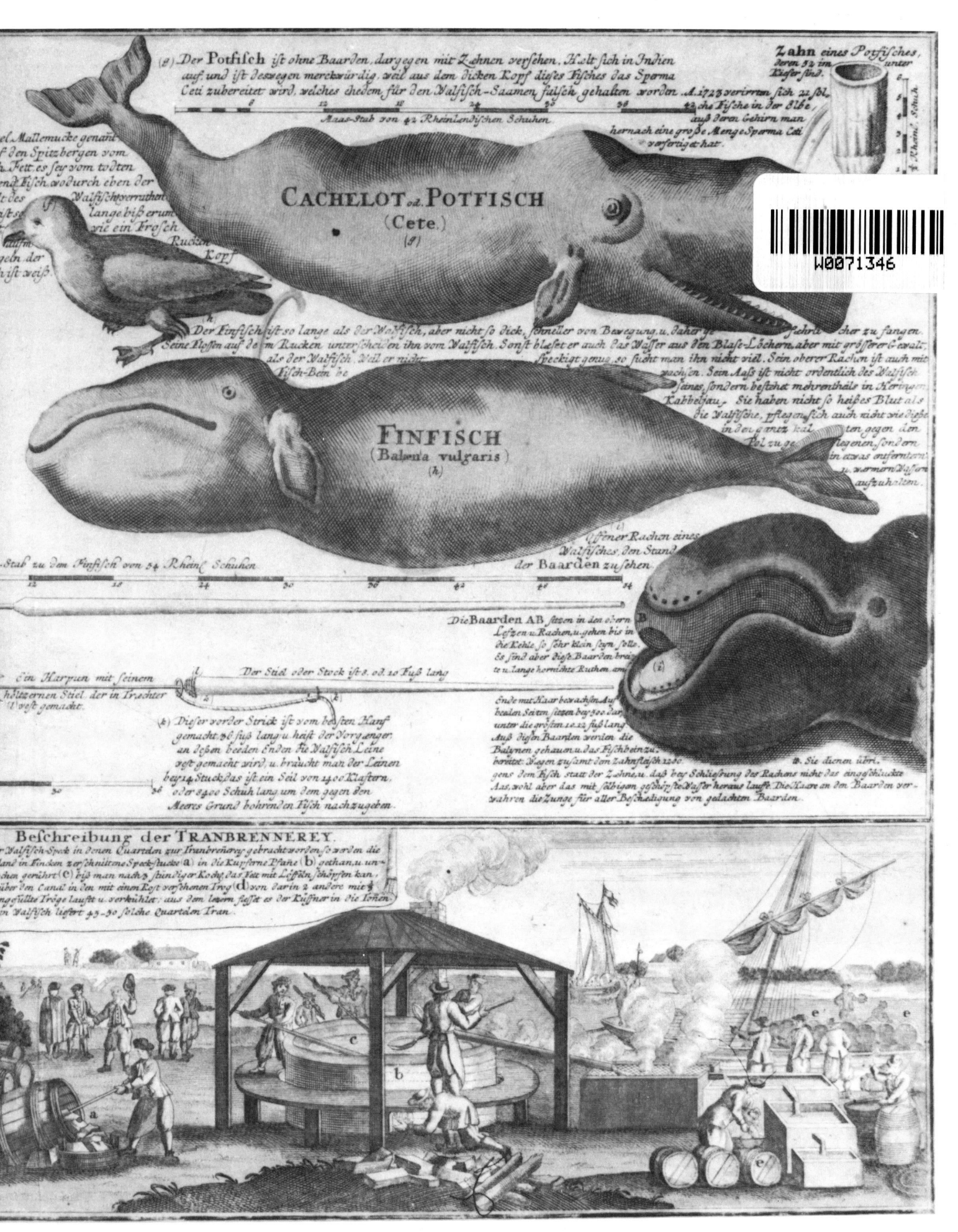

Droemer
Knaur Ⓚ

Richard Ellis

Mensch und Wal

Die Geschichte
eines ungleichen Kampfes

Aus dem Amerikanischen von
Siegfried Schmitz,
Renate und Ernö Zeltner

Droemer Knaur

Titel der Originalausgabe: Men and Whales
Originalverlag: Alfred A. Knopf, New York

Die Deutsche Bibliothek – CIP-Einheitsaufnahme

Ellis, Richard:
Mensch und Wal: die Geschichte eines ungleichen Kampfes/
Richard Ellis. Aus dem Amerikan. von Siegfried Schmitz ... -
München: Droemer Knaur, 1993
Einheitssacht.: Men and Whales < dt. >
ISBN 3-426-26643-1

Copyright für die deutschsprachige Ausgabe bei
Droemersche Verlagsanstalt Th. Knaur Nachf. München 1993
© Copyright by Richard Ellis 1991

Dieses Buch wurde auf chlor- und säurefreiem Papier gedruckt.
Umschlaggestaltung: AGENTUR ZERO, München
Umschlagfoto: Christie's/Artothek
Satz: DTP im Verlag
Umbruch: Ventura Publisher im Verlag
Druck und Bindearbeiten: Neue Stalling, Oldenbourg
Printed in Germany
ISBN 3-426-26643-1

2 3 5 4 1

Inhalt

Neun

Walfang außerhalb der Antarktis

Zwölf

Die Bewegung gegen den Walfang

Zehn

Schicksale in der Antarktis

Dreizehn

Nach dem Moratorium

Elf

Der Anfang vom Ende

Einführung

Die Geschichte des Walfangs besteht aus mehreren Kapiteln, die jeweils ein paar Jahrhunderte erfassen und allesamt mehr oder weniger demselben Muster folgen. Sie gleichen jenem Kapitel, das derzeit in der Antarktis zu Ende geht. Jedes beginnt mit einer neuen Entdeckung und großen Erwartungen, durchläuft dann eine Phase, die durch hemmungslosen Wettbewerb und rücksichtslose Ausbeutung mit Hilfe verbesserter Techniken gekennzeichnet ist, und an seinem Ende stehen schwindende Ressourcen, Erschöpfung und Scheitern. Der Mensch, der den Walen nachstellte, war blind und unwissend, denn obwohl Wale schon seit dem 9. Jahrhundert vor den Küsten Europas gejagt werden, ist bis zum Ende des 17. Jahrhunderts niemand auf die Idee gekommen, diese Tiere zu beschreiben ...

F. D. Ommanney: *Lost Leviathan*

Die Einführung steht zwar am Anfang eines Buchs, wird aber in Wirklichkeit als letztes geschrieben. Wäre es anders, müßte sich der Autor von Anfang bis Ende an ein vorher genau festgelegtes Konzept halten. Das wäre möglich bei einer chronologischen Darstellung, in der man mit einem bestimmten Datum beginnt und den Stoff bis zu einem anderen Datum abhandelt. Aber wenn es um eine so komplexe Sache wie eine *Geschichte* geht, in der so viele Imponderabilien eine Rolle spielen, hat der Verfasser manchmal das Gefühl, er sei den Ereignissen, die er beschreibt, hilflos ausgeliefert, und er ist froh, wenn er mit seinem Vorhaben überhaupt zu Rande kommt.

Das gilt auch für das vorliegende Buch. Ich wollte die Wechselbeziehungen zwischen Walen und Menschen beschreiben, und da es dabei vor allem um die Art und Weise geht, wie Wale von Menschen umgebracht wurden, wußte ich von vornherein, daß das Kernstück der Geschichte eine Geschichte des Walfangs sein würde. Doch was ich mir als eine Geschichte mit einem bescheidenen Anfang (die Entdeckung der Wale in der Antike), einem umfangreichen Mittelteil (der Aufstieg der Walfangindustrie) und einem effektvollen Schluß (der Zusammenbruch dieser Industrie) vorgestellt hatte, verwandelte sich unter der Hand in eine Reihe von Anfängen, in denen verschiedene Länder zwar nicht ausschließlich durch Walfänger, aber zumindest in Verbindung mit ihnen, entdeckt und besiedelt wurden; in eine Vielzahl von Mittelteilen, in denen die verschiedenen Völker alle möglichen Walarten in aller Welt verfolgten; und in mannigfaltige Schlußteile, in denen jeweils ein Volk den Walfang aufgab oder eine Walart ausstarb oder in denen das Ende nicht genau zu ermitteln war. Die Anfänge waren stets faszinierend, die Mittelteile umfangreicher, als ich gedacht hatte, und der Schluß stellte für mich jedesmal eine Überraschung dar.

Ich wußte, daß die Geschichte der Wale älter ist als die Geschichte der Menschheit und daß deshalb der eigentliche Beginn dieser historischen Darstellung im dunkeln liegt. Wir wissen nicht sehr viel über die Herkunft der Waltiere, aber wir wissen, daß es schon lange vor dem Menschen Wale auf unserem Planeten gegeben hat. Man hat hoch im Himalaja versteinerte Walknochen entdeckt. Bedeutet das, daß die frühen Wale auf Bergen lebten? Daß der Himalaja einst unter Wasser stand? Die Vorläufer der Wale hatten Vorder- und Hintergliedmaßen. Das ist noch in der Skelettstruktur der heutigen Wale zu erkennen; sie besitzen dort, wo die Hinterbeine sein müßten, stark verkümmerte Gliedmaßenknochen, und ihre Flipper (Vorderflossen) enthalten die fünfstrahlige »Hand«, die für alle Landsäugetiere charakteristisch ist. Und natürlich sind alle Waltiere Säugetiere, die lebende Junge gebären und mit Muttermilch ernähren; sie atmen Luft und halten ihre Körpertemperatur konstant, obgleich sie ihr ganzes Leben in einem Medium verbringen, das für solche Aktivitäten denkbar ungeeignet scheint.

Der Weg der Evolution, auf dem die Wale ins Meer zurückkehrten, ist ein Geheimnis. Sie – und die mit ihnen nicht verwandten Seekühe – sind die einzigen rezenten Säugetiere, die diesen »Rückweg« konsequent beschritten haben, im Unterschied zu den

Robben, die sich zwar auch meistenteils im Meer aufhalten, aber zur Fortpflanzung an Land kommen. Wenn wir davon ausgehen, daß es eine Art »Fortschritt« von den Fischen über die Amphibien und Reptilien zu den Säugetieren gegeben hat, dann sehen wir, daß er aus dem Wasser hinaus und nicht ins Wasser hinein verlief. Wir nehmen an, daß die Wale aus terrestrischen Säugetieren hervorgegangen sind, aber wir wissen nicht, ob die Barten- und die Zahnwale auf dieselben urtümlichen Säugetiere zurückgehen.

Irgendwann einmal wurde ein verendeter Wal irgendwo an eine Küste gespült, und irgendein menschliches Wesen, das wahrscheinlich auf seinen Hinterbeinen ging, die der Wal längst eingebüßt hatte, entdeckte ihn und war von seiner Größe beeindruckt. Die Gründe dafür, daß die Nachkommen jenes Menschen die Nachkommen jenes Wales zu töten begannen, sind vielschichtig, aber sie haben wohl alle etwas mit der Ernährung zu tun. Wenn wir in der Nahrung und der Unterkunft zwei wesentliche Voraussetzungen für den Fortbestand der Spezies Mensch sehen, dann liegt es auf der Hand, daß ein toter Wal viele Tonnen Nahrung repräsentierte und somit, wenn auch nur sehr sporadisch, ein menschliches Grundbedürfnis befriedigte.

Die alten Ägypter benutzten Olivenöl für Beleuchtungskörper und als Schmiermittel, und Kerzen aus anderen Materialien, etwa Talg oder Bienenwachs, sind seit Jahrtausenden in Gebrauch. Primitive Lampen bestanden aus einem Gefäß, das irgendein Öl und einen Docht enthielt, der ein kontrolliertes Abbrennen ermöglichte. Bestimmte Samen, zum Beispiel die von Rizinus, Sesam, Baumwolle, Lein und Raps, lieferten die sogenannten Pflanzenöle, und als im Zuge der europäischen Expansionsbestrebungen die Kokospalme entdeckt wurde, verwendete man deren Öl für die Herstellung von Lebensmitteln, Seifen, Lacken usw. Fette und Öle sind aus dem Alltagsleben nicht mehr wegzudenken, und die Entdeckung, daß es einen Lieferanten dieser Stoffe gab, die man nun nicht mehr anbauen, sondern nur noch zu »ernten« brauchte, hatte einen segensreichen Einfluß auf die Entwicklung der europäischen Zivilisation – und entsprechend verheerende Folgen für die Walbestände.

Das Öl der Bartenwale entspricht einem Typ, den man in vielerlei Pflanzen und Tieren antrifft, und in seiner Zusammensetzung stimmt es mit menschlichem Fett überein. Walöl ist eine echte Fettsäure, die hauptsächlich aus Triglyceriden besteht: ein Glycerinmolekül und drei Fettsäuremoleküle. Fettsäuren in Verbindung mit einem alkalischen Stoff ergeben Seife, und das Glycerin kann für die Herstellung von feuchthaltenden Mitteln und Sprengstoffen verwendet werden. Es ist außerdem eßbar, wurde jedoch erst zu Beginn des 20. Jahrhunderts, nach der Entwicklung des sogenannten Hydrierverfahrens, extensiv genutzt. Indem man der Ölsäure, der häufigsten Fettsäure des Walöls, zwei Wasserstoffatome zusetzte, wandelte man das Öl in ein festes Fett um. Hydriertes Walöl wurde für die Margarineproduktion benutzt, und dieses neue Verfahren hatte in den 1930er Jahren erschreckende Auswirkungen auf die Bartenwalpopulationen in aller Welt.

Das »Öl« der Zahnwale, vor allem das aus dem Kopf des Pottwals und verschiedener Delphinarten, ist strenggenommen kein Öl, sondern ein Wachs, ein Kondensationsprodukt (Ester) aus Monoalkoholen und Fettsäuren, das den Ausgangspunkt für die feinsten Kerzen überhaupt bildet, aber nach der Entdeckung des Petroleums weitgehend ausgedient haben sollte. Doch der erfinderische Mensch erkannte sehr schnell neue und bessere Verwendungsmöglichkeiten für das Pottwalöl oder »Walrat«, und zwar in der Leder- und Textilindustrie und wiederum in der Seifenherstellung. Nach der Behandlung mit Schwefel ergibt der Walrat eines der besten Schmiermittel, die wir kennen, und es wurde regelmäßig als Zusatz von Schmierflüssigkeiten für automatische Getriebe verwendet.

Sobald sich der Mensch auf die hohe See hinauswagte, eröffnete er den tausendjährigen Krieg gegen die Wale. Die ersten Scharmützel fanden im relativ abgeschiedenen Golf von Biskaya statt, doch sobald die Basken erkannt hatten, daß die Waljagd ein gutes Geschäft war, segelten sie quer über den Atlantik nach Neufundland, wo sie reichlich Glattwale vorfanden, die leicht zu erlegen waren. Auf der Suche nach Öl und einem faserreichen Material, das man »Fischbein« nannte, bei dem es sich aber nur um die Barten bestimmter Arten handelte, fuhren Walfänger aus England und Holland nordwärts (zunächst mit baskischen Harpunieren an Bord) und brachten ebenso eifrig wie kaltblütig alle Grönlandwale um, derer sie habhaft werden konnten.

Weil sich von jeher Heldenlegenden um den Walfang rankten und weil das Töten der Riesentiere inmitten einer feindlichen Umwelt ein schwieriges Unterfangen war, gilt der Beruf des Walfängers bis heute als ein edles, ja fortschrittliches Gewerbe. In der

Frühzeit, als die Männer die Wale mit schlanken Eisenharpunen angriffen und dabei um ihr eigenes Leben kämpfen mußten, kam es zuweilen vor, daß der Wal den Sieg davontrug. Nicht, daß die Wale die Menschen töten wollten; für ein gejagtes Tier ist »Sieg« gleichbedeutend mit Flucht, und viele Wale entkamen in der Tat – ein Beweis für ihren Überlebenswillen, aber auch für die Unzulänglichkeit der damaligen Walfangmethoden.

Es war ein gefährlicher Beruf, und viele Walfänger kehrten von der Reise in ferne Weltgegenden nicht mehr zurück. Auch die Art und der Verlauf der Reisen trugen zum romantischen Bild des Walfangs bei. Wo immer es Wale gab, in den Gewässern vor Grönland, bei den Galapagos, den Azoren, den Marquesas oder Tonga, in der Bering-, der Sulu- oder der Tasmansee oder schließlich am Ende der Welt, in der Antarktis – die wagemutigen Walfänger spürten sie auf. Oft waren sie drei oder vier Jahre unterwegs und mußten mit vielerlei Widrigkeiten fertig werden, mit Kälte, Hitze, Regen, Schnee, Taifunen, Eisbergen, Skorbut und Kannibalen. Und nach der Heimkehr erzählten sie Wunderdinge von der Südsee, von den Eskimos und den rätselhaften Japanern, von Vögeln, die aufrecht umherwatschelten oder die nie einen Fuß aufs Festland setzten, von riesenhaften Robben und schwarzweißen »Mörderwalen« – kurzum, sie öffneten der Welt die Augen für die Geheimnisse der Ozeane.

Manche Wale, die Glattwale, zumal die Nordkaper – die Walfänger nannten sie die »richtigen« Wale, weil sie eine dicke Fettschicht hatten, nicht zu schnell schwammen und an der Wasseroberfläche trieben, wenn sie getötet waren –, hatten die Angewohnheit, zur Fortpflanzung bestimmte Küstengewässer aufzusuchen. Sie bevorzugten geschützte Buchten, genauso wie die Siedler, die in ebendiesen Buchten die ersten Stützpunkte der »Zivilisation« errichteten. Die Siedler sahen nicht die Anmut und Schönheit der Glattwale, sondern betrachteten sie lediglich als schwimmende Ölfabriken, und zwar als Ölfabriken, die keinerlei Unterhalt erforderten. Man brauchte diese unerschöpfliche Ernte nur einzubringen. Die Glattwale starben in den sibirischen Gewässern, nachdem russische Forschungsreisende diese Regionen entdeckt hatten; sie starben in Massachusetts von der Hand der ersten europäischen Siedler, in der Table Bay und der False Bay nach der Ankunft der Hugenotten in Südafrika, in Tasmanien und in der Botany Bay, als die Engländer

die ersten Schiffsladungen mit Sträflingen dorthin verfrachteten, und im Nordwestpazifik, sobald Alaska und Vancouver besiedelt wurden. (Die frühen japanischen Walfänger, die mehr Umweltbewußtsein besaßen als ihre Nachfahren, verschonten immerhin die Glattwalkühe, die Kälber führten.) Nur vor der unwirtlichen Küste Südargentiniens blieben die Kaperwale unbehelligt, weil sich niemand für die Erschließung des Landes interessierte. Noch heute sucht die einzige ungestörte Kaperwalpopulation der Welt regelmäßig die Buchten des Golfo San José und des Golfo Nuevo in Patagonien auf, um dort zu kalben.

In all diesen Meeresgebieten lebten auch kleinere Bestände des Buckelwals. Buckelwale waren alles andere als »richtige« Wale; sie lieferten wenig Tran und Fischbein, und sie sanken ab, sobald sie erlegt waren. Gleichwohl stellten die Waljäger auch ihnen nach, wo und wann immer sie sie fanden. Erst 1970, als die Bestände weitgehend ausgerottet waren, wurde allgemein bekannt, daß die Buckelwale ungewöhnliche Geschöpfe sind, denn sie verständigen sich untereinander durch rätselhafte, komplizierte »Gesänge«.

Anderen Walarten spielten die frühen Walfänger genauso übel mit. Nachdem sie die küstennahen Populationen der Kaper- und Buckelwale dezimiert hatten, entdeckten sie, daß es im hohen Norden Wale gab, die noch »richtiger« waren: Sie besaßen alle Eigenschaften ihrer Verwandten, aber sie waren noch größer und lieferten mehr Fett, aus dem Öl gekocht werden konnte, und längere Barten, die sich zu Fischbeinstäben für die Damenwelt verarbeiten ließen. Das waren die Grönlandwale, die nur im Umkreis der Arktis vorkommen und vom 16. bis zum späten 19. Jahrhundert so schnell und zielstrebig verfolgt wurden, daß kaum noch welche übrigblieben. Nicht besser erging es den Grauwalen, die 1930 bereits als ausgestorben galten, und den Pottwalen.

Diese fragwürdigen Siege gelangen den frühen Walfängern mit primitiven Waffen. In dem tausendjährigen Krieg waren sie rund 850 Jahre lang auf handgeschleuderte Harpunen angewiesen. Als Fortschritt galten im frühen 19. Jahrhundert die Erfindung einer Harpune mit knebelartiger Querschneide (Toggle) oder die Entdeckung einer neuen Walpopulation, die man harpunieren konnte. Von den zehn »großen« Walarten waren in den achteinhalb Jahrhunderten bereits fünf bis an den Rand des Aussterbens abgeschlachtet worden. Die übrigen fünf – Blau-, Finn-, Sei-, Bryde- und Zwergwal – unterscheiden sich durch ihren Körperbau. Sie bilden die Gruppe der Furchenwale, deren Kennzeichen die Längsfurchen an Kehle und Bauch sind, die es ihnen ermöglichen, ihre Kehle stark auszudehnen und somit riesige Mengen Wasser und Kleintiernahrung aufzunehmen. Alle diese Wale sind schlank und elegant (obwohl eine Art bis zu 200 Tonnen wiegen kann), und sie können so rasant schwimmen, daß sie für die Männer in den Ruderbooten völlig unerreichbar waren.

Die Furchenwale spielten in der Frühgeschichte des Walfangs kaum eine Rolle, weil die Jäger sie nicht erwischen konnten und im Erfolgsfalle nicht zu bewältigen vermochten; denn die toten Tiere sanken sofort ab. Die Geschichte des Walfangs wäre beinahe schon zu Ende gewesen, als die Bestände der Kaper-, Grönland-, Buckel-, Grau- und Pottwale dermaßen zurückgegangen waren, daß sich die Jagd nicht mehr zu lohnen schien. Außerdem hatte man 1859 in Pennsylvania Erdöl entdeckt, so daß es nicht mehr notwendig erschien, Leib und Leben für die Jagd auf die gefährlichen Riesentiere zu riskieren. Es sah so aus, als sollte den Furchenwalen Pardon gewährt werden.

Doch es kam leider anders. Statt die Furchenwale zu verschonen, entwickelten die Walfänger Jagd- und Tötungstechniken, die diese Tiere noch schlimmer dezimierten als deren Vorgänger in der Walfanggeschichte: Der Norweger Svend Foyn erfand nämlich die Harpunenkanone.

Seit 1868 ist praktisch jeder erlegte Wal mit Hilfe von Foyns Erfindung getötet worden. (Die einzigen Ausnahmen sind die Wale, die von Ureinwohnern umgebracht werden, welche sich die schwere »Artillerie« nicht leisten können.) Mit der Granatharpune und der auf dem Bug der dampfgetriebenen Fangboote montierten Kanone konnten jetzt auch die bislang unerreichbaren Furchenwale erbeutet werden.

Ausgerüstet mit etwa 90 kg schweren Eisenharpunen, deren 30 cm lange Toggles sich im getroffenen Wal öffneten, wobei durch Schläuche gleichzeitig komprimierte Luft in den Körper gepumpt wurde, um das Absinken zu verhindern, durchkämmten nun schnelle Fangboote die Ozeane und machten Jagd auf die mächtigen Blau- und Finnwale, die kleineren Sei- und Brydewale und auf die vergleichsweise kleinen Zwergwale (die immerhin auch noch 10 m lang und 10 t schwer werden können). Sobald die Walfänger imstande waren, die Riesentiere zu erlegen, führten sie auch moderne Verarbeitungsmethoden ein. Die holländischen und britischen Walfänger des 17. Jahrhunderts hatten die Kadaver noch auf See zerteilt, den Blubber (Fettschicht) kleingehackt und in Holzfässer gestopft. Die Pottwalfänger von Nantucket ließen das Fett in eisernen Kesseln an Bord ihrer Segelschiffe aus und schürten das Feuer mit Abfällen der Beute. Andere Walfänger erledigten ihr schmutziges Geschäft an der Küste; sie zogen die blutigen Leiber auf Rampen hinauf, wo sie dann in der Hitze der australischen oder neuseeländischen Sonne in ihre Bestandteile zerlegt wurden. Der große Fortschritt war dann die Erfindung der Heckaufschleppbahn (Slipway), einer breiten schrägen »Rutschbahn« im Heck eines Fabrikschiffs, auf der ein 30 Meter langer Wal an Deck gehievt und während der Fahrt geflenst werden konnte; die Walfänger wurden dadurch unabhängig von Stationen auf dem Festland. Fleisch und Knochen wurden zu Mehl zermahlen, das als Düngemittel diente. Das Öl wurde in Stahlbehälter abgefüllt und um die ganze Welt verschifft, um zu Margarine, Seife und pharmazeutischen Artikeln verarbeitet zu werden. Im Ersten Weltkrieg benutzte man das Walöl zur Herstellung von Nitroglyzerin. Als dann die Industriestaaten zum zweitenmal die Waffen aufeinander richteten, brachten sie »einträchtig« Wale um, weil sie Öl, Fleisch und Margarine brauchten.

Seit jenem Tag des Jahres 1868, an dem Svend Foyn aus Vestfold zum erstenmal seine primitive Harpunenkanone auf einen Blauwal richtete, begann die Zahl dieser Tiere abzunehmen, und erst als es längst zu spät war, erkannte man, daß die Walfänger systematisch das großartigste Geschöpf ausrotteten, das je gelebt hat. Sie töteten Blauwale im Nordatlantik und im Nordpazifik, im südlichen Atlantik und im Indischen Ozean, aber die größten Ansammlungen dieser herrlichen Tiere waren in den hohen Breiten der Antarktis anzutreffen, und den Weg dorthin fanden die Walfänger erst nach der Jahrhundertwende. Dort begannen sie dann diese sanften, bis zu 30 Meter langen Riesen abzuschlachten. Weil sich die Jäger nachhaltig auf die Blauwale konzentrierten, blieben die anderen Arten verschont, bis die Blauwale immer seltener wurden. Daraufhin wandte man sich der nächstkleineren Art zu, dann der nächsten usw.

Es heißt, eine vernünftige Bewirtschaftung der Bestände (statt der unkontrollierten Jagd, bei der die Walfänger selbst darüber entschieden, was am einträglichsten war) hätte die Versorgung der Menschheit mit Walfleisch und -öl schier unendlich lange sicherstellen können. Doch statt dessen kämpften die Walfangnationen um das Recht, bestimmte Walarten ausrotten zu dürfen, und in einigen Fällen haben sie dieses dubiose Ziel auch nahezu erreicht. Die wehrlosen vertrauensseligen Geschöpfe, die aufgrund ihrer Größe wahrscheinlich nicht wußten, was Angst ist, wurden bis zur Erschöpfung gejagt, harpuniert und »aufgeblasen«; ihre Babys wurden abgeschlachtet und ihre Bestände so stark dezimiert, daß die Existenz mancher Arten bedroht war. Und dennoch ließen die Walfänger nicht nach, weil sie sich einredeten, das Morden geschehe im Namen des Fortschritts, der Technologie, des Bruttosozialprodukts, des Ruhmes einer Nation oder irgendwelcher anderer Götzen, die der Mensch im technischen Zeitalter vorschiebt, um seine Verbrechen gegen die Natur zu rechtfertigen.

Gibt es heute oder gab es jemals gute Gründe für diese sinnlose Gemetzel? Einige Menschen starben bei der Jagd auf die Wale, doch eine unvergleichlich viel größere Zahl von Walen kam in diesem globalen Krieg um, einem Krieg, in dem eine Seite schwer bewaffnet und die andere nahezu hilflos war. Dies geschah offensichtlich deshalb, weil nur die eine Seite wußte, daß ein Krieg im Gange war. Viele Bücher wurden geschrieben zum Ruhm der Krieger, die ihr Leben aufs Spiel setzten, damit Wale im Dienste des technischen Fortschritts und der Mode starben. Die Tiere wurden zu Hunderttausenden umgebracht – der wohl abstoßendste historische Beleg für die vom Menschen angemaßte Überlegenheit über die Tierwelt. Wir suchen fast vergebens nach einem Ausdruck des Mitleids, des Mitgefühls, des Verständnisses oder der Einsicht. Statt dessen stoßen wir nur auf Gefühllosigkeit und Habgier.

In der langen Geschichte des Walfangs herrschen gewisse fundamentale Axiome vor, die allesamt unerfreulich sind. Jedesmal reagierten die Waljäger nur dann auf den Schwund ihrer »Ressource«, wenn es zu spät war. Sobald eine bestimmte Walart knapp wurde, verlegten sie sich einfach auf eine andere. Selbst der Aufruf der Naturschützer zur Rettung der Wale kam zu spät und bewirkte zu wenig. Die Volksbewegung, die 1982 die Verabschiedung des Walfangmoratoriums herbeiführte, entstand erst um 1972, als die meisten Walbestände bereits ausgerottet waren.

Hätten die Wale gerettet werden können? Ja. Es ist vielleicht verzeihlich, daß sich die Walfangnationen 1937 nicht intensiv genug mit dem Problem beschäftigt haben; damals mußte sich das Weltgericht um andere Fälle kümmern. Doch als der Zweite Weltkrieg vorüber war und die Experten in Washington zusammenkamen, um ein Übereinkommen zur Kontrolle der Walfangindustrie auszuarbeiten, brachten

sie nur ein Dokument zustande, das im Grunde die Vernichtung der Wale garantierte – und wie sich herausstellte, der einschlägigen Industrie diente. Es war einer der kurzsichtigsten Beschlüsse in der Geschichte internationaler Verhandlungen. 1946 wußten die Verfasser der Internationalen Konvention für die Regulierung des Walfangs genau Bescheid über die Dezimierung der Kaperwale und der arktischen Grönlandwale. Dennoch entwarfen sie ein Kontrollsystem, das lediglich die Ausrottung der noch verbliebenen Wale in aller Welt überwachte.

Weil der Walfang durch das Moratorium von 1982 und den Rückgang der Walbestände stark eingeschränkt worden ist, hätte dieses Buch von eingehenden Recherchen vor Ort nicht viel profitieren können. Vor 30 Jahren sah das noch ganz anders aus. Damals hätte ich, um Material für ein Buch über den Walfang zu sammeln, eine Fangreise in die Antarktis mitmachen können. Ich hätte die amerikanische Walfangstation im kalifornischen Richmond besuchen und bei der Verarbeitung von Buckel- oder Grauwalen zusehen können. Vielleicht hätte ich an der Sitzung der Internationalen Walfangkommission (International Whaling Commission, IWC) teilgenommen, die 1959 in London stattfand, und den Auszug der Norweger und der Holländer erlebt.

Immerhin habe ich auch jetzt einige Feldforschung betrieben. 1981 reiste ich auf Einladung der japanischen Walfangvereinigung nach Japan und nahm an einer Fangfahrt in den Küstengewässern teil. Ich weiß nicht genau, warum mich die Japaner eingeladen haben – ich war ja einer der lautesten Kritiker ihrer Walfangpolitik –, und es gab Augenblicke, in denen ich befürchtete, sie hätten mich kommen lassen, um mich im Nordpazifik über Bord zu werfen. Ich erlebte die Erlegung eines Brydewals und lernte die Walfangstationen in Taiji und Wadaura kennen. Ich habe das Walfängerdorf Lomblen in Indonesien gesehen und die Stationen im westaustralischen Albany und im südafrikanischen Durban besucht – beide sind inzwischen geschlossen. Ich habe die Station in Horta auf den Azoren erlebt und war in den amerikanischen Walfangstädten Nantucket, New Bedford, Fairhaven, Salem, Mystic, Sag Harbor, San Francisco, Richmond, Honolulu und Lahaina. Viele dieser Orte haben – oder sind – Museen, und fast überall erhielt ich Zugang zu Akten, Tagebüchern, Artefakten, Fotografien und Gewährsleuten. Seit 1980 bin ich Mitglied der amerikanischen IWC-Delegation und habe an Konferenzen in

England, Argentinien, Schweden, Neuseeland und Kalifornien teilgenommen. Ich habe lebende Wale in der ganzen Welt beobachtet, darunter alle »großen« Walarten mit Ausnahme des Grönlandwals. Die meiste Zeit verbringe ich jedoch nicht auf Reisen oder in Sitzungen, sondern in meinem Büro oder in Bibliotheken, wo ich schwer definierbaren Hinweisen oder Belegen nachgehe und die Flut von Informationen über das unsäglich komplexe Thema, das zu behandeln ich mir leichtsinnigerweise vorgenommen habe, zu erfassen und zu bewältigen versuche.

Meine professionelle Beschäftigung mit dem Walthema geht auf meine Freundschaft mit David Hill zurück, der mich bat, ihn zu den Straßenecken in Manhattan zu begleiten, wo wir Unterschriften für Petitionen sammelten und den Passanten zuriefen: »Rettet die Wale! Boykottiert japanische Waren!« David und ich veröffentlichten dann gemeinsam 1975 in der Zeitschrift *Audubon* den Beitrag »Vanishing Giants«, zu dem er den Text und ich die Illustrationen beisteuerte. Les Line, der Herausgeber der Zeitschrift, ermutigte uns zu diesem Projekt – das indirekt zu meinem *Book of Whales* (1980) führte. In der IWC wurde ich unterstützt und beraten (obwohl ich selbst den Titel eines »Beraters« trug) von den vier amerikanischen Kommissionsmitgliedern Richard Frank, John Byrne, Anthony Calio und Bill Evans. In den ersten Jahren vertrat ich die National Audubon Society, und ich möchte hier Glenn Paulsen, Les Line und Marty Hill für ihre Unterstützung danken. Später vertrat ich dann die Oceanic Society im Auftrag des Präsidenten Clifton Curtis. Ich kann unmöglich alle Freunde und Kollegen nennen, die ich auf den verschiedenen IWC-Konferenzen kennengelernt habe, sondern ihnen nur allen pauschal danken.

Während meines Japanaufenthalts kam ich mit Hideo Omura, Seiji Ohsumi und Masaharu Nishiwaki zusammen, die ich hinterher schamlos bedrängte, mir bei der Klärung einiger irritierender japanischer Probleme zu helfen. Ich fuhr nach Westaustralien, um an der Eröffnung des Whaleworld-Museums in Albany teilzunehmen, und dort und in Perth war ich Gast von Peter Snow, John Bell und John Bannister vom Western Australian Museum. In Neusüdwales, Tasmanien und Queensland erhielt ich Beistand von Howard Whelan vom *Australian Geographic,* von Ron und Valerie Taylor, die mich in taktischen Fragen berieten, von René Davison, dessen Großvater die berühmte Walfangstation in Eden leitete, und Peter Ogilvie, der mir bei allen Fragen, die Australien betraf, weiterhalf. In Südafrika standen mir Graham J. B. Ross vom Port Elizabeth Museum und Peter Best vom South African Museum in Kapstadt mit Rat und Tat zur Seite, und mein guter Freund Beulah Davis vom Natal Sharks Board arrangierte für mich einen Besuch in der Station der Union Whaling Company in Durban. Ole Lindquist in Island machte mich mit den Geheimnissen der isländischen Geschichte vertraut, Johann Sigurjonsson mit den heutigen Verhältnissen des Inselstaats. Sven-Olof Lindblad von Special Expeditions organisierte vieler meiner Reisen, so nach Südostalaska, Baja California, Indonesien, Australien, Norwegen und Island.

Nicht alle meine Nachforschungen habe ich in exotischen oder historisch bedeutenden Gegenden angestellt; vieles wurde auch auf dem Postwege erledigt. So unterhielt ich beispielsweise eine ausgiebige und ergiebige Korrespondenz mit Professor M. V. Ivaschin vom Forschungsinstitut für Hochseefischerei und Ozeanographie (VNIRO) in Moskau, der mir die Fotos von Walfangschiffen überließ, die in diesem Buch enthalten sind. Ivaschin schickte mir auch mehrere russische Aufsätze, die Valery Gabay für mich übersetzte und die mir den Zugang zu den verschlungenen Wegen der sowjetischen Geschichtsschreibung eröffneten. Der Biologe Mark Fraker, der für British Petroleum in Alaska arbeitet, war seinerzeit bei der Rettung der Grauwale zugegen und beschaffte mir Informationen und Fotos zu diesem Ereignis. Für Aufnahmen der modernen Grönlandwaljagd in Alaska bin ich Dave Withrow vom National Marine Mammal Laboratory in Seattle zu Dank verpflichtet. Edward Mitchell und Randall Reeves von der Arctic Biological Station in Quebec lieferten mir mehr nützliche Informationen, als ich verwenden konnte. Bildvorlagen und Ratschläge erhielt ich von Patricia Storrar in Südafrika, der Autorin des maßgebenden Buchs über die Plettenberg Bay, und Arthur Credland vom Museum in Kingston upon Hull beteiligte sich eifrig an meinen Recherchen über das Fischereiwesen von Hull. In Australien verbrachte ich einige Zeit bei Bill Dawbin, dem »großen alten Mann« der australischen Walfanggeschichte. Er versorgte mich großzügig mit Informationen, Anekdoten und Fotos aus seinem großartigen Archiv. Da ich nicht mehr nach Neuseeland zurückkehren konnte, bat ich meine Freunde Stuart Thompson, Shane Compton und Richard Compton um Mithilfe bei der Bildbeschaffung. Victor Scheffer, mit dem ich schon vor vielen Jahren zusammengearbeitet hatte, war mir auch diesmal wieder behilflich. Ich brachte viel Zeit im New Bedford Whaling Museum zu, dessen Direktor – und mein treuer Freund – Richard Kugler mich uneigennützig unterstützte und mich aufforderte, das Wandgemälde »Moby Dick« für den Lagoda-Saal des Museums zu schaffen. In der Museumsbibliothek erschlossen mir Po Adams und Judy Lund die dort aufbewahrten riesigen Sammlungen. Stuart Frank vom Kendall Whaling Museum in Sharon, Massachusetts, stand mir während der Arbeit an diesem Buch freundschaftlich zur Seite, und seinen Sammlungen und Fachkenntnissen verdanke ich viele Illustrationen. Die jährlichen Symposien des Museums zur Geschichte des Walfangs zeitigten neue Erkenntnisse und unverhoffte Entdeckungen und brachten mich außerdem in Kontakt mit Joost Schokkenbroek, Uwe Schnall, Klaus Barthelemess und Bob Webb. Lou Garibaldi und Rick Miller vom New Yorker Aquarium waren mir bei meinen Weißwalrecherchen besonders behilflich, und Robert Baracz von Sea World besorgte mir eine Aufnahme von Gigi, dem einzigen Großwal, der jemals in einem Ozeanarium gehalten worden ist. Fred Bruemmer, der wahrscheinlich beste Fotograf der arktischen Tierwelt, überließ mir bereitwillig seine Aufnahmen von Narwalen und Narwaljägern. Craig Van Note vom Monitor Consortium in Washington belieferte mich mit einem nicht enden wollenden Strom von brauchbaren Informationen und seltenen Bildern.

Mein Agent Carl Brandt betreute dieses Projekt von Anfang an, und mein Lektor Ashbel Breen mußte entsetzt zusehen, wie mein ohnehin schon unförmiges Manuskript immer weiter anschwoll. Jenny McPhee im Verlag Knopf nahm meine Ergänzungen, Änderungen, Revisionen und Streichungen mit bewundernswertem Gleichmut hin. Die unerschütterlichste und treueste von allen war jedoch Stephanie; ohne sie gäbe es das Buch nicht – und wahrscheinlich auch keinen Autor.

Anmerkungen zu den Karten

Die Karten in diesem Buch, die sämtlich vom Verfasser entworfen und gezeichnet wurden, dienen ausschließlich Verweiszwecken. Jede Karte soll einen bestimmten geographischen Zusammenhang erfassen, etwa die relative Position des Ochotskischen Meeres und der Beringsee oder die Lage der Bonin-Inseln. Es wurde weder ein einheitlicher Maßstab angestrebt noch stets dieselbe Projektion verwendet. So schwankt die Größe Grönlands von Karte zu Karte beträchtlich, je nach dem Zweck der jeweiligen Karte oder der zugrunde gelegten Projektion. Tatsächlich hat Grönland, die größte Insel der Welt, eine Fläche von rund 2 175 600 km^2, ist also ungefähr so groß wie Saudi-Arabien. Auf den meisten Landkarten erscheint Grönland größer, als es ist, weil es näher am Pol liegt. In der Mercatorprojektion beispielsweise, bei der die Längengrade parallel verlaufen, wird Grönland größer als Afrika abgebildet.

Eins

Die Beute

Die Wale, die gejagt wurden

Als ich die Recherchen für mein 1980 erschienenes *Book of Whales* aufnahm, hatte ich die Absicht, nur über die Naturgeschichte der verschiedenen Walarten zu schreiben. Ich erkannte jedoch sehr bald, daß der Mensch im Leben der Wale eine entscheidende Rolle gespielt hat, und deshalb schloß ich den Walfang als ein wesentliches Element der Naturgeschichte der Wale in meine Darstellung ein. Seit rund 50 Jahrmillionen gibt es Waltiere auf unserem Planeten, aber im letzten Jahrtausend haben sie schier unvorstellbare Veränderungen erlebt, die allesamt unmittelbar durch den Menschen bewirkt wurden.

Man kann keine Geschichten über Wale erzählen, ohne die Tiere selbst vorzustellen. Ihre Biologie hatte erhebliche Auswirkungen nicht nur auf die Walfänger, sondern auch auf die Besiedlung, die Industrie und die Geschichte zahlreicher Regionen, in denen sich Menschen niederließen. In vielen Fällen bestimmten die Lebensräume der Wale die Lebensräume der Menschen, und es waren biologische Zwänge, welche die Lebensräume der Wale bestimmten.

Wir dürfen die Vergangenheit nicht mit heutigen Maßstäben beurteilen. Die Walfänger des 17. und 18. Jahrhunderts taten ihre Arbeit, weil sie keine andere Wahl hatten. Nur wenige Menschen profitierten vom Walfang, aber viele starben. Daß es ein schmutziges, gefährliches und schwieriges Geschäft war, steht außer Frage, und nur in der Rückschau erscheint der Beruf des Walfängers als verbrecherisch und grausam. Noch bis zum Beginn unseres Jahrhunderts galt er als ehrenwert und romantisch; man braucht nur Herman Melvilles Schilderungen der Harpuniere Tashtego, Daggoo und Queequeg zu lesen, um zu erkennen, wie diese edlen Wilden verehrt wurden und wie sehr man ihre Arbeit schätzte. Öl wurde für Beleuchtungskörper und als Schmiermittel benötigt; Fischbein brauchte man als Krinolinen- und Korsettstangen. Daß Wale dafür sterben mußten, gehört zur Lebenswirklichkeit des 17., 18. und 19. Jahrhunderts, und wenn wir in den Walfängern lediglich Schurken sehen, werden wir den historischen Gegebenheiten nicht gerecht. Die Umweltmoral, die unsere Einstellung verändert hat, ist eine junge Entwicklung; wir beginnen gerade erst zu begreifen, wie komplex das Geflecht des Lebens ist. Um die düstere Alchimie zu verstehen, die lebende Wale in tote Produkte verwandelte, müssen wir zunächst die Naturgeschichte und Biologie der Wale verstehen.

Die Ordnung der Waltiere (Cetacea) umfaßt mindestens 75 Arten, die sich auf neun Familien verteilen:

- Balaenidae: Glattwale
- Balaenopteridae: Furchenwale
- Eschrichtiidae: Grauwale
- Physeteridae: Pottwale
- Monodontidae: Gründelwale
- Ziphiidae: Schnabelwale
- Delphinidae: (Meeres-)Delphine
- Phocoenidae: Schweinswale oder Tümmler
- Platanistidae: Flußdelphine

Die ersten drei Familien bilden die Unterordnung der Bartenwale oder Mysticeti (»Schnurrbartwale«), die sich ernähren, indem sie mit den Hornplatten (Barten), die von ihrem Munddach herabhängen, kleine Organismen aus dem Wasser filtern. Alle übrigen Wale besitzen Zähne in irgendeiner Form und werden deswegen als Zahnwale oder Odontoceti bezeichnet. Weitere Unterscheidungsmerkmale sind die Nasenöffnungen oder Blaslöcher: Bei den Bartenwalen sitzen zwei Öffnungen, die eine gewisse Ähnlichkeit mit einer umgedrehten menschlichen Riesennase haben, auf dem Scheitelpunkt des Kopfes, während die Zahnwale nur ein einziges Blasloch besitzen. (Bei allen Walen sind Luft- und Speisewege voneinander getrennt, denn die Tiere sind oft gezwungen, Atemluft und Nahrung gleichzeitig aufzunehmen.) Zu den Zahnwalen zählen die Delphine, deren Name sich von dem griechischen Wort *delphys* (Mutterschoß) herleitet und bezeugt, daß die alten Griechen in diesen Geschöpfen Säugetiere erkannten, obwohl sie wie Fische aussehen. Die Delphinfamilie umfaßt etwa 43 Arten, vom 1,30 m langen Kapdelphin bis zum 8 m langen Schwertwal.

Die Begriffe »Wal«, »Delphin« und »Tümmler« gehen häufig durcheinander. Es hat sich eingebürgert, daß wir alle Barten- und die großen Zahnwale »Wale« nennen, während die kleineren Zahnwale entweder »Delphine« oder »Tümmler« heißen. Es bestehen jedoch einige offensichtliche Unterschiede zwischen den beiden letztgenannten Gruppen; vor allem in der Bezahnung: Bei den Delphinen sind die Zähne kegelförmig, bei den Tümmlern spatenförmig. Der populärste Delphin überhaupt, der »Flipper« der Fernsehserie und die Attraktion vieler Delphinschauen, trägt beispielsweise den volkstümlichen Namen »Großer Tümmler«, obwohl er eindeutig ein Delphin ist.

Die anderen Zahnwalfamilien unterscheiden sich von den Delphinen durch verschiedene anatomische Besonderheiten. Die Familie der Physeteridae, die aus einem Riesen, dem eigentlichen Pottwal, und dem Zwerg- und Kleinpottwal besteht, ist gekennzeichnet durch einen auffallend kastenförmigen Kopf, ein einzelnes, nicht zentral angeordnetes Blasloch und einen kräftig bezahnten Unterkiefer (die Oberkieferzähne sind zwar vorhanden, brechen aber niemals durch).

Zwei kleinere Zahnwale bilden die Familie der Monodontidae (»Einzähner«). Der eine, der Weißwal oder Beluga, verfügt über ein volles Gebiß, während sein einziger Verwandter, der Narwal, nur *einen* äußerlich sichtbaren Zahn besitzt. Aber was für einen Zahn! Neben den Stoßzähnen der Elefanten ist der spiralig gedrehte lange Zahn des Narwals der wohl berühmteste Zahn der Welt, denn er hat vermutlich die Sage vom Einhorn entstehen lassen.

Ein Jahrtausend lang haben die Menschen den Walen die verschiedensten Namen gegeben. Das ist nicht verwunderlich, wenn man die Zahl der einschlägigen Sprachen bedenkt. Da der Walfang vielfach weltweit betrieben wurde, war eine einheitliche Sprachregelung wünschenswert. Bis 1758, als Linné seinem System der binären Nomenklatur die endgültige Gestalt gab, konnte niemand wissen, ob sich ein Walname, den die Holländer, Engländer oder Eskimos benutzten, auf ein und dasselbe Tier bezog. Wenn jeder zum Beispiel den Grönlandwal mit einem leicht abweichenden Namen bedachte, konnte man sich nicht darüber verständigen, ob diese Art vom Aussterben bedroht war, was wiederum den Untergang des betreffenden »Industriezweigs« zur Folge haben konnte. Im Falle des Grönlandwals, dem Linné den wissenschaftlichen Namen *Balaena mysticetus* gab, wäre dies beinahe passiert. In der völlig abwegigen Annahme, die Zahl der Grönlandwale sei unendlich groß, haben holländische und britische Walfänger des 17. und 18. Jahrhunderts die Art in der östlichen Arktis praktisch ausgerottet, und im folgenden Jahrhundert, als im Beringmeer eine bis dahin unbekannte Population entdeckt wurde, hätten die Amerikaner beinahe noch einmal eine solche Katastrophe heraufbeschworen.

Die Menschen hatten nur eine vage Vorstellung vom Begriff des biologischen Aussterbens, bis sie bereit waren, die Evolutionstheorie zu akzeptieren. In *The Natural History of the Order Cetacea* (1835) berichtete H. W. Dewhurst von der Entdeckung eines Walskeletts auf einem »gewaltig hohen Berg« in Norwegen. »Aller Wahrscheinlichkeit nach«, schrieb er, »ruht dieses zootomische Exemplar dort seit der Zeit der Sintflut, in der es abgelagert wurde, also seit mehr als 4000 Jahren! Eine andere Deutung ist nicht möglich ...« Baron Georges Cuvier, der anerkannte Vater der Paläontologie und der vergleichenden Anatomie, faßte die Möglichkeit des Artensterbens zwar schon 1796 ins Auge, aber es dauerte noch 63 Jahre, bis Darwin sein epochemachendes Werk über den Ursprung der Arten veröffentlichte. In all diesen Jahren, in denen der Walfang einen jähen Aufstieg und einen katastrophalen Niedergang erlebte, setzten die Waljäger ihr blutiges Geschäft fort, ohne dem Gedanken, die Wale könnten ihnen ausgehen, große Beachtung zu schenken.

Die Fangboote durchpflügten die sieben Meere auf der Suche nach Walen, doch als die Abstände zwischen den Jagderfolgen zunahmen und die Fangreisen immer länger wurden, hat wohl den einen oder anderen die Ahnung beschlichen, daß die Wale keine unerschöpfliche Ressource waren. Herman Melville war einer der ersten, der die Möglichkeit erwog, daß die Wale aussterben könnten. Er schrieb: »... die strittige Frage ist, ob Leviathan einer so umfassenden Verfolgung und einer so erbarmungslosen Schlächterei noch lange standhalten kann, ob er nicht am Ende in allen Gewässern ausgerottet sein wird.«

Unser Wissen über die Wale ist nach wie vor lückenhaft. Was wir über sie wissen, verdanken wir zum größten Teil jenen Männern, die sie umbrachten, und vor noch nicht allzu langer Zeit bestand die Walliteratur vorwiegend aus Berichten über die Meeresgebiete, in denen die Tiere möglicherweise zu finden waren und erlegt werden konnten, und aus Schilderungen der abenteuerlichen Fangreisen. Verschiedene Autoren trugen allerdings auch das, was über die Biologie und Naturgeschichte der Wale bekannt war, in populärwissenschaftlichen Büchern zusammen, unter anderem William Scoresby (dessen Buch 1820 erschien), Henry Dewhurst (1835), Thomas Beale (1835), Herman Melville (1851), Charles Nordhoff (1856) und Charles Scammon (1871). 1900 brachte F. E. Beddard *A Book of Whales* heraus, und danach erschienen zahlreiche Bücher über die Wechselbeziehung zwischen Walen und Walfang. Roy Chapman Andrews schrieb 1911 für das *National Geographic* einen Aufsatz über den Küstenwalfang in aller Welt, dem er 1916 das Buch *Whale Hunting with Gun and Camera* folgen ließ. In den ersten Jahrzehnten unse-

res Jahrhunderts veröffentlichten britische Wissenschaftler sehr viel neues Material, das sie über die Wale der Antarktis zusammengetragen hatten, und 1940 schrieb Remington Kellog für das *National Geographic* einen Beitrag mit dem Titel »Whales, Giants of the Sea«, in dem er die Lebensgewohnheiten – und die Bejagung – der Waltiere schilderte.

Erst seit rund 50 Jahren ist der Mensch imstande, sich längere Zeit unter Wasser aufzuhalten und dort Wale zu beobachten – seit der Erfindung der Aqualunge durch Jacques Cousteau und Emile Gagnan 1942. Wale leben in entlegenen Meeresregionen, und allein die Errungenschaften des Gerätetauchens waren noch keine Garantie dafür, daß man die Tiere sehen, geschweige denn studieren oder fotografieren konnte. Manche Walarten sind den Forschern zugänglich, andere nicht. Weil die Buckelwale in klaren tropischen Gewässern kopulieren und kalben, waren sie die ersten, die von Tauchern aufgespürt wurden. Schwertwale verbringen wahrscheinlich mehr Zeit an der Meeresoberfläche als alle anderen Arten, und wenn es auch nicht ratsam ist, in der Nähe von beutehungrigen Schwertwalen ins Wasser zu springen, so kann man doch die Einzeltiere von einem Boot aus aufgrund der Form und Größe der Rückenfinne unterscheiden und so vieles über ihre Verhaltensweisen erfahren. Andererseits hat sich noch kein Mensch mit freischwimmenden Pottwalen im Meer getummelt, bis ein wissenschaftliches Taucherteam 1983 einer Schule dieser Wale im Indischen Ozean vor Sri Lanka begegnete. Dasselbe Team konnte übrigens auch in dieser Region erstmals Blauwale unter Wasser vermessen – sehr viel weiter nördlich, als man bis dahin vermutet hatte. Der Grönlandwal ist wahrscheinlich noch nie unter Wasser gefilmt worden, was sich wohl mit der Unwirtlichkeit seines Lebensraums erklärt. Erst seit 1976 sind Taucher in der Lage, freilebende Wale aller Art unter Wasser zu filmen. Vorher stammten alle Unterwasser-Filmaufnahmen von harpunierten oder verletzten Tieren.

Der Nordkaper

(Balaena glacialis)

Der Nordkaper ist ein mächtiger, schwarzer Glattwal, der eine Länge von 18 m und ein Gewicht von mehr als 80 Tonnen erreicht. Er hat ein riesiges, hochgewölbtes Maul und einen dementsprechend geräumigen Unterkiefer, dem ein vergleichsweise schmaler, löffelförmiger Oberkiefer aufsitzt, in dem zwei »Seiten« aus 2–3 m langen Bartenplatten verankert sind. Bei den Glattwalen spielen diese Platten eine wesentliche Rolle beim Nahrungserwerb. Im Gegensatz dazu dienen bei den Furchenwalen die Barten nur als Sieb, nachdem die Futtertiere mit dem Maul eingefangen wurden. Der Unterkiefer muß auch diese flexiblen Hornplatten, die an der Innenkante mit haarähnlichen Fransen besetzt sind, vollständig aufnehmen, wenn der Wal sein Maul schließt.

Die überwiegend schwarzen Nordkaper tragen oft einen unregelmäßigen weißen Bauchfleck. Es gibt auch gescheckte, gefleckte oder sogar völlig weiße Exemplare. Die Flossen oder Flipper sind breit, und an der Spitze steht der »Zeigefinger« ein wenig vor. Wale besitzen tatsächlich Finger, die allerdings in den Flippern verborgen sind. Das ist eines der angeborenen Merkmale, die »beweisen«, daß die Waltiere aus Landsäugetieren hervorgegangen sind. Sie haben auch noch stark zurückgebildete Hinterbeine, kleine, nutzlose Knochen, die dort, wo die Beine sein müßten, in das Muskelgewebe eingebettet sind.

Die waagerechte Schwanzflosse oder Fluke des Nordkapers ist im Verhältnis zum Körper breit und läuft in zwei anmutigen Spitzen aus.

Das Gesicht mit dem mächtigen Unterkiefer unterscheidet den Nordkaper auf den ersten Blick von seinem nahen Verwandten, dem Grönlandwal. Wo dieser »glattrasiert« ist, trägt der Nordkaper überall dort, wo bei einem Mann Gesichtshaare sprießen würden, krustenförmige Aufwüchse. Man könnte mit Fug und Recht behaupten, der Walkopf habe keinen Scheitel. Wo sich bei den meisten Landsäugern (oder auch Vögeln, Fischen und Reptilien) die höchste Stelle des Schädels befindet, sitzt die *Nase* des Wals. Im Zuge der Umwandlung von einem landbewohnenden zu einem ausschließlich im Wasser lebenden Säugetier hat sich die Physiologie des Wals so stark verändert, daß er gleichsam zu einem horizontalen Tier geworden ist, bei dem der morphologische Akzent mehr auf dem Vorne und Hinten als auf dem Oben und Unten liegt. Wegen dieser Längsausrichtung sitzt das Gehirn, das bei den meisten anderen Säugetieren den oberen Schädelabschnitt ausfüllt, hinter und nicht über den Kiefern.

Die einzige Konzession, die der Wal an die Vertikalausrichtung gemacht hat, ist tatsächlich seine Nase. Die Vorläufer der heutigen Waltiere hatten ihre Na-

senöffnungen dort, wo man sie gemeinhin erwartet, nämlich an der Vorderseite des Gesichts. Um möglichst effektiv aus- und einatmen zu können, mußte der Wal diese Funktionen mühelos und schnell ausführen. Wenn man jedoch innehalten muß, um die Nase aus dem Wasser zu strecken, so geht das weder mühelos noch schnell; also wanderten die Nasenlöcher allmählich nach hinten an ihren heutigen Platz. So braucht der Wal nur einen winzigen Teil seines massigen Kopfs aus dem Wasser zu heben, um auszuatmen oder zu »blasen« und um sofort anschließend wieder einzuatmen, während er sich gleichzeitig in der beabsichtigten Richtung weiterbewegen kann. (Ebendiese anatomische Umkonstruktion erlaubt es einer Art wie dem Nordkaper, mit der exponierten Nase zu atmen, während das Maul unter der Wasseroberfläche zwecks Nahrungsaufnahme geöffnet bleibt.) Einer der Gründe für die Nasenwanderung könnte auch sein, daß dadurch die Flucht vor Beutefeinden erleichtert wird. Die frühen Wale, die zum Luftholen ihre Geschwindigkeit drosseln mußten, während Riesenhaie oder andere gefährliche Räuber hinter ihnen her waren, haben wahrscheinlich nicht überlebt, um diese Fehlanpassung weitergeben zu können, wohingegen jene Tiere, die eine Vorrichtung entwickelten, die es ihnen gestattete, ohne Tempoverlust zu atmen, eher mit dem Leben davonkamen und somit diese nützliche Fähigkeit weitervererben konnten.

Die Krusten oder Polster am Kopf der Nordkaper sind angeboren; jedes Individuum wird mit einem bestimmten Muster geboren, das sich in seinem ganzen Leben nicht oder nur sehr langsam verändert. Roger Payne und seine Mitarbeiter, die Kaperwale vor Patagonien erforscht haben, beschrieben diese Gebilde je nach ihrer Lage als »Augenbrauen«, »Nüstern«, »Lippenflecken«, »Mützen«, »Kinn« usw. Wir wissen nicht, welche Funktion die verhornten und von allerlei Schmarotzern besiedelten Verdickungen haben (einige Wissenschaftler glauben, daß die Bullen sie in Rivalenkämpfen einsetzen), aber sie sind auf jeden Fall für die Forscher wertvolle Erkennungszeichen.

Gegenüberliegende Seite unten:
Ein riesiger Nordkaper in der Küstenstation auf der Sitkalidak-Insel in Alaska. Der Wal liegt auf dem Rücken; die geschwungene Linie links umgrenzt den Unterkiefer, die rechte Vorderflosse (Flipper) ist nach oben gerichtet, die Spitzen der Schwanzflosse (Fluke) sind abgeschnitten.

Nordkaper *(Balaena glacialis)*

Nach der Überprüfung von etwa 20 000 Aufnahmen von patagonischen Kaperwalen haben Roger Payne und Ellie Dorsey sogar feine Unterschiede zwischen den Krustenmustern der männlichen und den weiblichen Tiere ausgemacht. Bevor sich die Geschlechter auseinanderhalten ließen, haben die Zoologen die Aufwüchse als ein Mittel zur Identifizierung einzelner Wale benutzt. Sobald wir einen Wal von einem andern unterscheiden können – eine Aufgabe, die dadurch erschwert wird, daß die Tiere meist untergetaucht sind –, können wir auch versuchen, die Zahl der Wale innerhalb einer Population zu schätzen. (Bei anderen Walarten bedient man sich anderer Zählmethoden; man erfaßt beispielsweise die Wale, die auf ihrer jährlichen Wanderung einen bestimmten Punkt passieren. Dieses Verfahren funktioniert bei Grönland- und Grauwalen, deren Wanderrouten bekannt sind, aber bei den Kaperwalen, von denen man nicht weiß, wo sie sich aufhalten, wenn sie ihre küstennahen Paarungsgründe verlassen, ist die individuelle Identifizierung die einzige Möglichkeit der Bestandserfassung.)

Alle Glattwale werden in einer einzigen Gruppe zusammengefaßt, aber die Zoologen sind sich nicht einig darüber, wie viele Arten es gibt. Manche betrachten den Nord- und den Südkaper als zwei getrennte Arten *(Balaena glacialis* und *B. australis)*, während andere nur zwei Unterarten gelten lassen. Die Sache wird noch komplizierter dadurch, daß einige Walexperten die Gattung *Balaena* in zwei Gattungen aufspalten: *Eubalaena* für die Kaper und *Balaena* für den Grönlandwal. Der Südliche Glattwal oder Südkaper, wie immer sein wissenschaftlicher Name auch lauten mag, wurde jedenfalls vor Australien, Neuseeland und Südafrika so intensiv bejagt, daß er nahezu ausgelöscht wurde. Nur im südlichen Südamerika, wo sich Siedler nicht an der Küste festsetzten, konnten die Südkaper noch unbehelligt umherschwimmen.

Aus verschiedenen kalten Weidegründen, wo sich die Tiere von kleinen Krebsen, dem sogenannten Krill, ernähren, wandern sie in wärmere und seichtere Gewässer, um sich zu paaren und die Kälber zur Welt zu bringen. Diese Gewohnheit machte sie besonders attraktiv für die frühen Walfänger; an vielen Standorten brauchten die Jäger alljährlich nur darauf zu warten, daß die Wale auftauchten. Weil diese fette Beute nicht absank und obendrein reichlich Öl und Fischbein lieferte, war sie in den Augen der Walfänger der »richtige« Wal.

Da Südkaper nicht nördlich von ihren Kalbegründen gesichtet werden, nehmen wir an, daß sie nach Süden ziehen, in die einsamen, eisigen Gewässer der Antarktis. Dort tun sie sich, wie ihre schlankeren Vettern, die Furchenwale, am reichlich vorhandenen Krill gütlich. Melville schilderte die Nahrungsaufnahme der Südkaper, die er südlich von Madagaskar antraf, wie folgt: »Wie Mäher, die am Morgen Seite an Seite gemächlich und sirrend ihre Sicheln durch das hohe feuchte Gras der sumpfigen Wiese gleiten lassen, so schwammen diese Ungeheuer dahin, die ein seltsames, grasiges, schneidendes Geräusch machten und endlose blaue Schwaden auf der gelben See zurückließen.«

Erst in den letzten Jahren sind die Nahrungsgewohnheiten der Kaperwale exakter beschrieben worden, und zwar aufgrund von Beobachtungen in nördlichen Breiten. 1976 veröffentlichten Watkins und Schevill ihre Darstellung des Freßverhaltens von Nordkapern in den Gewässern von Neuengland: »Bei der Nahrungsaufnahme schwimmt der Nordkaper mit weitgeöffnetem Maul und schöpft dabei Wasser in diese dreieckige Öffnung, das an den Seiten durch die Barten wieder austritt ... In der Regel schwimmt der Wal langsam an der Oberfläche; seine ›Mütze‹ ragt dabei ein gutes Stück aus dem Wasser, während der übrige Körper untergetaucht bleibt. Manchmal scheint er den Wasserspiegel regelrecht abzuweiden, wobei sich die Barten im weit aufgerissenen Maul über die Meeresoberfläche erheben und die Zunge zwischen den vorderen Bartenplatten sichtbar ist.« Das »seltsame Geräusch«, das Melville vernahm, war wohl das »Bartenrasseln«, das die Wissenschaftler so beschrieben: »Geräusche, die wohl vom Rasseln der Barten herrührten, waren allerdings nur während der Nahrungsaufnahme an der Oberfläche in relativ stillen Gewässern zu hören. Dabei handelte es sich offensichtlich um ein Nebengeräusch, das vermutlich durch das Aneinanderreiben der Bartenplatten entstand.«

In ihren nördlich gelegenen Fortpflanzungsgebieten waren die Kaper ausgerottet, bevor die Armada der Walfänger in die Antarktis vorstieß. Als um die Jahrhundertwende die massive Ausbeutung der Furchenwale begann, waren die Südkaper schon verschwunden. Nur in den geschützten Gewässern des Golfo Nuevo und des Golfo San José, den beiden Buchten, die die Halbinsel Valdés einfassen, konnte man noch das Verhalten der Südkaper studieren.

Diese Wale, mehr oder weniger die letzten ihrer Art, die isoliert am unbesiedelten Ende der Welt, vor den unermeßlichen Pampas Patagoniens, heimisch sind, haben uns die Möglichkeit gegeben, mehr über das Leben dieser nahezu ausgerotteten Art zu erfahren, als uns die wenigen Exemplare, die vor Australien oder Südafrika übriggeblieben sind, jemals verraten könnten. Erst 1969 entdeckte der amerikanische Cetologe Raymond Gilmore an Bord des Forschungsschiffs *Hero,* das bei Valdés vor Anker ging, daß sich die Südkaper dort tummelten und paarten. Im *Antarctic Journal* vom November–Dezember 1969 schrieb er: »Das ist das erste Mal, daß von Südkapern in dieser Region berichtet wird«, doch damit meinte er lediglich wissenschaftliche Berichte. Die Argentinier, die in der Umgebung von Valdés Urlaub machten und tauchten, wußten selbstverständlich Bescheid über die dort heimischen Wale. Roger Payne, der die Südkaper berühmt machte (und ebenso die Buckelwale), reiste sofort nach Patagonien.

Seit 1970 erforscht Payne die Kaper der Halbinsel Valdés. Seither zählen diese sanften Riesen zu den am gründlichsten untersuchten Großwalpopulationen der Welt. Von Klippen, Booten und Flugzeugen aus und unter Wasser haben Payne und seine Mitarbeiter die Wale fotografiert und alle erdenklichen Verhaltensformen dokumentiert. Anhand einer umfangreichen Fotosammlung hat Payne mehr als 600 Einzeltiere identifiziert und die Gesamtpopulation auf annähernd 750 Exemplare geschätzt. Von allen Südkaperbeständen ist dies die bei weitem größte Population. In den anderen Vorkommensgebieten, wo diese Walart so extensiv verfolgt wurde, existieren nur noch Reliktbestände von jeweils wenigen hundert Tieren. Die Gesamtzahl der Kaperwale, die auf der Nord- und Südhalbkugel überlebt haben, beläuft sich vermutlich auf nicht mehr als 2000 Tiere.

Der Grönlandwal

(Balaena mysticetus)

Der Gattungsname *Balaena* ist vom lateinischen Wort für Wal abgeleitet, und *mysticetus* besteht aus den griechischen Bezeichnungen für Schnurrbart und Wal. (Da bei einem toten Wal das Maul selten geschlossen ist, stehen die fransenbesetzten Barten, die von weitem an einen Schnurrbart erinnern, oft vor.) Im Englischen trägt diese Art den treffenden Namen »Bogenkopf« *(bowhead):* Der riesige Kopf, der über ein Drittel der gesamten Körperlänge ausmachen kann, ist wie ein Bogen aufgewölbt.

Die meisten Grönlandwale sind inzwischen untergegangen, und was wir über ihre Naturgeschichte wissen, verdanken wir zum großen Teil dem Walfänger William Scoresby, dem Verfasser von *An Account of the Arctic Regions with a History and a Description of the Northern Whale Fishery* (1820) und der umfangreichsten Beschreibung des Grönlandwals überhaupt.

Über die Maximallänge des Wals kann man nur Mutmaßungen anstellen, aber Scoresby berichtet, das größte Exemplar, das er vermessen habe, sei 58 Fuß (17,50 m) lang gewesen, und er erwähnt ein 70 Fuß (21 m) langes Tier, das um 1800 vor Grönland erlegt wurde. Die Art ist auch in der westlichen Arktis vertreten, aus der ähnliche Längenrekorde gemeldet werden: In den letzten Jahren haben Eskimos von 67 Fuß (20 m) langen Walen berichtet. Bei Walen gilt die Faustregel, daß ein adultes Tier etwa eine Tonnen pro Fuß (30,5 cm) wiegt, doch bei einem »Fettwanst« wie dem Grönlandwal muß man wohl einen erheblich höheren Wert ansetzen. 120 oder mehr Tonnen scheinen eine vertretbare Gewichtsangabe zu sein; aber das können nur Annäherungswerte sein, denn es ist unmöglich, ein so gewaltiges Tier auf dem Eis genau zu wiegen.

Wie sein etwas kleinerer und schlankerer Verwandter, der Nordkaper, besitzt auch der Grönlandwal keine Rückenflosse. Er ist völlig schwarz, abgesehen von einem weißen Kinnfleck, der oft von einer schwarzen Tupfenreihe durchzogen ist. Manchmal erstreckt sich ein graues Band unmittelbar vor dem Ansatz der 7,50 m breiten Fluke.

Als Bewohner der Arktis besitzt der Grönlandwal eine bis zu 50 cm dicke Fettschicht, die Blubber genannt wird. Die frühen Walfänger jagten den Wal hauptsächlich wegen seines Fischbeins, und dank seiner Fettmassen trieb das Tier an der Wasseroberfläche, wenn die Bartenplatten seinem geräumigen Maul entnommen wurden.

Nach Scoresby stellt das Maul »eine zimmergroße Höhle dar, die das vollbemannte Beiboot eines Handelsschiffs zu fassen vermag«. Ein Glück für die Walfänger, daß sich der Grönlandwal nur von winzigen Krebstierchen ernährt, die er auf oder unter dem Wasserspiegel abschöpft, indem er mit hoher Geschwindigkeit und weitgeöffnetem Maul dahinschwimmt. Das aufgenommene Wasser wird durch die feinfaserigen Barten wieder ausgepreßt, die selbst kleinste Futtertiere herausfiltern können.

Der Grönlandwal besitzt von allen Walen die längsten Bartenplatten. Sie können bei einem großen Tier bis zu 4,20 m messen. Diese Gebilde, von denen ein Wal mehr als 600 in seinem Maul trägt, ermöglichen es den Tieren, ihren Nahrungsbedarf mit winzigen Krillorganismen zu decken, aber sie wurden ihnen auch zum Verhängnis, denn wegen dieses üppigen Fischbeins waren sie vom 16. bis zum 19. Jahrhundert die Hauptjagdobjekte der Walfänger im hohen Norden.

Erst 1860 zogen Eschricht und Reinhardt einen klaren Trennungsstrich zwischen dem Nordkaper und dem Grönlandwal. Davor wurden die beiden Arten regelmäßig verwechselt, denn kaum jemand wußte – oder interessierte sich dafür –, daß es zwei verschiedene schwarze Großwale ohne Rückenflosse gab. Die Holländer und Engländer, die im 18. Jahrhundert in der Arktis jagten, erlegten Grönlandwale. Wir wissen das von William Scoresby, der in seiner peniblen Chronik der grönländischen Hochseefischerei die Art als »Balaena Mysticetus: Gewöhnlicher Wal oder

Grönlandwal« identifiziert. Außerdem bildet er das Tier mehr oder weniger exakt ab, so daß kein Zweifel an dessen Artzugehörigkeit aufkommen kann.

Obwohl die Informationen noch immer unzureichend sind, geht man davon aus, daß die gesamte Grönlandwalpopulation im südwestlichen Beringmeer überwintert, in russischen Gewässern vor dem Meereisgürtel. Von Anfang April bis Mai schwimmen die Wale nordostwärts an der Westspitze von Saint Lawrence Island vorbei und durch die Beringstraße. Sobald das Packeis zu schmelzen beginnt, treten sie den Weg nach Norden an; sie passieren die vereisten Küsten Nordalaskas, wo die Jäger von Gambell und Savoonga (auf Saint Lawrence Island) und anschließend die in den Festlandsdörfern Kivalina, Point Hope, Wainwright und Barrow sie erwarten. Im Herbst beteiligen sich auch die Bewohner von Nuiqsut und Kaktovik auf Barter Island an der Jagd. Die Grönlandwale, die den Harpunen der Eskimos entkommen sind, ziehen dann durch die Beaufortsee in kanadi-

Grönlandwal (*Balaena mysticetus*)

Buckelwal *(Megaptera novaeangliae)*

sche Gewässer, zu ihren sommerlichen Nahrungs-gründen in der Nähe des Mackenzie-Deltas und der Insel Barter. Wie die meisten wanderfreudigen Wal-arten fressen die Grönlandwale nur in den Sommer-monaten, wenn der Tisch für sie reich gedeckt ist. In ihren Überwinterungsgebieten nehmen sie wahr-scheinlich überhaupt keine Nahrung auf. Einige Wale wandern möglicherweise westwärts durch die Be-ringstraße und verbringen den Sommer in nordsibiri-schen Gewässern. Wenn im Herbst die Eisschicht dicker wird, ziehen sie abermals nach Süden, doch ihr Bestimmungsort ist nach wie vor ein Geheimnis. Wie die Eisbären sind diese Polarwale Kosmopoliten, de-nen Staatsgrenzen völlig gleichgültig sind. Deshalb kann jeder Anspruch auf sie erheben, und das ist der Grund dafür, daß nur so wenige Grönlandwale bis heute überdauert haben.

Der Buckelwal

(Megaptera novaeangliae)

Im volkstümlichen und im wissenschaftlichen Namen des Buckelwals steckt allerlei. Einen Buckel hat er allerdings nicht (nur eine auf einem Wulst aufsitzen-de Rückenfinne), doch beim Abtauchen krümmt er auffällig den Rücken, was ihm vermutlich den Namen eingetragen hat. Wohlklingend ist dagegen seine wis-senschaftliche Bezeichnung. *Megaptera* bedeutet im Griechischen soviel wie »großer Flügel« und bezieht sich auf die typischen lang ausgezogenen Flossen, die als Steuerungsorgan dienen. *Novaeangliae* setzt sich aus lateinisch *nova* (neu) und mittelenglisch *anglia* (England) zusammen. Den ganzen Namen könnte man also mit »großflügeliger Neuengländer« übersetzen – eine Kurzbeschreibung des Tiers, in der auch auf die Region hingewiesen wird, wo die Art erstmals bestimmt wurde.

Der Buckelwal besitzt zwar breite Kehl-Bauch-Fal-ten, ist aber mit den eigentlichen Furchenwalen, den Blau-, Finn- oder Zwergwalen, nicht näher verwandt. Während diese anderen Wale 60 bis 100 glatte und ziemlich schmale Kehlfurchen aufweisen, die vom Kinn bis zum Bauch reichen, hat der Buckelwal ge-wöhnlich deren nur 20.

Er ist ein sehr originelles Geschöpf und heute der Liebling aller Walbeobachter von Massachusetts bis zum Großen Barriereriff. Sein langer, schmaler Kopf mündet in einen warzenartigen Fortsatz am Kinn und

Ein Buckelwal wölbt seinen Rücken hoch, so als wollte er die Berechtigung seines volkstümlichen Namens beweisen. Gut zu erkennen ist die »gestufte« Rückenfinne.

ist am Ober- und Unterkiefer mit einer Reihe von Hautknoten besetzt. Das nach unten gebogene Maul verleiht dem Tier ein etwas grämliches Aussehen. Seine langen Flipper, die oft ein Drittel der gesamten Körperlänge ausmachen, sind an der Vorderkante verdickt und eingekerbt und vielfach mit Seepocken besetzt. Die Fluke (Schwanzflosse) ist hinten unregelmäßig gezackt und beherbergt häufig ebenfalls ganze Klumpen von Seepocken.

Bei einer Länge von etwa 15 m (die Kühe werden meist etwas größer als die Bullen) erreichen die Buckelwale ein Gewicht von rund 40 Tonnen. An der Oberseite sind sie gewöhnlich schwarz, an der Unterseite weiß gefärbt, aber der Körper ist mit allen möglichen Flecken, Tupfen, Striemen und Kratzern übersät, die teils zum natürlichen Farbkleid des Wals gehören, teils jedoch von Seepocken und anderen Schmarotzern herrühren.

Buckelwale vollführen spektakuläre Luftsprünge, bei denen sie ihren mächtigen Leib fast vollständig aus dem Wasser schnellen und dann laut platschend wieder zurückfallen lassen. Alle großen Wale können nachweislich springen, aber einige springen häufiger als andere, am häufigsten der Buckelwal. »Er ist der verspielteste und fröhlichste Wal überhaupt«, meinte Melville, »und er erzeugt mehr lustigen Schaum und weißen Gischt als alle anderen.« Wenn man bedenkt, wieviel Kraft erforderlich ist, 40 Tonnen aus dem Wasser zu heben, und wenn man weiß, daß der Buckelwal weder besonders schnell noch kräftig ist, dann ist das eine erstaunliche Leistung. Wie dieses Schwergewicht die nötige Schwungkraft sammelt, um sich aus dem Wasser zu heben, konnte bisher noch nicht befriedigend geklärt werden. Von Unterwasserbeobachtungen an den viel kleineren und leichteren Delphinen wissen wir, daß sie eine bestimmte Geschwindigkeit erreichen müssen, bevor sie große Sprünge machen. Der Buckelwal kann im Wasser kein solches Tempo vorlegen; er springt augenscheinlich aus dem Stand in die Luft. Die Wale sorgen oft noch für zusätzlichen Aufruhr, indem sie mit ihren Flippern auf den Meeresspiegel einschlagen oder mit der Schwanzflosse das Wasser peitschen.

So wie jeder Kaper über ein anderes Bewuchsmuster verfügt, zeigen auch die Buckelwale unterschiedliche Schwarzweißmuster auf der Unterseite der Fluke. Wir wissen nicht, welche Funktion diese Kennzeichen für die Wale haben, doch sie haben sich für die Forschung als höchst wertvoll erwiesen. Wenn sie nicht wären, wüßten wir nicht, wohin die Tiere wandern, und wir hätten keine Ahnung, wie viele es noch von ihnen gibt. Seit etwa 1975 haben Wissenschaftler Aufnahmen von Schwanzflossenmustern verglichen, und schon bald erkannten sie, daß sich anhand dieser Fotos die Wanderbewegungen einzelner Wale verfolgen ließen. Wenn zum Beispiel ein Wal vor Cape Cod und später in der Karibik fotografiert worden war, lag auf der Hand, daß er von der einen Region zur anderen weitergezogen war. Auf diese Weise konnten die Fachleute nachweisen, daß die hawaiische Fortpflanzungspopulation nach Südostalaska wandert, um dort zu weiden. Die vor Neufundland gesichteten Buckelwale überwintern in der Karibik, und eine andere Population, die man vor Grönland antrifft, zieht nach Süden zu den Kapverden und zur afrikanischen Nordwestküste. Im Nordpazifik existieren mindestens drei getrennte Populationen: Eine überwintert rings um die japanischen Inseln, eine zweite im Gebiet um Hawaii und die dritte vor der kalifornischen Küste. Im südlichen Pazifik erscheinen selbständige Populationen bei Australien, Neuseeland und Tonga, die dann zwecks Nahrungsaufnahme südwärts in die Antarktis ziehen.

Was das Nahrungsverhalten angeht, so sind die Buckelwale besser erforscht als alle anderen Großwale. In alaskischen Gewässern wurden sie beim sogenannten »Sprungfressen« beobachtet: Ganze Gruppen von Walen springen mit weit aufgerissenem Maul fast aus dem Wasser und versuchen dabei Unmengen von kleinen Fischen zu verschlingen. Sie bedienen sich außerdem einer höchst ungewöhnlichen Beutefangmethode, die als »Blasennetzfischen« bezeichnet wird. Dabei lassen die Wale unter einem Fischschwarm einen »Rundvorhang« aus Luftbläschen hochperlen, der die Beute einschließt. Dann steigen sie hoch und füllen sich das Maul mit vielen tausend Litern der lebenden »Fischsuppe«. Anschließend pressen sie das Wasser durch die Barten hinaus und schlucken die zurückbleibenden Fische ab. Bei den Buckelwalen scheint der Nahrungserwerb ein Gemeinschaftsunternehmen zu sein; das unterscheidet

sie von anderen großen Walen, die einzeln auf Futtersuche gehen.

Die Buckelwale sind als »die singenden Wale« berühmt geworden. Weil ihre Gesänge so große Publicity erlangt haben – sie sind auf Schallplatten und in zahlreichen Fernsehsendungen zu hören, und Komponisten haben sie in ihre Werke eingearbeitet –, glauben viele Leute, alle Wale könnten singen. In Wirklichkeit bringt allein der Buckelwal diese faszinierenden Potpourris aus ächzenden, stöhnenden, bellenden, dröhnenden, wimmernden, fiependen und gurgelnden Lauten hervor. Andere Bartenwale erzeugen niederfrequente Geräusche, die wahrscheinlich der Kommunikation dienen, doch kein anderes Waltier kann dem Buckelwal gesanglich das Wasser reichen.[*] Ihre Gesänge, die sich aus unterscheidbaren Phrasen zusammensetzen, lassen die Wale in warmen Paarungsgründen ertönen. Es ist noch nicht ganz geklärt, warum die Wale singen, doch die meisten Forscher gehen heute davon aus, daß die Gesänge mit dem Paarungsverhalten in Zusammenhang stehen und daß nur die Bullen Töne von sich geben. Die Gesänge dauern etwa eine halbe Stunde und werden dann wiederholt. Die Tiere singen nicht unisono; so etwas wie »Walchoräle« gibt es nicht.

Daß die Tiere ihre Lieder von Jahr zu Jahr verändern, ist sicherlich eine der verblüffendsten Leistungen im gesamten Tierreich. Die Forscher begannen um 1970 vor den Bermudas die Gesänge aufzuzeichnen, doch schon bald stellten sie alljährlich unüberhörbare Modifikationen fest. Bestimmte Phrasen wurden aufgegeben und neue eingefügt. Niemand kann sagen, wie die Veränderungen von Wal zu Wal weitergegeben werden, aber jedes Jahr lernen alle die neuen »Texte und Noten«, und aus unerfindlichen Gründen wiederholen sie niemals eine inzwischen ausgeschiedene Phrase. Die Buckelwale in den verschiedenen Meeresgebieten haben unterschiedliche Gesänge und »Dialekte«. Seit fast 20 Jahren werden

---

[*] Neuere Untersuchungen an Grönlandwalen haben ergeben, daß diese ebenfalls singen. Katy Payne, die zusammen mit Roger Payne die Buckelwalgesänge entdeckt, aufgezeichnet und analysiert hat, meint: »Die Buckelwale sind mit den Grönlandwalen nur entfernt verwandt, doch diese beiden Bartenwalarten sind die einzigen, die komplizierte Gesänge anstimmen.« Der Gesang der Grönlandwale ist bei weitem nicht so vielfältig und ausdauernd wie der der Buckelwale, aber ihre Lautäußerungen dienen nach C. W. Clark (1991) dazu, »den Zusammenhalt der weit verstreuten Herde aufrechtzuerhalten«.

Dieser Buckelwal in Akutan auf den Pribylow-Inseln zeigt seine gescheckten breiten Kehlfurchen und die typischen lang ausgezogenen Flipper.

die Lautäußerungen registriert und untersucht, doch wir wissen immer noch nicht, wie die Wale ihre Musik hervorbringen.

Die Buckelwale sind vor allem in amerikanischen Gewässern intensiv erforscht worden. Seit 1975 stechen Walbeobachtungsschiffe von Provincetown, Boston und Gloucester in Massachusetts aus regelmäßig in See. Hunderttausende von Touristen haben mittlerweile die Wale besucht, und zudem sind bei jeder Exkursion Wissenschaftler an Bord, die insbesondere den Standort, die Wanderbewegungen, Aktivitäten und Nachkommen der Stellwagen-Bank-Population überwachen.

Vor den Hawaii-Inseln kann man die Wale in ihren Fortpflanzungsgründen beobachten. Jeden Winter kommen sie von Südostalaska hierher (auf einer bisher unbekannten Route) und tauchen im warmen, klaren Wasser der Maalea Bay, zwischen den Inseln Maui und Molokai, auf. Vom restaurierten Walfängerhafen Lahaina auf Maui aus schauen Tausende von Walbeobachtern zu, wie die Riesentiere schwimmen, spielen, tauchen, springen – und kämpfen.

Lange Zeit galt der Wal als ein »sanfter Riese«: ein freundliches, friedliches Geschöpf, das im Einklang mit seiner Umwelt lebt und uns allerlei Lektionen in Sachen Frieden und Liebe erteilen kann. Man stelle sich den Schock vor, als bekannt wurde, daß männliche Buckelwale heftige Rivalenkämpfe austragen, bei denen sie mit den seepockenbesetzten Flossen aufeinander einschlagen und sich gegenseitig rammen, bis Blut fließt. Da war klar, daß viele der Narben, die man seit langem auf den Walkörpern ausgemacht hatte, nicht von Parasiten, sondern von Artgenossen herrühren.

Gründliche Untersuchungen haben einige interessante Resultate gezeigt, von denen viele geeignet sind, vorgefaßte Meinungen zu zerstreuen. Weil weibliche Große Tümmler, die in Aquarien gebären, häufig von einem anderen Weibchen begleitet werden, das »Tante« genannt wird, nahm man an, daß die Begleitung der Buckelwalmutter gleichfalls eine solche Tante sei. Doch dann gelang es Deborah Glockner-Ferrari, das Geschlecht der Buckelwale unter Wasser zu bestimmen (Weibchen haben einen »halbkreisförmigen Lappen« hinter der Geschlechtsöffnung, der den Bullen fehlt), und sie entdeckte, daß die Begleiter männliche Tiere waren.

Nach einer einjährigen Tragzeit bringt die Walkuh ein einziges Kalb zur Welt, das etwa 3,60 m lang ist. Die Geburt ist in den Kalbegründen des australischen Großen Barriereriffs mehrfach beobachtet worden. Das Kalb wird ungefähr ein Jahr lang gesäugt und schließt sich nach der Entwöhnung der Population seiner singenden, verspielten und bedrohten Artgenossen an. Von einem Gesamtbestand, der einst mehr als 100 000 Tiere umfaßte, sind in den Weltmeeren wahrscheinlich höchstens noch 6000 übriggeblieben.

Der Grauwal

(Eschrichtius robustus)

Früher existierte einmal eine Grauwalpopulation im Atlantik, doch irgendwann, vielleicht erst im 17. Jahrhundert, wurde das letzte dieser Tiere umgebracht.

Die meisten großen Walarten sind weit verbreitet: Die Furchen- und Pottwale kommen in allen Ozeanen vor, und selbst der Grönlandwal, der auf die Arktis beschränkt ist, hatte ein zirkumpolares Verbreitungsgebiet. Der Grauwal hingegen ist heute nur noch im Pazifik anzutreffen, und zwar in dessen östlichem Teil. (Es gab einmal eine Population, die an den Küsten Koreas und Chinas überwinterte, doch sie wurde, wie die atlantische Gruppe, ausgerottet.)

Alle Grauwale, ob atlantisch oder pazifisch, tragen den wissenschaftlichen Namen *Eschrichtius robustus*. Der Gattungsname bezieht sich auf D. F. Eschricht, einen deutschen Zoologen des 19. Jahrhunderts, und *robustus* bedeutet soviel wie stark oder fest. (Ein älteres Synonym ist *Rhachianectes glaucus*.) Grauwale sind nicht besonders groß; die größten Weibchen werden auf etwa 14 m geschätzt und wiegen ungefähr 35 Tonnen. Die Tiere haben keine Rückenfinne; statt dessen verläuft von der Stelle, wo die Rückenflosse sitzen müßte, eine Reihe von Einkerbungen bis zum Schwanzflossenansatz. Der Grauwal ist der einzige Großwal, bei dem der Oberkiefer den Unterkiefer überragt, wodurch der Eindruck eines Papageienschnabels entsteht.

Die Tragzeit dauert ein Jahr. Die Nachkommen werden in den Lagunen von Baja California gezeugt und dort auch zwölf Monate später geboren. Ein Neugeborenes ist schwarz oder dunkelgrau und weist noch keinerlei Flecken, Narben und Krusten auf, die für die adulten Tiere charakteristisch sind. Ausgewachsene Grauwale sind mit Seepocken, Walläusen und den Spuren dieser Schmarotzer so dicht bedeckt, daß ihre Haut ein fleckiges und scheckiges Aussehen annimmt. Die Walmutter beschützt ihr Kind sehr energisch, wahrscheinlich mehr als die Kühe aller anderen Arten. Während die Walfänger häufig junge Nordkaper harpunierten, weil sie wußten, daß die Mutter ihr verletztes Baby nicht im Stich lassen würde und somit leicht zu erlegen war, mieden sie diese Jagdmethode bei den Grauwalen, denn der weibliche »Teufelsfisch« attackierte alles, was dem Kalb gefährlich zu werden drohte.

Grauwale strecken oft ihren Kopf senkrecht aus dem Wasser, und sie springen auch regelmäßig, wobei sie ihren Körper fast in ganzer Länge aus dem Meer schnellen und beim Wiedereintritt eine Drehung vollführen, vermutlich um ihre inneren Organe vor dem Aufprall zu schützen.

Außer dem Menschen sind Haie und Schwertwale die Hauptfeinde des Grauwals. Weißhaie, berüchtigte Waljäger, treiben sich im Umkreis der Lagunen herum, und in ihrem gesamten Verbreitungsgebiet fallen Grauwale den im Rudel angreifenden Schwertwalen zum Opfer.

Die Grauwale zeigen von allen Walen das zuverlässigste Wanderverhalten. Sie ziehen alljährlich von der eisigen Tschuktschen- und Beringsee hinab zu den warmen, salzhaltigen Lagunen von Baja California. Frühe Grauwalkenner wie Charles Scammon, der die Paarungsgründe entdeckte und die Walfänger zu diesen bis dahin unbekannten Lagunen führte, war der Ansicht, daß sämtliche Grauwale die Wanderung mitmachten, doch spätere Untersuchungen, die nach dem Erscheinen von Scammons Buch *Marine Mammals of the Northwestern Coast of North America* (1874) angestellt wurden, haben ergeben, daß einzelne Grauwalgruppen auf den Rückwegen in Regionen wie der Insel Vancouver hängenbleiben. Gleichwohl können wir davon ausgehen, daß die meisten Wale die Arktis im Herbst verlassen und in den folgenden Monaten in Richtung Laguna de Liebre (allgemein Scammon's Lagoon genannt), San Ignacio Lagoon und Magdalena Bay schwimmen.

Die beiden Lagunen und die Bucht liegen an der Westküste der rund 1000 km langen, schmalen Halbinsel Baja California, die sich in südöstlicher Richtung in den Pazifik erstreckt.

Kalifornische Grauwale *(Eschrichtius robustus)*

Die Wale reisen nicht in einer geschlossenen »Schule« (Verband) dorthin, sondern nach Alter und Geschlecht gestaffelt. Als erste verlassen die trächtigen Kühe die Arktis, dann folgen die geschlechtsreifen Bullen und schließlich die Jungtiere beiderlei Geschlechts. Die Kühe, die Nachwuchs erwarten, müssen einen genauen Zeitplan einhalten; die anderen können sich mehr Zeit lassen.

Grauwale gehören zu den wenigen wandernden Walarten, deren Bestände man durch einfaches Zählen ermitteln kann. In den nördlichen Meeresgebieten breiten sie sich weit aus, doch wenn die Tage kürzer werden, sammeln sie sich. Sie beginnen nach Süden zu ziehen und passieren dabei allesamt die Aleuteninsel Unimak, einer der Orte, wo sie im November und Dezember gezählt werden können. Weniger wetterfeste Walzähler begeben sich zu verschiedenen Stellen im südlichen Kalifornien (Point Lobos bei San Diego ist besonders beliebt) oder in die Lagunen selbst. Wo immer auch die Zähler postiert sind, sie kommen auf eine Gesamtzahl von rund 21 000 Grauwalen, die tagsüber und nachts nach Baja California unterwegs sind. Im Frühjahr, auf dem Weg

nach Norden, schlagen die Tiere einen küstenferneren Kurs ein und sind dann nicht so leicht zu zählen. Diejenigen Wale, die den gesamten Hin- und Rückweg zurücklegen, unternehmen von allen Säugetieren die längste Wanderschaft: ungefähr 16 000 km. Das Navigieren auf stürmischer See und in der Nacht ist nicht einfach, und es grenzt an ein Wunder, daß die Wale diese gefährliche Reise in jedem Lebensjahr einmal bewältigen. Man nimmt an, daß sie sich dabei hochentwickelter Fertigkeiten bedienen, u. a. des Gehörs, des passiven Sonars und sogar des Sehvermögens, außerdem eines Magnetsinns, den wir gerade erst zu erforschen beginnen.

Wenn die Wale in den Lagunen eintreffen, bringen die trächtigen Kühe ihre Jungen zur Welt, und die nicht säugenden Weibchen werden begattet. Die Reise nach Süden hat ihren Tribut gefordert; ein 30-Tonnen-Wal kann unterwegs 8 Tonnen Blubber verlieren. Das ist jedoch für Bartenwale normal, denn sie sind für lange Fastenzeiten eingerichtet – einer der Gründe für die dicke Fettschicht.

Im Februar oder März treten die Wale die Rückreise an, nachdem sie seit dem Beginn ihrer Wanderung

Blauwal *(Balaenoptera musculus)*

vor vier oder fünf Monaten nichts mehr gefressen haben. In den kalten und nahrungsreichen Gewässern der Arktis widmen sie sich 24 Stunden am Tag der Nahrungsaufnahme. Sie schöpfen riesige Mengen winziger Krebstierchen vom Meeresboden auf, und dabei gelangen natürlich viele unerwünschte Beigaben in das Maul und den Magen. Sie benutzen offensichtlich ein Saugverfahren, bei dem sich der Wal auf die Seite legt und den nahrhaften Bodenschlamm einschlürft. Danach werden Schlick und Wasser durch die kurzen, gelblichen Barten ausgepreßt.

Belegt wird das Freßverhalten der Wale im Beringmeer durch Fotos und durch Sonaraufzeichnungen von aufeinanderfolgenden flachen Mulden im Schlamm, die vermutlich von nahrungsuchenden Grauwalen stammen. Neuere Beobachtungen deuten darauf hin, daß die Tiere auch in anderen Meeresgebieten Nahrung aufnehmen, zum Beispiel vor der Insel Vancouver, wo sie beim Verzehr von Spaltfußkrebsen (Mysiden) in mittleren Wasserschichten beobachtet worden sind.

Weil sich die Grauwale auf dem Weg nach Süden so dicht an der Küste halten, sind sie, vor allem im südlichen Kalifornien, zum Beobachtungsobjekt zahlloser Waltouristen geworden. Im Januar und Februar passieren sie San Francisco und Monterey, dann Los Angeles und San Diego, wo sie in mexikanisches Gewässer einschwimmen. In den Lagunen werden sie von Schiffen aus beobachtet (unter den wachsamen Augen der mexikanischen Behörden), was dazu geführt hat, daß sehr viele Menschen mit Walen in Kontakt kommen – und umgekehrt.

Der Blauwal

(Balaenoptera musculus)

Der Blauwal ist das größte Tier, das jemals auf Erden gelebt hat. Die größten Exemplare messen über 30 m und wiegen schätzungsweise mehr als 150 Tonnen. (Einige Riesendinosaurier waren zwar ebenso lang oder noch länger, aber mit ihrem langen Hals und Schwanz wogen sie erheblich weniger.) Da man einen solchen Giganten nicht abwiegen kann, sind viele Rekordangaben lediglich Schätzwerte, die sich aus der Summe des Fleisches, des Trans, des Blubbers, der Knochen und der bei der Verarbeitung austretenden Körperflüssigkeiten ergeben. Im *Guinness Book of Animal Facts and Feats* heißt es beispielsweise von einem Blauwal, der 1924 in der südwestafrikanischen Walfischbucht erlegt wurde: »Leider wurde dieser gewaltige Wal nicht stückweise gewogen, aber aufgrund der Tranausbeute muß er *mindestens* 200 Tonnen schwer gewesen sein!« Dies ist der Wal, der zu allen möglichen Vergleichen einlädt: Er wiegt mehr als 40 Elefanten, 200 Kühe, 1600 Menschen usw. Moderner ausgedrückt: Er ist ungefähr so lang wie eine Boeing 737, die vollgetankt allerdings nur ein Viertel des Gewichts eines ausgewachsenen Blauwals hat.

Von Geburt an kann der Blauwal mit Rekordmaßen und -leistungen aufwarten. Nach einer elfmonatigen Tragzeit wird das 7,30 m lange und etwa 4 Tonnen schwere Kalb geboren – es ist so schwer wie ein ausgewachsenes Flußpferd. (Die Angaben zur Geburtsbiologie beruhen weitgehend auf Untersuchungen von Föten auf dem Flensdeck; noch niemand hat die Geburt eines solchen Riesenbabys beobachtet.) Das Kalb wird mit Muttermilch ernährt (auch das wurde noch nie beobachtet), die so fettreich ist, daß das Jungtier in den ersten sechs Lebensmonaten täglich ungefähr 2 Zentner zunimmt.

Mit einer Länge von rund 15 m wird der einjährige Wal abgestillt und zieht dann sein ganzes Leben lang auf der Suche nach Futter umher. Auf der Südhalbkugel wandern die Blauwale zur Antarktis, wo vor der Entdeckung durch die Walfänger einst riesige Herden zusammenkamen: Zwischen den Eisschollen und umkreist von kreischenden Möwen und Albatrossen, schöpften Hunderte, ja Tausende dieser gescheckten blaugrauen Ungetüme gewaltige Mengen Eiswasser und Krill in ihr Maul. (»Krill« ist der norwegische Name des Walfutters und bezieht sich auf den kleinen Leuchtkrebs *Euphausia superba*.) Zu unseren Lebzeiten werden wir dieses Schauspiel leider nicht mehr erleben!

Die Glatt- und Furchenwale sind zwar allesamt Bartenwale, aber in ihren Ernährungsgewohnheiten unterscheiden sie sich deutlich. Kaper- und Grönlandwale schwimmen durch ihre Nahrung hindurch und lassen dabei einen Strom von Plankton und Wasser durch ihr geräumiges Maul fließen. Die Furchenwale dagegen sind beim Nahrungserwerb sehr viel aggressiver. Wenn sie auf einen Schwarm Krillkrebse (oder

Modell eines Blauwals in der naturhistorischen Abteilung des Britischen Museums.

Fische oder Tintenfische) treffen, senken sie den Unterkiefer, der dann eine riesenhafte Schöpfkelle bildet, und nehmen mit dem Wasser so viele Futtertiere wie möglich auf. Der lose eingehängte Unterkiefer und die zahlreichen Furchen gestatten eine enorme Dehnung der Kehle. In seiner Studie über die Freßmechanismen der Bartenwale schätzt August Pivorunas das Fassungsvermögen eines voll ausgeweiteten Blauwalmauls auf 70 Tonnen.

Die südlichen Blauwale ernähren sich in der Antarktis, weil diese eisigen Gewässer dank ihres Sauerstoffgehalts gewaltige »Flöße« aus Krill beherbergen. Sobald der Wal die »Krebssuppe« aufgenommen hat, schließt er das Maul und drückt mit seiner fleischigen Zunge, die so groß wie ein Kleinwagen ist, das Wasser durch das Bartensieb hinaus. Ein Wissenschaftler schätzt den Tagesbedarf eines Blauwals auf 1,5 Millionen Kalorien.

Blauwale sind in allen gemäßigten Weltmeeren vertreten, doch sie gehören getrennten Populationen an, die sich nicht vermischen. Blauwalgruppen sind unter anderem im St.-Lorenz-Golf, in der Cortezsee, im Indischen Ozean und im Nordatlantik vor Island und Grönland erforscht worden. Ein Exemplar hat sich im Panamakanal verirrt, und eines der ersten, das wissenschaftlich beschrieben worden ist, strandete 1962 im Firth of Forth in Schottland.

Obgleich das Wort »Zwerg« unpassend erscheint für ein Tier, das fast 25 m lang werden kann, existiert tatsächlich eine Unterart *Balaenoptera musculus brevicauda,* der Zwergblauwal. (Der wissenschaftliche Artname bedeutet soviel wie »muskulöser geflügelter Wal«, obwohl *musculus* manchmal auch mit »Mäuschen« übersetzt wird; *brevicauda* heißt kurzschwänzig.) Der Zwergblauwal ist etwas kleiner als sein Verwandter und angeblich »silbergrau« gefärbt, während der Blauwal überwiegend blau ist. Er kommt nur im Südmeer vor und wandert möglicherweise nicht zur Nahrungsaufnahme in polare Gewässer.

Auf hoher See erkennt man den Blauwal an seiner Größe und Farbe, seiner auffällig nach hinten versetzten kleinen Rückenflosse, dem hohen, senkrechten Blasstrahl und seiner Angewohnheit, seine Fluke bei jedem dritten oder vierten Abtauchen aus dem Wasser zu heben. Manche Tiere tragen auf der Unterseite einen gelbgrünen Belag aus Kieselalgen, der ihnen den Namen »Schwefelbäuche« eingebracht hat.

Blauwale singen nicht; die von ihnen erzeugten Töne, die lautesten im ganzen Tierreich, liegen unterhalb der menschlichen Hörschwelle. Nur mit aufwendigen Aufzeichnungsgeräten konnte die Existenz dieser mächtigen, kehligen Brummtöne nachgewiesen werden. Die Funktion der niederfrequenten Rufe ist nach wie vor ein Rätsel.

Auf der Sitzung der Internationalen Walfangkommission, die im Juni 1989 in San Diego stattfand, wurde eine schockierende Statistik vorgelegt. Bis dahin hatte man die Zahl der lebenden Blauwale auf rund 10 000 Tiere veranschlagt, die sich hauptsächlich auf die Südhalbkugel konzentrierten. Die Zahl war natürlich spekulativ, aber die Fachleute hatten den Eindruck, die Art habe sich seit dem Fangverbot von 1966 wieder erholt. Der *Report* 1989 des wissenschaftlichen Ausschusses der IWC enthielt jedoch folgende Information: Auf den im Rahmen der Internationalen Dekade der Walforschung (IDCR) durchgeführten Kreuzfahrten waren von 1978 bis 1986 nur 453 Blauwale gesichtet worden. (Der Bestand der antarktischen Blauwale vor der kommerziellen Ausbeutung wird auf 225 000 geschätzt.) Selbst wenn man diese Zahl großzügig nach oben korrigiert, weil manche Regionen in der zehnjährigen Bestandsaufnahme nicht berücksichtigt wurden, sieht die Zukunft der Blauwale düster aus. Die ermittelte Zahl könnte sich für eine Bestandserholung als zu gering erweisen. Das größte Lebewesen unseres Planeten stirbt möglicherweise noch zu unseren Lebzeiten aus.

Der Finnwal

(Balaenoptera physalus)

Der Finnwal, das zweitgrößte Tier der Welt, ist sofort an seiner Färbung zu erkennen: Er ist das einzige stets asymmetrisch gefärbte Säugetier. Aus Gründen, die den Cetologen seit Jahrhunderten ein Rätsel aufgeben, ist das Tier auf der einen Seite weiß und auf der anderen schwarz. Von rechts betrachtet, besitzt der Wal einen weißen Unterkiefer und eine Ansammlung von hellen Abzeichen, die sich über den Rücken hinziehen. Wenn wir das Tier umdrehen könnten – keine leichte Sache bei einem voll ausgewachsenen Finnwal, der eine Länge von 25 m erreichen kann –, dann würden wir sehen, daß sein linker Unterkiefer schwarz ist. Zudem setzt sich die ungewöhnliche Färbung bis in das Maul fort, wo die Barten und die Mundhöhle vorne rechts weiß sind, während die übrigen Barten auf der rechten Seite und auf der gesamten linken Seite abwechselnd cremefarben und grau gebändert sind. Manche Wissenschaftler vermuten, die seltsame Farbgebung habe etwas mit dem Nahrungserwerb zu tun, bei dem der Wal seiner Beute, die aus Krill, Fischen und Tintenfischen besteht, entweder die helle oder die dunkle Körperseite präsentiert. Beobachter haben jedoch festgestellt, daß die Wale »beidseitig« auf Futtersuche gehen.

Der Finnwal verdankt seinen Namen der auffallend hohen Rückenfinne, durch die er sich, abgesehen von der Färbung, deutlich von seinem größeren Vetter, dem Blauwal, unterscheidet. Auch in der Fortbewegungsweise und in den Lebensgewohnheiten weichen die beiden Arten leicht voneinander ab.

Obwohl es fast unmöglich ist, die Höchstgeschwin-

Finnwale *(Balaenoptera physalus)*

digkeit eines freilebenden Wals zu bestimmen – außer wenn er harpuniert wurde und um sein Leben
»rennt« –, gilt der Finnwal seit langem als einer der
schnellsten Meeressäuger überhaupt. In seinem Buch
Whale Hunting with Gun and Camera bezeichnet Roy
Chapman Andrews den Finnwal als den »Windhund
des Meeres« und fährt fort: »Sein wunderbar schlan-
ker Körper ist wie eine Rennjacht gebaut, und das
Tier kann die Geschwindigkeit des schnellsten
Dampfschiffs überbieten.«

Ein 20 m langer Finnwal wiegt schätzungsweise fast
50 Tonnen, also erheblich weniger als sein massige-
rer blauer Vetter. Während der Blauwal einen abge-
rundeten Oberkiefer hat, ist der Kopf des Finnwals
keilförmig, besitzt also hervorragende hydrodynami-
sche Eigenschaften. Die Spitzengeschwindigkeit des
Finnwals dürfte bei mehr als 40 km/h liegen, und
damit wäre er allen Segelschiffen und Ruderbooten
überlegen. Die Tiere schwammen bis zum Ende des
vorigen Jahrhunderts mehr oder weniger unbehelligt
umher, doch dann begann mit der Erfindung der
Harpunenkanone das Gemetzel. In einem 1976 veröf-

fentlichten Aufsatz schätzte Victor Scheffer den Weltbestand vor der Ausbeutung auf 450 000 Exemplare,
von denen bis zu jenem Jahr rund 100 000 überlebt
hätten.

Die Finnwale sind wahrscheinlich die häufigsten
Großwale; auf jeden Fall sind sie die am weitesten
verbreiteten. Sie kommen – in stark reduzierter Zahl
– in allen gemäßigten und subpolaren Breiten und in
allen Ozeanen beider Hemisphären vor. Besonders
zahlreich waren sie im Nordatlantik vertreten, und
bis zum Zusammenbruch dieser Population waren sie
die wichtigsten Beutetiere der Hochseewalfänger in
der Antarktis. Man nimmt an, daß die Finnwale im
Sommer in hohe Breiten und im Winter zur Fortpflanzung äquatorwärts ziehen, so daß sich die Populationen der Nord- und der Südhalbkugel im Laufe der
Jahre in die gleiche Richtung bewegen und sich
deswegen kaum miteinander vermischen. Im Unterschied zu den Blauwalen, die gewöhnlich zu zweit
oder zu dritt auftreten, schließen sich die Finnwale
gern in großen Scharen zusammen; es wurden schon
bis zu 100 Tiere auf einmal gesichtet. Würde nicht der

Blauwal als Rekordhalter allen die Schau stehlen, wäre der elegante Finnwal wohl sehr viel bekannter geworden. Melville meinte: »Er hat bis jetzt immer nur seinen Rücken gezeigt, der zu einem langen, scharfen Grat aufsteigt. Laß ihn davonschwimmen. Ich weiß wenig über ihn, genauso wie alle anderen.«

Der *Report* 1989 des wissenschaftlichen IWC-Ausschusses publizierte die Ergebnisse der Bestandsaufnahme, die in der Internationalen Dekade der Walforschung in antarktischen Gewässern durchgeführt worden war. Dabei wurden insgesamt 2096 Finnwale gesichtet – eine Zahl, die noch erschreckender ist als die der 453 Blauwale, weil man die Zahl der Tiere, die in der Antarktis überdauert hatten, auf rund 85 000 geschätzt hatte (Mizroch et al., 1984).

Der Seiwal

(Balaenoptera borealis)

Der Name Seiwal leitet sich vom norwegischen *seje* her, dem Namen eines Fisches, der in jedem Frühjahr zusammen mit diesen spitzköpfigen Furchenwalen vor den Steilküsten Norwegens einzutreffen pflegt. Das Adjektiv *borealis* bedeutet einfach »nördlich«.

Der dunkelgraue Seiwal ist etwas kleiner als der Finnwal. Er erreicht eine maximale Länge von 20 m, doch die meist adulten Tiere bewegen sich in einer Größenordnung von 15 bis 18 m. Wie bei allen Furchenwalen sind auch bei dieser Art die Kühe ein wenig größer als die Bullen. Es sind schlanke, anmutige Tiere, die bis zu 40 Tonnen schwer werden können. Die auffällige Rückenfinne ist scharf sichelförmig gebogen, und der Oberkiefer trägt in der Mitte einen Längskiel.

Die Tiere besitzen sehr feine Bartenfransen und ernähren sich vorwiegend von kleineren Organismen, wie etwa Ruderfuß- und Leuchtkrebsen, aber sie fressen nachweislich auch kleine Schwarmfische. Die Tragzeit beträgt ein Jahr, und die Kälber werden nach fünf bis neun Monaten entwöhnt.

Wie alle Furchenwale sind auch die Seiwale in getrennten Populationen in allen Weltmeeren anzutreffen. Sie unternehmen jährliche Wanderungen; ihre Routen sind zwar weitgehend unbekannt, aber da sich die Tiere im Sommer in hohen Breiten aufhalten, ist

Seiwal *(Balaenoptera borealis)*

zu vermuten, daß sie sich in den wärmeren Gewässern in Äquatornähe fortpflanzen. Es gibt Populationen im Pazifik, im Nordatlantik, im Südmeer und vor Südafrika, Australien und Brasilien. Die Seiwale der Südhalbkugel ziehen in die Antarktis, um sich vom dort reichlich vorhandenen Krill zu ernähren.

Soviel wir wissen, sind die Seiwale die einzigen Großwale, die ein oft unregelmäßiges Wanderverhalten zeigen. Sie folgen zwar einem bestimmten Zyklus (kälter im Sommer, wärmer im Winter), aber gelegentlich tauchen sie in großer Zahl in ungewöhnlichen Meeresgebieten auf. Im westlichen Pazifik beispielsweise, vor Japan und Korea, wurden überraschende »Invasionen« von Seiwalen beobachtet – wahrscheinlich eine Reaktion auf außergewöhnliche Umweltbedingungen. Die Tiere wanderten jedoch ziemlich regelmäßig Jahr für Jahr in die Antarktis, so daß die Walfänger dort eine einschlägige Industrie aufbauen konnten, nachdem sich die Jagd auf die Blau- und Finnwale wirtschaftlich nicht mehr lohnte. Scheffer vermutet, daß der ursprüngliche Seiwalbestand von rund 200 000 Tieren inzwischen auf 75 000 zusammengeschmolzen ist.

Der Brydewal

(Balaenoptera edeni)

Der Namensteil Bryde, der norwegisch korrekt »bruda« ausgesprochen wird, hat sich gehalten, obwohl es an Versuchen, einen einleuchtenderen Namen zu finden, nicht gefehlt hat. Die Art wurde zwar nach einem in Birma gestrandeten Exemplar beschrieben, aber bekannt geworden ist sie vor allem durch die in südafrikanischen Gewässern lebenden Tiere. Sie hat den Namen Johan Bryde unsterblich gemacht. Er lud 1912 Orjan Olsen, einen norwegischen Wissenschaftler aus Christiania (heute Oslo), nach Südafrika ein, um einige ungewöhnliche Furchenwale zu untersuchen, und in einem Zeitungsartikel vom 12.11.1912 verkündete Olsen, daß es sich um eine bislang unbekannte Art handle. In einer wissenschaftlichen Publikation von 1913 bezeichnete er sie als *Balaenoptera brydei*, doch später stellte sich heraus, daß sie mit einer Art identisch war, die 1878 nach dem Exemplar in Birma beschrieben worden war; deshalb lautet der gültige wissenschaftliche Name *Balaenoptera edeni*.

Der Brydewal ist kein Riese, doch immerhin noch recht stattlich. Mit einer maximalen Länge von mehr als 13 m ist er ungefähr so lang wie ein LKW-Anhänger, aber bei einem Gewicht von 30 Tonnen erheblich schwerer.

Er ähnelt stark dem Seiwal, unterscheidet sich von diesem jedoch durch mehrere Besonderheiten, die ihn als eine eigenständige Art ausweisen. (Lange Zeit haben die Walfänger diesen Unterschied nicht gemacht, so daß in älteren Beschreibungen und Zuordnungen der beiden Arten ein hoffnungsloses Durcheinander herrscht.) Während der Seiwal einen einzigen Längskiel besitzt, der vom Blasloch bis zur Schnauzenspitze mitten auf dem Oberkiefer verläuft, hat der Brydewal drei solche Kiele, die vorne auf dem Spitzkopf zusammenlaufen. Die Kehlfurchen des Seiwals enden vor dem Nabel, beim Brydewal (und bei den übrigen Gattungsvertretern) sind sie länger ausgezogen. Die Barten des Seiwals sind fein, die des Brydewals grob, offensichtlich in Anpassung an sein Ernährungsverhalten.

In den frühen Darstellungen wird dem Brydewal nachgesagt, er fresse allerlei absonderliche Beutetiere, etwa Pinguine, Tölpel und Haie. Man hat zwar einige dieser ungewöhnlichen Nahrungsbestandteile im Magen erlegter Brydewale entdeckt, aber sie sind wahrscheinlich nur zufällig dort hineingeraten. Die Tiere ernähren sich von Fischen, von Heringen, Sardinen, Anchovis und Makrelen.

Die Brydewale wandern nicht zur Antarktis wie ihre größeren Vettern. Das hat vermutlich unzähligen Tieren das Leben gerettet. Ihre Vorkommensgebiete liegen im Golf von Kalifornien und an beiden Küsten Südamerikas, doch besonders zahlreich sind sie vor Japan und den Bonininseln und selbstverständlich in südafrikanischen Gewässern anzutreffen.

Sei- und Brydewal sind noch wenig erforscht. Obwohl sie nicht gerade klein sind, lohnte sich die Jagd auf sie meist nicht, weil sie den raffgierigen Walfängern zu wenig Fleisch und Öl lieferten. Im System der »Blauwaleinheit« (BWE), nach dem der Ölertrag der einzelnen Arten bemessen wurde, entsprach 1 Blauwal 2 Finnwalen, 2,5 Buckelwalen oder 6 Seiwalen. Aus wirtschaftlichen Gründen war es vorteilhafter, zuerst die größeren Wale zu jagen. Erst als diese nicht mehr in ausreichender Zahl verfügbar waren, wandten sich die Walfänger den »armen Verwandten« zu. Und erst dann interessierten sich auch die Wissenschaftler für die kleineren Furchenwale.

Im Jahr 1974 veranstaltete die IWC eine Sondersitzung in La Jolla in Kalifornien, um die Probleme der Sei- und Brydewale zu erörtern, und drei Jahre später

Brydewale *(Balaenoptera edeni)*

veröffentlichte sie einen Bericht, der mehr Informationen über diese obskuren Arten enthielt als alle einschlägigen Darstellungen aus früheren Jahrhunderten.

Der Zwergwal

(Balaenoptera acutorostrata)

Der kleinste Furchenwal, der Zwergwal, kann über 10 m lang werden, bleibt jedoch meist erheblich kleiner. Sein Gewicht kann über 10 Tonnen betragen.

Der wissenschaftliche Name ist rein deskriptiv: Lateinisch *acutus* bedeutet scharf und bezieht sich auf das zugespitzte Rostrum (»Schnabel«). Im Englischen heißt die Art »Minke whale« (ausgesprochen »minki«), angeblich abgeleitet vom Namen des deutschen Walfängers Meineke oder Meinecke, der zur Belustigung seiner Kollegen einmal einen Zwergwal mit einem Blauwal verwechselte. Seither nannten die Walfänger das Tier »Meineke's whale«, was dann zu »Minke« verballhornt wurde.

Wie die übrigen Furchenwale sind auch die Zwergwale weltweit verbreitet, aber im Gegensatz zu den anderen Arten besteht hier ein auffälliger Unterschied zwischen den Spielarten der nördlichen und der südlichen Hemisphäre. Alle Zwergwale sind an der Oberseite dunkelgrau oder schwarz und an der Unterseite weiß, doch die Tiere im Norden tragen ein ausgeprägtes weißes Band auf den Flippern, das denen im Süden fehlt. Außerdem haben alle nördlichen

Zwergwal *(Balaenoptera acutorostrata)*

Vertreter weiße Barten, während bei manchen südlichen Exemplaren nur die vorderen Barten weiß, die übrigen dagegen dunkel sind. Wahrscheinlich wird deshalb eine südliche Unterart, *Balaenoptera acutorostrata bonaerensis,* Anerkennung finden. Zwergwale besitzen einen kleinen Kopf und eine anmutig geschwungene Rückenflosse. Im Nordatlantik hat man beobachtet, daß sie bei der Nahrungsaufnahme mit weit geöffnetem Maul durch Fischschwärme hindurchschwimmen. Der Zwergwal ist der einzige Furchenwal, der vollständig aus dem Wasser springen kann; dann taucht er, wie ein Delphin, mit dem Kopf voran wieder ins Meer ein.

Unterscheidbare Zwergwalpopulationen leben auf beiden Seiten des Nordatlantiks, im Nord- und Südpazifik und in der Antarktis, wo die Tiere regelmäßig in den Treibeisgürtel vorstoßen, also weiter nach Süden als die anderen Furchenwalarten.

Während die größeren Wale in ihrem antarktischen Refugium immer mehr dezimiert wurden, konnten sich die Zwergwale ungestört tummeln, wenn man von gelegentlichen Überfällen durch Schwertwalrudel absieht. Da im Südpolarmeer die Nahrungskonkurrenten abnahmen, vermehrten sie sich und füllten die entstandenen Lücken aus. Ein Zwergwal hat nur ein Drittel der Länge eines ausgewachsenen Blauwals; folglich machte ein erlegter Blauwal theoretisch Platz für drei Zwergwale. Da sich niemand für die kleinen Wale interessierte, hatte sich auch niemand die Mühe gemacht, sie zu zählen. Als jedoch offensichtlich wurde, daß sie die einzigen Wale waren, die noch gejagt werden konnten, nahmen gewisse Wissenschaftler die erhöhten Bestandszahlen zum Vorwand für höhere Fangquoten. 1971/72 wurden 3021 Zwergwale erlegt; 1972/73 waren es 5745 und 1973/74 sogar 7713. Trotzdem wurde die Art erst 1975 in das *Schedule*[*] der IWC aufgenommen.

Von diesem Jahr an setzten sich die Walfangnationen (insbesondere Japan, die UdSSR, Korea, Brasilien und Norwegen) aggressiv für großzügige Quoten ein. Weil »der Wissenschaftliche Ausschuß nicht in der Lage war, sich in bezug auf die Zwergwale über die Bestandsgröße oder die vertretbaren Maximalerträge zu einigen«, beschloß die IWC 1975, die Fangquote auf »7000, verteilt über verschiedene Regionen«, festzusetzen. Die Jagd auf die Zwergwale war damit eröffnet. Im folgenden Jahr stieg die Quote für die Südhalbkugel auf 8900 an, und die Jahresberichte der IWC füllten sich mit Untersuchungen zur Biologie der Zwergwale. 1977 wurde ein spezieller Unterausschuß eingesetzt, der sich mit der Situation der Zwergwale befassen sollte, und unter dem zunehmenden Druck der Walschützer (innerhalb und außerhalb der IWC) wurden die jährlichen Fangquoten bis 1982 verringert, als das Moratorium für den gesamten kommerziellen Walfang in Kraft trat.

Der Pottwal

(Physeter macrocephalus)

Für viele Menschen ist der Pottwal, der »Hauptheld« in Melvilles Roman *Moby Dick, der* Wal. Doch er ist keineswegs ein typischer Wal, sondern eines der ungewöhnlichsten Tiere der Welt. Er läßt sich leichter durch das charakterisieren, was ihn von den anderen Walen – und von allen anderen Tieren – unterscheidet, als durch seine Ähnlichkeiten mit ihnen.

---

[*] Das *Schedule* ist ein jährlich vorgelegtes Dokument, das die sich verändernden »Regeln« des Walfangs enthält, ferner verschiedene Definitionen, Bestandsangaben und alle zusätzlichen Informationen, die für die Durchführung des Walfangs notwendig sind.

Der Pottwal ist ein Zahnwal, aber er ist so viel größer als die übrigen Odontoceti, daß er eine eigene Gattung bildet, während seine nächsten Verwandten, die höchstens 3,50 m langen Klein- und Zwergpottwale, in eine gesonderte Gattung *(Kogia)* gestellt wurden. *Physeter macrocephalus* ist ein Unikum, ein Geschöpf voller Superlative, Widersprüche und Anomalien. Das zeigt schon sein kurioser englischer Name: *Sperm whale*, zu deutsch »Samenwal«. Als Europäer erstmals einen gestrandeten Pottwal fanden, konnten sie sich die klare ölige Flüssigkeit im Kopf des Tieres nicht erklären und vermuteten, sie sei dessen Samenflüssigkeit. Das ist sie selbstverständlich nicht, doch auch heute wissen wir noch nicht, wozu der Wal den vermeintlichen »Walsamen« oder Spermaceti benutzt, der den deutschen Namen Walrat trägt. (Nach Auskunft südafrikanischer Chemiker handelt es sich um »ein physikalisches Gemisch aus gesättigten und ungesättigten Triglyceriden und Ester mit hohem Molekulargewicht«.) Manche Fachleute nehmen an, daß das Öl im Pottwalkopf beim Tieftauchen, bei der Regulierung des Auftriebs und der Körpertemperatur oder bei der Lauterzeugung eingesetzt wird. Es könnte alle diese Funktionen erfüllen und vielleicht noch andere, von denen wir keine Ahnung haben.

Der wissenschaftliche Name ist leichter zu deuten. *Physeter* bedeutet im Griechischen soviel wie »Bläser«, und *macrocephalus* heißt »Großkopf«. Der riesige Kastenkopf des Pottwals ist jedoch in Wirklichkeit seine Nase, die größte Nase der Weltgeschichte. Ich bezeichne das Organ als Nase, weil es über dem Unterkiefer sitzt, die Nasengänge und die einzelne Nasenöffnung enthält und vor dem Gehirn und den Augen liegt. Auch das Gehirn bricht alle Rekorde. Der sehr viel größere Blauwal hat ein viel kleineres Gehirn. Das Gehirn eines voll ausgewachsenen Pottwals kann fast 20 kg wiegen, während das des Menschen im Schnitt weniger als 1,5 kg wiegt. Ein solches Riesenhirn kann sich nicht ohne Grund entwickelt haben. Der Grund liegt möglicherweise in der Verarbeitung von Schallimpulsen.

Wie alle Zahnwale spürt auch der Pottwal seine Nahrung mit Hilfe der Echoortung auf. Er sendet Laute aus und wertet die aufgefangenen Echotöne aus, um die Beschaffenheit der Objekte in seiner Umgebung und auch die seiner Beutetiere zu bestimmen. Doch damit ist das Problem nur zum Teil gelöst. Der Wal muß seine Beute auch noch fangen. Entgegen der verbreiteten Legende ernähren sich die Pottwale nicht ausschließlich von Riesenkraken *(Architheutis)*.

Pottwale *(Physeter macrocephalus)*

In den Mägen erlegter Pottwale wurden vielmehr sehr viel kleinere Kalmare entdeckt, allerdings in gewaltigen Mengen. Seit langem rätseln die Cetologen herum, wie der Pottwal in völliger Dunkelheit so viele dieser flinken Kopffüßer zu erbeuten vermag, die er für seinen Lebensunterhalt braucht. Man hat gemutmaßt – aber nicht bewiesen, denn direkte Beobachtungen würden das Tauchvermögen eines Pottwals voraussetzen –, daß die Wale (und ihre kleineren Vettern, die Delphine) imstande sind, ihre Beute mit gezielten starken Schallimpulsen zu betäuben und anschließend in Ruhe zu verspeisen. Im übrigen verständigen sich Pottwale auch untereinander durch Lautäußerungen, durch Serien von Klick-, Knall- und Pfeiftönen.

Im Unterkiefer eines adulten Pottwals fallen sofort die Zähne ins Auge, dicke Elfenbeinpflöcke, die das Ausgangsmaterial für die sogenannten Scrimshaws bildeten. In ihrer Freizeit ritzten die Matrosen an Bord der Walfangschiffe gern Zeichnungen in diese Zähne ein. Wieder einmal diente ein Walprodukt den Bedürfnissen des Menschen, doch wieder einmal wissen wir nicht genau, welchen Zweck die Gebilde für den Wal selbst erfüllen.

Andere Tiere benutzen Zähne zum Kauen und Beißen, doch beim Pottwal haben die Zähne offenbar eine andere Aufgabe. Zum ersten brechen die Zähne im Oberkiefer nicht durch, so daß eine Kautätigkeit nicht in Frage zu kommen scheint. Wenn wir den Berichten über Pottwale, die mit Riesenkraken kämpfen, Glauben schenken, müßten sich doch bei den Kraken Bißwunden finden lassen, die von den Walzähnen stammen. Da man aber solche Spuren nicht gefunden hat, nimmt man heute an, daß der Wal die mit einem »Schallstoß« betäubte Beute aus dem Wasser holt, indem er seine Kiefer wie eine Pinzette einsetzt. Die Zähne eignen sich zum Festhalten der glitschigen Kraken, aber nicht zum Kauen oder Beißen.

Die Körper der Pottwale sind für gewöhnlich überall mit Kratzern und Narben bedeckt, zuweilen auch mit den Saugnapfabdrücken von Kraken oder mit Zahnspuren, die offenbar von anderen Walen herrühren. Rivalenkämpfe zwischen den Walbullen oder irgendwelche andere Interaktionen zwischen Bullen und Kühen könnten die Bißspuren und somit auch die Zähne erklären. Die Pottwalzähne wären dann – wie das Gehörn der Antilopen – so etwas wie ein sekundäres Geschlechtsmerkmal, das bei der Ermittlung der dominanten Männchen für die selektive Fortpflanzung eine Rolle spielt.

Die größten männlichen Pottwale sind um etwa ein Drittel größer als die größten weiblichen. Ein großer Bulle, der ungefähr eine Tonne pro Fuß wiegt, kann über 18 m lang werden, während die Kühe selten mehr als 12 m messen. Die Tiere sind überwiegend schwarz, doch verschiedene Autoren beschreiben sie als »graubraun«, »bleigrau« oder »dunkelbraun«. Der Unterkiefer ist bei beiden Geschlechtern weiß, die Oberlippe weiß gesprenkelt. In der Bauchgegend findet sich meist ein weißer Fleck, und ältere Bullen tragen oft eine weißliche Spirale am Ende der Nase, also der abgeflachten Körperpartie, die vielfach als Stirn bezeichnet wird. Am Nasenende, auf der linken Seite, sitzt das einzelne S-förmige Nasen- oder Blasloch. Beim Ausatmen ist der Blasstrahl in einem Winkel von etwa 45 Grad nach vorn gerichtet – ein eindeutiges Erkennungszeichen auf See. Der Pottwal hat keine Rückenfinne, sondern nur eine Reihe von Höckern, die mitten über den Rücken verlaufen; der höchste sitzt dort, wo die Finne sein müßte. Auf der Unterseite findet sich eine merkwürdige Kerbe, die den »postanalen Höcker« kennzeichnet. Hinter den Flippern ist der Körper tief gefurcht. Vermutlich stehen der Höcker und die Falten in irgendeinem Zusammenhang mit den phantastischen Tauchleistungen des Wals.

Pottwale können mehr als 3000 m tief tauchen und sind damit die Tauchchampions unter den Säugetieren. Um solche Leistungen zu vollbringen, müssen sie lange den Atem anhalten und die Muskeln mit Sauerstoff funktionsfähig erhalten können. Damit hat vielleicht der hohe Myoglobingehalt des Muskelge-

webes etwas zu tun; dabei handelt es sich um ein Protein, das Sauerstoff bindet.

Wir fangen gerade erst an, die Welt des Pottwals zu verstehen. Erst 1983 erforschte Dr. Hal Whitehead erstmals die Sozialstrukturen der Pottwale. Unter der Ägide des World Wildlife Fund verbrachten Whitehead und seine Mitarbeiter drei Saisons im Indischen Ozean vor Sri Lanka, wo sie Walmütter und deren Kälber beobachteten, und sie waren auch die ersten Menschen, die Zeuge einer Pottwalgeburt wurden.

Die Wale durchstreifen die Weltmeere von den Polen bis zu den Tropen, doch über ihre Wanderungen wissen wir noch immer nicht viel mehr als die amerikanischen Walfangkapitäne des 19. Jahrhunderts. Uns ist jedoch bekannt, daß sich die großen Bullen nur während der

Ein Walfänger demonstriert an Bord des Schoners *Gaspe* in dem Film *Down to the Sea in Ships* (1922) die Ausmaße einer Pottwalfluke.

Fortpflanzungsperiode (die acht Monate dauern kann) in den niederen Breiten zusammenschließen; in der übrigen Zeit ziehen sie aus noch ungeklärten Gründen in die Polargewässer. Der Rest der Population spaltet sich in verschiedene Gruppen auf, die aus säugenden Kühen, subadulten Bullen oder Jährlingen bestehen, aber die Gründe für diese Gruppenbildungen sind noch unklar. Mit Ausnahme des alaskischen und sibirischen Nordpazifiks waren die Aufenthaltsorte der Pottwale bereits den Walfängern aus Neuengland bekannt. C. H. Townsend hat in einer Studie von 1935 die Daten aus den Logbüchern der Walfänger zusammengetragen und die Orte der Pottwalfänge von 1792 bis 1913 kartiert. Er analysierte die Aufzeichnungen von 744 Schiffen, die 1665 Fangreisen unternahmen und 36 908 Pottwalen den Tod brachten. Seine Karten zeigen die traditionellen Fanggründe der Yankee-Walfänger, jedoch nicht unbedingt alle Regionen, in denen sich die Wale versammeln. Bis in die achtziger Jahre hinein wußte niemand, daß es Pottwale vor Sri Lanka gibt, und auf Townsends Karten fehlen Angaben zu den vielen Tieren, die in dem Bogen, der sich von Nordjapan über die Aleuten bis Nordkalifornien erstreckt, erlegt wurden, wo japanische und sowjetische Walfänger in der Mitte des 20. Jahrhunderts so eifrig auf die Jagd gingen.

Nur wenn sich die geschlechtsreifen Bullen in den hohen Breiten isolieren, kann man einzelgängerische Pottwale antreffen. Sonst treten die geselligen Tiere

Der kräftig bezahnte Unterkiefer eines Pottwals wird an Bord gehievt.

Diese Walfänger haben allen Grund, entsetzt zu sein, denn sie sind mit einem Pottwal konfrontiert, den noch kein Menschenauge je gesehen hat: Das Tier trägt ungewöhnlich viele Zähne im Unter- *und* Oberkiefer!

in Schulen von 50 oder mehr Exemplaren auf. In manchen Berichten ist von Hunderten oder gar Tausenden Pottwalen die Rede, die gleichzeitig gesichtet wurden, doch solche Zahlen sind wohl dubios oder übertrieben.

Die Gründe, aus denen Wale immer in großer Zahl stranden, sind unbekannt. Fest steht jedoch, daß dies bei Pottwalen sehr häufig der Fall ist. Andere Walarten lassen sich zwar in größeren Scharen an den Strand treiben (den Rekord hält der Falsche Schwertwal mit 835 Tieren), aber die Pottwale sind die größten Waltiere, die von Massenstrandungen betroffen sind, und wenn 50 oder 60 oder gar 72 (Rekordzahl) dieser 50-Tonnen-Riesen stranden, dann ist das eine Katastrophe von gigantischen Ausmaßen. Meist sterben die verunglückten Wale, gewöhnlich weil sie verletzt oder gestreßt sind, aber auch deshalb, weil sie für einen Aufenthalt außerhalb des Wassers nicht geschaffen sind. Ohne den Wasserauftrieb ist ihr Körper zu schwergewichtig, und sie ersticken unter der Last der eigenen Muskulatur. Und ohne »Wasserkühlung«

verkocht ein in der Sonne liegender Wal buchstäblich in seiner Fettschicht. Die erstaunlich dünne Haut trocknet aus und reißt in der Hitze, wodurch sich das Wärmeproblem noch vergrößert.

Die moderne Forschung befaßt sich mit der Frage, wie die bedauernswerten Tiere wieder ins Meer zurückbefördert werden können, aber das betrifft nur die kleineren Walarten – man kann einen gestrandeten Pottwal nicht fortbewegen, ohne ihn weiter zu schädigen.

Weil sich die Pottwale über alle Ozeane verteilen, wo sie meist untergetaucht und auf der Wanderschaft sind, lassen sie sich von allen Walen vermutlich am schwersten zählen. Die Schätzungen des Walbestands schwanken zwischen 500 000 und 1,5 Millionen. Wir Menschen töten Pottwale seit Jahrhunderten, und doch sind uns die meisten Lebensgewohnheiten der Tiere noch unbekannt. Wir haben auf Lebewesen, von denen wir kaum etwas wissen, eine ganze Industrie aufgebaut – es hat uns genügt zu wissen, wie man sie umbringen kann.

Zwei

Der Mensch entdeckt den Wal

Früheste Begegnungen

Einer der ältesten Berichte über die Beziehung des Menschen zu den Walen findet sich in der Chronik der Eroberungszüge Alexanders des Großen im 4. vorchristlichen Jahrhundert, die rund 500 Jahre später von dem griechischen Historiker Arrian aufgezeichnet wurde. Da Alexanders Reich das östliche Mittelmeer, die Nordküste des Persischen Golfs und die Küsten des Indischen Ozeans von der Straße von Hormus bis zur Indusmündung umfaßte und da viele Schlachten auch auf See ausgetragen wurden, kann man davon ausgehen, daß er und seine Soldaten häufig Gelegenheit hatten, Wale zu beobachten. Der folgende Passus stammt aus Arrians Wiedergabe des »Logbuchs«, das der makedonische Admiral Nearchos im Indischen Ozean führte:

In diesem fernen Meer lebten große Wale und andere große Fische, viel größer als die unseren im Mittelmeer. ... Als wir Segel setzten, sahen wir, daß östlich von uns Wasser in die Luft geblasen wurde, wie bei einem heftigen Wirbelsturm. Wir waren entsetzt und fragten unsere Lotsen, was das sei und woher das komme. Sie antworteten, es rühre von Walen her, die dieses Meer bewohnten. ... Die Wale, die dicht vor dem Bug der Schiffe zu sehen waren, tauchten erschreckt in die Tiefe. Kurz darauf kamen sie hinter der Flotte wieder an die Oberfläche und bliesen wie zuvor Wasser in die Luft. ... Hin und wieder kommen einige Wale ans Ufer, nachdem sie bei Ebbe auf den flachen Küsten stranden. Oft werden sie auch durch einen heftigen Sturm aufs trockene Land geworfen. Dann sterben sie und verwesen. Wenn das Fleisch verrottet ist, bleiben die Gerippe übrig, die von den Bewohnern dieser Küsten für den Hausbau verwendet werden. Die großen Rippenknochen bilden die Balken der Häuser, die kleineren die Dachsparren. Aus den Kieferknochen machen sie Türen.

Aufgrund dieser Beschreibung lassen sich die Wale nicht bestimmen, denn offensichtlich ist von zwei verschiedenen Formen die Rede. Das Schulbildungsverhalten (und die Massenstrandungen) deuten auf Pottwale hin, während die Darstellung der Knochen eher zu Bartenwalen paßt. Jedenfalls wurden solche Geschichten weitergegeben, verändert, ausgeschmückt und schließlich zu Fabeln und Legenden verarbeitet.

Als Jona aus Jopha floh, statt dem Befehl des Herrn zu gehorchen, sich nach Niniveh zu begeben, geriet sein Schiff in ein »großes Ungewitter«. Um den zornigen Gott zu versöhnen, warfen die Seeleute Jona ins

Meer, und sofort »stand das Meer still von seinem Wüten«; ein »großer Fisch« verschlang Jona, der drei Tage und drei Nächte in dessen Bauch blieb. Jona bereute, und der Fisch »spie Jona aus ans Land«.[*]

Im Buch Jona wird nicht von einem *Wal* gesprochen, doch im Buch Hiob und anderswo finden sich mehrere Hinweise auf den »Leviathan«, ein Tier, das als Krokodil, Hai oder Wal gedeutet worden ist. Bei Jesaja 27 heißt es: »Zu der Zeit wird der Herr heimsuchen mit seinem harten, großen und starken Schwert beide, den Leviathan, der eine flüchtige Schlange, und den Leviathan, der eine gewundene Schlange ist, und wird den Drachen im Meer erwürgen.«[**] In Psalm 104, 25–26 heißt es schließlich: »Das Meer, das so groß und weit ist, da wimmelt's ohne Zahl, große und kleine Tiere. Daselbst gehen die Schiffe; da sind Walfische [Leviathane], die du gemacht hast, daß sie darin spielen.« Was die Wale angeht, so ergibt sich aus der Bibel kein eindeutiges Bild.

Als Noah den Befehl zum Bau der Arche erhielt, nahm er »allerlei Getier« an Bord, aber von Fischen, Walen oder Delphinen ist dabei nicht die Rede. Vielleicht sollten diese Tiere im Kielwasser der Arche mitschwimmen, oder vielleicht wurden sie der Rettung nicht für würdig erachtet, da sie in einer dem Menschen fremden Umwelt lebten.

---

[*] Dies ist nicht die erste Erwähnung eines Wals in der Bibel; sie findet sich in 1. Mose 21: »Und Gott schuf große Walfische.« Es ist jedoch der erste Bericht über einen Menschen, der von einem Wal (oder »großen Fisch«) verschlungen wurde. Das einzige Waltier, das anatomisch so ausgestattet ist, daß es einen Menschen verschlingen könnte, ist der Pottwal, der sich hauptsächlich von Kalmaren ernährt. Ein etwa 200 kg schwerer Kalmar wurde im Magen eines vor Madeira harpunierten Pottwals entdeckt; zweifellos hätte also ein solcher Wal Jona verschlingen können. Es gibt in der Tat Geschichten von Walfängern, die aus dem Bauch eines Pottwals lebend gerettet wurden, doch bei genauerem Hinsehen handelt es sich eher um Fabelerzählungen à la Jona als um belegbare Fakten. Ein vielzitierter Bericht über einen Walfänger, der vor Neufundland über Bord ging und von einem Pottwal verschluckt wurde, ist wahrscheinlich authentisch. In dieser Geschichte (veröffentlicht 1947 als Leserbrief eines gewissen Edgerton Y. Davis an den Herausgeber von *Natural History*) wird der Mann aus dem Walkadaver »exhumiert«, doch er ist übel zugerichtet, verwest und mausetot. Es ist zwar möglich, daß ein Wal einen Menschen verschlingt, aber der Mensch würde das Mißgeschick niemals überleben.

[**] Bei Jesaja scheint sich der »Leviathan« in eine bösartige Seeschlange verwandelt zu haben, so daß die Gleichsetzung mit einem Wal ziemlich abwegig ist. Huevelmans (1965) meint, »Leviathan« (hebräisch *livyatan*) könne übersetzt werden mit »Schlange, Krokodil, Schakal, Wal, Drache und großer Fisch. Ganz offensichtlich können sich all diese Deutungen nicht auf ein und dasselbe Tier beziehen, doch sie betreffen allesamt etwas Großes oder Furchterregendes. Ungeheuer wäre deshalb wohl die beste Entsprechung.«

Bereits um 350 v. Chr. erkannte Aristoteles, daß die Wale Säugetiere und keine Fische sind. Er schrieb: »Der Delphin, der Wal und alle anderen Cetacea, das heißt alle, die mit einem Atemloch statt Kiemen ausgestattet sind, sind lebendgebärend ... genauso wie die Menschen und lebendgebärenden Vierfüßer.«

Diese Erkenntnis sollte sich jedoch 1000 Jahre lang als wenig ergiebig erweisen, denn sie beruhte auf zufälligen und seltenen Untersuchungen an gestrandeten Tieren. Beobachtungen an freilebenden Waltieren erfolgten nur dann, wenn Seefahrer Delphine sichteten, die sich vor dem Bug tummelten, oder wenn jemand wie Nearchos lebende Wale beschrieb. Der Mensch begegnete den Walen erst dann, als er die Ozeane zu erforschen begann.

Obwohl den antiken Autoren »Anschauungsmaterial« fehlte, ließen sie sich dennoch über Wale aus. Plinius der Ältere, der sich vielfach auf Aristoteles und andere Gewährsleute berief, nahm die Tiere in seine *Naturalis historia* (Naturgeschichte) auf, die er verfaßte, kurz bevor er 79 n. Chr. beim Ausbruch des Vesuvs in Pompeji umkam. Dort heißt es:

Die größten und ungeschlachtesten Tiere im Indischen Ozean sind die Wale, Pristis und Balaena genannt. Die Ungetüme namens Balaena kommen gelegentlich auch in unsere Meere. Es heißt, daß sie an der Küste des Spanischen Ozeans bei Gades [Cádiz] nicht vor der Wintermitte gesehen werden, wenn die Tage am kürzesten sind, denn zu ihrer festgesetzten Zeit liegen sie in einem ruhigen, tiefen und großen Wasserlauf, wo sie ihren Laich abzusetzen pflegen und wo sie sich am liebsten fortpflanzen ...

Als der St. Brendan genannte irische Mönch im 6. Jahrhundert seine Nordatlantikreisen unternahm, kam es zu einer der ersten Berührungen zwischen Mensch und Wal, die in der europäischen Literatur ihren Niederschlag gefunden hat. Brendans Entdeckungen von Island, den Kanaren oder Madeira sind zwar interessant, berühren uns aber weit weniger als die köstliche Geschichte von seinem Zusammentreffen mit dem Wal Jasconius. Mit seiner siebzehnköpfigen Mannschaft stieß Brendan auf »eine öde, baumlose schwarze Insel«, doch als sie dort ein Lagerfeuer aufschichteten, sank die Insel unter ihnen weg. Jasconius sagte ihnen, sie könnten zurückkehren, allerdings nur dann, wenn sie darauf verzichteten, auf seinem Rücken ein Feuer anzuzünden. Die Geschichte taucht im *Physiologus* wieder auf und ebenso in Konrad von Megenbergs Übersetzung von Thomas de Cantimprés *De natura rerum* (Von der Natur der Dinge):

»Und Gott schuf große Walfische und allerlei Getier, das da lebt und webt, davon das Wasser sich erregte ...« (1. Mose 1, 21).
Nach einem niederländischen Kupferstich von 1585.

Manche Wale sind so groß, daß sie, aus der Ferne gesehen, Inseln oder Hainen oder Bergen gleichen. Der Wal häuft eine dicke Schicht aus Erde auf seinem Rücken an, so daß Seeleute, die von einem Unwetter zu dieser Erde verschlagen werden, vermeinen, es sei eine Insel und sie könnten dort landen. Vor Freude darüber holen sie die Segel ein, lassen den Anker zu Wasser, bauen ein Feuer auf der Erde und versuchen ein wenig Ruhe zu finden. Sobald aber der Wal die Hitze des Feuers spürt, wird er wütend und taucht unter, und dabei reißt er das Schiff und die Seeleute mit hinab.

Es dauerte noch einmal 500 Jahre, bis der Mensch tatsächlich mit dem Walfang begann, doch Wale ließen sich auch weiterhin aus unerfindlichen Gründen an flache Strände treiben. In seiner *Historia animalium* (Geschichte der Tiere) hatte schon Aristoteles geschrieben: »Es ist nicht bekannt, warum sie auf trockenem Land auf Grund laufen; auf jeden Fall wird behauptet, daß sie dies zuweilen tun, und zwar aus keinem ersichtlichen Grund.« Auch in den 22 Jahrhunderten, die seit Aristoteles vergangen sind, ist es uns nicht gelungen, das Rätsel der Massenstrandungen von Walen zu lösen. Es gibt verschiedene Theorien, die das Phänomen mit einem Versagen der Echoortung, der Verfolgung von Beutetieren, dem Verfolgtwerden durch Räuber, Navigationsirrtümern, erdmagnetischen Anomalien oder gar Selbstmordsehnsüchten zu erklären versuchen. Wie dem auch sei, gestrandete Wale stellten den ersten wichtigen

Kontakt zwischen Menschen und Walen her, der jahrhundertelang unsere Vorstellung von diesen Tieren prägte.

Selbstverständlich stammten nicht alle Erkenntnisse über Wale von gestrandeten Tieren; Seefahrer begegneten allen möglichen Waltieren, wenn sie ihre Handelsrouten befuhren oder sich vorsichtig anschickten, ferne Küsten zu erkunden. Von Häfen in Europa, Asien und Afrika stachen Menschen in See, um Handel zu treiben oder um das Wort ihres Gottes zu verkünden. Aber sie betrieben zunächst keine Wissenschaft um der Wissenschaft willen, und wenn sie Wale entdeckten, sahen sie in ihnen das, was sie zu sehen glaubten: riesige, geheimnisvolle und gefährliche Lebewesen. Auf ihren frühen Seekarten stellten sie die Wale als große beschuppte Tiere dar, mit einer erschreckenden Ansammlung von absonderlichen Körperfortsätzen, als da sind Hörner, Fransen, Kämme, Panzer, Buckel, Kiele, gräßliche Zähne und häufig zwei Röhren, die Wasser in die Luft spritzen.

Die Kartenzeichner hatten nicht die Absicht, ihren Mitmenschen damit Angst einzujagen; jedermann glaubte, daß die fernen Länder alle erdenklichen Fabeltiere und ebenso seltsame Menschentypen beherbergten. Für die Menschen des Mittelalters galten solche von Aberglauben genährte Vorstellungen als Wahrheit.

Eine persische Illustration aus dem 15. Jahrhundert, die Jona im Maul des Wals zeigen soll; aus dem Wal ist allerdings ein großer Fisch geworden.

»Und der Herr sprach zum Fische, und der spie Jona aus ans Land« (Jona 2, 10). Ein Kupferstich von Marten-Jacobsz Heemskerk aus Haarlem (1566).

Wir werden niemals erfahren, wann oder wo die ersten Ureinwohner die ersten gestrandeten Wale erblickten, doch es liegt auf der Hand, daß diese Begegnungen schließlich zum Walfang führten. Sobald die Bewohner der Regionen, die heute Holland, Norwegen oder Vancouver heißen, einsahen, daß sie, um sich solche Massen von Fleisch und Öl zu verschaffen, nicht auf die Freigebigkeit des recht unzuverlässigen Meeres angewiesen waren, fuhren sie selbst aufs Meer hinaus, um Wale zu jagen.

Viele der frühesten Waldarstellungen basierten al-lerdings auf gestrandeten Tieren; für die Naturforscher des 16. und 17. Jahrhunderts waren sie eine wahre Fundgrube. Wie sonst hätte der Schotte Robert Sibbald einen Blauwal 1692 so exakt beschreiben können, wenn nicht dessen Kadaver bei Abercorne am Firth of Forth entdeckt worden wäre? Im Laufe der Zeit wurden vielerlei Walarten angespült: Finn-, Zwerg-, Kaper-, Buckel- und Grauwale sowie Delphine aller Art. Der berühmteste aller Strander ist indes der Pottwal. In vielen alten Beschreibungen gestrandeter Wale ist die Artzugehörigkeit zweifelhaft, doch bei *Physeter macrocephalus* ist eine Verwechslung mit irgendeiner anderen Tierart ausgeschlossen. Die Verehrung des Pottwals erreichte ihren Höhepunkt im 19. Jahrhundert, als er in der großen Zeit des Pottwalfangs als *Moby Dick* zu einem Symbol für den menschlichen Hang zu Übertreibungen wurde.

Schon bald nach der Entwicklung von Verfahren zur Vervielfältigung von Illustrationen begannen auch die ersten Abbildungen von gestrandeten Walen zu erscheinen. Conrad Gesner veröffentlichte 1551 seine *Historia animalium,* in der er nahezu alle damals bekannten Tiere auflistete und auf Holzschnitten abbildete. Seine Walbilder (denen die älteren Illustrationen von Olaus Magnus zugrunde lagen) zeigen wilde Meeresungeheuer, größer als die Schiffe, die sie verfolgten, und ausgerüstet mit eberähnlichen Hauern und den üblichen Zwillingsblasröhren.

Der erste Kupferstich mit einem gestrandeten Wal erschien 1577 im Druck. Bis zur Wende des 17. Jahrhunderts waren immer mehr Wale an europäischen Küsten angespült worden, und angesichts des steigenden naturkundlichen Interesses stieg auch die Zahl der einschlägigen Stiche. Weil die Wale eine besondere Vorliebe für die Küsten der Niederlande hatten oder weil die Holländer sich besonders für diese Tiere interessierten, stammen die meisten frühen Illustrationen von flämischen Künstlern. Diese äußerst detaillierten Zeichnungen zeigen vielfach biedere holländische Bürger in modischer Tracht, die auf dem Walkadaver hocken oder Eimer wegtragen, die vermutlich Walöl enthalten.

Die holländische Nordseeküste war offensichtlich eine jener Regionen (wichtige andere liegen in Neuseeland und in Cape Cod), wo Wale mit ziemlicher Regelmäßigkeit strandeten. Von 1531 bis etwa 1690 wurden rund 40 Wale verschiedener Arten dort angetrieben. Die meisten scheinen Pottwale gewesen zu sein. Ein solcher toter Wal mit seinem Riesenkopf, seinen Elfenbeinzähnen und seinem zumeist auffällig exponierten männlichen Geschlechtsorgan muß für die Leute, die zur Besichtigung dieser Ungetüme herbeiströmten, ein Wunderding ohnegleichen gewesen sein. Es dauerte noch ein halbes Jahrhundert, bis die Walfänger aus Rotterdam und Delft zum Eismeer um Spitzbergen aufbrachen, um dort Jagd auf ein völlig andersartiges Tier, den Grönlandwal, zu machen.

Zu den am besten dokumentierten Ungeheuern aus der Tiefe gehört ein 16,50 m langer männlicher Pottwal (von den Holländern *Potvisch* genannt), der im Februar 1598 hilflos zappelnd im Seichtwasser vor Katwijk entdeckt wurde. Als er verendet war, wurde seine Leiche als Öllieferant verkauft, aber sein Ruhm beruht mehr auf seinem Porträt als auf seinen Produkten. Der Katwijk-Wal, gezeichnet von dem Künstler Hendrik Goltzius, erschien in ungezählten Versionen. In späteren Jahren strandeten zwar noch weitere Wale an diesem Strand und wurden von flämischen Kupferstechern verewigt, aber die Illustration von Goltzius, die zwei Jahrhunderte lang immer wieder abgekupfert und abgewandelt wurde, ist wahrscheinlich häufiger verwendet worden als jede andere Darstellung eines Wals.

Da ein gestrandeter Wal rasch verfällt, waren die Abbildungen in manchen Details oft ungenau. Doch ob korrekt oder nicht, sie waren das beste Anschauungsmaterial, das damals verfügbar war, und durch sie lernte die gebildete Welt nach und nach die Riesentiere kennen, die im Meer lebten und zuweilen an Land gespült wurden.

Doch schon lange bevor Wissenschaftler die Wale untersuchten, sezierten, abbildeten und klassifizierten, eröffneten Männer, die sich sehr wenig um die Nomenklatur scherten, die Jagd auf die Tiere im offenen Meer.

Jenkins schrieb 1921: »Obgleich allgemein angenommen wird, daß die Basken die ersten Walfänger waren, behauptet Noël de la Morinière, dabei handle es sich um ein Mißverständnis und die Normannen hätten eigentlich den Anfang gemacht.« Er erklärt, ein Mann namens »Ochther« habe jenseits des Nordkaps Wale und Walrosse gejagt, merkt dann aber an, es sei »nicht belegt, daß sich daraus eine regelmäßige Fischerei wie bei den Basken entwickelt hat«.

Dieser »Ochther« war Othere (oder Ottar), ein Normanne im Dienste König Alfreds von Wessex um das Jahr 890. Alfred, genannt Alfred der Große, wurde bekannt als Verteidiger Englands gegen die plündernden Dänen und außerdem als Initiator des *Anglo-Saxon-Chronicle*, der ersten englischen Geschichte.

St. Brendan war ein Mönch, der im 6. Jahrhundert in Irland lebte. Die Geschichte, daß er auf dem Rücken eines schlafenden Wals einen Altar errichtet habe, scheint jedoch reichlich übertrieben.

»Über die Art und Weise, Pott- und Bartenwale abzuspecken.« Olaus Magnus, 1555

(Das Wort »Wal« leitet sich übrigens vom angelsächsischen *hwael* her, was soviel wie »Rad« bedeutet und sich wahrscheinlich auf den sich im Wasser »wälzenden« Walrücken bezieht.) Alfred übersetzte viele lateinische Texte, darunter auch eine Beschreibung Europas von Orosius, der vier Jahrhunderte früher gelebt hatte. Das Werk des Orosius ergänzte Alfred durch eine Schilderung der Nordlandfahrt Otheres, in der die Wal- und Walroßjagd bei einem nördlichen Volksstamm, den sogenannten Biarmianen, beschrieben wurde. Aus der Ortsangabe (das Weißmeer im Norden Rußlands) und aus der Darstellung der gejagten Wale (»50 Ellen« lang, was nach einer Umrechnung 57 m entspricht) darf man schließen, daß es sich bei diesen Riesen, deren Größe stark übertrieben erscheint, um Grönlandwale handelte, während Otheres »Pferdewale« wohl Walrosse waren.

Im mittelalterlichen Skandinavien gehörten Wale zum Alltag der Menschen und fanden deshalb auch Eingang in ihre Literatur. Ein isländisches Werk des 13. Jahrhunderts mit dem Titel *Konungs skuggsjá* (lateinisch *Speculum regale*, deutsch *Königsspiegel*) beschreibt die Wale, die vor Island vorkommen, und stellt so mysteriöse Geschöpfe vor wie den »Pferdewal«, den »roten Wal« und den »Schweinewal«, aber auch echte Arten wie den Schwertwal, den Narwal, den Pottwal und den Nordkaper, der wie folgt beschrieben wird:

Man sagt, er frißt nichts außer Dunkelheit und dem Regen, der aufs Meer fällt. Und wenn er gefangen und aufgebrochen wird, findet sich in seinem Magen nicht Unreines, so wie es in anderen Fischen, die Nahrung aufnehmen, anzutreffen ist, weil sein Magen sauber und leer ist. Er kann sein

Maul nur mühsam öffnen, weil die Barten, die dort wachsen, sich im Maul aufrichten, wenn es aufgemacht wird, und oft seinen Tod verursachen, weil er sein Maul nicht mehr schließen kann. Er beschädigt die Schiffe nicht: Er hat keine Zähne und ist ein fetter Fisch und eßbar.

Lange vor der berühmten Entdeckungsreise des Columbus waren die Normannen oder Wikinger bereits zu den Küsten Nordamerikas vorgestoßen. Den Weg dorthin bereitete Erik der Rote, ein Norweger, der im Jahre 984 seine Heimat verließ und sich in Island niederließ. Im folgenden Jahr segelte er westwärts und entdeckte Grönland (das er »grün« nannte, weil der Name Siedler anlocken sollte) und gründete dort eine Siedlung. 986 fuhr Bjarni Heriulfson, ein anderer Isländer, an Grönland vorbei und erreichte die Küste von Labrador. Weil das nicht das gesuchte Grönland war, machte er kehrt und segelte eiligst nach Hause. 1001 wiederholte der kühne Leif Eriksson die Reise Bjarnis und wurde, der Wikingerüberlieferung zufolge, so zum ersten Europäer, der seinen Fuß auf nordamerikanischen Boden setzte. Von Baffin Island segelte er weiter nach Labrador und landete schließlich in einem Gebiet, das er Vinland nannte und das mo-

Als 1598 ein Pottwal vor Katwijk in Holland strandete, hielt ihn Hendrik Goltzius mit dem Zeichenstift für die Nachwelt fest. Dieser zeitgenössische Kupferstich von Jacob Matham, dem die Zeichnung von Goltzius zugrunde liegt, ist eine der frühesten Darstellungen eines gestrandeten Wals.

derne Archäologen in L'Anse aux Meadows an der Nordküste Neufundlands lokalisiert haben.

Über den Walfang der Normannen wissen wir kaum etwas, aber die Gewässer, in denen sie umhersegelten, gehörten damals (und gehören noch immer) zu den walreichsten der Erde. In den kalten, aber nahrungsreichen Fluten des Nordatlantik leben Glatt-, Buckel-, Finn-, Pott-, Weiß-, Nar- und Grindwale sowie verschiedene Delphin- und Tümmlerarten. Die nordischen Sagas schweigen sich über Wale und Walfang aus, doch man kann sich schwerlich vorstellen, daß die tüchtigen Seefahrer diese ergiebigen Fleisch- und Öllieferanten ignoriert haben, als sie die ansonsten so unwirtlichen Meeresgebiete um Island, Grönland und Labrador befuhren. Es gibt allerdings Anzeichen für große Auseinandersetzungen zwischen einzelnen Sippen, in denen es um Besitzansprüche an Walkadavern ging, was die Bedeutung der Wale, zumindest der toten Wale, für die Wikinger belegt. Sie haben uns zwar keine Transiedereien hinterlassen, und in ihren Siedlungen haben sich keine Spuren von Harpunen oder Lanzen gefunden, aber in der neueren Forschung wird der normannische Walfang immer wieder erörtert. In seiner *History of Whaling* von 1928 versichert Sydney Harmer: »Die Isländer scheinen Walfang betrieben zu haben ... und der Wal mit dem Namen ›Slettibaka‹[*] war vermutlich der Biskaya-Wal.«

Der frühe isländische Walfang

Islands frühe Geschichte spiegelt sich in den Sagas, die von den Taten der altisländischen Helden erzählen. Die Wikinger aus Norwegen haben nachweislich den Isländern beigebracht, wie man Wale (wahrscheinlich Grindwale) in die Fjorde treibt, um sie dann abzuschlachten. In den Sagas werden gelegentlich Streitereien über gestrandete Wale erwähnt, aber es gab, soviel wir wissen, keine aktive Walfischerei. Ein isländisches Bestiarium aus der Zeit um 1200 beschreibt einige Wale – allerdings nicht so präzise, daß moderne Cetologen die Arten bestimmen könnten –, und der *Konungs skuggsjá* verzeichnet nicht weniger als 21 Meerestiere, zum Teil echte Wale, Delphine und Robben, zum Teil reine Fabelwesen wie etwa Meerjungfrauen und Nixen.

Das im 17. Jahrhundert entstandene Werk eines Isländers namens Jon Gudmundsson enthält eine Liste der verschiedenen Wale, die in isländischen Gewässern vorkommen; dazu gehören der Pottwal (*Burhvalur*), der Narwal (*Náhvalur*), der Glattwal (*Slettbakur*), der Finnwal (*Geirreydur*) und der Blauwal (*Steypireydur*). Mit Ausnahme des Glattwals, mit dem wahrscheinlich der Grönlandwal gemeint ist und der nach der Veröffentlichung des genannten Werkes bis zur Ausrottung bejagt wurde, sind alle diese Wale noch heute vor Island anzutreffen. Ebenfalls verzeichnet ist ein Tier, das der Autor *Sandloegja* (»Sandlieger«) nennt. Da alle vorgenannten Wale abgebildet sind, besteht über ihre Artzugehörigkeit kaum ein Zweifel. Die Beschreibung des *Sandloegja* wird ergänzt durch das Bild eines Wals, der seit den Anfängen des kommerziellen Walfangs im Atlantik nicht mehr gesichtet worden ist, und wenn die Darstellung korrekt ist, handelt es sich um die einzige Walart, die in der Neuzeit ausgestorben ist.

Der kalifornische Grauwal (*Eschrichtius robustus*) ist aus dem Nordpazifik allgemein bekannt. Er wurde im 19. Jahrhundert intensiv bejagt und stark dezimiert. Fossilien einer ähnlichen, wenn nicht gar derselben Art sind sowohl in Westeuropa (Schweden, England und Holland) als auch an der nordamerikanischen Ostküste entdeckt worden. Daraus ergibt sich, daß es offenbar auch einen *atlantischen* Grauwal gegeben hat, der vermutlich ähnliche Lebensgewohnheiten hatte wie sein pazifischer Vetter, d. h., er ernährte sich in kalten nördlichen Gewässern (vielleicht bei Island und Grönland) und zog dann nach Süden zu seinen Kalbegründen (Spanien, Frankreich, England?). Neben den fossilen Belegen finden sich die einzigen Hinweise auf diesen Wal bei Gudmundsson und in einer umstrittenen Passage eines 1725 in Neuengland erschienenen Buches, in dem Paul Dudley den *scrag whale* (etwa »magerer Wal«) beschreibt, dessen Merkmale nur auf den Grauwal zutreffen können. Er sollte somit in die isländische Walfauna aufgenommen werden, auch wenn ihn kein lebender Isländer je in seinen Heimatgewässern gesehen hat. In seiner Analyse der Wale des *Konungs skuggsjá* schreibt Ian Whitaker: »Der Grauwal wurde von 1100 bis 1200 im Atlantik gejagt, obwohl er dort seit dem 18. Jahrhundert nicht mehr angetroffen wurde.«

Wale wurden bereits im 9. oder 10. Jahrhundert von

---

[*] Die moderne isländische Bezeichnung das Nordkapers lautet *sletbag* (»Glattrücken«).

Dieser 1582 veröffentlichte Kupferstich von Hans Bol aus Amsterdam ist die älteste im Druck erschienene Darstellung des »kommerziellen« Walfangs. Der Ort der Handlung ist frei erfunden, doch die nackten Männer sollen vermutlich Eingeborene sein, vielleicht Neufundland-Indianer. Ihre Hüte sind schwer deutbar; möglicherweise verweisen sie auf die Basken. Der stilisierte Wal ist wahrscheinlich von zeitgenössischen flämischen Darstellungen gestrandeter Pottwale abgeleitet.

Norwegern vor der Küste von Tromsø erlegt. »Doch«, schrieb C. B. Hawes 1924, »leider haben die frühesten Walfangkapitäne es versäumt, sich der Dienste von Gelehrten und Geschichtsschreibern zu versichern.« So sind wir hinsichtlich der Geschichte des frühen nordischen Walfangs weitgehend auf Spekulationen angewiesen.

Einer, der gern Spekulationen anstellte, war Ivan Sanderson. Er schrieb mehrere Bücher über zoologische und kryptozoologische Themen, darunter *Follow the Whale* (1956). In diesem Werk, das eine recht gute Darstellung der Walbiologie und einige ausgezeichnete Karten enthält, schildert er anschaulich das Leben der Walfänger in Vergangenheit und Gegenwart, unter Einbeziehung »der vergessenen und stark vernachlässigten Aspekte der Walfanggeschichte«. Einer dieser »vernachlässigten Aspekte« ist der nordische Walfang, und trotz mangelnder Zeugnisse widmet Sanderson ihm ein ganzes Kapitel, in dem er erfindet, was er nicht belegen kann. Er läßt Normannen unter »Thorvald dem Langen« Seiwale in den norwegischen Fjorden fangen und gibt eine isländische Saga von 1100 wieder, »mit einem köstlichen Bericht über die Strandung eines großen Furchenwals bei Rifsker in Island«. Dokumentarische Nachweise hierfür sind äußerst rar, aber es steht außer Frage, daß die Wikinger, die den Nordatlantik von Finnmark bis Island und von Grönland bis Nordamerika befuhren, immer wieder

Walen begegnet sein müssen. Ob sie Wale gezielt gejagt oder auf ihren Beutezügen nur nebenbei erlegt haben, werden wir wohl nie erfahren. Gejagt haben sie jedoch auf jeden Fall Walrosse wegen der Felle und Hauer sowie Narwale wegen des langen, spiralig gedrehten Elfenbeinzahns, der als das Horn des legendären Einhorns galt.

Der baskische Walfang

Soviel wir wissen, waren die Basken die ersten Menschen, die Großwale in organisierter Form und auf internationaler Ebene gejagt haben. Soweit die Urkunden zurückreichen – und sogar noch früher, vielleicht schon in der Steinzeit – haben diese Männer Walfang betrieben. In seinem *Account of the Arctic Regions* (1820) erklärt der Gelehrte und Walfänger William Scoresby, daß »die Biskayer als erste den Mut aufbrachten, den Krieg mit den Walen aufzunehmen«, doch ihre Motive sieht er im Schutz der Fischernetze, der »es notwendig machte, diese zudringlichen Ungetüme von den Küsten zu vertreiben«. Wie dem auch sei, die Basken wurden die Pioniere der Walfangindustrie und begründeten den *modus operandi*, der im nachfolgenden Jahrtausend diese Industrie kenn-

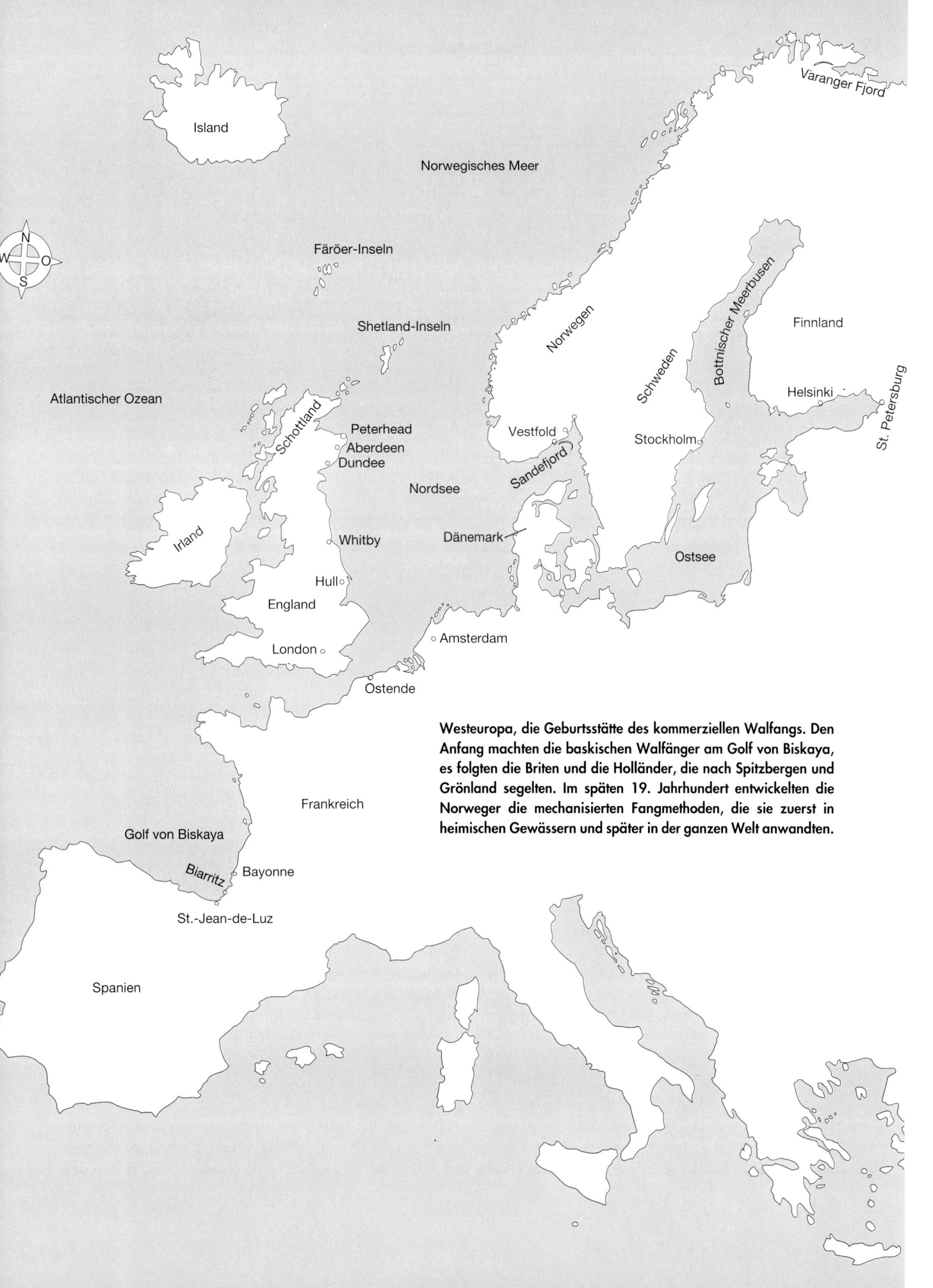

Island

Norwegisches Meer

Varanger Fjord

Färöer-Inseln

Shetland-Inseln

Atlantischer Ozean

Norwegen

Schweden

Bottnischer Meerbusen

Finnland

Helsinki

St. Petersburg

Schottland

Peterhead
Aberdeen
Dundee

Nordsee

Vestfold

Sandefjord

Stockholm

Irland

Whitby

Dänemark

Ostsee

Hull

England

Amsterdam

London

Ostende

Frankreich

Golf von Biskaya

Biarritz   Bayonne

St.-Jean-de-Luz

Spanien

Westeuropa, die Geburtsstätte des kommerziellen Walfangs. Den Anfang machten die baskischen Walfänger am Golf von Biskaya, es folgten die Briten und die Holländer, die nach Spitzbergen und Grönland segelten. Im späten 19. Jahrhundert entwickelten die Norweger die mechanisierten Fangmethoden, die sie zuerst in heimischen Gewässern und später in der ganzen Welt anwandten.

zeichnete. Sie entdeckten die »Ressource«, beuteten sie aus und stellten ihr so intensiv nach, daß sich das Weitermachen wirtschaftlich nicht mehr lohnte. Wahrscheinlich erlegten sie die ersten Wale im Flachwasser und erkannten dann, daß es sehr viel profitabler war, die Wale zu verfolgen, als darauf zu warten, daß sie zu ihnen kamen. Die Basken sind möglicherweise auch verantwortlich für die einzige Ausrottung einer Walart in geschichtlicher Zeit.

Irgendwann um das Jahr 1000 begannen die unerschrockenen Jäger am Golf von Biskaya damit, die Wale, die sich in den geschützten Buchten im Schatten der Pyrenäen einfanden, langsam, aber systematisch zu dezimieren. Anscheinend eröffneten sie die Waljagd schon vor der Jahrtausendwende, die von den meisten Autoren als Fixpunkt angenommen wird. Ommanney meint dazu: »Das Gewerbe, das auf dem Nordkaper der Biskaya beruhte, stand im 12. Jahrhundert in voller Blüte, entstand aber wahrscheinlich sehr viel früher, vielleicht schon im 10. Jahrhundert, als die Basken ihr Handwerk von den normannischen Walfängern übernahmen.« Der belgische Historiker W. M. A. de Smet, der die Literatur nach Hinweisen auf europäische Walfänger *vor* den Basken durchforscht hat, schreibt: »Nur wenigen Autoren ist bekannt, daß der Walfang schon in noch früheren Zeiten in anderen europäischen Meeren existierte, und daß er im Mittelalter, mit Sicherheit seit dem 9. Jahrhundert, in der Nordsee und im Ärmelkanal praktiziert wurde.« Die Walarten wurden in dieser Frühzeit selten registriert, aber es ist wahrscheinlich, daß in der Nordsee der Nordkaper und vielleicht der Grauwal bejagt wurden; die Frage, wann genau der atlantische Grauwal ausgelöscht wurde, ist noch immer ungeklärt.

De Smet führt mehrere Stellen an, in denen Walfleisch in den frühen Texten erwähnt wird, und zieht daraus den Schluß: »Die Regelmäßigkeit, mit der Walfleisch auf den Märkten auftauchte, ist ein Indiz dafür, daß es nicht allein von gestrandeten Tieren stammen konnte und daß es regelrecht angelandet wurde.« Die unternehmungslustigen Basken deckten nicht nur ihren Eigenbedarf, sondern vermarkteten auch Fleisch und Blubber und besaßen sogar »Konsulate« in Holland, Dänemark und England, die den Verkauf förderten. Der Blubber hieß auf französisch *lard de carême* (»Fastenfett«) und durfte in Europa an den fleischlosen Tagen verzehrt werden. Das Öl wurde für Beleuchtungszwecke und bei der Herstellung von Seife, Wolle, Leder und Farbe benutzt; das Fleisch erhielten die Armen und die Schiffsbesatzungen, die Barten wa-

ren vielseitig verwendbar (unter anderem wurden sie zu »Federn« für die Helmzier der Ritter verarbeitet), aus den Wirbelknochen stellte man Sitzmöbel und aus den Rippen Zaunstangen und Hausbalken her. Die Zunge galt als besondere Delikatesse, die dem Klerus und dem Königshaus vorbehalten blieb.

In ihren verstreuten Siedlungen am Golf von Biskaya lebten die Basken, isoliert von den Kriegswirren auf dem Festland und eifrig auf ihre Eigenständigkeit bedacht. Hier erlegten sie die großen »schwarzen Wale«, die sie *sarda* nannten und die in jedem Herbst die Küstengewässer aufsuchten.

Wahrscheinlich haben sie auch den atlantischen Grauwal gejagt, obwohl es dafür keine Belege gibt. Vieles deutet jedoch darauf hin, daß dieser Wal, der *otta sotta* genannt wurde, in der Zeit des baskischen Walfangs im Atlantik vertreten war. Fossile Überreste hat man, wie schon erwähnt, auf beiden Seiten des Ozeans gefunden. Ein von Fraser entdeckter Bericht läßt den Schluß zu, daß der Grauwal, der *Sandloegja* der Isländer, noch 1640 in den Gewässern vor Island vorkam. Aus der Tatsache, daß der Wal im Atlantik fehlt, folgert Mowat, »daß der *Otta sotta* bereits im 14. Jahrhundert in europäischen Gewässern praktisch ausgerottet war«. In ihrer 1984 veröffentlichten Studie zum atlantischen Grauwal anerkennen Mead und Mitchell nur Frasers *Sandloegja*, Paul Dudleys Beschreibung des *Scrag whale* von 1725 und die Instruktionen, die die Direktoren der Muscovy Company 1611 Thomas Edge erteilten, als »zuverlässige Quellen, die die Existenz des Grauwals im Nordatlantik bezeugen«. Daß es dort leider keine Grauwale mehr gibt, kann man zwar nicht direkt den Basken ankreiden, aber eine gewisse Mitschuld tragen sie sicherlich.

Die umfassendste Untersuchung des baskischen Walfangs war lange Zeit die 1881 erschienene Darstellung von Sir Clements Markham. Als er an einem Buch über William Baffin arbeitete, fand er heraus, »daß die ersten englischen Walfangschiffe die Angewohnheit hatten, eine baskische Bootsbesatzung zum Harpunieren der Wale mitzuführen«. Er forschte weiter nach und landete schließlich in Spanien. Hier entdeckte er, daß König Sancho der Weise von Navarra der Stadt San Sebastián im Jahre 1150 das Privileg gewährt hatte, bestimmte Waren unter Zollverschluß zu lagern, darunter auch *boquinas-barbas de ballenas* (Fischbeinplatten). Markham inspizierte die Fischereiarchive in verschiedenen Städten (dabei stieß er auch auf die »Casa de Ballenas« in Asturien) und kam zu dem Ergebnis, »daß es die Basken waren, die den

Briten das Töten der Wale beigebracht haben«. Den baskischen Beitrag faßt er so zusammen: »Natürlich lernten die Engländer mit der Zeit ebenfalls, wie man Wale erlegt; ihre Lehrmeister waren jedoch die Basken, und ihnen verdanken wir somit die Entstehung unserer Walfangindustrie.«

Neuerdings hat der spanische Cetologe Alex Aguilar das Archivmaterial zum baskischen Walfang gesichtet und dabei einen Beleg aus Bayona am Golf von Biskaya aufgespürt, der aus dem Jahr 1059 stammt. Aus den Überresten von Walen, die in einigen Dörfern an der spanischen Nordküste untersucht wurden, scheint hervorzugehen, daß die Basken zuweilen auch Pottwale jagten; doch ihre wichtigste Jagdbeute war der Nordkaper. Alte Walfangsiedlungen hat man überall an diesem Küstenstreifen entdeckt. An der Nordwestspitze Spaniens tragen sie spanische Namen (Camariñas, Malpica, Antrellusa, Llanes), doch weiter östlich, im Siedlungsbereich der Basken, klingen die Ortsnamen eindeutig baskisch: Lequeitio, Ondarroa, Guetaria, Zarauz. Aus den von Aguilar zitierten Quellen geht hervor, daß in Lequeitio von 1517 bis 1662 etwa 62 Wale erlegt wurden, also weniger als 2,5 Wale pro Jahr. Für Guetaria ergeben sich von 1699 bis 1789 sogar noch niedrigere Zahlen, was darauf hindeutet, daß die Nordkaper der Biskaya im 18. Jahrhundert bereits seltener geworden waren.

An der französischen und spanischen Biskaya-Küste liegen mehrere Städte und Dörfer, auf deren Siegel oder Wappen Walfänger abgebildet sind, so Bermeo, Ondarroa, Motrico und Fuenterrabia in Spanien und Biarritz, Hendaye und Guethary in Frankreich. Jahrhundertelang haben die Basken aus Biarritz, St.-Jean-de-Luz, Bayonne, San Sebastián und anderen Städten den *sarda* in ihren Küstengewässern gejagt. Das blieb natürlich den Steuereinnehmern nicht verborgen. Im Jahre 1197 erhob der englische König Johann in seiner Eigenschaft als Herzog von Guienne eine Abgabe auf die ersten beiden Wale, die in Biarritz gefangen wurden. Die Könige von Kastilien und Navarra kassierten ebenfalls Steuern von den Walfängern, oft in Form von Fleisch oder Fischbein. Aufgrund eines Edikts von 1324 belegte Eduard II. von England alle in britischen Gewässern gefangenen Wale mit einer Abgabe, und seine Nachfolger betrachteten den »königlichen Fisch« auch weiterhin als Eigentum der Krone.

Die Basken waren angeblich die Erfinder der an Bord installierten Transiedereien, in denen Wale auf See verarbeitet werden konnten, so daß die erlegten

Wappen der mittelalterlichen französischen Baskensiedlungen Biarritz (a) und Hendaye (b) sowie der spanischen Baskendörfer Bermeo (c), Fuenterrabia (d), Guetaria (e) und Motrico (f). Alle zeigen Wale oder Walfangszenen.

Tiere nicht mehr mit einer Winde mühsam an Land gezogen werden mußten. Nach Jenkins gebührt die Ehre »einem Kapitän namens François Sopite aus Cibourre«, doch merkwürdigerweise wird dieses bedeutende Faktum in einem mit obskuren Anmerkungen gespickten Fachbuch nicht erwähnt. In Sandersons *Follow the Whale* wird Sopites Errungenschaft ausführlich geschildert, offensichtlich unter Berufung auf Jenkins, doch wie wir noch sehen werden, war Sopites »Erfindung« wohl die Erfindung einiger phantasievollen Autoren; denn es gibt keinerlei Anhaltspunkte dafür, daß die Basken an Bord ihrer Schiffe Transiedereien besessen hätten.

Obwohl die Walfänger in jeder Saison nur wenige Wale erlegten, verschwand der Nordkaper aus der

Biskaya, und die Basken mußten sich weiter auf die hohe See hinauswagen. Auf der Suche nach neuen Fanggründen überquerten die baskischen Fischer den Nordatlantik. Einiges deutet darauf hin, daß sie bereits im 14. Jahrhundert vor Labrador und Neufundland gejagt haben, aber von den dort heimischen Eskimos vertrieben wurden. Die Schiffe, die sie benutzten, waren bis vor kurzem unbekannt – bis die kanadische Archäologin Selma Barkham einem vagen Hinweis in den Archiven von Labrador nachging und mit Hilfe von Tauchern die Wracks mehrerer Baskenschiffe in der Red Bay aufspürte. Auf dem Grunde der Bucht lagen die Überreste eines 27 m langen Dreimasters, der vermutlich 1565 in einem Sturm gesunken war, und der vollständige Rumpf einer der zerbrechlichen *chalupas*[*].

Auf zwei kleinen Inseln in der Red Bay wurden zudem eindeutige Spuren von Trankochern entdeckt. Da dieses Walfangunternehmen auf die Jahre 1560 bis 70 datiert wird, hat es den Anschein, daß Sopites »Erfindung« entweder apokryph ist oder sich noch nicht bis zu den Walfängern in der Red Bay herumgesprochen hatte.

Weil die Basken auf ihrer Suche nach Walen bis in die Gegend von Neufundland und Labrador vordrangen, waren sie womöglich die ersten Europäer, die vor der Küste Grönlands und in den Grand Banks fischten. Wenn sie in »Terranova« (Neufundland) an Land gegangen sind, dann waren sie früher dort als die »offiziellen« Erstentdecker John Cabot und Jacques Cartier. Auf ihrer Jagd nach den Schätzen des Meeres segelten die wagemutigen Basken nach Irland, Island, Grönland und schließlich sogar nach Spitzbergen. Und sie fuhren auch über den Atlantik, um die Nordkaper in den Küstengewässern von Labrador und Neufundland zu jagen.

Die Untersuchung von Knochenfunden an der Red Bay läßt vermuten, daß die Basken dort auch Grönlandwale verarbeitet haben. Diese Region liegt erheblich weiter südlich als das Vorkommensgebiet des Grönlandwals, der die Gewässer der Ostarktis und das Beringmeer bewohnt oder bewohnte. Wahrscheinlich hat man die Tiere weiter nördlich erlegt und zur Verarbeitung nach Süden geschafft.

Die üppigen Jahre des Walfangs vor Neufundland und Labrador gingen für die Basken im späten 16.

Jahrhundert zu Ende. Die Vernichtung der spanischen Armada (1588) bedeutete, daß spanische Schiffe die fern der Heimat operierenden Fangflotten nicht mehr schützen konnten, und so mußten die Basken den Atlantik ohne Begleitschutz überqueren. Sie hatten Küstenstationen in Tadoussac und Sept-Iles am St.-Lorenz-Strom eingerichtet, wo sie Jagd auf Bukkelwale und vermutlich auch auf Weißwale machten. Bis 1738 waren die Basken aus Kanada verschwunden. Warum sollten sie sich auch mit den weiten Atlantikfahrten und den feindseligen Nordamerikanern abplagen, wenn es bei Spitzbergen fette Grönlandwale zu erbeuten gab? Die Basken beteiligten sich an den frühen holländischen und englischen Spitzbergen-Expeditionen und brachten dabei ihre fünfhundertjährige Walfangerfahrung ein.

Sechs baskische Harpuniere aus St.-Jean-de-Luz gehörten zur Besatzung des ersten Schiffes, das 1611 von der Muscovy Company nach Spitzbergen entsandt wurde. Am Anfang heuerten die Basken bei jedem an, der ihre Dienste bezahlte, doch 1613 schickten sie auch ihre eigenen Schiffe ins nördliche Eismeer. Daraufhin stattete der englische König Jakob I. die Muscovy Company mit einem Freibrief aus, der ihr das ausschließliche Fischereirecht in Spitzbergen einräumte, worauf die Niederländer 1614 mit der Gründung der Noordsche Compagnie reagierten.

Die spanischen Basken hatten nicht die Macht, ihre Ansprüche durchzusetzen, und als sich die Holländer und die Engländer um die Vorherrschaft in den Gewässern von Spitzbergen stritten (die Holländer gewannen schließlich, aber am Ende verloren alle, weil ihnen die Wale ausgingen), verschwanden die Basken wieder im Dunkel der Walfanggeschichte.

In vieler Hinsicht waren die Basken die Vorhut in der Schlacht, die zu einem globalen Krieg gegen die Wale ausarten sollte, aber in jenen relativ unkomplizierten Zeiten ging es ihnen nur darum, ihren Nahrungsbedarf durch die Tötung der wehrlosen Riesentiere zu decken. Sie führten jedoch in der Glattwalfischerei eine Vorgehensweise ein, die von nahezu allen Völkern, die ihrem Beispiel folgten, nachgeahmt wurde: Sie erlegten die Walkühe und -kälber, und damit war der katastrophale Verfall der Fortpflanzungspopulation vorprogrammiert. Aguilar schätzt, daß die Basken ungefähr 40 000 Glattwale umgebracht haben dürften. Die Europäer des Mittelalters machten sich vermutlich kaum Gedanken über die Auswirkungen ihrer Taten auf künftige Generationen – und gewiß nicht auf die künftigen Walgenerationen.

---

[*] Die *chalupa* (Schaluppe) war ein ca. 7,50 m langes Walfangboot, das mit sechs Ruderern bemannt war und dazu diente, die Wale zu harpunieren und ans Ufer zu schleppen.

Drei

Die weitere Geschichte des frühen Walfangs

Die Anfänge des kommerziellen Walfangs

Wie andere europäische Mächte strebten auch die Briten im 16. Jahrhundert nach den Reichtümern Ostindiens – Gold, Seide und Gewürze. Weil ihnen die Seewege nach Osten und Westen verschlossen waren, versuchten sie, Ostindien auf einer nördlichen Route zu erreichen. Die polare Eiskappe war damals noch unbekannt, und so lernten die Seeleute auf ihren Nordlandfahrten alle möglichen neuen Regionen kennen. Nachdem John Cabot, eine Genuese wie Columbus, von Bristol aus den Atlantik überquert hatte, landete er 1497 in Ostkanada, entweder in Labrador, Neufundland oder auf Cape Breton Island. Er brachte nichts Wertvolles nach England zurück, wohl aber die Kunde von menschlichen Siedlungen. Nachdem er während der zweiten Reise 1498 auf See verschollen blieb, setzte sein Sohn Sebastian die Mission fort. Er segelte 1508 über den Atlantik, stieß auf die Eisberge im hohen Norden und gelangte später wahrscheinlich weit nach Süden bis Florida. Nichts sprach dafür, daß er die Gewürzinseln entdeckt hätte. Dennoch hatte

die Suche nach einem nördlichen Seeweg in den nächsten anderthalb Jahrhunderten Vorrang für die englische Seefahrt, und sie beschleunigte die Entstehung einer Industrie, die das Bild der abendländischen Zivilisation verändern sollte. Sie speiste die Lampen Europas mit einem Öl, das dreieinhalb Jahrhunderte lang brannte.

Die ersten Walfänger, welche die Küsten Nordamerikas erkundeten, waren bekanntlich die Basken. Auf den Spuren der Dorschfischer, die von reichen Walvorkommen vor Neufundland berichteten, entdeckten sie vielleicht schon um 1400 die Fanggründe Nordamerikas. Sie jagten Wale und Walrosse jenseits des nördlichen Polarkreises. Die Basken waren das einzige Volk in Europa, das die für den Walfang erforderlichen Kenntnisse und Erfahrungen besaß, denn sie hatten dieses Gewerbe schon seit Jahrhunderten betrieben. Da sie sich nicht für die Kolonisierung, für Seide und Gewürze interessierten, erhob niemand Ansprüche auf das nordamerikanische Festland, abgesehen von Columbus, der niemals einen Fuß darauf setzte, von John Cabot, der Indien gefunden zu haben glaubte, und von den Ureinwohnern, die einfach ignoriert wurden.

Um 1550 gründeten die Engländer die »Zunft und

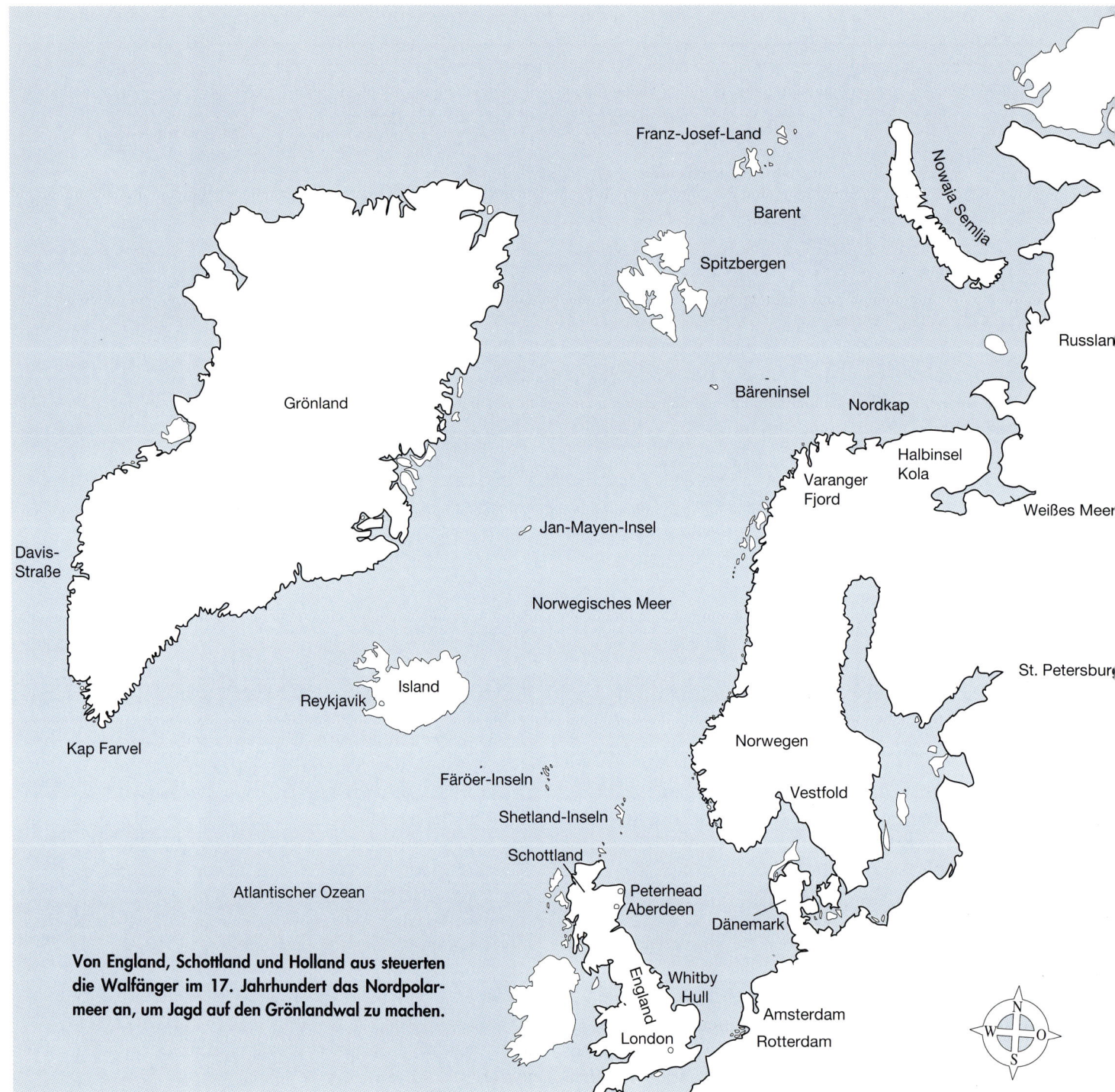

Franz-Josef-Land

Barent

Spitzbergen

Nowaja Semlja

Russlan

Grönland

Bäreninsel

Nordkap

Halbinsel
Kola

Varanger
Fjord

Weißes Meer

Davis-
Straße

Jan-Mayen-Insel

Norwegisches Meer

St. Petersbur

Reykjavik   Island

Kap Farvel

Norwegen

Vestfold

Atlantischer Ozean

Färöer-Inseln

Shetland-Inseln

Schottland

Peterhead
Aberdeen

Dänemark

**Von England, Schottland und Holland aus steuerten
die Walfänger im 17. Jahrhundert das Nordpolarmeer an, um Jagd auf den Grönlandwal zu machen.**

England

Whitby
Hull

Amsterdam

London   Rotterdam

N
W   O
S

Gesellschaft von wagemutigen Kaufleuten für die Entdeckung von unbekannten Regionen, Ländereien, Inseln und Orten«, die den Spaniern und Portugiesen auf den Handelsrouten zum Fernen Osten Konkurrenz machen sollte. Sebastian Cabot, damals bereits 75 Jahre alt, wurde zum Leiter des Unternehmens gewählt. Nachdem die Iberer die südlichen Seewege nach Fernost, die um Südafrika und Südamerika führten, mit Erfolg monopolisiert hatten, beschlossen die Engländer, im Norden einen Zugang zu den geheimnisvollen Ländern im Osten zu finden. Die Suche nach einer Nordost- oder Nordwestpassage begann.

1553 wurde eine aus drei Schiffen bestehende Flotte zusammengestellt und segelte nordwärts. Zwei Schiffe scheiterten schließlich an den unwirtlichen Küsten der Halbinsel Kola im Nordwesten Rußlands; die Offiziere und Mannschaften erfroren. Das dritte Schiff, die *Edward Bonaventure* unter Richard Chancelor, hatte mehr Glück. Nachdem es das Nordkap umsegelt hatte, überwinterte die Besatzung 1554 in Archangelsk. Sie wurde auf dem Landwege in das ferne Moskau gebracht, wo sie mit dem Zaren zusammentraf und einen ersten Kontakt mit den Russen herstellte. Danach wurde aus den »wagemutigen Kaufleuten« die Muscovy Company, und während weitere Versuche, auf der Nordostpassage nach Cathay (China) zu gelangen, durch Unwetter – und die unpassierbare Insel Nowaja Semlja – vereitelt wurden, entdeckte man die Wale, die sich in diesen unwirtlichen Gewässern wohl fühlten.

Die Muscovy Company nahm den Handel mit den Russen auf, und 1576 belehnte Königin Elisabeth I. die Gesellschaft mit einem zwanzigjährigen Monopol, das es ihr erlaubte, Wale »in sämtlichen Meeren« zu jagen. Obwohl die Engländer anfangs baskische Walfänger an Bord hatten, waren sie nicht sonderlich erfolgreich. Einige Schiffe segelten nach Vardø in Finnmark, um Fisch und Tran zu beschaffen. Sie operierten auch in isländischen Gewässern, wo es Finnwale in Hülle und Fülle gab, aber diese schnellen und kraftvollen Furchenwale blieben für die Walfänger noch 300 Jahre lang unerreichbar.

1585 segelten John Davis mit der *Sunshine* und John Bruton mit der *Moonshine* nach Norden und entdeckten die Meeresstraße zwischen Grönland und Baffin Island, die heute Davis' Namen trägt, und 1596 stieß der holländische Navigator Barendsz (Barents) auf die Bäreninsel und auf die Inselgruppe Spitzbergen. Martin Frobisher und John Davis gaben die Suche nach der Nordwestpassage bis 1587 auf, doch im folgenden Jahr waren die meisten englischen Seefahrer mit den Spaniern beschäftigt und nicht mit den Walen. Die Entdeckungsreisen mußten unterbrochen werden, während die englische Flotte anderswo im Einsatz war. Frobisher erfocht, zusammen mit Francis Drake und John Hawkins, den großen Sieg über die spanische Armada Philipps II. Drakes Neuerungen im Schiffsbau veränderten nicht nur die Taktik für künftige Seeschlachten, sondern verbesserten auch die Hochseetauglichkeit der Schiffe, wodurch schließlich auch die Jagd auf die Wale erleichtert wurde. Nach 1588 behaupteten die Briten ihre Vormachtstellung auf den nördlichen Meeren, aber schon bald versuchten ihre protestantischen Verbündeten, die Holländer, sie ihnen streitig zu machen. Im Krieg mußten die Holländer und Engländer gegen die katholische Mehrheit zusammenhalten, doch im Handel waren sie ausschließlich der eigenen Staatskasse verpflichtet.

Die Kaufleute von Hull, die Scoresby als »besonders ausdauernd und unternehmungslustig« rühmte, rüsteten bereits 1598 Schiffe für den Walfang aus, ungeachtet der Monopolstellung der Muscovy Company. Es war offensichtlich, daß im Eismeer riesige »schwarze Wale« lebten, und innerhalb von zwei Jahrzehnten wurden ihre Paarungsgründe ausfindig gemacht. Auch in anderen Ländern hatte man von den an Walen reichen Gewässern der Arktis gehört, und man schickte sich an, den Briten die eigenmächtige Kontrolle über den aufstrebenden Walfang zu entreißen. Die »Expansion Europas« basierte also ebenso auf den fetten Rücken der Wale wie auf der Erkundung eines neuen Seewegs nach Indien.

Ambrose Paré (1510–90), bekannt als Begründer der modernen Chirurgie, besuchte 1564 Biarritz und sah sich bei den baskischen Walfänger um. In seinem Buch *Des monstres marins* (1573) gab er die wahrscheinlich erste exakte Beschreibung der Barten eines Wals. 1591 wurde ein Bayonner Kaufmann namens Peter de Hody, der von Neufundland mit 14 Fässern Walöl heimkehrte, von einem englischen Freibeuter gefangengenommen und nach Bristol gebracht. Drei Jahre später nahm das 35-Tonnen-Schiff *Grace* von diesem britischen Hafen aus Kurs auf Neufundland. Die Seeleute fingen zwar keine Wale, aber sie fanden die Wracks von zwei baskischen Schiffen, aus denen sie 700–800 Fischbeinstäbe bargen.

Die Wale, die von den Basken im Golf von Biskaya gejagt wurden, waren schwarze Glattwale, die ursprünglich den Namen *Balaena biscayensis* trugen und deshalb früher Biskayawale hießen. Der wissenschaftliche Name lautet heute *Balaena glacialis* und der Trivialname Kaperwal, wobei Nord- und Südkaper zumeist als eine Art aufgefaßt werden.

Da beide Glattwalarten heute gründlich dezimiert sind, läßt sich nur schwer sagen, welche Art wann und von wem gejagt wurde. (Heutzutage leben vielleicht noch 7000 Grönlandwale, ausnahmslos in der westlichen Arktis, und etwa 2000 Kaper, die sich über ihre alten Nahrungs- und Kalbegründe verteilen – mit Ausnahme des Golfs von Biskaya, wo es überhaupt keine Wale mehr gibt.) Das Verbreitungsgebiet des

Grönlandwals erstreckte sich vermutlich über die zirkumpolare Zone nördlich des Nordpolarkreises, doch die Wale zogen je nach Nahrungsangebot, Wetterbedingungen und Eisverhältnissen zwischen verschiedenen Breiten umher. Wahrscheinlich waren die Tiere, die vor Spitzbergen und Nordgrönland, in der Davisstraße und bei der Bäreninsel erlegt wurden, Grönlandwale. Wir können das nur erschließen, aber in ungefähr denselben Breiten der Westarktis (in der Beaufortsee) hat die letzte Grönlandwalpopulation bis heute überlebt. Scoresby spricht in seiner ausführlichen Darstellung der arktischen Tierwelt nur vom »Mysticete«.

In Kanada, ja in ganz Nordamerika, wurde der kommerzielle Walfang zuerst in Labrador betrieben. Während nach gängiger Auffassung die Basken den Nordkapern vom Golf von Biskaya aus über den Atlantik gefolgt sein sollen, bezeichnet die kanadische Historikerin Selma Barkham die Vorstellung, die Basken hätten sich im Gefolge der Wale immer weiter aufs Meer hinausgewagt, bis sie schließlich auf Nordamerika stießen, als eine »lächerliche Legende«. Statt Jagd auf die ständig abnehmenden Walbestände zu machen, haben die baskischen Walfänger zielstrebig den Nordatlantik überquert, um die reichlich vorhandenen Nordkaper zu erbeuten, von denen ihnen die Dorschfischer berichtet hatten.

An der Red Bay in Labrador wurde um 1536 die erste Walfangstation in Nordamerika gegründet – fast ein Jahrhundert bevor die Pilgerväter an Bord der *Mayflower* in der Neuen Welt eintrafen und die Nordkaper in der Cape Cod Bay zu Gesicht bekamen. In den 1540er Jahren erlegten die Basken etwa 300 Nordkaper pro Jahr, und Fässer mit Öl wurden nach Bristol, London und Flandern verfrachtet. Der Walfang ging gegen Ende des Jahrhunderts zurück, vielleicht weil die Wale knapper wurden, doch vielleicht auch deswegen, weil viele Schiffe für den Krieg von 1588 zwischen Spanien und England gebraucht wurden. Außerdem ist belegt, daß baskische Walfänger von Wilden, die sie »Esquimaos« nannten, behindert und vielleicht sogar getötet und gegessen wurden. Von Labrador aus übersiedelten die Basken zum St.-Lorenz-Strom, wo sie bis zum Beginn des 17. Jahrhunderts fischten. Falls sie auf ihren ersten Fahrten nach Neufundland und Labrador tatsächlich auch Grönlandwale erbeuteten, dann muß ihnen die Entdeckung einer völlig neuen Walart zugeschrieben werden.

Im Unterschied zu anderen Arten verbringen die Grönlandwale ihr ganzes Leben innerhalb einer Region; sie wandern nur mit dem vorrückenden oder zurückweichenden Eis. Kein Säugetier kann in oder unter festem Eis leben, und deshalb zogen die Wale südwärts, wenn die arktischen Gewässer im Winter zufroren.

Die Basken aus St.-Jean-de-Luz und anderen Dörfern, die vor Neufundland auf Walfang gingen, gehörten nur einer lockeren Konföderation, nicht aber einer bestimmten Nation an. Die ersten offiziellen Repräsentanten einer europäischen Macht, die in der Arktis Wale jagten, waren die Engländer. 1604 ging Kapitän Jonas Poole von der Muscovy Company auf der winzigen Bäreninsel an Land und berichtete nach seiner Rückkehr in England von Füchsen, Vögeln und Walrossen. Poole kam 1605, 1606 und 1608 wieder, vor allem um Walrosse zu jagen; aber er brachte auch Berichte über reiche Walvorkommen heim. Poole segelte 1610 abermals nach Norden und gelangte in die Gewässer vor Spitzbergen, wo es massenhaft Wale gab. Daß die Engländer noch keine Ahnung von den Walfangtechniken hatten, geht aus Pooles Bemerkung hervor, daß »die Basken die einzigen Menschen waren, die etwas vom Walfang verstanden«. 1611 geleitete er Thomas Edge zu den neuentdeckten Walfanggründen vor Spitzbergen, und einer der sechs Harpuniere aus St.-Jean-de-Luz tötete dort den ersten Wal.

Von der Muscovy Company hatten die Kapitäne Poole und Edge ausführliche Instruktionen hinsichtlich der Wale erhalten, denen sie begegnen könnten. Die Instruktionen betrafen den *Bearded whale*, offensichtlich den Grönlandwal, der »gewöhnlich 400 bis 500 Fischbeinstäbe und 100 bis 120 Fässer Öl liefert«; den *Sarda*, also den schwarzen Nordkaper; den *Trumpa*, bei dem es sich nach der Beschreibung um den Pottwal handeln muß (»Er hat in seinem Maul Zähne, die eine Spanne lang und so dick wie ein Männerhandgelenk sind. ... In seinem Kopf befindet sich das Spermaceti ...«); verschiedene Furchenwale, wahrscheinlich den Blau-, Finn- und Buckelwal; einen kleinen weißen Wal namens *Sewria* (Weißwal); schließlich den mysteriösen *Otta sotta*, mit dem der Zwergwal, aber auch der ausgestorbene atlantische Grauwal gemeint sein könnte.

Heute ist es leicht, die Walfänger zu verdammen, weil sie die Prinzipien des Naturschutzes eklatant verletzten und praktisch alle Wale umbrachten, deren sie habhaft werden konnten. Doch wir müssen den frühen Walfang in seine historische Perspektive rücken

Als Martin Frobisher 1577 nach Norden segelte, glaubte er, Ostasien entdeckt zu haben; in Wirklichkeit fand er jedoch Grönland und die Baffin-Insel. Er berichtete von »zahlreichen riesigen Fischen und seltsamen Vögeln« und wies damit den Briten den Weg zu den Walfanggründen im hohen Norden.

und dürfen nicht unsere moderne Einstellung auf die Waljäger des 17. Jahrhunderts übertragen. Das Öl, das aus dem Blubber ausgekocht wurde, war das Hauptmotiv für den Walfang. Es wurde in erster Linie als »Leuchtstoff« verwendet, aber auch als Heiz- und Schmiermittel. Außerdem war es ein Grundstoff für die Herstellung von Seifen, Lacken und Farben und wurde bei der Bearbeitung von Textilien und Tauen benutzt. Das Walfleisch, das in riesigen Mengen angefallen sein muß, wurde dagegen nicht genutzt. Ein Grönlandwal wiegt im Schnitt 60 Tonnen, und wenn man das Gewicht der Knochen, der Eingeweide und des Blubbers abzieht, hätte man mit den Überresten der nach Tausenden zählenden Wale wahrscheinlich ganz Europa ernähren können. »Das Fleisch und die

Knochen, gelegentlich mit Ausnahme der Kieferknochen, werden weggeworfen«, schrieb Scoresby. Die Kieferknochen enthalten – wie übrigens alle Walknochen – ebenfalls Öl, und so wurden sie oft an Bord gehievt und gewöhnlich in der Takelage aufgehängt. Dann bohrte man Löcher hinein, damit das Öl heraussickern konnte, und in der Heimat waren diese großen, bogenförmig gekrümmten Gebilde als Torpfosten, Zaunstangen oder Dachsparren sehr begehrt. In den Niederlanden und in Deutschland schmückten die mächtigen Kieferknochen (die der großen Bartenwale sind die größten Knochen im gesamten Tierreich) entweder als Firmenemblem oder als spektakuläre Jagdtrophäe vielfach die Wände öffentlicher Gebäude. Im Europa des 17. und 18. Jahrhunderts war der Waltran offensichtlich wichtiger als Protein, und deshalb gab man sich keinerlei Mühe, die potentiell eßbaren Teile des Walkörpers zu konservieren. (Die Eskimos im damaligen Alaska und Sibirien erlegten gleichfalls Grönlandwale, doch für sie war das Fleisch die wichtigste Jagdbeute.) Die Basken haben möglicherweise Walfleisch gegessen, aber auch ihnen ging es hauptsächlich um das Öl, das sie selbst verwendeten und nach England und Kontinentaleuropa verkauften.

Das andere Motiv der Walfänger war das »Fischbein«, die Bartenplatten, die vom Dach des Barten-

walmauls herabhängen und mit deren Hilfe die Tiere ihre winzige Nahrung aus dem Meerwasser filtern. »Es ist eine Substanz mit dem Aussehen und der Konsistenz von Horn«, schrieb Scoresby, »äußerst biegsam und elastisch, im allgemeinen bläulich-schwarz gefärbt, aber nicht selten mit weißen Längsstreifen und mit einem schönen Farbenspiel auf der Oberfläche. Inwendig hat es eine faserige Struktur, ähnlich dem Haar; die Außenfläche besteht aus einem glatten Schmelz, der sich gut polieren läßt.« Wo immer ein festes, aber elastisches Material benötigt wurde, verwendete man diesen hörnernen Stoff – für Korsett-

Walfang in Spitzbergen im Jahr 1611. Diese ursprünglich holländisch beschriftete Bildfolge wurde 1745 für *Churchill's Voyages* neu gestochen und mit einem englischen Text versehen.

Nordkanada, Grönland und die Davis-Straße, wo die Briten und die Holländer die Grönlandwale ausrotteten. Die langgesuchte Nordwestpassage verläuft durch den Lancaster-Sund und anschließend zwischen den Inseln Banks und Victoria.

stangen, Schirmrippen, Ladestöcke, Angelruten, Peitschenstiele und Wagenfedern. In feine Streifen geschnitten, wurde das Fischbein zu Sieben, Netzen und Bürsten verarbeitet, und, noch feiner zerschrotet, diente es als Polstermaterial für Möbel. (Später, als sich die Mode änderte, wurden die Fischbeinstäbe zu Reifengestellen für Krinolinen zurechtgebogen.)

Um die Bedeutung der Walfangindustrie zu demonstrieren, bietet sich ein Vergleich mit der heutigen Erdölindustrie an. Wo heute Kunststoffe oder Erdöl eingesetzt werden, verwendete man damals vielfach Walprodukte. Natürlich gab es auch andere Öle, etwa Raps,- Palm- oder Leinöl, und Holz und Eisen waren gebräuchliche Werkstoffe, doch die Walerzeugnisse galten als überlegen, und außerdem brauchte man sie nicht anzubauen oder herzustellen. Wale schwammen scharenweise in den nördlichen Meeren umher und bildeten eine ergiebige Rohstoffquelle für diejenigen, die Schiffe ausrüsten konnten und die Risiken der Jagd nicht scheuten.

Der arktische Nordatlantik, noch heute eine der lebensfeindlichsten Regionen der Erde, muß für die Seeleute, die zum Dienst auf den Walfangschiffen gepreßt wurden, eine schier unerträgliche Tortur gewesen sein. Auf See, wo alles von eiskaltem Salzwasser durchtränkt wurde, waren die Männer in engen, von Ungeziefer verseuchten Quartieren zusammengepfercht, in denen es von Krankheitserregern wimmelte und Feuchtigkeit ein Dauerzustand war. (Die größte Gefahr für ein Holzschiff waren Brände, und deshalb wurden Feuerstellen zum Wärmen, Trocknen und Kochen auf ein Minimum beschränkt.) Ein unbeschreiblicher Gestank, der von ranzigem Tran, verdorbenen Lebensmitteln, ungewaschenen Männern, fauligem Bilgenwasser und menschlichen Exkrementen ausging, lag über den Schiffen.

Die Verpflegung war von Schiff zu Schiff verschieden, aber in der Regel schlecht bis ungenießbar. Der Schiffsproviant bestand im 16. und 17. Jahrhundert hauptsächlich aus Pökelfleisch (nicht selten Pferdefleisch), Fisch, Käse, Brot oder Zwieback. Da die in Fässern verstauten Vorräte – einschließlich Trinkwasser und Bier – rasch verdarben, mußten sich die Walfänger, wenn sie nicht von Maden befallenen Zwieback essen oder schmieriges grünes Wasser trinken wollten, oft mit der Nahrung begnügen, die sie sich selber beschaffen konnten: Fische, Robben, Seevögel oder sogar Walfleisch. Die Ursache des Skorbuts war noch unbekannt, und so raffte die »Meeresseuche« Tausende von Seeleuten dahin. Daneben wurden die Schiffsbesatzungen von Lebensmittelvergiftungen, Typhus, Durchfall und zahlreichen anderen Krankheiten heimgesucht. Es war nichts Ungewöhnliches, daß ein Schiff auf einer Fahrt die Hälfte seiner Mannschaft verlor, und manch ein Schiff blieb wohl deshalb verschollen, weil nicht mehr genügend Leute an Bord waren, die es hätten bedienen oder heimbringen können.

Die Walfangschiffe jener Zeit hatten 250 bis 400 Tonnen und waren oft nicht länger als etwa 30 m. Sie waren gewöhnlich mit 30 bis 50 Seeleuten und mehreren Offizieren bemannt. Auf See war der Kapitän nominell der Schiffsführer, doch sobald das Schiff in den Fanggründen kreuzte oder vor Anker lag, übernahm der *spectioneer*, der »Blubberschneider«, das Kommando. Hakluyts *English Voyages* (1598) enthält eine Liste der Ausrüstungsgegenstände und Vorräte, die für eine Fangreise nach Spitzbergen notwendig waren:

Es müssen 55 Mann sein, die, wenn sie im Monat April von Whardhouse [Vardø] aus in See stechen, mit vier und einem halben Quintal [ca. 4,5 Zentner] Brot pro Mann ausgestattet werden müssen. [Hinzu kommen u. a.:]

250 Oxhoftfässer zum Verstauen des Brots
150 Oxhoftfässer Apfelwein
6 Quintal Öl
8 Quintal Speck
6 Oxhoftfässer Rindfleisch
10 Quarter Salz
150 Pfund Kerzen
8 Quarter Bohnen und Erbsen
Pökelfisch und Hering in angemessener Menge
4 Fässer Wein
Ein Mühlstein
2 Taljen zum Umdrehen der Wale
15 große Lanzen
18 kleine Lanzen
50 Harpuneneisen
6 Flensmesser
2 Dutzend Macheten zum Zerkleinern des Wals
10 große Körbe
10 eiserne Lampen
5 große Kessel und 6 Schöpflöffel
18 Äxte und Beile zum Holzhacken
Item, Schießpulver und Zündplättchen für die Arkebusen nach Bedarf
Item müssen mitgeführt werden 5 Pinassen, fünf Männer zum Werfen der Harpuneneisen, zwei Flenser.

Sobald die Walfänger in Spitzbergen eingetroffen waren, gingen sie in einer geschützten Bucht vor Anker und entluden das Schiff, um eine Küstenstation zu errichten. Die Station umfaßte Unterkünfte für die Männer, verschiedene Werkstätten und Öfen zum Auskochen des Blubbers. Da die Wale Jahr für Jahr regelmäßig Zuflucht in denselben Buchten suchten, brauchten die Jäger nur ein Boot zu Wasser zu lassen, wenn sie vom Ufer aus die doppelten Blasstrahlen und die rollenden schwarzen Walrücken gesichtet hatten. (Später, als die Tiere nicht mehr so entgegenkommend waren, sich so direkt zu zeigen, mußten die Walfänger Wachtürme bauen.) Der Wal wurde dann nach baskischer Manier von einem Mann, der im Bug stand, harpuniert und anschließend mit Lanzenstößen getötet. Aus einem Logbuch von 1613 geht hervor, daß jeweils nicht nur eine Bootsbesatzung dem Wal mit Lanzen zusetzte, und zwar »so nahe seiner Schwimmflosse und so tief unter Wasser wie möglich, damit seine Eingeweide durchbohrt wurden«. Nach einer erfolgreichen Jagd wurde der Wal zum Schiff oder ins Seichtwasser geschleppt und der Blubber geflenst und in den Öfen ausgekocht. Die mit Tran gefüllten Fässer, die natürlich auf dem Wasser

William Scoresbys Karte von Spitzbergen aus seinem *Account of the Arctic Regions* (1820).

schwammen, wurden dann wieder zu dem vor Anker liegenden Schiff geschleppt und für die Heimreise an Bord verstaut.

Man trennte den Kopf des Wals ab und entfernte die Barten. Von den Bartenplatten kratzte man den »weißen markartigen Belag« ab und schrubbte sie mit

Sand; die Barten blieben zwar sauber, solange sie sich unter Wasser befanden (ein toter Grönlandwal trieb bauchoben auf dem Meer), doch wenn sie mit dem Wasser, in dem der Blubber abgelöst wurde, in Berührung kamen, wurden sie mit dem Fett verschmiert. Die gesäuberten Barten wurden nach ihrer Größe sortiert, gebündelt, mit dem Stempel des Unternehmers versehen und ebenfalls verstaut.

Man kann ein böses Vorzeichen für die Zukunft des englischen Walfangs darin sehen, daß die erste Spitzbergen-Saison ein totaler Fehlschlag war. Als Kapitän Edges *Mary Margaret* im Eis havarierte, gingen die Leute in die Boote. Sie wurden gerettet von Kapitän Thomas Marmadukes *Hopewell*, einem »nicht autorisierten« Walfänger aus Hull. Als Marmaduke zum Wrack der *Margaret* zurückkehrte, stieß er auf Pooles *Elizabeth*, deren Fracht er auf die *Hopewell* umlud. Dabei wurde die *Elizabeth* »dermaßen geleichtert, daß sie kenterte und sank«. Marmaduke brachte beide Mannschaften und Ladungen nach Hull heim – ein großer Triumph für Hull und ein gewaltiger Rückschlag für die Muscovy Company.

Marmaduke könnte auch das fehlende Bindeglied zwischen dem baskischen Walfang und dem Walfang in Spitzbergen sein. Die Basken hatten an der Red Bay primitive Siedereien eingerichtet, und die Holländer gründeten ihre Walfangstation um 1620 in Smeerenburg. Der niederländische Walfanghistoriker Louwrens Hacquebord hat auf Edge Island (südliches Spitzbergen) ähnliche Transiedereien und Unterkünfte nachgewiesen, die auf etwa 1615 zu datieren sind. Er nimmt an, daß diese Einrichtungen von Marmaduke stammen, der um diese Zeit Wale und Walrosse jagte, und daß sie jenen der Basken von Red Bay ähnelten, weil die Engländer baskische Harpuniere und Matrosen beschäftigten.

Die Briten, die sich durch ihre Verluste nicht abschrecken ließen, entsandten 1612 zwei weitere Schiffe in den Norden. Als diese vor der Bäreninsel eintrafen, fanden sie dort bereits zwei andere englische Schiffe vor, ferner ein deutsches und ein holländisches; dieses wurde von dem Engländer Alan Sallowes befehligt, den die Muscovy Company engagiert hatte, der aber England wegen seiner Schulden verlassen mußte. Die Briten mit ihren baskischen Harpunieren behielten die Oberhand und kehrten mit vollen Ladedecks heim. Um 1613 wimmelte es im Nordmeer offenbar plötzlich von Segelschiffen. Vier Holländer und zwölf Spanier trafen 1613 ein, doch sie wurden allesamt von den Briten vertrieben, die damit

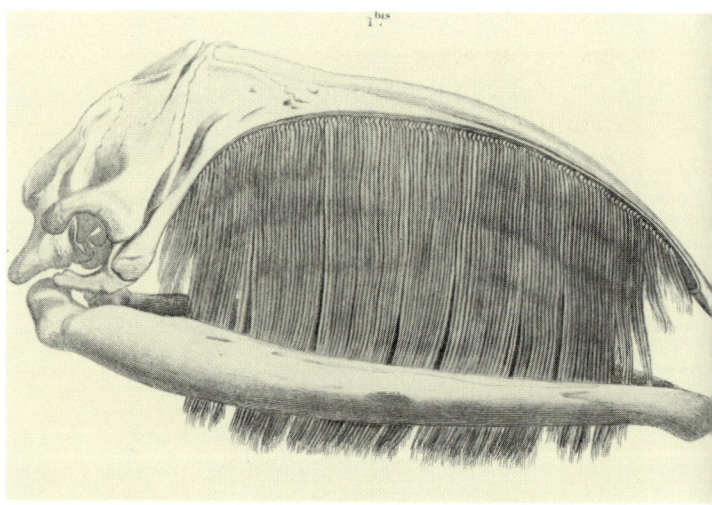

Die Walfänger im hohen Norden hatten es hauptsächlich auf die Barten (auch »Fischbein« genannt, obwohl sie nicht aus »Bein« oder Knochen bestehen) abgesehen, die vom Munddach des Wals herabhängen. Abgebildet ist der hochgewölbte Schädel eines Grönlandwals *(Balaena mysticetus)*.

begonnen hatten, ihre Walfangschiffe zu bewaffnen. Gleichwohl ging die englische Vorherrschaft 1614 zu Ende. In diesem Jahr schickte die Muscovy Company fünf Schiffe und eine Pinasse in die Fanggründe. Da jedoch die Holländer das gewaltige Potential dieser Industrie erkannt hatten, gründeten sie ein eigenes Unternehmen, die Noordsche Compagnie, die völlig anders organisiert war als die Muscovy Company. Sie wurde nicht von Einzelpersonen finanziert, sondern setzte sich aus *kamers* (Kammern) verschiedener Städte wie Amsterdam, Rotterdam, Delft und Hoorn zusammen und erhielt von den Generalstaaten das ausschließliche Privileg, drei Jahre lang Wale zwischen Nowaja Semlja und der Davisstraße zu jagen. Es liegt auf der Hand, daß nicht zwei konkurrierende Gesellschaften Exklusivansprüche auf dieselbe Ressource erheben konnten.

Da Spitzbergen 1596 von Willem Barendsz entdeckt worden war, hatten die Holländer gute Gründe, den britischen Alleinanspruch anzufechten. Die Briten waren allerdings entschlossen, ihre Exklusivrechte zu verteidigen, und jagten die ersten holländischen Walfänger davon. Von der Jahrhundertwende bis 1615 kontrollierte die Muscovy Company fast die gesamte Fischerei, doch nicht ganz unangefochten, denn Walfänger aus York und Hull segelten weiterhin nordwärts, und wertvolle Zeit und Energie wurden damit vertan, diese Eindringlinge zu vertreiben – nicht immer mit Erfolg.

Zum Schutz ihrer Walfänger entsandten auch die Niederlande Kriegsschiffe in die Arktis. Um 1615 kam es in den Fjorden Spitzbergens zu Auseinandersetzungen zwischen den Fang- und Kriegsschiffen der beiden Nationen. Um weitere Konflikte zu vermeiden, handelten die Holländer und die Engländer einen Vertrag aus, der die Fanggründe aufteilte. Die Briten durften die Gewässer südlich von Spitzbergen befischen, während die Holländer den Norden zugesprochen erhielten. Doch schon bald stellte sich heraus, daß die Holländer den besseren Teil erwischt hatten. Im Nordwesten der Hauptinsel, auf der winzigen Amsterdam-Insel, gründeten sie eine der ungewöhnlichsten Niederlassungen der Menschheitsgeschichte: Smeerenburg, die »Blubberstadt«.

Die Inselgruppe Spitzbergen ist eine der unwirtlichsten und abgeschiedensten Regionen der Welt. Doch für die gut isolierten Grönlandwale war die See rings um die Inseln ein wahres Paradies. In den vielen geschützten Buchten fanden sie die ruhigen Gewässer vor, die sie zur Paarung und zum Kalben brauchten. Wir wissen nicht, wie viele dieser Riesentiere vor dem Auftritt der Walfänger dort lebten, aber William Scoresby versichert: »Zu jener Zeit war der Mysticetus an der gesamten Küste in gewaltigen Mengen anzutreffen.« Farley Mowat, der sich auf nicht einwandfrei nachgewiesene Quellen stützt, nimmt eine ursprüngliche Population von 150 000 Grönlandwalen an. Diese Zahl erscheint außergewöhnlich hoch, läßt sich aber mangels besserer Belege nicht überprüfen.

Spitzbergen nimmt zwar in der Geographie des frühen arktischen Walfangs eine Sonderstellung ein, aber auch andere Inseln haben in der Geschichte der Waljagd eine Rolle gespielt. Wale wurden in isländischen Gewässern und auch vor Grönland gejagt, doch Island liegt für Grönlandwale wahrscheinlich zu weit südlich, und die grönländischen Walbestände wurden erst 50 Jahre später ausgebeutet, nachdem die Spitzbergen-Population erloschen war. Genau nördlich von Schottland liegt, als erste Landkennung für Schiffe auf Nordkurs, die Jan-Mayen-Insel, die 1611 von einem holländischen Seefahrer dieses Namens entdeckt wurde. Sie ist die Spitze eines untermeerischen Bergrückens, der zum 2341 m hohen Beerenberg-Vul-

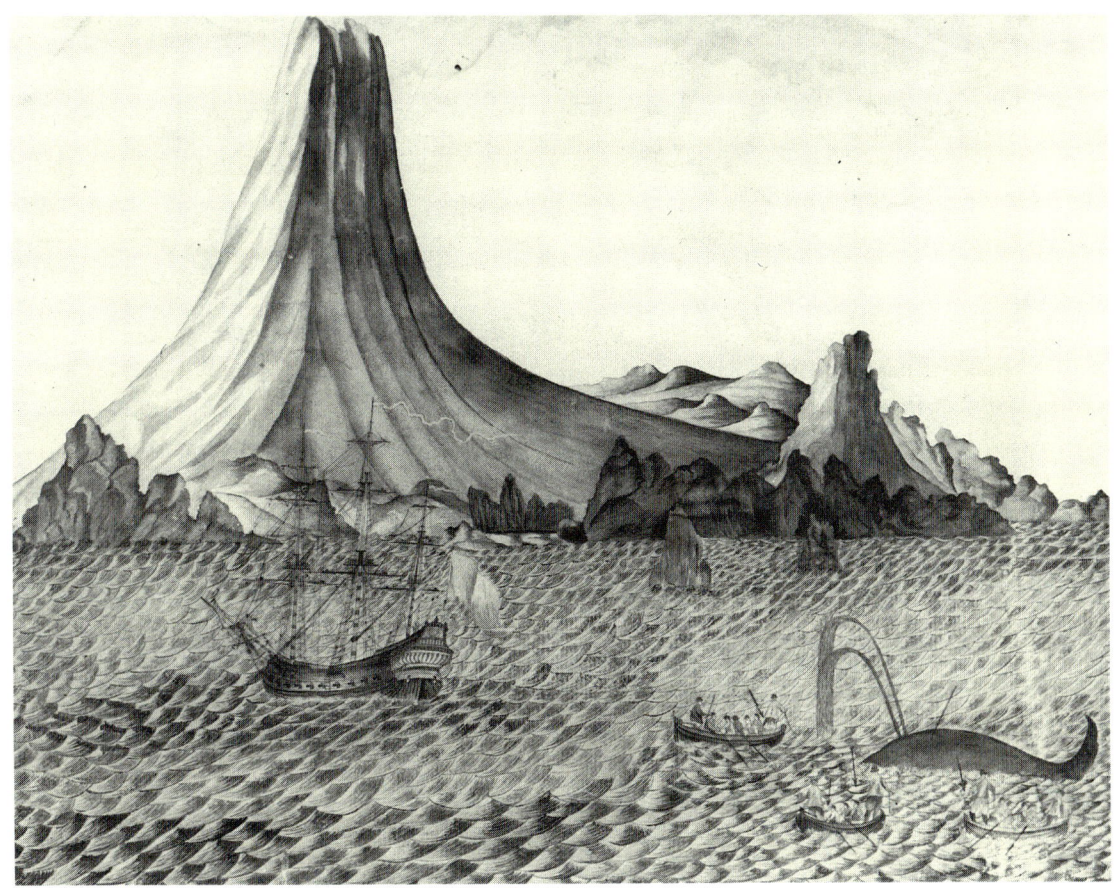

Französische Walfänger um 1700 vor dem »Teufelsdaumen« auf Spitzbergen. Scoresby beschrieb diesen Berg als »krumm, völlig nackt, frei von Schnee und Pflanzenwuchs«. Der Wal mit dem ungleichen doppelten Blasstrahl soll wohl ein Grönlandwal sein.

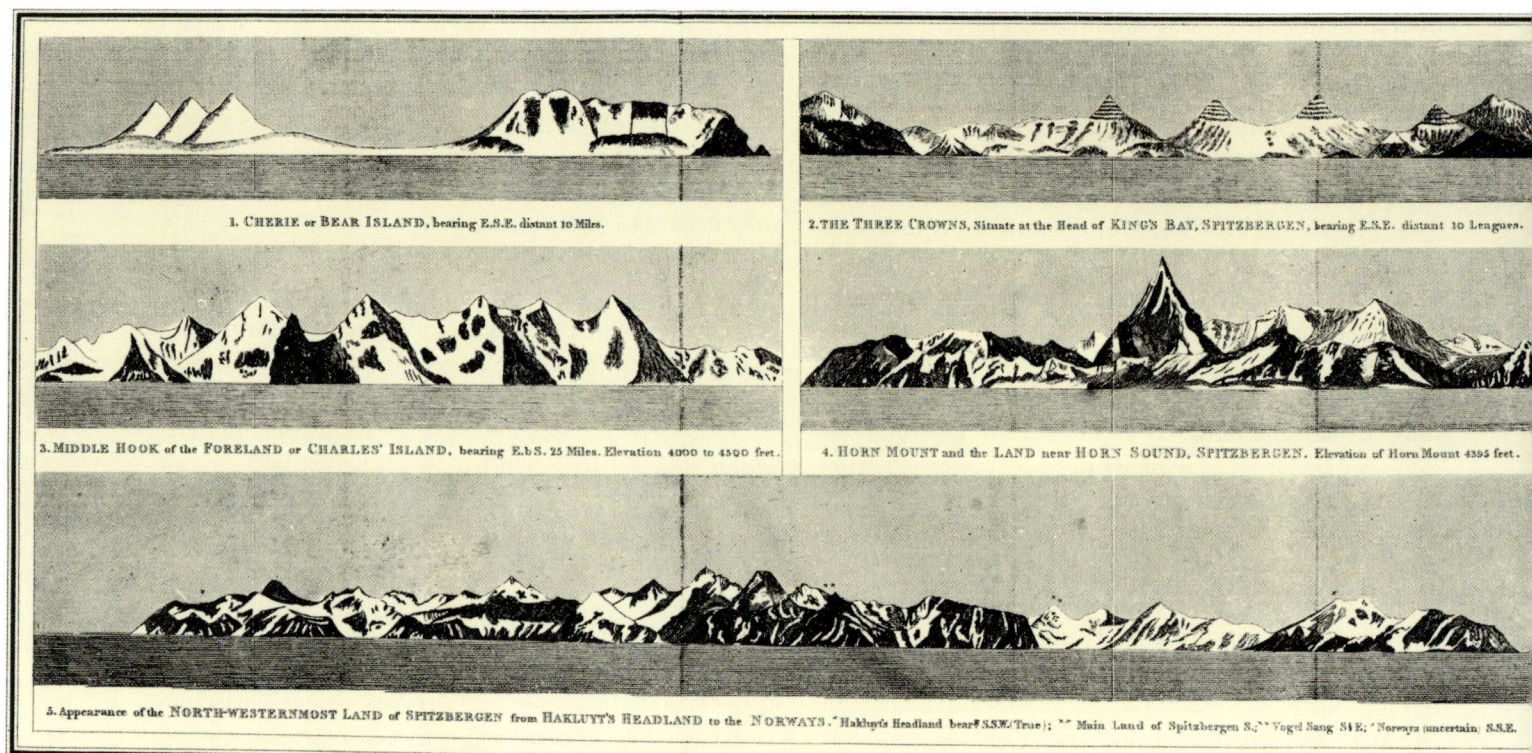

1. CHERIE or BEAR ISLAND, bearing E.S.E. distant 10 Miles.

2. THE THREE CROWNS, Situate at the Head of KING'S BAY, SPITZBERGEN, bearing E.S.E. distant 10 Leagues.

3. MIDDLE HOOK of the FORELAND or CHARLES' ISLAND, bearing E.bS. 25 Miles. Elevation 4000 to 4500 feet.

4. HORN MOUNT and the LAND near HORN SOUND, SPITZBERGEN. Elevation of Horn Mount 4395 feet.

5. Appearance of the NORTH-WESTERNMOST LAND of SPITZBERGEN from HAKLUYT'S HEADLAND to the NORWAYS. ˙Hakluyt's Headland bear# S.S.W.(True); ˙˙ Main Land of Spitzbergen S.; ˙˙˙ Vogel Sang S4 E; ˙ Norways (uncertain) S.S.E.

Ansichten von Spitzbergen aus Scoresbys *Account of the Arctic Regions* (1820).

kan aufsteigt. Die Walfänger aus Holland und Hull gingen hier auf ihren ersten Grönlandwal-Fangfahrten vor Anker, aber sie gründeten keine Stationen, weil es keine brauchbaren natürlichen Häfen gab.

Noch kleiner als Jan Mayen ist die nur etwa 16 km lange Bäreninsel, die 1596 von den Holländern Barendsz, Heemskerke und Ryp entdeckt wurde. Ihren Namen verdankt sie der Tatsache, daß die Holländer bei ihrem ersten Landgang einen Eisbären erlegten. Jan Mayen und Bäreninsel sind sehr einsam und oft vom Eis eingeschlossen. Da aber die Wale nur eine Leeküste verlangen – und zuweilen nicht einmal dies –, nutzten sie diese Felseneilande als Kalbeplätze, und deshalb jagten die Walfänger hier ebenso wie in den ergiebigeren Gewässern von Spitzbergen.

Um 1617 hatten die Niederländer die Arktis mit Beschlag belegt, und die Engländer verloren nach dem Zusammenbruch ihres Monopols rasch an Boden. Als 1626 die Flotte der Muscovy Company in Spitzbergen eintraf, zeigte sich, daß Walfänger aus Hull schon vor ihr dagewesen waren und ihre Schaluppen erbeutet und ihre Fässer verbrannt hatten. Wie schwach die Gesellschaft war, wurde nach diesem Ereignis deutlich: Statt die Leute aus Hull zu belangen, gestand die

Krone ihnen ein Fünftel der Gesamttonnage für den Walfang in der Arktis zu. In den 1630er Jahren kam es zu einem Gerangel zwischen den englischen Seifensiedern und den Waltranimporteuren, woraufhin der Ölpreis in England fiel – ein weiterer Faktor, der zum Niedergang der Walfangindustrie beitrug. 1642 brach auf der Insel ein Bürgerkrieg aus, und in den nächsten Jahren verlor der Walfang seine Priorität. Als der Krieg 1649 mit der Gründung des Commonwealth endete, versuchte die Muscovy Company, die inzwischen Greenland Company hieß, den darniederliegenden Walfang noch einmal zu beleben, doch ohne großen Erfolg.

Unterdessen hatte Sir Francis Drake die Welt umsegelt, die spanische Armada war geschlagen worden, und die Seewege nach Ostindien waren erschlossen. Die Holländer und die Engländer kämpften ebenso erbittert um die Vormacht im Gewürzhandel mit dem Fernen Osten, so wie sie sich im Norden die Walfanggründe streitig machten. Die Holländer gründeten 1594 eine Fernost-Handelsgesellschaft, die Briten zogen 1600 mit der East India Company (Ostindische Gesellschaft) nach.

Die beiden Länder begannen 1651 einen Seekrieg,

in dem es um die englische Navigationsakte ging, die unter anderem den Verkauf von holländischem Walöl in England einschränken sollte. (Bis dahin konnten die Holländer die englischen Preise unterbieten, weil sie ihren Walfang effizienter und sehr viel wirtschaftlicher betrieben.) Der Krieg endete 1654, und danach überschwemmte holländisches Öl weiterhin den englischen Markt. Selbst die Walfänger von Hull konnten nicht mehr mithalten. Nach dem Krieg segelten nur noch sehr wenige britische Schiffe in den hohen Norden, und der englische Walfang tat seinen letzten Atemzug in der Saison 1682/83, als ein Zusammenschluß von Kaufleuten und Seifenherstellern aus Leith 1700 Pfund in eine Fangreise investierte, die einen Gewinn von nur 525 Pfund einbrachte.

Um die Mitte des 17. Jahrhunderts beteiligten sich auch andere europäische Länder an diesem lukrativen Geschäft. Von 1615 bis 1660 stachen alljährlich zwei oder drei Schiffe von Kopenhagen aus in See. *Der schwarze Adler* verließ 1648 Hamburg unter dänischer Flagge und unter einem Kapitän aus Bremen. Das Schiff traf in Hamburgbukta (eine nach dem deutschen Hafen benannte Bucht in Spitzbergen) ein und fand dort fünf unberührte Walkadaver vor, die ein Schwesterschiff aus Mangel an Personal nicht hatte verarbeiten können. Noch bis 1671 waren die Hamburger dort oben als Walfänger tätig.

Die Aufstieg der Niederlande

Während der englische Walfang zurückging, erlebte der holländische einen Aufstieg. Das verdankten die Holländer nicht zuletzt der Überlegenheit ihrer Schiffe. Während die Engländer noch immer veraltete Karavellen benutzten, entwickelten die Holländer die *fluit* (Flieboot), ein kostengünstig zu bauendes Handelsschiff, das sehr leicht für den hier in Frage stehenden Zweck umgerüstet werden konnte. Die *fluit* war ein Küstensegler mit geringem Tiefgang und flachem Kiel. Während sowohl die Holländer als auch die Engländer Basken als Harpuniere und Flenser (niederländisch *specksnijder,* englisch *spectioneers*) beschäftigten, machten sich nur die Holländer die Mühe, selbst deren Handwerk zu erlernen. Die Briten hatten bei ihrer Suche nach der Nordwestpassage und bei ihren Walfangunternehmen herbe Verluste hinnehmen müssen: Ihre Schiffe scheiterten, und die

Mannschaften erfroren; sie waren in mehreren Seegefechten mit den Holländern besiegt worden; ihre Wirtschaftspolitik war ein Scherbenhaufen. Nach dem Tod von Königin Elisabeth I. schwand die britische Seemacht dahin, und es dauerte anderthalb Jahrhunderte, bis sie wieder die Herrschaft auf den Meeren errang. Auch die Holländer verloren Schiffe und Seeleute, doch trotzdem – oder vielleicht gerade deswegen – hielten sie durch. Scoresby begründete das Versagen der englischen Walfänger »mit der mangelnden Qualifikation der Personen, die die Schiffe befehligten, oder mit der Unzulänglichkeit der Mannschaften und mit ihrer fehlenden Ausdauer und Zuversicht«.

Die englischen Walfänger begnügten sich fast immer damit, Wale in den Gewässern Spitzbergens und anderer Inseln zu erlegen, ihre Fässer mit Tran zu füllen, den die Schiffsbesatzungen an der Küste ausgekocht hatten, und unverzüglich heimzusegeln, sobald die Laderäume voll waren. Die Holländer hingegen erkannten, wie unpraktisch dieses Verfahren war, und errichteten 1617 eine Küstenstation auf der Jan-Mayen-Insel. Zwei Jahre danach schickten sie ein 500-Tonnen-Schiff nach Spitzbergen, das Holz und anderes Material für den Bau einer mehr oder weniger dauerhaften Verarbeitungsanlage an Bord hatte. Auf der Amsterdam-Insel unmittelbar vor der Küste erbauten sie Transiedereien, Lagerschuppen, Unterkünfte, Böttchereien, eine Kirche und ein Fort. Diese Siedlung, in der 1622 weit über tausend Männer in den drei Sommermonaten stationiert waren, erhielt den Namen Smeerenburg. 1633/34 und 1635/36 versuchte man die Station auch im Winter zu besetzen, doch zwei der aus je sieben Freiwilligen bestehenden drei Gruppen starben in der bitteren Kälte an Skorbut, woraufhin man das Vorhaben aufgab.

Der in Smeerenburg praktizierte Walfang unterschied sich nicht sehr von dem der Basken, aber die von den Holländern eingeführten Neuerungen steigerten erheblich die Effizienz. Wenn ein Wal ausgemacht war, ließ man von den Walfangschiffen kleine Schaluppen zu Wasser und verfolgte damit das Opfer. Sobald die Boote nah genug herangekommen waren, wurde eine Harpune geschleudert, die den Wal fixierte, und wenn er erschöpft war – vorausgesetzt, das Eisen hielt und das Tier tauchte nicht unter das Eis ab –, stach man mit Lanzen so lange auf ihn ein, bis er tot war. Dann wurde der Kadaver nach Smeerenburg geschleppt und dort abgespeckt.

Aus nahezu allen Berichten geht hervor, daß die

Verarbeitung an Land erfolgte, wo der tote Wal mittels einer Winde auf eine Art Rampe gezogen wurde. Niemand scheint sich mit dem Problem befaßt zu haben, was aus dem riesigen Fleischberg wurde, der nach dem Flensen übrigblieb, falls das Flensen tatsächlich am Ufer stattfand. Ankerwinden funktionieren nicht in Gegenrichtung, und deshalb war es unmöglich, die blutige Masse auf diese Weise ins Wasser zurückzubefördern, und sie ins Schlepptau zu nehmen wäre vermutlich noch problematischer gewesen. Ohne den auftriebverleihenden Blubber hätte sich der Haufen aus Fleisch und Eingeweiden für jedes Schiff, das ihn wegzuschleppen versuchte, in einen gigantischen Treibanker verwandelt. Und ein Transport auf dem Festland hätte selbst das schwerste moderne Räumgerät überfordert, geschweige denn eine Gruppe von erschöpften Seeleuten.

William Scoresby beschreibt den Vorgang wie folgt:

Nachdem der Wal erlegt war ..., wurde er an den Booten festgemacht, die hintereinander ruderten »wie ein Pferdegespann« und ihn zum Heck des Schiffs schleppten, wo er einen oder zwei oder drei Tage lang unangetastet lag. Das Fett wurde dann abgelöst und ans Ufer getragen, wo es anschließend in den reichlich vorhandenen Anlagen der Hitze eines Siedekessels ausgesetzt und der größte Teil des Öls extrahiert wurde.

Nach Scoresbys Darstellung wurde also der Wal auf See von seinem Blubber befreit, wodurch das Problem der Kadaverbeseitigung entfiel.

Nach dem Flensen (wo immer das auch geschah) wurde der Blubber in kleine Stücke zerlegt, die in die mächtigen Kessel paßten, in denen das Öl aus dem Fett ausgekocht wurde. Sobald sich das Öl abgekühlt hatte, füllte man es in bereitstehende Fässer, die in Lagerschuppen aufbewahrt wurden, bis sie nach Rotterdam oder Delft verschifft werden konnten. (Die Fässer, die jeweils 64 englische Gallonen – etwa 290 Liter – faßten, hießen bei den Engländern *guardeels* und bei den Niederländern *kardeels*.) Die aus dem Walmaul herausgelösten Barten wurden gereinigt, zu 50 oder 60 Platten gebündelt und ebenfalls in den Lagerhäusern gestapelt, wo sie auf den Weitertransport warteten. Die langen Sommertage in der Arktis

gaben den fleißigen Holländern die Möglichkeit, in Schichten rund um die Uhr zu arbeiten, und die mit Fett beheizten Öfen müssen fast pausenlos gebrannt haben.

Die Größe der Siedlung Smeerenburg ist vielfach stark übertrieben worden; manche Schätzungen gehen gar von 18 000 Menschen und 300 Schiffen aus, die dort in jeder Saison geankert haben sollen. Scoresby spricht von »jährlichen Besuchen durch 200 oder 300 Schiffe, die 12 000 bis 18 000 Mann an Bord hatten, da sie doppelt bemannt waren ...«. Die Zahl 18 000 würde sich somit auf die Gesamtheit der Walfänger beziehen, die Smeerenburg im Lauf eines Sommers *besuchten*, doch selbst diese Zahl scheint ungerechtfertigt hoch zu sein. In seiner Geschichte des holländischen Walfangs meint de Jong, die Einwohnerzahl habe in den ersten Jahren 1000 nicht überstiegen, und es seien jeden Sommer nur 15 bis 20 Schiffe in den Norden entsandt worden. Hacquebord, der seine Doktorarbeit über Smeerenburg geschrieben hat, ist sehr viel zurückhaltender und versichert: »Die Zahl der Bewohner ... schwankte um 200. Diese Zahl dürfte jedoch meist nicht erreicht worden sein.«

Aus vielerlei Gründen erlebte der Walfang in Spitzbergen um die Jahrhundertwende einen Rückgang. Nach Hacquebord waren es Klimaveränderungen, die das Eis um die Inselgruppe und somit auch die Wale beeinflußt haben. Eine Wärmeperiode, nachgewiesen durch Pollenanalysen, trat von 1625 bis 1635 ein, und als sich der Golfstrom von der norwegischen Küste entfernte und der Rand des Packeises von Spitzbergen zurückwich, blieben die Wale in küstenferneren Gewässern, und die Jäger mußten weiter hinausfahren. Im nächsten Jahrzehnt kam es zu einer Abkühlung, die Wale kehrten zurück, und die Zahl der erlegten Tiere nahm dementsprechend zu.

In den ertragsreichsten Jahren der Arktisfischerei wurden alljährlich 300 bis 450 Wale gefangen. Der holländische Walfang florierte fast 50 Jahre lang und expandierte beträchtlich, als die Noordsche Compagnie 1642 ihr Monopol aufgab und die Industrie für alle öffnete. 1642 wurden in den Niederlanden 30 bis 40 Walfänger ausgerüstet, doch um 1670 waren es 178 Schiffe. 1675 stachen von Hamburg aus 83 Schiffe

Dieses Ölgemälde von Esaias van den Velde (1587–1630), das einen Pottwal am Strand von Katwijk zeigt, beruht wahrscheinlich auf älteren Darstellungen von gestrandeten Walen. Auf dem höchst originellen Bild sind die aufwendig gekleideten Herrschaften, die Arbeiter und sogar die Küstenfahrzeuge zu sehen.

't Kooken van de Traan uyt het Valvis spek (Auskochen des Trans aus dem Walspeck). Einer von 16 Stichen, die dem niederländischen Walfang gewidmet sind (1720).

in See. Den Höhepunkt erreichte die holländische Walfangindustrie 1684, als 246 Schiffe die Reise in die Arktis antraten. Auch die Landstationen vermehrten sich, weil man auf stetig wachsende Erträge setzte – doch genau das Gegenteil trat ein. (Wenn man de Jongs niedrige Zahl – 300 Wale pro Jahr – auf 50 Jahre umrechnet, dann haben allein die Holländer schätzungsweise 15 000 Wale erlegt. Diese Zahl berücksichtigt nicht die britischen, dänischen, französischen und deutschen Fangflotten, die allesamt zu unterschiedlichen Zeiten zwischen 1600 und 1680 operierten.)

Johann Dietz aus Halle hat uns Aufzeichnungen über seine Erfahrungen an Bord des holländischen Walfängers *De Hope* hinterlassen, der zwischen 1685 und 1690 nach Spitzbergen segelte. Er beschreibt die Erlegung der Wale und wie sechs oder acht Männer auf den Kadaver sprangen, um den Blubber abzuhacken, der dann mit einer Segeltuchrutsche in den Laderaum geschafft wurde. Den Walkörper überließ man den Eisbären, die ihrerseits von den Männern an

Bord abgeschossen wurden. Die kostbaren Pelze der weißen Bären wurden sorgfältig gesäubert, gesalzen und für die Verschiffung nach Holland eingelagert. Alle Mann bekamen Skorbut, nur Dietz, der später zum Feldscher und Hofbarbier aufstieg, nicht.

Alle Länder Europas brauchten Öl, und die meisten, die Zugang zu den nördlichen Meeren hatten, beteiligten sich am Walfang. Die Norweger, die im späten 19. und im frühen 20. Jahrhundert die Walfangindustrie völlig beherrschen sollten, schickten während des ganzen 18. Jahrhunderts Schiffe nach Spitzbergen und Grönland, und die Schweden, die offenbar den Walfang nie wieder aufnahmen, rüsteten gleichzeitig in Göteborg Fangflotten aus. Auch die Franzosen nahmen im 17. Jahrhundert am arktischen Walfang teil, verloren jedoch in späteren Jahren ihr Interesse und ihre Industrie.

Nach drei Jahrzehnten wurden die Wale vor Spitzbergen, Jan Mayen und der Bäreninsel knapp, und die Walfänger mußten sich anderswo umsehen; Grönlandwale gab es noch immer in den vereisten Gewäs-

Im 5. Februar 1691 zog Wilhelm III. von England in Den Haag ein, um an einer Konferenz der Verbündeten gegen Ludwig XIV. von Frankreich teilzunehmen. Zwei Walkieferknochen über der Tür des Regierungsgebäudes, des sog. Binnenhofs (rechts), symbolisieren die Bedeutung der niederländischen Walfangindustrie.

sern Grönlands. Die letzte holländische Landstation auf Spitzbergen wurde 1670 geschlossen, und von da an veränderte sich der Walfang grundlegend. Die Briten und die Niederländer gaben den Küstenwalfang auf und verlegten sich auf die Davis-Straße und die Baffin-Bay. Doch das Wetter und das Eis, das den Polarwalen so behagte, wurde ihnen zum Verhängnis. 1777 wurden zwölf Schiffe vor der Nordostküste Grönlands vom Eis eingeschlossen und gingen verloren.

Im 18. Jahrhundert schmolzen nicht nur die Walbestände, sondern auch die Fangflotten zusammen, die immer weiter nach Westen segelten. Der holländische Walfang ging in den letzten beiden Dekaden des Jahrhunderts dramatisch zurück und brach in der Zeit der Französischen Revolution und der Napoleonischen Kriege völlig zusammen. Erst als um 1800 die Südkaper in den Buchten Australiens, Neuseelands und Südafrikas entdeckt wurden, erlebte der Küstenwalfang eine neue Blüte – bis auch diese Wale ausgerottet waren.

Britannien beherrscht die Meere

Die Ortsnamen auf einer Karte des heutigen Kanada spiegeln die Entdeckungs- und Besiedlungsgeschichte des Landes wider: Hudson Bay und Hudson Strait, Frobisher Bay, Davis Strait, Baffin Island usw. Martin Frobisher stach 1576 in Ratcliffe on the Thames mit einem winzigen Schiff in See. Er umrundete Kap Farewell in Grönland und lief in eine große Bucht ein, die er für die Durchfahrt nach Indien hielt und mit seinem Namen bedachte. Er war überzeugt, die Nordwestpassage entdeckt zu haben, folgte jedoch der »Meeresstraße« nicht bis zum Ende und erfuhr somit nicht, daß sie eine »Sackgasse« war. Mit einem Eskimo und Proben eines schwarzen Gesteins, das im Feuerschein wie Gold schimmerten, kehrte er heim.

Es war zwar bloß Eisenpyrit, »Narrengold«, was die Elisabethaner nicht erkannten, aber das vermeintliche Gold und Frobishers Bericht über die Entdeckung eines Seewegs nach Cathay (China) waren Grund genug für eine zweite Reise. 1577 war er wieder in Nordamerika. Auf der Insel Baffin schürfte er 200 Tonnen des schwarzen Minerals, und unterwegs sichtete er einen Narwal »mit einem zwei Schritt langen Horn, das aus seiner Schnauze oder Nase hervorwuchs«. Frobishers Heimkehr löste in England einen wahren Goldrausch aus. 1578 kehrte er mit 15 Schiffen nach Baffin zurück. Stürme verschlugen die Flotte in die Hudson Strait, die tatsächlich eine »Straße« war, die Frobisher in die Hudson Bay geführt hätte, wenn er weitergesegelt wäre. Doch er hatte die Order bekommen, Gold abzubauen, und so machte er kehrt und fuhr nach England zurück.

Die Davis-Straße ist eine echte Meerenge, die Grönland von der Baffin-Insel trennt. Sie wurde entdeckt und benannt von John Davis, der im Juni 1585 in See stach. In dichtem Nebel segelte er die grönländische Westküste entlang bis zum Godthaab-Sund, wo heute die Hauptstadt des Landes liegt. Er überquerte die Meeresstraße und fuhr an der Küste der Baffin-Insel nach Süden, wobei er den Sunden und Buchten Namen gab, unter anderem dem Exeter- und Cumberland-Sund, die einmal die Hauptziele der arktischen Walfänger werden sollten. Den Cumberland-Sund, der länger ist als die Frobisher-Bucht, hielt Davis für die Nordwestpassage. Mit dieser Erfolgsmeldung kehrte er nach England zurück.

Auf seiner zweiten Reise, die er schon sechs Monate nach seiner Rückkehr antrat, sollte er abermals die Nordwestpassage befahren und damit England den Seeweg nach China sichern. Die damaligen Navigationshilfen erwiesen sich jedoch als unzureichend für Davis' Zwecke. Er verfehlte den Cumberland-Sund die Frobisher-Bucht und suchte bis hinunter nach Labrador vergeblich nach ihnen. Gleichwohl fuhr er in der Überzeugung, die Nordwestpassage entdeckt zu haben, nach England zurück. Selbstverständlich hatte er sie nicht entdeckt, wohl aber die Tummelplätze der riesigen Grönlandwalherden, die schließlich viele Engländer in diese entlegenen Meeresgebiete locken sollten.

Im Auftrag der Muscovy Company versuchte Henry Hudson 1607 über den Nordpol nach China zu gelangen, doch er kam nur bis Spitzbergen, wo ihm das Eis den Weg versperrte. Zwei Jahre später überquerte er für die niederländische Fernost-Handelsgesellschaft den Atlantik, umschiffte Sandy Hook (im heutigen New Jersey) und fuhr den großen Strom hinauf, der seinen Namen trägt. Wieder in britischen Diensten kehrte er nach Nordamerika zurück, durchfuhr die breite Meeresstraße, die später nach ihm benannt wurde, und erreichte im Juni 1610 die weite Hudson Bay. Dort blieben er und seine Gefährten verschollen, aber durch seine Reisen begründete er sowohl die holländischen als auch die britischen Ansprüche in Nordamerika; bis 1613 entstand ein holländisches Fort auf einer kleinen Insel, die bei den Indianern Manhattan hieß.

»Gesellschaft der Londoner Kaufleute, Entdecker der Nordwestpassage« – so lautete der allzu optimistische Name eines Unternehmens, das die nächste Expedition ausrüstete. Der Kapitän war Robert Bylot, der Navigator William Baffin.

Baffins Name ist für alle Zeit verbunden mit der Insel und der riesigen Meeresbucht, die nach ihm benannt und von Bylot dank Baffins navigatorischem Geschick vollständig erkundet wurden. Sie tauften den Smith-, Jones- und Lancaster-Sund nach ihren Geldgebern. (Der Lancaster-Sund, in den Baffin nicht einfuhr, sollte sich zwei Jahrhunderte später als Zugang zur Nordwestpassage erweisen.) Nach einem dänischen Fehlversuch von 1619 folgten 1631 zwei weitere britische Expeditionen, geleitet von Thomas James und Luke Foxe. Beide führten Empfehlungsbriefe des englischen Königs Karl I. an den japanischen Kaiser mit sich.

Auch sie fanden nicht, wonach sie suchten, aber sie trugen zur weiteren Erschließung der kanadischen Arktis bei und verewigten ihren Namen in Meeresgebieten, die in der Walfanggeschichte der nachfolgenden Jahrhunderte eine wichtige Rolle spielen sollten. Erst 1905 gelang Roald Amundsen die Durchquerung der kanadischen Eiswelt bis zum Pazifik. Der praktische Wert all dieser Reisen, die Samuel Eliot Morison einmal als »glorreiche Fehlschläge« bezeichnet hat, war gering, aber sie eröffneten den Zugang zu gewaltigen Schätzen, die den Reichtümern Ostindiens gleichkamen, und zu einer Massenschlächterei, die sich kein Mensch hätte vorstellen können.

Gegenüberliegende Seiten oben:
Darstellung eines gestrandeten Wals aus *Churchill's Voyages* von 1745.

Gegenüberliegende Seite unten:
In der Frühzeit des arktischen Walfangs waren die Schiffe fast ebenso dickbäuchig wie die Wale. Auf dem Gemälde sind fünf Schiffe zu sehen, ferner vier Fangboote und mindestens vier Wale, von denen einer mit acht Harpunen gespickt ist.

A Whale Female and the Windlais whereby the Whales are Brought on shore

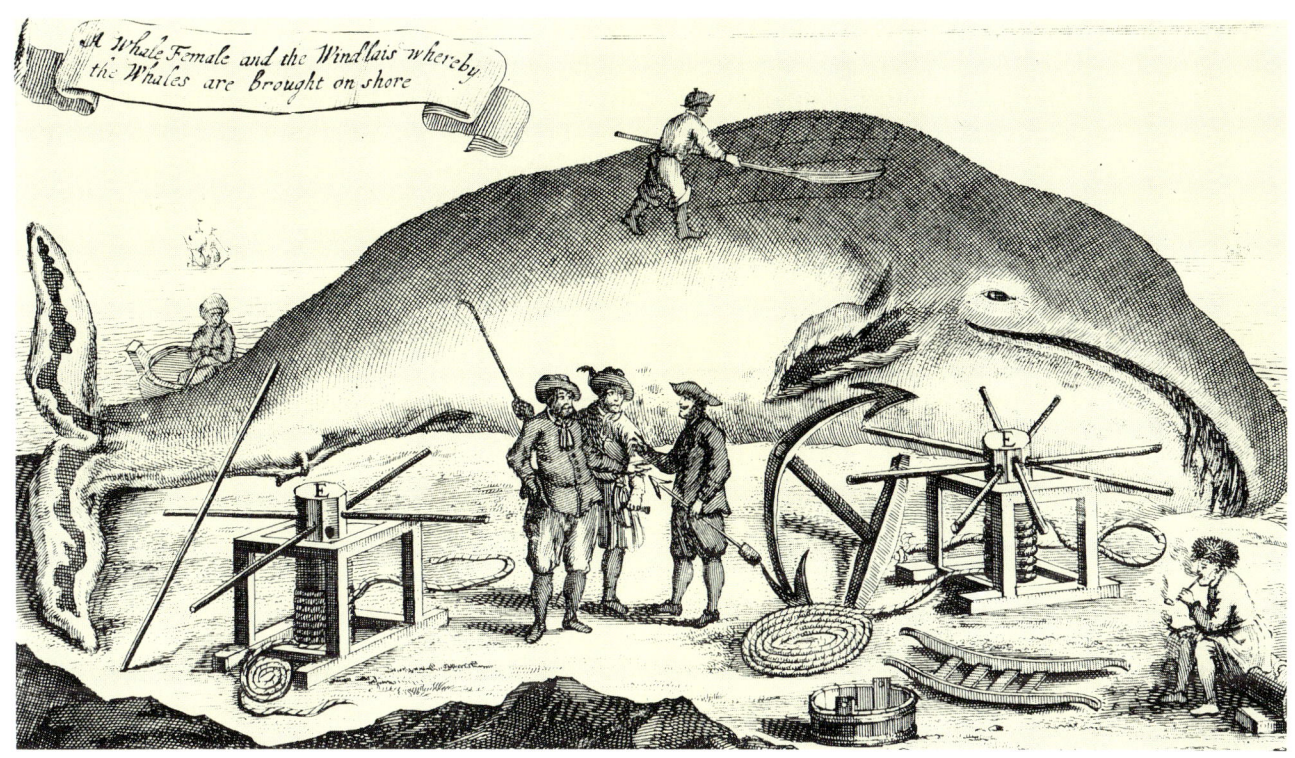

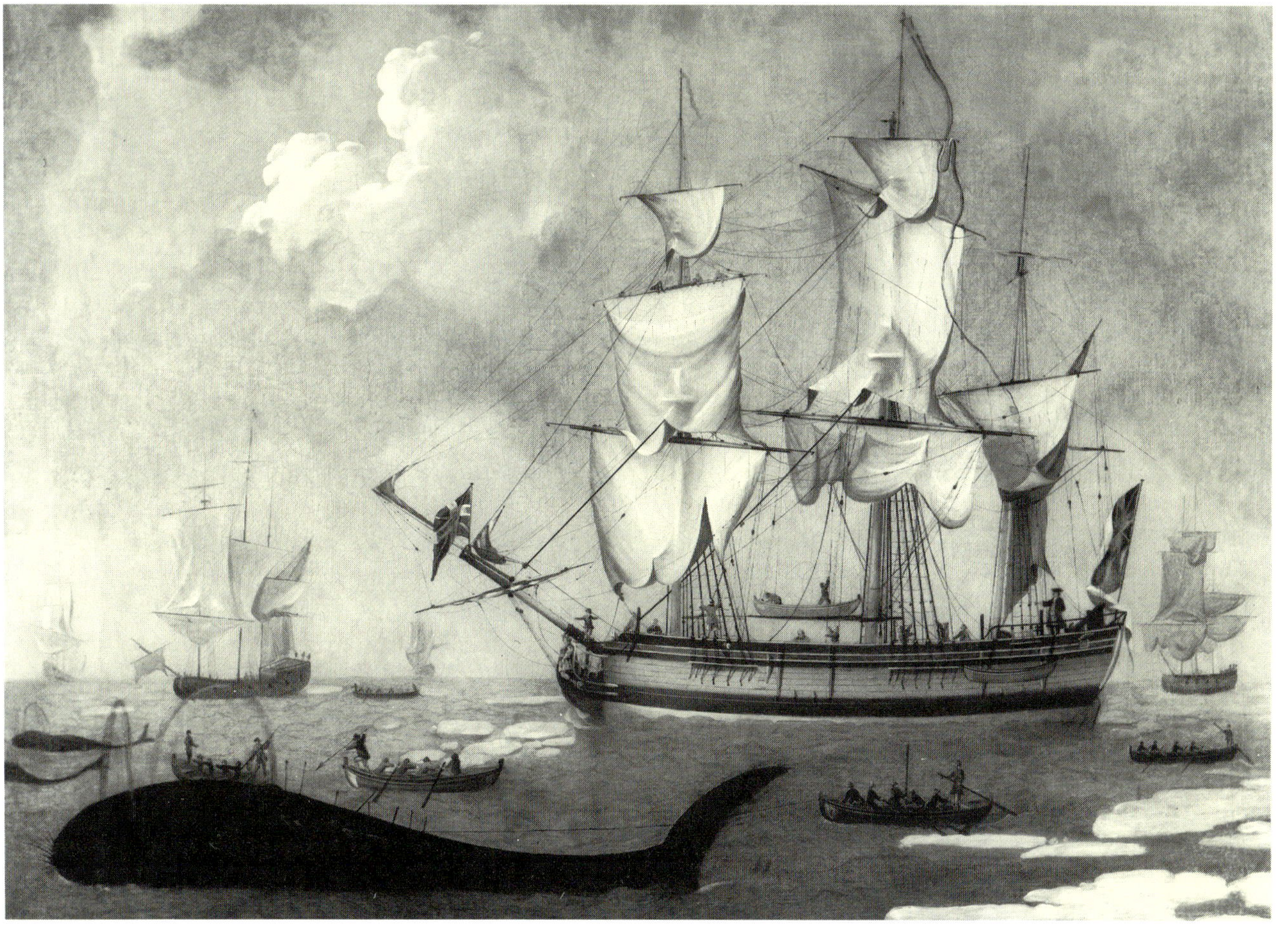

Als sich die Basken aus den ostkanadischen Gewässern zurückzogen, war den Walen eine kurze Atempause vergönnt. Die Holländer und Briten konzentrierten sich auf die Fanggründe im Osten. Fast ein Jahrhundert lang machten sie das Eismeer der östlichen Arktis unsicher und dezimierten dabei gründlich die Grönlandwale, die größeren Verwandten des schwarzen Nordkapers. Wenn wir die Kaperpopulation im östlichen Nordpazifik als eine eigenständige Fortpflanzungsgemeinschaft auffassen, dann müssen wir die fast vollständige Ausrottung dieser Wale konstatieren. In einer Untersuchung von 1974 schrieb Dale Rice, daß die »Kodiak-Gründe« von der Insel Vancouver bis zu den Aleuten »im 19. Jahrhundert als eines der besten Reviere für die Jagd auf Kaperwale bekannt waren«. Heute gibt es dort nur noch wenige Nordkaper, ein Beweis für die gnadenlose Tüchtigkeit der Walfänger, aber auch ein Beispiel für die Unfähigkeit mancher Arten, sich nach einer so starken zahlenmäßigen Reduzierung wieder zu erholen.

Trotz der sporadischen Bemühungen der Engländer, ihre Walfangindustrie wiederzubeleben, wurde dieses Gewerbe in der zweiten Hälfte des 17. Jahrhunderts ganz und gar von den Niederländern beherrscht. Durch einen Parlamentsbeschluß von 1672 wurden alle von Engländern angelandeten Walerzeugnisse von Abgaben befreit, während Ausländer pro Tonne Tran 9 Pfund und pro Tonne Knochen einen doppelt so hohen Zoll entrichten mußten. Die »Gesellschaft der Kaufleute für den Handel mit Grönland« wurde 1693 mit einem Kapital von 40 000 Pfund ausgestattet, brauchte aber neun Jahre später eine weitere Kapitalspritze. Um die Jahrhundertwende schien der britische Walfang völlig am Ende zu sein, und was man an Tran und Knochen benötigte, mußte aus Holland importiert werden.

Im Jahr 1711 entstand die South Sea Company, die vor allem den Sklavenhandel mit Lateinamerika betrieb. Infolge wilder Spekulationen wurden die Aktionäre dermaßen reich, daß die Gesellschaft 1720 anbot – und vom Parlament die Erlaubnis erhielt –, einen großen Teil der Staatsschulden zu übernehmen. Von Januar bis August 1720 stieg der Kurs auf über 872 Punkte, doch im September brach der Markt zusammen. Das wirtschaftliche Desaster überstand nicht nur Robert Walpole, sondern auch die Walfangindustrie. Henry Elking schlug vor, den Walfang im brüchig gewordenen Rahmen der South Sea Company wieder in England einzuführen. Seine Argumente leg-

te er 1772 in seinen »Ansichten über den Grönlandhandel und die Walfischerei sowie die nationalen und privaten Vorteile derselben« dar. »Es ist ein vulgärer Irrtum«, schrieb er, »daß die Holländer ihre Schiffe ausrüsten und nach Grönland fahren können und, mit einem Wort, die Walfischerei billiger und gewinnbringender betreiben als die Engländer.«

Außerdem meinte Elking, daß die Kapitäne Gewinnanteile statt eines festen Gehalts erhalten sollten, daß der Blubber und die Barten besser gereinigt werden müßten und daß die Briten insgesamt viel zuviel für die Ausstattung ihrer Schiffe ausgäben. Besonders kritisch ließ er sich über die Greenland Company aus, der er Mißwirtschaft und Unregelmäßigkeiten vorwarf. Die Greenland Company hatte ein kompliziertes Befehlssystem entwickelt, in dem ein Kapitän für die Navigation, ein Harpunier für die Fangoperationen und ein »General« für die Fangflotte zuständig waren. Die Engländer hatten so wenig Erfahrung, daß sie, wenn sie sicher in den Fanggründen angekommen waren, oft im Kreis herumsegelten, ohne einen einzigen Wal zu erlegen. »Aus Unfähigkeit«, schrieb Elking, »erbeuteten sie keine Wale oder nur wenige, selbst wenn andere eine erfolgreiche Fangreise machten.«

Als Elkings Vorschläge den Direktoren der South Sea Company 1722 zur Abstimmung vorgelegt wurden, fielen sie durch, und erst 1724 entsandten die Engländer wieder ein Schiff in die Arktis. Elking wurde zum Leiter der Grönlandfischerei bestellt. Doch leider geriet das Unternehmen nach Gordon Jackson zum »größten Fehlschlag in der langen Geschichte des britischen Engagements in der Arktis«. Statt seinen eigenen Vorschlägen zu folgen, förderte Elking eine maßlose Verschwendung. Er gab 1725 ein Dutzend Schiffe in Auftrag und 1726 ein weiteres Dutzend. Er ließ neue Docks an der Themse sowie neue Lagerschuppen, Siedereien und sogar ein neues Haus für sich selber bauen.

Im ersten Jahr fing die englische Flotte nur 25 Wale, im zweiten nur 16. Die Gesellschaft mußte 1731 um staatliche Unterstützung einkommen, aber ihre Bilanz war so miserabel, daß ihr keine Mittel gewährt wurden, woraufhin sie beschloß, den Grönlandhandel einzustellen. In den acht Jahren ihres Bestehens hatte die South Sea Company 262 172 Pfund ausgegeben, aber nur 84 390 eingenommen – ein Minus von 177 782 Pfund! Elking trat als gebrochener Mann zurück, und die Ära der Aktiengesellschaften im britischen Walfang war vorbei.

1733 gewährte die Krone eine Prämie von 20 Schilling pro Tonne für Walfangschiffe in Privatbesitz, um die Industrie wieder anzukurbeln. Um 1750 operierten 19 Schiffe in der Arktis, und drei Jahre später gründeten die wagemutigen Kaufleute von Hull eine Walfanggesellschaft mit einem Kapital von 20 000 Pfund. Mit zwei Schiffen wollten sie die britische Vormachtstellung in der Nordmeerfischerei zurückerobern. Krieg und Mangel an Walen vereitelten ihre Träume, und 1762 schien das Ende gekommen zu sein. Ohne Unterstützung durch Gesellschaften und Konsortien unternahm jedoch Samuel Standidge auf eigene Faust den Versuch, den Walfang in Hull wiederzubeleben. 1766 rüstete er ein Schiff aus und schickte es auf eine Fangreise. Nur ein einziger Wal wurde gefangen, aber Standidges Kapitän erlegte etwa 400 Robben, die bislang als wertlos gegolten hatten. Nachdem er die Felle gegerbt hatte, baute er in England einen ganz neuen Industriezweig auf. Innerhalb von drei Jahren entsandte Standidge drei weitere Expeditionen in den Norden, und er brachte die Kaufleute in Whitby, Newcastle und London dazu, seinem Beispiel zu folgen.

Vielleicht weil der Walfang in dieser Zeit nicht sonderlich erfolgreich war, kreuzten zahlreiche Wale vor den europäischen Küsten auf, als wollten sie ihre Verfolger etwas näher in Augenschein nehmen. Im Winter 1761/62 strandeten vier Grönlandwale in Holland und vier weitere bei Dover. Am 20. Februar 1762 wurde ein 16 m langer Pottwal in Zandvoort angetrieben, und ein zweiter verirrte sich in die Themse.

Nach 1761 steuerten britische Schiffe weiterhin die Arktis an, um Jagd auf Grönlandwale zu machen, doch inzwischen begannen auch die Amerikaner mitzumischen, die überdies eine neue jagdbare Walart entdeckt hatten. Während die Engländer und die Holländer in den kalten grönländischen Gewässern operierten, erspähten die Ausguckposten in den Krähennestern der Yankeeschiffe immer häufiger die nach vorn gerichteten Blasstrahlen der Pottwale in den tropischen Gewässern der Karibik und Afrikas. Die Holländer gaben noch immer den Ton an; sie schickten 1768 124 Schiffe in die Arktis, die Engländer dagegen nur 50. Um 1770 begannen die Briten gleichzuziehen, was vor allem das Verdienst von Samuel Standidge aus Hull war. Während des Amerikanischen Unabhängigkeitskrieges wurden so viele Schiffe als Truppentransporter und Versorgungsschiffe benötigt, daß der Walfang stark zurückging. Einige Walfänger aus Nantucket gerieten in Kriegsgefangenschaft und wurden angeblich sofort für britische Fangschiffe angeheuert. Als der Krieg 1783 zu Ende ging, nahm die britische Walfangindustrie einen gewaltigen Aufschwung. 1785 machte William Scoresby seine erste Fangreise an Bord der *Henrietta* mit.

Zwischenspiel: Das Einhorn des Meeres

Die Narwale machen wahrscheinlich den Nordkapern die zweifelhafte Ehre streitig, die ersten Waltiere zu sein, die von Menschen gejagt wurden. Die Wikinger, die im 9. und 10. Jahrhundert die vereisten Buchten Grönlands beherrschten, haben wahrscheinlich nicht schlecht gestaunt, als sie erstmals die langen gedrehten Stoßzähne der rund 6 m langen gefleckten Wale erblickten. Für sie verkörperte der Narwal noch nicht das sagenhafte Einhorn, aber sie nutzten ihn für vielerlei Zwecke. In seinem Buch *Ivory and the Elephant* schreibt Kunz, die Wikinger »schmückten den Bug ihrer Kriegsgaleeren mit diesen Hörnern, schnitzten daraus Schwert- und Dolchgriffe und verwendeten sie für Flaggenstöcke und Zepter. Die Frauen trugen Haarnadeln aus diesem Material sowie seltsam verschlungene Amulette, die in der Liebe und im Krieg Glück bringen sollten.«

Die ersten Narwalschädel wurden vermutlich an den Eisgestaden Grönlands angespült. Der Name »Narwal«, der aus dem Isländischen stammt, bedeutet »Leichenwal« und bezieht sich angeblich auf die bleiche Färbung des Tieres, das einer im Wasser treibenden Leiche ähnlich sieht. Nach einer anderen Theorie wurden die *dentes balaenarum* im »Leichentümpel« in Island entdeckt, wo tote Seeleute ans Ufer gespült wurden.

Im Unterschied zu Tran, Fleisch und Blubber war der Narwalzahn, der nur bei den Männchen vorkommt und eine Länge von 2,50 m und mehr erreichen kann, etwas Einzigartiges, das durch nichts zu ersetzen war. Er gehörte im Mittelalter zu den begehrtesten Objekten; man schrieb ihm magische Kräfte zu, Könige rissen sich um ihn, und er war mehr wert als sein Gewicht in Gold.

Einer der ältesten Berichte über das Einhorn ist jedoch fast 1000 Jahre vor der Entdeckung des Narwals verfaßt worden. Der griechische Arzt Ktesias,

der im Dienst des Perserkönigs Darius II. stand, kehrte 398 v. Chr. in seine Heimat zurück und schrieb sein
Buch *Indica,* eine Sammlung von Geschichten, die er
in Persien zusammengetragen hatte. Eine Geschichte
beschreibt

...gewisse wilde Esel, so groß wie Pferde und größer. Ihre
Leiber sind weiß, ihre Köpfe rot und ihre Augen dunkelblau.
Sie tragen auf der Stirn ein Horn, das ungefähr anderthalb
Fuß lang ist. Der von diesem Horn abgefeilte Staub wird in
einem Trank zum Schutz gegen tödliche Arzneien verabreicht. ... Wer aus diesen Hörnern trinkt, die zu Trinkgefä-
ßen umgestaltet werden, wird nicht von der heiligen Krankheit [Epilepsie] befallen. Ja, er ist sogar gegen Gifte gefeit,
wenn er, vor oder nach dem Verschlucken derselben, Wein,
Wasser oder etwas anderes aus diesen Bechern trinkt.[*]

Nach Ktesias – und wahrscheinlich gestützt auf dessen Beschreibung – befaßten sich auch andere Auto-

---
[*] Dieses Zitat – und ein großer Teil der Ausführungen über die
Entstehung der Einhornlegende – wurde Odell Shepards *The Lore of
the Unicorn* und Margaret Freemans *The Unicorn Tapestries* entnommen.

ren in ihren naturgeschichtlichen Darstellungen mit
dem Einhorn. Aristoteles schrieb ein halbes Jahrhundert später: »Es gibt ... einige Tiere, die nur ein Horn
besitzen, zum Beispiel der Spießbock, dessen Huf ge-
spalten ist, und der indische Esel, dessen Huf einteilig
ist. Diese Geschöpfe haben ein Horn in der Mitte des
Kopfes.« Später noch versicherte Plinius (23–79 n.
Chr.), der sich weitgehend auf Aristoteles berief, der
monokeros habe »einen Körper wie ein Pferd, einen
Kopf wie ein Hirsch, Füße wie ein Elefant und einen
Schwanz wie ein Eber; er stößt ein tiefes, dumpfes
Gebrüll aus, und mitten auf seiner Stirn wächst ihm
ein schwarzes Horn, das zwei Ellen lang ist. Das Tier
läßt sich nicht lebend fangen.«

Überraschenderweise wird das Einhorn auch in der
Bibel mehrfach erwähnt, und im *Physiologus,* dem
wichtigsten Tierbuch des Mittelalters, spielt es eine
wesentliche Rolle, wodurch ihm sein Platz in der Geschichte, der Mythologie und der Literatur gesichert
war.

Der Stoßzahn des Narwals ist nur eine der Kompo-
nenten, aus denen sich die Einhornlegende zusam-

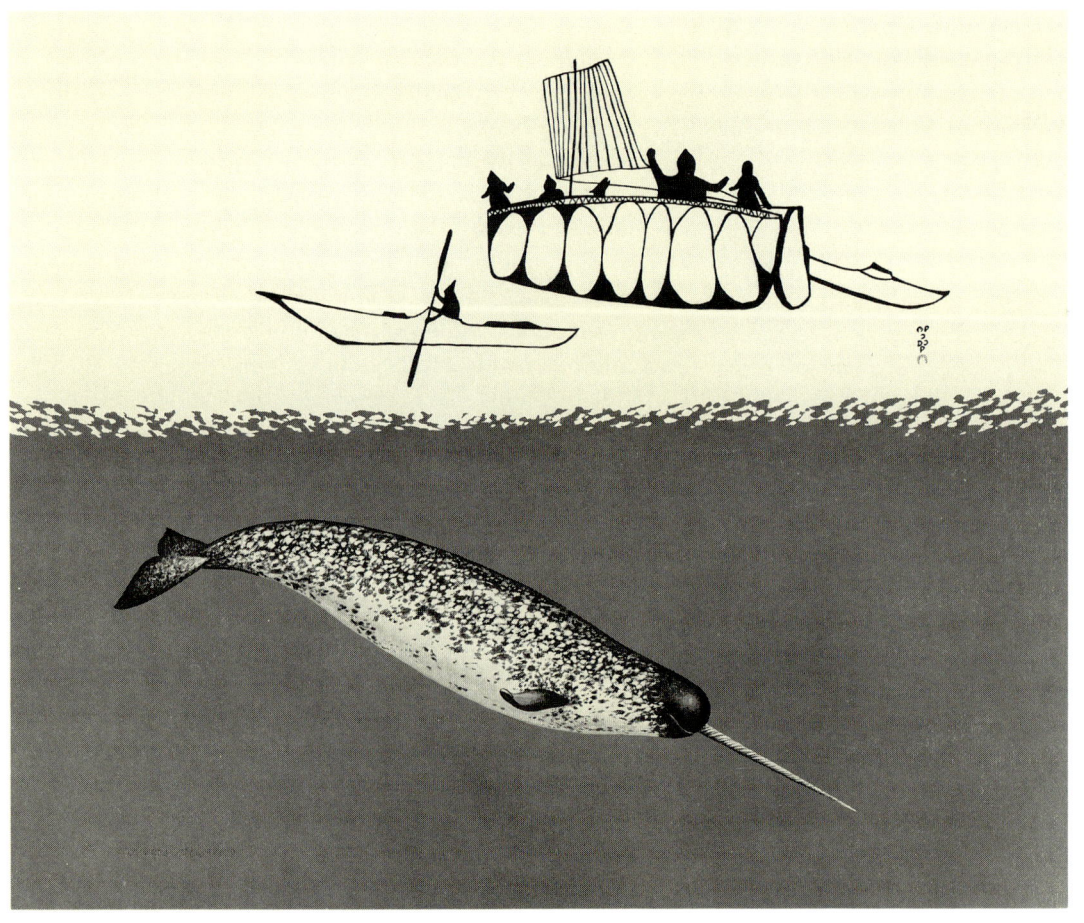

Ich erinnere mich daran, wie wir einst Wale jagten. Nachbildung einer Steinzeichnung kanadischer Eskimos, die einen Mann in einem Kajak und mehrere Jäger in einem Umiak zeigt. Unten ist ein Narwal abgebildet.

Ausschnitt aus dem Einhornteppich in den Cloisters, New York. Das Horn des Einhorns ist augenscheinlich dem Stoßzahn eines Narwals nachgestaltet.

mensetzt. Die Sage selbst ist viel älter als die Wikingerzeit; Ktesias, Aristoteles und Plinius schrieben über das Einhorn, bevor jemand einen Narwalzahn gesehen hatte. Doch sobald die ersten Zähne auftauchten, war es ein leichtes, sie in die Fabel zu integrieren. Der Glaube, dieser Elfenbeinstab gehöre einem anmutigen pferdeartigen Paarhufer, der sich nur von einer Jungfrau fangen ließ, war jedenfalls eingängiger als die Annahme, es stamme von einem plumpen, gescheckten Wal. Kein anderes Tier besitzt jedoch ein solches langes »Horn« (es ist eigentlich der linke obere Eckzahn des Narwals), aber auch das Nashorn, Antilopen und Ziegen haben zur Entstehung der Einhornlegende beigetragen. Im 11. Jahrhundert florierte indes der Handel mit »Einhornhörnern«, und das dazugehörige Tier erschien schon bald in der Literatur. In einem Bestiarium des 12. Jahrhunderts heißt es über das Einhorn:

Ein Horn ragt aus der Mitte seiner Stirn hervor bis zu einer Länge von vier Fuß, so scharf, daß jeder Angreifer mühelos durchbohrt wird. Nicht ein einziges Tier ist jemals lebend in Menschenhände gelangt; es läßt sich zwar töten, aber nicht fangen.

Von da an kann man die Spur des Einhorns durch die Naturgeschichten des Mittelalters verfolgen. Aus heutiger Sicht ist es allzu einfach, die Menschen, die an Einhörner glaubten, als naiv oder leichtgläubig abzutun. »Die Tatsache, daß kein Mensch jemals ein Einhorn sah«, schreibt Odell Shepard in seiner ausgezeichneten Darstellung der Einhornlegende, »tat dem Glauben nicht den geringsten Abbruch. Im mittelalterlichen Europa hat auch niemand einen Löwen oder Elefanten oder Panther gesehen, und doch akzeptierte man diese Tiere aufgrund von Beweisen, die keineswegs besser waren als jene, die für das Einhorn sprachen.« Im übrigen lag ja das Horn als unwiderlegbares Beweisstück vor. In seiner *Historia animalium* meinte Conrad Gesner: »Man muß den Worten der weitgereisten Wanderer trauen, denn das Tier muß es auf Erden geben, denn sonst würde es seine Hörner nicht geben …«

Gesner druckt einen Holzschnitt ab, der ein pferdeähnliches Tier mit einem Horn zeigt, das dem Narwalzahn sehr ähnlich sieht. Diese Illustration verwendet auch Edward Topsell in seiner *Historie of Foure-Footed Beastes* (1607), in der er die wundersamen Eigenschaften des Horns beschreibt.

Zu jener Zeit regte sich jedoch der Verdacht, das Geschöpf mit dem Zauberhorn sei kein Vierfüßer.

Topsell zitiert mehrere Autoritäten, darunter eine, die behauptet, daß »in Äthiopien Vögel leben, die ein Horn auf der Stirn tragen und deshalb Unicornus heißen, und Albertus meint, es gebe einen Fisch mit Namen *Monokeros,* der ebenfalls ein Horn habe«. Topsell tut das als Unsinn ab, aber es ist offenkundig, daß die Legende vom anmutigen, blauäugigen Fabeltier in Zweifel gezogen wurde. Damals stand nämlich bereits eine zutreffende Beschreibung des Narwals zur Verfügung. 1577 unternahm Martin Frobisher seine zweite Reise zur Baffin-Insel, und hinterher berichtete er von »einem großen toten Fisch, der anscheinend im Eis einbalsamiert war. Er war rundlich wie ein Tümmler, etwa zwölf Fuß lang und hatte ein zwei Schritt langes Horn, das aus der Schnauze oder Nase hervorwuchs. Das Horn ist gedreht und gerade, vergleichbar einer Wachskerze, und könnte wahrscheinlich als das Einhorn des Meeres gelten.« Diese neue Erkenntnis aus Großbritannien scheint den Kontinent nicht erreicht zu haben. Ulisse Aldrovandi (1522 bis 1605), ein Universalgelehrter in der Nachfolge Gesners, verfaßte eine vielbändige Naturgeschichte, in der nicht weniger als 30 Seiten dem Einhorn gewidmet sind. Er reiht das Tier unter die »spalthufigen« Vierfüßer ein und bildet dazu Narwalzähne ab, die er als *unicornum falsum* bezeichnet.

Als bekannt wurde, daß es tatsächlich Wale mit »Hörnern« gab, begann man sie auf Land- und Seekarten des 16. Jahrhunderts abzubilden. Auf der Islandkarte des Abraham Ortelius von 1570 erscheint ein spitzschnäuziges Geschöpf, das der Kartograph und Naturforscher *Narwal* nennt und wie folgt beschreibt:

Wenn jemand von diesem Fisch ißt, stirbt er sofort. Er hat vorn im Kopf einen Zahn, der sieben Ellen lang vorsteht. Diesen haben manche als das Horn des Einhorns verkauft. Es gilt als ein gutes Gegenmittel und eine hervorragende Arznei gegen Gift. Dieses Ungeheuer ist vierzig Ellen lang.

Es ist unklar, wer den Narwal erstmals als Verkörperung des Einhorns identifizierte. Olaus Magnus (1490–1558) meint: »Das Einhorn ist ein Meeresungeheuer, das auf der Stirn ein sehr großes Horn trägt, mit dem es Schiffe durchbohren und versenken und viele Menschen umbringen kann.« Selbst nachdem die Existenz des Narwals eindeutig nachgewiesen war, glaubte man, daß neben ihm noch ein zweites gehörntes Meerestier die Ozeane bewohne. In de Rocheforts *Histoire naturelle* von 1665 findet sich eine Tafel mit einer genauen Abbildung des Narwals, aber auf derselben Tafel

auch die Darstellung eines Tiers, das *Licorne de mer* genannt wird – ein fischförmiges Lebewesen mit auffälligen Schuppen, einer Krone auf dem pferdeähnlichen Kopf und einem langen Stirnhorn.

Die wohl berühmtesten Einhornbilder sind in zwei Wandteppichfolgen aus dem 16. Jahrhundert enthalten. Die »Einhorngobelins« aus der Sammlung der Cloisters in New York bestehen aus sieben Bildteppichen, die die Verfolgung, den Fang und den Tod eines einzelnen Einhorns zeigen. Sein Horn ist stets eine exakte Nachbildung des Narwalzahns. Es ist lang, weiß, spitz zulaufend und spiralig gedreht. Die zweite Folge von Einhornteppichen (»La Dame à la Licorne«) wird im Pariser Musée de Cluny aufbewahrt. Auf jedem der sechs Wandteppiche ist neben einem Löwen

Der Krönungsstuhl der dänischen Könige im Schloß Rosenberg in Kopenhagen. Die senkrechten Streben dieses Throns aus dem 17. Jahrhundert sind aus Narwalzähnen gefertigt.

ein Einhorn abgebildet, das zwar eher ziegenähnlich aussieht, aber als Horn unverkennbar einen Narwalzahn trägt.

Uns interessiert hier jedoch weniger das Einhorn als der Narwal. Wäre nicht seine ungewöhnliche Bezahnung, so wäre er wahrscheinlich von allen ignoriert worden – abgesehen von den grönländischen und kanadischen Eskimos, die ihn auch ohne Stoßzahn wegen seines Fleisches, seiner Sehnen und seiner Fettschicht verfolgt hätten.

Doch leider besaß dieser bedauernswerte Bewohner der arktischen Gewässer einen Stoßzahn und wurde so zum Objekt einer gezielten Jagd. Narwalzähne bringen zwar kein königliches Lösegeld mehr ein, aber sie sind nach wie vor sehr wertvoll, vielleicht weil sie so selten sind, vielleicht aber auch, weil sie zu den schönsten Naturgegenständen überhaupt gehören. (Ein Zahn wurde in den achtziger Jahren von einem New Yorker Auktionshaus für 11 000 Dollar versteigert.) Der dänische Krönungsthron (erstmals verwendet 1671) im Kopenhagener Schloß Rosenberg wurde aus Narwalzähnen gefertigt, und Zähne und Zahnschnitzereien finden sich in vielen Schatzkammern. Das 1577 von Frobisher gefundene Horn wurde »auf Befehl Ihrer Majestät der Königin als Kleinod eingezogen«, und in der Sammlung des japanischen Prinzen Takamatsu befinden sich zwei »Einhornhörner«. Die Abtei Saint-Denis in Paris besitzt einen zwei Meter langen Zahn, der angeblich ein Geschenk für Karl den Großen war, einen zweiten das

Ein Trinkgefäß aus dem 17. Jahrhundert, geschnitzt aus dem Stoßzahn eines Narwals und gekrönt von einer Einhorndarstellung.

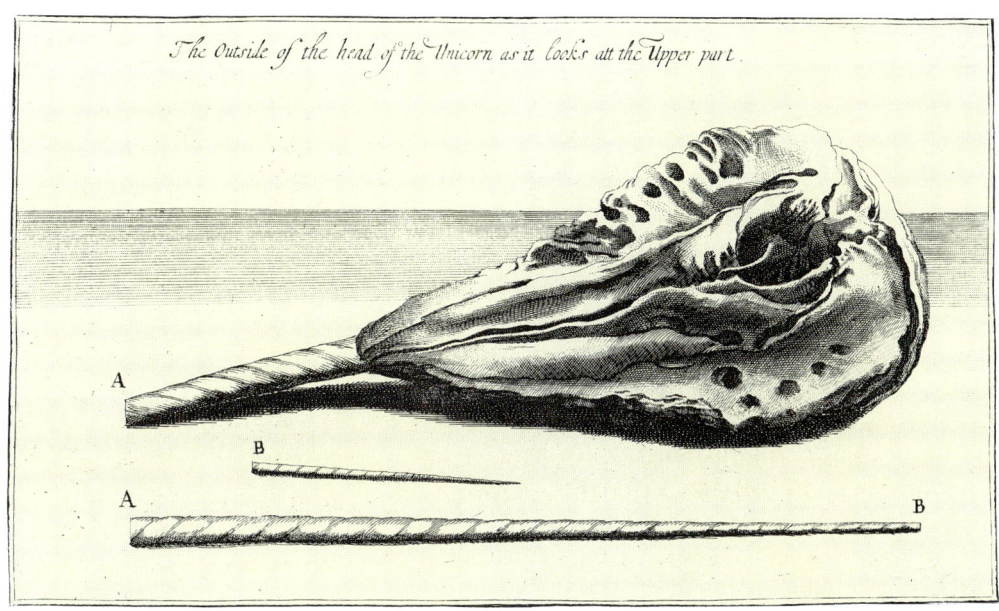

The Outside of the head of the Unicorn as it looks att the Upper part.

Der Schädel eines Narwals. Das »Horn« ist aus Platzgründen in drei Teile zerlegt.

Eskimos in Nordwestgrönland ziehen einen erlegten Narwalbullen auf den Strand.

Straßburger Münster. Ein Deutscher namens Hentzner besuchte 1598 Schloß Windsor und sah dort »neben anderen Dingen das Horn eines Einhorns, mehr als achteinhalb Spannen lang und über 10 000 Pfund wert«. (Das könnte der Zahn gewesen sein, den Frobisher Elisabeth I. überlassen hatte.)

Im 17. Jahrhundert begann die Einhornlegende zu verblassen. Sie wurde jetzt eher dekorativ verwendet, so etwa im »Tischteppich mit Einhörnern« im Metropolitan Museum of Art oder in dem Gemälde von Domenichino im Farnese-Palast, auf dem eine Dame ein Einhorn in den Armen wiegt. Um diese Zeit wurde wohl der Glaube an die heilkräftigen Eigenschaften des Materials durch eine eher prosaische Wertschätzung seiner Schönheit verdrängt.

Die kommerziellen Walfänger in der Arktis, die der Einhornmythos vermutlich nicht interessierte, jagten Narwale, weil das »Horn« ein so exotisches Prunkstück war (und ist). Scoresby berichtet: »Ein harpunierter Narwal taucht in der gleichen Form und mit fast der gleichen Geschwindigkeit wie der *Mysticetus*

[Grönlandwal], allerdings nicht so tief. Er steigt gewöhnlich etwa 200 Faden [ca. 365 m] tief hinab, kehrt dann zur Oberfläche zurück und kann mit einer Lanze in wenigen Minuten abgetan werden.« Um 1910 errichtete die Hudson's Bay Company einen Außenposten am Pond Inlet im Norden der Baffin-Insel, wo man (ohne Erfolg) nach Gold suchte, aber gleichzeitig einen flotten Handel mit Elfenbein trieb.

Im Jahr 1870 bekam der Narwal einen großen Auftritt in einem populären Roman. In Jules Vernes *20 000 Meilen unter dem Meer* schildert Professor Aronnax den Wal als einen aggressiven Giganten:

Der gewöhnliche Narwal oder Einhornfisch ist eine Walart, die eine Länge von 60 Fuß [über 18 m] erreicht ... [Er] ist bewaffnet mit einer Art Elfenbeinschwert oder Hellebarde, wie manche Naturforscher es nennen. Es ist ein Stoßzahn, der so hart wie Stahl ist. Zuweilen werden solche Zähne in den Leibern anderer Wale entdeckt, über die der Narwal stets den Sieg davonträgt. Andere Zähne hat man, nicht ohne Mühe, aus Schiffsrümpfen entfernt, die sie so glatt durchbohrt hatten, wie ein Drillbohrer ein Faß durchdringt. ... Deshalb vertrete ich, bis ich Näheres erfahre, die Ansicht,

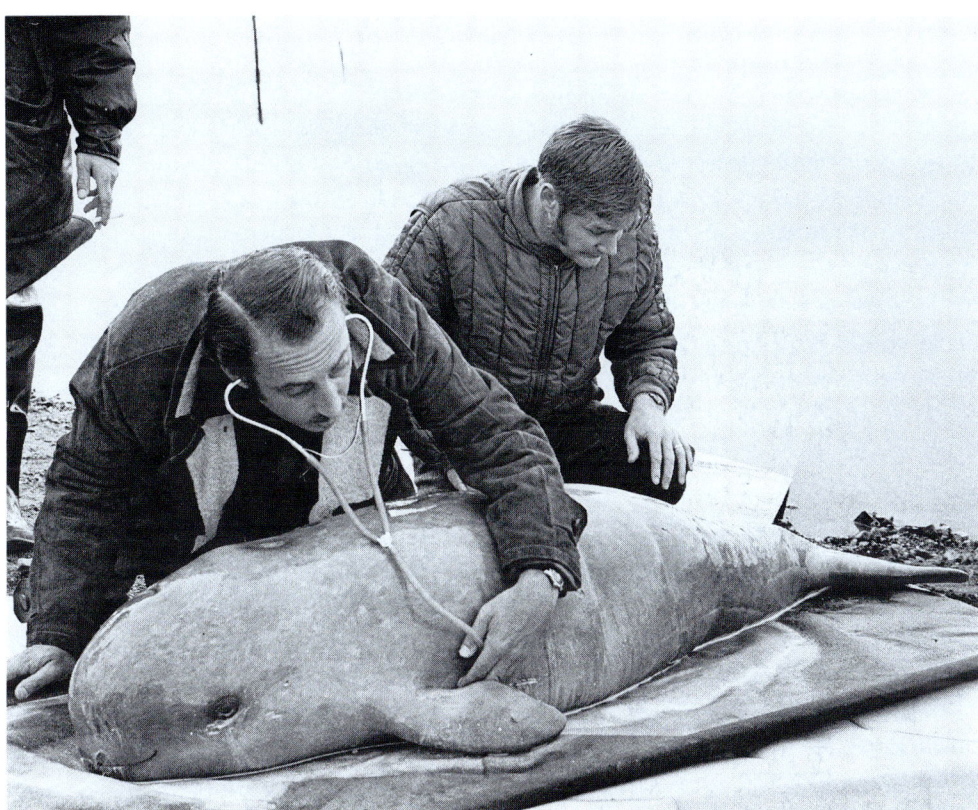

Das Narwalbaby
»Umiak« wird in Nord-
kanada von dem Tier-
mediziner Jay Hyman
untersucht, bevor es die
Reise zum New York
Aquarium auf Coney
Island antritt.

daß es sich um einen Einhornfisch von kolossalen Ausmaßen handelt, bewaffnet nicht mit einer Hellebarde, sondern
mit einem echten Sturmbock wie ein Kriegsschiff, dem er an
Größe und Kraft gleichkommt.

Davon stimmt kaum ein Wort. Die maximale Länge
eines Narwals – einschließlich des Zahns – beträgt
etwa 6,60 m, und er ist ein völlig harmloses Geschöpf.
Ihrem Aussehen zum Trotz werden die Stoßzähne
nicht dazu benutzt, irgend etwas zu durchbohren; sie
gelten vielmehr als sekundäre Geschlechtsmerkmale,
welche die Rangordnung der Bullen bestimmen.

Der Narwalzahn ist ungefähr zur Hälfte massiv und
ansonsten hohl, so daß man aus ihm nur kleine Gegenstände – etwa Schachfiguren oder Serviettenringe
– oder lange und schmale Objekte schnitzen kann. In
späterer Zeit stellten die amerikanischen Scrimshaw-
Schnitzer aus solchen Zähnen reichverzierte Spazierstöcke her.

Die Eskimos Nordkanadas und Grönlands haben
Narwale von jeher bejagt. Der »Fortschritt« hat auch
in den entlegenen arktischen Regionen, wo der Narwal lebt, Einzug gehalten, und vor allem in Kanada
werden tierische Produkte weitgehend durch moderne »Ersatzstoffe« verdrängt. Die grönländischen Eski-

mos führen jedoch noch ein ursprünglicheres Leben
als ihre kanadischen Vettern und sind deswegen nach
wie vor auf Narwale angewiesen. Die Grönländer jagen mit Kajaks, während die meisten kanadischen
Eskimos inzwischen Boote mit Außenbordmotoren
besitzen, und sie alle verfügen heutzutage über Gewehre. Wenn ein getöteter Narwal nicht absinkt, wird
er ans Ufer geschleppt und auf der Stelle aufgebrochen. Die Eskimos verzehren sofort, nachdem sie das
Tier an Land gezogen haben, die Haut. Roh gegessen,
soll die zolldicke Haut, *muktuk* genannt, leicht nach
Haselnuß schmecken, und sie ist außergewöhnlich
reich an Vitamin C. Da ein ausgewachsenes Alttier
über anderthalb Tonnen wiegen kann, vermag es einen Großteil des Proteinbedarfs der Eskimos zu dek-
ken. Die Sehnen werden als Nähgarn benutzt, der
Tran brennt mit einer rauchlosen Flamme, und die
Haut wird zu Leder für Schlittenhundgeschirre und
Schuhriemen verarbeitet. Die Elfenbeinzähne verwendete man früher als Speerspitzen, doch heute sind
sie für die Eskimos ein wichtiger Handelsartikel.

Bei seltenen Gelegenheiten werden zahlreiche Narwale – manchmal Tausende – von dem vorrückenden
Eis eingeschlossen, ein Ereignis, das die grönländi-

schen Eskimos als *savssat* feiern. Die Kunde, daß Beutetiere zu Tausenden an einem Ort gefangen waren, löste jedesmal eine Tötungsorgie aus. Im Winter 1914/15 beobachtete der dänische Wissenschaftler Morten Porsild ein solches *savssat* in Grönland, bei dem mehr als 1000 Narwale abgeschlachtet wurden; darunter befanden sich über 200 adulte Bullen mit Stoßzähnen.

Weil die Narwale in so abgelegenen Regionen heimisch sind, ist ihr derzeitiger Bestand schwer zu schätzen. Überdies gibt es mehrere getrennte Populationen mit einer verstreuten zirkumpolaren Verbreitung. Narwale sind in der kanadischen Arktis, in grönländischen Gewässern, rings um Island und in der gesamten russischen Arktis anzutreffen. Schätzungen des Gesamtbestandes schwanken zwischen der pessimistischen Zahl 10 000 und der optimistischen 20 000.

Der Wal mit dem Einhorn wäre wahrscheinlich eines der spektakulärsten Schaustücke im Aquarium,

doch im Unterschied zu seinem Vetter, dem Weißwal, gedeiht der Narwal nicht gut in Gefangenschaft. Während einer Eskimojagd vor der Ellesmere-Insel wurde 1969 ein weibliches Jungtier gefangen, als es einem Kanu folgte, das es irrtümlich für seine Mutter hielt, die getötet worden war. Man zog das Baby, das sonst nicht mit dem Leben davongekommen wäre, ins Kanu und schaffte es auf dem Landweg in das Dorf Grise Fjord, wo es acht Tage in einem kleinen Teich gehalten und mit einem Gemisch aus Büchsenmilch und Sardinenöl gefüttert wurde. Fachpersonal des New Yorker Aquariums, darunter der für Meeressäuger zuständige Veterinär Jay Hyman, betreute »Umiak«, bis sie ins Aquarium auf Coney Island überführt werden konnte. Drei Wochen lang lebte sie in einem Becken zusammen mit einer Weißwalamme. Der einzige Narwal, der jemals in Gefangenschaft gepflegt worden ist, starb am 7. Oktober 1969 an Lungenentzündung.

Vier
Küstenwalfang

Walfang in japanischen Meeresbuchten

Wie in fast allen walfangbetreibenden Ländern waren es auch in Japan die Nordkaper, die erstmals eine einschlägige Industrie entstehen ließen. Wo immer sich in gemäßigten Breiten geschützte Buchten und Meerengen befinden, gibt – oder vielmehr gab – es auch Kaperwale. Von Australien über Südafrika bis Patagonien im Süden sowie in Westeuropa und an beiden Küsten Nordamerikas traf *Balaena glacialis* in den Sommermonaten vor der Küste ein, um sich zu paaren und zu kalben. Das gilt auch für Japan, wo der Wal, der dort *Semi kujira* (»Schönrückenwal«) genannt wird, regelmäßig im Sommer auftauchte. Anfangs lernten die Bewohner der Küstendörfer die Wale in Form von gelegentlichem »Strandgut« kennen, das ihnen reichlich Fleisch und Öl lieferte. Erst sehr viel später erkannten sie, daß es einträglicher war, die Wale gezielt zu verfolgen, als darauf zu warten, bis sich ihnen die Tiere selbst auslieferten.

Die gestrandeten Wale begründeten wahrscheinlich die Angewohnheit der Japaner, Walfleisch zu ver-zehren, eine Sitte, die sie 1000 Jahre lang beibehalten sollten, bis sie infolge ihrer kulinarischen Vorliebe zu Parias abgestempelt wurden. Der Weg von den Walstrandungen bis zum technisierten Krieg gegen die Wale war lang und verschlungen.

Hinweise auf Wale durchziehen die gesamte japanische Geschichte und Literatur. Die Ainu, die kaukasoiden Ureinwohner, leben seit mindestens 8000 Jahren auf der Nordinsel Hokkaido, und seit der Jomon-Zeit (7000–3000 v. Chr.) sind in ihren Speiseabfallhaufen die Knochen von Walen und Delphinen nachzuweisen, was den Schluß zuläßt, daß sie schon immer die gestrandeten Waltiere genutzt haben.

Aktiven Walfang betrieben die Japaner allerdings nicht vor dem Ende des 16. Jahrhunderts, also ungefähr um dieselbe Zeit, als die Basken, Holländer und Engländer im nördlichen Atlantik Grönlandwale und Nordkaper jagten. Auch die Meeresbedingungen sind ähnlich: Während im Nordatlantik der Golfstrom warmes Wasser aus dem Süden herbeiführt, fließt im westlichen Nordpazifik der Kurioshostrom vom Südchinesischen Meer nordwärts, an den japanischen Inseln und südlich an den Aleuten vorbei, bis er sich vor dem nordwestlichen Nordamerika auflöst.

Grauwale pflegten an der japanischen Pazifikküste

Ostsibirische See

Wrangel-Insel

Beringstraße

Golf von
Anadyr

Kap Navarin

Sibirien

Die Küsten Ostasiens mit Japan und Sachalin und dem
Ochotskischen Meer. In diesen Gewässern wurden Kaper-
und Grauwale bis an den Rand der Ausrottung bejagt.

Beringmeer

Kommandeur-Inseln

Kamtschatka

Ochots

Ochotskisches Meer

Petropawlowsk-
Kamtschatskij

N
W O
S

Insel
Sachalin

Kurilen

Ayukawa

Wladiwostok

Japanisches Meer

Pazifischer Ozean

Korea

Tokio

Honshu

Seoul

Wadaura

Ulsan

Gelbes Meer

Taiji

Schanghai

Bonin-Inseln

nach Süden zu ziehen und kalbten möglicherweise in der Seto-Inlandsee, die die Insel Kyuschu von der Hauptinsel im Norden trennt. Da die Grauwale inzwischen in japanischen Gewässern ausgestorben sind, kann man aufgrund früher Zeugnisse nur Mutmaßungen über ihre Kalbegründe anstellen. Nordkaper bewohnten gleichfalls die küstennahen Gewässer rings um die Inseln, doch sie bevorzugten offenbar die geschützten Buchten an den Küsten entlang des Japanischen Meeres. Sowohl Grauwale als auch Nordkaper bewohnten dieses Meer, das im Westen von Sibirien und Korea und im Osten von der Insel Sachalin und der japanischen Inselkette begrenzt wird. Das rund eine Million Quadratkilometer große und vor den Winden und Tiden des stürmischen Nordpazifiks geschützte Japanische Meer ist ein idealer Lebensraum für Wale – und für Walfänger.

Im Nordpazifik sind alle Furchenwalarten heimisch, vom Blau- bis zum Zwergwal, desgleichen der Buckelwal. Pottwale sind vor den Küsten Japans – und im gesamten Nordpazifik – sehr zahlreich, und als die anderen Arten dezimiert waren, verlegten sich die Japaner auf den Pottwal, um ihre Industrie aufrechtzuerhalten. Wegen seines hohen Myoglobingehalts ist das Pottwalfleisch fast schwarz und nicht sonderlich wohlschmeckend. Erst nachdem die Bestände der besser schmeckenden Walarten erschöpft waren, verzehrten die Japaner auch das Fleisch des *Makko-kujira*.

Ein Grund dafür, daß Wale in der frühen japanischen Geschichte keine Rolle spielen, liegt darin, daß die buddhistischen Kaiser des 6. und 7. Jahrhunderts ihren Untertanen den Verzehr von Fleisch jeglicher Art verboten. Doch bestimmten Bevölkerungsgruppen gelang es, das kaiserliche Verbot zu umgehen, indem sie für sich entschieden, daß ein Wal kein Säugetier sei, sondern ein *isana*, ein »großer« oder »tapferer Fisch«.

Der Buddhismus verlor in der Kamakura-Zeit (1185–1533) an Einfluß und wurde durch die Vorherrschaft des Militäradels ersetzt. Mongolenhorden fielen 1274 und 1281 in Japan ein, aber beide Male erhob sich ein Taifun (genannt *kamikaze*, »göttlicher Wind«) und vernichtete die Schiffe der Invasoren, woraus die Japaner die Idee ableiteten, sie seien ein von den Göttern beschütztes Volk. Die erfolgreiche Verteidigung ihres Inselreichs führte auch dazu, daß sie zunehmend auf ihre militärische Stärke bauten – eine Haltung, die ihre Einstellung gegenüber dem Abendland in den folgenden sechs Jahrhunderten bestimm-

te. Die ersten Europäer betraten 1543 japanischen Boden, doch die Absperrung des Landes gegen die Außenwelt blieb bis zur Mitte des 19. Jahrhunderts bestehen.

In der Evolutionslehre bezeichnet der Begriff »Konvergenz« eine gleichgerichtete Entwicklung von Merkmalen und Funktionen bei nicht-verwandten Organismen. Eine solche Tendenz scheint es auch bei Kulturen zu geben, und eine besonders auffällige Konvergenz wird sichtbar, wenn man die Verhältnisse im mittelalterlichen Japan und Europa miteinander vergleicht: Ohne gegenseitige Beeinflussung entstand in beiden Gesellschaftsformen eine reich abgestufte soziale Hierarchie; beide kannten eine elitäre Klasse von rüstungtragenden Kriegern, einen komplizierten ritterlichen Verhaltenskodex, ein religiöses Establishment mit zahlreichen Mönchsorden, eine Schicht aus rechtlosen Arbeitern und Bauern und eine aufstrebende Walfangindustrie.

Als sich Elisabeth I. in Windsor an Tümmlerfleisch gütlich tat, wurden an der Tafel der Tokugawa-Shogune Walgerichte aufgetragen. Auch hier gilt wieder das Konvergenzprinzip: gestrandete Wale und Delphine wurden von den englischen Herrschern zu »königlichen Fischen« erklärt, und die Majestäten beanspruchten die besten Stücken von jedem angetriebenen Tier.

In der Zeit der Abschottung von der übrigen Welt entwickelten die Japaner ihre einzigartigen Walfangmethoden. Mit der Errichtung des Tokugawa-Shogunats (auch Edo-Zeit genannt, weil Ieyesu Tokugawa die Hauptstadt 1600 von Kyoto nach Edo, dem späteren Tokio, verlegte) wurden Speisen aus Walfleisch zur Volksnahrung. Während die Europäer ihre speziellen Fangtechniken vervollkommneten, die von den Basken entwickelt und von den Holländern und Engländern modifiziert worden waren, verbesserten die Japaner eine Form des Walfangs, die einige Ähnlichkeit mit dem europäischen Verfahren hatte, sich jedoch in einem Punkt radikal von ihm unterschied: Um die Mitte des 17. Jahrhunderts begannen sie Wale mit Netzen zu fangen.

Anfangs trieben Dorfbewohner einen Wal in eine Bucht und versperrten dann die Mündung mit einem Netz – eine Technik, die in Japan noch heute beim Delphinfang angewandt wird. Später kam dann jemand auf die Idee, den Walen mit Netzen nachzustellen, statt ihnen in einer Bucht oder Lagune aufzulauern. Mehrere Dörfer erheben Anspruch auf diese Erfindung, unter anderem Kayoi im Südwesten der Insel

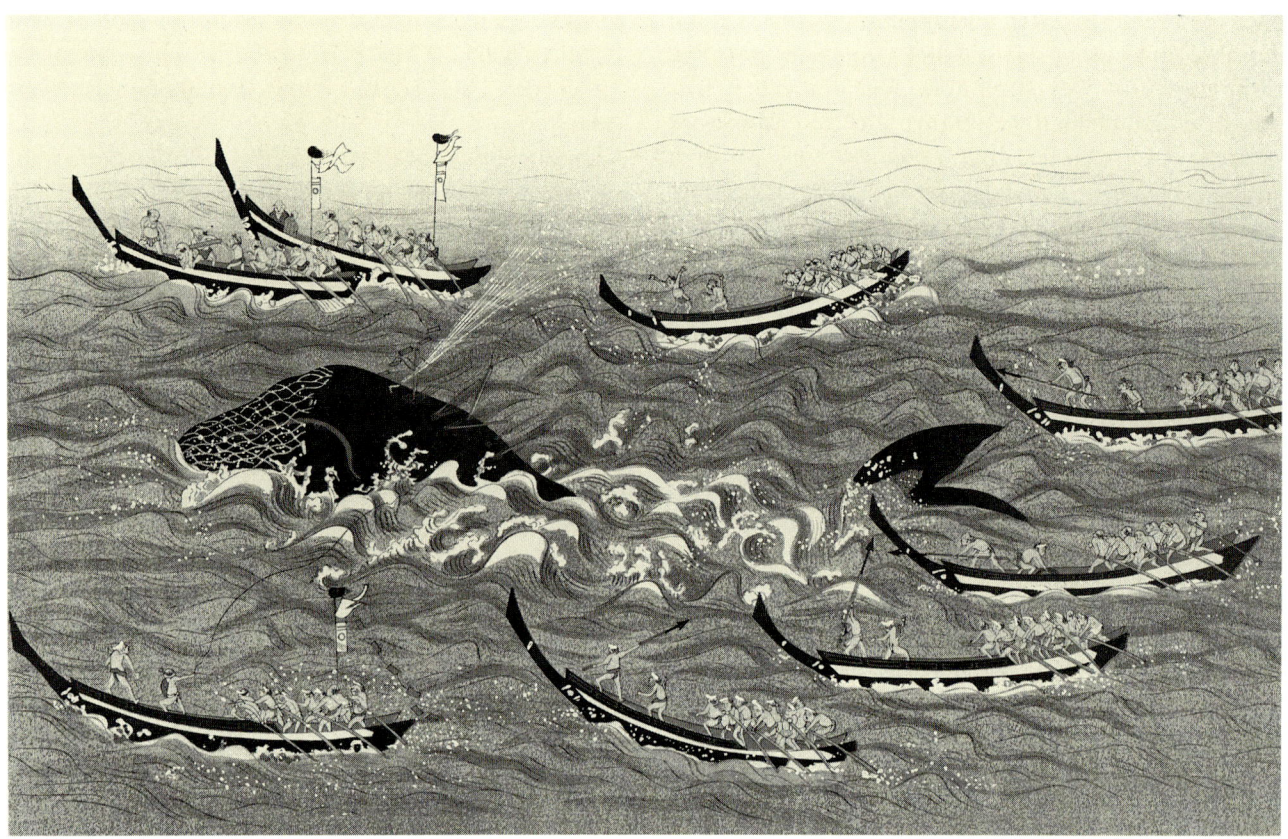

Ein von japanischen Fangbooten umringter Nordkaper wird in einem Netz gefangen. Wenn die Kräfte des Tiers nachließen, wurde es harpuniert.

Honschu und Taiji auf der Halbinsel Boso, etwa 400 km südwestlich von Tokio. Die Geschichte von Taiji ist ein integrierender Bestandteil der japanischen Walfanggeschichte, denn bis heute ist das Dorf für Japaner ein Synonym für »Walfang«. Es hat eine Küstenstation, wo Wale jahrhundertelang angelandet wurden, und ein Walfangmuseum, und seine Tradition, Männer für diese Industrie zu stellen, reicht bis 1606 zurück.

In jenem Jahr soll Yorimoto Wada, der Grundherr von Mizuno, den Walfang in Japan »begründet« haben. Wie in jedem anderen Küstendorf erhielt wahrscheinlich auch Taiji seinen Anteil an gestrandeten Walen und Delphinen, aber Yorimoto besaß die Weitsicht, die Bootsleute und Harpuniere in fünf Walfängerteams zu organisieren und damit den eher passiven, vom Zufall abhängigen Nebenerwerb in ein regelrechtes Fangunternehmen umzuwandeln. Sein Enkel Yoriharu Wada, der später den Namen Kakuemon Taiji annahm, erfand angeblich um das Jahr 1677 den Netzfang.

Man machte hauptsächlich Jagd auf vier Walarten:

den Nordkaper *(Semi kujira)*, den Buckelwal *(Zato kujira)*, den Finnwal *(Nagasu kujira)* und den Grauwal *(Ko kujira)*. Wenn sich die Gelegenheit ergab, erbeutete man auch Blau-, Bryde-, Pott- und Zwergwale. Wie fast überall auf der Welt, wo Küstenwalfang betrieben wird, traf es die Buckelwale zuerst und am schlimmsten, wahrscheinlich weil sie von Natur aus neugierig sind und sich arglos den Booten nähern, in denen die Männer sitzen, die sie töten. In den ersten 69 Jahren, von 1699 bis 1768, erlegten beispielsweise die Leute von Kawajiri 110 Grauwale, 166 Nordkaper, 22 Finnwale und 591 Buckelwale.

Obwohl die Japaner die gleichen Wale jagten wie die Europäer, gingen sie dabei ganz anders vor. Europäische Walfänger segelten dorthin, wo sie Wale anzutreffen hofften, aber die Japaner warteten darauf, daß die Wale zu ihnen kamen. Sie stellten Ausguckposten auf den Bergen am Meer auf, und sobald ein Wal gesichtet worden war, wurden die Waljäger durch verschiedenerlei Signale alarmiert. Ein schwarzer Wimpel mit einem weißen Mittelstreifen bedeutete, daß man eine Nordkaperkuh mit Kalb erspäht hatte;

die Jagd darauf war streng verboten. Unterschiedlich gefärbte Wimpel, Rauchzeichen, Handflaggen und vereinzelt auch Blastöne von Schneckenhäusern wurden als Signalgeber verwendet. Die Dorfbewohner stürzten dann sofort aus ihren Häusern und rannten zu ihren Booten. Es gab Jagdboote mit hochgezogenem Bug, Netzboote und breitgebaute Schleppboote.

Da der Walfang sehr arbeitsintensiv war, mußte das ganze Dorf mitmachen. Die Leute mußten einen Wal nicht nur aufspüren und erlegen, sondern auch zur Küste schaffen, an Land hieven und verarbeiten. Ein reicher Mann sorgte für die finanzielle Absicherung der riesigen Helferschar. In einer Veröffentlichung von 1829 mit dem Titel *Yogiotoru Eshi* (»Bilder vom Walfang«) listet der Autor und Künstler Yamada Yosei insgesamt 587 Personen auf, die in Misaki »alljährlich in den zehn Tagen von Anfang bis Mitte Januar in See zu stechen pflegten«.

Da die Walfänger vorwiegend mit Netzen arbeiteten, mußten diese sorgfältig hergestellt und so stark sein, daß sie einen um sich schlagenden 60-Tonnen-Wal halten konnten. Spezielle Hanfseile wurden gedreht (»das Seildrehen war die Aufgabe der Frauen«) und zu Netzen geknüpft. In der Station auf der von Yamada Yosei beschriebenen Insel Misaki maß jedes Netz 18 Faden (ca. 33 m) im Quadrat, und jedes Boot hatte 19 miteinander verbundene Netze an Bord.

Der Walfang mit Netzen wurde nicht im Stil der Treibnetzfischerei betrieben, das heißt, man setzte nicht einfach Netze aus in der Hoffnung, daß ein Wal zufällig hineinschwimmen würde. Er entsprach eher der modernen Ringwadentechnik, bei der ein Fischschwarm mit einem Netz umzingelt wird, das man dann zuzieht. Sobald ein Wal von der Küste aus gesichtet war, wurden die Boote zu Wasser gelassen, die ihn einkreisten und auf den Strand und die dort wartenden Netzboote zutrieben. Die japanischen Walfänger wußten, daß Wasser den Schall sehr gut leitet, und so dirigierten sie den in Panik geratenen Wal durch lautstarke Hammerschläge auf die Ruderstangen. Die versetzt angeordneten Netzboote erwarteten den Wal mit ihren senkrecht im Wasser hängenden Netzen. Hatte er sich in den Netzen verfangen, schlossen ihn die Boote von allen Seiten ein, und der Harpunier schleuderte sein Eisen in einem hohen Bogen, so daß es tief in den Rücken des Opfers eindrang. Andere Harpuniere warfen ebenfalls ihre Waffen, und schon bald gab es für den weidwunden Wal kein Entrinnen mehr. Yamadi Yosei schildert die Erlegung eines Nordkapers so:

Wenn der Wal auftaucht, wird er von den vielen wartenden Fängern harpuniert, so daß er geschwächt wird und vor Schmerz wie Donnergrollen stöhnt. Der Wasserspiegel wird blutig, und das rote Meer schäumt auf. Der Wal hat ein sanftes Wesen, insbesondere der Nordkaper, der von allen Walen der sanfteste ist. Er beschädigt die Boote nicht, selbst wenn er vor Schmerzen wahnsinnig ist. Die Boote der Harpuniere werden vom flüchtenden Wal mitgeschleppt und folgen ihm so, damit der Wal harpuniert werden kann, sooft

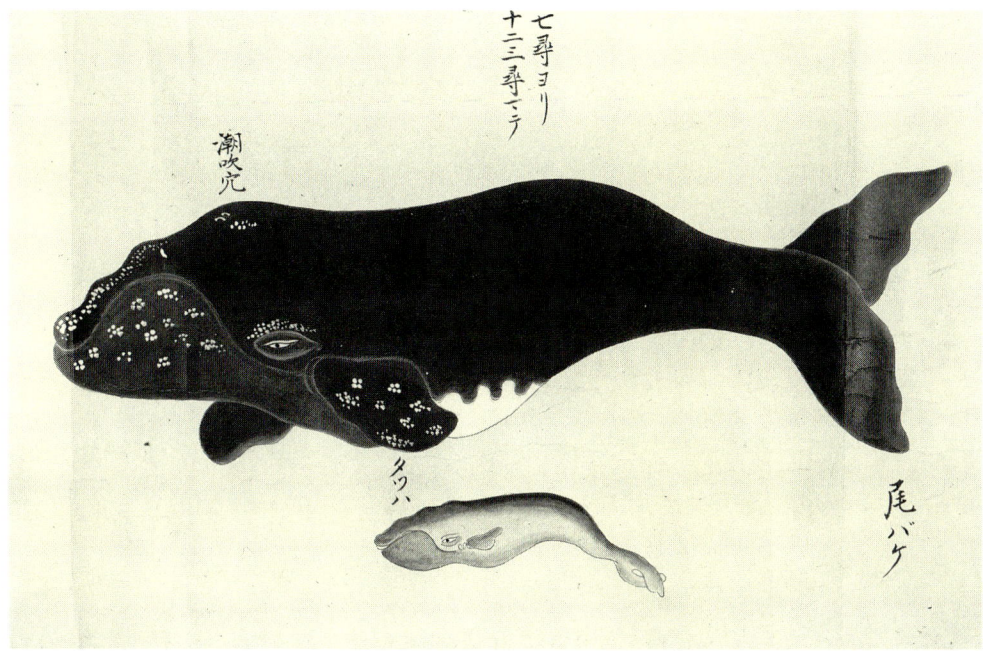

Eine Nordkaperkuh mit einem Kalb, die die japanischen Walfänger verschonten, um den Fortbestand der Art zu sichern.

er an die Oberfläche kommt. Dann folgt die Szene, auf die viele Fänger warten, das *ken kiri* (Lanzenstechen), bei dem die Lanzen in den Leib des erschöpften Wals gestoßen werden. Das ist so furchtbar, daß einem der kalte Schweiß ausbricht.

Der nächste Akt des Dramas: Um den noch immer lebenden Wal festzumachen, sprang ein Mann auf dessen Rücken, und während das Tier das blutrote Wasser peitschte, schnitt er eine Öffnung in die Scheidewand der Blaslöcher, durch die dann ein starkes Seil gezogen wurde. Ein zweiter Mann sprang auf den schlüpfrigen Walrücken und schnitt ein Loch für ein weiteres Seil hinein. Mehrere Männer sprangen ins Wasser und tauchten unter den Wal, um ihn mit Seilen zu umschlingen, mit denen er, während er ans Ufer geschleppt wurde, über Wasser gehalten werden konnte. Der Künstler Utagawa Kuniyoshi (1797–1861)

hat den berühmten Samurai Miyamoto Musashi mit erhobenem Schwert auf dem Rücken eines Nordkapers reitend dargestellt, wie um zu demonstrieren, daß der *bushi*-Krieger selbst das mächtigste Geschöpf der Welt zu bezwingen vermochte.

Der tote Wal wurde schließlich von zwei Booten in die Mitte genommen und »von mehr als zehn Booten in Zweierreihe« an Land geschleppt, wo man ihn mit Hilfe einer Winde auf den Strand zog. Yosei schreibt einfach, daß »die Trägerboote vom Wal losgebunden werden und das Netz abgenommen wird«, doch es muß sehr schwierig gewesen sein, ein schweres Netz, in dem sich ein 60-Tonnen-Wal verfangen hat, zu entfernen.

Auf dem Strand begannen dann »zahlreiche Arbeitsleute, darunter die Aufseher, jeder mit einer speziellen Aufgabe«, den Wal in seine Bestandteile zu zerle-

Auf diesem Holzschnitt von Kuniyoshi aus der Mitte des 19. Jahrhunderts ist der berühmte Schwertkämpfer Miyamoto Musashi zu sehen, der auf einem Nordkaper reitet und ihm den Gnadenstoß versetzt.

Als der Japanische Walfangverband den Kuniyoshi-Holzschnitt als Umschlagbild für eine Reklamebroschüre verwendete, wurde der Schwertkämpfer geflissentlich weggelassen.

Tafel 20 aus dem 1829 erschienenen Werk *Ygiotoru Eshi* von Yomada Yosei: Der rituelle Tanz der Walfänger nach der Heimkehr von einer erfolgreichen Fahrt.

gen. Knochen, Blubber, Zunge, Barten, Eingeweide und Genitalien wurden nach einem festgelegten Verfahren abgetrennt und auf verschiedene Lagerschuppen verteilt. Nach Yamada Yosei »verarbeiten und beseitigen die Flenser und Träger einen Wal, der so groß ist wie ein Berg, in kürzester Zeit, weil sie nach einem vorbedachten Plan vorgehen und mit der Arbeit, die sie zu tun haben, vertraut sind«.

Der Walfang war im frühen Japan ein im hohen Maß ritualisierter Vorgang. Das betrifft nicht nur die Arbeitsteilung, sondern auch die Gesänge und Tänze, die zu bestimmten Zeiten dargeboten wurden, vom Beginn der Fangsaison bis zur Erlegung des Wals. Die Leute von Misaki führten den »Fängertanz« dreimal »am Abend des neunten Mondtages im Januar« auf, und außerdem dann, wenn sie im Triumph mit dem Wal heimkehrten.

Die wichtigste Jagdbeute der frühen japanischen Walfänger war das Fleisch. Der deutsche Arzt Franz von Siebold, der 1823 Japan besuchte, meinte: »Das Fleisch des Nordkapers ist ganz köstlich und ein wesentlicher Bestandteil der Nahrung. ... Die Menschen verzehren das Fleisch, das Fett und die inneren Orga-

ne des Wals. ... In ganz Japan wird Walfleisch gegessen.« Es muß einem Europäer sehr merkwürdig vorgekommen sein, daß Menschen das Zeug aßen, das seine Landsleute an die Haie verfütterten!

Die Japaner hatten keine Ahnung, was sich auf der anderen Seite der Erde abspielte, aber sie hätten nicht schlecht gestaunt über die verschwenderische Praxis der europäischen Walfänger, die nur die Barten und den Blubber nutzten und das Fleisch wegwarfen. Die Japaner nutzten in der Tat den ganzen Wal sehr viel effizienter als ihre westlichen Kollegen. Der Tran wurde für Seife und Lampen verwendet, genauso wie im Westen, aber in Japan vermischte man ihn außerdem mit Essig, um ein Schädlingsbekämpfungsmittel für die Reisfelder zu gewinnen. Die Knochen wurden zerkleinert und gekocht und ergaben ein Düngemittel. Aus den Sehnen stellten Instrumentenmacher *samisen*-Saiten her, und die Barten wurden zu Fächerrippen, Lampengriffen, Angelruten, Tellern und Marionettenstäben verarbeitet. Verschiedene innere Organe lieferten Medikamente, und wie nicht anders zu erwarten, wurde der Penis getrocknet und zu einem Stärkungsmittel für die Walfänger zermahlen.

Aus den Innereien kochte man Suppe, und die Herzmembranen dienten angeblich als Trommelfelle.

Die Küstenwalfänger von Taiji, Koyoi, Kochi und Wakayama erlegten jährlich etwa 90 bis 100 Wale pro Dorf. Sie bevorzugten die Nordkaper, doch im Unterschied zu ihren Kollegen in aller Welt, die so viele dieser Wale abschlachteten, wie sie finden konnten, bewirkten die damaligen Japaner vermutlich keine nennenswerte Bestandsminderung. Sie erkannten nämlich, daß der Nordkaper eine wertvolle Ressource war, und sie achteten deshalb sehr darauf, daß keine Kühe, die Kälber führten, getötet wurden. Das ist in der verhängnisvollen Walfanggeschichte vielleicht die einzige Episode, in der ein Gleichgewicht zwischen den Walfängern und den Walen hergestellt wurde.

Obwohl die Japaner eine Vorliebe für die Sanftmut und das Fleisch der Nordkaper hatten, erlegten sie auch alle anderen Walarten, die in Sichtweite ihrer Küsten auftauchten. Für die Jahre 1698 bis 1888 sieht die Bilanz allein der Präfektur Yamaguchi so aus: 294 Nordkaper, 958 Buckelwale, 288 Grauwale, 709 »andere Arten« und sogar 277 Finnwale. Die meisten Autoren sind sich darüber einig, daß der Finnwal zu stark und zu schnell war, um vor der Entwicklung der Harpunenkanone und der dampfgetriebenen Fangboote erlegt zu werden, und dennoch konnten die Japaner mit ihren Netzen und schwimmenden Samurais so viele Vertreter dieser Art erbeuten.

Die Shogune konnten zwar ihre Inseln zu einem Sperrgebiet für Besucher aus dem Westen erklären, aber die Ozeane ringsum standen jedem offen, der genug Männer, Schiffe und Wagemut aufbrachte. Zu Beginn des 19. Jahrhunderts hatten Walfänger die ergiebigen Fanggründe im größten Weltmeer entdeckt, und keine Tokugawa-Isolationspolitik konnte sie daran hindern, die reiche Ernte einzufahren. Auf dem Weg um Kap Hoorn erreichten die Walfänger die bislang unangetasteten Schätze des Pazifischen Ozeans. Von den Küsten Perus und Chiles aus segelten sie in Äquatorhöhe zu den Galapagos, den Juan-Fernandez-Inseln, den Marquesas (wo ein junger Walfänger namens Herman Melville von Bord ging), den Tuamotus und nach Neuseeland, dann nordwärts zu den Hawaii-Inseln und den endlosen Weiten des Nordpazifiks, wo die Pottwale lebten. Von den Marianen ging die Reise nach Norden zur Ryukyu-Kette, die sich rund 1000 km bis Kyuschu erstreckt, der südlichsten der vier japanischen Hauptinseln.

1820 steuerte die *Maro* von Nantucket aus die »japanischen Gründe« an, und Starbuck berichtet, daß »1821 sechs oder sieben Schiffe in dieser Gegend kreuzten und im darauffolgenden Jahr mehr als dreißig die Region besuchten«. Es gibt nur wenige Aufzeichnungen über diese Frühzeit des pazifischen Walfangs, doch sehr wahrscheinlich haben die unersättlichen amerikanischen und europäischen Waljäger die tranreichen Kaper erlegt, wo immer sie ihnen begegneten. In C. H. Townsends Zusammenstellung der in den alten Logbüchern enthaltenen Fangdaten, die 1935 erschien, heißt es: »In den Sommermonaten wurde in der Inlandsee Japans intensiv Jagd auf Kaperwale gemacht.« Im Jahr 1824 entdeckte James Josiah Coffin, Kapitän des Nantucket-Walfängers *Transit*, die Bonin-Inseln. Er erhob Anspruch auf diese etwa 800 km südöstlich von Japan gelegenen Eilande, und 1825 folgten die Briten. Doch offenbar war niemand sonderlich interessiert an dieser Inselgruppe, bis Japan sie 1876 offiziell annektierte. Die Bonin-Inseln sind für Menschen ziemlich reizlos, doch um so attraktiver für Wale. Seit ihrer Entdeckung wurde hier konzentriert Walfang betrieben, zuerst von den Yankees und dann, nach einer hundertjährigen Pause, von den Japanern.

Drei Jahre bevor Commodore Perry in Japan eintraf, hatte Melville geschrieben: »Wenn dieses Land jemals gastfreundlich werden soll, dann ist das allein dem Walfangschiff zu verdanken; denn es befindet sich bereits auf seiner Schwelle.« Dem war tatsächlich so, doch Japans Gastfreundschaft ließ noch eine Weile auf sich warten. Kapitän Mercator Cooper von der *Manhattan*, Heimathafen Sag Harbor, operierte im März 1845 in japanischen Fanggründen, als er 21 japanische Fischer entdeckte und rettete, die auf einer öden Insel etwa 500 km südöstlich von Japan Schiffbruch erlitten hatten. Er brachte sie nach Uraga zurück, aber die argwöhnischen japanischen Beamten verweigerten ihm die Landeerlaubnis. Nach dreiwöchigen Verhandlungen durfte er endlich seine Passagiere absetzen, und bei dieser Gelegenheit konnten die Japaner erstmals einen Blick auf die Fremdlinge werfen, die die Zukunft des Inselreichs so nachhaltig beeinflussen sollten.

Acht Jahre nach dem *Manhattan*-Zwischenfall erwirkte Perry die Öffnung Japans zur Außenwelt. Da europäische und amerikanische Walfänger schon seit 30 Jahren in japanischen Gewässern aktiv waren, verfolgte Perry unter anderem das Ziel, an der japanischen Pazifikküste Basen zu errichten, wo die Walfänger ihre Lebensmittel- und Wasservorräte auffül-

Der Walfänger *Manhattan* 1845, acht Jahre vor der Ankunft von Commodore Perry, in japanischen Gewässern. Zeichnung eines japanischen Künstlers.

len konnten. Mit vier Schiffen fuhr er am 8. Juli 1853 in den Hafen von Uraga ein und gab bekannt, er werde dem Kaiser ein Schreiben seines Präsidenten überbringen, notfalls mit Gewalt. Die Japaner spielten auf Zeit, und Perry versicherte, er wolle sich im nächsten Jahr die Antwort abholen. Im Februar 1854 traf er, diesmal mit neun Schiffen, in der Bucht von Edo (Tokio) ein, und die Japaner, die sich der militärischen Macht dieser Ausländer nicht gewachsen fühlten, erklärten sich bereit, amerikanische Schiffe mit Vorräten zu versorgen und das erste amerikanische Konsulat in Shimoda einzurichten. Vier Jahre nach seinem Eintreffen handelte Konsul Townsend Harris einen Vertrag mit den Japanern aus, und da ähnliche Vereinbarungen auch mit europäischen Staaten getroffen wurden, ging nach 300 Jahren die Isolation Japans zu Ende.

Der chinesische Walfang

Als Archäologen im Bezirk Ulchu im Südosten Koreas einen zerfallenen Tempel untersuchten, kamen sie zu einer Sandsteinwand am Taehwa-Fluß, die nach dem Bau eines Staudamms überflutet worden war. Die große Trockenheit im Sommer 1971 hatte die acht Meter lange Wanne freigelegt, die fast 200 Tierdarstellungen enthielt: auf der rechten Seite Rinder, Hirsche, Schweine, Hunde und Katzen, auf der linken vorwiegend erstaunlich präzise gezeichnete Wale, teils freischwimmend, teils augenscheinlich harpuniert. Der koreanische Archäologe Kim Won-Yong vermutet, die Ritzzeichnungen seien in der Neusteinzeit entstanden, möglicherweise bereits um 6000 v. Chr. Bis jetzt konnte man diese geheimnisvollen Bilder noch nicht genau datieren, doch selbst wenn sich herausstellen sollte, daß sie nur aus den ersten Jahren der Besiedlung Koreas (300–600 n. Chr.) stammen, würden sie zu den ältesten uns bekannten Walfangdarstellungen zählen.

Die Chinesen können auf eine Seefahrttradition zurückblicken, die bis zu den Mongolen im 13. Jahrhundert zurückreicht. Die chinesische Seemacht nahm mit den Entdeckungsfahrten des legendären Eunuchen-Admirals Cheng Ho im 15. Jahrhundert einen gewaltigen Aufschwung, aber mit der Ablösung der Ming-Dynastie durch die Konfuzianer wandte sich das Volk nach innen und gab seine seefahrerischen Ambitionen auf. Von 1405 bis 1434 besuchten Ming-Schiffe die Philippinen, Indochina, Sumatra, Java, die Ostindischen Inseln, Ceylon und vielleicht sogar das Rote Meer. Selbstverständlich gab es Wale in diesen

Gewässern, doch Hinweise auf den Fang der Tiere sind selten. In seinen Ausführungen über die »sonst unbeschriebene Periode« vor dem Jahr 1000 erwähnt Ivan Sanderson den Begriff *lung sien hiang,* den er mit »Drachenspeichel« übersetzt. Die Beschreibung dieser aromatischen Substanz – offensichtlich Ambra – ist für ihn ein Indiz für »eine hochentwickelte Walfangindustrie vor der Küste Südchinas in jener Zeit«. Ambra ist leichter als Wasser und wird von Pottwalen mit dem Kot ausgeschieden. Doch die Gewinnung dieses Stoffs, der auf dem Wasser treibt, setzt nicht unbedingt eine Walfangindustrie voraus.

Auf der Suche nach den Gewürzen und Seidenstoffen des Fernen Ostens befuhren die Schiffe der East India Company seit 1600 die Küsten Ostasiens. 1673 legte John Nieuhoff der Gesellschaft Berichte über die Städte, Dörfer, Häfen, Flüsse usw. zwischen Kanton und Peking vor, und darin ist auch von Walen und Walfang »nahe der Insel Hainan« die Rede. Nach der Beschreibung muß es sich um Nordkaper handeln, doch leider beschließt Nieuhoff seinen Bericht mit den Worten: »Die Art und Weise, wie sie getötet werden, ist zur Genüge von anderen beschrieben worden.« Ohne Frage wurde in China Walfang betrieben, auch wenn Belege – zumindest im westlichen Schrifttum – Mangelware sind. Im September 1844 druckte *The Friend,* die in Honolulu erscheinende Walfängerzeitung, folgenden Artikel, der hier fast vollständig wiedergegeben wird:

Im Januar und Februar ziehen Wale mit ihren Jungtieren in großer Zahl an die chinesische Küste, südlich von Hailing Shan, und in diesen Monaten werden sie von den Chinesen, die auf Hainan und den benachbarten Inseln leben, mit stattlichem Erfolg gejagt. Die Tiere scheinen in schlechter Verfassung zu sein und sind bedeckt mit Seepocken, und sie kommen in dieser Jahreszeit an diesen Teil der Küste, um Nahrung für sich und ihre Jungen zu finden, und vielleicht auch deswegen, weil sie sich auf den zahlreichen Sandbänken wälzen wollen, um ihre Haut von Seepocken und anderen lästigen Tieren zu befreien. Man sieht sie oft mit ganzer Körperlänge aus dem Wasser springen und waagerecht wieder auftreffen.[*]

Es ist ein aufregender Anblick, wenn die Schiffe in Flotten von 50 bis 70 Stück unter vollen Segeln in die Buchten ausschwärmen, so weit das Auge reicht, und auf der Suche nach

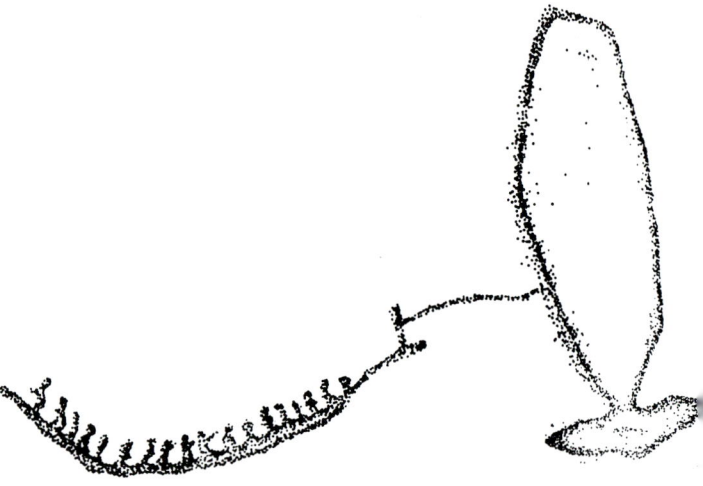

Auf einer Sandsteinwand in Ulchin im Südosten Koreas wurden 1971 neusteinzeitliche Felszeichnungen entdeckt. Diese Zeichnung zeigt offensichtlich einen Wal, der von einer Bootsbesatzung harpuniert wurde, und könnte eine der ältesten Walfangdarstellungen überhaupt sein.

Beute umherkreuzen. Manche steuern direkt geradeaus, wobei die Besatzungen nach allen Seiten Ausschau halten, damit ihnen kein Blasstrahl entgeht. Auf anderen beugt sich der Harpunier über die Bugspitze, bereit, sofort zuzuschlagen, während er hin und wieder mit der rechten oder linken Hand winkt, um dem Rudergänger die Richtung des Wals anzuzeigen.

Die Schiffe eignen sich hervorragend für die Verfolgung der Wale, denn sie segeln gut, machen im Wasser kaum Lärm und benötigen für eine Wende nur halb soviel Zeit und Platz wie ausländische Schiffe. Sie sind unterschiedlich groß, die kleinsten etwa drei und die größten etwa 25 Tonnen, und sie haben auf dem Deck zwei kleine Boote und eine Besatzung von zwölf Mann. Am Bug ist ein gebogenes Holzteil mit einem Stützbalken angebracht, auf dem die Harpune ruht, wenn sie nicht gebraucht wird; dies ermöglicht es dem Harpunier, sich weit über den Bug hinauszulehnen und den unter dem Schiff vorbeischwimmenden Wal wahrzunehmen. In dieser Position wird er harpuniert, denn die Harpune kann wegen ihres Gewichts nicht weit geschleudert werden. Hinter dem Großmast ist das Deck so hochgewölbt, daß es das Kajütendach bildet; darauf liegt die eingerollte Walleine.

Die Harpune hat nur einen Widerhaken, und etwa 15 Zoll unterhalb der Spitze des Eisens befindet sich ein Flansch, über dem eine Öse eingearbeitet ist mit einer Schnur, die am Eisen befestigt ist. An ihm ist die Walleine festgemacht, die am hölzernen Schaft entlanggeführt wird, so daß sich das Eisen und die Leine straffen, sobald der Wal getroffen ist, und der Schaft nachgibt, wodurch weitgehend verhindert wird, daß das Eisen seinen Halt in der Walhaut verliert.

Die Schiffe laufen bei Tagesanbruch aus den verschiedenen Häfen aus und verteilen sich längs der Küste. Sobald ein blasender Wal gesichtet wird, beginnt die Jagd. Hat ein Schiff einen Wal an der Leine, werden die Segel eingeholt.

---

[*] Diese Darstellung stimmt weitgehend mit Cammons Beschreibung des kalifornischen Grauwals überein, und somit ist es sehr wahrscheinlich, daß einige der von den Chinesen bejagten Wale Grauwale waren. Der Seepockenaufwuchs ist typisch für Grauwale, desgleichen das Sprungverhalten und die Vorliebe für seichte Gewässer.

Daraufhin kommt die übrige Flotte zu Hilfe, und da der Wal bei seinem Versuch zu entkommen mehr oder weniger an der Wasseroberfläche bleibt, ist er schon bald mit acht oder zehn weiteren Harpunen gespickt; in wenigen Stunden stirbt er an seinen Wunden und seinem Blutverlust. Der tote Wal wird, damit er nicht absinkt, an einem oder zwei Schiffen längsseits angebunden, woraufhin andere Schiffe ihre Leinen an seinem Schwanz festmachen und ihn ans Ufer schleppen.

Bei den Walen handelt es sich, glaube ich, um solche, die von den Walfängern als die »richtigen« [Nordkaper] bezeichnet werden, und ihr durchschnittlicher Ölertrag wird auf 50 Faß pro Tier geschätzt.

Russischer Küstenwalfang

Die Russen, die nördlich von den Japanern und Chinesen im Pazifik aktiv wurden, besitzen exklusive eigene Walfanggründe, vergleichbar dem Japanischen Meer, aber sehr viel größer. Im Norden Rußlands erstreckt sich die längste Ost-West-Küste der Welt, doch da sie die meiste Zeit des Jahres von Eis blockiert ist, fand der russische Walfang – und der ausländische Walfang in russischen Gewässern – vorwiegend im Ochotskischen Meer statt, einem riesigen, fast vollständig von Land eingeschlossenen Randmeer des Pazifiks, das im Osten von der Halbinsel Kamtschatka und den Kurilen und im Westen von Sibirien und Sa-

chalin begrenzt wird. Dieses ausschließlich russische Meer umfaßt eine rund 1,4 Millionen Quadratkilometer große Wasserfläche, die meist von Treibeis bedeckt ist. Die Walfänger in aller Welt wußten seit langem, daß diese Region für Wale besonders attraktiv war, und seit der Entdeckung der japanischen Fanggründe 1820 bis zu der Zeit, da die Russen den Walfang für ihre eigenen Flotten zu reservieren versuchten, war sie ein bevorzugter Tummelplatz der amerikanischen Walfänger. In Townsends Übersicht über die Zielgebiete der Amerikaner von 1761 bis 1920 wird auf die starke Konzentration von Nordkapern und Grönlandwalen im Ochotskischen Meer hingewiesen. Starbuck behauptet, die ersten Grönlandwale seien dort 1843 von den New-Bedford-Schiffen *Hercules* und *Janus* erlegt worden, und die Franzosen behaupten dasselbe von ihrem Walfänger *Asia*, doch diese Angaben sind mit Vorsicht zu genießen. 1848 segelte Thomas Roys durch die Beringstraße östlich von Kamtschatka und entdeckte dort die Grönlandwale. Heute geht man allgemein davon aus, daß es vier getrennte Populationen dieser Walart gab: in Ostgrönland–Spitzbergen; in der Hudson Bay; im östlichen und westlichen Nordatlantik; in der Westarktis mit dem Bering-, Tschuktschen- und Beaufortmeer. Roys war der erste Europäer, der im Beringmeer auf Grönlandwale stieß, aber es ist noch immer nicht geklärt, ob diese Wale einen gemeinsamen Lebensraum mit

Eine Stellersche Seekuh (*A*), gezeichnet von Sven Waxell, einem Offizier an Bord von Berings Expeditionsschiff *St. Peter*, das 1742 vor den Kommandeur-Inseln auf Grund lief. (*B* ist ein Seelöwe und *C* eine Pelzrobbe.) Dies ist die einzige bekannte Abbildung der Seekuh, die von einem Augenzeugen stammt.

ihren Artgenossen im Tschuktschen- und Ochotskischen Meer bewohnten.

Der russische Walfanghistoriker Igor Krupnick datiert den Walfang der Ureinwohner der Tschuktschen-Halbinsel auf das erste vorchristliche Jahrhundert. Sie hätten dort, wie die Ausgrabungen auf den Friedhöfen der Halbinsel bezeugten, Grau- und Grönlandwale gejagt. Die Walknochen wurden für den Bau unterirdischer Behausungen und Fleischkammern verwendet.

Nach Ansicht russischer Historiker sollen sich Menschen aus Nordwestrußland auf Spitzbergen niedergelassen haben, und zwar lange vor den Holländern und Briten, die zu Beginn des 17. Jahrhunderts dorthin gelangten. Es scheint festzustehen, daß einige russische Walfänger Spitzbergen bereits im 15. Jahrhundert kannten und einzelne Grönlandwale erlegten, die in den geschützten Buchten in großer Zahl überwinterten. In derselben Zeit steuerten holländische und britische Walfänger die kargen Küsten Nordwestrußlands an, um Wale und Walrosse zu jagen.

Sie umschifften das Nordkap und stießen bis zur Halbinsel Nawolok vor, wo der Fluß Kola in die Barentssee mündet. Aus Inschriften an Felswänden geht hervor, daß ein Walfänger aus Flensburg diese Gegend seit 1510 ungefähr zwanzigmal besucht hat. Ein französischer Weltreisender names de Martinier kam 1653 nach Kola und berichtete von Häusern, die aus den Rippen und Kieferknochen von Walen erbaut waren.

Viele tausend Kilometer weiter östlich, wo die kalten Küsten Rußlands endlich vom Eise befreit sind, hatten alteingesessene Walfänger seit der Entwicklung der Fellboote Jagd auf verschiedene Walarten gemacht. Sie benutzten Harpunen, Speere, Giftpfeile und sogar Netze aus Walroßhaut. Die Bewohner der Kurileninseln zwischen Kamtschatka und Hokkaido erbeuteten Wale mit vergifteten Pfeilen; es heißt, Menschen seien nach dem Verzehr so getöteter Wale erkrankt, und »ganze Siedlungen starben aus, nachdem die Bewohner von einem verseuchten Wal gegessen hatten«.

1648 fuhr der Kosakenoffizier Semjon Deschnew, der für den Zaren Tribute eintrieb, mit sechs kleinen Flachbooten den Kolyma hinab bis zur Nordküste Sibiriens und dann weiter nach Osten. Er umschiffte die Ostspitze der Tschuktschen-Halbinsel, das heutige Kap Deschnew, und durchfuhr die schmale Meerenge, die das asiatische Festland von Nordamerika trennt. Deschnew war somit der erste Europäer, der die Meeresstraße erkundete, die später nach Bering benannt wurde, doch sein Entdeckungsbericht blieb fast 100 Jahre unbeachtet.

Zar Peter der Große (1682–1725) förderte die Erforschung des Nordens durch die Russen, und ihm wird auch die Gründung der ersten vom Staat unterstützten Walfanggesellschaft zugeschrieben. 1723 gab er bei der Familie Bajenin, den bedeutendsten Schiffbauern in Archangelsk, fünf Schiffe in Auftrag. Jedes dieser Schiffe war über 30 m lang, besaß einen 10 m hohen Mast und wurde von sechs Ruderbooten begleitet. Die ersten drei Schiffe wurden 1725 fertig und auf die Namen *Grunland Fordur*, *Valfisch* und *Grono* getauft. Die Besatzungen bestanden aus Russen, aber die Kapitäne, Flenser und Harpuniere waren Holländer, die den Russen das Walfanghandwerk beibringen sollten. Die Holländer konnten mit allem dienen, nur nicht mit dem nötigen Glück: Die *Grunland Fordur* ging mit Mann und Maus unter, die beiden anderen Schiffe verirrten sich im Eis zwischen Archangelsk und Kola.

Peter der Große entsandte auch Forscher und Topographen zu den öden Küsten von Kamtschatka und Ochotsk und 1721 sogar zu den Kurilen. Noch auf dem Sterbebett unterzeichnete er den Auftrag für Berings erste Expedition. Ohne etwas von Deschnews Entdeckungen zu wissen, verließ Vitus Jonasson Bering, ein Däne im Dienste des Zaren, 1725 St. Petersburg, um herauszufinden, ob Asien und Amerika miteinander verbunden waren. Auf dem Landweg gelangte er nach Kamtschatka, dessen Küste er anschließend per Schiff erkundete. Er entdeckte 1728 die St.-Lawrence-Insel und umrundete das Ostkap, den östlichsten Punkt des asiatischen Festlands. Er erkannte zwar, daß die Küste dahinter scharf nach Westen verlief – und daß es deshalb vielleicht eine Durchfahrt zwischen Asien und Nordamerika gab –, aber heftige Stürme zwangen ihn zur Umkehr.

Zu seiner zweiten Entdeckungsreise im Rahmen der russischen »Großen Nordexpedition« von 1733–43 verließ Bering am 4. Juni 1741 mit zwei Schiffen, der *St. Peter* und der *St. Paul*, einen Hafen an der Südostküste Kamtschatkas, der später nach den beiden Schiffen Petropawlowsk genannt wurde. Mit der *St. Peter* erreichte er die Kodiak-Insel vor Alaska, während die *St. Paul* bis zum Prinz-William-Sund kam, bevor sie umkehren mußte. Die stürmische See und der sich immer weiter ausbreitende Skorbut veranlaßten auch Bering und seine Leute zur raschen Rückkehr nach Kamtschatka. Er selbst erreichte je-

Indianer von der alaskischen Kodiak-Insel jagen einen Nordkaper mit Ein-Mann-Kajaks.

doch nur noch jene Insel des Kommandeur-Archipels, die heute seinen Namen trägt. Dort starb er am 19. Dezember 1741. Die überlebenden Mitglieder seiner Besatzung segelten nach Rußland zurück und berichteten von den Meerottern und Füchsen, von den Scharen der Robben und Seelöwen, die sie auf und vor den Felsküsten der Insel gesehen hatten. Und sie berichteten auch von einem riesigen, trägen Geschöpf, das noch kein Mensch je erblickt hatte.

Dieses Tier, das die Algenteppiche im seichten Küstenwasser der Kommandeur-Inseln abweidete, war ein bis 9 m langer Verwandter der heutigen Seekühe, die Stellersche Seekuh (*Hydrodamalis gigas*). Sie ist benannt nach dem deutschen Naturforscher Georg Wilhelm Steller, der Bering begleitete und dem auch der Stellersche Seelöwe seinen Namen verdankt. Die einzige zeitgenössische Abbildung dieser Seekuh stammt von Sven Waxell, einem Besatzungsmitglied der vom Unglück verfolgten *St. Peter*. Nachdem Steller und die anderen Überlebenden ihre Entdeckungen den Behörden gemeldet hatten, begann die Jagd auf die Seekühe, deren Bestand Stellers Biograph Leonhard Steijneger auf höchstens 1500 Tiere geschätzt hat. Seit ein russischer Robbenschläger 1768 die letzte

Stellersche Seekuh tötete, ist die Art für immer ausgestorben.

Steller hat freilich nicht nur Seekühe, Seelöwen und andere Tiere beschrieben, sondern auch über den Walfang der Eingeborenen an den östlichsten Küsten Asiens berichtet:

Wale werden in der Umgebung von Kamtschatka auf vielfältige Weise erlegt. ... Rings um Lapatka und die Kurilen-Inseln befahren die Bewohner in Booten aus Seehundsfell das Meer; sie suchen Orte auf, wo die Wale gewöhnlich schlafen, und schießen so viele, wie sie vorfinden, mit vergifteten Pfeilen. ... Wenn die Kurilen einen Wal erlegt haben, wird er erst aufgeschnitten, wenn alle versammelt sind; zuerst findet ein Schamanenritual statt, jeder legt sein bestes Gewand an und trägt seinen Anteil nach Hause. ... Sobald der Wal in Kamtschatka an Land geholt ist, befestigen sie ihn mit einer dünnen Schnur an einem kleinen Stock, der in den Sand gesteckt wird, und sie glauben fest daran, daß dann weder die Geister des Meeres noch die *Gamuti*, die Geister des Landes, Anspruch auf ihn erheben.

Die Russen gründeten 1784 die erste Siedlung in Alaska an der Three-Saints Bay in der Nähe von Kodiak. Otto von Kotzebue von der kaiserlichen-russischen Marine entdeckte 1816 den nach ihm benannten Sund an der Westküste Alaskas. Verschiedene Privatleute versuchten Walfanggesellschaften für die alaskischen Gewässer ins Leben zu rufen, so etwa die Onerskȳe-Gesellschaft, die Graf Woronzow 1799 gründete, aber alle diese Unternehmen scheiterten, weil die russischen Seeleute nicht genug Erfahrung besaßen. 1799 entstand die russisch-amerikanische Pelzkompanie zur Ausbeutung der Meerotter (die dadurch ebenfalls fast ausgerottet worden wären). Sie beherrschte Alaska bis 1867, als das gesamte, 1,5 Millionen Quadratkilometer große Gebiet von den Vereinigten Staaten für 7,2 Millionen Dollar gekauft wurde.

Nach 1850 wurden die Fanggründe im Ochotskischen Meer immer attraktiver für die amerikanischen Walfänger, da alle anderen Gründe ausgeplündert zu sein schienen. Die *Florida* aus New-Bedford kreuzte im Sommer 1858 in diesem russischen Meer. Aus dem Tagebuch von Eliza Williams, der Frau des Kapitäns, geht hervor, daß das Schiff von Walen und konkurrierenden Walfängern umringt war.

Erst 1853 entsandten die Russen Schiffe, um ihre Küsten vor den ausländischen Invasoren des Ochotskischen Meeres zu schützen. Die gewaltlosen Restriktionsmaßnahmen für ausländische Schiffe hatten bis dahin nicht funktioniert, und 1849 tummelten sich immerhin 250 Schiffe im Ochotskischen Meer, unter denen sich kein einziges russisches befand. An einem denkwürdigen Tag des Jahres 1854 wurden in diesem Meer rund 50 Wale erlegt.

Im Dezember 1850 wurde die Russisch-Finnische Walfanggesellschaft mit insgesamt fünf Fangschiffen gegründet. Das erste, die *Suomi*, operierte mit Erfolg im Ochotskischen Meer und landete 1500 Faß Blubber und 21 400 Pfund Knochen an, die in Bremen verkauft wurden. Die *Turku* machte im Gelben und im Japanischen Meer Jagd auf Grönlandwale, und die *Ayan* fing 1854 mehrere Wale, die jedoch von Wind und Strömung abgetrieben wurden, bevor sie verarbeitet werden konnten. Die *Graf Berg* und die *Amur* vervollständigten die Flotte. Wegen des reichen Walaufkommens und der Steuervergünstigungen schrieb die Russisch-Finnische Gesellschaft zwei Jahre lang schwarze Zahlen. Doch dann wurde die *Ayan* von der anglofranzösischen Kriegsflotte, die im Zusammenhang mit dem Krimkrieg im Pazifik patrouillierte, aufgebracht und verbrannt, und die *Amur* mußte verkauft werden. 1863 war die Gesellschaft pleite.

Im selben Jahr entstand ein russisch-amerikanisches Unternehmen mit einer kleinen Fabrik in Mamga an der Tugurskij-Bucht im Ochotskischen Meer.

Russische Walfänger blieben in ihren Hoheitsgewässern bis zum Ende des 19. Jahrhunderts aktiv und errichteten eine Station an der Ostküste der Aniwa-Bucht (Sachalin); das Fleisch wurde nach Japan verschifft und das Fischbein nach Europa exportiert.

Da Wale Wandertiere sind, haben die Ereignisse in einer Region oft weitreichende und unerwartete Folgen für andere Meeresgebiete. Als die Amerikaner in den sechziger und siebziger Jahren des vorigen Jahrhunderts die Grauwalbestände von Baja California dezimierten, bekamen die Bewohner der Tschuktschen-Halbinsel in Sibirien das zu spüren. Die Wale, die im Sommer zum Anadyr-Golf hätten zurückkehren sollen, um sich – und die Eskimos – zu ernähren, wurden in den kalifornischen Lagunen in einem erschreckenden Ausmaß abgeschlachtet. Krupnick schreibt, daß der Mangel an Walen zu »einem starken Rückgang des Eingeborenenwalfangs, großem Elend und Hungersnöten« geführt habe. Als die Walfänger von San Francisco die Jagd auf die Grauwale einstellten, weil sie sich nicht mehr lohnte, konnten die Tschuktschen ihre Subsistenzjagd wiederaufnehmen. Doch als die Grauwalbestände sich langsam zu erholen begannen, drohte den Eingeborenen eine andere Gefahr: Der »zivilisierte« Walfang war auf dem Vormarsch.

Die Anfänge des amerikanischen Walfangs

Es besteht kaum ein Zweifel, daß Leif Eriksson der erste Europäer war, der an den Küsten Nordamerikas landete. Auf dem unbewohnten Noman's Island vor Martha's Vineyard wurde sogar ein Stein entdeckt, der angeblich Leifs Runenunterschrift und die Jahresangabe 1000 trägt. Mit entwaffnender Selbstsicherheit eröffnet F. W. True sein 1904 erschienenes Buch *Whalebone Whales of the Western North Atlantic* mit der Behauptung, daß »der erste Hinweis auf Waltiere in amerikanischen Gewässern in der Saga von Thorfin Karlsefne enthalten ist«, und er liefert sogar eine Übersetzung dieses Dokuments, das er auf das Jahr 1008 datiert.

Die Entdeckung Nordamerikas kam danach nur langsam und schrittweise voran: Columbus landete 1492 in der Karibik; Jacques Cartier erkundete auf seinen drei Reisen zwischen 1531 und 1541 den St.-

Lorenz-Strom; Walter Raleigh bemühte sich 1583 und 1585 vergeblich, auf der Insel Roanoke eine englische Kolonie zu gründen, und nahm 1587 Virginia auf dem Festland für England in Beschlag; Samuel de Champlain erschloß ab 1603 Kanada für Frankreich; wenig später erforschte Henry Hudson auf der Suche nach der Nordwestpassage den Nordosten des Subkontinents, bis er 1611 in der nach ihm benannten Bucht strandete und für immer verschollen blieb.

Weniger bekannt, aber für unser Thema interessanter sind einige andere Seefahrer und Entdecker jener Zeit, zum Beispiel Bartholomew Gosnold, der 1571 oder 1572 in der Grafschaft Suffolk geboren wurde. Er studierte Rechtswissenschaft, gab aber seine Laufbahn schon früh zugunsten eines Abenteurerlebens auf. 1602 segelte er mit der Bark *Concord* in 17 Wochen nach Neuengland. Er landete auf der Insel Cuttyhunk und berichtete, er habe dort »viele riesige Knochen und Rippen von Walen« vorgefunden. Er entdeckte auch, daß Cape Cod ein idealer Aufenthaltsort für Wale ist. Die Tiere haben sich die geschützten Gewässer als Kalbegrund ausgesucht, aber dieser etwa 100 km weit ins Meer ragende Landvorsprung aus Sand und Seegras hat auch etwas an sich, was immer wieder Wale an den Strand lockt. Die Geschichte der Walstrandungen in Cape Cod reicht sicherlich weiter zurück als die Ankunft der britischen Siedler, und die Walkadaver auf diesen Stränden haben höchstwahrscheinlich die Indianer auf die Idee gebracht, aktiven Walfang zu betreiben. Lange bevor die Europäer amerikanischen Boden betraten, waren die Indianer an der Neuenglandküste mit den Schätzen des Meeres vertraut.

In dem Tagebuch, das Kapitän George Waymouth 1605 auf der Überfahrt nach Amerika führte, wird die indianische Waljagd so geschildert:

Eine besondere Sache ist die Art und Weise, wie sie den Wal töten, den sie *powdawe* nennen. ... Sie gehen in Gesellschaft ihres Königs mit zahlreichen Booten ins Meer und treffen ihn mit einem Knochen in Gestalt eines Harpuniereisens, das an einem Seil befestigt ist, das sie dick und stark aus Baumrinde herstellen, und damit werfen sie nach ihm; dann kommen alle Boote herbei, während er sich aus dem Wasser erhebt; mit ihren Pfeilen schießen sie ihn tot; wenn sie ihn getötet und ans Ufer gezogen haben, rufen sie alle ihre Häuptlinge zusammen und stimmen ein Freudenlied an; und jene Häuptlinge, die sie *sagamores* nennen, verteilen die Beute und geben jedem Mann seinen Anteil, und die so zugeteilten Stücke hängen sie als Vorräte in ihren Häusern auf; und wenn sie sie kochen, blasen sie das Fett ab und tun es an die Erbsen, den Mais und die anderen Hülsenfrüchte, die sie essen.

Weiter südlich landeten die ersten europäischen Siedler, angeführt von Kapitän John Smith, 1607 in Jamestown, Virginia. Möglicherweise war es auch John Smith, der die erste Walfangreise nach Neuengland unternahm. 1614 traf er mit zwei Schiffen aus London auf der Insel Monhegan vor der Küste von Maine ein. »Unsere Absicht war, dort Wale zu fangen«, schrieb er, »und zu diesem Zweck hatten wir einen gewissen Samuel Cramton und verschiedene andere Fachleute an Bord. ... Wir stellten fest, daß dieses Vorhaben sehr kostspielig war; wir sahen viele Wale und verwandten viel Zeit darauf, sie zu jagen, konnten aber keinen einzigen töten.«

Eine kleine Gruppe unzufriedener Protestanten, die sich mit den von Jakob I. eingeführten Reformen nicht abfinden wollten, versuchte sich in Holland niederzulassen, wo man ein konservativeres Milieu vorzufinden hoffte. Die Holländer erwiesen sich jedoch als wenig gastfreundlich, und so charterten diese Zeloten die *Mayflower* (und die *Goodspeed*, die wieder umkehren mußte) für die Überfahrt nach Amerika. Navigationsfehler und Winterstürme brachten das kleine Schiff, das Virginia ansteuern sollte, vom Kurs ab, und so landete es am 21. Dezember 1620 schließlich an der Landspitze von Cape Cod, dort, wo heute die Stadt Provincetown liegt. Während das Schiff vor Anker lag, wurden einige Leute ausgeschickt, um ein geeignetes Siedlungsgelände zu suchen. In einer kleinen Schaluppe schipperten sie an der inneren Küste von Cape Cod entlang, bis sie einen guten Naturhafen erreichten, der den Namen Plymouth erhielt. Am zweiten Weihnachtstag segelte die *Mayflower* durch die Bucht von Cape Cod zu dem neuen Ankerplatz, und unterwegs war das Schiff von schwarzen Walen in großer Zahl umgeben.

Die Anfangsschwierigkeiten der Kolonie Plymouth sind gut dokumentiert, aber nicht so allgemein bekannt ist die Rolle, die die Wale bei der Besiedlung von Neuengland gespielt haben. Daß die Siedler im Dezember 1620 an dieser kargen, verschneiten Küste blieben, ist nicht zuletzt den Walen zu verdanken. Sie erkannten, daß sie hier wahrscheinlich eine Walfangindustrie aufbauen konnten, denn »zahlreiche Wale der besten Art, was Öl und Knochen angeht, kamen täglich längsseits und tummelten sich rings um das Schiff«. Zur Besatzung der *Mayflower* gehörten mehrere erfahrene Fischer – vielleicht ehemalige Grönlandfischer –, die bedauerten, daß sie nicht über Walfanggerät verfügten. Ein Passagier der *Mayflower* schrieb:

Jeden Tag sahen wir Wale dicht neben uns spielen; daraus hätten wir reichen Gewinn schlagen können, wenn wir die Gerätschaften und Mittel besessen hätten, sie zu fangen. Unser Kapitän und sein Erster Offizier sowie andere, die im Fischfang erfahren waren, versicherten, wir könnten Öl im Wert von drei- oder viertausend Pfund herbeischaffen. Sie meinten, der Walfang sei besser als in Grönland, und machten den Vorschlag, im nächsten Winter hier Wale zu fangen.

Welcher Art die Wale angehörten, die Richard Mather »Wasser hoch in die Luft blasen« sah, läßt sich nicht eindeutig bestimmen, doch sehr wahrscheinlich waren es Nordkaper. Das können wir aus vielen zeitgenössischen und neueren Quellen erschließen. Daß die Pilgerväter die Art nicht identifizierten, ist nicht verwunderlich, denn bis 1866 wurde der Kaper von seinem nahen Verwandten, dem Grönlandwal, nicht unterschieden. Deshalb wurde jeder große schwarze Wal mit langen Barten und einem glatten, unbefloßten Rücken als »Mysticetus« bezeichnet. Buckelwale bevölkerten gleichfalls die Küstengewässer von Massachusetts, und auch sie können Anspruch darauf erheben, »die ersten in den Kolonien erlegten Wale« zu sein.

Der Königliche Freibrief von Massachusetts (1629) enthält diesen Passus: »Wir schenken und gewähren ... alle Fische – Königsfische, Wale, Störe und sonstige Fische gleich welcher Art und Beschaffenheit, die fortan in besagten Meeren oder Gewässern gefangen werden ...« Die erste Niederlassung lockte weitere Siedler an, und 1630 brachte eine Flotte von 17 Schiffen fast 1000 wagemutige Menschen aus dem alten England nach Neuengland. Um 1640 lebten rund 20 000 Europäer in der Gegend von Boston.

Heute geht man davon aus, daß der organisierte Walfang in den amerikanischen Kolonien nicht in Massachusetts, sondern auf Long Island entstand. Im Jahr 1640 stellten die Siedler (die aus Lynn in Massachusetts gekommen waren) in der Stadt Southampton an der Südküste dieser Insel vier Abteilungen von je elf Männern auf, die gestrandete Wale verarbeiten sollten. Die Wale wurden zerlegt, und die Einnahmen gingen zu gleichen Teilen an »jeden Bewohner, dessen Kind oder Diener über 16 Jahre alt ist ...«

Wie jeder weiß, der sich einmal in der Nähe eines toten Wals aufgehalten hat, geht von dem Kadaver ein entsetzlicher Gestank aus. Deshalb erließ Southampton hinsichtlich der Trankochereien an der Küste ein Gesetz, in dem es heißt: »Weil das Auskochen des Öls in der Nähe der Straßen und Häuser für alle Passanten, vor allem für solche, die den Geruch nicht gewöhnt sind, eine extreme Belästigung darstellt ... ver-

fügt das Gericht, daß nach Ablauf des Jahres keine Person in dieser Stadt Öl sieden darf, wenn der Abstand zur Main Street nicht mindestens 25 Ruten [ca. 125 m] beträgt, andernfalls wird eine Geldbuße von fünf Pfund fällig.«

Gegen Ende des 17. Jahrhunderts hatten sich Walfangunternehmen in Neuengland, Long Island und New Jersey etabliert, und in den ersten Jahrzehnten des folgenden Jahrhunderts dehnte sich die Industrie auch nach North Carolina aus.

Warum machten die Menschen, kaum in der Neuen Welt angekommen, so eifrig Jagd auf die Wale? Welche Rohstoffe lieferten die Tiere, und wozu ließen sich diese Rohstoffe verwenden?

Walöl oder -tran diente vor allem zur Herstellung von Kerzen und Seife und war ein wichtiges Hilfsmittel in der Sämischgerberei. Während wir heutzutage überflüssiges Fett nicht schnell genug loswerden können, sammelten unsere Vorfahren im 17. Jahrhundert sorgfältig alle Fette, um daraus Seife und Kerzen zu verfertigen. Als dann die ersten Wale abgeschlachtet wurden, stellte man fest, daß diese riesigen Blubbertiere genug Fett für die Kerzen und Lampen Europas enthielten. Und als man später den Walrat (»Spermaceti«) im Kopf eines Pottwals entdeckte, hatte man damit das Ausgangsmaterial für die feinsten rauchlosen Kerzen gefunden.

Und wie verhält es sich mit der Seife? Die Phönizier sollen um 600 v. Chr. als erste Seife verwendet haben, die sie aus Ziegentalg und Holzasche gewannen. Die Kelten nannten ihre Version des nach einem ähnlichen Rezept hergestellten Waschmittels *saipo*, wovon sich das englische Wort »soap« und auch die deutsche »Seife« herleiten. Die ältesten Seifen in Europa wurden aus sich zersetzenden tierischen Fetten hergestellt, die man zusammen mit alkalischen Stoffen, etwa Pflanzenaschen, aufkochte. Seifen aus Walöl besaßen – zumindest für damalige Verhältnisse – eine ausreichende Reinigungskraft, aber sie stanken.

Walölseife beherrschte die englischen Waschzuber bis zum Beginn des 19. Jahrhunderts, als die Walfänger der »Grönlandfischerei« immer wieder ranziges Öl anlieferten, das nur für übelriechende Seife verwendet werden konnte. Die Seife fand keinen Absatz mehr, und es hatte den Anschein, als würde den Walen eine Atempause gegönnt. Doch gerade noch rechtzeitig kam die Rettung für die Industrie, denn man entdeckte im Walöl einen preiswerten Brennstoff für die Straßenlaternen, und die Nachfrage nach Walprodukten blieb bestehen.

Während sich die Engländer über den Nutzen der Walölseife Gedanken machten und die amerikanischen Siedler weiterhin Wale verarbeiteten, beruhte die Walnutzung größtenteils auf der Verwertung der toten Wale, die längs der Küste von Massachusetts angetrieben wurden. (Einige kühne Walfänger wagten sich freilich auch bis in die Davis-Straße vor, um dort Jagd auf die seltener werdenden Nordkaper zu machen.) Die einschlägigen Aufzeichnungen sind vage, aber wahrscheinlich waren viele dieser »Driftfische« von Waljägern oder Fischern harpuniert worden, die nicht über das Gerät verfügten, sie an Land zu schaffen. Wurde ein Kadaver auf privatem Grund angespült, gehörte er dem Landbesitzer, doch dieser mußte gleichwohl ein Drittel an die Krone, vertreten durch den Gouverneur, abführen. Es wird allzu leicht vergessen, daß die Puritaner trotz allem loyale Untertanen des Königs waren und daß ihre Nachkommen dieses Joch erst 1776, also rund 100 Jahre später, abschüttelten.

Wir können davon ausgehen, daß die ersten Wale, die von den Puritanern bejagt wurden, Nordkaper waren; die überlieferten dürftigen Beschreibungen scheinen das zu bestätigen, und außerdem haben Nordkaper nachweislich die Cape Cod Bay bewohnt. Aus einer Untersuchung geht hervor, daß der Höhepunkt des Walfangs auf Long Island im Jahr 1707 erreicht war, als 111 Kaper zur Strecke gebracht wurden. Doch schon 1727 schrieb der Bostoner *News-Letter:* »Wir hören aus den Städten am Cape, daß der Walfang in diesem Winter stark zurückgegangen ist, wie schon in mehreren Wintern zuvor, aber da sie einen Weg gefunden haben, zu diesem Zweck die hohe See zu befahren, und dabei so großen Erfolg hatten, rüsten sie jetzt Schiffe aus, um im Frühjahr mit allen Mannschaften zu diesem gefährlichen Unternehmen in See zu stechen ...« Das »gefährliche Unternehmen« war die Jagd auf den Pottwal, und sie sollte die Yankees um die ganze Welt und in Regionen führen, von denen die meisten noch nie etwas gehört hatten.

Küstenwalfang in Australien

Es gibt auf der ganzen Welt wohl kein Land, dessen frühe Geschichte so eng mit dem Walfang verbunden wäre wie Australien. In Amerika ist die Entwicklung sicherlich durch Wale und Walfänger beeinflußt worden – Cape Cod wurde von den Pilgervätern besiedelt, die sich für diese Gegend entschieden, weil sie dort so viele Wale vorfanden –, aber in Australien war die Walfangindustrie der unmittelbare Anlaß, daß in bestimmten Gebieten Niederlassungen gegründet wurden, und er vermittelte den Europäern vielfach den ersten Eindruck von den Küstenregionen des Kontinents, der damals noch Neuholland hieß.

Der holländische Seefahrer Willem Jansz gilt allgemein als der erste Europäer, der diese Küsten der Antipoden erkundete, aber es war Abel Tasman, der die Kunde davon nach Holland brachte. Er umsegelte 1642 die Insel, der er den Namen Van-Diemens-Land gab, und die zwei Jahrhunderte später nach ihm Tasmanien genannt wurde. Jansz stieß 1606 bis zur australischen Nordküste vor, doch die erste Landung an der Ostküste gelang 1770 James Cook, dem bedeutendsten englischen Seefahrer und Entdecker. Er ging in der Botany Bay vor Anker, wo er seinem Leutnant Isaac Smith gestattete, als erster Engländer den Fuß auf den australischen Sandboden zu setzen.

Cook hatte von der Admiralität (Marineministerium) die geheime Order erhalten, mit der *Endeavour* bis zum 40. südlichen Breitengrad vorzudringen, um das geheimnisumgebene »Südland«, die *Terra australis incognita,* zu suchen. Sollte er sie finden (und für England in Besitz nehmen), so würde dies »erheblich zur Ehre dieser Nation als einer Seemacht und zum Ruhme der Krone Großbritanniens sowie zur Förderung des Handels und der Schiffahrt beitragen«.

Als Cook, von Neuseeland kommend, in der Botany Bay eintraf, hatte er keine Ahnung von dem Festland, das sich vor ihm ausdehnte; gleichwohl nahm er den gesamten Erdteil für König Georg III. in Beschlag. Er setzte die Fahrt nach Norden fort, kartierte die noch unerforschte Ostküste Australiens, geriet in das gefährliche Labyrinth des Großen Barriereriffs, passierte die Torres-Straße, die Australien von Neuguinea trennt, und kehrte, reich beladen mit wissenschaftlicher Ausbeute, nach England zurück.

Den englischen Strafvollzug des 18. Jahrhunderts können wir uns heute kaum noch vorstellen. Es gab keine Gefängnisse, wie wir sie kennen, und Delinquenten, deren Verbrechen oft nur der Diebstahl von ein paar Leintüchern oder die Beleidigung eines Edelmanns waren, wurden entweder gehängt oder in die Kolonien »verfrachtet«. Dadurch sollte einerseits das Land von solchen Elementen befreit und andererseits potentielle Übeltäter abgeschreckt werden. Na-

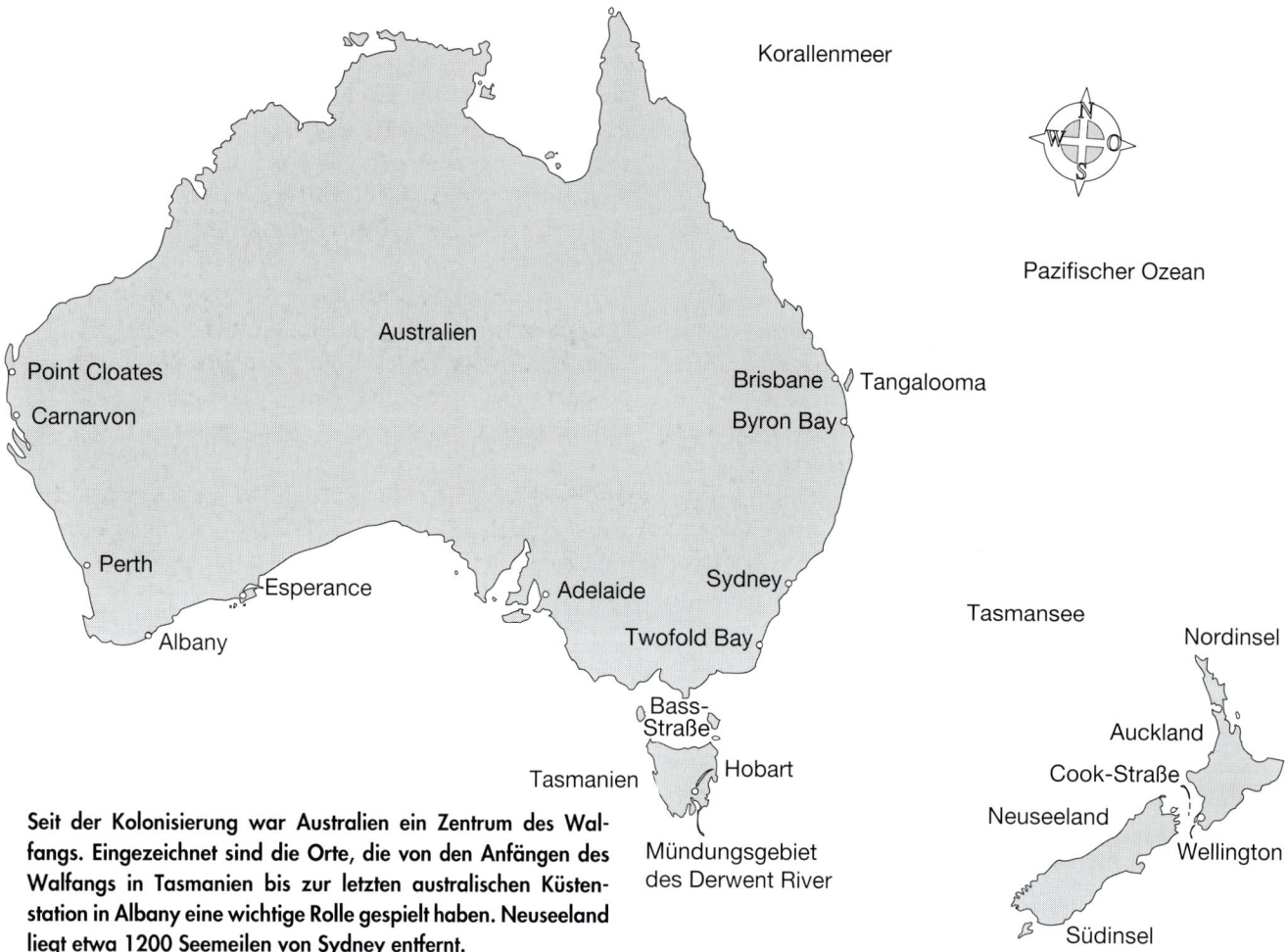

Seit der Kolonisierung war Australien ein Zentrum des Walfangs. Eingezeichnet sind die Orte, die von den Anfängen des Walfangs in Tasmanien bis zur letzten australischen Küstenstation in Albany eine wichtige Rolle gespielt haben. Neuseeland liegt etwa 1200 Seemeilen von Sydney entfernt.

türlich waren auch echte Kriminelle unter den Sträflingen; nicht jeder wurde nur deshalb bestraft, weil er ein Stückchen Käse gestohlen hatte.

Mit dem Ende der Amerikanischen Revolution 1783 endete auch die Deportation von Sträflingen nach Maryland und Georgia, und England mußte sich anderswo nach einer Unterbringungsmöglichkeit für sie umsehen. Zu Tausenden wurden sie auf verrottenden Kriegsschiffen eingepfercht, die ständig in der Themse ankerten und im georgianischen England als Aufbewahrungsorte für verurteilte Verbrecher dienten. Es waren nicht die wenigen Reformer, die diesen Schandfleck beseitigt sehen wollten, sondern jene Leute, die erkannten, daß die Ankerplätze auf der Themse für diese Höllenschiffe nicht mehr ausreichten. Die Regierung suchte nach einem anderen Platz für den Abschaum der Gesellschaft, und zunächst zog man verschiedene Gebiete in Afrika in Erwägung. Doch kein Ort war von England weiter entfernt als

seine neue, noch weitgehend unbekannte Kolonie auf der anderen Seite des Globus, und so wurde Neuholland zum Standort für die erste Diebeskolonie der Welt bestimmt. Der erste Transport bestand nicht aus Mördern oder Frauenschändern, sondern vorwiegend aus kleinen Dieben, Straßenräubern, Rinderdieben, Hehlern, Betrügern und Fälschern.

Sir Joseph Banks, der Cook als Botaniker begleitet hatte und dessen Erinnerungen durch den zeitlichen und geographischen Abstand wohl schon etwas getrübt waren, schlug den Hafen in der Botany Bay als Standort für eine Strafkolonie vor, und am 13. Mai 1787 lief die »erste Flotte« unter dem Kommando von Kapitän Arthur Phillip aus. An Bord der elf Schiffe waren 1500 Personen, darunter 736 Sträflinge. Die übrigen waren Wachmannschaften, deren Offiziere sowie Verwaltungsbeamte.

Nach der Landung am Bestimmungsort stellte Phillip fest, daß die Botany Bay für eine dauerhafte Siedlung ungeeignet war, und so verlegte er das ganze Unternehmen etwa 20 km weiter nördlich nach Port Jackson. Dort, im Sydney Harbour, einem der besten Naturhäfen der Erde, gründete Phillip (inzwischen zum Gouverneur aufgestiegen) am 26. Januar 1788 die erste ständige Niederlassung auf dem australischen Kontinent.

Obwohl Pottwale in den ersten Jahren des australischen Walfangs bevorzugte Jagdobjekte waren (1804 verließen fünf Schiffe, die Pottwalöl an Bord hatten, Neusüdwales in Richtung England), sollte in den nächsten 50 Jahren eine andere Walart die Hauptrolle spielen. Der eigentliche Auftrag der britischen Behörden war zwar die Einrichtung von Strafkolonien, aber ein Nebenzweck der Kolonisierung Australiens war die Ausbeutung der Wale, die friedlich und behäbig vor der Küste umherschwammen und nur »geerntet« zu werden brauchten. Der Walfang ist Australiens älteste Industrie. Lange bevor die Landwirte, Schafzüchter und Goldschürfer auftraten, waren Waljäger im Mündungsgebiet des Derwent River in Tasmanien aktiv.

Die Südkaper, die südliche Unterart des Nordkapers, von den Siedlern einfach »schwarze Wale« genannt, bevölkerten so zahlreich die Derwent-Mündungszone – manchmal konnte man 50 oder 60 Tiere auf einmal beobachten –, daß sie eine Gefahr für kleine Schiffe darstellten. Ein Augenzeuge bemerkte, es sei »riskant, den Fluß zu befahren, solange man nicht in Ufernähe blieb«. Nach alter Gewohnheit schwammen die Südkaper in die geschützten Buchten und Häfen Australiens ein, um sich zu paaren und zu kalben. Das Ästuar des Derwent öffnet sich nach Süden und umschließt eine Vielzahl von Inseln, Halbinseln, Kanälen und Buchten – ein idealer Tummelplatz für Wale, aber auch für Walfänger.

In Tasmanien wurden die Wale vom Ufer aus aufgespürt, und die Jagd war so einfach wie das Abschießen von großen Fischen in einer großen Tonne. Mit einem Boot, dessen Bug und Heck die gleiche Form hatten und das mit fünf, sieben oder gar neun Ruderern bemannt war, fuhren die Jäger an ihr unglückseliges Opfer heran. Dann warf der Vormann seine Harpune, die den Wal nicht tötete, sondern nur das Boot mit einer Leine an ihm festmachte. Sobald das Tier erschöpft war, ruderten die Männer heran und erledigten es mit einer Lanze. Der tote Wal, der bis zu 60 Tonnen wiegen konnte, mußte dann zu einer Rampe oder Rutsche geschleppt werden, auf der man ihn zur Verarbeitung ans Ufer zog. Ein einziger Wal konnte 6 *tuns*[*] Tran und fast 300 Pfund Fischbein liefern. Die Böttcher bauten ihre Fässer auf dem Strand zusammen, und die gefüllten Fässer wurden dann in primitiven Schuppen verstaut, um zur Stadt Hobart und von dort nach England verschifft zu werden. Die *Deveron* segelte 1830 mit 200 Tonnen Öl und 20 Tonnen Fischbein nach London; diese Fracht hatte einen Wert von rund 5000 Pfund.

Der »Buchtwalfang«, wie er genannt wurde, erforderte keine teuren Schiffe und keine weiten Hochseefahrten; man brauchte nur eine Küstenstation mit einem Ausguck, eine kräftige Rudermannschaft, einen Harpunier und eine Transiederei am Strand. Oft waren die Ausguckposten nicht besetzt, und die Männer ruderten dann einfach in die Buchten hinaus und warteten darauf, daß die Wale ihnen entgegenkamen. Es gab so viele Waljäger – und keinerlei Beschränkungen oder Vorschriften –, daß es zwischen rivalisierenden Mannschaften regelmäßig zu Streitereien darüber kam, wer einen Wal zuerst gesichtet oder harpuniert hatte. 1838 wurden mehrere Gesetze zur Regelung des Walfangs erlassen; ohne sie wäre die chaotische Situation wohl zu blutigen Auseinandersetzungen eskaliert.

Um 1806 umrundete ein in Sydney geborener Abenteurer namens James Kelly mit vier Aborigines-Ruderern in 49 Tagen das Van-Diemens-Land (Tasmanien) und entdeckte zwei Häfen, wo später die berüchtigten Strafkolonien von Port Davey und Macquarie Harbour entstanden. 1825 gründete er den Derwent Whaling Club, die erste kooperative Walfangorganisation. Eine Prämie von acht Dollar erhielt derjenige, der als erster einen Wal in der Flußmündung erspähte, und die Gewinne des Vereins wurden unter den fünf Mitgliedern, »bedürftigen Personen« und dem Walbootvormann, der den Wal erlegt hatte, aufgeteilt.

1818 errichtete Kapitän Thomas Raine aus Sydney die erste Walfangstation an der Twofold Bay in Neusüdwales, die in der wechselvollen Geschichte des australischen Walfangs noch eine bedeutende Rolle spielen sollte. Neusüdwales und Tasmanien waren zwar die ersten Regionen, die besiedelt wurden und in denen die Australier Küstenwalfang betrieben,

---

[*] *Tun* war im 18. Jahrhundert ein Flüssigkeitsmaß (252 Gallonen oder 1145 Liter). Da das Volumen von Öl von der Temperatur abhängig ist, wurde dieses Maß im 20. Jahrhundert zugunsten der Gewichtseinheit Tonne aufgegeben.

Die Walfangstation an der Wineglass Bay an der Ostküste von Van-Diemens-Land (Tasmanien). Im Hintergrund ist ein Walfänger zu erkennen, der Schädel im Vordergrund stammt von einem Südkaper.

aber Wale gab es auch anderswo. Die Bewohner Westaustraliens, Victorias und später auch Südaustraliens machten jeweils Jagd auf »ihre« Wale. Fangunternehmen entstanden in Double Corner und Portland Bay in Victoria sowie in Encounter Bay und Port Lincoln in Südaustralien, noch bevor diese Kolonien offiziell besiedelt waren. Südaustralien war der erste »Freistaat« des Kontinents, d. h. das erste Gebiet, das nicht von Sträflingen, sondern von Kolonisten erschlossen wurde.

In nahezu allen bewohnten Küstenregionen stellte man den »schwarzen Walen« nach. Auf ihrer jährlichen Wanderung mußten die aus der Antarktis kommenden Wale die Ost- oder Westküste des Kontinents passieren, und in Albany, Perth, Tasmanien, Encounter Bay und Sydney erwarteten die Walfänger Jahr für Jahr ihre fette Beute. 1836 und 1838 waren die ertragreichsten Jahre.

Natürlich entging dieser Walreichtum auch nicht den in australischen Gewässern kreuzenden amerikanischen, englischen und französischen Hochsee-Walfängern, die inzwischen die Pottwalgründe vor Neuseeland entdeckt hatten und häufig die Häfen von Hobart oder Sydney anliefen, um sich zu verproviantieren oder Reparaturen durchzuführen. (An einem Tag des Jahres 1847 lagen nicht weniger als 37 Walfänger im Hafen von Hobart.) Also lauerten sie zwischen den Fangsaisons vor der Küste den Südkapern auf. Die »Buchtwalfänger« konnten mit den großen Schiffen nicht konkurrieren. Sie harrten zwar zuweilen zwei oder drei Tage lang in ihren engen Langbooten aus und versuchten, den Hochseeseglern die Beute vor der Nase wegzuschnappen, aber gewöhnlich mußten sie mit leeren Händen zu ihren Stationen zurückkehren.

Weil Kaperwale langsam schwimmende und durchweg harmlose Tiere sind, war der »Buchtwalfang« eine relativ leichte Tätigkeit. Die Küstenstationen waren schlicht und primitiv, aber sie warfen einen hübschen Profit ab. Es gehörte nicht viel dazu, ein Boot zu rudern, und jeder, vom Bauernjungen bis zum Urein-wohner, konnte mitmachen. (Ausgeschlossen blieben nur die Sträflinge, denen man nicht traute, weil sie womöglich die Boote zu Fluchtversuchen benutzt hätten.) Zwar bestand immer die Gefahr, daß ein harpunierter Wal in seinem Todeskampf um sich schlug und ein Boot zum Kentern brachte, aber solche Zwischenfälle waren offenbar selten. Während die Ausrüstung eines Walfangschiffs in England mehr als 4000 Pfund kosten konnte (ohne die Kaufsumme für das Schiff selbst), belief sich der Preis für die Ausstattung einer Walfangstation am Derwent lediglich auf etwa 300 Pfund. Und obgleich das Pottwalöl wertvoller war als gewöhnlicher Waltran, überstiegen die Kosten für die Anreise aus England und die Rückfahrt oft die Gewinne. Das meiste Öl wurde selbstverständlich nach England verschifft, denn in den Anfangsjahren der neuen Kolonie gab es dort kaum Möglichkeiten zur Weiterverarbeitung. Es war erheblich effizienter und wirtschaftlicher, die Wale in Australien zu erlegen, das Öl auszukochen und dann in Fässern auf die Reise über den Pazifik zu schicken.

Solange die Wale vorhielten – und wer konnte sich damals vorstellen, daß sie nicht ewig vorhalten würden? –, strichen die aufstrebenden Kapitalisten satte Gewinne ein. Die tasmanische Walfangindustrie erlebte ihren Höhepunkt 1837, als in seinen Buchten 35 Stationen existierten; doch dann erließ die Regionalregierung den Tasmanian Whaling Act von 1838. Daraufhin verlegten die tasmanischen »Buchtwalfänger«, vor allem die von Launceston, ihre Unternehmen auf das australische Festland. Von 1832 bis 1841 exportierte Neusüdwales Walerzeugnisse im Wert von 1,7 Millionen Pfund. Doch nach einem halben Jahrhundert des unaufhaltsamen Fortschritts begann der Niedergang der ältesten Industrie des Kontinents. Zwei Naturschätze, die bislang tief unter der Erde verborgen waren und jetzt zum Vorschein kamen, wirkten sich am nachteiligsten auf den Walfang aus: das gelbe und das schwarze Gold. Das erstere wurde 1848 in Kalifornien und 1851 in Australien entdeckt und brachte den Handel und die Industrie in der ganzen Welt durcheinander; das zweite schoß in Form von Erdöl 1859 in Pennsylvania aus dem Boden. Beispielhaft für den raschen Verfall eines florierenden Unternehmens ist die kurze, wechselvolle Karriere von Ben Boyd.

Am 18. Juli 1842 traf Benjamin Boyd in Sydney ein. In seinem Buch *Whaling Adventurers* schildert ihn W. J. Dakin wie folgt:

Er war ungefähr 45 Jahre alt, voller Energie und Weitsicht. ... Australien zog ihn an, und er war entschlossen, dort ein »großer Mann« zu werden. Zunächst gründete er in London zwei Firmen, die Royal Australian Bank und die Australian Wool Company. Die letztere bewog ihn vermutlich dazu, sich persönlich in Australien umzusehen. Er zog stilvoll in Sydney ein, denn er kam mit seiner eigenen Jacht, der *Wanderer*, zusammen mit einigen wenigen Freunden, die offensichtlich ebenso auf Abenteuer erpicht waren wie er.

Zu den »wenigen Freunden« gehörten sein Bruder James und ein junger Künstler und Schiffsarchitekt namens Oswald Brierly. Angeblich verfügte Boyd über ein Kapital von mehr als 1 Million Pfund, das größtenteils von kleinen schottischen Investoren stammte. Innerhalb von zwei Jahren war er einer der größten Grundbesitzer in Neusüdwales. Für sein Walfangunternehmen wählte er die etwa 400 km südlich von Sydney gelegene Twofold Bay aus. Daß dort bereits zwei gutgehende Unternehmen bestanden, hielt Boyd nicht davon ab, sich auf der anderen Seite der Bucht zu etablieren und nicht nur eine Walfangstation, sondern auch eine ganze Stadt zu bauen, die er in aller Bescheidenheit »Boyd Town« nannte. Er ließ Zimmerleute und Steinmetzen, Maurer und Stukkateure kommen, die sein selbstherrliches Projekt verwirklichen sollten. Neben einer Kirche, Läden, Wohnhäusern, einem Hotel im »elisabethanischen Stil« und den verschiedenen Gebäuden der Station ließ er auch

Ben Boyd (1797–1851) gründete ein großes Imperium in Neusüdwales. Als sein Unternehmen zusammenbrach, reiste er nach Kalifornien, um dort Gold zu suchen. Auf der Rückreise wurde er wahrscheinlich von Kannibalen ermordet.

An Bord der Luxusjacht *Wanderer* hielt Ben Boyd am 18. Juli 1842 Einzug in den Hafen von Sydney. Er baute an der Twofold Bay eine Walfangstation und eine ganze Stadt, doch beide Projekte waren ein Fehlschlag.

einen 24 m hohen Leuchtturm errichten. Im Februar 1844 schrieb der *Sydney Record* zum Ruhme des Tycoons von Twofold Bay: »Wohl keine andere Einzelperson hat in so kurzer Zeit so viel geleistet wie Mr. Benjamin Boyd. ... Wenn wir mehr Leute wie ihn hätten, würde es in der Kolonie bald aufwärtsgehen.«

Oswald Brierly übernahm die Leitung des Walfangunternehmens in Boyds Küstenstation. Aus Gründen, die Dakin sich »unmöglich erklären kann«, blieb Brierly fünf Jahre lang in der Station. Um das Geschäft in diesem entlegenen Vorposten der Zivilisation zu beleben, veröffentlichte Boyd (oder Brierly) 1846 allmonatlich folgende Anzeige in der *Hobart Press:*

AN ALLE WALFÄNGER
Boyd Town, Twofold Bay, N. S. W.
Schiffe können sich in diesem Hafen, ohne jegliche Liegegebühren, Lotsenkosten usw., erholen und zu günstigen Bedingungen Holz, Wasser, frische und eingepökelte Lebensmittel, Gemüse, Vorräte und Kleidung aller Art erhalten sowie, falls gewünscht, die Dienste erfahrener Schiffbaumeister und Bootsbauer in Anspruch nehmen.
N. B. Öl oder Knochen werden im Tausch angenommen.

Nur fünf Jahre nachdem diese *Aurora australis* über dem kümmerlichen Buschland der Twofold Bay aufgegangen war, begann ihr Glanz zu verblassen. Mehrere Faktoren trugen zum Untergang von Ben Boyd bei. Er hatte es geschafft, sich mit allen Leuten, mit denen er zu tun hatte, zu verkrachen, selbst mit seinem treuesten Gefolgsmann Oswald Brierly. Und er hatte sich gewaltig übernommen mit seinem riesigen Landbesitz, seinem Küstenwalfangunternehmen, seiner Fangflotte, die sich an der Pottwalfischerei beteiligte (zu einem bestimmten Zeitpunkt besaß er nicht weniger als neun Walfänger), seiner Stadt und seinen Dampfschiffen, die Waren und Personen zwischen Sydney und Hobart hin und her beförderten. Einer dieser Dampfer, die *Sea Horse,* lief auf einen Felsen auf, und Boyds Versicherung weigerte sich, die Schadenssumme von 25 000 Pfund zu bezahlen. Solche Havarien entziehen sich genauso wie die Schwankungen auf dem Walöl- und Wollmarkt, dem Einfluß selbst des tüchtigsten Kapitalisten. Der Exporterlös der Walprodukte war von über 335 000 Pfund im besten Jahr 1840 auf 16 000 Pfund im Jahr 1853 gefallen. In den späten 1840er Jahren wurde Neusüdwales von

Kaperwalfang im Pazifik, ein Gemälde von Oswald Brierly, der von 1845 bis 1850 Geschäftsführer von Ben Boyds Walfangunternehmen an der Twofold Bay war. Brierly kehrte nach England zurück und wurde Marinemaler am Hof von Königin Victoria.

seiner ersten Depression erfaßt, und die Walfangunternehmen, denen die Siedlungen hauptsächlich ihren Aufstieg verdankten, suchten verzweifelt nach Geldgebern und – was noch wichtiger war – nach Walen.

Auch die Walfangfirma Imlay, die schon vor Boyd an der Twofold Bay ansässig war, mußte Bankrott machen, wahrscheinlich aus den gleichen Gründen: Profitsucht, Mißmanagement und ein plötzlicher Mangel an Walen. Die Australier hatten es für selbstverständlich gehalten, daß die Walbestände unerschöpflich seien. Sie schlachteten rücksichtslos die Walkühe und die Kälber ab, ohne zu bedenken, daß eine Population, die sich nicht ausreichend vermehren konnte, schon bald so zusammenschrumpfen mußte, daß sie nicht mehr überlebensfähig war. Dies geschah bei den Kaperwalen auf der Südhalbkugel mit dramatischer Plötzlichkeit, weil jedes Jahr schätzungsweise 2500 Tiere umgebracht wurden.

Die Aktionäre in England forderten 1848 Boyds Ablösung. Sein Nachfolger wurde sein Vetter William Sprott Boyd, doch auch er konnte den Abwärtstrend nicht umkehren. Die Aktionäre verloren ihr gesamtes

Geld und zusätzlich noch 80 000 Pfund. Boyds Imperium zerfiel 1848, und ein Jahr später verließ er Australien an Bord seiner Jacht *Wanderer* und eilte zu den Goldfeldern in Kalifornien. Er hatte offenbar wenig Erfolg, denn 1851 kehrte er in die Südsee zurück, wo er für immer verschollen blieb.

Wenn Boyd noch ein paar Jahre abgewartet hätte, hätte er sich die Reise nach Kalifornien sparen können. Denn 1851 begab sich Edward Hargraves, der soeben aus Kalifornien heimgekehrt war, in die Wildnis westlich von Sydney und fand Gold. Die Folge war ein Goldrausch, vergleichbar dem kalifornischen, der jedoch im dünnbesiedelten Australien einen viel größeren Anteil der Gesamtbevölkerung erfaßte. Er lockte scharenweise neue Siedler in die Kolonie (fast 100 000 kamen allein 1852 nach Neusüdwales und Victoria), die sofort nach der Landung, ebenso wie die Besatzungen und manchmal sogar die Offiziere, ihre Schiffe verließen, um ihr Glück in der Wüste zu suchen. Und sehr viele hatten Glück. Die Goldminen von Bendigo und Ballarat waren ungewöhnlich ergiebig: Pro Woche wurde nahezu eine halbe Tonne Gold gefördert, und schon 1852 traf die

Buchtwalfang in der Twofold Bay in Neusüdwales. Bei den Walen handelt es sich, wie an den doppelten Blasstrahlen zu erkennen ist, um Südkaper. Auf dem Küstenfelsen erhebt sich Ben Boyds Leuchtturm.

Ben Boyds Leuchtturm an der Twofold Bay, der nie in Betrieb genommen wurde. Heute ist er Bestandteil des Nationalparks, der zu Ehren von Boyds abenteuerlichem Unternehmen eingerichtet wurde.

Dido mit 8,5 Tonnen Goldstaub an Bord in London ein.

Da der Goldrausch mit dem Rückgang der Walbestände zusammenfiel, strömten die Ruderer und Böttcher in Massen zu den Goldfeldern, und die bereits schwer angeschlagene Walfangindustrie kam fast ganz zum Erliegen. 1853 exportierte Neusüdwales nur noch für 16 000 Pfund Walöl nach London, während gleichzeitig Gold im Wert von fast 2 Millionen Pfund verschifft wurde.

Ben Boyd und die Gebrüder Imlay hatten zwar die Twofold Bay verlassen, aber die Bucht wurde unsterblich durch eine der merkwürdigsten Episoden in der Geschichte des Walfangs. Alexander Davidson war als Zimmermann nach Australien gekommen, um für Boyd zu arbeiten, und nachdem Boyd Town zu einer Geisterstadt geworden war, blieb die Familie Davidson dort wohnen. (Boyd Town erscheint heute nicht mehr auf der Landkarte, aber es gibt dort einen Ben Boyd National Park, dessen Wahrzeichen der berühmte Leuchtturm ist.) Sie lebte in dem Städtchen Eden am Kiah River und widmete sich ab 1866 selbst dem Walfang.

Bis dahin hatten Buckelwale im australischen Walfang kaum eine Rolle gespielt, doch in den letzten Jahrzehnten des 19. Jahrhunderts hatten sie ihren großen Auftritt in der Twofold Bay. Die Davidsons, Vater und Sohn, führten die Walfangstation in Eden weiter in der Absicht, für den begrenzten Markt, der damals für Öl und Knochenmehl bestand, Wale zu fangen und zu verarbeiten. Die Fangmethoden der 1870er Jahre unterschieden sich nicht wesentlich von denen, die man 40 Jahre früher angewandt hatte: Die Walfänger warteten an der Küste (in diesem Fall auf Boyds Leuchtturm), bis sie einen Wal sichteten, und ruderten dann hinaus, um ihn zu harpunieren; wenn ihnen das gelungen war, schleppten sie den Kadaver ans Ufer zurück, wo der Tran ausgekocht wurde. In *Killers of Eden* (1961), einer historischen Darstellung des Davidson-Unternehmens, beschreibt Tom Mead die Walfängerei in allen Einzelheiten. Da er jedoch nur wenige Daten angibt, läßt sich kaum feststellen, wann ein bestimmtes Ereignis stattgefunden hat. Der erste Wal, den er erwähnt, war ein »schwarzer Wal«, doch danach scheinen die meisten gefangenen Tiere Buckelwale gewesen zu sein. Das ist nicht sonderlich aufregend, aber die Art und Weise, wie sie gefangen wurden, ist so ungewöhnlich, daß die Davidson-Story als einmalig in den Annalen des Walfangs und womöglich in der gesamten Geschichte der Mensch-Wildtier-Beziehungen gelten kann – vorausgesetzt, daß sie der Wahrheit entspricht. Der Überlieferung zufolge wurden die Walfänger von Eden durch eine Gruppe von Schwertwalen, die auch als Killer- oder Mörderwale bezeichnet werden, unterstützt.

Von Anfang an übernahmen die Schwertwale ihren Part in der kuriosen Davidson-Geschichte. Wenn die Walfänger auf den Leuchtturm stiegen, hielten sie nicht Ausschau nach den Blasstrahlen von Südkapern oder Buckelwalen, sondern nach den spitzen Rückenflossen der Schwertwalschulen, die die großen Wale den wartenden Männern zutrieben.

Schwertwale lassen sich an der Wasseroberfläche durch die unterschiedlichen Formen der Rückenfinne identifizieren, und schon bald konnten die Walfänger »Old Tom« (offensichtlich das Leittier), »Humpy«, »Hocky«, »Stranger«, »Cooper« und rund 25 weitere Individuen unterscheiden. Die Schwertwale gingen nach einem festgelegten Schema vor: Ein Teil der Schule fungierte als »Wachtposten« an der Buchtmündung, eine zweite Gruppe bezog Stellung in mittlerer Entfernung und eine dritte in Küstennähe. Wenn sie die Buckelwale den Walfängern nicht direkt in die Arme trieben, so hinderten sie sie doch zumindest am Entkommen. Sie gaben außerdem den Männern »Signale«, indem sie geräuschvoll sprangen und platschten, wenn Buckelwale in der Nähe waren; oft weckten sie die Walfänger mitten in der Nacht dadurch auf, daß sie ihre massigen Leiber laut klatschend auf den Meeresspiegel zurückfallen ließen. Erst wenn die Wale nahe genug ans Ufer herangekommen waren, ließen die Davidsons ihre Boote zu Wasser. Während

Ein Buckelwal treibt bauchoben im Flachwasser vor der Kiah-River-Station der Familie Davidson an der Twofold Bay in Australien.

eines Angriffs stoßen Schwertwale Töne aus, die man am ehesten als »Kreischen« umschreiben kann, und diese Laute genügten, um die wehrlosen Buckelwale in Schrecken zu versetzen. Schwertwale sind die aggressivsten Zahnwale überhaupt, und sie stehen an der Spitze der Nahrungspyramide des Meeres. Ihren Namen »Killerwale« verdanken sie ihrer Angewohnheit, nahezu alles zu erbeuten, was im Meer schwimmt: Robben, Delphine, Haie, Fische, Pinguine und Wale. An Menschenfleisch haben sie indes noch keinen Geschmack gefunden.

Die Walfänger von Eden ruderten zu der Stelle hinaus, wo die Schwertwale ihr Opfer eingekreist hatten, und erstachen es mit ihren Lanzen. Die Geschichte endet jedoch nicht mit dem Tod des Wals, denn die Schwertwale, die bei der Jagd geholfen hatten, forderten ihren Tribut. Bevor der Wal zur Station geschleppt wurde, gestatteten die Männer den Schwertwalen, dessen Zunge und Lippen zu fressen. In *Whaleman Adventurers* beschreibt W. J. Dakin den Vorgang so:

Zuerst drücken sie [die Schwertwale] die Kiefer des toten Wals nach oben und unten, bis sich sein Maul öffnet. Dann tauchen sie hinein und schnappen nach der köstlichen Zunge, wobei jeder ein Maulvoll abbekommt. Was für ein Leckerbissen, und was für eine Freude hinterher! In diesem Augenblick wirken die Killerwale am menschenähnlichsten. Wie ausgelassene Buben tauchen sie immer wieder unter das Boot und springen aus dem Wasser, eine halbe Stunde lang oder noch länger. Unterdessen befestigen die Waljäger einen Anker an der Harpunenleine, werfen ihn ins Wasser und kehren heim.

Mitglieder der Familie Davidson an der Twofold Bay posieren mit Harpunen und Fischbeinbündeln.

Dakin betrachtete diese ungewöhnliche Symbiose mit Skepsis, und er gibt zu, daß er selbst sie nicht mehr beobachten konnte. Doch bei der Durchsicht von Oswald Brierlys Tagebüchern, die rund drei Jahrzehnte vor der Gründung des Davidson-Unternehmens geschrieben wurden, fand er Hinweise auf das geschilderte Bestandsverhalten der Schwertwale. »Das ist eine bemerkenswerte Bestätigung«, meint er, »weil es ziemlich sicher ist, daß keiner der Eden-Walfänger ... etwas über den Inhalt von Brierlys Tagebüchern gewußt haben kann, die er 1848 mit nach England genommen hat.«*

Ungefähr 1600 km östlich von Sydney liegt die winzige Norfolk-Insel. Cook entdeckte sie auf seiner zweiten Reise, und eine der nach ihr benannten Tannen wurde als Mastbaum für sein Schiff *Resolution* verwendet. 1788 richtete England auf der Insel eine Strafkolonie ein, die berüchtigtste von allen.

Es ist belegt, daß schon früh Walfänger Norfolk an-

liefen, um Holz und Wasser zu übernehmen, und daß einzelne Inselbewohner auf Yankee-Schiffen anheuerten. Um die Mitte des vorigen Jahrhunderts begründeten die Insulaner (von denen einige von der Insel Pitcairn gekommen waren und zu den Abkömmlingen der Meuterer von der *Bounty* gehörten) ihre eigene Walfangindustrie. Wie Merval Hoare, der Chronist der Insel, berichtet, haben sie

mit einigen Unterbrechungen das gefährliche, mühselige und nicht besonders einträgliche Walfanggeschäft betrieben. Bis Mitte des 20. Jahrhunderts bedienten sie sich der

_____
* Bis ich 1988 Gelegenheit hatte, die Twofold Bay zu besuchen, war ich mehr als bereit, die Geschichte für wahr zu halten. Als ich jedoch andere Davidson-Historiker befragte, kamen mir Zweifel. Es gab keine Möglichkeit, die Geschichte zu beweisen oder zu widerlegen, aber die Einmaligkeit des Vorgangs macht sie verdächtig. Wenn Schwertwale zu einem solchen Verhalten neigen, warum haben sie es nur in der Twofold Bay und nirgendwo sonst gezeigt?

alten Methode der von Hand geschleuderten Harpune. Eine allgegenwärtige Gefahr war das Kentern der Boote. Das harpunierte Opfer schleppte das Fangboot oft einen ganzen Tag oder eine ganze Nacht hinter sich her, und das Zurückrudern zur fernen Küste war Schwerarbeit. Angesichts der häufigen Unfälle, der Bootsverluste und anderer Widrigkeiten, die den Walfang begleiteten, ist es nicht verwunderlich, daß die Industrie zuweilen mehrere Jahre lang ruhte.

Welche Walart den Inselbewohnern solche Mühe machte, ist nicht überliefert, aber da sich ein Jahrhundert später ein Buckelwal-Fangunternehmen auf der Norfolk-Insel etablierte, können wir davon ausgehen, daß es sich um Buckelwale handelte.

Nach dem Niedergang des australischen Küstenwalfangs wandten sich die Leute, die ihren Beruf

Um sich von Rheumatismus zu heilen, setzten sich Walfänger manchmal in einen verwesenden Walkadaver und ließen den Tran in ihren Körper eindringen. Aufnahme aus der Twofold Bay in Australien.

Die Überreste der Davidson-Walfangstation an der Twofold Bay. 60 Jahre nach dem Abschlachten des letzten Wals liegen im Hof noch immer Wirbelknochen herum.

Walfänger in der New Wharf von Hobart in den sechziger Jahren des 19. Jahrhunderts.

nicht ganz aufgaben, der Pottwaljagd auf hoher See zu. Hobart wurde als Walfängerstadt berühmt, genauso wie New Bedford in Massachusetts, das zum Zentrum des amerikanischen Walfangs aufgestiegen war. In der großen Zeit des australischen Walfangs war Hobart die bevölkerungsreichste Handelsstadt des Kontinents. Auf Tasmanien wurde jedoch kein Gold entdeckt, und diese Insel, die einmal das Zentrum des australischen »Buchtwalfangs« gewesen war, büßte ihre bedeutende Stellung für immer ein.

Buchtwalfang in Neuseeland

Die Maori kannten sich selbstverständlich mit Walen aus, denn von jeher haben die Wale eine Vorliebe für die Inselwelt der Südsee gehabt. Die Inseln, die heute Neuseeland heißen, zählen zu den merkwürdigen Regionen, in denen Wale und Delphine aus unerfindlichen Gründen auffällig oft stranden. Obwohl die Maori für ihre Geräte und Waffen Fischbein verwendeten, gibt es keinen Beweis dafür, daß diese Krieger und Seefahrer aktiv Wale jagten. Ihre Vertrautheit mit Walfleisch und anderen Walprodukten beruhte wahrscheinlich auf den Walstrandungen.

Auf seiner Erkundungsreise von 1642/43 entdeckte Abel Tasman nicht nur Van-Diemens-Land (Tasmanien), sondern nach Durchquerung der später nach ihm benannten Tasmansee auch ein »großes, hochgelegenes Land«, dem er den Namen »Staten Land« gab. Es wurde in »Nieuw Zeeland« umbenannt, als sich herausstellte, daß es sich um eine Inselgruppe und nicht um den Südkontinent handelte, den Tasman entdeckt zu haben glaubte.

Erst 1769 umsegelte James Cook, der von Tahiti aus auf der Suche nach dem südlichen Kontinent nach

Süden fuhr, die beiden Hauptinseln Neuseelands und kartierte sie mit der ihm eigenen Präzision. Er bewies damit, daß die Inseln eindeutig nicht Bestandteil einer größeren Festlandsmasse sind. Cook nahm sie zwar für England in Besitz, aber die Krone war nicht sonderlich interessiert an diesen »Kannibaleninseln«, die somit noch weitere 71 Jahre allein den eingeborenen Maori gehörten. Cook, der für die Erforschung Neuseelands ein halbes Jahr benötigte, entdeckte dort die hochwüchsige Kaurifichte, ein wichtiges Material für Masten und Spieren, eine Flachsart, die sich für Taue und Stoffe eignete, sowie Wale, die er vor der Otago-Küste der Südinsel sichtete. Damals verstärkten die Briten gerade ihre Präsenz in der Arktis, vor allem in der Davis-Straße, und niemand machte sich Gedanken darüber, daß der Vorrat an Walen nicht unerschöpflich war. Deshalb maß Cook den Walen in neuseeländischen Gewässern keine große Bedeutung bei, und er vermerkte ihr Vorkommen nur nebenbei.

Wie ihre Kollegen in Australien erkannten auch die Neuseeländer die Vorteile des Buchtwalfangs. Er war sehr viel kostengünstiger als die Hochseejagd, weit weniger gefährlich und anstrengend. In den Buchten brauchten die Männer die Wale kaum zu jagen. Die Wale kamen zu ihnen.

Es besteht ein gewisser, freilich nicht sehr wesentlicher Unterschied zwischen Küsten- und Buchtwalfang. Der erstere wurde von Leuten betrieben, deren Operationsbasis eine Station an der Küste war. Ihre Methoden waren einfach und primitiv; sie beruhten auf der Tradition, die die Basken vor mehr als einem Jahrtausend begründet hatten. Damals und in Neuseeland (desgleichen in Australien) sichteten die Walfänger die Wale vom Ufer aus – oder sie warteten, bis die Tiere dicht ans Ufer kamen – und ruderten dann hinaus, um sie zu töten. In der Geschichte des Küstenwalfangs war das Jagdobjekt der Nord- bzw. Südkaper, der zwecks Fortpflanzung regelmäßig in die Küstengewässer einschwamm. Wenn andere Walarten den Fehler machten, sich blicken zu lassen, ereilte sie dasselbe Schicksal.

Der Buchtwalfang bediente sich der gleichen Techniken (und der gleichen Wale), aber die Basis war ein Schiff, das in einer geeigneten Bucht vor Anker lag. Der erlegte Wal wurde zum Schiff geschafft, oder zuweilen, wenn Winde und Tiden günstig waren, kam auch das Schiff zum Wal. (Segelschiffe können, im Unterschied zu Motorfahrzeugen, nicht einfach dorthin fahren, wohin der Kapitän möchte. Wenn der Walkadaver beispielsweise direkt im Gegenwind vor dem ankernden Schiff lag, mußte die Mannschaft ihn jedenfalls im Schlepptau zum wartenden Schiff pullen.)

Wir wissen nicht genau, wie viele Küstenstationen es in Neuseeland gab, doch man schätzt, daß es mindestens 100 waren, von denen die meisten an beiden Ufern der Cook-Straße zwischen der Nord- und Südinsel lagen. Die Wale kamen auch in die Bay of Islands, einem Gewirr von etwa 150 Inseln an der Nordostküste der Nordinsel, zu den Halbinseln Banks und Otago und in die Foveaux-Straße. Während die Hochseewalfänger oft größten Wert auf Sauberkeit legten – sie mußten ja manchmal jahrelang an Bord bleiben und konnten ihre Abfälle ins unendlich geduldige Meer werfen –, kannten die Küstenwalfänger solche Skrupel nicht. Ihre Stationen waren stinkende Haufen von Eingeweiden, Knochen und Blubber, umschwärmt von Schweinen, Hunden und den allgegenwärtigen Ratten. Konnte ein Wal nicht vollständig aus dem Wasser gehievt werden, wurde er im Seichtwasser verarbeitet, aufgehängt an einem rohgezimmerten Scherenkran, wie er für die frühen neuseeländischen Walfangstationen typisch war. Diese Vorrichtungen erfüllten eine doppelte Funktion: Wurden sie nicht für Wale gebraucht, benutzte man sie zum Hochziehen von Booten, die abgeschrappt oder repariert werden mußten.

Im Jahr 1836 traf der Nantucket-Walfänger *Mary Mitchell* in der Cloudy Bay (Südinsel) ein, um sich dort am Kaperwalfang zu beteiligen. Kapitän Samuel Joy führte ein Tagebuch, das sich als eine der besten Darstellungen des Buchtwalfangs in neuseeländischen Gewässern erwiesen hat. Unter anderem berichtet er von den sogenannten *toungers*, weißen Seeleuten mit Maori-Mannschaften, die sich verpflichteten, die erlegten Wale an Land zu schleppen, und als Gegenleistung die Zungen der Tiere erhielten.

Neben den Engländern und Amerikanern entsandten auch die Franzosen eine Flotte nach Neuseeland. Den Anfang scheint die *Mississippi* unter Kapitän Rossiter gewesen zu sein, die ebenfalls 1836 in die Cloudy Bay einlief. Innerhalb von zwei Jahren trafen auch die *Pauline* und die *Adèle* in Akaroa ein, und das bewog die französische Regierung, die Korvette *Héroïne* zum Schutz der Interessen Frankreichs in Marsch zu setzen. In Akaroa fand sich 1836 auch die *Gange* ein, die im Juni des Vorjahres vor Alaska ihren ersten Nordkaper erbeutet hatte, und mit ihr kamen sechs weitere französische Walfänger.

Wenn auch die Franzosen den Walfang nicht so eifrig und großflächig betrieben wie die Amerikaner oder Briten, so hatten sie doch einen erheblichen Anteil an den Aktivitäten in den Antipoden, insbesondere in Neuseeland. Ihr Chronist war Dr. Félix Maynard (1837–1858), der alle Weltmeere befahren hatte. Maynard war zwar kein Melville, aber als Mitarbeiter an seinem Buch *Les Baleiniers* (Die Walfänger) gewann er immerhin Alexandre Dumas, den Autor von *Der Graf von Monte Cristo* und *Die drei Musketiere*. Sein Werk ist deshalb eine literarisch anspruchsvollere und dramatischere Schilderung des französischen Walfangs im 19. Jahrhundert, als man sie üblicherweise erwarten darf.

Maynard war Schiffsarzt an Bord des Walfangschiffs *Asia* aus Havre de Grace, das 1837/38 eine Fangreise in die Südsee unternahm, und seine Abenteuerberichte erschienen zuerst in Fortsetzungen in einer Pariser Zeitung und 1858 als Buch. Die *Asia* fing zunächst Südkaper in tasmanischen Gewässern und nahm dann Kurs auf Neuseeland. Als Maynard 1838 die Halbinsel Banks besuchte, fielen ihm sofort »das muntere Treiben und die merkwürdigen Szenen« im Strandlager der Walfänger auf.

Kanus waren hoch auf den trockenen Strand gezogen; die Hütten standen kunterbunt durcheinander und waren mit gelben Blättern gedeckt; Vorratsplattformen, auf vier Pfosten ruhend, waren beladen mit Säcken voller Süßkartoffeln, Dörrfischbündeln und Farnhaufen; Männer, bekleidet mit Flachsmatten oder Decken aus weißer Wolle, stolzierten umher oder lagerten in Gruppen oder einzeln am unteren Hang des Berges; Frauen kauerten vor den Feuerstellen im Freien; andere Frauen wuschen oder schlugen Phormium [Flachs] zwischen zwei Steinen in fließendem Wasser; nackte Kinder, beschmiert mit Ockerfarbe, spielten am Ufer im Chaos der verwitterten und gebleichten Walknochen, die bei Ebbe auf dem Strand zurückgeblieben waren; Hunde jaulten, während sie zwischen den Felsen umherwanderten; und den Hintergrund des Bildes stellte der kahle Berg dar, auf dem das Dorf hockte und der sich, offensichtlich unfruchtbar und abweisend, zum Himmel erhob.

Dr. Maynard gibt uns auch einige interessante Einblicke in die medizinische Praxis des 19. Jahrhunderts, wie sie auf See ausgeübt wurde. In einem Fall amputierte er den rechten Fuß eines Mannes, der ihm beinahe abgetrennt worden wäre, als er Barten aus dem Maul eines Südkapers heraushackte, und in einem andern wiederbelebte er einen Matrosen, der bewußtlos an Bord gebracht wurde, nachdem er von einem verletzten Wal unter Wasser gestoßen worden war. Im Dienste der medizinischen Wissenschaft probierte Maynard sogar Walmilch, die er mit einem Eimer auffing, als sie aus den Zitzen einer toten säugenden Walkuh ausfloß. Er stellte fest, daß sie einen »scharfen und widerlichen Geschmack hatte; sie zieht einem die Zunge zusammen und löst einen Brechreiz aus«.

Selbst Maynard entging nicht, daß die Zahl der verfügbaren Wale abnahm. »Die Zukunft der großen Fischereiunternehmen«, schrieb er, »ist ernsthaft bedroht durch die Vernichtung der Spezies, die als ›richtige Wale‹ bezeichnet wird und die früher als alleiniger Lieferant des im Handel so benannten Fischtrans galt.« Dann befaßt er sich mit den verschiedenen Erfindungen, welche die Gefahren der vom offenen Boot aus betriebenen Waljagd ausschalten könnten: »... die Harpunenkanone oder das Harpunengewehr ... die mit Blausäure behandelte Harpune« und schließlich »die Projektile des Waffenschmieds Devisme und sein mit einem Karabiner ausgerüstetes Walboot«. Damit seien die Walfänger eher in der Lage, die schnellen und gefährlichen Furchen- und Buckelwale zu jagen, »die sich wütend verteidigen«.

Die Franzosen – und in geringerem Ausmaß auch die Amerikaner – wandten eine ungewöhnliche Fangmethode an, die sie *la pêche par association* nannten. Dabei blieb eines von zwei »verpaarten« Schiffen in der Bucht vor Anker liegen, während das andere, das beide Besatzungen an Bord hatte, auf der Suche nach Walen umherkreuzte. In seiner Schilderung des französischen Buchtwalfangs in Neuseeland schrieb Maynard: »Also arbeitete die *Neptune* aus Nantes mit der *Grétry* aus Havre zusammen, und die *Asia* suchte ihre Chance gemeinsam mit der *Cousin*.« Alle erlegten Wale wurden zwischen den beiden Schiffen aufgeteilt. 1837 waren 15 französische und 37 amerikanische Schiffe in neuseeländischen Gewässern aktiv.

Da die Walfänger ehemalige Robbenschläger oder deren Nachfahren waren, sollte man meinen, sie hätten angesichts der Ausrottung der Robbenbestände begriffen, daß man mit den Ressourcen der Natur behutsam umgehen muß. Doch sie hatten nichts gelernt. Diese ökologischen Freibeuter trieben einen rücksichtslosen Raubbau. Sie schlachteten wahllos nicht nur so viele Wale ab, wie sie erwischen konnten, sondern sie gingen dabei auch so vor, daß sie ihr florierendes Geschäft unweigerlich schon bald wieder ruinieren mußten. Es waren ja die Südkaperkühe, die in die Buchten einschwammen, um ihre 6 m langen Kälber zu gebären, und die Waljäger harpunier-

Die Küstenstation in Te Awaiti in den neunziger Jahren des vorigen Jahrhunderts, rund 70 Jahre nach Gründung der ersten neuseeländischen Walfangstation durch Jacky Guard. Die Harpuniere im Bug posieren nur, denn um diese Zeit waren alle Südkaper in den küstennahen Gewässern längst ausgerottet.

ten oft das Kalb zuerst, weil sie wußten, daß die Mutter es nicht im Stich lassen würde. Dann wurde auch die Mutter umgebracht, und beide Kadaver wurden zur Verarbeitung ins Flachwasser geschleppt. »Ein Farmer, der das Lamm und das Mutterschaf gleichzeitig schlachtet, wird nicht lange im Geschäft bleiben«, meinte ein Beobachter der Szene, und ein anderer schrieb: »Sie haben den Baum gefällt, um die Früchte zu ernten, und damit das sicherste Mittel gewählt, ihren sonst so gewinnbringenden und bedeutenden Handel zugrunde zu richten.«

Vor seiner Rückkehr nach Frankreich wollte May-

nard wenigstens einmal »mit einem Wal kämpfen«. Sein Wunsch erfüllte sich auf einer Austern-, nicht einer Walfangexpedition.

Eine Barkasse, besetzt mit einem Kapitän und mehreren Ruderern, begegnete »einer riesigen Walkuh, die von ihrem Säugling begleitet wurde«. Obwohl man weder Harpunen noch Leinen an Bord hatte, ließ man sich die Gelegenheit nicht entgehen. Weil ein Mann eine Lanze mitführte (»für die Wildschweine in der Togobabo Bay«), ruderten die Leute an die Wale heran, und der Kapitän erstach das Kalb. Maynard fährt fort:

Zuerst dachte ich, der Kapitän hätte schlecht gezielt, doch sehr bald erkannte ich, wie geschickt und klug er vorgegangen war. Er wußte, daß der erste Lanzenstoß die Mutter nicht töten konnte und daß sie eiligst das Weite suchen würde; aber nach dem Tod ihres Kindes würde sie nicht von der Stelle weichen, ohne Rücksicht darauf, was ihr bevorstand; als Mutter ließ sie sich lieber umbringen, als ihr Kalb zu verlassen. ... Kapitän Jay konnte nach Belieben zustoßen, einmal, zweimal, dreimal, zehnmal. Das Ungetüm zappelte, spuckte Blut und starb nach einem Todeskampf, ohne sich fortzubewegen, so als hinge sie an einer festen Harpunenleine. Wie wunderbar triumphiert doch die Mutterliebe über den Selbsterhaltungstrieb!

Ein ehemaliger Sträfling namens John (»Jacky«) Guard gilt allgemein als der erste Buchtwalfänger Neuseelands. Er war 1815 in die Strafkolonie von Neusüdwales gekommen, und nach Abbüßung seiner Strafe wurde er Robbenschläger. 1827 verdiente er sich mühsam seinen Lebensunterhalt in der primitiven Station von Te Awaiti an der zerklüfteten Nordostküste der Südinsel, indem er die Barten gestrandeter Wale oder solcher Tiere sammelte, die er mit seinem bescheidenen Gerät und Personal vor der Küste erbeuten konnte, und an die Walfänger verkaufte, die die Cloudy Bay oder die Marlborough Sounds anliefen. Guards Unternehmen wurden von großen und kleinen Katastrophen heimgesucht, einmal verlor er seine Schiffe, ein andermal wurden seine maorischen Arbeiter von Stammesgenossen gefangengenommen und aufgegessen. Guard starb 1857 und wurde an der Kakapo Bay neben seiner Frau begraben, die ihm neun Kinder geboren hatte. Seine Nachkommen wohnen noch immer in Kakapo; die Wale und Robben sind zwar längst verschwunden, aber die Familie ist der See als Fischer treu geblieben.

Mehrere Walfänger heirateten Maori-Frauen, hatten Erfolg in ihren Küstenstationen und gründeten Familien, deren Nachfahren stolz darauf sind, von den Gründervätern Neuseelands abzustammen. Auf jeden ehrenwerten Siedler kamen jedoch Dutzende von mißratenen Walfängern, die sich betrunken in Kororareka und Waikouaiti austobten, den Frauen nachstellten und Streit zwischen verschiedenen Maori-Gruppen schürten. Neben den nicht enden wollenden Stammesfehden gab es auch ernsthafte Auseinandersetzungen zwischen den *Pakeha* (Europäer) und Maori, so zum Beispiel 1817 in Otago, wo maorische Krieger aus bisher ungeklärten Gründen die Brigg *Sophia* angriffen. Im Gegenzug zerstörte James Kelly, der Besitzer der *Sophia*, 42 Maori-Kanus und brannte ein Dorf nieder. Als die *Dragon* aus Hobart 1833 in der

Cook-Straße zwei Walfangboote aussetzte, wurden die Boote von Maoris attackiert und die Besatzungen umgebracht und verspeist.

Die Brigg *Elizabeth* aus London war zwar kein Walfänger, aber auch sie wurde in ein furchtbares Massaker verstrickt. Maori kaperten das Schiff und versteckten sich unter Deck, bis es in den Hafen an der Banks-Halbinsel einfuhr. Der Maori-Häuptling Te Rauparaha tötete seine Feinde, als sie, um Geschäfte zu machen, an Bord kamen, stahl sich dann an Land und ermordete die Bewohner des Dorfes. Vor den Augen der Besatzung der *Elizabeth* kochten der Häuptling und seine Leute ihre Feinde und verzehrten sie zu einer Beilage aus Kartoffeln, Gemüse und Blubber.

Die Maori hatten eine völlig andere Einstellung zum Landbesitz als die Europäer und verkauften nur allzu bereitwillig ihre Ländereien, oft zu lächerlichen Bedingungen. Die Siedler erwarben riesige Grundstücke für eine Axt, eine Muskete oder einen Stoffballen. Kapitän Langlois vom französischen Walfänger *Cachalot* kaufte die gesamte Banks-Halbinsel, rund 12 000 km^2, für umgerechnet 1000 Franc. Als Langlois 1839 nach Frankreich zurückkehrte, gründete er die Compagnie de Bordeaux et de Nantes pour la colonisation de l'Ile du Sud de la Nouvelle Zélande et ses Dépendances. Er hatte die Absicht, Landparzellen an Franzosen zu verkaufen, doch bevor es dazu kam, hatten die Briten die Inseln annektiert.

Die Walfangindustrie hielt sich nicht lange, weil ihr die Wale ausgingen. An der Tranausbeute in der Station der Weller Brothers in Otago kann man den Niedergang dieser Industrie innerhalb eines Zeitraums von nur sechs Jahren ablesen: 1834 erzeugte man 310 *tuns* Öl, 1835 waren es 260, im folgenden Jahr 210, 1839 nur noch 65. 1841 sank der Ertrag auf 10 *tuns* ab, und das bedeutete das Ende der Firma. Innerhalb eines guten Jahrzehnts hatten die Walfänger die Inseln betreten und die Wale ausgerottet.

Trotz der anfänglichen Konflikte fielen die Schranken zwischen den Walfängern und den Maori rasch. Die Eingeborenen Neuseelands arbeiteten gerne für die Walfänger, und einige wurden Harpuniere oder sogar Offiziere. Weil die Schiffe infolge von Todesfällen und Desertionen stets an Personalmangel litten, wurden gute Leute ständig gebraucht, und man konnte sie aus den Reihen der willigen und seetüchtigen Maori rekrutieren. Sobald sie ihr Handwerk erlernt hatten, erwiesen sie sich als ausgezeichnete Walfänger, die bei den Kapitänen sehr gefragt waren. Zu-

Eine seltene Aufnahme des maorischen Walfangs. In der Station von Te Kawa an der Bay of Plenty specken Angehörige des Whanau-a-Apanui-Stammes einen Südkaper ab.

sammen mit den Hawaiianern und den Eingeborenen anderer Südseeinseln, die von den Walfangschiffen angelaufen wurden, stiegen die Maori in die Klasse der *kanakas** auf. Bisweilen profitierten die Maori auch unmittelbar von den Walen: Entweder harpunierten sie selbst einen Wal und verkauften ihn an die Ausländer, oder sie entdeckten ein gestrandetes Tier und verkauften das Fischbein in den englischen Stationen.

An Land bauten die Maori die wichtigsten Agrarprodukte für die Küstenstationen und die Hochseewalfänger an. Für ihren Eigenbedarf erzeugten sie Yams, Kartoffeln, Farnwurzeln und *kumara* (Süßkartoffeln). Ihren Proteinbedarf deckten sie mit Schalentieren, Fischen und vereinzelt auch durch Ratten. (Es trifft zu, daß die Maori Kannibalen waren, doch Menschenfleisch gehörte nicht zu ihrer Standarernährung. Es wurde nur bei rituellen Anlässen verzehrt.) Die Walfänger lebten hauptsächlich von Kartoffeln und Schweinefleisch.

Ebenso lebensnotwendig war der Rum, und nicht

wenige Beobachter haben sich über die Trunksucht und den alles durchdringenden Rumgestank in den Walfangstationen ausgelassen. J. C. Crawford schrieb in seinen *Recollections of Travel in Australia and New Zealand* von 1880: »Einer der Schrecken der Stationen war der Geruch des Arrak-Rums, der die Luft weithin schwängerte. Es war schlicht und einfach das abscheulichste Getränk, das ich je kennengelernt habe. Ich habe es zwar probiert, konnte aber nicht weitertrinken; es muß giftig gewesen sein, und da alle Stationen mit diesem Gesöff versorgt wurden, muß es den Tod vieler Leute verschuldet haben.« Wohl keiner hat den Sittenverfall in den neuseeländischen Küstenstationen schärfer verurteilt als der Geistliche John Hewgill Bumby: »Selbst das Gefühl für Anstand und Schicklichkeit scheint erstorben zu sein. Sogar der Boden ist verseucht und die Luft verpestet.« Kororareka, bis 1840 faktisch die Hauptstadt Neuseelands, galt in Walfängerkreisen als das »Höllenloch des Pazifik«, wo Schlägereien, Morde, Bordelle und Schnapsbuden das Bild bestimmten. In *The Cruise of the »Cachalot«* (1875) beschrieb Frank Bullen Kororareka als einen Ort, an dem »Orgien wilder Ausschweifung und blutiger Kämpfe von den halbwilden und völlig gesetzlosen Besatzungen der Walfänger« veran-

---

* *Kanaka*, das Wort, mit dem die Hawaiianer sich selbst bezeichneten, wurde zu einem Gattungsbegriff für alle polynesischen und mikronesischen Eingeborenen, die auf Walfängern anheuerten.

staltet wurden. Diese Zustände sind nicht verwunderlich, wenn man bedenkt, daß der nächste Polizist rund 1600 km entfernt auf der anderen Seite der Tasmansee stationiert war.

Trotz ihrer Zügellosigkeit stießen die Walfänger bei den Maori-Frauen auf ein erstaunlich großes Entgegenkommen. Sie heirateten, mehr oder weniger »standesgemäß«, in die maorische Gesellschaft ein. Kapitäne und höhere Offiziere, die in England oder Amerika keine Frauen oder Bräute hatten, ehelichten die Töchter von Häuptlingen, während einfache Seeleute Mädchen der unteren Kasten heirateten, zuweilen sogar Sklavinnen, die im Zuge der ständigen Stammesfehden erbeutet wurden. Manche dieser Ehen kamen aus Liebe zustande, doch zumeist waren es vermutlich *mariages de convenance.* Für einen Walfänger war es sicherlich angenehmer, eine noch so schäbige Hütte an der Küste zu besitzen, als in einer Koje auf dem stinkenden Vorderdeck eines Schiffs zu hausen. Viele Ehen wurden geschlossen, weil sie eine Vorbedingung für den Erwerb von Grund und Boden waren, und durch Einheirat in das ortsansässige Establishment konnte ein Walfänger die Sicherheit und den Schutz seiner Station garantieren. Die Eigentümer der Stationen waren, was den Schutz vor Marodeuren betraf, auf die Eingeborenen angewiesen. »Auf der Beziehung des Managers zum örtlichen Stammesherrn beruhte die Harmonie des gesamten Bezirks«, heißt es in *The Whale's Wake,* einer Geschichte des neuseeländischen Walfangs von H. A. Morton.

Die Maori-Frauen galten nicht als schön – jedenfalls als nicht so schön wie die Tahitianerinnen oder Marquesanerinnen –, aber für die abgebrühten Walfänger gaben sie die bestmöglichen Gehilfinnen ab. Sie waren fügsam und vertrauenswürdig, allerdings nicht besonders reinlich, wie Darwin, der 1835 mit der *Beagle* Neuseeland besuchte, feststellen mußte. Er charakterisierte die Maori als »unflätig schmutzig und widerwärtig; der Gedanke, ihren Körper oder ihre Kleidung zu waschen, scheint ihnen niemals in den Sinn zu kommen«. Doch für die Walfänger, die ihre Heimat so weit hinter sich gelassen hatten und höchstwahrscheinlich nie mehr wiedersehen würden, bedeuteten die Maori-Frauen Stabilität und Häuslichkeit. Viele der frühen Walfänger kamen aus der englischen oder irischen Unterschicht; die Vorstellung, daß sie zu Unternehmern oder Landbesitzern aufsteigen konnten, muß auf sie eine gewaltige Faszination ausgeübt haben. Sie heirateten, gründe-

ten einen Hausstand, bekamen Kinder und zählten somit zu den ältesten Familien Neuseelands.

Selbst Missionare wagten sich wegen der Wale nach Neuseeland vor. Samuel Marsden ließ sich an der Bay of Islands nieder, um die Maori zu bekehren, die er erstmals in Sydney kennengelernt hatte, wo sie häufig von den Walfängern ausgesetzt wurden. Vor 1814, als Marsden die erste Missionsstation in Kerikeri gründete, waren alle Ehen ohne kirchlichen Segen geschlossen worden. Danach heirateten erstaunlich viele Walfänger offiziell ihre maorischen Konkubinen und legten damit den Grundstein für die integrierte Gesellschaft, die im Entstehen begriffen war. Das trifft vor allem auf die Küstenwalfänger zu, die in Neuseeland seßhaft zu werden beabsichtigten; von den Hochseewalfängern, die zur Übernahme von Proviant in der Cloudy Bay oder in Kororareka festmachten, konnte man schwerlich erwarten, daß sie während ihres kurzen Aufenthalts heirateten. Deshalb blühte hier, wie in jedem Hafen, in dem Walfänger anlegten, das Gewerbe der Prostitution. (In Neuseeland scheint das Gewerbe von den Maori eingeführt worden zu sein, die schon vor der Ankunft der *Pakehas* Sklavinnen für diese Zwecke einfingen.) Und wie überall in solchen Häfen breiteten sich Geschlechtskrankheiten in einem Volk aus, das sie vorher überhaupt nicht gekannt hatte. Außerdem richteten Masern, Tuberkulose und Grippe Unheil in einer Bevölkerung an, die über keine Immunabwehr gegen solche Krankheiten verfügte. Die größte Gefahr für die Kultur der Maori ging jedoch von den Feuerwaffen und vom Alkohol aus.

Zunächst lehnten die Maori den Alkoholkonsum ab, doch eine solche Einstellung konnte, wie zu erwarten, nicht lange vorhalten. Schon bald wurde Rum zur Tauschware, und die Eingeborenen, die selber nie alkoholische Getränke gebrannt hatten, entwickelten sich allmählich zu Trinkern. Der Rum hatte jedoch nicht annähernd so schlimme Auswirkungen wie die Einführung von Feuerwaffen in eine ohnehin kriegerische Gesellschaft, deren Bewaffnung bis dahin nur aus Speeren, Keulen und Wurfsteinen bestanden hatte. Die Siedler handelten von den Maori Wasser und Lebensmittel gegen Musketen und Pulver ein, und die Maori richteten diese Waffen gegeneinander. Ihre Aggressivität entartete zu regelrechten Kriegen. Ohne den Waffenhandel konnten sich die Walfänger keine Nahrungsmittel beschaffen, und so blieb er trotz der Warnungen der Missionare bestehen. Er erreichte seinen Höhepunkt im Jahr 1860, als sich die seit mehr

Jilletts Küstenstation auf Kapiti Island vor der neuseeländischen Nordinsel im Jahr 1844. Man beachte den »Scherenkran« rechts im Bild; an ihm wurde der Wal zum Flensen hochgezogen.

als drei Jahrzehnten aufgerüsteten Maori erhoben, um gegen die Anwesenheit der Fremden auf ihrem »heiligen Boden« zu protestieren. Zur Zeit der »Landkriege« um die Mitte des 19. Jahrhunderts war es mit dem Küstenwalfang in Neuseeland bereits vorbei – weil die Wale ausgerottet waren. Während die Maori-Aufstände für die Zukunft des Landes von großer Bedeutung waren, hatte sich der Einfluß der Wale erheblich verringert.

Der Küsten- und Buchtwalfang war um 1845 mehr oder weniger am Ende. In den 15 Jahren vor 1845 erlebte Neuseeland den Aufstieg und Untergang seiner ältesten Industrie; die Inseln wurden von England in Besitz genommen und offiziell in eine Kolonie verwandelt, und die Maori, die rund 500 Jahre lang ungestört gelebt hatten, wurden abrupt in die Wirren des 19. Jahrhunderts hineingezogen. Die Walfänger heirateten und setzten Nachkommen in die Welt, und damit legten sie das Fundament für ein Gemeinwesen, das es in dieser Form sonst nirgendwo gab – eine Verschmelzung von Eingeborenen und Europäern, die Neuseeland für immer prägte und von allen anderen Kolonien des britischen Weltreichs unterschied.

Wegen ihrer geringen Zahl – man schätzt, daß 1830 nicht mehr als 300 Europäer in Neuseeland lebten – hatten die Walfänger nur geringen Einfluß auf die Besiedlung der Kolonie. Aber die Kunde von den »schwarzen Walen« verbreitete sich rasch, und so hatte sich die genannte Zahl nach weiteren zehn Jahren bereits verzehnfacht. (Entsprechend wurde die maorische Bevölkerung, die sich ursprünglich auf 400 000 Menschen belaufen haben soll, durch Krankheiten, Kriege und Alkohol bis 1840 auf 100 000 reduziert.) Da es hier keine Strafkolonien gab, begann Neuseeland seinen Weg als ein freies Land.

Doch der Anschluß an England war nicht aufzuhalten. Edward Gibbon Wakefield, ein selbsternannter Kolonialexperte, erklärte 1836 vor dem Unterhaus, die Annexion sei nicht nur unvermeidlich, sondern finde bereits statt, und zwar »auf eine höchst liederliche, ungeordnete und unwürdige Weise«. Um die auf diesen Inseln herrschende Gesetzlosigkeit und Anarchie zu bekämpfen, um die Engländer, die unter den chaotischen Verhältnissen litten, zu schützen und um ein Territorium zu erschließen, dessen Klima dem englischen verblüffend ähnlich war, wurde 1840 die Annexion Neuseelands durch Großbritannien beschlossen. Kapitän William Hobson segelte mit der H. M. S. *Rattlesnake* nach Neuseeland mit der Order, einen Vertrag mit den maorischen Stammesfürsten abzuschließen. Die Bedingungen dieses Vertrages sind nicht ganz eindeutig, da unklar ist, ob die Übersetzung des Dokuments, die den Maori vorgelegt wurde, mit der englischen Originalversion übereinstimmte. Nicht alle regierenden Maori-Herrscher unterzeichneten das Abkommen; tatsächlich wurde die Südinsel mit ihrer sehr viel kleineren Eingeborenenbevölkerung ohne jegliche vertragliche Regelung annektiert. Im Gegensatz zu der Situation in Australien, wo die »Rechte« der Aborigines ignoriert wurden, als die Briten einfach den gesamten Kontinent für sich beanspruchten, gab es in Neuseeland nie irgendwelche Diskussionen über die eigentlichen Besitzrechte. Es hatte den Maori gehört, die für die Abtretung der Souveränität – ein Begriff, den die Eingeborenen vermutlich nie ganz verstanden – »alle Rechte und Privilegien britischer Untertanen« zugesprochen erhielten. Der Vertrag von Waitangi wurde am 6. Februar 1840 unterzeichnet, und Kapitän Hobson wurde zum Vizegouverneur, zum obersten Verwaltungsbeamten von Neuseeland, bestellt. Laut Vertrag waren die Inseln zunächst abhängig von Neusüdwales, doch 1841 erhielten sie den Status einer eigenständigen Kronkolonie.

Küstenwalfang in Südafrika

Rings um die Südspitze Afrikas erregten die Südkaper die Begehrlichkeit der frühen Walfänger, die auf dem breiten, glatten Rücken dieser Riesentiere eine Industrie aufbauten, die 150 Jahre lang Bestand hatte. Wie in Australien und Neuseeland wurden die Wale gejagt, bis sich die Jagd wirtschaftlich nicht mehr lohnte.

Die ersten Entdecker der Wale hielten nicht Ausschau nach ihnen, sondern nach einem Seeweg in andere Weltgegenden. 1488 umsegelte der Portugiese Bartolomeu Dias als erster Europäer die Südspitze Afrikas, und ein Jahrzehnt später folgte ihm ein anderer Portugiese, Vasco da Gama, der erstmals um Afrika herum bis Indien vorstieß. Der erste europäische Walfänger soll Vascos Bruder Paulo da Gama gewesen sein. 1497 harpunierte er, so heißt es, einen Wal in der St.-Helena-Bai und wurde von ihm aufs Meer hinausgeschleppt, bis das Tier auf einer Sandbank strandete. Die Portugiesen zeigten indes kein besonderes Interesse an Südafrika, da sie sich mit Nachdruck an der Guinea-Küste engagiert hatten. Als die Holländer ihnen 1610 die Kontrolle über

Ostindien abgerungen hatten, brauchten sie eine Versorgungsstation für die Schiffe, die von Europa über das Kap der Guten Hoffnung nach Südasien segelten. Die Niederländische Ostindiengesellschaft entsandte die *Drommedaris* mit Kapitän Jan van Riebeeck und etwa 90 Mann, die im April 1652 in der Tafelbai an Land gingen, um die Station aufzubauen. Um 1659 liefen die holländischen Ostindienfahrer die Tafelbai an, um Gemüse, Süßwasser und sogar Vieh an Bord zu nehmen. Van Riebeeck berichtete von »abertausend Walen in der Tafelbai, der Saldanhabai und in den benachbarten Gewässern«. Seinem Tagebuch zufolge stieß er an der Mündung des Salt River in der Saldanhabai auf einen toten Wal; er befahl seinen Trompetern, das Lied »Wilhelmus van Nassauwen« zu spielen, während er auf den Kadaver kletterte.

Holländische Siedler wanderten in die neue Kolonie aus, und um ihre bescheidenen Plantagen bewirtschaften zu können, begannen sie Sklaven aus Java und Madagaskar zu importieren. Die Kolonie wuchs schnell, und die Holländer verfügten schon bald über einen festen Stützpunkt am südlichen Ende Afrikas. Doch dann hob 1685 der französische König Ludwig XIV. alle religiösen Freiheiten auf, die König Heinrich IV. den Protestanten 1598 durch das Edikt von Nantes gewährt hatte. Darauf kam es zu einem Massenexodus von Hugenotten aus Frankreich, und etwa 200 trafen 1688 am Kap ein. Um die Wende zum 18. Jahrhundert wurden somit bereits die Wurzeln für die rassischen, religiösen und wirtschaftlichen Konflikte gelegt, die in den nächsten drei Jahrhunderten die Geschichte Südafrikas bestimmen sollten. Es entstanden eine Bürgerschicht (die holländischen und hugenottischen Bauern, aus denen die Buren hervorgingen), eine Sklavenschicht, die um 1700 rund 17000 Menschen umfaßte, und ein Gemisch aus diesen beiden Gruppen, die »Farbigen«. In der Nähe der Küsten lebten, obwohl das von den Afrikanern gern bestritten wird, Buschmänner und Hottentotten und weiter landeinwärts Zulus, Pondos, Tembus und Xhosas. Die Briten, die dieser explosiven Mischung ein weiteres Element hinzufügten, besetzten Südafrika erst 1795, um das Kap den Franzosen wegzuschnappen und um ihren Seeweg nach Indien zu sichern.

Weil Kaperwale in den verschiedenen Buchten, die sich in die Südküste Afrikas eingegraben haben, zahlreich vertreten waren, machten schon die ersten Siedler Bekanntschaft mit ihnen. Wie überall auf der Südhalbkugel wanderten die Wale aus der Antarktis nach Norden, um im wärmeren Wasser der geschützten Buchten und Flußmündungen zu kalben.

Etwa 120 km nördlich von Kapstadt liegt die schon mehrfach erwähnte Saldanhabai, die 1503 von dem portugiesischen Seefahrer Antonio de Saldanha entdeckt worden war. Das Kap der Guten Hoffnung ist übrigens nicht das genaue Pendant zu Kap Hoorn – es ist nicht der südlichste Punkt des afrikanischen Kontinents. Diese Ehre kommt dem Nadelkap (Kap Agulhas) zu. Kapstadt und die Saldanhabai gehören zum Südatlantik, während alle Gebiete östlich des Nadelkaps dem Indischen Ozean zugerechnet werden.

Man erkannte, daß die Wale den nordatlantischen *noordkapers* ähnelten, vielleicht sogar mit ihnen identisch waren, und da die *noordkapers* bereits die Basis der florierenden Walfangindustrie in Nordeuropa und Nordamerika waren, wollten auch die Siedler am Kap so schnell wie möglich den Walfang aufnehmen. Einiges deutet darauf hin, daß die Niederländische Ostindiengesellschaft schon 1654 van Riebeeck beauftragte, eine Fangindustrie zu etablieren, aber er hatte nicht die Möglichkeit, den Tran zu lagern. Die Gesellschaft schlug ihm vor, ihn in Erdlöchern aufzubewahren, doch inzwischen belieferten die holländischen Walfänger ihr Heimatland mit dem benötigten Öl und Fischbein. Die südafrikanischen Südkaper blieben deswegen noch ein Jahrhundert lang verschont. Als aber die Amerikaner, Engländer und Franzosen von dem Walreichtum in den Gewässern Südafrikas erfuhren, drängten sie mit Macht dorthin, und gegen Ende des 18. Jahrhunderts, als der Fang der Nordkaper und Grönlandwale sich nicht mehr recht lohnte, tauchten ihre Walfangschiffe immer häufiger in der Walfischbucht, der Saldanhabai und der Tafelbucht auf.

Als sich die amerikanischen Siedler gegen König Georg III. erhoben, hörten die Walöllieferungen aus Neuengland plötzlich auf, und die Briten mußten sich anderswo umtun. Die Walfänger und die anderen Seeleute, die am Kap Proviant übernahmen, entdeckten sehr bald die Südkaper, die in den Buchten, wo die Schiffe anlegten, umherschwammen. Besonders beliebt waren die Buchten an der Westküste, Saldanha, Angra Pequena und die Walfischbucht. Die Hunderte von Kilometern von jeder Zivilisation entfernt an der kargen Küste der Wüste Namib gelegene Walfischbucht war nur für Wale und Walfänger reizvoll. Trotz ihrer Weltabgeschiedenheit – oder vielleicht gerade deswegen – erfreute sich diese Bucht besonderer Beliebtheit bei den Walfängern, die von den brasilianischen Fanggründen aus den Südatlantik in Richtung Osten überquerten. Ihren Namen verdankt die Walfischbucht den Kaperwalen, die sich von Juli bis September massenhaft hier einfanden. Im übrigen war der Südkaperfang in einer geschützten Bucht sehr viel einfacher und ungefährlicher als die Pottwaljagd auf dem offenen Meer. Um 1795 lagen in jeder Saison 20 bis 30 Yankee-Walfänger in der Walfischbucht vor Anker.

Amerikanische Walfänger, die an der Westküste Südafrikas nach Süden vordrangen, fanden reichlich Südkaper in der St.-Helena-Bai, der Saldanhabai und der Tafelbucht sowie rings um das Kap der Guten Hoffnung, das wie ein gekrümmter Finger in den Südatlantik hineinragt. Sie fuhren auch in die weite False Bay ein, die so groß ist, daß sie mehrere kleinere Buchten umschließt. 1788 füllten sechs amerikanische Schiffe in der St.-Helena-Bai ihre Ladedecks, und 1790 erbeuteten etwa 20 amerikanische Schiffe innerhalb von drei Monaten rund 400 Wale in derselben Bucht. Die Jagd war dort so erfolgreich, daß die Yankees angeblich nur die Walköpfe mit den Barten entnahmen und den übrigen Kadaver – einschließlich des Blubbers – den Haien zum Fraß vorwarfen. Gelegentlich wurde ein Kadaver auch am Strand angespült, wo sich dann die Hottentotten seiner bemächtigten. Es kam häufig zu Animositäten zwischen den durchreisenden Walfängern und den Siedlern, aber die Besucher waren gute Kunden, und außerdem waren die Kaufleute mächtiger als die heimischen Walfänger. Die Walfangschiffe benötigten selbst dann, wenn sie in küstennahen Gewässern arbeiteten, regelmäßig Frischwasser, Fleisch und Brennholz, und Händler können es sich nicht erlauben, bei ihren Kunden allzu wählerisch zu sein. Die holländischen und britischen Behörden versuchen zwar die Amerikaner auszusperren und den Walfang den Einheimischen vorzubehalten, aber sie hatten damit im allgemeinen nur wenig Erfolg.

Aus Mangel an erfahrenem Personal konnten die Südafrikaner nicht sofort eine eigene Walfangindustrie aufbauen; das geschah erst 1792. Nur ein Kolonialunternehmen, Fehrson & Co., hatte sich in der Tafelbucht etabliert und stellte dort eine ziemlich übelriechende Seife her. Die Firma wurde von einem Engländer namens John Murray übernommen, der sich »des Fischfangs enthalten mußte«, nachdem die Regierung in Batavia 1803 die Kapkolonie annektiert und die Fischerei- und Walfangrechte den holländischen Kaufleuten zugesprochen hatte. Als die Briten die Kolonie 1806 zurückeroberten, nahm auch Murray den Walfang wieder auf.

In den ersten Jahren des 19. Jahrhunderts, nach der Besetzung des Kaps durch die Briten, entstanden Küstenwalfangunternehmen in der Kalkbai, der Gordonsbai, in St. Helena, in der Algoabai und in Fish Hoek. Auf eine Anfrage der britischen Regierung gaben die Walfänger 1807 für die pro Jahr verfügbaren Südkaper folgende Schätzwerte an: Tafelbucht und Dassen-Insel 150, Saldanhabai und St.-Helena-Bai 500, Simonsbai 300, Algoabai und Plettenbergbucht 400 – insgesamt also 1350. Auf den ersten Blick scheinen diese Zahlen maßlos übertrieben zu sein, doch immerhin wurden beispielsweise in der St.-Helena-Bai 1791/92 allein rund 1200 Wale erlegt.

An der Ostseite der Südspitze Afrikas, an der Küste Natals mit ihrem reichen Pottwalvorkommen, trieben die Amerikaner weiterhin Handel mit den örtlichen Kaufleuten und sogar mit den Eingeborenen, denen sie Waffen und Pulver im Tausch gegen Lebensmittel lieferten. Angesichts der realen oder eingebildeten Gefahr, daß die Amerikaner dort eine Kolonie gründen könnten, annektierte Napier, der Gouverneur der Kapkolonie, 1841 Natal, das zwei Jahre später dem britischen Empire einverleibt wurde.

Im Jahr 1803 gründeten holländische Kaufleute die Afrikanische Fischereigesellschaft für den Walfang in der Tafelbucht, und 1806 begann Pieter Laurens Cloete mit dem Küstenwalfang in der False Bay. Der Gestank seiner Station führte dazu, daß er die Walverarbeitung in die Gewässer vor der Küste verlegen mußte. 1822 war der Walfang nach der Landwirtschaft die wichtigste Erwerbsquelle am Kap.

Ein Name, der in der Geschichte des frühen Walfangs am Kap immer wieder auftaucht, lautet Darby. Er war anscheinend ein malaiischer Harpunier und soll in der Algoabai bei Port Elizabeth mehr als 100 Wale getötet haben. Darby brachte auch die letzten beiden Wale in dieser Bucht um, einen Pottwal und einen Südkaper, deren Skelette jahrelang im Old Museum in der Feather Market Hall von Port Elizabeth gehangen haben – zur Erinnerung an die gute alte Walfangzeit.

Ungefähr 70 Jahre lang stellten ausländische und südafrikanische Waljäger den Südkapern in den Buchten nach. Da die meisten getöteten Tiere weiblich waren, gingen die Bestände rasch zurück, was den Niedergang der Industrie zur Folge hatte. Die Ausländer zogen ab, und die Kaufleute versuchten

ihre Stationen mitsamt den dazugehörigen »Sklaven« zu verkaufen. Doch die Käufer blieben aus, und die Walfangindustrie schleppte sich dahin, bis sie um 1880 endgültig zusammenbrach.

Nordkaperfang in Alaska und Kanada

Während die Südkaper in ihren Kalbegründen auf der südlichen Halbkugel intensiv bejagt wurden, begann bald auch eine ebenso gnadenlose Jagd auf ihre nördlichen Artgenossen, die Nordkaper, soweit sie nicht schon von den Basken ausgerottet worden waren. An der Nordwestküste Nordamerikas finden sich ebenfalls abgeschiedene Buchten und Flußmündungen, die traditionellen Fortpflanzungsplätze von *Balaena glacialis*, und kaum hatten die Walfänger die Tiere dort entdeckt, beeilten sie sich, sie gleichfalls auszubeuten.

Als Kapitän Cook auf seiner dritten und letzten Fahrt im Februar 1778 Hawaii verließ, segelte er nordwärts zum nordamerikanischen Kontinent. Nach einer Woche erreichte er den von ihm so genannten Nootka-Sund, wo er fast einen Monat blieb, um seine *Resolution* instandsetzen zu lassen. Der Sund gehörte zu der Insel, die den Namen von George Vancouver erhalten sollte, doch Cook glaubte, er sei auf dem Festland gelandet. Die Nootka-Indianer waren übrigens Walfänger, die Jagd auf Nordkaper, Grauwale und Buckelwale machten, die häufig die Gewässer im Nordwesten Nordamerikas aufsuchten. Cooks Expedition führte weiter über den Prinz-William-Sund, an der Küste Alaskas entlang bis zu den Aleuten und von dort ins Beringmeer. Mitte August überquerte Cook den Nördlichen Polarkreis, doch die Eismassen zwangen ihn zur Umkehr. Er eilte zurück zu den Hawaii-Inseln, wo er den Tod finden sollte.

Kapitän George Vancouver erhielt 1791 den Auftrag, die von Cook besuchten Regionen genauer zu erkunden. Er umschiffte die große Insel, die heute seinen Namen trägt, verfehlte aber den mächtigen Strom, den der Amerikaner Robert Gray 1792 entdeckte und nach seinem Schiff Columbia nannte. Diese Entdeckung ermöglichte es den Amerikanern, die heutigen Bundesstaaten Oregon und Washington mit Beschlag zu belegen.

Während Cook und Vancouver den Pazifik für König und Vaterland erforschten, waren andere Engländer

Die *Kutusoff* 1842 bei der Verarbeitung eines Nordkapers in den nordwestlichen Fanggründen. Der Oberkiefer mit den Barten wird an Bord gehievt. Ein Druck von Benjamin Russell, einem Maler aus New Bedford, der (zusammen mit Caleb Purrington) die Fahrt der *Kutusoff* in einem 390 m breiten Panoramabild verewigte.

im selben Ozean unterwegs, um nach Walen Ausschau zu halten. Samuel Enderbys Walfangschiff *Emelia* umrundete 1789 Kap Hoorn, und damit wurde der weite Pazifik offiziell für den Walfang erschlossen. Im Unabhängigkeitskrieg befreiten sich die 13 amerikanischen Kolonien von der britischen Herrschaft, aber die Besitzansprüche auf das restliche Nordamerika waren nach wie vor umstritten. Die spanischen Entdecker Juan Perez und Francisco Bodega y Quadra erhoben Anspruch auf Vancouver, und der Franzose Jean François de La Pérouse hatte gleichfalls diese Küstenregion erkundet. Die Berichte über die reichen Walvorkommen vor der amerikanischen Nordwestküste erregten die Aufmerksamkeit des englischen Premierministers William Pitt d. J., und er betrieb den Abschluß des Nootka-Abkommens von 1790, durch das unter anderem die spanischen Ge-

wässer im Nordostpazifik für britische Walfänger geöffnet wurden. Aus komplizierten politischen und ökonomischen Gründen machten die Engländer jedoch nie Gebrauch von dieser Möglichkeit, sondern überließen das Feld den Franzosen und Amerikanern.

Bis etwa 1835 waren die Wale im nordöstlichen Pazifik vor den Nachstellungen der gewerbsmäßigen Walfänger sicher. Als dann aber der Pottwalfang nicht mehr genügend einbrachte, erinnerte man sich daran, daß es auch vor der Insel Vancouver Wale gab. Die erste belegte Fangreise zur amerikanischen Nordwestküste unternahm das französische Schiff *Gange* unter Kapitän Narcisse Chaudière. Der Überlieferung zufolge war der erste Neuengländer in diesen Fanggründen ein Mann aus Nantucket namens Barzillai Folger, dessen Schiff einen sehr ähnlichen Namen trug: *Ganges.* Folger war eigentlich auf Pottwale aus, doch an ihrer Statt fand er zu seiner großen Überraschung eine Nordkaperpopulation.

Der stolze Nantucketer verschmähte die ordinären Nordkaper und steuerte deshalb Baja California an, wo er Pottwale jagte, die einzigen Tiere, die eines Harpuneneisens aus Nantucket würdig waren. Somit war es Narcisse Chaudière, von dessen Hand die ersten Nordkaper an der Nordwestküste starben. Die Besatzung der *Gange* erlegte 1835 sieben Kaper, und in zeitgenössischen Berichten heißt es, sie hätten zu den größten Walen gehört, die man jemals vermessen habe. Ein Wal soll sogar »eine Länge von 97 Fuß und einen Umfang von 84 Fuß« gehabt haben.

Der Nordkaperfang, den Herman Melville in seinem Roman *Mardi* (1849) als »abscheulich und unanständig« bezeichnet, wurde von vielen Zeitgenossen als höchst gefährlich empfunden. Jener Wal, den die Neuengländer den »richtigen« Wal genannt hatten, weil er so leicht zu erlegen war, hatte sich in den nordwestlichen Fanggründen aus unerfindlichen Gründen in ein bösartiges und wenig entgegenkommendes Ungeheuer verwandelt. Im Logbuch der *Lucy Ann* beschreibt Kapitän John Martin 1843 eine seiner zahlreichen Begegnungen mit Nordkapern vor der Kamtschatka:

Am Vormittag wurde das Bugboot für die Kaperwaljagd zu Wasser gelassen; es machte an einem Wal fest und ließ ihn Blut spucken. Er war entschieden der bösartigste Wal, dem wir seit dem Auslaufen in Delaware begegnet waren. Als das Boot auf ihn zufuhr, schlug er Mr. Kendrick auf den Kopf und schleuderte ihn über Bord. ... Diese Wale im Nordwesten sind klüger als die von Neuholland [Australien]; sie können ein Boot aus größerer Entfernung sehen, und ihr Gehör scheint schärfer zu sein. Sie lassen ein Boot fast bis auf Harpunenwurfweite herankommen, und dann zeigt der Wal den Leuten die Fluke und taucht ab, und wenn sie mit äußerster Kraft pullen und ihm so nahe kommen, daß er sich bedroht fühlt, dreht er blitzschnell luvwärts ab, und dann könnte man genausogut den Teufel zu fangen versuchen.

Die Meeresgebiete, in denen sich die Nordkaper aufhielten, wurden damals nur unzureichend dokumentiert; wegen der eigennützigen Geheimnistuerei der Yankees und der vagen Routenbeschreibungen der Franzosen können wir uns nur ein ungefähres Bild davon machen, wo die Wale anzutreffen waren. In seiner Untersuchung der Fangergebnisse von 1785 bis 1913 erwähnt Townsend keinen einzigen Nordkaper, der südlich des Queen-Charlotte-Sunds (an der Nordspitze der Vancouver-Insel) erlegt worden wäre. Die Bark *Superior* aus New London harpunierte 1841

nördlich des Sunds 56 Kaper, von denen 26 erbeutet werden konnten. Sie kehrte mit 2000 Faß Öl und 20 000 (englischen) Pfund (ca. 9000 kg) Barten heim. Neben den amerikanischen und französischen Walfängern betätigten sich in den 1850er Jahren auch kanadische, holländische und deutsche Schiffe in den Fanggründen vor der Nordwestküste Nordamerikas. Die Kaufleute von Bremen schlugen den größten Teil der Walölimporte in Europa um, und deshalb war es nur logisch, daß die Deutschen eigene Fangschiffe ausrüsteten, um die Zwischenhändler auszuschalten.

In seiner Beschreibung der Nordkaper an der Nordwestküste unterschied Scammon diese Art eindeutig vom Grönlandwal; er schreibt: »In früheren Jahren traf man Nordkaper vor der Küste von Oregon an, manchmal in großen Scharen; doch ihr Hauptaufenthaltsort waren die sogenannten ›Kodiak-Gründe‹, die sich von der Insel Vancouver nordwestwärts bis zur Aleuten-Kette erstreckten. ... Im südlichen Teil des Beringmeeres und ebenso an der Küste von Kamtschatka sowie im Ochotskischen Meer versammelten sie sich in großer Zahl.« Zu der Zeit, als Scammon sein Buch verfaßte (1874), waren die Nordkaper der Nordwestküste praktisch bereits verschwunden. Er beschließt sein Kapitel mit den Worten: »Die Walfänger an der Nordwestküste richteten unter diesen gewaltigen Tieren (die als die bösartigsten ihrer Art angesehen wurden) ein solches Blutbad an, daß sie sie nahezu ausrotteten oder in unbekannte Nahrungsgründe vertrieben.«

Heute sind im Nordpazifik kaum noch Nordkaper übriggeblieben. Starbuck berichtet, daß sich 1839 nur zwei Walfänger nördlich des 50. Breitengrads im Pazifik aufhielten; 1843 waren es schon 292. Zwischen 1840 und 1850 waren bis zu 400 Fangschiffe in den Kodiak-Gründen aktiv, die vermutlich jährlich mehr als 2000 Wale erbeuteten. Amerikanische Walfänger machten auch im Ochotskischen Meer Jagd auf Nordkaper, und auf Townsends Karten sind die Gebiete beiderseits der Halbinsel Kamtschatka, der Kurilen und des Japanischen Meeres mit Punkten dicht übersät. Die Japaner jagten Nordkaper bereits seit dem Jahr 1600. Darüber hinaus ist inzwischen bekannt, daß auch russische Walfänger von 1799 bis 1913 den Nordkapern und Grönlandwalen im Ochotskischen Meer nachstellten, und ein russischer Experte schätzt die Zahl der in diesem Zeitraum von Russen und Amerikanern erlegten Wale auf 20 000. Es ist ungeklärt, ob die Kaperpopulationen im östlichen und westlichen Nordpazifik derselben Fortpflanzungsge-

Arbeiter vor und auf einem riesigen Nordkaper, der vor der Kodiak-Insel in Alaska erlegt wurde. Auf dem Foto stehen folgende Größenangaben: »Höhe 15 Fuß, Breite 22 Fuß, Länge 65 Fuß, geschätztes Gewicht 250 Tonnen.«

meinschaft angehörten. Möglicherweise haben sich die Tiere überall an den Küsten von Alaska, Sibirien, Kamtschatka und Japan – und in den offenen Meeresregionen dazwischen – ausgebreitet, aber da sie inzwischen untergegangen sind, werden wir es nie mehr erfahren.

In weniger als zehn Jahren verwandelte sich der scheinbar unerschöpfliche Vorrat an Nordkapern vor der Nordwestküste in eine »Mangelware«. Die Waljäger mußten die Fangsaison bis in den Herbst ausdehnen, doch im September drohte das Wetter dem Walfang ein Ende zu setzen. Im Jahr 1846, dem aktivsten Jahr in der amerikanischen Walfanggeschichte, gerieten die Jäger in ernste Schwierigkeiten: die Wale gingen ihnen aus. Weitere 20 Jahre mußten vergehen, bis die Walfänger Mittel und Wege fanden, die reichlich vorhandenen Blau- und Finnwale auszubeuten, die sie ebenfalls von ihren Krähennestern aus beobachten konnten; doch vorerst durften diese Riesen noch unbehelligt ihre Bahnen ziehen.

Die Wale genossen außerdem Schutz durch die Entdeckung von Gold in Kalifornien (1848). Schiffe, die San Francisco anliefen, büßten oft ihre gesamte Be-

satzung ein, da das Goldfieber die Männer in die Berge lockte. Damals kamen Reifröcke wieder in Mode, aber da es keine Nordkaper mehr gab, jagte man Grönlandwale im Beringmeer, um das Fischbein für die Reifrockgestelle zu beschaffen. Die Vereinigten Staaten wurden 1861 in einen großen Bürgerkrieg verstrickt (der die Zerstörung vieler Walfangschiffe zur Folge hatte), und als der Krieg vorüber war, fiel der Walölpreis drastisch. 1867 kaufte Präsident Andrew Jackson den Russen Alaska und die walreichen Gewässer rings um Alaska ab.

Zwischenspiel: Ein Exkurs über die Mode

Es ist schwer zu sagen, ob Männer im Dienste der Frauenmode in die Arktis segelten, um Wale zu fangen, oder ob sie die Tiere bereits jagten, um Öl zu gewinnen, und dabei herausfanden, daß sich die Barten, das »Fischbein«, gut an die Hersteller von Korsetts verkaufen ließen. Wie dem auch sei, zwischen Walen und Frauen bestand drei Jahrhunderte lang eine Beziehung, die für Tausende von Walen den Tod bedeutete und Tausenden von Damen im Namen der Mode Schmerzen und Leiden bescherte. Schon 1837 schrieb Dr. Félix Maynard: »O Frauen! Wie teuer werden die Fischbeinstangen eurer Korsetts erkauft!«

Tiere mußten schon immer ihr Leben für uns Menschen lassen; wir töten sie, weil sie uns Nahrung und Felle liefern und weil wir sie für alle möglichen anderen Zwecke brauchen, vom rituellen Opfer bis zum Sport. Daß Wale sterben mußten, damit die Damen sich eine Wespentaille zulegen konnten, ist einer der seltenen Fälle, in denen Menschen Tiere umbrachten, um sich selbst Unannehmlichkeiten zuzufügen. Die Frauen schnürten sich ein, und sie schnürten ihre Töchter ein, und ungeachtet der gesundheitsschädlichen Folgen der schmerzhaften Schnürleiber bestanden sie darauf, sie tragen zu müssen.

Da uns die baskischen Walfänger praktisch keinerlei Zeugnisse hinterlassen haben, wissen wir kaum etwas darüber, was aus den Barten der Nordkaper geworden ist, die sie bis zur Ausrottung in europäischen und kanadischen Gewässern bejagt haben. Das Fischbein aus dem Maul der Bartenwale wurde wahrscheinlich zuerst für Peitschenstiele und als Stützen für Kopfschmuck verwendet. Erst im Spätmittelalter wurde sein eigentlicher Verwendungszweck erkannt. Um diese Zeit, als die Engländer und die Holländer in der Ostarktis die intensive Jagd auf die Grönlandwale eröffneten, stieg der Seihapparat dieser Tiere zum wertvollsten Modeartikel in Europa auf.

Zu Beginn des 16. Jahrhunderts waren Fischbeinstäbe eine bedeutende Handelsware, da sich die weibliche Figur zu verändern begann. *Corsetières* – oder ursprünglich Schmiede – stellten Korsetts her (abgeleitet vom französischen *cors* oder *corps* »Körper«), die es den Frauen ermöglichten, ihre äußere Erscheinung zu »verbessern«. Das gelang am besten mit Schnürleibern oder Korsetts, die mit Stangen aus Elfenbein, Holz, Knochen oder gar Eisen versteift waren, doch Fischbein erwies sich dabei als ein besonders vielseitiges Material. Es war elastisch und fest, es ließ sich bei Erwärmung fast beliebig verformen, und man konnte es wegen des senkrechten Faserverlaufs in jeder gewünschten Breite zuschneiden. Die unansehnlichen Linien der mittelalterlichen Kleidung wurden figurbetont, und das galt vor allem für die Taille.

Die Mode hielt damit Einzug ins Abendland, und mit ihrer Hilfe konnten die Frauen miteinander wetteifern und ihre Überlegenheit demonstrieren. Nach Anne Hollander »verlangte die echte Mode, die sich seit etwa 1300 entwickelte, eine ständige Umgestaltung der Einheit von Körper und Bekleidung, wobei manche Körperpartien versteckt, andere ausgepolstert, bestimmte Bewegungen eingeschränkt, andere hervorgehoben wurden«. Die vielleicht wichtigste Modeerscheinung ist – damals wie heute – die Betonung der jugendlichen weiblichen Figur. Die Idealfigur sah jedoch im 17. Jahrhundert etwas anders aus als heute. Keine Frau durfte ihre Beine oder Fesseln zeigen (sie wurden erst im frühen 20. Jahrhundert enthüllt), und der untere Teil des Körpers mußte mit aufwendigen Röcken, Krinolinen, Schleppen und Tournüren bedeckt werden. Doch in der oberen Körperhälfte konnten die Frauen ihre Reize zur Schau stellen. Das Hauptaugenmerk lag auf der Taille, und in den nächsten vier Jahrhunderten bemühten sich die Frauen um eine möglichst enge Taille. Nachdem sie sich von ihren unerotischen, formlosen und groben Kleidern befreit hatten, entdeckten sie, daß sie ihre Figur durch künstliche Hilfsmittel effektvoll zur Geltung bringen konnten. Um 1650 kam das tiefe Dekolleté in Mode, Ärmel und Hüften wurden übertrieben betont, und die Taille begann immer schmaler zu werden.

Es heißt, daß das Korsett durch Königin Maria, die 1554 Philipp II. von Spanien heiratete, aus Spanien nach England eingeführt wurde. In ihrer Regierungszeit (1553–1558) begann man Fischbeinstäbe – die wahrscheinlich von baskischen Walfängern geliefert wurden – in Unterkleider aus Leinen einzunähen. Zehnjährige Mädchen mußten sich oft schon in diese Foltergewänder zwängen, damit ihre Taillen nicht mitwuchsen.

Katharina von Medici (1519–1589), die Gemahlin des französischen Königs Heinrich II. und ab 1559 selbst Regentin, war nicht nur verantwortlich für das Hugenottenmassaker in der Bartholomäusnacht von 1572, sondern beeinflußte auch nachhaltig die französische Küche, Architektur und Mode. Zu ihrer Zeit wurde, wie ein Schriftsteller es formulierte, »die masochistischste Periode in der Geschichte der weiblichen Unterbekleidung« eingeläutet. Obzwar keine Schönheit, entwarf Katharina selbst ihre Garderobe, doch noch folgenschwerer war, daß sie den Damen eine Wespentaille verordnete. Sie schrieb einen Taillenumfang von 13 Zoll (ca. 33 cm) vor.

Jenseits des Ärmelkanals hatten die Puritaner Karl I. einen Kopf kürzer gemacht. Man sollte mei-

Der Kopf eines Nord-
kapers. Der Wal liegt
auf dem Rücken, so daß
sich der Oberkiefer am
unteren Bildrand befindet
und die Barten, die ge-
wöhnlich im Riesenmaul
verborgen sind, über den
Unterkiefer emporragen.

nen, unter der Herrschaft des Lordprotektors Oliver Cromwell hätte man mit dem modischen Schnick-schnack aufgeräumt, der für das Königshaus typisch war, doch die »körperliche Tortur« der Korsetts wurde von den Puritanern noch gefördert, und trotz der Schmucklosigkeit und Tristesse der Oberbekleidung behielt man die fischbeinverstärkten Korsetts bei.

In Europa – und inzwischen auch in Amerika – unterschied sich die Mode auffällig von Land zu Land. Man kann nicht von einer »europäischen« Kleidermo-de sprechen, da die Franzosen, die Holländer, die Deutschen, die Engländer und die Spanier sehr unter-schiedlichen Einflüssen unterlagen und deshalb ganz verschieden aussahen. Die Niederländer des 16. Jahr-hunderts waren zwar die wichtigsten Fischbeinliefe-ranten, hielten aber nicht viel von enggeschnürten Miedern. Auch die ersten amerikanischen Siedlerin-nen hatten vermutlich nicht viel Zeit, ihre Taillen einzuschnüren, weil ihnen die Arbeit und das Beten wichtiger waren. Gleichwohl wurde die Damenmode im westlichen Europa des 16. und 17. Jahrhunderts mehr oder weniger geprägt durch den Drang zur Wespentaille, und die »Fischbeinkerker« herrschten bis zum Ende des 19. Jahrhunderts vor.

Cromwell starb 1658, sein Sohn und Nachfolger Ri-chard wurde 1660 abgesetzt, und Karl II. kehrte aus dem französischen Exil zurück und brachte die modi-schen Errungenschaften aus Frankreich mit: Bänder, Fibeln, Samt und Seide schmückten nun wieder die englischen Damen, und im Sinne der neuen Mode-richtung wurden längere Korsetts eingeführt. Sie be-standen noch immer aus zwei festen Leinenstoff-lagen, die mit Leim versteift waren und zwischen denen die Fischbeinstangen eingebettet wurden. Das Korsett wurde in der Regel auf dem Rücken geschnürt und war entweder ganz oder zur Hälfte mit Fischbein verstärkt (*baleiné* bzw. *demi-baleiné*). Die langen, schmalen Konturen der Möbel und Bauwerke spiegel-ten sich auch in den Kleidern wider; um ihre Silhou-ette zu strecken, brachten die Frauen mehr Abnäher an und bogen die Fischbeinstäbe so zurecht, daß sich das Korsett zur Taille hin stark verjüngte.

In der zweiten Hälfte des 17. Jahrhunderts entwik-kelte sich aus den runderen Formen des Barockstils die elegantere Linienführung der Damenmode am Hof Ludwigs XIV. (1638–1715). Das Mieder, das man bislang unter dem Kleid getragen hatte, erschien plötzlich über der Bluse und dem Rock und wurde in seiner verschwenderisch verzierten Form als *corps baleiné* bezeichnet. Das Fischbein hatte inzwischen die Korsettstangen aus anderen Materialien abgelöst und sollte, von wenigen Ausnahmen abgesehen, diese Vorrangstellung noch zwei Jahrhunderte lang behaupten.

Um die Wende des 18. Jahrhunderts kam der Reifrock in Mode, der die Hüfte übermäßig stark betonte und dadurch die Taille noch schmaler erscheinen ließ. Die ausladenden Formen des Rocks prägten die Damenmode der nächsten 100 Jahre, und das Material, aus dem die Rockgestelle hergestellt wurden, war natürlich Fischbein. Das Tragen dieser voluminösen Gebilde war ungemein beschwerlich. Ist es nicht merkwürdig, daß Frauen leiden – und Wale sterben – mußten, damit sich die ersteren derartige Unbequemlichkeiten aufbürden konnten?

Es sollen hier nicht sämtliche Modeerscheinungen und -torheiten abgehandelt werden, aber sie sind insbesondere in England, wo Fischbeinkorsetts die Voraussetzung für die Wespentaillenmode waren, unmittelbar schuld am Tod von abertausenden Walen. Im Laufe des 18. Jahrhunderts wechselten die Walfänger von den Nordkapern und Grönlandwalen zu den Pottwalen über, die ausschließlich wegen ihres Öls bejagt wurden. Doch im Gegensatz zum Öl konnten die Barten, das Fischbein, unbegrenzt lange gelagert und, was noch wichtiger ist, wiederverwendet werden.

Um die Mitte des Jahrhunderts, in der Rokokozeit, setzte sich unter dem weitreichenden Einfluß von Madame de Pompadour, der Mätresse Ludwigs XV., der glockenförmige Reifrock mit seinem Gestell aus Peddigrohr oder Fischbein allgemein durch. Gegen Ende des Jahrhunderts wurden die Reifen kleiner, doch ungeachtet dessen, was sich unterhalb der Taille abspielte, war das Schnürmieder nach wie vor ein unverzichtbares Kleidungsstück für die modebewußte Dame.

Einen großen Einbruch erlitt das Korsettgeschäft durch die Französische Revolution. Vor 1789 trugen die französischen Damen kostbare Seiden- und Satinstoffe, doch das änderte sich, als bedruckte Baumwollstoffe aus dem Osten importiert wurden. Wäh-

Rechts oben:
Diese Illustration aus einer amerikanischen Zeitschrift von 1838 zeigt die enggeschnürte Taille, die damals Mode war.

Rechts unten:
Pottwalzähne mit Ritzzeichnungen von modebewußten Damen.

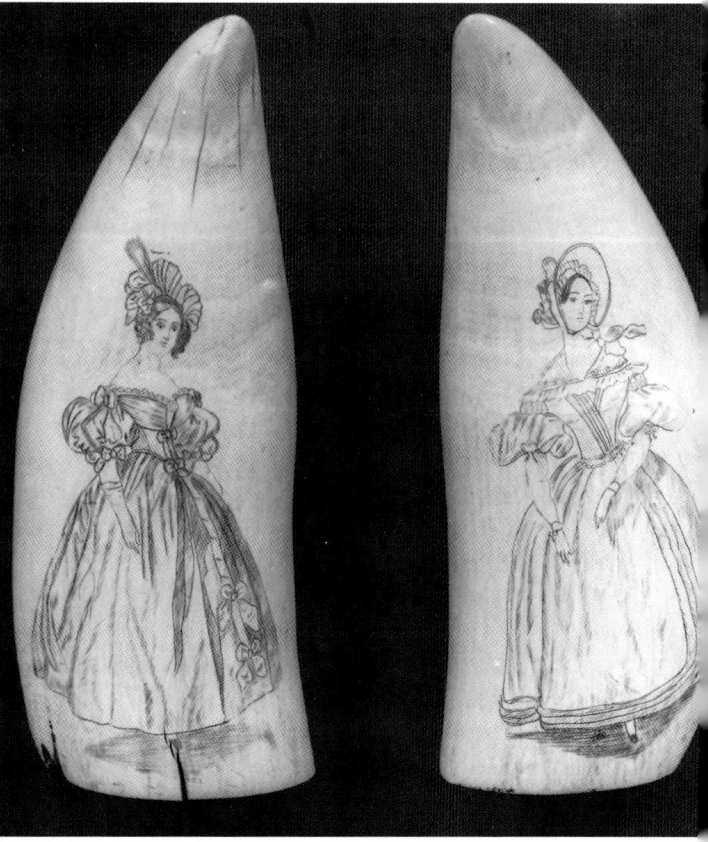

rend der Schreckensherrschaft war es wenig ratsam, Kleider zu tragen, die auch nur entfernt an das Königshaus erinnerten, und nachdem die Royalisten ihre Köpfe auf der Guillotine eingebüßt hatten, erhielt die Mode eine »egalitäre« Note. Die sogenannte griechische Mode mit weich fallenden Gewändern und einer nach oben verschobenen Taille war jetzt modern. Das Directoire, so benannt nach den fünf *directeurs*, die von 1795 bis 1799 Frankreich beherrschten, war gekennzeichnet durch hemdartige »Chemisen« mit langen Ärmeln und V-Ausschnitt; die Taille wurde nicht mehr betont. Das heraufziehende 19. Jahrhundert erlebte den Aufstieg Napoleons, der durch seinen Feldzug in Ägypten das Interesse an orientalischen Dingen wiederbelebt hatte. Die Tage des Fischbeinkorsetts schienen gezählt zu sein, aber die unberechenbare Mode im Verein mit dem unausrottbaren Streben nach einer kurvenreichen Figur verwarf den Empirestil und holte die Wespentaille zurück.

Der Reifrock gab in der Mitte des 19. Jahrhunderts den Ton an und wurde schließlich so umfangreich und unbequem, daß er 1856 durch die Krinoline ersetzt wurde. Das war ein Reifrock, der unter dem Rock getragen wurde und dessen Fischbeinreifen durch Bänder miteinander verbunden waren. Eingeführt wurde er durch Kaiserin Eugénie, die Gemahlin Napoleons III., anläßlich ihres Besuchs in Schloß Windsor.

> Nimm hin, mein Schatz, den Miederstab,
> Den ich geschnitzt mit eigner Hand.
> Er stammt aus eines Pottwals Maul
> Tausend Meilen fern vom Land.
> Meeresstürmen ohne Zahl
> Hat er getrotzt, der Wal
> Mit diesem Elfenbein.
> Seine Zeit ist um,
> Sein Bein soll nun
> Stütze Deinem Busen sein!

Diese Verse stehen auf einem geschnitzten Walknochen, einem etwa 35 cm langen und knapp 4 cm breiten Elfenbeinplättchen, das eine gewisse Ähnlichkeit mit einem Zungenspatel hat. Der Hinweis auf den Pottwal ist zutreffend. Zwar wurde das »Fischbein« vorwiegend von Bartenwalen gewonnen, aber auch aus den pflockförmigen Zähnen im Unterkiefer der Pottwale ließen sich allerlei Gegenstände schnitzen. Vor allem verfertigten die Seeleute daraus die sogenannten Scrimshaws, die sie oft mit den Bildern ihrer enggeschnürten Geliebten schmückten – doch das ist eine andere Geschichte.

Als 1871 die amerikanische Walfangflotte in der Arktis scheiterte, veröffentlichte *Harper's Bazaar* diese Illustration einer »Operntoilette«. Für diese Mode mußten die Walfänger die Fischbeinstäbe liefern.

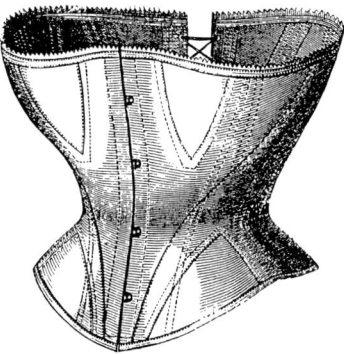

In *Harper's Bazaar* wurde 1869 dieses »Korsett aus Baumwollsatin« abgebildet, das dem Küraß einer Ritterrüstung nicht unähnlich ist.

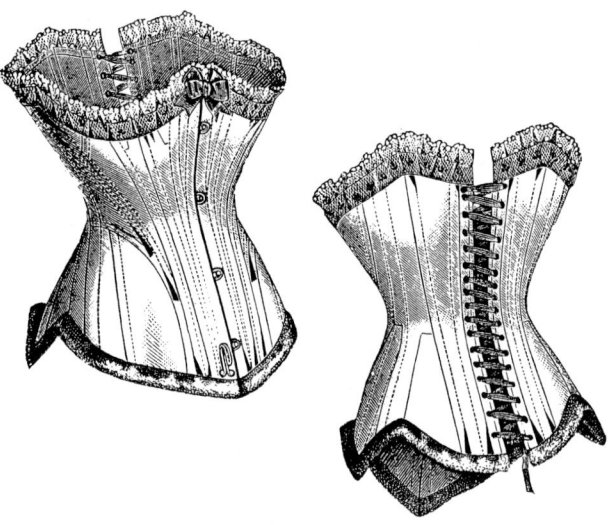

Die große Mode verlangte 1882 eine Wespentaille, und in solche Korsetts (von vorn und hinten gesehen) mußten sich die Damen einschnüren.

Bis weit ins 19. Jahrhundert hinein war die Wespentaille und damit auch das fischbeinverstärkte Korsett wieder in Mode. Doch in den siebziger Jahren wurde das Fischbein zusehends knapper – 1871 verlor Neuengland seine gesamte arktische Fangflotte im Eis –, und die Korsetthersteller begannen mit anderen Materialien zu experimentieren, mit Stahl, Rohr und Fasern. So konnten sich die Damen noch weitere 20 Jahre lang mit neuartigen Marterinstrumenten einschnüren. In den neunziger Jahren kam dann das Ende der Wespentaille.

Die weibliche Mode entwickelte sich, vereinzelten Rückfällen zum Trotz, zu bequemerer und weniger qualvoll zu tragender Unterbekleidung hin. Im ersten Jahrzehnt unseres Jahrhunderts gab es keinen Markt für Fischbein mehr, weil die Wale, die es lieferten, nahezu ausgerottet waren. Mit dem Verschwinden der Fischbeinstangen, die so lange die Hauptstützen der Korsettindustrie gewesen waren, begannen auch die Frauen den Kampf um die enge Taille aufzugeben

Charles Dana Gibson verewigte in den neunziger Jahren des vorigen Jahrhunderts die Wespentaillenfigur der »Gibson Girls« durch seine populären Modezeichnungen.

oder sich zumindest ein wenig zu entspannen. In *The Queen* vom Januar 1901 heißt es:

Es ist einigermaßen merkwürdig, daß der Kreuzzug gegen das Korsett, den Ärzte und Physiologen so lange geführt haben, nunmehr von Erfolg gekrönt sein soll. Nicht, daß die Abschaffung des Korsetts zu erwarten wäre; das ist weder möglich noch wünschenswert, aber das Kleidungsstück ist in der Praxis so revolutioniert worden, daß es die Figur stützt, ohne sie zusammenzupressen.

Wie groß die Nachfrage nach Fischbein war, ergibt sich schon daraus, daß die amerikanischen Walfänger des 19. Jahrhunderts über 40 Millionen Kilogramm Fischbein im Wert von 450 Millionen Dollar anlandeten. Andere Möglichkeiten zur Einzwängung und Umgestaltung des weiblichen Körpers wurden entwickelt, und damit endet unser Interesse an den Zusammenhängen zwischen Walsterben und Damenmode. 1913 fand man jedoch eine noch destruktivere Begründung für das Abschlachten von Walen. Ein Bestandteil des Walöls ist Glyzerin, und Glyzerin wird für die Herstellung von Dynamit verwendet. Zahllose Granaten, die im Ersten Weltkrieg auf den Schlachtfeldern in Frankreich und Belgien detonierten, enthielten das Fett von Walen.

Fünf

Die Jagd auf den Pottwal

Der amerikanische Pottwalfang

Etwa 40 km südlich von Cape Cod liegt eine kleine Insel, 25 km lang und nur 5 km breit. Sie wurde 1602 von Bartholomew Gosnold entdeckt, einem Seemann im Dienste Walter Raleighs. 1641 kaufte Thomas Mayhew die Insel der Plymouth-Kolonie für 30 Pfund und zwei Biberfellhüte ab. 1659 erwarben Thomas Macey und Edward Starbuck sie für eine Gruppe von Quäkern, die sich in Neuengland niederlassen wollten, und zwar in einer Gegend, wo sie vor den Verfolgungen durch die Puritaner auf dem Festland sicher waren. Familien mit Namen wie Hussey, Gardner, Swain, Chase und Folger schlugen auf der Insel Wurzeln, und da der Boden für den Ackerbau zu karg war, erwogen sie die Möglichkeit, es mit dem Walfang zu versuchen. Angeregt wurden sie dazu von einem Nordkaper, der sich gleich zu Anfang in den Hafen verirrte und drei Tage lang herumschwamm, bis er starb. Um den Walfang zu erlernen, heuerten sie 1672 einen gewissen James Lopar als Lehrmeister an, dem später dann Ichabod Paddock folgte. Die Insel war natürlich Nantucket, und sie sollte mehr als ein Jahr-

hundert lang das Zentrum der amerikanischen Walfangindustrie bleiben.

Die Geschichte von Christopher Husseys zufälliger Begegnung mit einer Pottwalschule ist schon so oft erzählt worden, daß es gar nicht mehr darauf ankommt, ob sie sich wirklich zugetragen hat. 1712 kreuzte Kapitän Hussey vor der Küste von Massachusetts, als ihn ein plötzlich aufkommender Sturm aufs offene Meer hinaustrieb. Nachdem sich die Wolken verzogen hatten, erblickte er die Blasstrahlen von Walen, doch sie waren nach vorn gerichtet und nicht senkrecht und paarig wie bei den Kapern. Hussey gelang es, eines dieser seltsamen Tiere zu fangen und zurück nach Nantucket zu schleppen. Statt Barten besaß es elfenbeinerne Zähne im unterständigen Unterkiefer, und sein Kopf war ein großes Reservoir, gefüllt mit klarem Walratöl, das an der Luft zu einer wachsartigen Masse erstarrte.

Das war freilich nicht der erste Pottwal, den die Neuengländer zu Gesicht bekamen, aber es war wahrscheinlich der erste, der von ihnen gezielt erlegt wurde. Einem Bericht von John Josselyn zufolge wurden bereits 1672 »an der Küste unweit von Boston in Massachusetts ein paar *Sperma-Ceti-Wale* angetrieben, welche, in kleine Stücke geschnitten und in Kes-

Die Pottwaljäger segelten oder ruderten von hinten an ihre Beute heran. Dabei verhielten sie sich so still wie möglich, um den Wal nicht zu »vergrämen«.

seln ausgekocht, sehr viel Öl erbrachten; das Öl wurde in Fässer gefüllt und einige Zeit in Kellern verstaut«. Ein gewisser Timotheus Vanderuen, Kapitän der Brigantine *Happy Return*, von dem wir nicht wissen, ob seine Fangfahrt erfolgreich verlief – oder ob sie überhaupt stattgefunden hat –, ersuchte den Gouverneur der Kolonie New Plymouth um die »Genehmigung ..., vor den Bohames-Inseln und Kap Florida ›Sperma-Coeti-Wale‹ zu fischen ...«

Einige Jahre später machten jedenfalls die Neuengländer schon ziemlich regelmäßig Jagd auf Pottwale. Paul Dudley schrieb 1724, daß ein Mr. Atkins aus Boston »einer der ersten war, der um das Jahr 1720 hinausfuhr, um Sperma-Ceti-Wale zu fischen«. Im selben Dokument schildert Dudley auch die Gefahren der Pottwaljagd: »Zuweilen wird der Wal mit einem einzigen Streich getötet, doch ein andermal müssen die Fänger ihn fast einen halben Tag mit ihren Lanzen bearbeiten, und manchmal entkommt er, nachdem er von Lanzen durchbohrt worden ist, und er speit dickes Blut, während ihm Eisen und Treibanker im Leib stecken.«

Das erste Gewerbe, das die Siedler in Neuengland betrieben, war der Export von Biberfellen und -pelzen nach England. Doch diese Ressource war schnell ausgebeutet, und angesichts der leicht zu jagenden Nordkaper vor ihrer Küste wandten sie sich von den Wäldern ab und dem Meer zu. Anfangs folgten sie beim Walfang dem Beispiel der Indianer: Sie errichteten am Strand Türme, auf denen Ausguckposten nach Walen Ausschau hielten, und sobald ein Wal gesichtet worden war, nahmen sie mit ihren Booten die Verfolgung auf. Nachdem sie über mehr Navigationserfahrung verfügten, begannen sie die küstenferneren Gewässer zu durchstreifen; hin und wieder besuchten sie die reichen Fanggründe der Georges Bank, und einige Schiffe wagten sich sogar weit nach Süden in den mächtigen Meeresstrom vor, der später den Namen Golfstrom erhielt. Die Yankee-Walfänger drangen auch nach Norden vor, zum St.-Lorenz-Golf und zu den Grand Banks vor Neufundland. Um die Mitte des 18. Jahrhunderts beförderten etwa 50 Schiffe Tran und Fischbein nach England; von dort brachten sie Eisenerz, Hanf, Stoffe und andere Waren heim, die in der aufstrebenden jungen Kolonie benötigt wurden. 1775 besaß Nantucket eine Fangflotte von 150 Schiffen in einer Größenordnung von 90 bis 180 Tonnen.

Nantucket war selbstverständlich nicht der einzige Walfängerhafen der Kolonialzeit; Fangschiffe stachen auch von Sag Harbor und Southampton auf Long Island aus in See, und weitere Häfen existierten in Massachusetts und New York. Doch schon früh übernahm Nantucket die Führung (es wurde erst Mitte des 19. Jahrhunderts von New Bedford ausgestochen), und 1725 wurden beispielsweise etwa 85 Wale – allesamt Nordkaper – vor der Insel erlegt. Statt jedoch die Leistungen sämtlicher Walfänger aus sämtlichen Häfen zu verzeichnen, wollen wir lieber die Geschichte von Nantucket weiterverfolgen, das zum Inbegriff des kolonialen Walfangs wurde und später eine solche Bedeutung erlangte, daß die Briten tatsächlich den Versuch unternahmen, die gesamte Walfangindustrie Nantuckets nach Wales zu verlegen.

Der Beginn des Pottwalfangs im Jahre 1712 hatte nicht automatisch die Schonung der noch verbliebenen Nordkaper zur Folge. Obwohl das Pottwalöl für die Herstellung von Schmiermitteln und Kerzen überaus begehrt war, ließ die Nachfrage nach Fischbein nicht nach. Um die Mitte des 18. Jahrhunderts trugen die europäischen Damen nach wie vor enggeschnürte Korsetts, und so erlegten die Walfänger in Neuengland alle Wale, deren sie habhaft werden konnten. Scammon berichtet, daß der Küstenwalfang über fünfzig Jahre lang weiterging, aber schließlich eingestellt wurde, und zwar aus den gleichen Gründen wie die Unternehmen in Spitzbergen und Smeerenburg – aus Mangel an Walen in Küstennähe.

Welche Walarten auch gejagt wurden, das wichtigste Walprodukt war und blieb das Öl. Die holländischen und englischen Walfänger vor Spitzbergen und Grönland hatten es dagegen vorwiegend auf die Barten, das Fischbein, abgesehen, das für die Einschnürung der modebewußten Damen in großen Mengen benötigt wurde. Doch in Amerika gab es keinen Hof und keine elegante Damenwelt; in der Quäkerkolonie Nantucket spielte modische Kleidung kaum eine Rolle.

Wie in Grönland – und in allen anderen Walfanggründen zu jener Zeit – wurde die Fettschicht der Wale in Streifen abgelöst (ein Verfahren, das als Flensen bezeichnet wird) und für den Transport zum Heimathafen sofort in Fässer gepackt. Scoresby berichtete 1820, daß »in der Frühzeit des Walfangs die Verarbeitung an der Küste erfolgte, und sogar noch um die

Mitte des vorigen Jahrhunderts war es üblich, daß die Schiffe einen Hafen anliefen und dort so lange verweilten, wie diese Arbeiten dauerten«. Doch Mitte des 18. Jahrhunderts wurde eine Neuerung eingeführt, die die ganze Industrie veränderte: In Eisenkesseln, die in einen Ziegelsteinofen eingelassen waren, konnten die Walfänger nun das Öl direkt an Bord ihres Schiffs statt wie bisher am Ufer auskochen. Dieses Verfahren scheint um das Jahr 1750 aufgekommen zu sein, läßt sich jedoch keinem bestimmten Erfinder zuordnen. Die Gründe für die Einführung der neuen Technik waren unter anderem die unangenehmen Gerüche, die das Transieden am Strand mit sich brachte, und die energischen Proteste der Menschen, die im Umkreis der Verarbeitungsanlagen wohnten. In den Fanggründen vor Spitzbergen und Grönland verhinderte das kalte Klima, daß der Blubber ranzig wurde, bevor die Schiffe einen Hafen erreichten, aber in Neuengland fehlte eine solche natürliche »Kühlanlage«, und in der Wärme verdarb häufig das Öl im Blubber, ehe er verarbeitet werden konnte. Solange man die Wale in Sichtweite der Küste oder allenfalls in einer Entfernung von wenigen Segeltagen erlegen konnte, war es möglich, den Blubber in Fässern zu verstauen, doch als die Wale in den heimischen Gewässern seltener und längere Fangreisen notwendig wurden, mußte man auch andere Verarbeitungs- und Aufbewahrungsmethoden anwenden. Scoresby, der selber nie Siedereien an Bord benutzte, obwohl die Erfindung zu seiner Zeit schon in der Luft lag, meinte, es sei nicht besonders wirtschaftlich, den Blubber auf See zu transportieren, da »der Blubber am Stück, allen Vorsichtsmaßnahmen zum Trotz, im allgemeinen viel von seinem Öl verliert«.

Nachdem jetzt immer häufiger Pottwale verarbeitet werden mußten, erlebte die Walfangindustrie noch eine weitere Veränderung. Vorher hatte man ausschließlich das vielfach als Waltran bezeichnete Walöl genutzt. Es ist ein echtes Fett, das im gesamten Walkörper, von den Knochen bis zum Muskelgewebe, eingelagert ist, vor allem aber im Blubber. Das Fett der Kaper- und Grönlandwale und der vereinzelten Buckelwale lieferte das Öl, das vom 10. Jahrhundert bis zur Mitte des 19. Jahrhunderts für Heiz- und Beleuchtungszwecke, für die Herstellung von Seife und Kosmetika sowie als Schmiermittel verwendet wurde.

Da sich jedoch das Walratöl (»Spermaceti«) vom Tranöl stark unterscheidet, wurde es auch anders verarbeitet und genutzt. Der Pottwal hat zwar eine Fettschicht wie andere Wale, aus der Öl gewonnen werden kann, aber der Walrat stammt allein aus dem »Kastenkopf« des Tiers. Bis zur Mitte des vorigen Jahrhunderts wurden Innenräume hauptsächlich mit Kerzen beleuchtet. Sie bestanden gewöhnlich aus Wachs oder Talg und verströmten einen übelriechenden schwarzen Qualm. Der Kopf des Pottwals enthielt nun diese geheimnisvolle Flüssigkeit, aus der sich bessere Kerzen herstellen ließen. Da diese Masse, wie bereits gesagt, an der Luft erstarrt, kam irgend jemand – R. C. Kugler vom Walmuseum in New Bedford vermutet, es sei ein Mann aus Rhode Island namens Jacob Rodriguez Rivera gewesen – auf die Idee, daß sich aus ihr Kerzen herstellen ließen. Seit etwa 1750 wurde sie für rauch- und geruchlose Kerzen verwendet, die besten Kerzen, die es jemals gegeben hat.

Neben dem Walratöl produziert der Pottwal auch ein schwammiges Bindegewebsmaterial, das ebenfalls ölhaltig ist und von den Walfängern »Junk« genannt wurde. Sowohl das eigentliche Walratöl, als auch das aus dem Junk ausgepreßte Öl wurden für die feinsten Kerzen und Lampen benutzt. Das Herstellungsverfahren – das möglicherweise Rodriguez entwickelt hat – war ziemlich kompliziert. Die schmierige Substanz wurde in einem großen Kupferbottich erhitzt und von Verunreinigungen befreit. Man ließ sie in Fässern gelieren und füllte sie dann in Wollsäcke, die in einer Spindelpresse gepreßt wurden. Die »erste Pressung« ergab Lampenöl von höchster Qualität. Bei der Weiterverarbeitung wurde weniger wertvolles Öl für die Kerzenherstellung gewonnen. Solche Kerzen waren in Afrika und in der Karibik besonders beliebt, doch als »Kolonialwaren« konnten sie nicht nach England importiert werden. Als sich jedoch der Markt für hochwertiges Öl entwickelte, traten in den Kolonien tüchtige Unternehmer auf den Plan. 1751 beantragte Benjamin Crabb im Parlament von Massachusetts ein Monopol für die Herstellung und den Vertrieb von Walratölkerzen, das ihm auch gewährt wurde.

Ein Bostoner Kaufmann namens Thomas Hancock verkaufte bereits 1731 Walöl an die Briten, und er blieb auch während des Siebenjährigen Kriegs (1756 bis 1763) ihr Hauptlieferant. Nach seinem Tod (1764) übernahm sein Neffe John das Geschäft. Er ließ sich auf einen Handelskrieg mit der Firma Joseph Rotch & Sons in Nantucket, später New Bedford, ein, in dem er unterlag, woraufhin er sich einem anderen Schlachtfeld zuwandte und als Politiker im Unabhängigkeitskrieg Berühmtheit erlangte. Die Amerikanische Revolution veränderte nicht nur das Verhältnis der Kolonien zum Mutterland, sondern auch die Ausrichtung des Walfangs. Rivalisierende Kaufleute erkannten die Notwendigkeit zum Zusammenschluß, und aus dem allgemeinen Wettstreit um die Vormachtstellung in diesem Gewerbe ging nach dem Krieg eine hierarchisch gegliederte Walfangindustrie hervor, in der die Reeder weitgehend den Verkauf und die Verarbeitung der Walerzeugnisse kontrollierten.

Als die Nordkaper knapper wurden, nahm der Pottwalfang einen gewaltigen Aufschwung. Starbuck hat die Jahre von 1750 bis 1784 einmal »die ereignisreichste Ära der gesamten Walfanggeschichte« genannt. Walfänger aus Neuengland waren ständig mit der Gefahr konfrontiert, von Freibeutern gekapert zu werden (die Auseinandersetzungen zwischen Frankreich und England um die Vorherrschaft in den amerikanischen Kolonien hielten damals noch an), und Schiffe, die nicht requiriert wurden, betrieben den Walfang fern der Heimat, in den Grand Banks und bei den Bahamas. Auch andere Katastrophen suchten die aufstrebende Industrie heim: Schiffe gingen durch Stürme und manchmal auch durch Wale verloren. Aus Gründen der Sicherheit und der Ertragssteigerung wurden die kleinen Schaluppen durch größere Schiffe mit Transiedereien an Bord abgelöst. Nunmehr konnte man die Jagd auf den Pottwal, den »stolzen, unberechenbaren Aristokraten der Hochsee«, aufnehmen. In dieser Zeit war es gängige Praxis geworden, Wale mit ausgesetzten Booten zu verfolgen und mit Harpunenleinen festzumachen – ein Verfahren, das ein Jahrhundert lang vorherrschend bleiben sollte. Diese Fangtechnik – und den großen Pottwal – hat Melville in seinem *Moby Dick* unsterblich gemacht. Damals sorgten die Preisschwankungen beim Walöl für eine höchst unsichere Marktsituation. Gute Fänge drückten die Preise, während in schlechten Jahren das geringe Angebot den Ölpreis in die Höhe trieb.

Ein noch ungewöhnliches Nebenprodukt des Pottwalfangs war die Ambra, auch Amber genannt. Diese grauschwarze, wachsartige und torfähnliche Substanz gilt als eine Absonderung des Waldarms. Sie kommt ausschließlich bei Pottwalen vor, und einige Experten vermuten, daß sie sich um die »Schnäbel« der gefressenen Kalmare herum ausbildet. Ein Wal kann einen Ambraklumpen im Todeskampf auswürgen, oder er kommt zum Vorschein, wenn das Tier aufgeschnitten wird, aber zuweilen treibt die Ambra auch auf dem offenen Meer oder wird am Strand angespült. Nach Clifford Ashley enthalten wahrscheinlich nur »kranke« Wale diese Substanz, doch der Zusammenhang zwischen Ambra und dem Gesundheitszustand der Wale ist noch keineswegs aufgeklärt.

Robert Cushman Murphy, der Autor der wohl einzigen umfassenden Studie zur Geschichte, Mythologie und Verwendung dieses Materials, versichert: »Seit Urzeiten besitzt die Ambra einen legendären Wert, und obgleich ihre alten Verwendungsmöglichkeiten bis auf eine entfallen sind, wird sie, im Unterschied zum Bezoar oder dem Stein der Weisen, auch noch von praktisch denkenden modernen Menschen geschätzt.« Sie wurde Schönheitsmitteln und Liebestränken zugesetzt, als Mittel gegen Kopfschmerzen und als Weingewürz verwendet, doch die »eine Ausnahme«, von der Murphy spricht, ist ihre Nutzung als Duftträger in Parfüms. Noch heute, da für praktisch alle Zwecke synthetische Stoffe zur Verfügung stehen, wird die Ambra in der Parfümindustrie verwendet. Früher wurde sie vielfach sogar mit Gold aufgewogen.

Nach dem Scheitern der englischen Walfangindustrie stand das Feld den Neuengländern weit offen, und sie schlugen sehr schnell Kapital daraus. Als der Krieg gegen die Franzosen und Indianer 1763 zu Ende ging und Frankreich seine Ansprüche auf Kanada aufgeben mußte, stießen die Walfänger von Neuengland nach Norden vor. Von Massachusetts und New York aus segelten sie zum St.-Lorenz-Golf und zur Belle-Isle-Straße, und bis 1776 hatten sie zudem die Fanggründe vor Westafrika (Angola und Walfischbucht), den Falkland-Inseln und dem Río de la Plata im Südatlantik entdeckt. In vielen dieser Regionen trafen sie vereinzelte Kaperwale an, aber ihre wichtigste Jagdbeute sollte damals der Pottwal werden. Diese Pioniere in Sachen Walöl sondierten die Weltmeere und verbesserten ihre Fangmethoden, doch statt reich zu werden, gerieten sie immer tiefer in Schulden. Die britische Regierung, die noch immer die eigene zusammenbrechende Walfangindustrie zu retten versuchte, belegte alle Öl- und Fischbeinimporte aus den Kolonien mit einem Zoll. Es kam zu wachsenden Spannungen zwischen der Krone und den aufsässigen Kolonien. In den folgenden Jahren wurde die berüchtigte Stempelsteuer eingeführt und zurückgewiesen, desgleichen die Townshend-Abgaben, und zog die 1773 beschlossene Teesteuer noch im selben Jahr die »Boston Tea Party« nach sich. In den beiden nächsten Jahren fielen die ersten Schüsse in Concord Bridge in Massachusetts, und für den Rest des Jahrzehnts

waren die meisten Amerikaner mit anderen Dingen beschäftigt als mit dem Walfang.

Nur die sturen Nantucketer fingen auch während des Krieges weiterhin Wale; sie hatten ja keine andere Möglichkeit, ihren Unterhalt zu bestreiten. Fässer voll Öl und Fischbeinstapel türmten sich auf den Kais auf, aber sie konnten nicht verkauft werden und verrotteten zum großen Teil. Bei Kriegsende lag die Walfangindustrie von Nantucket trotz der Entdeckung neuer und ergiebiger Fanggründe darnieder. Da die gesamte Wirtschaft der Insel vom Handel mit den Briten abhängig war, hatten sich die Inselbewohner auf die Seite der Engländer geschlagen, und viele »Königstreue« ließen sich dort nieder. Man heckte sogar einen grotesken Plan aus, um die Beschränkung des Handels mit dem Feind zu umgehen: Man wollte ein Treffen auf den Falkland-Inseln arrangieren und Walerzeugnisse aus Nantucket direkt nach England verschiffen, ohne ihre Herkunft zu deklarieren. Samuel Adams bekam Wind von diesem verräterischen Komplott und entsandte John Paul Jones, der die Walfänger aus Nantucket aufbrachte.

Nantucket wird nach England verlegt

Am 3. Februar 1783 traf der Walfänger *Bedford*, Heimathafen Nantucket, mit einer Ladung Pottwalöl in London ein. Das Schiff führte die Flagge der Rebellen; dies war das erste Mal, daß das Sternenbanner in England gezeigt wurde. Nach dem Unabhängigkeitskrieg hatten die Neuengländer ihre Fangschiffe wieder instandgesetzt, um den Walfang so schnell wie möglich wiederaufnehmen zu können. Der Krieg hatte den Walen eine kurze Erholungspause verschafft, doch jetzt wurden sie so eifrig gejagt und verarbeitet, daß der Markt mit Öl überschwemmt wurde. Um die eigene Industrie anzukurbeln, hatten die Briten das amerikanische Öl mit einem Zoll von 18 Pfund pro Tonne belegt, woraufhin die Nantucketer nach Mittel und Wegen suchten, ihr Öl an die Engländer zu verkaufen, ohne die Abgabe zahlen zu müssen. Zunächst versuchten sie Nantucket für unabhängig zu erklären, doch das war bei einer Insel mit nur 5000 Einwohnern kaum machbar. Der Walfang war ihre einzige Industrie, und um den wirtschaftlichen Zusammenbruch abzuwehren, beschlossen sie, die gesamte In-

dustrie an einen Standort zu verlagern, wo sie ihr Gewerbe frei und ungehindert ausüben konnten.

Die Walfänger von Nantucket waren führend in der
Welt – auch wenn sie ihrem eigenen Land offenbar
wenig Ehre machten. Sie waren Meister in der Jagd
auf den Pottwal, der ein sehr viel hochwertigeres und
reineres Öl lieferte als der »schwarze Wal«, den die
Engländer in grönländischen Gewässern erbeuteten.
Die Franzosen boten den Nantucketern an, nach Dünkirchen überzusiedeln, aber gleichzeitig kamen auch
Offerten aus England. Als die englische Regierung
den Schiffen aus Nantucket die Genehmigung verwei-
gerte, sich in Kanada registrieren zu lassen, zogen 40
Familien nach Dartmouth in Neuschottland um, wo
sie nicht nur eine Walfangindustrie, sondern auch
eine Quäkerkolonie begründeten. Das Unternehmen
florierte, allerdings nur bis 1791, denn in diesem Jahr
gaben die Nantucketer Kanada zugunsten von Wales
auf. Unter der Führung von William Rotch versuchte
sich der Nantucket-Walfang über Wasser zu halten.
Im September 1785 besuchte er England, wo er mit
dem Schatzkanzler William Pitt d. J. zusammentraf,
um einen geeigneten englischen Standort für einen
Nantucket-Walfängerhafen ausfindig zu machen.
Rotch erinnerte Pitt daran, daß Nantucket im letzten
Krieg neutral geblieben und somit ein Teil des britischen Königreiches sei.

Vier Monate danach kam Rotch mit Lord Hawkesbury vom Handelsausschuß zusammen. Rotch forderte freien Zugang für 100 Familien und 20 Fangschiffe
samt Ausrüstung und persönlicher Habe. Außerdem
verlangte er einen Anteil am britischen Prämiensystem[*] sowie eine Entschädigung von 20 000 Pfund für
die Kosten des Umzugs und der Neueinrichtung. Als
Hawkesbury den Forderungen – mit Ausnahme der
Prämienregelung – zugestimmt hatte, übersiedelte
Rotch mit seinen Nantucketern unverzüglich nach
Frankreich, wo sie sich in Dünkirchen niederließen.
Von dort aus betrieben sie mehrere Jahre lang Walfang, aber die Engländer gaben auch weiterhin die
Hoffnung nicht auf, in ihrem Land einen großen Wal-
fanghafen einzurichten.

Um 1790 entwickelte Charles Francis Greville einen
Plan, der die Nantucketer über den Kanal locken sollte. Greville schlug vor, die 100 Familien aus Dünkirchen, die Gruppe aus Neuschottland und die gesamte
Einwohnerschaft von Nantucket nach Wales in einen
Ort namens Milford Haven zu verpflanzen. Amerikas
führender Walfängerhafen sollte demnach nach Milford Haven verlegt und auf diese Weise zu einem
ernsthaften Konkurrenten für die einschlägigen amerikanischen Häfen New Bedford, Sag Harbor und New
London werden. Die Engländer hatten zwar den
Krieg verloren, aber sie wollten wenigstens an der
Walkampffront den Sieg davontragen.

Am 31. August 1792 stach eine Flotte von 13 Schiffen
mit einer Besatzung von 182 Mann in See, um den
Atlantik zu überqueren. Man richtete sich in Milford
Haven ein, und innerhalb von fünf Jahren übernahmen mehr als 150 Nantucketer das Kommando
auf britischen Fangschiffen. Milford Haven wurde jedoch nie die Heimat dieser Leute aus Nantucket. Der
hochfliegende Plan des Charles Greville scheiterte an
der ungebrochenen Loyalität der Menschen zu Neuengland. Weil die kleine Insel nie völlig evakuiert
wurde, blieben ihre Bewohner im Walfanggeschäft.
Die Niederlassung in Dünkirchen hatte es den Nantucketern ermöglicht, die Zollbestimmungen für die
Einfuhr amerikanischen Öls zu unterlaufen, und die
Gewinne aus diesem Unternehmen flossen zurück
nach Nantucket, nicht nach Milford Haven. Auch die
Walfänger kehrten auf ihre Insel zurück. Da also
nicht die Nantucketer die englische Walfangindustrie
in das 19. Jahrhundert und in bislang unerschlossene
Gewässer führen konnten, mußten es die Engländer
selber tun.

Der englische Pottwalfang

Die Schwierigkeiten mit den Kolonien in Übersee veranlaßten die Engländer, sich selbst verstärkt um die
Ölgewinnung zu kümmern. (Bis 1770 waren mehr als
90 Prozent des englischen Walöls aus Neuengland gekommen.) Zur Förderung der Industrie beschloß das
Parlament eine Steuerbefreiung für Schiffe, die im St.-
Lorenz-Golf operierten, sowie Prämien für jene Schiffe, die pro Jahr jeweils die fünf größten Ladungen
heimbrachten. Als zusätzlichen Anreiz gestattete die
Regierung die zollfreie Einfuhr von Robbenfellen, die
von britischen Untertanen erbeutet worden waren.

---

[*] Mit dem Prämiensystem, das von 1733 bis 1824 galt, wollte die
britische Regierung die Beteiligung an der zunächst kolonialen und
später amerikanischen Industrie fördern. Auf der Basis der Tonnage
bot sie Werften, die Walfänger bauten, und Schiffseignern, die Fahrzeuge für den Walfang umrüsteten, finanzielle Anreize an. Später
setzte die Regierung Sonderprämien pro Tonne Walöl aus, das in
britischen Häfen angelandet wurde.

Eine englische Aquatintadarstellung der »South Sea Whale Fishery«, wie in England der gesamte Walfang außerhalb der grönländischen Gewässer genannt wurde. Damals, 1836, waren den Künstlern die Größe, die Körpergestalt und das Sterbeverhalten der Pottwale schon bestens bekannt (ein getöteter Pottwal drehte sich in der Regel auf den Rücken). Dieser Druck von Edward Duncan basiert auf einem Gemälde seines Schwiegervaters W. J. Huggins und zählt zu den bekanntesten Darstellungen des Pottwalfangs.

Bis 1786 hatte sich Samuel Enderby bereits einen Namen im englischen Walgeschäft gemacht. Zusammen mit seinem Sohn gleichen Namens war er 1775 von Boston nach England gekommen, und in diesem Jahr besaß er schon mehrere Walfänger, die in der »Grönlandfischerei« aktiv waren. Enderby, John St. Barbe und Alexander Champion ersuchten 1786 den Handelsausschuß des Parlaments um die Erlaubnis, ihre Schiffe um Kap Hoorn zu schicken, »wo, wie ihnen glaubhaft versichert wird, Wale in großer Zahl zu finden sind«, und diese Wale in einem Meeresgebiet zu jagen, das bisher den Handelsrouten der East India Company vorbehalten war. Obwohl es in der südlichen Hemisphäre Südkaper gab, waren die »Südseefischer« auf reichere Beute aus: die Pottwale, die das beste Öl der Welt lieferten. Die *Emilia* (oder

Amelia), das Schiff, das den ersten Pottwal im Pazifik erlegte, gehörte den Enderbys. Als die *Emilia* 1790 wieder in den Hafen von Gravesend einlief, schrieb Enderby: »Nach den Berichten bringen die Wale des Südpazifiks wahrscheinlich den größten Profit; die Besatzung ist bei guter Gesundheit heimgekehrt, nur ein Mann wurde von einem Wal getötet.«

Die Familie Enderby beherrschte den englischen Walfang in dieser Periode. Sie vergrößerte ihre Flotte von sieben Schiffen 1787 auf 38 im Jahr 1802. Sie entsandte ihre Walfänger nach Norden in die Arktis und nach Süden in den Pazifik, wo sie eine Fülle von Walen – und von Problemen – vorfanden. Nach Umrundung von Kap Hoorn gelangte man im Pazifik vor die südamerikanische Küste und damit in von Spanien beanspruchte Hoheitsgewässer. Pottwale gab es vor Peru und Chile reichlich, aber die Spanier dachten nicht daran, ausländischen Schiffen den Walfang in ihren Gewässern zu gestatten. Im April 1789 brachte ein spanisches Patrouillenboot zwei britische Walfänger auf, die wegen Ausbesserungsarbeiten Porto Deseado an der Küste Patagoniens angelaufen hatten. Die Kapitäne Hopper und Middleton wurden von den spanischen Behörden arretiert und erst nach Auslieferung ihrer Fracht, die aus 7000 Robbenfellen bestand, wieder freigelassen. Das hatte zur Folge, daß die Spanier allen britischen Schiffen die Landerechte versagten.

Die Vereinigten Staaten von Amerika waren 1783 gegründet worden, doch sie umfaßten lediglich die 13 Kolonien an der Ostküste. Anspruch auf den großen Rest des weiten Landes erhoben Spanien, Frankreich, Mexiko und England. Die Spanier reklamierten Hoheitsrechte für die gesamte Westküste Nordamerikas südlich des 60. nördlichen Breitengrads, und als ein britischer Walfänger im Nootka-Sund aufgebracht wurde, schien eine Konfrontation unvermeidlich. Pitt war offenkundig zum Krieg bereit, doch die Spanier, die keinen Bündnispartner fanden, zeigten sich verhandlungswillig. Das Ergebnis war das englisch-spanische Abkommen von 1790, das unter anderem bestimmte, daß britische Walfänger »nicht gestört oder belästigt werden sollten, weder bei der Durchführung ihrer Fischerei im Pazifischen Ozean und in der Südsee noch bei der Landung an den Küsten besagter Meere, sofern diese nicht schon besetzt waren, falls sie dort Handel mit den Eingeborenen des jeweiligen Landes treiben wollten ...« Jetzt stand nur noch die East India Company, die darauf bedacht war, ihre Handelswege nach China und Ostindien zu schützen, zwischen den Walfängern und der endlosen Weite des Pazifischen Ozeans. Nach schwierigen Verhandlungen wurde den »Südseefischern« schließlich das Recht zugestanden, in der Osthälfte des Pazifiks bis zum 180. Längengrad Wale zu fangen; das Gebiet umfaßte viele südpazifische Inselgruppen, nicht aber Australien und Neuseeland. Die Walfänger, angeführt vom Trio Enderby, St. Barbe und Champion, die keine Partner, sondern Rivalen waren, drängten weiterhin auf eine Ausweitung ihrer Fischereirechte. Es war klar, daß die Walindustrie als ein Instrument der Regierungspolitik galt, die auf eine Expansion des Handels im Nordpazifik abzielte, insbesondere was die Felle aus dem Nordwesten betraf.

Die Walfänger erhielten 1791 die Genehmigung, die Küstengewässer im Westen Nord- und Südamerikas sowie der nicht zu Spanien gehörenden Inseln im Pazifik zu befischen. Neusüdwales war damals von britischen Sträflingen nur spärlich besiedelt, aber es verfügte über einen hervorragenden Hafen in Port Jackson (Sydney Cove), wo die Walfänger verproviantiert und instandgesetzt werden konnten. Bis 1789 war englischen Schiffen der Walfang in den Gewässern Australiens untersagt, doch auf Drängen von Samuel Enderby jr. und Benjamin Champion wurden diese Beschränkungen aufgehoben. Fortan vermieteten die findigen Enderbys ihre Schiffe für den Transport von Sträflingen nach Botany Bay an die Regierung, und auf dem Heimweg betrieben sie Walfang.

Während man sich im Norden auf den Grönlandwal konzentrierte, stellte man im Süden dem Pottwal nach, dessen Öl zwei- oder dreimal soviel wert war. Was den englischen Pottwalfang angeht, so können wir uns auf einen Autor stützen, dessen Werk für die Walfanggeschichte wohl ebenso wichtig ist wie das von Herman Melville. Gemeint ist Thomas Beale, ein Londoner Anatomiedozent und Arzt, der von Oktober 1830 bis Februar 1833 eine Fangreise mitmachte. 1830 veröffentlichte er ein schmales Büchlein von 60 Seiten mit dem Titel *A Few Observations on the Natural History of the Sperm Whale*, und einige Jahre später ließ er den Nachtrag *A Sketch of a South Sea Whaling Voyage* folgen. Aus beiden Schriften ergibt sich ein zutreffendes Bild des cetologischen Wissens in der Frühzeit des englischen Pottwalfangs. Da Melville Beales Werk besaß und gern zitierte, ist es uns vor allem aus dem *Moby Dick* vertraut.

Im Vergleich zu dem umfangreichen Material, das über den amerikanischen Pottwalfang vorliegt, sind die Log- und Tagebücher der englischen Kollegen spärlich. Natürlich war der Walfang der Yankees sehr viel extensiver – auf fünf ihrer Fangreisen kam vielleicht nur eine englische –, aber gerade deshalb ist Beales Bericht um so wertvoller. Mit der *Kent* segelte er um Kap Hoorn zu den Küsten Chiles und Perus und von dort über »Owhyhee« (Hawaii) zu den japanischen Fanggründen und den Bonin-Inseln. Dann ging es weiter nach New Ireland und New Britain und wieder zurück zu den Bonin-Inseln, wo Beale, dem die Behandlung der Besatzung durch den Kapitän mißfiel, seinen Platz mit dem Schiffsarzt der *Sarah and Elizabeth* tauschte und die Heimreise antrat. Das Schiff nahm Kurs auf die Hawaii-Inseln, fuhr zwischen riesigen Pottwalherden hindurch und überquerte den 180. Meridian. Weiter ging die Fahrt zu den Freundschaftsinseln (Tonga), nach Neuseeland

Yankee-Walfänger liefen neuseeländische Häfen an, um Proviant zu übernehmen, sich zu erholen und gelegentlich auch Buchtwalfang zu betreiben. Auf diesem Gemälde von C. H. Watkins liegen zehn Schiffe aus Neuengland vor Wanganui (Nordinsel) vor Anker. Die Szene ist auf etwa 1872 zu datieren.

und Kap Hoorn, das am 18. November 1832 umrundet wurde. Die *Sarah and Elizabeth* passierte Brasilien und die Azoren und traf am 3. Februar 1833 in London ein. Nach Beales Berechnung hatte er in zwei Jahren und acht Monaten mehr als 50 000 Seemeilen zurückgelegt.

In dem Kapitel »Aufstieg und Fortschritt der Pottwalfischerei« seines Buches bezeichnet Beale 1775 als das erste Jahr, in dem die Engländer den Pottwalfang aufnahmen. Sie entsandten Schiffe mit einer Tragfähigkeit von etwa 100 Tonnen »nach Südgrönland, zur brasilianischen Küste, zu den Falkland-Inseln und in den Golf von Guinea ..., doch da das Hauptvorkommensgebiet des Spermaceti-Wales noch nicht entdeckt war, hatten diese Schiffe nur sehr bescheidenen Erfolg«. Dann berichtet er von dem »großen wirtschaftlichen Erfolg, als man Schiffe um Kap Hoorn in den Pazifik schickte«, von wo Enderbys *Emilia* 1790 mit 139 Tonnen Pottwalöl heimkehrte. 1802 war den Schiffen vor Neuseeland »ein stattlicher Erfolg beschieden«, und 1819 entsandte der »unermüdliche und wagemutige Mr. Enderby« die *Syren* ins Japanische Meer. Sie kam zurück mit »*dreihundertvierzig Tonnen* Pottwalöl [Hervorhebungen Beales] und verzeichnete damit in der Geschichte des Walfangs einen noch nie dagewesenen Erfolg, der alle, die sich in Europa und Amerika in diesem Gewerbe betätigten, in Erstaunen versetzte und anspornte«.

Obwohl in den ersten Jahren des 19. Jahrhunderts immer mehr Fangschiffe in Dienst gestellt wurden, war das Geschäft rückläufig. Je mehr Schiffe in einer Region operieren, desto geringer die Ausbeute pro Schiff und desto geringer auch der Gewinn. Die Französische Revolution und die Napoleonischen Kriege zwangen die Engländer zum Dienst an der Heimatfront, und das gleiche gilt für den Krieg der Amerikaner gegen Großbritannien, den sogenannten »Krieg von 1812«. Eine der unangenehmen Begleiterscheinungen dieses Krieges war das Embargo, das über die Ausfuhr amerikanischer Waren nach England verhängt wurde; die Walfänger in Nantucket, die nur ihr Öl zu verkaufen hatten, wären beinahe verhungert. Der Friedensvertrag von Gent, der dem Krieg ein Ende setzte, bestätigte den britischen Anspruch auf Kanada und stellte den Status quo ante wieder her.

Pottwalfang in australischen Gewässern

Die Schiffe, die Sträflinge nach Australien befördert hatten, konnten für die Heimreise ihre Ladedecks nicht wieder füllen, weil es nichts gab, was man aus diesem gottverlassenen Land hätte heimbringen können. Außerdem unterstand die Schiffahrt der monopolistischen Kontrolle der mächtigen East India Company, die verlangte, daß die Schiffe über Kanton in China zurücksegelten, um dort Teeladungen für England an Bord zu nehmen. Die »zweite Flotte« traf im Juni 1790 in der Bucht von Sydney ein. Inzwischen hatte die Kolonie ihre Nahrungsvorräte weitgehend aufgezehrt, und die Sträflinge und Soldaten hatten sich als unfähig erwiesen, den steinigen Boden der Bucht zu kultivieren. Auch dieser zweite Gefangenentransport war eine Katastrophe, denn gut ein Viertel der 1000 Sträflinge, die England verlassen hatten, starb unterwegs. Statt die Beschwerden der jungen Kolonie zu lindern, vergrößerte die »zweite Flotte« sie nur noch, indem sie weitere Mäuler herbeischaffte, die es zu stopfen galt.

Schiffe, die der East India Company gehörten oder unter deren Flagge fuhren, hatten im Südmeer Robbenfang betrieben und kehrten mit vollen Laderäumen und Berichten über reiche Walvorkommen nach London zurück. Am 7. August 1788 stach der Walfänger *Emilia* von London aus in See; er hoffte, Kap Hoorn umschiffen und die noch unerschlossenen Walgründe erreichen zu können. In weiser Voraussicht hatten die Schiffseigner, die Firma Samuel Enderby & Sons, an das Handelsministerium geschrieben:

Vom Erfolg unseres Schiffs hängt die Etablierung des Walfangs im südlichen Pazifik ab, denn viele Reeder haben erklärt, daß sie so lange abwarten, bis sie erfahren, ob sich der Einsatz unseres Schiffs gelohnt hat. Wenn es Erfolg hat, wird sich ein großer Bereich der Fischerei in diese Meeresgebiete verlagern; wenn nicht, müssen wir für diese Erkenntnis zahlen.

Als die »dritte Flotte« 1791 nach Australien segelte, hatte die *Emilia* unter Kapitän Shields Kap Hoorn umrundet und war in den noch unkartierten weiten Pazifik eingelaufen. Im Logbuch berichtet Shields über die ersten Wale, die im Pazifik erlegt wurden:

Ich stieß 31°20' südl. Breite auf eine sehr große Schule von Sperma-Coeti-Walen, von denen ich 5 tötete und 4 erbeutete; die See war sehr rauh wegen des stürmischen Wetters. Ich hielt es für notwendig, weiter nach Norden zu segeln.

Shields erfolgreiche Waljagd fand vor Chile statt, und damit war jedenfalls erwiesen, daß es im Pazifik Wale in großer Zahl gab. Als die *Emilia* mit einer vollen Ladung Pottwalöl nach England zurückkehrte, war zu erwarten, daß ein weiterer Ozean für die Walindustrie erschlossen würde. Die australischen Gewässer

waren zwar für den Walfang noch nicht offiziell freigegeben, aber es war offenkundig, daß auch dort reiche Walbestände existierten. Als die »dritte Flotte« 1791 zusammengestellt wurde, waren fünf der sechs Schiffe Walfänger. Nachdem Thomas Melville, der Kapitän des Fangschiffs *Britannia*, seine Menschenfracht abgesetzt hatte, teilte er dem Reeder in London mit:

Innerhalb von drei Leguas [ca. 16 km] vor der Küste [Port Jackson] erblickten wir Pottwale in großen Mengen. Von 12 Uhr bis Sonnenuntergang segelten wir zwischen verschiedenen Schulen hindurch, die sich, soweit ich vom Mastkorb ausmachen konnte, ringsum bis zum Horizont ausbreiteten. Ich halte es in der Tat für sehr aussichtsreich, an dieser Küste zu fischen und hier ein Fangunternehmen zu begründen. Unsere Leute gerieten bei einem so großartigen Anblick in Hochstimmung ...

Bis dahin waren in den Gewässern Australiens, das bis 1829 Neuholland hieß, noch keine Wale gefangen worden. Die Ehre, den ersten Pottwal vor Australien erlegt zu haben, kommt entweder Eber Bunker, dem Kapitän der *William and Ann*, oder Thomas Melville von der *Britannia* zu. Denn die Besatzungen beider Schiffe töteten mehrere Tiere, nachdem sie ihre »lebende Fracht« gelöscht hatten, konnten aber wegen des schlechten Wetters nur einen Wal bergen. Sie nahmen anschließend Kurs auf die Fanggründe vor Peru.

Die East India Company hatte zwar die Schiffahrt und den Handel im Pazifik fest im Griff, aber die Eigner der Walfänger – vor allem die Firmen von Samuel Enderby und der Gebrüder Champion – ersuchten die Regierung um die Genehmigung, in australischen Gewässern Wale fangen zu dürfen, und 1801 erteilte die Krone britischen Unternehmen diese Genehmigung. Dadurch konnten die Engländer ihren Walölimport, der nach dem Verlust der amerikanischen Kolonien stark zurückgegangen war, erheblich steigern.

Im Jahr 1803 schickte Phillip Gidley King, der Gouverneur von Neusüdwales, die erste Gruppe von Sträflingen auf die Insel Tasmanien. Das erste Sträflingsschiff war H. M. S. *Glatton*, doch auch der Walfänger *Albion* unter dem Kommando des Nantucketers Eber Bunker beförderte Sträflinge, Vieh und Vorräte zur Risdon-Bucht am River Derwent, also zu einer Niederlassung, aus der schließlich die Stadt Hobart hervorging. Auf seiner ersten Australienfahrt mit Sträflingen an Bord hatte Bunker 1791 die Wale gesichtet, und so erklärte er sich zur Reise nach Tasmanien nur

Transiedekessel

In den Gewässern Neuseelands

Nachdem Eber Bunker, Kapitän des Walfängers *William and Ann*, 1791 seine Sträflingsfracht in Sydney abgesetzt und mehrere Pottwale umgebracht hatte, schlug er einen östlichen Kurs ein. Möglicherweise hat er die Doubtless Bay in Neuseeland besucht, und er gilt, obwohl es keinen Beleg für einen etwaigen Fangerfolg gibt, allgemein als der erste Europäer, der in neuseeländischen Gewässern Wale gejagt hat. Hinter Neuseeland traf er keine Wale mehr an, bis er die ergiebigen peruanischen Fanggründe erreichte, wo er seine Laderäume füllen konnte. Um 1801 betätigten sich die Walfänger vor Neuseeland und brachten das Öl nach Sydney, bevor sie nach England zurückkehrten, um neue Sträflinge abzuholen.

Es waren allerdings nicht die Wale, sondern die Robben, welche die ersten Europäer nach Neuseeland lockten. Robbenschläger hatten die Pelzrobben entdeckt, die seit Jahrhunderten ungestört auf den Felsküsten der Hauptinseln und der subantarktischen Inselgruppen lebten, und wie überall in den südlichen Meeresgegenden schlachteten sie die Tiere zu Hunderttausenden ab. Man nimmt an, daß die endemische Population der Neuseeland-Seebären (*Arctocephalus forsteri*) in den Jahren von 1790 bis 1820 nahezu ausgerottet worden ist. Erst als die Bestände so stark dezimiert waren, daß sich die Jagd nicht mehr lohnte, wandten sich die australischen Robbenschläger den Walen zu.

Die rund 3200 km lange Küstenlinie Neuseelands ist eingekerbt durch alle möglichen Buchten, Flußmündungen und Kanäle. Weil Neuseeland an der Wanderroute der Pottwale zu liegen scheint – selbst heute wissen wir nur sehr wenig über die Lebensgewohnheiten dieser rätselhaften Geschöpfe –, fanden sich die Walfänger häufig in der Nähe der Inseln wieder, wenn sie Pottwale auf dem Meer verfolgten. Im 18. und 19. Jahrhundert wurden bestimmte Fanggründe geortet, wo die Walfänger mit großer Wahrscheinlichkeit ihre Beute antreffen konnten. (Pottwale ernähren sich von tiefseebewohnenden Kalmaren, was man jedoch im 18. Jahrhundert unmöglich wissen konnte, und versammeln sich deshalb gern in den Tiefseeregionen der gemäßigten und tropischen Meere. Die Walfänger betrachteten vermutlich jede blaue Hochsee außer Sichtweite des Festlandes als Tiefsee.) Die Tasmansee zwischen Australien und Neuseeland

unter der Bedingung bereit, daß er unterwegs ein paar Wale erlegen könne, wenn sich die Gelegenheit ergebe. King stimmte zu, forderte aber, daß alle Gefangenen eingeschlossen und gefesselt bleiben müßten, wenn die Boote zu Wasser gelassen würden. Während der zwölftägigen Fahrt von Sydney zum Derwent hielt sich Bunkers *Albion* offenbar dicht an der Küste – außer bei der Überquerung der Bass-Straße –, und dennoch konnte er drei Pottwale erbeuten, die ersten Wale überhaupt, die in tasmanischen Gewässern gefangen wurden.

Die englischen Walfangunternehmen im Süden warfen enorme Gewinne ab: 1784 belief sich der Wert der erlegten Wale auf 14 350 Pfund; 1785 waren es 23 480 Pfund, 1786 bereits 55 753 und 1787 sogar 107 231 Pfund.

Enderbys Fangschiffe waren die ersten, die Kap Hoorn umsegelten, und auch die ersten, die, im Jahre 1819, Japan besuchten. Die Walfänger aus London erkundeten als erste die Straße von Moçambique, die Hawaii- und Freundschaftsinseln, die Molukken, Fidschi und Neuseeland. Die Enderbys finanzierten eine Expedition unter Leitung von Kapitän Colnett, die außerhalb der spanischen Besitzungen Landbasen für den Pottwalfang ausfindig machen sollte; dabei stieß Colnett bis zu den Galapagos vor. Um die endlosen Weiten des Pazifischen Ozeans zu erschließen, segelten die britischen Walfänger durchweg im Kielwasser des kühnen Entdeckers James Cook.

wurde unter dem Namen »Mittlere Gründe« bekannt, und die »Solander-Gründe« (benannt nach Cooks Botaniker Daniel Solander) lagen vor Stewart Island. Ein weiteres wichtiges Pottwalgebiet befand sich in der Nähe der Norfolk-Insel, eines einsamen Felseneilands, auf dem 1790 die schlimmste australische Strafkolonie eingerichtet wurde. Die Walfänger interessierten sich nicht für die Sträflinge, sondern ausschließlich für die Pottwale, die ziemlich regelmäßig an dieser gottverlassenen Insel vorbeizogen. Die Chatham-Inseln im Osten Neuseelands waren ein weiterer beliebter Treffpunkt der Pottwaljäger.

Das Pottwalöl war in der ersten Zeit des pazifischen Walfangs das begehrteste Walprodukt, und die in London beheimatete englische Walindustrie konnte gar nicht genug davon bekommen. Zu Beginn des 19. Jahrhunderts liefen Walfänger aus London und New Bedford, die von den Fidschi- und Tonga-Inseln oder von Samoa zurückkehrten, die Bay of Islands an, um ihre Vorräte aufzufrischen – und um sich der Gunst der Maori-Frauen zu erfreuen. Es entstand eine Niederlassung an der Doubtless Bay und eine zweite in Kororareka. 1809 wollte der Walfänger *Boyd* im Hafen von Whangaroa Dammaraholz übernehmen. An Bord befand sich ein Häuptling, der auf der Fahrt von Sydney wegen irgendeines Fehlverhaltens ausgepeitscht worden war, was unter den Maori helle Empörung hervorrief. Sie forderten Rache. Die an Land gegangenen Besatzungsmitglieder der *Boyd* wurden von den Maori getötet und verspeist, die dann die Sachen ihrer Opfer anzogen, zum Schiff hinüberruderten, die übrige Mannschaft umbrachten und das Schiff in Brand steckten. Mehrere Monate danach wurde das »Boyd-Massaker« von anderen Walfängern gerächt, die 60 Eingeborene ermordeten. Das trug nicht gerade zur Verbesserung der Beziehungen zwischen den *Pakeha*-Walfängern und den Maori bei, und überall auf den Inseln flackerten immer wieder Streitereien auf.

Obgleich die Walfänger Whangaroa und die Bay of Islands eine Zeitlang mieden, ging der Austausch zwischen den beiden Kulturen weiter. Für die Ausländer waren die leicht verfügbaren Vorräte und Frauen besonders attraktiv, während die Maori Waffen für ihre ständigen Stammesfehden erhielten. Darüber hinaus entdeckten die Walfänger noch einen anderen Vorteil Neuseelands: Südkaper schwammen im südlichen Winter (Mai bis September) zum Kalben in die Küstengewässer ein, genauso wie in Australien und Tasmanien. Fast sofort entwickelte sich daraufhin Neuseelands erste Walindustrie.

Das Hauptproblem in der Anfangszeit war der Mangel an Fässern. Ein Küstenwalfänger lagerte seinen Tran sogar in selbstgegrabenen Gruben. An diesen unerforschten Stränden bauten die ersten Walfänger rohgezimmerte Hütten neben ihren Transiedekesseln, und unter solch primitiven und elenden Bedingungen errichteten die weißen Siedler einen ersten Brückenkopf in Neuseeland.

Die Maori waren ein stolzes und kriegerisches Volk, und es war nicht einfach, ihre Inseln zu kolonisieren und ihr Land in Besitz zu nehmen. Zunächst war das Verhältnis zwischen den Walfängern und den Eingeborenen einigermaßen friedlich, doch schon bald kam es zu Reibereien. Die rauhen Seeleute verhielten sich nicht sonderlich diplomatisch, und ihre Taktlosigkeit und die feindselige und stolze Haltung der Maori beschworen Probleme herauf, die bis heute weiterbestehen.

Französischer und holländischer Pottwalfang

Die Franzosen hatten im 17. und 18. Jahrhundert Spitzbergen mit einer »stattlichen Zahl von Schiffen« (Scoresby) besucht. Wie der französische Historiker Thierry du Pasquier nachgewiesen hat, stachen zwischen 1814 und 1868 etwa 137 Fangschiffe von den Häfen Le Havre, Nantes, Saint-Malo, La Rochelle und Dieppe aus in See. In *Les Baleiniers français au XIXème siècle* beschreibt du Pasquier (Nachkomme einer der Familien aus Nantucket, die 1786 nach Dünkirchen emigrierten) den Niedergang des französischen Walfangs nach der Revolution und dessen Wiederaufstieg nach dem Sturz Napoleons. Französische Walfänger durchstreiften die Weltmeere mit Schiffen, die Namen wie *Guillaume Tell, Lioncourt, Etoile Polaire, Croix de Sud, Nouvelle Betzy* und *Aimable Nanette* trugen. Es war die französische *Gange*, die 1835 die ersten Nordkaper vor der Nordwestküste Nordamerikas erbeutete.

In *Moby Dick* taucht ein französischer Walfänger mit dem schönen Namen *Bouton de Rose*, »Rosenknospe«, auf. Melville teilt uns mit, daß die Franzosen als »Crappoes« bezeichnet wurden, eine Verballhornung des nicht gerade schmeichelhaften Wortes *crapaud* (Kröte). Es sind »nur arme Teufel, was die Walfängerei angeht; manchmal fieren sie ihre Boote

Auf diesem Stich aus dem frühen 19. Jahrhundert nach dem Franzosen Louis Garneray (der so populär war, daß er in englischen, amerikanischen und deutschen Ausgaben erschien) ist der Kopf des Wals unter Wasser sichtbar – eine höchst ungewöhnliche Perspektive.

wegen eines Brechers weg, den sie mit dem Blas eines Pottwals verwechseln; ja, und auch segeln sie von ihrem Hafen los und haben den Laderaum voll gepackt mit Kisten voller Talgkerzen und Schachteln voller Lichtputzscheren, weil sie voraussehen, daß das Öl, das sie erjagen, nicht einmal langen wird, den Docht des Kapitäns hineinzustippen«. Obwohl die Franzosen bis 1868 Schiffe aussandten, meint du Pasquier, daß »die französischen Walfänger nach 1850 keine große Rolle mehr gespielt haben«.

Einen der am wenigsten erforschten – und erfolglosesten – Anteile am Walfang im Süden hatten die Holländer. Sie konnten sich zwar auf eine lange, bis ins frühe 17. Jahrhundert zurückreichende Tradition in den Fanggründen des Nordens berufen, machten aber nur einen zaghaften Versuch, sich an der Pott-

waljagd in den südlichen Meeren zu beteiligen. Die ältere holländische Walindustrie war zusammengebrochen, als die englischen Schiffe aus Hull und Whitby vor Grönland erschienen, und auch den holländischen Schiffen, die 1825 in die Davis-Straße entsandt wurden, war kein Erfolg beschieden. Die Berichte über die großen Walvorkommen in südafrikanischen Gewässern stießen zwar auf einiges Interesse, das jedoch schwand, als die Kapkolonie 1815 an Großbritannien verlorenging.

Ermutigt durch die Unterstützung König Willems I., bemühten sich die Holländer, Pottwale im Südatlantik und Südpazifik zu fangen, doch ihre Ausbeute war äußerst gering. Ihr erstes Schiff war die in Nantucket gebaute *Logan* unter dem Kommando von Reuben Coffin, der einer der angesehensten Familien in der

»... das Boot ist gerade dabei, der seepockenüberkrusteten Flanke eines großen fliehenden Kaperwals längsseits zu kommen, der seinen mit Seetang behängten Riesenleib im Meer wälzt wie einen von den patagonischen Klippen herabstürzenden bemoosten Felsblock.« So beschreibt Melville in *Moby Dick* diesen Stich des französischen Marinemalers Louis Garneray (1783–1857).

Geschichte des Nantucketer Walfangs entstammte. Von 1826 bis 1830 durchpflügte die *Logan* die Meere auf der Suche nach Walen, doch anscheinend spürte man nur sehr wenige auf, und diese wenigen vermochte die unerfahrene holländische Mannschaft nicht zu erlegen. 1832 stach die *Eersteling* unter Kapitän H. F. Horneman in See, der jedoch offenbar keinerlei Ahnung vom Walfang hatte. Die *Proserpina* verließ Rotterdam 1836 und erbeutete in zwei Jahren immerhin 19 Wale. Die Gebrüder Reelfs schickten 1835 die *Anna & Louisa* in die Südsee und erwarben, verleitet durch allerbescheidenste Erfolgsmeldungen, auch die alte *Proserpina*, die sie aufmöbelten und auf den Namen *Zuidpool* umtauften. Auch bei diesen beiden Schiffen machten sich die Investitionen nicht bezahlt. Der gesamte Walölbedarf der Niederlande mußte vermutlich von den Yankees gedeckt werden.

Die in der Südsee kreuzende *Pequod* begegnet in Melvilles Roman einem Schiff mit Namen *Jungfrau*.

Ihr Heimathafen ist Bremen, und ihr Kapitän trägt den sehr undeutsch klingenden Namen Derick de Deer. »Einst«, schreibt Melville, »waren die Holländer und die Deutschen die größten Walfang treibenden Völker der Welt, doch jetzt rangieren sie unter den letzten, aber gelegentlich trifft man im Pazifik noch ihre Flagge an.«

Nantucket und New Bedford

Die Nantucketer dominierten den amerikanischen Walfang rund 50 Jahre lang, doch dann errang ein kleines Dorf am Acushnet River in Massachusetts eine solche Vormachtstellung, daß es schon bald Nantucket und alle anderen Walfanghäfen der Neuen Welt in den Schatten stellte. Um 1760 unternahmen die ersten Schiffe aus New Bedford Fangreisen in den Süden. 1770 segelten die New-Bedford-Briggs *Patience* und *No Duty on Tea* über den Atlantik, und wenig später umschiffte die *Rebecca* als erster amerikanischer Walfänger Kap Hoorn und brachte eine volle Ladung Pottwalöl aus dem Pazifik mit heim. »So begann«, schrieb Scammon 1874, »der kommerzielle Betrieb in New Bedford, das seither zur Walfangmetropole der Welt aufgestiegen ist.« Die gesamte Flotte der Kolonien bestand 1774 aus 360 Schiffen mit rund 9000 Mann, und davon entfiel der Löwenanteil auf Nantucket und New Bedford.

Die Schiffe befuhren die Weltmeere von den Polen bis zum Äquator und schlachteten alle Wale ab, die sie fanden, bis ihre »Lasten« (Frachträume) mit dem dickflüssigen Öl gefüllt und die Kleider der Seeleute, die Decks und die Takelage mit dem stinkenden Qualm der Transiedekessel geschwängert waren. Nach der Rückkehr in die Heimathäfen wurden die Schiffe entladen und liefen so schnell wie möglich wieder zu den Fanggründen aus.

1812 wurden viele Nantucketer Walfänger, die unterwegs zum schützenden Heimathafen waren, von englischen Freibeutern gekapert und die Mannschaften zum Dienst auf britischen Schiffen gepreßt. Doch trotz solcher Kriegsverluste rüsteten die Nantucketer weiterhin Schiffe für Fangreisen rund um die Welt aus. Als sie vor der Westküste Südamerikas operierten, die zu den reichsten Pottwalgründen der Erde zählte, sahen sie sich mit einem neuen Feind konfrontiert, den peruanischen Freibeutern. Viele Schiffe wurden in Talcahuano (Chile) festgehalten, wo sie angelegt hatten, um sich für die Heimfahrt zu verproviantieren. Joel R. Poinsett, der von der amerikanischen Regierung entsandt worden war, um für die Sicherheit der Schiffe zu sorgen, konnte eine Truppe von 400 peruanischen Milizsoldaten gegen die Piraten aufbieten und die Freigabe der Schiffe erzwingen. Unterdessen machten britische Kaperschiffe den Nantucketer Walfängern vor der Küste von Massachusetts zu schaffen, die sich vergebens um den Schutz ihrer Fischereiflotte bemühten. »Die Menschen stellten fest«, schrieb Starbuck, »daß sich die Geschichte ihrer Leiden während der Revolution mit qualvoller Beharrlichkeit und Gleichförmigkeit wiederholte, und sie drohten vor Hunger und Kälte zugrunde zu gehen.« Nach 1815, als der Friede von Gent das Ende der Feindseligkeiten signalisierte, bauten die Nantucketer ihre einzige Industrie rasch wieder auf, und schon nach einem Jahr stapelten sich

Die Bark *Lagoda* (links) im Hafen von New Bedford.

erneut schmierige Fässer auf den Kais. Die Fangflotte war bei Kriegsende auf 23 Schiffe zusammengeschrumpft, doch schon 1820 führten wieder 72 Fahrzeuge, Briggs, Schoner und Schaluppen, die Flaggen von Reedern aus Nantucket. Die Bestrebungen der Engländer, das Walfangmonopol ihrer ehemaligen Kolonie zu brechen, überdauerten nicht den »Krieg von 1812«. Während des Krieges war der amerikanische Walfang durch die englische Kaperpraxis stark beeinträchtigt worden. Im Gegenzug durchstreifte die amerikanische Fregatte *Essex* nun den Südpazifik, um die von den englischen Freibeutern aufgebrachten Schiffe zurückzuerobern, und dabei säuberte sie das Meer nahezu vollständig von britischen Walfängern. Als der Krieg 1815 zu Ende ging, war die englische Fangflotte zerschlagen. Die angeschlagene amerikanische Walindustrie hatte sich dagegen wieder erholt und leitete eine Periode beispielloser Prosperität ein, die teils auf dem Bevölkerungswachstum und der wirtschaftlichen Entwicklung in der Heimat, teils auf der anhaltenden Nachfrage nach amerikanischem Öl in England beruhte. Die industrielle Revolution brach an, und die neuen Maschinen brauchten Schmierstoffe. 1833 beschäftigte die amerikanische Walfangindustrie 392 Schiffe und mehr als 10 000 Seeleute.

Ein Jahrzehnt später hatten sich beide Zahlen verdoppelt.

Die amerikanischen Walfänger beherrschten die Ozeane. Die *Maro* unter Kapitän Joseph Allen aus Nantucket entdeckte 1820 die üppigen japanischen Fanggründe, und innerhalb von zwei Jahren waren dort 30 Walfänger aktiv. Ihnen folgten sehr bald andere, die herausfanden, daß Pottwale sich gern auch in den warmen tropischen Gewässern vor verschiedenen südpazifischen Inseln aufhielten. Die Küsten von Sansibar, die Inseln der Seychellen, die vereisten Strände von Kamtschatka und sogar die Mündung des Roten Meeres wurden von den weitgereisten Walfängern erkundet. Die Yankees betrachteten offensichtlich die ganze Welt als ihr privates Waljagdrevier. Im Jahre 1846, das allgemein als der Höhepunkt des Walfangs der Neuengländer gilt, fuhren 735 Schiffe mit einem Gesamtgewicht von 233 189 Tonnen und einem Buchwert von mehr als 21 Millionen Dollar unter der Flagge amerikanischer Reedereien.

Neben den Walfangzentren Nantucket und New Bedford in Neuengland schickten noch viele andere Städte Fangschiffe auf die Reise: Salem, Gloucester, Marblehead, Provincetown und Edgartown (Martha's Vineyard) in Massachusetts; New London, Stoning-

Ein »Kamel« (Hilfsfahrzeug) bugsiert einen Walfänger über die Sandbank, die die Hafeneinfahrt von Nantucket blockierte.

鯨捕 鯨魚身長數十丈上有水噴孔頭起十餘 丈的高骨是齒都從錢用鐵鈎義前捕他大時打近用及制他就沒有氣船的事了

Japanische Zeichnung einer amerikanischen Walfangoperation, mit einem sehr schematisch wiedergegebenen Schiff im Hintergrund. Die Ruderer im vorderen Boot sind (fälschlicherweise) nebeneinander sitzend dargestellt.

Ein zäher alter Bulle. Zwei Boote, ausgesetzt von einem Schiff, das die Flagge der Reederei H. & J. French aus Sag Harbor führt, beim Angriff auf einen Pottwalbullen. Ölgemälde von W. H. Overend (ca. 1850).

town und Mystic in Connecticut; Sag Harbor, Amagansett, East Hampton und Southampton auf Long Island. Selbst Staaten wie Delaware, Maine und New Jersey, die man normalerweise nicht mit dem Walfang in Verbindung bringt, versuchten mitzuhalten.

Das maßgebliche (und wahrscheinlich einzige) Buch über die Walindustrie in New Jersey beginnt mit den Worten: »Nanu! Walfang in New Jersey?« Anschließend dokumentiert dann Barbara Lipton die 150jährige Walfanggeschichte dieses Staates, von den

Anfängen des Küstenwalfangs in der Delaware Bay bis zur Blütezeit des Gewerbes in New Jersey, in der 1824 die *Susquehanna* von Perth Amboy aus Kurs auf den Südatlantik nahm und 1833 die Newark Whaling, Sealing and Manufacturing Company gegründet wurde. Die NWS&M Co. entsandte 1836 die *Columbia*, die nach einer zweijährigen erfolgreichen Fangfahrt auf die Felsen vor Arauco in Chile auflief. Menschen kamen nicht zu Schaden, und der größte Teil der Fracht konnte geborgen werden. Der letzte New-Jersey-Walfänger, die *John Wells*, die ebenfalls der NWS&M Co.

gehörte, unternahm zwischen 1834 und 1844 vier Fangreisen und wurde 1850 an ein Unternehmen in New Bedford verkauft, für das sie weiterhin Dienst tat, bis sie 1871 in der großen Arktis-Katastrophe unterging.

Hawaii und der Walfang

Die Entdeckung der reichen Pottwalbestände im Westpazifik hatte eine unerwartete Folge: Die Ha-

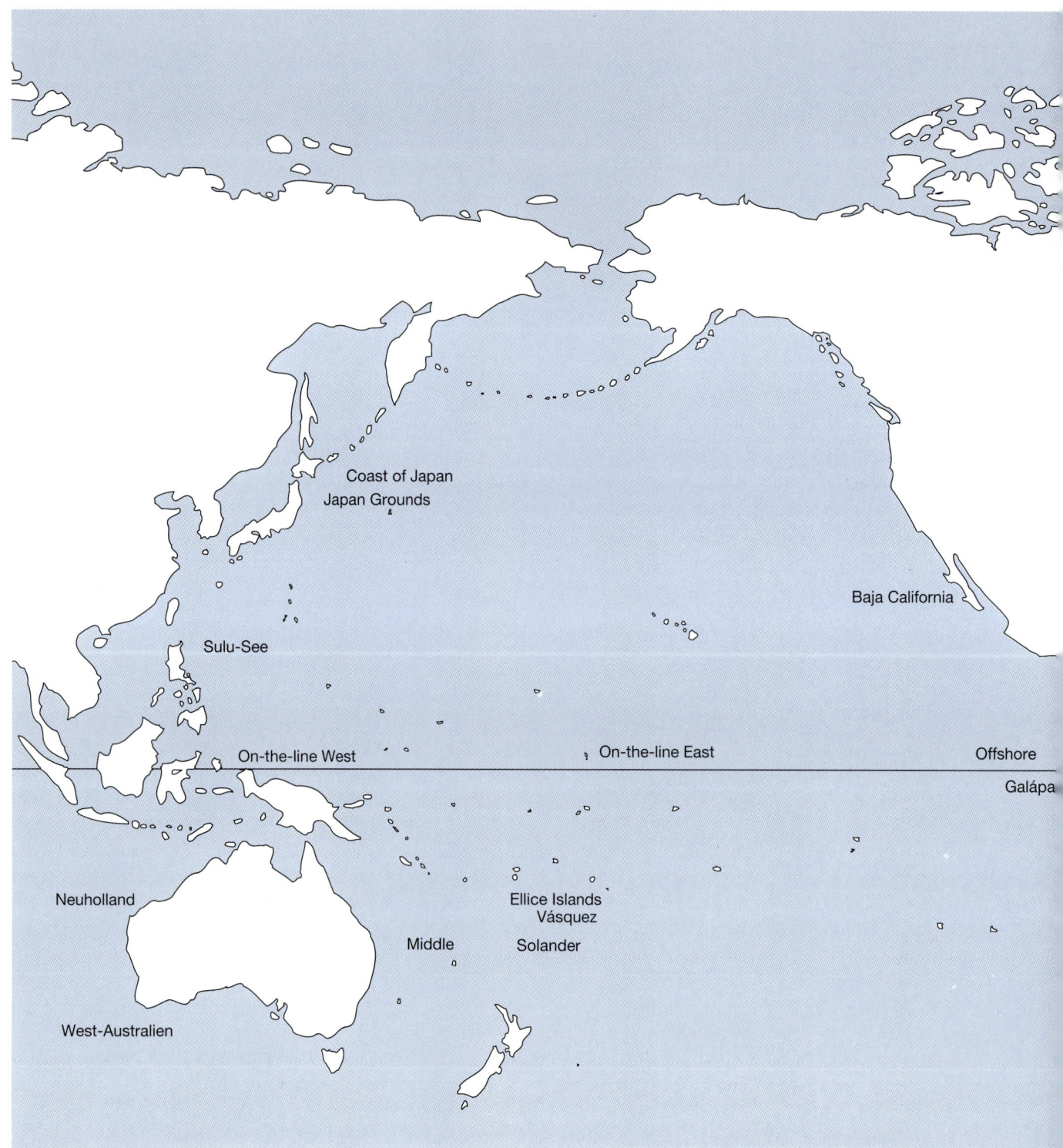

waii-Inseln wurden als eine Zwischenstation für die Übernahme von Proviant genutzt und anschließend besiedelt. Kapitän Cook hatte die Inseln 1778 entdeckt und wurde, als er ein Jahr später dorthin zurückkehrte, von feindseligen Eingeborenen umgebracht. Da-

nach blieb es ziemlich ruhig, bis nach der Erschließung der japanischen Fanggründe eine regelrechte Invasion von Missionaren, Walfängern und Siedlern einsetzte. Die einst so verschlafenen tropischen Inseln veränderten ihr Gesicht. Obwohl sie neuerdings

Die Fanggründe (durchgängig mit ihren eingebürgerten englischen Namen bezeichnet), in denen die Pottwalfänger des 19. Jahrhunderts operierten. Sie wußten offensichtlich noch nichts von den Wanderzügen der Wale zu den Polarmeeren, und sie hatten auch noch nicht die riesigen Pottwalbestände vor den Aleuten und der Halbinsel Kamtschatka entdeckt.

ein Zentrum des Waltourismus sind, scheinen die damaligen Walfänger Hawaii nur aufgesucht zu haben, um sich mit Lebensmitteln und Wasser zu versorgen oder um ihre Schiffe instand zu setzen und sich zu erholen. Die Buckelwale, die heutzutage die Walbeobachter anlocken, waren im 18. und 19. Jahrhundert möglicherweise dort nur spärlich vertreten, auch wenn es einige Belege dafür gibt, daß diese Wale in hawaiianischen Gewässern gejagt worden sind.

König Kamehameha starb 1819, und die ersten Missionare trafen 1823 in der damaligen Inselhauptstadt Lahaina ein. Wegen seiner offenen Reede war Lahaina besonders attraktiv für Walfänger, und dank seiner schier unerschöpflichen Vorräte an Süßwasser, Früchten, Gemüse und Schweinen, ganz zu schweigen von den reizenden *wahines* (Hawaiianerinnen), kamen die Inseln den Seeleuten, die auf See monatelang nur von Pökelfleisch und Schiffszwieback hatten leben müssen, wie ein Paradies vor. Anfangs schwammen die *wahines* den Schiffen entgegen, doch die Missionare setzten diesem zügellosen Treiben schon bald ein Ende, was die Entstehung von Bordellen nach sich zog. Eine weitere Folgeerscheinung war, daß zahlreiche *kanakas* auf den Walfängern anheuerten, um die Männer zu ersetzen, die auf anderen Inseln desertiert oder unterwegs verletzt oder getötet worden waren. Um 1825 zählte man in der anderthalb Kilometer langen Hafenstraße von Lahaina nicht weniger als 23 Schnapsbuden. Der Verkauf von Alkohol wurde 1825 verboten, doch die Seeleute reagierten darauf mit einem Aufstand, und einmal beschossen die Matrosen des amerikanischen Kriegsschiffs *Dolphin* sogar das Haus des Geistlichen William Richards mit Kanonen, als sie erfuhren, daß man ihnen den begehrten Grog verweigern wollte.

Bereits 1812 hatten Kaufleute mit König Kamehameha ein Abkommen getroffen, das ihnen die Ausbeutung des wohlriechenden Sandelholzes (*iliahi*) gestattete, doch innerhalb eines Jahrzehnts waren die reichen Baumbestände abgeholzt, und die Inseln brauchten einen neuen Kapitalzustrom, den ihnen dann die Walfänger bescherten. Die Gewässer rings um die hoch aufragenden Vulkaninseln sind tief genug, um Pottwalen einen idealen Lebensraum zu bieten. Aber es waren nicht die Wale, welche die Walfänger hierher lockten, sondern die günstige Lage der Inseln. Zwar wurde 1819 ein Pottwalbulle vor der Hauptinsel Hawaii erlegt, aber im allgemeinen legten die Walfänger auf der Fahrt zum oder vom Westpazifik und später der Arktis hier nur einen Zwischenaufenthalt ein. Die Inselkette liegt ungefähr in der Mitte zwischen Nordamerika und Asien und nicht weit vom Äquator entfernt, so daß sie eine gute Basis für die Winter- und Sommerjagd im Pazifik darstellte.

Die Geschichte der Inselbesiedlung war geprägt vom Konflikt zwischen den gesetzlosen Walfängern und den frommen Missionaren. Die ersteren wollten nach dem oft jahrelangen Eingesperrtsein in der schmutzigen Back ihre Freiheit genießen, während die Geistlichen ausgerechnet dort, wo sich die Seeleute der hemmungslosen Trunksucht und Ausschweifung ergaben, Recht und Ordnung und christliche Tugenden durchzusetzen versuchten.

Die Walfänger gewannen jedoch schon bald die Oberhand: Zwischen 1822 und 1850 ankerten alljährlich Hunderte von Schiffen in den hawaiianischen Häfen. Den Höhepunkt markiert das Jahr 1846, in dem 596 Walfangschiffe hier anlegten.

Honolulu und Lahaina wurden auch zunehmend wichtiger als Umschlaghäfen. Statt mit ihrem Öl und Fischbein quer über den Pazifik heimzusegeln, entluden die Walfänger ihre Fracht in den Häfen von Hawaii, von wo aus sie dann mit Handelsschiffen zum amerikanischen Festland weiterbefördert wurde. So konnten die Fangschiffe die Waljagd ohne große Unterbrechung fortsetzen. Gelegentlich fingen sie auch Wale in hawaiianischen Gewässern, doch dabei handelte es sich nur um Buckelwale, die nicht viel Tran oder Fischbein erbrachten.

1852 kam der schwelende Konflikt offen zum Ausbruch. Von den mehr als 150 Schiffen, die im Hafen von Honolulu festgemacht hatten, strömten rund 2000 Seeleute in die Stadt. Ein Mann wurde wegen Trunkenheit eingesperrt und für immer zum Schweigen gebracht, als er allzu stark randalierte. Die Nachricht verbreitete sich in den Kneipen und Bordellen, und schon bald tobte ein handfester Aufruhr in den Straßen von Honolulu. Die Polizeistation und mehrere Läden wurden niedergebrannt, und nur ein auflandiger Wind verhinderte, daß die mit Öl beladenen Schiffe im Hafen Feuer fingen.

Schwer zu sagen, wie die anhaltende Auseinandersetzung zwischen Walfängern und Missionaren geendet hätte. Doch dann verschwanden die Wale in großer Zahl und wegen des Goldrausches in Kalifornien auch die Walfänger. Oberst Drake entdeckte 1859 Erdöl in Pennsylvania, im Bürgerkrieg wurden Seeleute und Schiffe gebraucht, und schließlich scheiterte die pazifische Fangflotte 1871 in der Arktis.

Als dann die Wale in den frühen siebziger Jahren unseres Jahrhunderts zum Symbol der sich formierenden Umweltschutzbewegung erhoben wurden, entdeckte man auch die Buckelwale von Hawaii wieder. Zunächst beobachteten Wissenschaftler die Tiere in der Maalea-Bay und im Anau-Kanal, doch schon bald traten die Geschäftsleute auf den Plan – eine Invasion, die die der Missionare in den Schatten stellte. Das kleine Lahaina ist heute wieder die »Walhauptstadt« von Hawaii, aber statt die Wale umzubringen, beschränken sich die Einwohner von Lahaina nunmehr darauf, sie zu verehren, zu beobachten und – auf unschädliche Weise – auszubeuten. Dutzende von Geschäften haben die Wale zu ihrem Firmenemblem erkoren. Galerien bieten massenhaft billige Grafiken mit romantisierenden Darstellungen der Buckelwale feil, die aus dem Wasser springen oder mit farbenprächtigen Tropenfischen um die Wette tauchen, und jeder zweite trägt ein T-Shirt mit einem Walbild. In den Wintermonaten, wenn die Buckelwale aus dem Südosten Alaskas zum Kalben in die hawaiianischen Gewässer kommen, fahren Ausflugsschiffe mit Scharen von Touristen aufs Meer hinaus, wo man eine oder zwei Stunden lang die Wale aus nächster Nähe beobachten kann.

Der Niedergang des amerikanischen Walfangs

Gegen Ende des 19. Jahrhunderts waren fast alle bekannten Bestände der Kaper- und Grönlandwale arg

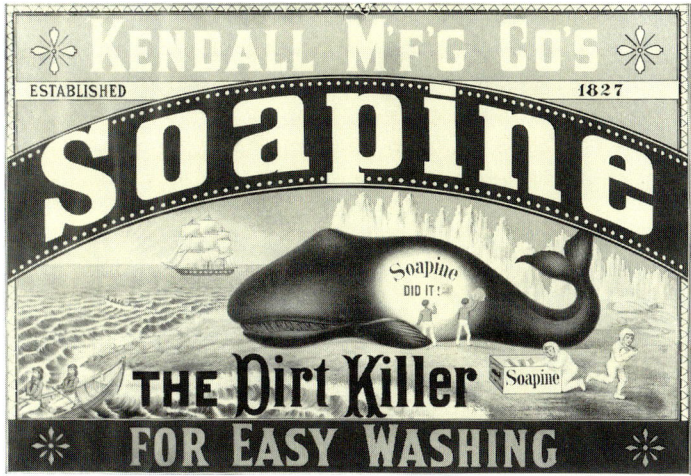

dezimiert. Die einzige Art, die nach wie vor bejagt wurde, waren die Pottwale, und auch sie waren immer schwerer zu finden. Wie überall machte sich auch im Walfang die industrielle Revolution bemerkbar, und Einzelunternehmen wurden vom technischen Fortschritt überholt. Dampfgetriebene Fangschiffe verdrängten die Rahsegler, und andere Ölsorten begannen sich in der Beleuchtungs- und Schmiermittelindustrie durchzusetzen.

Bereits 1830 wurde ein Leuchtöl namens »Camphen« aus Terpentin gewonnen. Daß es übelriechend und flüchtig war, sprach zwar gegen dieses Öl, beschleunigte aber andererseits die Suche nach besseren Ersatzstoffen. Einige weitsichtige Kaufleute in New Bedford ahnten, was die Entdeckung des Erdöls mit sich bringen würde, und so gründeten die Herren Howland, Taber, Delano, Wood und Hicks, deren Namen bis dahin untrennbar mit der Walindustrie verbunden gewesen waren, im Jahr 1858 eine Fabrik zur Destillation von Petroleum. Baumwoll-, Lein- und Palmöl wurden ebenfalls in Seifensiedereien, Seilereien und Gerbereien verwendet. Das Walöl, das einst die Industrie geprägt und den Gang der Geschichte, die Wohlstandsentwicklung und die Literatur nachhaltig beeinflußt, aber auch Tausenden von Walen das Leben gekostet hatte, war überholt. Das Zeitalter des Erdöls brach an.

Nach der Blütezeit um die Mitte des vorigen Jahrhunderts begann für die Walindustrie Neuenglands ein Abstieg, von dem sie sich nie mehr erholen sollte. Als 1848 bei Sutter's Mill in Kalifornien Gold entdeckt wurde, verließen ganze Mannschaften ihre Schiffe, sobald diese in San Francisco angelegt hatten. Im Bürgerkrieg wurden zahlreiche Walfänger versenkt oder versenkten sich selbst. Überfallkommandos der Konföderierten richteten ein Desaster in der Fangflotte der Yankees an, und schließlich zermalmte das Eis der Arktis im Herbst 1871 nicht weniger als 31 Walfangschiffe. 1857 hatte die mächtige Flotte von New Bedford aus 324 Schiffen bestanden, doch 50 Jahre später waren es nur noch 19 Fangschiffe und Barken, 12 Schoner und eine Brigg. Das Gleichgewicht der Macht hatte sich zugunsten von San Francisco verschoben, doch auch dort standen die Chancen schlecht, und man machte nur noch zaghafte Versuche, die todkranke amerikanische Walfangindustrie wiederzubeleben. Die Überjagung verschiedener Walarten, vor allem des Pottwals, trug offensichtlich ebenfalls zum Niedergang der Industrie bei, denn die Waljäger mußten immer mehr Zeit auf See verbringen, um eine immer geringere Ausbeute heimzubringen.

Als die Trangewinnung zunehmend kosten- und zeitaufwendiger wurde, ließ die Einführung des Petroleums die Preise für Walöl noch weiter absacken. Von 1,77 Dollar pro Gallone (ca. 3,8 l) Pottwalöl 1855 sank der Preis 1896 auf 40 Cent. Die Investoren waren nicht mehr bereit, Geld in diese unrentable Industrie zu stecken. Schmierige Fässer verrotteten auf den Werften, und die Walfänger dümpelten in den Häfen; einige sollten nie wieder Segel setzen.

Ein Preisanstieg für Fischbein gab dem kalifornischen Walfang noch einmal Auftrieb. Dampfschiffe nahmen Kurs auf die Arktis, um Grönlandwale zu erbeuten, aber auch dieses Unternehmen wurde von der rasanten technischen Entwicklung überrollt, denn so wie das billigere Petroleum das Walöl verdrängte, ersetzte nun Federstahl die Fischbeinstäbe in den Korsetts. Die Walfänger von New Bedford machten gleichwohl beharrlich weiter, doch um die Jahrhundertwende war der amerikanische Hochseewalfang praktisch am Ende. Der letzte Yankee-Rahsegler, der zum Walfang auslief, war die *Wanderer*, die am 25. August 1924 von New Bedford aus in See stach. Sie geriet in einen heftigen Nordoststurm, lief auf Grund und zerschellte am nächsten Tag an den Felsen von Cuttyhunk Island.

Der Fang des ersten Pottwals vor Nantucket im Jahr 1712 mag zweifelhaft sein, doch es ist sicher, daß die Nantucketer um die Mitte des 18. Jahrhunderts die Jagd auf diesen Wal voll eröffnet haben. Nur gut ein Jahrhundert später war die Jagd zu Ende. Vermögen wurden gemacht und gingen verloren; Städte erlebten ihren Aufstieg und Untergang; Menschen lebten und starben – und das alles wegen der magischen Substanz im Kopf des Pottwals. In *Moby Dick* heißt es von New Bedford: »Ja, all diese schmucken Häuser und Blumengärten stammen aus dem Atlantischen, dem

Die gebündelten Faßdauben verstaute man an Bord, bis sie vom Böttcher zusammengesetzt wurden.

Am 27. August 1924, einen Tag nach dem Ablegen in New Bedford, lief die *Wanderer*, der letzte Rahsegler, der eine Walfangreise unternahm, vor der Cuttyhunk-Insel auf einen Felsen.

Pazifischen und dem Indischen Ozean.« Die bleibende Erinnerung an den Pottwalfang sind nicht die Häuser in New Bedford und Nantucket, nicht die erhalten gebliebenen Harpunen und die geschnitzten Walzähne, nicht die Logbücher und Aufzeichnungen, die von den Erfolgserlebnissen und Strapazen der Walfänger künden, nicht einmal – wenn etwas nicht Vorhandenes ein Denkmal sein kann – die Massenvernichtung der Wale selbst. Nein, das Vermächtnis der Waljagd findet sich allein in Melvilles epischem Bericht, der gewaltigsten Parabel, die jemals über den ewigen Konflikt zwischen Mensch und Tier geschrieben worden ist.

Zwischenspiel: Das Leben an Bord eines Walfängers

Die ursprünglichen Bewohner von Nantucket und Martha's Vineyard waren Walfänger aus eigenem Recht, doch sie wurden sehr schnell in die »Walfangkultur« Neuenglands integriert. Der Harpunier Tashtego in Melvilles Roman wird beschrieben als »ein echter Indianer aus Gay Head, das die Nachbarinsel Nantucket seit langem mit vielen ihrer kühnsten Harpuniere versorgt hat«, und der Afrikaner Daggoo, »ein hünenhafter, kohlschwarzer Negersklave«, hatte »aus freien Stücken auf einem Walfänger angeheuert, der in einer einsamen Bucht seiner heimatlichen Küste vor Anker lag«. (Es dauerte noch eine Weile, bis »Kannibalen« oder *kanakas* wie Queequeg an Bord kamen; die Südseeinseln, auf denen sie lebten, mußten erst noch von den Walfängern entdeckt werden.) Unter den ersten Walfängern des 19. Jahrhunderts waren sehr viel mehr Schwarze und Indianer als in späteren Jahren.

Sobald der Walfang eine bedeutende Position erlangt hatte, galt er als ein vornehmer Beruf, und die Elite der Jugend von Nantucket, Martha's Vineyard, Long Island und der Küstendörfer von Massachusetts bewarb sich um Posten an Bord der Schiffe. Stramme

Ein Fangboot der *Charles W. Morgan* unter Segel im Jahr 1910.

und manchmal schien die Reise kein Ende nehmen zu wollen. Doch es gab auch Leute, die dieses Leben als vergnüglich und romantisch, ja als Inbegriff eines erfüllten Daseins verklärten.

Aus der Rückschau waren die Fangreisen allerdings oft alles andere als romantisch und das Wetter keineswegs immer angenehm. Es gab zwar frische Brisen, tropische Sonne und riesige Pottwalherden, aber auch tödliche Langeweile auf den jahrelangen Reisen – den Rekord stellte vermutlich die *Nile* aus New London auf, die von 1858 bis 1869 elf Jahre lang unterwegs war – sowie Unwetter, Blizzards, Taifune, Hurrikane, berghohen Seegang und heulenden Wind. Die Lebensbedingungen an Bord waren nicht viel anders als auf den berüchtigten Sträflingsschiffen. Die Mannschaftsquartiere waren stinkende Löcher; die Verpflegung war billig, derb und unsäglich monoton, die Arbeit schmutzig und riskant. Eine Reise an Bord eines neuenglischen Walfängers war keine Luxuskreuzfahrt.

Im 19. Jahrhundert herrschte auf den Schiffen eine strenge Rangordnung, die für die erfolgreiche Durchführung einer Fangreise unerläßlich war, und nirgendwo wurden die Unterschiede deutlicher sichtbar als in den jeweiligen Unterkünften. Der Kapitän lebte vergleichsweise feudal; die Offiziere hatten kleinere Kajüten; die Bootsführer, die Faßmacher und der Proviantmeister belegten das Zwischendeck, ein unregelmäßiges Abteil, das mit einfachen Kojen ausgestattet war. Die Mannschaft hauste im vorderen Schiffsteil unmittelbar unter dem Hauptdeck, dessen Grundriß der Form des Bugs entsprach; der ziemlich geräumige hintere Abschnitt verjüngte sich zu einer engen dreieckigen Höhle, wo die Planken die Wände bildeten und die aufprallenden Wellen die Atmosphäre bestimmten. Vielfach wurde der ohnehin begrenzte Raum des Vorderdecks, der Back, noch zusätzlich eingeengt durch den unteren Teil des Fockmasts. Das einzige Licht, das dieses Rattenloch, ein Rattenloch im wörtlichen und übertragenen Sinne, ein wenig erhellte, kam von der ins Deck eingeschnittenen Luke, wo die Leiter angebracht war, auf der die Männer an Deck klettern oder zu ihrem Quartier hinabsteigen konnten. Bei schlechtem Wetter wurde die Luke geschlossen, und dann spendeten nur Kerzenstummel etwas Licht, und die Luftzirkulation war unterbrochen. Häufig waren mehr als 20 Mann in einem solchen elenden Loch zusammengepfercht.

Die Walfänger erhielten keinen Lohn, außer unter besonderen Umständen. Wenn beispielsweise ein

Bauernburschen vertauschten den Pflug mit dem Ruder. In Nantucket war der Einfluß der Walfängerei so stark, daß die jungen Damen einen Freier, der nicht auf einem Walfänger gefahren war, nicht einmal in Erwägung zogen.

Männer aus ganz Amerika heuerten bei der neuenglischen »Walfangmarine« an, und fast alle europäischen Länder waren dort vertreten. Weil die Schiffe in Häfen rings um die Welt anlegten, kamen Seeleute aus Westindien, von den Kapverden, den Azoren und vielen verschiedenen südpazifischen Inseln dazu.

Ungefähr zu der Zeit, als britische Walfänger ihre Sträflingsfracht transportierten und dabei die ergiebigen Fanggründe Australiens und Neuseelands entdeckten, befuhren die Yankees auf der Suche nach Pottwalen die Weltmeere. Ihre Arbeit war gefährlich,

Ölfässer säumen
den Kai von
New Bedford.

Die »Back«,
das Mannschaftsquartier,
eines Walfängers.
Aus dem Film
Down to the Sea in Ships
von 1922.

PACKING WHALEBONE.

CHARLEY KOTZENBERGER, THE HARPOONER.

vollbeladenes Schiff auf der Heimreise zusätzliche Seeleute benötigte, war deren Gewinnanteil gleich Null, da sie ja nicht am Walfang teilgenommen hatten, und deshalb bekamen sie eine monatliche Heuer. Für gewöhnlich erhielten alle, vom Kapitän bis zum Schiffsjungen, am Ende der Reise einen bestimmten Prozentsatz des Profits, das sogenannte »Lay«.

Die Anteile waren sehr unterschiedlich; größere Schiffe konnten mehr Öl befördern, so daß auch die Einkünfte der Besatzungsmitglieder wahrscheinlich entsprechend höher ausfielen. Während jedoch eine erfolgreiche Fahrt dem Kapitän und den Offizieren mehr einbrachten, mußten sich die Backsgasten mit sehr wenig begnügen. Nach einer erfolglosen Reise gingen sie unter Umständen völlig leer aus. Der Kapitän erhielt vielleicht 1/8 oder 1/10 der Nettoeinnahmen, ein Maat etwa 1/15 und ein Harpunier 1/90. Einfache Seeleute bekamen bestenfalls 1/150, und Hilfskräfte heuerten zuweilen für 1/350 an. Was bedeutete das in barer Münze? Auf der *Addison* verdiente der Erste Offizier Ebenezer Nickerson $ 845 (1/18), der Zweite Offizier Robert Baxter $ 554,83 (1/35), der Bootsführer Marcisco Manuel $ 376,56 (1/90). Die Mannschaftsgrade erhielten im Vergleich dazu: John Martin $ 31,85 (1/175) und Francis Finley $ 82,08 (1/225). Vereinzelt wurden die Männer auch in Naturalien ausbezahlt, das heißt, sie bekamen Fässer mit

Öl, die sie dann im Heimathafen zu den marktüblichen Preisen verkaufen konnten. Die Köche erhielten eine Sonderzulage zu ihren Lays: Sie durften das Fett, das in ihrer Kombüse angefallen war, an Seifensieder veräußern.

Kost und Logis waren für die Walfänger frei, doch während der Reise mußten sie für alles bezahlen, was sie an Bord kauften. Kleidung, Tabak, Messer, Nadeln und sogar Garn wurden vom Konto des Betreffenden abgezogen, und wenn er für einen Landgang einen Vorschuß brauchte, wurde der ebenfalls am Ende abgerechnet. Es hat sich ein Dokument erhalten, in dem die Einkaufs- und Verkaufspreise für verschiedene Artikel, die ein Seemann an Bord kaufen konnte, verzeichnet sind. Daraus geht hervor, daß er ungefähr doppelt soviel oder gar noch erheblich mehr bezahlen mußte, als die Waren ursprünglich gekostet hatten. Tabak war eine besonders wichtige Handelsware für den internen und externen Verkauf. Der Walfänger *Canton* hatte über zwei Tonnen Tabak an Bord, als er 1858 in New Bedford in See stach.

Ein ungewöhnlicher Posten, mit dem das Konto eines Seemanns belastet werden konnte, waren die bei einer Desertion anfallenden Kosten. Er mußte die Aufwendungen für seine Wiederergreifung bezahlen – eine Forderung, die freilich hinfällig wurde, wenn er abgängig blieb. Auf der anderen Seite belohnten

THE LAND SHARKS.

THE COOK AND THE PILOT.

manche Kapitäne die Ausguckposten mit einer Prämie für die Sichtung von Walen. Im *Moby Dick* nagelt Ahab eine Belohnung in Form einer Golddublone, ein Goldstück im Wert von 16 Dollar, an den Großmast, um seine Mannschaft zu größerer Wachsamkeit anzuspornen.

Auf einer drei- oder vierjährigen Reise konnte ein Seemann 100 Dollar verdienen, doch der Wert der Waren, die ihm in Rechnung gestellt wurden, überstieg oft diese Summe, so daß viele Walfänger nicht nur mittellos, sondern verschuldet waren, wenn sie in die Heimat zurückkehrten. Die einzige Möglichkeit, die Schulden abzutragen, bestand darin, daß man für eine neue Fangfahrt anheuerte. Falls und wenn die Seeleute den Heimathafen erreichten, wurden sie dort von allen möglichen »Landhaien« erwartet, die dafür sorgten, daß sie ihren wohlverdienten Lohn in Kneipen, Bordellen und anderen zweifelhaften Etablissements wieder loswurden, in denen sie sich für die entgangenen Freuden der letzten Jahre entschädigen konnten.

Das Entlohnungssystem in der Walfangindustrie war offensichtlich nicht geeignet, den Arbeitseifer zu fördern. Auf die oft brutalen Disziplinierungsmaßnahmen des Kapitäns reagierten die Mannschaften mit Apathie, Indolenz und Mißtrauen. Hinzu kam der krasse Klassenunterschied zwischen Offizieren und einfachen Seeleuten. Doch trotz der Mißhandlungen, Strapazen und niedrigen Löhne, die für diese Industrie charakteristisch waren, konnte der Personalbedarf irgendwie immer gedeckt werden. Es war möglich, wenngleich ungewöhnlich, daß ein tüchtiger Seemann sich hocharbeitete, und es sind Fälle bekannt, in denen ein »grüner« Matrose oder sogar ein Schiffsjunge sein Lay im Laufe der Zeit von 1/150 auf 1/15 steigern konnte, und nach 20 Jahren auf See übernahm er dann vielleicht das Kommando auf einem Walfänger.

Die *Benjamin Tucker* aus New Bedford kehrte 1851 mit 73 707 Gallonen Walöl, 5348 Gallonen Walrat und 30 012 Pfund Fischbein heim. Nach den damaligen Preisen hatte diese Fracht einen Bruttowert von 47 682,73 Dollar. Nach diversen Abzügen blieben netto 45 320 Dollar übrig. Doch bevor der Gewinn verteilt werden konnte, behielten die Schiffseigner einen beträchtlichen Anteil für ihre vorgeschossenen Ausgaben ein – in der Regel 60 bis 70 Prozent. Die Fangreise der *Lion* (1805–07) erbrachte eine Tranausbeute im Wert von 37 661,02 Dollar. Der Löwenanteil ging an den Reeder, und nur 13 045,53 Dollar konnten an den Kapitän und die Mannschaft verteilt werden.

In seiner großen Zeit war New Bedford die Stadt mit dem höchsten Prokopfeinkommen in Amerika. Mel-

THE MODEL SKIPPER.

1868 ging die sechsjährige Laura Jernegan mit ihrer Mutter, ihrem kleinen Bruder und ihrem Vater Jared, Kapitän des New-Bedford-Walfängers *Roman*, auf große Fahrt. Lauras Tagebuch hat sich erhalten. In ihm wird eine Fangreise aus ungewöhnlicher Perspektive geschildert:

Freitag, den 10. (Februar 1871)
Heute ist es ziemlich ungemütlich. Doch der Wind ist günstig. Wir haben 135 Fässer voll Öl, 60 vom Buckelwal und 75 vom Pottwal. Wir hatten zwei Vögel, jetzt nur noch einen. Einer ist gestorben ...

Sonntag, den 12.
Es ist Sonntag. Gestern abend hat es geregnet. Papa hat eine Falle gebaut, 5 Mäuse gefangen, und Mama hat ein paar Hühner, die 37 Eier gelegt haben ...

Sonntag, den 19.
... Ich habe nicht viel zu schreiben. Zum Abendessen gab es Pfannkuchen. Die waren echt gut. Es ist meistens Nacht. Die Längengrade waren 117–23. Den Breitengrad kenne ich nicht.

Dienstag, den 21.
Es ist heute ganz schön. Die Männer specken die Wale ab. Sie stinken fürchterlich.

ville nannte sie »die wohl teuerste Wohngegend in ganz Neuengland ... Nirgendwo in Amerika findet man feudalere Häuser oder prächtigere Parks und Gärten«.

Nicht nur die Reeder profitierten vom Walfang. Sie mußten ihre Schiffe instand setzen, ausrüsten und verproviantieren lassen, und das bedeutete Arbeit und Verdienst für die Schiffsbauer, Händler, Böttcher, Seiler, Schmiede und Farmer. Ganz New Bedford verdiente an der Armada von Schiffen, die alljährlich seine Piers verließen und mit Lebensmitteln, Bekleidung und sonstigen Vorräten versorgt werden mußten. 1858 stachen 65 Schiffe in See, für deren Ausstattung 1 950 000 Dollar in die Kassen der New Bedforder Geschäftsleute wanderten.

Der Kapitän eines Walfängers hatte seine eigene Kajüte mit einer anständigen Schlafkoje, einem Waschgestell, einem Tisch und vielleicht sogar mit einem Sofa und ein paar zusätzlichen Stühlen. Gelegentlich nahm der Kapitän seine Frau mit auf die Reise, ganz selten sogar seine ganze Familie. Kapitän Williams von der *Florida* aus New Bedford wurde auf einer Fahrt, die von September 1858 bis Oktober 1861 dauerte, von seiner Frau begleitet, die unterwegs zwei Kinder gebar, die ihre ersten Lebensjahre auf hoher See verbrachten.

Das Seefahrtgesetz der Vereinigten Staaten bestimmte, daß der Maat oder Erste Offizier ein Logbuch führte. Doch meist waren die Kapitäne für die Logbücher und protokollarischen Niederschriften zuständig. Sie waren zwar selten gebildet im herkömmlichen Sinne, aber sie konnten im allgemeinen ganz passabel lesen und schreiben, und ihren Aufzeichnungen verdanken wir aufschlußreiche Einblicke in das Leben an Bord eines Walfängers. Obwohl die Führung eines Logbuchs Pflicht war, bediente man sich dieses Mittels auch gerne. Denn wenn Wale während einer Saison in einer bestimmten Breite und Länge auftauchten, ließ sich ihr Wiedererscheinen am selben Standort im nächsten Jahr voraussagen, und dadurch konnte man sich ziellose Kreuzfahrten ersparen.

Die üblichen Eintragungen betrafen die Schiffsposition, die Zahl der erlegten Wale sowie Krankheitsfälle und Verletzungen an Bord, aber das Spektrum allfälliger dramatischer Ereignisse war sehr groß. In seiner Einleitung zum Katalog der Logbuchsammlung von Paul Nicholson führt der Walfanghistoriker Stuart Sherman folgende Möglichkeiten auf: »Schiffbrüchige, Meutereien, Desertionen, Auspeitschungen, weibliche blinde Passagiere, Trunksucht, unerlaubter Landgang, Skorbut, Fieber, Kollisionen, Brände auf

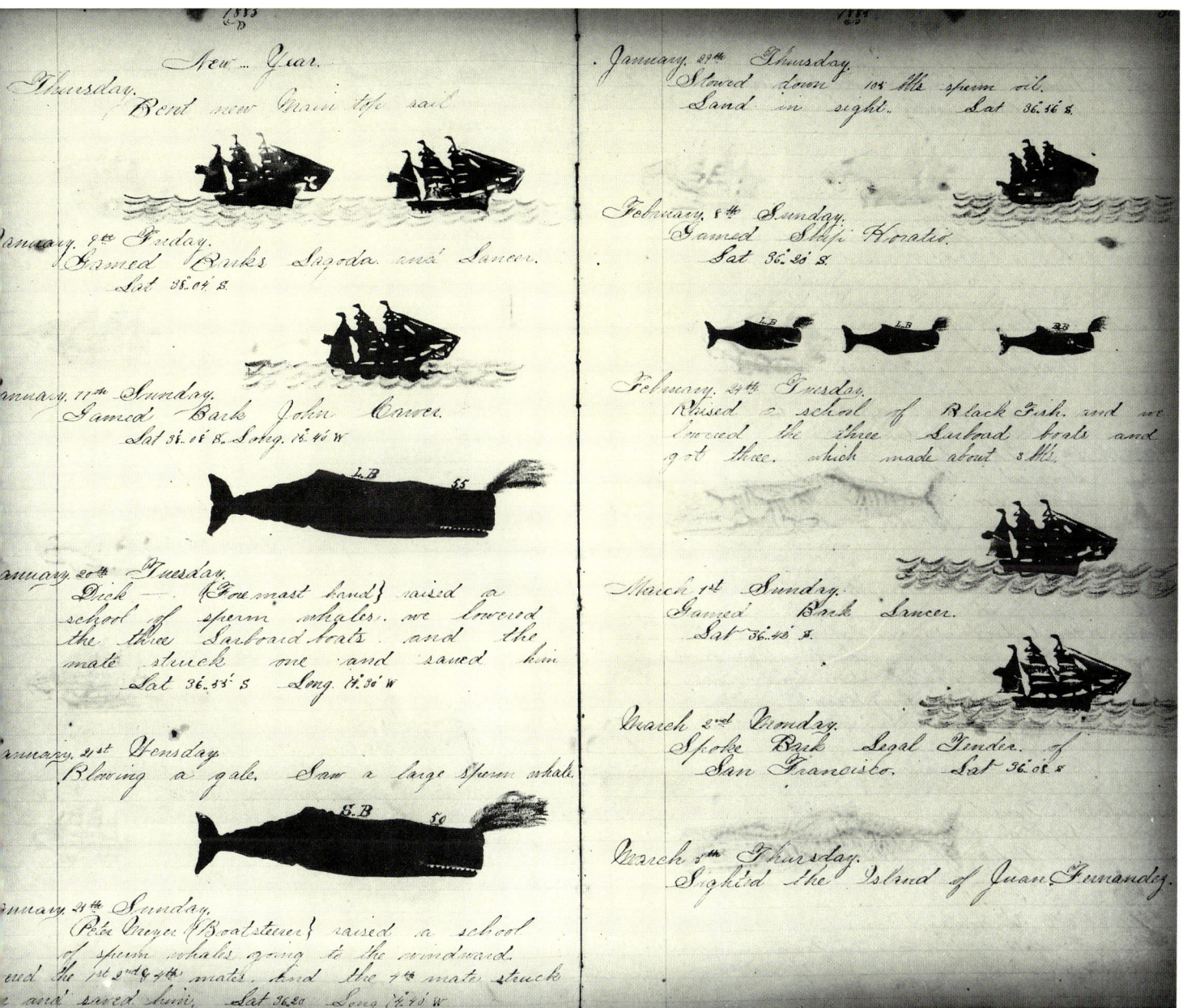

Eine Seite aus dem Logbuch der *John P. West*. Die erlegten Wale (Pott- und Grindwale) und auch die Schiffe, denen man begegnet war, sind durch Stempel dargestellt.

hoher See, leckgeschlagene Boote, Ertrinken, Hurrikane, Erdbeben, Flutwellen, Havarien, Blitzschläge, vom Masttopp abgestürzte Männer, feindselige Eingeborene, Barratterie, brutale Kapitäne, Überfälle durch Konföderierte, Reisen, die vom Pech verfolgt sind, und Schiffe, die vom Eis zermalmt wurden.« Das heißt freilich nicht, daß alle Logbücher eine so aufregende Lektüre sind wie Melvilles *Moby Dick*; dramatische Ereignisse waren selten, und die meisten Routineeintragungen bestehen aus Angaben zur Windrichtung,

zur Position des Schiffs oder zu anderen Vorgängen, die der Logbuchführer für wichtig hielt. Der vollständige Eintrag für den 18. November 1858, niedergeschrieben vom Kapitän der *Ocean Bird*, die von San Francisco nach Baja California unterwegs war, lautet so:

Bei Tagesanbruch Land in Sicht O. bei N., Entfernung 50 Meilen – Wind leicht – alle Mann mit verschiedenen Arbeiten beschäftigt – Kurs O. bei S. – Koch wegen Geschlechtskrankheit noch immer außer Dienst.

Es überrascht uns nicht, daß nur wenige einfache Seeleute Tagebuch geführt haben; ihre Unterkünfte luden nicht zu literarischer Betätigung ein, und außerdem waren nicht viele des Schreibens kundig. Francis Olmstead jedoch konnte schreiben. Zu den literarischen Interessen seiner Gefährten in der Back meinte er:

Das Mannschaftslogis der »North America« ist viel größer als das der meisten Schiffe ihrer Tonnage, und es wird jeden Morgen regelmäßig geschrubbt. Es gibt in ihm einen Tisch und eine Lampe, so daß die Männer Gelegenheit zum Lesen und Schreiben haben, wenn ihnen der Sinn danach steht; und viele üben sich alltäglich im Schreiben oder versuchen es zu lernen. ... Wenn sie nicht anderweitig beschäftigt sind, holen sie sich Bücher aus der Bibliothek in der Kajüte und lesen, und wenn sie es nicht können, lassen sie es sich von einem anderen beibringen. Wir haben eine gute Bibliothek an Bord, die etwa 200 Bände enthält ...

Olmstead war ein kränklicher junger Mann, der in Yale studierte und 1839 aus Gesundheitsgründen auf der *North America* anheuerte. Er schipperte ein Jahr lang im Pazifik herum, und hinterher setzte er sich hin und schrieb seine Erlebnisse auf. Die erste Reise hatte ihn so gekräftigt, daß er es noch einmal versuchte, doch nach einer Fahrt in die Karibik 1844 starb er im Alter von 25 Jahren.

Ein anderer gebildeter Walfänger war Ben-Ezra Stiles Ely, der Sohn eines presbyterianischen Geistlichen. Er heuerte 1844 auf der Bark *Emigrant* an und verbrachte 27 Monate auf See. Er gab schließlich seine etwas abwegige Laufbahn auf und ergriff wie sein Vater den geistlichen Beruf. Es gibt viele Tagebücher und Aufzeichnungen, die von den Strapazen des Walfangs erzählen, doch nur sehr wenige, in denen Byron zitiert wird, und noch weniger, die von den Schwierigkeiten eines »Herrensöhnchens« unter lauten Grobianen berichten:

Eines Tages fragte mich der Maat, warum ich zur See gegangen sei, und ich erwiderte, daß ich einmal sehen wollte, wie Seeleute leben. Darob war er beleidigt, und er gab sich alle Mühe, mir mehr Kenntnisse zu vermitteln, als mir lieb war ... Ich war der Kleinste an Bord, und um mich zu bestrafen, versetzte er mich in die Blubberlast, wo ich die Speckstücke aufspießen mußte. Viele waren größer als mein Hüftumfang und wogen mehr als mein ganzer Körper. Die Arbeit war sehr anstrengend, und manchmal brach ich unter der Last meiner Gabel zusammen und fiel auf die glitschige Masse und wäre beinahe im Tran ertrunken.

J. Ross Browne, ein Journalist, der 1842 an Bord des New Bedforder Walfängers *Bruce* das Meer befuhr,

führte Tagebuch über seine Erfahrungen, die er, stark überarbeitet, 1846 unter dem Titel *Etchings of a Whaling Cruise* veröffentlichte. Browne wollte für den Walfang das gleiche tun, was Richard Henry Dana 1840 für die Handelsschiffahrt geleistet hatte, das heißt, er übertrieb die Probleme, um dadurch die notwendigen Veränderungen herbeizuführen. Obwohl sein Bericht eine gewisse Propaganda in Form einer bewußt negativen Darstellung enthält, konnte sich Browne auf eine mehr als einjährige Walfängererfahrung berufen, und da er als Reporter und nicht als Romanschriftsteller gilt, kann man vieles, was in seinem Buch steht, als Realität nehmen. Seine Unterkunft beschreibt er beispielsweise wie folgt:

Die Back war vor Schmutz schwarz und schmierig, sehr klein und heiß wie ein Brutofen. Sie war angefüllt mit einem Gemisch aus schlechter Luft, Qualm, Seemannskisten, Seifenfäßchen, fettverschmierten Pfannen, verdorbenem Fleisch, portugiesischen Rohlingen und seekranken Amerikanern. ... Bei schlechtem Wetter, wenn die meisten Männer unten waren und fluchten, rauchten, sangen und Seemannsgarn spannen, war sie das reinste Irrenhaus. Man stelle sich drei oder vier Portugiesen, ein paar Iren und fünf oder sechs grobe Amerikaner in einem etwa 16 Fuß [ca. 5 m] breiten Loch vor, und vielleicht ebenso viele zwischen dem Schott und der Vorpiek; das Ganze war so niedrig, daß ein ausgewachsener Mann nicht aufrecht stehen konnte, und so vollgestopft mit Unrat, daß man kaum einen Fuß aufsetzen konnte. Die Back enthielt zwölf kleine Kojen und dazu 14 Kisten in dem engen Raum rings um den Niedergang, der selten saubergemacht wurde. Ich übertreibe nicht, wenn ich sage, daß ich in Kentucky Schweinekoben gesehen habe, die nicht halb so schmutzig und in jeder Hinsicht besser waren als dieses elende Loch; doch so sind nun einmal die Tatsachen.

Ratten waren auf Walfängern noch zahlreicher vertreten als auf allen anderen Schiffen, wahrscheinlich wegen der Unmengen von Tran und Blut auf den Decks, obgleich diese regelmäßig geschrubbt wurden. Es waren jedenfalls mehr, als eine Schiffskatze bewältigen konnte, und überhaupt kein Mittel gab es gegen die Kakerlaken. Für viele Seeleute waren die Kakerlaken ein wesentlicherer Aspekt des Walfangs als die Wale. In *Nimrod of the Sea* berichtet William Davis: »Es ist schrecklich, in der Nacht mit dem abscheulichen Gefühl aufzuwachen, daß eine Armee von Kakerlaken an beiden Beinen hochkrabbelt. Wie oft habe ich meinen Zinnteller mit einem großzügigen Klumpen Mehlpudding, den ich mir vom Mittagessen aufgespart hatte, in das Netz an der Decke der Back gestellt, und als ich ihn dann am Abend herunterholte, war er von den Plagegeistern leergefegt. Sie fallen über alles Eßbare her und verbreiten einen ekelhaften Gestank, den man mit heißem Wasser kaum wegbekommt. Aber man wird zum Philosophen, was das Essen angeht.«

Die Verpflegung an Bord der Walfänger schwankte zwischen schlecht und widerlich, doch wie Browne meint, »macht ein guter Appetit fast jedes Essen genießbar«. Frisches Gemüse wurde bei der Abreise oder in Zwischenhäfen an Bord genommen, doch es verdarb schnell, wenn es nicht sehr bald verbraucht wurde. Weil man nur wenig Trinkwasser speichern und vor dem Fauligwerden bewahren konnte, trank man lieber »longlick«, eine Mischung aus Tee, Kaffee und Sirup, und wenn der Koch erfinderisch war, bereitete er ein sogenanntes Labskaus zu, einen Brei aus hartem Zwieback, der im Kochwasser des Pökelfleisches eingeweicht wurde. Das Standardgericht war ebendieses Pökelfleisch, das angeblich vom Schwein oder Rind, aber häufig vom Pferd stammte.

Weil die normale Kost vielfach so ungenießbar war, empfand man jede Frischkost als eine Wohltat. Der Koch verarbeitete zwischendurch Seevögel, alle möglichen Fische, Schildkröten und Delphine, und da die Männer Jagd auf 50 oder 60 Tonnen schwere Säugetiere machten, deren Kadaver sie größtenteils den Haien überließen, aßen sie oft auch Walfleisch. Über den Verzehr der verschiedenen Walfleischteile, gewöhnlich während des Transiedens, schreibt Browne:

Ungefähr in der Mitte der Wache holen sie das Brotfaß herauf, und nachdem sie ein paar Zwiebacke in Salzbrühe getunkt haben, geben sie die Fleischstücke in ein Sieb und sieden sie in Öl. Man kann sich kaum vorstellen, was für ein Genuß das ist während einer langen Nachtwache. Zuweilen, wenn sie sich mit dem Proviantmeister gut stehen, verfertigen sie aus dem Hirn des Wals ein Haschee, das mit Mehl vermischt und in Öl ausgebacken wird. Das gilt als eine ganz besondere Delikatesse. Bestimmte Teile des Walfleisches werden ebenfalls mit Genuß verspeist, obwohl sie für meinen Geschmack nicht gerade ein Leckerbissen sind, denn sie sind derb und zäh ...

In den oberen Rängen ging es gepflegter zu. Am 28. Dezember 1856 fing die Besatzung der *Addison* einen Tümmler, und Mary Chipman Lawrence, die Kapitänsgattin, vermerkte in ihrem Tagebuch: »Das Fleisch sieht Rindfleisch sehr ähnlich. Das Öl ist in der Haut enthalten, die morgen ausgekocht werden soll. Wir hatten zum Mittagessen gebratenes Fleisch und zum Abendessen Wurstküchlein. Sie schmecken so gut wie Schweinewürstchen.« Wenn man noch einen weiteren Beleg für den Klassenunterschied zwischen Mannschafts- und Offiziersrängen benötigt,

braucht man nur Mrs. Lawrences Schilderung des Weihnachtsdiners zu lesen: »Gebratene Hühnchen, gefüllte Kartoffeln, Möhren, Zwiebel, gedünstete Preiselbeeren, eingelegte Rote Bete und Gurke und Pflaumenmus. Zum Tee ließ ich mir eine Konservendose mit Weintrauben öffnen und ein Stück englischen Kuchen abschneiden.«

Im Unterschied zu ihren englischen Kollegen hatten die amerikanischen Walfänger nur selten einen medizinisch ausgebildeten Mann an Bord. Für gewöhnlich war der Kapitän für allfällige Krankheiten und Verletzungen seiner Untergebenen zuständig, und wenn man seine einschlägige Erfahrung bedenkt, war es entschieden besser, gesund zu bleiben. Zur Behandlung innerer Krankheiten waren die Schiffe meist mit Medizinkästen ausgestattet, die diverse Arzneitränke und eine Rezepturanleitung enthielten. Es heißt, daß manche Kapitäne, denen das Medikament Nr. 12 ausgegangen war, einfach gleiche Mengen der Nr. 5 und 7 verabreichten!

Verletzungen waren nicht selten, kein Wunder bei den vielen scharfkantigen Werkzeugen, den surrenden Harpunenleinen und den feindseligen Eingeborenen, ganz zu schweigen von den handfesten Auseinandersetzungen zwischen Männern, die fast immer mit Messern bewaffnet waren. Auch hier übernahm der Kapitän die Aufgabe des Chirurgen. W. M. Davis erzählt die grausige Geschichte eines Walfängers, der durch eine plötzlich straffgezogene Leine aus seinem Boot geschleudert und fast 250 m weit fortgerissen wurde. Als man ihn auffischte, »war ein Teil der Hand abgetrennt und der Fuß am Knöchel so weit durchgeschnitten, daß nur noch die große Sehne und die Ferse an dem Stumpf hingen«. Mit »seinem Schnitzmesser, einer Zimmermannssäge und einem Fischhaken« bewaffnet, »amputierte der Kapitän das Bein und versorgte die Hand, so gut er es vermochte«.

Als die Entfernungen und die Dauer der Fangreisen zunahmen, wurden größere Schiffe notwendig. In den Anfangsjahren um 1820 hatten die Schiffe im Schnitt etwa 280 Tonnen, doch zwei Jahrzehnte später waren 400-Tonnen-Fahrzeuge nichts Ungewöhnliches mehr. Der Trend zu größeren Schiffen beschleunigte den Niedergang von Nantucket, denn quer vor dem Hafen erstreckte sich eine mächtige Sandbank, so daß nur kleineren Schiffen mit geringem Tiefgang die Einfahrt möglich war. New Bedford mit seinen ausgezeichneten Hafenanlagen machte sich das zunutze.

Walfänger unterschieden sich von den damaligen Handelsschiffen dadurch, daß sie in der Regel weni-

Obwohl die Walfänger wegen ihrer robusten, ganz auf Zweckmäßigkeit ausgerichteten Bauweise oft kritisiert wurden, war ein solches Schiff unter vollen Segeln jedesmal ein faszinierender Anblick. Die Bark *Canton* im Jahr 1906.

ger Segel führten. Mehr Segel erforderten mehr Bedienungspersonal, und die Walfänger brauchten möglichst viele Leute für die Fangboote. Ein weiteres Merkmal dieses Schiffstyps waren die sogenannten Mastringe, in denen die Ausguckmänner tagsüber nach Walen Ausschau hielten.

Rahsegler liefen hervorragend vor dem Wind, waren aber bei Gegen- oder Seitenwind nicht ganz leicht zu steuern. Allerdings brauchten die Walfänger keine raffinierten Segelmanöver auszuführen und auch kein großes Tempo vorzulegen. Sie mußten sich nur von einer Position zur nächsten fortbewegen und jeweils die Boote zur Verfolgung der Wale zu Wasser lassen. Deswegen verzichteten sie im allgemeinen auf Nachtfahrten; man zog es vor, mit festgemachten Segeln den nächsten Morgen abzuwarten.

In der Blütezeit des neuenglischen Walfangs, von 1830 bis 1860, stellten die legendären Klipper mit ihren eleganten Linien, dem hochgezogenen spitzen Bug und der verschwenderischen Takelung die vollkommensten Schöpfungen der Segelschiffbauer dar. Verglichen mit diesen schnittigen Windhunden der Meere waren die Walfänger plumpe Schiffe mit stumpfem Bug und flachem Kiel, die mehr auf Dauerhaftigkeit und Tragfähigkeit als auf Geschwindigkeit ausgelegt waren. Die *Lagoda* tat 50 Jahre lang Dienst, und der Rekordhalter, die *Charles W. Morgan*, schaffte sogar 80 Jahre und brachte ihren Eigentümern über 1 Million Dollar ein.

Ein typischer Walfänger war 100 bis 150 Fuß (ca. 30 bis 45 m) lang und besonders breit gebaut, damit das ganze Walfangzubehör untergebracht werden konnte: schwere gemauerte Siedeöfen an Deck, Eisenkessel, Kühlbehälter, Davits für die Boote und Arbeitsflächen. Die Schiffe waren gewöhnlich schwarz gestrichen und an den Seiten mit Stückpfortenattrappen bemalt, die Piraten und kriegerische Eingeborene abschrecken sollten.

Die größeren Schiffe führten gewöhnlich vier Boote mit, eines auf der hinteren Steuerbordseite und drei auf der Backbordseite. So konnten die Stellinge (an Tauen aufgehängte Planken für Außenbordarbeiten), die sich stets steuerbords befanden, heruntergelassen werden, ohne durch die Davits behindert zu werden.

Hafenszene in New Bedford: links die *Eliza Adams*, rechts die *Horatio*.

Wenn ein Wal oder eine Gruppe von Walen in Sicht kam, rief der Ausguckmann »Er bläst!«, und sobald sich der Kapitän über die Position der Tiere vergewissert hatte, wurden die Boote weggefiert, und die Jagd begann.

Die Zahl der ausgesetzten Boote richtete sich nach der Zahl der gesichteten Wale. Bei einem Einzeltier ließ der Kapitän meist nur ein Boot wegfieren. Das Steuerbordboot war dem Kapitän vorbehalten (oder dem Vierten Offizier, wenn der Kapitän an Bord blieb); die hinteren, mittleren und vorderen Backbordboote standen dem Ersten, Zweiten und Dritten Offizier zu. Jedes Boot war mit einer festen Crew bemannt, bestehend aus fünf Ruderern und einem Steuermann bzw. Harpunier. Der Befehlshabende saß am Steuerriemen und gab die Anweisungen. Bug und Heck der Boote waren gleich; falls sie sich bei der hitzigen Jagd um 180 Grad drehten, blieben sie somit manövrierfähig.

Alle erforderlichen Requisiten wurden an Bord des Fangbootes sorgfältig verstaut, von der Leine, die in einer Tonne ordentlich aufgeschossen wurde, damit sie rasch ablaufen konnte, bis zu dem Messer, das zur Hand sein mußte, wenn sich ein Mann in der Leine verfing. Insgesamt enthielt ein voll ausgerüstetes Boot nach Scammon 48 Gerätschaften und mindestens 82 Einzelteile: »Ein Mast und eine Rah, ein bis drei Segel, fünf normale Riemen, ein Steuerriemen, fünf Paddel, drei Ruderklampen, fünf Harpunen, drei Lanzen, drei kurze Warpleinen, ein Kompaß, ein Bootsanker, ein Dregganker, ein Eimer« und vieles andere mehr.

Die Boote wurden ausgesetzt, während das Schiff Fahrt machte; der Kapitän ließ nicht beidrehen, um es seinen Leuten leichter zu machen. Auf hoher See saßen die Ruderer oft mit dem Rücken zum Bug im Boot, so daß nur der Bootsführer die Wale sehen konnte. Wenn sie nahe genug herangekommen waren, schleuderte der Harpunier seine Harpune, einen etwa 1,80 m langen Holzschaft mit einer geschmiedeten Eisenspitze. Die frühesten Harpunen hatten eine einfache geriffelte, pfeilförmige Spitze, doch im Laufe der Zeit wurden raffiniertere Geräte entwickelt. Das mit zwei Widerhaken versehene Eisen konnte zwar die Blubberschicht glatt durchbohren, aber seine rasiermesserscharfen Schneiden glitten zuweilen ebenso glatt wieder heraus. Deshalb führte man die einhakige Harpunenspitze ein, die sehr viel fester hielt. Die Harpuniere und Schmiede hatten an Bord und im Hafen viel Zeit, an neuen Harpunenmodellen herumzubasteln, und so wurden alle möglichen Eisen mit

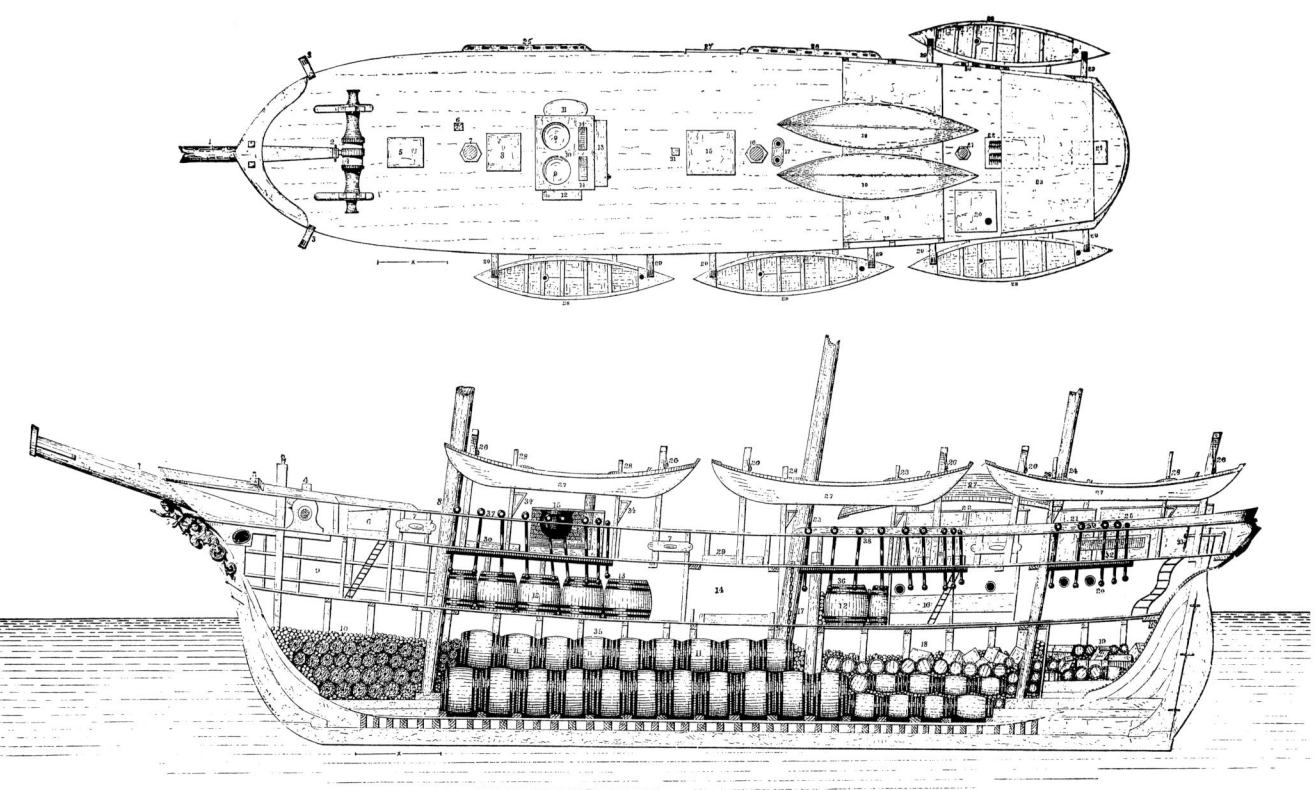

Aufsicht und Längsschnitt der Bark *Alice Knowles;* die Ladedecks mit den darin verstauten Fässern sind sichtbar gemacht. Illustration von C. S. Raleigh aus *The Fisheries and Fishing Industries of the U. S.*

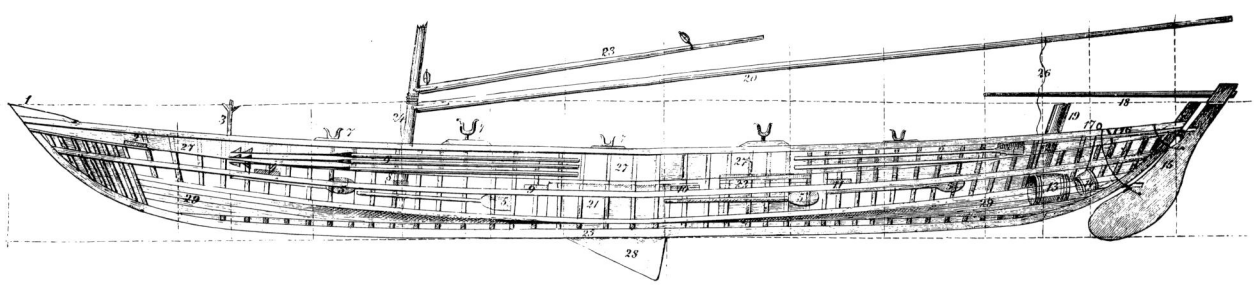

Bauplan eines Fangboots. Illustration von C. S. Raleigh aus *The Fisheries and Fishing Industries of the U. S.*

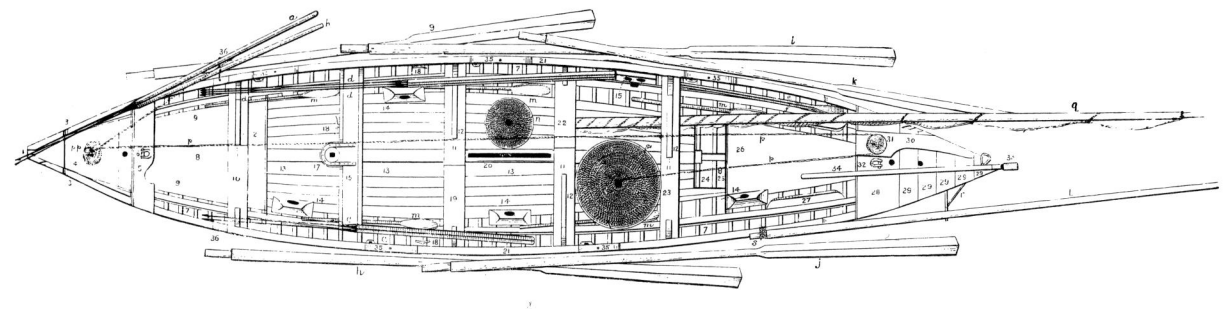

Decksbeplankung eines Fangboots. Illustration von C. S. Raleigh aus *The Fisheries and Fishing Industries of the U. S.*

Ein durch elegante Linienführung gekennzeichnetes neu-englisches Fangboot.

Widerhaken, festen und beweglichen Querschneiden ausprobiert. Am erfolgreichsten war das doppelhakige »Temple-Eisen«, das 1848 von einem New Bedforder Schmied namens Louis Temple erfunden wurde. Das ebenso elegante wie praktische Gerät bestand aus einem spitzen Kopf, der durch einen hölzernen Scherbolzen gerade gehalten wurde; der Bolzen brach ab, sobald die Gegenzugkraft auf ihn einwirkte. Dabei drehte sich der Harpunenkopf im Fleisch des Wals um 90 Grad, und es entstand eine T-förmige Vorrichtung, die nicht mehr herausgleiten konnte. Das Eisen war am Harpunenschaft mit einer Leine befestigt, die wiederum mit der schweren Manilaleine verbunden war. Diese Leine, die Melville einmal »die magische und bisweilen furchtbare Walleine« nennt, bestand ursprünglich aus Hanf, der jedoch später durch Manilafasern ersetzt wurde, die sich zu stärkeren und elastischeren Tauen verarbeiten ließen.

Obwohl die Tradition verlangte, daß die Harpune und die Lanze hintereinander geschleudert wurden, versuchten findige Walfänger ein Eisen zu entwikkeln, das den Wal gleichzeitig fixierte und tötete. Der schottische Toxikologe Robert Christson erfand eine Harpune mit einer Giftspitze, einem Glaszylinder, der

Blausäure enthielt. Es gibt keinen Beleg dafür, daß solche Giftharpunen im amerikanischen Walfang verwendet worden sind, doch auf einigen Schiffen wurden sie mitgeführt.

Wenn das Eisen gut plaziert war – die ideale Stelle lag auf der Flanke vor dem »Buckel« –, wurde das Boot am Wal festgemacht, und das verletzte Tier raste davon. Manchmal tauchte der Wal ab, und dabei lief die Harpunenleine so schnell aus, daß sie zu qualmen begann und der Poller im Bootsheck mit Wasser übergossen werden mußte, damit er nicht Feuer fing. Meist jedoch schwamm der Wal an der Oberfläche und schleppte das Boot in rasantem Tempo hinter sich her. Pottwale sind hervorragende Tieftaucher, und kein Boot hatte für einen Tauchgang, der sich nach Meilen bemaß, genügend Leine an Bord. Wenn der Wal zu tauchen begann, wurde eine zweite Leine von 200 Faden (ca. 365 m) Länge an die erste angeschäkelt, dann noch eine dritte. Schließlich mußte das waidwunde Tier wieder an die Wasseroberfläche kommen, um Luft zu schnappen.

Wenn es so weit war, wechselten der Steuermann und der Offizier die Plätze – ein unnötiges, aber streng eingehaltenes Ritual und eine beachtliche Leistung in einem vollen Boot bei hohem Seegang. Der Steuermann hatte nämlich die Aufgabe, das Opfer mit der Lanze zu töten. Er zielte damit auf das »Leben« des Wals (Schlagader, Lunge oder Herz). Das sogenannte »Tötungseisen« bestand aus einem hölzernen Schaft, ähnlich dem der Harpune, und einer skalpellscharfen Spitze. Die Lanze wurde nicht geworfen, sondern vielmehr wiederholt in den Walkörper eingestochen.

Den Sieg trugen freilich nicht immer die Walfänger davon. Pottwale sind ungemein kraftvolle Tiere, die sich nicht so ohne weiteres abstechen lassen. Die Männer gerieten in Schwierigkeiten, wenn der Wal mit seinem neun Kilogramm schweren Gehirn auf den Gedanken kam, sich zu wehren und zurückzuschlagen. Ein zehn Meter langes Boot war kein ebenbürtiger Gegner für einen wütenden und verletzten 60-Tonnen Wal, der es mit seinen mächtigen Kiefern packen und zermalmen konnte. Auch die dreieckige

Schwanzfluke, die eine Spannweite von sechs Metern haben kann, konnte zu einer furchtbaren Waffe werden, wenn sie auf das Boot niederkrachte und die Insassen ins Meer schleuderte. Selbst wenn das Boot nicht zerschmettert wurde, brachte der Wal es womöglich zum Kentern. Viele Walfänger konnten nicht schwimmen, und so bedeutete das oft den sicheren Tod für sie.

Ein Tier, das sich hauptsächlich von großen Kalmaren, wenn auch nicht unbedingt von Riesenkraken, ernährt, sollte zumindest theoretisch imstande sein, auch einen Menschen zu verschlingen. Doch ein Wal, der fast 300 Kilogramm schwere Kopffüßer verspeist, scheint an 80 Kilo schweren Zweibeinern nicht sonderlich interessiert zu sein. Pottwale suchen ihre Nahrung in großen Tiefen, wo normalerweise keine Menschen vorkommen. Gleichwohl gibt es Berichte

über Seeleute, die von solchen Walen ins Maul genommen wurden, was es nicht ganz abwegig erscheinen läßt, daß der – bereits im zweiten Teil erwähnte – biblische Jona von einem Pottwal verschlungen wurde.

George Wood, Kapitän des New Bedforder Walfängers *Ploughboy*, hatte in den Küstengewässern vor Peru einen Pottwal harpuniert, der sein Boot attackierte und zum Kentern brachte. Der Wal packte Wood mit dem Maul, und dieser »saß unter Wasser rittlings auf dessen Unterkiefer und wurde von dem geschlossenen Walmaul festgehalten«. Als das Tier mit der Fluke auf das kieloben treibende Boot einschlug und dabei einen Mann tötete, ließ es den Kapitän los. Er konnte gerettet werden, doch sein Schenkel war bis auf den Knochen durchgetrennt, und er hatte eine Wunde am Rücken und am Kopf davongetragen.

Ein noch seltsamerer Zwischenfall ereignete sich in den eisigen Fluten vor Neufundland, wo ein Robbenschläger von einer Eisscholle ins Wasser fiel und von einem Pottwal verschlungen wurde. Der Schiffsarzt untersuchte die Leiche, die aus dem Magen des hinterher getöteten Wals herausgeschnitten wurde, und kam zu dem Schluß, daß kein Mensch im Bauch eines Wals überleben könne: »Der Anblick und der Gestank waren so übel, daß sich alle außer mir abwenden mußten.«

Der berühmteste Fall eines Walangriffs auf einen Menschen ist natürlich in Melvilles *Moby Dick* verewigt: Ahab wurde das Bein vom »weißen Wal« abgerissen. *Moby Dick* ist ein Roman, doch die Geschichten von aggressiven Walen beruhen auf Tatsachen. Melville kannte das Schicksal der beiden New Bedforder Walfänger *Ann Alexander* und *Kathleen*, die von wütenden Walen gerammt und versenkt worden waren, und er kannte Owen Chase, den Ersten Offizier der *Essex*, die ein Wal im Pazifik leckgeschlagen hatte. Chase hat Aufzeichnungen über diese Tragödie hinterlassen, die der nachfolgenden Darstellung zugrunde liegen.

Als die *Essex* am 20. November 1820 etwa 1800 Meilen westlich der Galapagos »auf dem Äquator« kreuzte, harpunierte Chase einen Wal, der seinem Fangboot »einen heftigen Schlag mit dem Schwanz versetzte« und ein Loch in die Bordwand riß. Chase befreite sich von dem Wal, verstopfte das Leck mit ein paar Jacken und kehrte zum Schiff zurück. Da beobachtete er »einen sehr großen Spermaceti-Wal«, der ungefähr 100 Schritt still vor dem Bug der *Essex* lag.

Mit schußbereiter Harpune pullen die Ruderer auf einen Wal zu. Die Aufnahme machte Robert Cushman Murphy 1912 während seiner Reise an Bord des New Bedforder Walfängers *Daisy.*

Der Wal griff das Schiff an und prallte gegen den Bug: »Das Schiff schwankte plötzlich, als wäre es auf einen Felsen gelaufen, und zitterte einige Sekunden lang wie ein Blatt im Wind.« Die *Essex* lief voll Wasser, und als Chase den anderen Booten signalisierte, sie sollten zurückkommen, erblickte er den Wal, »der sich etwa hundert Ruten [ca. 500 m] leewärts in Krämpfen zu winden schien, und ich konnte deutlich erkennen, wie er seine Kiefer zusammenpreßte, als wäre er außer sich vor Wut und Raserei«. Als das Schiff zu sinken begann, griff der Wal abermals an:

Ich drehte mich um und sah, wie er ... offensichtlich mit verdoppelter Normalgeschwindigkeit und, wie es mir in diesem Augenblick erschien, mit verzehnfachter Wut und Rachsucht im Blick direkt auf uns zukam. Der Gischt sprühte nach allen Seiten von ihm weg, und sein Weg auf uns zu war markiert durch eine ungefähr eine Rute breite weiße Schaumbahn, die er mit den unaufhörlichen heftigen Schwanzschlägen erzeugte. Sein Kopf ragte zur Hälfte aus dem Wasser, und so schwamm er auf uns zu und rammte das Schiff.

Chase kam zu dem Schluß, daß der Wal mit voller Absicht angegriffen hatte: »Alle Tatsachen scheinen mir zu bestätigen, daß es kein Zufall war, der sein Vorgehen bestimmte. Er vollführte in kurzem Abstand zwei getrennte Attacken auf das Schiff, und nach der eingeschlagenen Richtung zu schließen, waren beide darauf ausgerichtet, uns den größtmöglichen Schaden zuzufügen.« Dies war der erste verbürgte Fall, daß ein Pottwal ein Schiff angegriffen hat, und da der junge Melville nachweislich Chase' Bericht von 1821 gelesen hat, kann man sich unschwer vorstellen, daß er diese unglaubliche Geschichte unbedingt in seinen Walfängerroman einarbeiten wollte. Ja, er hat sie sogar zum Höhepunkt seines Buches gemacht.

Als der Kapitän zur *Essex* zurückkehrte, standen die Decks bereits unter Wasser. Innerhalb von zehn Minuten ging das Schiff unter, doch vorher konnten Chase und seine Leute noch einige Vorräte und Navigationsinstrumente in die Boote schaffen. *Moby Dick* endet mit dem Untergang der *Pequod*, aber für Owen Chase fing die Leidenszeit erst an, nachdem die *Essex* gesunken war. Die drei Fangboote mit insgesamt 20 Männern an Bord versuchten den Pazifik zu überqueren und sich bis zur rund 2700 Meilen entfernten Küste Südamerikas durchzuschlagen. Als das Trinkwasser zur Neige ging und die Brotrationen auf anderthalb Unzen (ca. 45 g) pro Tag und Mann reduziert werden mußten, begannen die armen Schiffbrüchigen zu sterben. Am 10. Januar 1821, nach 52 Tagen auf See, verschied der Zweite Offizier. Am 12. Januar wurden die drei Boote in einem Sturm getrennt. Wenig später waren zwei Männer aus Chases Boot tot. Am 7. Februar, nach 78 Tagen, starb Isaac Cole. Diesmal übergaben die Überlebenden den Leichnam nicht dem Meer, sondern aßen ihn auf. Von den sechs Leuten im Boot kamen nur drei mit dem Leben davon. Am 18. Februar wurden Chase und seine beiden Gefährten von der englischen Brigg *Indian* gerettet.

Im Mai 1839 veröffentlichte Jeremiah N. Reynolds, Offizier der amerikanischen Kriegsmarine, im *Knikkerbocker Magazine* einen Beitrag unter der Überschrift »Mocha Dick: der Weiße Wal des Pazifiks«. An Bord des Walfängers *Penguin* war er mit einem Maat ins Gespräch gekommen, der »den Walfang für den ehrenvollsten und männlichsten Beruf unter der Sonne« hielt und der, »um zu beweisen, daß er sich vor keinem Wal fürchtete«, mit seinem Boot einen alten Bullen angesteuert hatte und ihm auf den Rücken gesprungen war, um ihm seine Lanze in den Leib zu rammen. Dieser Maat, der in Reynolds Bericht namenlos bleibt, erzählt die Geschichte von Mocha Dick.

Mocha Dick war »so weiß wie Wolle, infolge seines hohen Alters oder wahrscheinlicher noch infolge einer Laune der Natur ... Auf den Spermaceti-Walen findet man nur selten Seepocken, doch auf diesem *lusus naturae* hatten sie sich dermaßen angesammelt, daß seine Haut völlig zerklüftet wirkte. Er war in jeder Hinsicht ein höchst ungewöhnliches Tier.« Die Seeleute »sprechen den schrecklichen Namen MOCHA DICK nur mit gedämpfter Stimme aus« und setzen die Boote aus, um den großen weißen Wal zu jagen, dessen Rücken mit Eisen gespickt ist. Der Maat stößt ihm seine Harpune »tief in die dicke weiße Flanke«, und das Boot wird »im Kielwasser des angebundenen Ungeheuers« davongeschleppt, bis der Wal sein ungestümes Tempo verlangsamt. Ein zweites Boot eilt herbei und wird prompt von der Fluke des Wals zum Kentern gebracht. Der Maat will den Wal losschneiden, um die im Wasser treibenden Männer zu retten, doch als er den Kapitän in einem weiteren Boot näher kommen sieht, meint er: »Der Käpten wird sie schon auflesen, und Mocha Dick wird am Ende uns gehören!«

Der weiße Wal taucht ab: »Inzwischen waren 200 Faden Leine so rasend schnell abgelaufen, daß das aufgegossene Wasser verdampfte. Doch noch immer setzte das Riesentier seinen Weg nach unten mit unverminderter Geschwindigkeit fort.« Als sie schon die Leine kappen wollen, um zu verhindern, daß das Boot unter Wasser gezogen wurde, läßt die Zugspannung nach, und der Wal steigt auf. Er nimmt das Boot wieder ins Schlepptau, und diesmal kommt der Maat so nah an ihn heran, daß er ihm einen Bootsspaten in den Rücken stoßen und ihm damit eine tödliche Wunde beibringen kann. »Der sterbende Wal raste in einem Strudel aus blutigem Schaum umher, und in einem weiten Umkreis färbte sich das Meer karminrot. ›Heck voraus!‹ brüllte ich, als er im Kreis herumzurasen begann, wobei er abwechselnd mit dem Kopf und der Fluke auf das Wasser einschlug und laut krachend mit den Zähnen knirschte. ... Ein Strom aus schwarzem geronnenem Blut stieg in einem dicken

Das Lanzen-
stechen. Wenn
der Wal er-
schöpft war,
stieß man ihm
die spatel-
förmigen Lanzen
in den Leib. Eine
authentische
Walfangszene
aus dem Film
*Down to the Sea
in Ships* (1922).

Der Naturforscher Robert Cushman Murphy war von Juni 1912 bis Mai 1913 an Bord des New Bedforder Walfängers *Daisy* und fotografierte diese Bootsbesatzung, die sich in die Riemen legte, um den erlegten Wal zur Verarbeitung zum Schiff zu schleppen. (Der nicht illustrierte Bericht über diese Reise ist in Murphys *Logbook for Grace* enthalten.)

Dieses Gemälde, das unter dem Titel *All in a Day's Work* bekannt geworden ist, stammt von Charles S. Raleigh (1878–80). In seinem Todeskampf konnte ein harpunierter Pottwal mehr als eines der vergleichsweise zerbrechlichen Fangboote zertrümmern.

Blasstrahl von dem verendenden Ungetüm auf und ging in einem Regenschauer nieder, der uns alle besprühte oder vielmehr durchnäßte.« Als man den Kadaver – »siebzig Fuß vom Kopf bis zur Flukespitze« – verarbeitete, entdeckte man auf ihm nicht weniger als 20 Harpunen, »die verrosteten Hinterlassenschaften vieler verzweifelter Kämpfe«. Dies war jedoch nicht das Ende von Mocha Dick: »Natürlich ist es unmöglich, Mocha Dick zu töten«, schrieb Howard Vincent in *The Trying-out of Moby Dick*, »denn er ist unsterblich. Das weiß jeder Leser von *Moby Dick*.«

Ob weiß oder nicht, Mocha Dick war ein echter Wal, benannt nicht nach seiner Farbe, sondern nach der Insel Mocha vor der chilenischen Küste. Er begann seine Vendetta um 1810 und setzte seine Angriffe auf Schiffe und Boote im ganzen Pazifik fort. 1840 machten die Fangboote des englischen Walfängers *Desmond* etwa 200 Meilen vor Valparaiso Jagd auf einen riesigen Wal, der die Boote umkippte und zwei davon zerschmetterte. Zwei Männer schafften es nicht mehr bis zum rettenden Schiff. Die Beschreibung des Wals

paßt auf Mocha Dick – ein 21 m langes Ungetüm mit einer fast 2,50 m langen weißen Narbe auf dem Kopf. Zwei Monate später operierte der russische Walfänger *Serepta* 500 Meilen weiter südlich, als Mocha Dick zwischen dem Schiff und zwei Booten, die einen toten Wal im Schlepp hatten, aus dem Wasser schoß. Ein Boot wurde zerschmettert, und das andere kappte eilends die Leinen des Kadavers und rettete sich in die Nähe des Schiffs. Der mächtige Wal verharrte wie ein Wachtposten in der Umgebung.

Im darauffolgenden Jahr kreuzte das englische Schiff *John Day* vor den Falkland-Inseln, als der Ausguck einen riesenhaften Wal ausmachte. Man setzte drei Boote aus, von denen zwei sofort zu Kleinholz verarbeitet wurden. Das Wanderverhalten der Pottwale war um 1840 noch weit weniger erforscht als heute, so daß man es nicht für ungewöhnlich hielt, daß Mocha Dick 1842 vor der japanischen Küste auftauchte. Er attackierte einen Schoner, der Holz geladen hatte, aber durch den Auftrieb der Fracht konnte sich das Schiff so lange über Wasser halten, bis drei

Der Fang eines Pottwals (1835). Dieser Stich von William Page nach einem Gemälde von Cornelius Hulsart gilt als die älteste im Druck erschienene amerikanische Darstellung des Walfangs. Hulsart war ein Walfänger, der auf einer Fangreise einen Arm verlor – vielleicht bei einem Zwischenfall, wie er hier wiedergegeben ist.

Walfänger die Unglücksstelle erreichten. Die *Yankee*, *Dudley* und *Crieff* ließen insgesamt sechs Boote zu Wasser, doch Mocha Dick bahnte sich, rasend vor Wut, einen Weg zwischen ihnen hindurch, verschlang zwei Männer, die ins Meer gefallen waren, und zerschlug den Bugspriet und den Ladebaum des schottischen Schiffs *Crieff*. Viele Walfänger behaupteten, Mocha Dick getötet zu haben, aber er überlebte, zumindest in Melvilles Roman.

Frank Bullen war ein Walfänger, der wie Melville zum Schriftsteller wurde. Viele seiner Geschichten werden von Experten für maßlos übertrieben gehalten – zum Beispiel der von ihm geschilderte Kampf zwischen einem Pottwal und einem Riesenkraken, den kein Mensch vor oder nach ihm je beobachtet hat –, aber er scheint tatsächlich 1875 auf dem Walfänger *Splendid* gefahren zu sein. Jedenfalls erzählt er fesselnde Abenteuergeschichten. In einer wird das Boot des Autors vom Schwanz eines Wals getroffen und er selbst über Bord geschleudert. Als er sich umdreht, erblickt er »hoch aufragend über mir … das gewaltige Haupt des Riesentiers«. Er entgeht dem Verschlucktwerden, wird aber von dem Wal mitgeschleppt und »zieht sich auf den steilen, glitschigen Blubberberg hinauf, bis ich das Harpuneneisen zu fassen bekam, das glücklicherweise in der Seite des Kadavers steckte, die jetzt nach oben gerichtet war«. Der »Kadaver« ist jedoch noch nicht ganz tot und schwimmt mit dem Erzähler davon. Gerade als der Wal sich aufbäumen will, verendet er mit einem letzten Zucken.

Eine andere weit verbreitete Walfängergeschichte handelt von der Begegnung mit schlafenden Pottwalen. Die Tiere, die ihre Beute in großen Tiefen jagen, wo das Wasser pechschwarz ist, verlassen sich vermutlich mehr auf ihr Gehör als auf ihre Augen. Möglicherweise sind sie nachtaktiv, und falls das zutrifft, schlafen sie wahrscheinlich tagsüber. (Wie und ob Pottwale schlafen, ist vollkommen unbekannt.) Wie dem auch sei, ein an der Wasseroberfläche schlafender oder dösender Wal stellt unter Umständen eine ernste Gefahr für die Schiffahrt dar. Im August 1896 rammte der Passagierdampfer *Seminole*, der von New York nach Jacksonville in Florida unterwegs war, einen Wal innerhalb einer ganzen Herde (die Art ist unbekannt, doch höchstwahrscheinlich waren es Pottwale) und verletzte ihn schwer. Die entsetzten Passagiere sahen von der Reling aus zu, wie die übrigen Wale sich gegen das Schiff wandten und es nicht weniger als viermal attackierten. Der stählerne Rumpf wurde stark beschädigt, doch bei einem Holzschiff früherer Zeiten wäre der Schaden sehr viel größer gewesen.

Im 19. Jahrhundert, als ein großer Teil der Erde noch unerforscht war, mußten die Walfänger noch mit ganz anderen Gefahren rechnen als mit einem vereinzelten schlafenden Wal. Die amerikanische Forschungsexpedition unter Wilkes hatte viele Inseln im Zentralpazifik besucht und festgestellt, daß manche Geschichten, die man sich über die Eingeborenen erzählte, die vielfach Menschenfresser waren, der Wahrheit entsprachen. Die Fidschis waren als »die Kannibaleninseln« bekannt und wurden von den Walfängern tunlichst gemieden. 1835 überfielen die Bewohner von Namarik (Marschall-Inseln) den Walfänger *Awashonks* aus Falmouth und töteten den Kapitän, den Ersten und Zweiten Offizier sowie vier Besatzungsmitglieder, bevor ein wagemutiger Seemann das Deck, auf dem die Angreifer standen, in die Luft sprengte und das Schiff zurückerobert werden konnte. Die *Syren* wurde Eingeborenen von der Insel Palau nur mit Hilfe von Reißnägeln wieder abgenommen, die man auf dem Deck verstreute, um die barfüßigen Angreifer von Bord zu scheuchen.

Das Verlangen nach frischem Gemüse und Trinkwasser war oft stärker als die Angst vor einem Überfall, und obgleich viele Kapitäne von Kannibalen und massakrierten Schiffsbesatzungen wußten oder gehört hatten, konnten sie der Versuchung, sich preiswert zu verproviantieren, nicht widerstehen. Für die sparsamen Neuengländer war es allzu verlockend, Schweine, Kokosnüsse, Wasser, Holz und Frauen gegen ein paar Pfund Tabak oder einige verrostete Eisenreifen einzutauschen.

Die Lebensqualität an Bord eines Walfängers war nicht gerade berauschend, aber vielfach besser als das Leben auf einer Farm. Gleichwohl desertierten zahlreiche Seeleute auf den Inseln, nicht weil sie über Gebühr schikaniert wurden, sondern weil das Dasein auf einer üppigen grünen Insel, wo die Kost frei und die Frauen noch freier waren, einen wirtschaftlichen und gesellschaftlichen Schritt nach oben bedeutete.

Um die Mitte des 19. Jahrhunderts setzten sich vermutlich nicht weniger als 3000 Walfänger in der Inselwelt Mikronesiens und Polynesiens ab.

Als Melville auf den Marquesas sein Schiff verließ und seine Erlebnisse hinterher in *Typee* schilderte, machten sich viele Leser falsche Vorstellungen vom Leben auf einer tropischen Insel. Doch nicht überall gab es exotische Früchte und willfährige *wahines* in Hülle und Fülle. Viele dieser winzigen Eilande im Pazifik waren höchst unwirtliche Korallenatolle. Längs des Äquators, in den Fanggründen »Auf der Linie«, kamen im Pazifik massenhaft Pottwale vor. Die Gilbert-Inseln waren ein ideales Jagdrevier, doch für die Walfänger nicht minder gefährlich als für die Wale. Die Insulaner waren ein besonders aggressives und kriegerisches Volk, und außerdem gab es dort viele Strandläufer, also weiße Seeleute, die auf diesen Inseln gestrandet waren und die Eingeborenen zu Überfällen auf anlegende Walfänger aufstachelten.

Im Januar 1848 steuerte Kapitän Thomas Spencer aus New Bedford mit dem Walfänger *Triton* die Sydenham-Insel (heute Nonouti) an. Obwohl ihm der schlechte Ruf der Insulaner bekannt war, ging er an Land, um Lebensmittel und Wasser einzuhandeln. Was er nicht wußte: Ein portugiesischer Seemann namens Manuel war dort gestrandet. Er war bewaffnet und hatte bereits mehrere Walfang- und Handelsschiffe bedroht.

Spencer wurde gefangengenommen und die *Triton* von Manuel und einer Horde blutdürstiger Insulaner geentert. Im anschließenden Kampf wurde Manuel getötet und das Schiff von den Eingeborenen gekapert. Als der Kapitän sah, wie sein Schiff davonsegelte, gab er alle Hoffnung auf. Doch noch war nicht alles verloren. Die Besatzung eroberte das Schiff zurück, doch da sie annahm, Spencer sei tot, ließ sie ihn zurück und nahm eiligst Kurs auf Hawaii. Spencer wurde von einem anderen Walfänger, der *Alabama*, gerettet und landete ebenfalls in Hawaii. Dort schrieb er seine Abenteuer sofort auf, und weil die *Triton* erst nach ihm eintraf, wurde sein Bericht veröffentlicht, bevor er etwas über das Schicksal seines Schiffs erfuhr.

In *Whale Hunt* erzählt Nelson Cole Haley die Geschichte der *Triton*-Besatzung und berichtet dann von seinem eigenen Schiff, der berühmt gewordenen *Charles W. Morgan*. Vor Sydenham bittet Haley seinen Ersten Offizier, ihm einen entzündeten Zahn zu ziehen, während das Schiff angegriffen wird. »Ich will verdammt sein, wenn ich je im Leben einen solchen

Das Ziehen eines Zahns, dargestellt auf einem »gezogenen« Pottwalzahn.

Unsinn gehört habe«, erwidert der Erste Offizier. »Da sind wir umringt von drei- oder vierhundert schwarzen, heulenden, tobenden häßlichen Teufeln, die drauf und dran sind, uns zu entern, und Sie wollen sich von mir einen Zahn ziehen lassen!« Haley erklärt ihm, daß er damit rechne, daß das Schiff gekapert wird, und da es auf der Insel nur Kokosnüsse zu essen gebe, werde er verhungern, wenn ihm der Zahn nicht gezogen würde. »Die Kokosnüsse sollen verflucht sein«, meint der Offizier und reißt seinem Kapitän den Zahn mitsamt einem Stück Kieferknochen aus dem Mund, während die *Morgan* inmitten einer Kanuflottille mit gestikulierenden Eingeborenen auf die Insel Sydenham zudriftet. Eine günstige Brise rettet das Schiff davor, an der Küste auf Grund zu laufen.

Zwar wurde hin und wieder ein Walfänger von unfreundlichen oder feindseligen Insulanern umgebracht, aber die Folgen, die das Anlegen der Schiffe für die Eingeborenen nach sich zog, waren erheblich schlimmer. Skrupellose Kapitäne boten häufig einen Tauschhandel an und segelten davon, ohne die Waren zu bezahlen, und wahrscheinlich haben schießfreudige Seeleute nicht wenige Eingeborene getötet, ohne dafür bestraft zu werden. Aus ihren Heimathäfen und verseuchten Zwischendecks schleppten die Walfänger alle möglichen Krankheiten ein, mit denen sie die Eingeborenen ansteckten, zum Beispiel Frambösie, Grippe, Tuberkulose, Cholera, Syphilis und Masern. Vor seiner Entdeckung hatte Tahiti schätzungsweise rund 40000 Einwohner; um 1830 waren nur noch 9000 Tahitianer übriggeblieben. Eine einzige Masernepidemie brachte 1875 fast 30000 Fidschianern den Tod.

Die Walfängerei bestand freilich nicht nur aus Begegnungen mit schifferammenden Walen oder gefräßi-

gen Kannibalen. In Wahrheit waren die meisten Fangreisen langweilig bis zum Überdruß. Wochen- oder gar monatelang war man auf der Suche nach Walen von einem Fanggrund zum andern unterwegs. Ein typischer Auszug aus dem Logbuch der *Acushnet*:

Sonntag, 26. Okt. 1845 – Damit beschäftigt, die Zeit totzuschlagen ...

16. Dez. 1845 – Geschäftiges Nichtstun – nichts, was man tun könnte ...

Freitag, 23. Jan. 1846 – Nichts Besonderes getan. So langweilig, wie man sich nur vorstellen kann ...

4. Febr. 1846 – Rechnete damit, Wale auszumachen – war eine Fehlkalkulation ...

4. Juli 1846 – Beschäftigt mit Essen u. Trinken, Gereiztheit, Backgammonspielen u. Schlafen ... eine Hose geflickt ...

Das Essen und Trinken, das Scheuern der Decks, das Flicken der Segel und die Reparaturarbeiten in der Takelage wurden nur deshalb so ausgiebig betrieben, damit die Seeleute auf diesen schier endlosen Fahrten beschäftigt waren. Um sich die Zeit zu vertreiben, schufen einige Männer das, was Clifford Ashley »die einzige eigenständige Volkskunst« genannt hat, »die es, abgesehen von jener der Indianer, in Amerika jemals gegeben hat: die Kunst des Scrimshaw«.

Es gibt nur wenige zeitgenössische Zeugnisse, in denen von der Tätigkeit der Scrimshawschnitzer die Rede ist, aber wir können wohl davon ausgehen, daß die Walzähne während der Segeletappen oder der Liegezeiten im Hafen bearbeitet worden sind. Die Zähne wurden gesäubert und poliert, und dann ritzte man mit Segelnadeln oder, wie Melville berichtet, mit

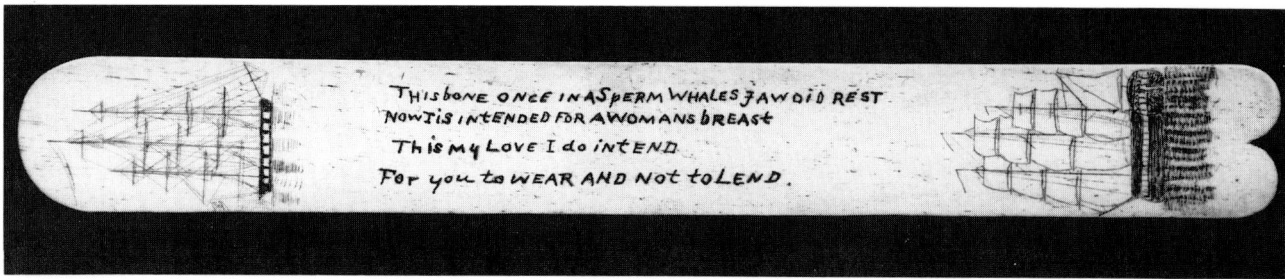

Scrimshaw-Fischbeinstab
mit einem Widmungsvers.

Vier Boote unter Segel
schleppen einen toten
Pottwal. Ritzzeichnung auf
einem Pottwalzahn.

»Dentisteninstrumenten« Bilder hinein. Die vorherrschenden Motive waren Schiffe und Walfangszenen sowie Erinnerungen an die Geliebte, die Familie oder die Heimat. Die Yankees sind vor allem für ihre beschnitzten Pottwalzähne bekannt, aber sie fertigten auch Belegnägel, Korsettstangen, Spazierstöcke, Messergriffe, Dominosteine, Teigrädchen und allerlei Geräte und Kästchen an. Die Barten der Kaper- und Grönlandwale wurden für den Verkauf in der Heimat gebündelt und verstaut, doch hin und wieder zweigte ein Seemann ein Stück ab, um daraus verzierte Miederstangen zu schnitzen. Die Barten wurden, wie gesagt, von den Walfängern und Händlern als Fischbein bezeichnet, obgleich sie nicht aus Bein oder Knochen bestehen, sondern, genauso wie unsere Haare oder Fingernägel, aus Keratin oder Hornstoff. Wale besitzen zwar Knochen wie jedes andere Säugetier auch, doch mit Ausnahme des Unterkiefers und der Zähne sind die Walknochen für Schnitzarbeiten zu porös. Auch andere Kulturen wußten das »Elfenbein« der Wale zu schätzen: Manche Polynesier stellten Halsketten aus Delphinzähnen her, und die alten Hawaiianer kannten das wunderschöne *lei niho*

palaoa, einen elegant geschnitzten Pottwalzahn, der von Vertretern des Königshauses an einem Halsband aus geflochtenem Menschenhaar getragen wurde.

Das wohl kunstvollste Produkt der Scrimshawschnitzer war die Haspel, eine komplizierte zusam-

Zu den kunstvolleren Scrimshaws, die aus Pottwalzähnen geschnitzt wurden, gehörten solche Teigrädchen. Man benutzte sie zum Einritzen von Pastetenteigrändern. Die Abbildungen auf den Griffen waren oft ziemlich frivol.

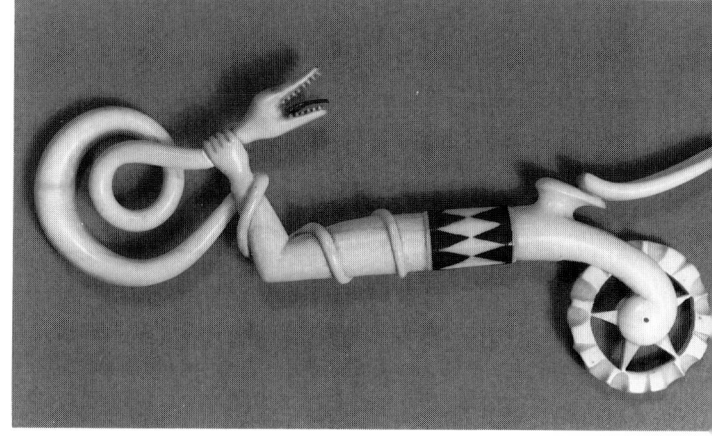

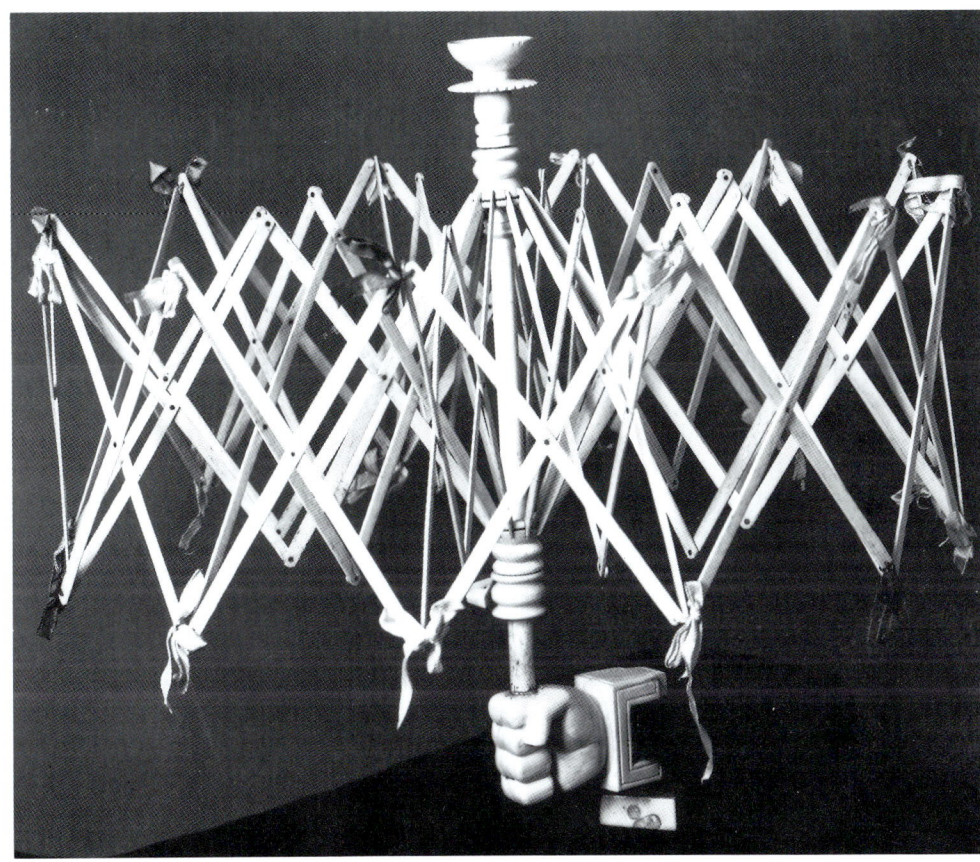

Das komplizierteste Gerät, das aus Fischbein gefertigt wurde, war die Haspel, eine zusammenfaltbare Vorrichtung zum Abspulen von Garn. Die Herstellung einer solchen Haspel, die aus mehr als 100 Einzelteilen bestand, dauerte oft monatelang.

menfaltbare Vorrichtung zum Abwickeln eines Wollknäuels. Man kann sich nur schwer vorstellen, daß diese zerbrechlichen, sorgfältig bearbeiteten Geräte in einem stinkenden Zwischendeck angefertigt wurden. Es gibt zwar vereinzelte Belege dafür, daß Zimmerleute, Faßmacher, Offiziere oder gar Kapitäne solche raffinierten Scrimshawarbeiten hergestellt haben, aber wahrscheinlich wurden die Haspeln an Land produziert.

Nach dem Tod des Wals bestand das größte Problem darin, den Wal und das Schiff zusammenzubringen. Wenn das erfolgreiche Fangboot auf der Leeseite des Schiffs lag, war es relativ einfach, das Schiff an den Fleischberg heranzusegeln, aber unter weniger günstigen Bedingungen mußten die erschöpften Waljäger ihre Beute zum Schiff schleppen. Dann begann die eigentliche Arbeit: das Abspecken oder Flensen und das Auskochen des Öls aus dem Blubber.

Der Wal wurde mittels schwerer Ketten, die man durch seinen Kopf und um seine Fluke zog, längsseits festgezurrt. Der erste Körperteil, der an Bord gehievt wurde, war der Unterkiefer, den man zur späteren Verarbeitung verstaute. Dann wurde der Wal ent-

Nur Vertreter des hawaiischen Königshauses durften das *lei niho palaoa* tragen, einen kunstvoll geschnitzten Pottwalzahn an einem Halsband aus geflochtenem Menschenhaar.

hauptet. Bei einem kleinen Tier schaffte man den Kopf an Bord, doch den Kopf eines großen Pottwals, der oft ein Drittel des 60-Tonnen-Ungetüms ausmachte, konnte man nicht auf das Deck ziehen, und so mußte er im Wasser verarbeitet werden. Diese Arbeit sparte man sich bis zuletzt auf, denn durch das Gewicht des längsseits befestigten Kadavers drohte das Schiff Schlagseite zu bekommen, und je länger er unbearbeitet blieb, desto länger konnten Haie die Außenschicht des Blubbers zerfetzen, die für die Walfänger so wertvoll war.

Mit Hilfe einer komplizierten Anordnung von Taljen (Flaschenzüge) wurden die Arbeitsbühnen herabgelassen, und das Abspecken begann. Auf den Planken stehende oder sitzende Männer schlitzten mit rasiermesserscharfen Flensspaten die gummiartige Haut des Wals auf. In das erste abgelöste Blubberstück wurde ein schwerer Haken eingeführt, und es wurde hochgezogen, während die Männer auf der Arbeitsbühne die Fettschicht weiter aufschnitten. Der Wal drehte sich im Wasser um seine Längsachse, und sein Blubber wurde »so sauber vom Körper abgetrennt wie

die Schale einer Orange, die man spiralig ablöst«. Die Kraft für diesen Schälvorgang stammte von den kräftigen Seeleuten, die die vor dem Fockmast angebrachte Winde betätigten.

Die dicke Blubberspirale wurde in ungefähr 4,50 m lange Stücke zerteilt, die jeweils etwa eine Tonne wogen. Sie wurden durch eine Luke in den Blubberraum hinabgeworfen und dort so lange gestapelt, bis der Wal vollständig abgespeckt war. Im dunklen, blutverschmierten Blubberraum zerlegten Arbeiter die großen Stücke, die sogenannten »Deckenstücke«, in kleinere und handlichere »Pferdestücke«, die sie dann zu »Bibelblättern« zerschnitten, wobei die Einschnitte bis fast auf die Haut geführt wurden, so daß das Ganze einem Buch mit dicken Seiten ähnelte. Man glaubte, durch die Zerteilung des Blubbers in »Seiten« werde das Öl leichter zugänglich. Die »Bibelblätter« wurden anschließend mit Gabeln durch die vordere Luke zu den Männern befördert, die sie in die Siedekessel warfen.

Das Feuer unter den Kesseln beschickte man zunächst mit Holz, doch da die nicht geschmolzene Haut

Der Blubber wurde zu »Bibelblättern« zerschlitzt, bevor er in die Siedekessel wanderte.

Wenn der Blubber ausgekocht wurde, brannten die Feuer unter den Kesseln oft die ganze Nacht hindurch, wie auf diesem Gemälde des amerikanischen Marinemalers William Edward Norton (1843–1916) zu sehen ist.

des Wals ein hervorragendes Brennmaterial war, kochte man ihn mit Hilfe seiner eigenen Haut aus. Das aus dem Blubber gewonnene Öl wurde vorsichtig in einen kupfernen Kühlbehälter geschöpft, wo es bis zum Abfüllen in die Fässer lagerte. Die Arbeit war schwer und schmutzig. Die Decks und die Männer wurden von einer Schicht aus Tran und Blut überzogen, und der Gestank war oft fast unerträglich. Für J. Ross Browne war das Transieden »der aufregendste Teil des Walfängergewerbes und sicherlich der unangenehmste«.

Ein unangenehmer Aspekt war auch die allgegenwärtige Brandgefahr. Ölgetränkte Holzschiffe, auf deren Decks offene Feuer brannten, flößten nicht gerade ein Gefühl von Sicherheit ein. Man traf zwar Vorkehrungen, um den Ausbruch eines Feuers zu verhindern – Wasser wurde über die Decks gepumpt, um die Planken feucht und kühl zu halten –, aber manchmal entzündeten sich dennoch die Segel oder

das Tauwerk durch Funkenflug, und vereinzelt brannten Schiffe bis zur Wasserlinie nieder.

Wenn sich das Öl abgekühlt hatte, wurde es in die Fässer gefüllt, die der Böttcher angefertigt hatte. Jedes Faß faßte 31,5 Gallonen (1 amerikanische Gallone = 3,785 Liter); die Erträge wurden fast ausschließlich in Faß gemessen. Eine große Pottwalkuh lieferte etwa 35 Faß Öl, die größten Bullen erbrachten sogar 75 bis 90 Faß. Doch wie die Längenangaben für große Pottwalbullen zuweilen fragwürdig sind – in einigen Berichten ist von 27,50 m die Rede –, so wurde auch die Tranausbeute dieser Riesentiere manchmal übertrieben. Weil die Angaben ausnahmslos von Männern stammen, die ihren Ruhm dadurch zu mehren trachteten, daß sie bei einzelnen Walen einen möglichst hohen Ertrag ansetzten, sind viele Rekordmeldungen, in denen 100 bis 150 Faß genannt werden, als dubios anzusehen.

Die Ölmengen, die in einem Schiff verstaut werden

konnten, waren gewaltig, doch sie spiegelten nicht notwendigerweise den Erfolg einer Fangreise wider. Die Gewinne konnten erst dann kalkuliert werden, wenn das Schiff den Heimathafen erreicht hatte und das Öl und das Fischbein zu marktüblichen Preisen verkauft worden waren. Ein 31,5-Gallonen-Faß war etwa 1,50 m hoch und hatte in der ausgebauchten Mitte einen Durchmesser von 1,20 m. Von ihrer Jungfernfahrt, die von Oktober 1841 bis September 1843 dauerte, brachte die *Lagoda* 600 Faß Pottwalöl, 2700 Faß »gewöhnliches« Walöl und 17 000 Pfund (ca. 7700 kg) Fischbein heim. Das Schiff war 31 m lang und an der breitesten Stelle 8,25 m breit. Die Jagdzeit war zu Ende, wenn der Stauraum voll war, aber manchmal liefen die Schiffe einen Zwischenhafen an, löschten einen Teil ihrer schmierigen Ladung und setzten die Jagd fort. Einige Tranfässer wurden wahrscheinlich im Blubberraum untergebracht, doch die meisten lagerte man im Laderaum, der sogenannten Last.

Wegen seines geheimnisvollen Kopföls, des Walrats, war der Pottwal die Hauptbeute dieses den ganzen Erdball umspannenden Jagdunternehmens. Andere Wale waren in eine dicke Fettschicht eingehüllt, und manche besaßen die langen Barten, die zu Korsettstangen für die Damenwelt verarbeitet werden konnten. Aber das Nonplusultra war das »Spermaceti« des Pottwals, jenes flüssige Gold, das die Walfänger zu den Azoren und den Galapagos, in die Gewässer Sansibars und Japans, nach Kamtschatka und ins Ochotskische Meer lockte. Wenn das Pottwalöl nicht durch anderes Öl verunreinigt war, hatte es den drei- bis fünffachen Wert des gewöhnlichen Walöls. In *Nimrod of the Sea* erwähnt W. M. Davis einen Pottwal, dessen Kopf 27 Faß Spermaceti lieferte, und Clifford Ashleys Nachforschungen haben ergeben, daß sich die Ausbeute bei den größten Bullen sogar auf rund 30 Faß belief.

Um den Walrat zu gewinnen, wandte man eine sehr viel direktere Methode an als bei der Verarbeitung des Blubbers. Da der Walrat bereits Öl *war*, brauchten die Walfänger ihn nur herauszuholen und in Fässer abzufüllen. Ein Loch wurde in den Walkopf geschnitten, und dann tauchte ein Mann einen an einer langen Stange befestigten Eimer hinein und reichte ihn an einen Kollegen an Deck weiter, der den Inhalt in einen bereitstehenden Bottich schüttete.

Wenn alles Öl in Fässer abgefüllt und die Fässer verstaut waren, wurden die Decks mit einer Lauge geschrubbt, die man aus der Asche der Siedeöfen gewann. Auch die ölgetränkten und rauchgeschwängerten Kleider der Seeleute wurden gründlich gereinigt, doch der üble Geruch konnte nie wirklich vertrieben werden, und bevor die Männer ihre Arbeitskluft mit neuen Sachen vertauschten, stanken sie wie stillgelegte Transiedereien.

Trotz der Strapazen, der niedrigen Löhne und sogar der gelegentlichen Auspeitschungen waren die Besatzungen der Walfänger erstaunlich fügsam und geduldig. Das Wort des Kapitäns war Gesetz, und wenn die Leute aufbegehrten, genügte die Androhung der Klopfpeitsche, der »neunschwänzigen Katze«. Nur selten war ihre Lage so verzweifelt, daß sie offen rebellierten. Da man von vornherein auf strenge Disziplin, lange Arbeitszeiten, unbequeme Unterkünfte und miserable Verpflegung gefaßt war, ertrugen die Walfänger diese Widrigkeiten gewöhnlich mit stoischer Ergebenheit. Zudem bedurfte es, wie bei jedem Aufstand, eines Anführers, der die Leute zum Handeln antrieb, und auf den Walfängern waren solche Unruhestifter eine Seltenheit.

Eine solche Ausnahme war ein junger Mann namens Samuel Comstock von der Insel Nantucket. Mit 19 Jahren schiffte er sich auf dem Nantucketer Walfänger *Globe* ein, der am 15. Dezember 1822 den Hafen von Edgartown auf der Nachbarinsel Martha's Vineyard verließ. Das Schiff umrundete Kap Hoorn und legte einen kurzen Zwischenaufenthalt auf Hawaii ein, bevor es Kurs auf die neuentdeckten japanischen Fanggründe nahm. Obwohl es dort angeblich so viele Wale gab, konnte Kapitän Worth sie nicht lokalisieren, und während man vergeblich im Kreis herumsegelte, wurde die Besatzung immer aufmüpfiger. Die Situation verschlechterte sich dermaßen, daß der Kapitän nach Hawaii zurückkehrte, um neuen Proviant zu übernehmen. Dort desertierten mehrere Besatzungsmitglieder, die durch Strandläufer und Trunkenbolde ersetzt wurden. Wiederholte Auseinandersetzungen zwischen den Offizieren und der Mannschaft erhöhten die Spannung, und als der Kapitän einen Seemann auspeitschen ließ, beschloß Comstock, eine Meuterei anzuzetteln.

Am 26. Januar 1824 initiierten Comstock und seine Anhänger eine der blutigsten Meutereien in der Geschichte der amerikanischen Seefahrt. Sie ermordeten den Kapitän und den Ersten, Zweiten und Dritten Offizier. Die Leichen warfen sie über Bord, und Comstock übernahm das Ruder. Als er feststellte, daß ein Seemann gegen ihn intrigierte, saß er über ihn zu Gericht und verurteilte ihn zum Tod durch Erhängen. Zwei Wochen lang irrte das Schiff umher, bis man auf

Von den Siedeanlagen stiegen ölgeschwängerte Rauchwolken empor, und der Gestank verbreitete sich meilenweit. Das Foto zeigt die Bark *Jacob A. Howland* aus New Bedford.

dem winzigen Mili-Atoll in den Marschall-Inseln landete. Comstock wollte offenbar alles so arrangieren, daß er als einziger Überlebender übrigblieb, doch die Eingeborenen und seine Spießgesellen vereitelten diesen Plan einer perfekten Meuterei. Die Leute, die auf Hawaii angeheuert hatten, erschossen ihn.

Jenen Besatzungsmitgliedern der *Globe*, die sich an der Meuterei nicht beteiligt hatten, gelang es, das Schiff in ihre Gewalt zu bringen. Sie segelten weiter und ließen die Meuterer auf der Insel zurück. Diese wurden

bis auf zwei in einem blutigen Konflikt mit den Insulanern getötet. Die *Globe* kehrte über Valparaiso nach Nantucket zurück. Die Besatzung wurde vom Vorwurf der Meuterei freigesprochen und die *Dolphin* unter dem Kommando von Leutnant John (»Mad Jack«) Percival in den Pazifik entsandt, um die letzten beiden Meuterer heimzuholen, was nach einigen Schwierigkeiten auch gelang. Das war das Ende der Geschichte, die Starbuck als »die schrecklichste Meuterei in den Annalen des Walfangs« bezeichnet hat.

Sechs

Die Jagd auf den Nordkaper und den Grönlandwal

Die englische »Grönlandfischerei«

Die Niederlande schickten 1719 die ersten Walfänger in die Davis-Straße, als die Fanggründe vor Spitzbergen offensichtlich leergefischt waren, doch schon sehr bald zogen die Engländer nach. Sie wurden angespornt durch die Befreiung von allen Abgaben und Steuern, sofern die Schiffsbesatzungen aus Engländern bestanden. (Die hohen Kosten der Fangreisen in den 1730er Jahren entstanden dadurch, daß man holländische Offiziere anheuern mußte, weil die Briten laut Scoresby »überhaupt keine Ahnung von diesem Gewerbe hatten«.)

Gegen Ende des 18. Jahrhunderts wurden Schiffe aus Hull und Whitby in England sowie aus Dundee und Peterhead in Schottland in die westgrönländischen Gewässer entsandt, um Jagd auf die dort massenhaft vorkommenden Grönlandwale zu machen. In London ließ der Duke of Bedford den ersten Schleusenhafen (Rotherhithe) bauen, der Liegeplätze für 120 Segelschiffe bot. Die aufstrebende Textilindustrie benötigte dringend Walöl, vor allem für das Walken der Wolle und auch für die Beleuchtung der düsteren

Fabrikhallen, in denen die Wolle versponnen wurde. Auch die übrige Industrie brauchte immer mehr Öl als Schmiermittel, und außerdem verwendete man Öl für die Straßenlaternen. Die Stadt Hull, ein alter Walfängerhafen, verfügte seit 1713 über eine Straßenbeleuchtung, und um 1750 galt London mit mehr als 5000 Laternen als die »hellste« Großstadt der Welt. Da gleichzeitig auch der Bedarf an Fischbein für Reifröcke und Korsettstangen riesig war, erhielt der Walfang einen gewaltigen Auftrieb. Um den neuen Anforderungen gerecht zu werden, beschloß die britische Regierung, die Walindustrie zu subventionieren. Sie setzte eine Prämie von 30 Schilling pro Tonne (Schiffstonnage) aus, und als das nicht ausreichte, erhöhte sie die Summe auf 40 Schilling. 1749 wurden zwei Schiffe in Dienst gestellt; 1750 waren es 20 und 1756 bereits 83. 1788 belief sich der Bestand auf 253 Einheiten.

Die Stadt Hull, die sich so eifrig am Walfang vor Spitzbergen beteiligt hatte, nahm das Geschäft 1753 wieder auf, als die Magnaten der Stadt 20 000 Pfund bereitstellten, »um die Walfischerei von unserem Hafen aus zu betreiben«. Im folgenden Jahr steuerten die Schiffe *Pool*, *Berry* und *Leviathan* die Arktis an. In dieser Zeit setzten französische Freibeuter der briti-

William Scoresby sen.
(1760–1829), der erfolg-
reichste englische Wal-
fängerkapitän.

schen Schiffahrt schwer zu, und in die Seegefechte waren häufig Schiffe verwickelt, deren Bewaffnung hauptsächlich aus Harpunen und Flensmessern bestand. 1758 segelte die Fangflotte im Konvoi, um sich der räuberischen französischen Fregatten besser erwehren zu können. Die zweite große Gefahr drohte dem Walfang von innen, obwohl auch hier die Franzosen eine Rolle spielten: Die Royal Navy suchte ständig tüchtige Seeleute; zwar galt die Grönlandfischerei als »geschütztes Handelsunternehmen«, aber in den Heimathäfen konnten die Walfänger zum Dienst in der Marine gepreßt werden. Der Friede von Paris

beendete 1763 den Siebenjährigen Krieg, doch es dauerte nicht lange, bis England wieder Krieg führte.

Während die Yankees die Weltmeere nach Pottwalen durchstreiften, jagten die Engländer den Grönlandwal. Über ihn wußte Scoresby folgendes zu berichten:

Er kommt zahlreich in den vereisten Gewässern Grönlands und der Davis-Straße vor, in der Baffin- und der Hudson-Bucht, im Meer nördlich der Beringstraße und vor einigen Küstenstrichen Nordasiens und vermutlich Amerikas. Man trifft ihn nie in der Nordsee und nur selten innerhalb 200 Meilen vor den britischen Küsten an ...

Die Wale in der Davis-Straße und der Baffinbai scheinen eine eigenständige Population gewesen zu sein, die nördlich von Labrador überwinterte und dann von April bis Juni längs der Westküste von Grönland nach Norden zog. Im Sommer überquerten die Tiere die Baffinbai und drangen in die eisbedeckten Gewässer des Lancaster-Sunds und anderer Buchten der Baffin-Insel vor, um im August zu ihrem Winterquartier in der Packeisregion der Davis-Straße und fast bis zum offenen Atlantik aufzubrechen.

Als die holländische Walindustrie im frühen 18. Jahrhundert zurückging, sprangen die britischen Reeder in die Bresche. Da nun weniger Schiffe im grönländischen Eismeer operierten, stiegen die Durchschnittserträge und die Preise, so daß die 1740er Jahre für einzelne Schiffseigner zum lukrativsten Dezennium wurden. Immer mehr Reeder drängten ins Geschäft, und so kam es, daß 1788 mehr als 250 Schiffe Kurs auf die eisigen Meeresgebiete im hohen Norden nahmen.

Es gibt viele Namen, die den Walfanghistorikern wohlvertraut sind, aber wohl keiner ist so berühmt geworden wie der von William Scoresby jun. Wie Charles Scammon, Thomas Roys, Svend Foyn und Carl Anton Larsen war er Kapitän eines Walfängers. William Scoresby wurde 1789 in Croptin, Yorkshire, als Sohn eines Walfängers gleichen Namens geboren. Schon mit zehn Jahren ging er an Bord der *Resolution* seines Vaters erstmals auf große Fahrt, besuchte anschließend die Schule und bezog 1806 die Universität Edinburgh, wo er Chemie, Naturphilosophie und Anatomie studierte. Im Unterschied zu den meisten Zeitgenossen, die in der Walindustrie tätig waren, war er ungewöhnlich sprachbegabt: Er beherrschte Latein, Französisch, Deutsch und sogar Altenglisch. 1807 trat er in die Marine ein, aber um seine Ausbildung zu vervollständigen, kehrte er nach einem Jahr auf See nach Edinburgh zurück. 1810 war er wieder unterwegs, diesmal als Kapitän der väterlichen *Resolution*. Er befuhr 16 Jahre lang das westliche Eismeer, nahm die noch unkartierte Ostküste Grönlands auf und brachte die größte Tran- und Fischbeinladung heim, die jemals in Liverpool angelandet worden ist. Nach seiner letzten Fangreise schrieb er sich im Queen's College in Cambridge ein, wo er zum Kuratgeistlichen geweiht wurde, und gleichzeitig wurde er Mitglied der Royal Society. 1857 unternahm er eine Reise nach Australien, um zusätzliche Daten zum Erdmagnetismus zusammenzutragen, und er starb am 21. März 1857 in Torquay.

Im Jahr 1820 veröffentlichte er seinen *Account of the Arctic Regions with a History and a Description of the Northern Whale-Fishery*, eines der bedeutendsten Bücher über den Walfang. In diesem zweibändigen Werk behandelt Scoresby die Geschichte der Fischerei, die Eisverhältnisse, die Technik des Walfangs und die Zoologie der Arktis. Der zweite Band enthält Karten, Illustrationen der Landschaftsformen, der Schneeflockenmuster, der im Walfang verwendeten Gerätschaften und der bejagten Tiere – allesamt gezeichnet von »W. Scoresby, Junr.«. Der Wissenschaftler, Linguist, Historiker, Geistliche, Navigator, Kartograph, Illustrator und vor allem der Walfänger Scoresby ist für uns der beste Führer durch die laby-

William Scoresby jun. (1789–1857), Walfänger, Geistlicher, Linguist, Naturwissenschaftler, Entdecker und Verfasser »eines der erstaunlichsten Bücher in englischer Sprache«: *An Account of the Arctic Regions with a History and a Description of the Northern Whale-Fishery.*

rinthähnliche Geschichte des Walfangs in der Hocharktis. Sein Name wurde bereits mehrfach erwähnt, insbesondere im Zusammenhang mit dem frühen europäischen Walfang und der »Spitzbergen-Fischerei«, doch seine größte Leistung ist die Darstellung des Walfangs vor den Küsten Grönlands.

Nach einem Überblick über die Walfanggeschichte der Basken, der Holländer, der Briten und der amerikanischen Kolonisten und knappen Schilderungen der einschlägigen spanischen, französischen, dänischen, deutschen, norwegischen und schwedischen Unternehmungen wendet er sich dem Hauptthema zu, dem Walfang im Eis des Nordens.

Der »Eiswalfang«, wie er damals genannt wurde, unterschied sich von der gesamten bisherigen Walfängerei, und weil er ohne Vorbild war, mußte er gleichsam von der Pike auf erlernt werden. Mehr noch als von den Walen war der Erfolg oder Mißerfolg einer Fangreise vom Eis abhängig. Wie wichtig dieser Aspekt war, zeigt sich schon darin, daß Scoresby nicht weniger als 93 Seiten für die Beschreibung von Eisbergen, Schollen, Festeis, Treibeis, Eismatsch und Eishügeln verwendet. Alle Eisformen beeinflußten den Walfang, doch keine so sehr wie die Treibeismassen, die im Frühling in die Baffinbai vordrangen. Das Eis, das dem Walfang im hohen Norden den Namen gab, stammt von der polaren Eiskappe; es driftet als Land- und Meereis südwärts, vorangetrieben von den Wirbeln und Strömen des unbeständigen, lebendigen Nordpolarmeers, und verwandelt sich in Pack- und Festeis, das sich von Jahr zu Jahr verändert und ständig gefährlich ist.

»Die göttliche Vorsehung«, schrieb Scoresby, »zeigt sich in der Zahmheit und Furchtsamkeit, die vielen der größten Bewohner des Landes und des Meeres eigen sind, wodurch sie der Überlegenheit des Menschen zum Opfer fallen und seinen Lebensbedürfnissen dienstbar gemacht werden ...« Eine so klare Vorstellung von der Zweckbestimmung der Wale ermöglichte es Männern wie Kapitän Scoresby, die Tiere mit solchem Gleichmut zu töten.

Die Grönlandfahrer verließen gewöhnlich Ende April ihre Heimathäfen, um sich den kurzen arktischen Sommer zunutze zu machen. Die Fahrt über den Nordatlantik dauerte meist etwa zehn Tage, und wenn die Schiffe aus Hull oder Whitby kamen, mußten sie zunächst Schottland umrunden, bevor sie auf Westkurs gingen. Auf der Suche nach den Walen im Packeis ließen sie sich auf Grönland zutreiben. Die

andere Meeresregion, in der die Briten operierten, war die Davis-Straße im Westen Grönlands, hinter Kap Farvel. Die Umschiffung des Kaps war besonders gefährlich, weil das Wetter fast immer schlecht war und weil plötzlich gewaltige Eisberge aus dem Nebel auftauchen konnten. Man kann sich kaum etwas Entsetzlicheres vorstellen, als wenn man bei langsamer Segelfahrt unverhofft einen Eisberg über dem zerbrechlichen Schiff aufragen sieht. Im Gegensatz zur *Titanic*, die übrigens viel weiter südlich mit einem solchen Eisberg kollidierte, waren diese kleinen Holzschiffe sehr leicht zu versenken, und es spricht für die Lotsen, daß so viele von ihnen unter den denkbar schlechtesten Bedingungen mehrere Arktisfahrten heil überstanden haben. Die Fahrten dauerten im Schnitt etwa vier Monate, fielen aber kürzer aus, wenn die Laderäume schneller gefüllt werden konnten – oder wenn sie Schiffbruch erlitten. 1814 und nochmals 1817 gingen englische Walfänger mit Mann und Maus im Eis der Davis-Straße verloren.

Im Vergleich zur neuenglischen Pottwalfängerei war das britische Walfangunternehmen bescheiden. Die Amerikaner hatten 1856 rund 635 Walfänger auf See, die Engländer dagegen weniger als 100 Schiffe, die aus den Häfen von Hull, Aberdeen und Peterhead kamen. Während die Amerikaner ein Gewinnbeteiligungssystem praktizierten, waren die Engländer sehr viel weniger demokratisch. Jedes Walfangunternehmen bestand aus Geschäftspartnern, vorzugsweise den Kaufleuten, Faßmachern, Segelmachern und anderen Betrieben, die die Schiffe ausrüsteten, und somit wurden die Gewinne – und die Risiken – unter zahlreichen Personen aufgeteilt. Die einfachen Seeleute erhielten eine monatliche Heuer, meist zwei Pfund, und damit mußten sie ihre Kleider und Bedarfsartikel aus den Bordläden bezahlen. Der Kapitän bekam im allgemeinen acht Pfund pro Monat, zuzüglich »Öl- und Fischbeingeld« je nach Erfolg der Fangreise, und die Harpuniere und Flenser wurden ebenfalls etwas besser bezahlt. Das Auszahlungsverfahren war kompliziert und ungünstig: Manche Männer wurden beim Anheuern bezahlt, doch die Leute von den Shetlands erhielten ihr Geld erst acht Monate nach dem Ende der Reise.

In den Fanggründen waren die Wetterverhältnisse unerfreulich in allen nur möglichen Varianten: Eis, Schnee, Hagel, Regen, beißende Winde und Temperaturen unter dem Gefrierpunkt. Häufig war alles, die Besatzung inklusive, von Eis bedeckt. Wenn sich in der Takelung genügend Eis gebildet hatte, drohte das

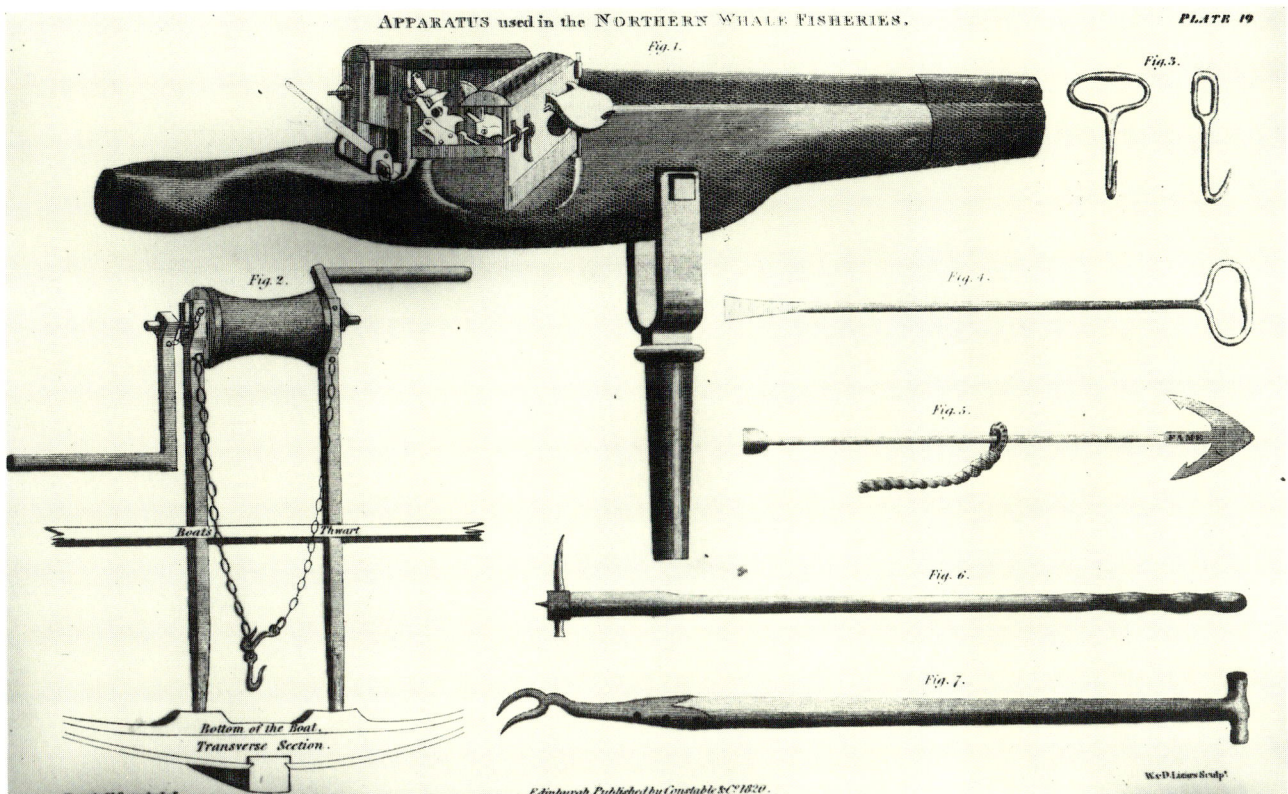

Gerätschaften, die beim Walfang im hohen Norden verwendet wurden. Zeichnung von William Scoresby jun., aus *An Account of the Arctic Regions*.

Schiff unter dem Gewicht zu kentern, und wenn das Ruder nicht ständig vom Eis befreit wurde, verlor es sehr schnell seine Beweglichkeit. In den Kajüten zündete man Feuer an, aber falls die Luken offen bleiben mußten, damit der Rauch abziehen konnte, blieb der Wärmeeffekt aus. Um in der bitteren Kälte zu überleben, trugen die Walfänger vielfach alles auf dem Leib, was sie besaßen. In einem Tagebucheintrag vom 10. April 1815 beschrieb Scoresby das Erscheinungsbild der Mannschaft als »die albernste Vermummung und geschmackloseste Aufmachung, die man sich vorstellen kann«. Er spricht dann von den »großen Schuhen, Fäustlingen und Jacken, den Hüftgürteln, den dicken Schals und den riesigen Perücken aus Kuhhaar. ... Außerdem tragen einige Leute wasserdichte Jacken, Hosen und Handschuhe aus Seehundsfell.« Trotz dieser übereinander getragenen Sachen setzte die Kälte den Walfängern erheblich zu; am häufigsten waren Erfrierungen an den Händen, den Füßen und im Gesicht.

Unter »normalen« Bedingungen – das heißt, wenn sie nicht im Eis festsaßen – waren die englischen Seeleute zudem anfällig für Erkältungen, Katarrhe,

Asthma und Skorbut. Scoresby meinte, der Skorbut werde durch die intensive Kälte verursacht, und sorgte deshalb dafür, daß sich seine Leute möglichst warm hielten.

Wie auf allen Walfangreisen wurde die Verpflegung besonders kritisch kommentiert. Alexander Trotter, der zwanzigjährige Schiffsarzt der *Enterprise,* vermerkte am 25. Mai 1856 in seinem Tagebuch:

Zum Mittagessen bekamen wir eine Pastete aus Seevögeln (sie werden Seetaucher genannt), und sie schmeckte ausgezeichnet. Das kam vielleicht daher, daß unser Appetit etwas beeinträchtigt war durch das Rind- und Schweinefleisch, das wir aus Schottland mitgenommen haben. Es ist jedoch zum großen Teil frisches Rindfleisch (denn es wird in Stücken in der Takelage aufgehängt, damit es nicht verdirbt), aber trotz alledem ist es natürlich nicht halb so gut wie frischgeschlachtet. Der Rest wird eingepökelt und schmeckt bei weitem nicht so gut wie das andere. Doch an das Rindfleisch kann ich mich ganz gut gewöhnen, wohingegen mir das schlechte Wasser am meisten mißfällt: Ich muß es mit Zitronensaft trinken, weil es so miserabel schmeckt.

Weil der Kapitän, der Arzt und der Erste Offizier die Kabine bewohnten, speisten sie getrennt von der übrigen Besatzung. Ja, sie bekamen sogar besseres Essen als die niederen Ränge (Zweiter Offizier, Flenser, Harpuniere, Zimmerleute und Böttcher), die in Kajüten unter Deck untergebracht waren und als »Halbdecksleute« bezeichnet wurden. Hier kamen sie in den »Genuß« einer heißen Meerpastete, die in einem Logbuch von 1820 wie folgt beschrieben wird:

Dieses köstliche Gericht bestand aus mehreren Schichten; die unterste waren Knochen, die das Anbrennen der Masse verhindern sollten. Dann folgte eine Lage frischer Rindfleischbrei mit Gewürzen, und so kam eine Schicht auf die andere, bis der große Topf voll war. Genügend Wasser wurde hinzugefügt, damit der Fraß richtig gekocht werden konnte.

Jedes dieser kleinen Schiffe – sie hatten im Schnitt etwa 300 Tonnen – verließ England mit einer Kernbesatzung von ungefähr 20 Mann: der Kapitän, die Offiziere, der Arzt und Spezialisten wie der Zimmermann, der Schmied, der Faßmacher und der Koch. Hinzu kamen die Harpuniere – je einer für die sieben Fangboote – und der Flenser. Wenn das Schiff in den Orkneys oder Shetlands anlegte, heuerten weitere Seeleute an, vor allem als Ruderer. Die komplette Besatzung eines Walfängers aus Hull bestand aus rund 50 Männern. In den Fanggründen wurden die Bootsbesatzungen eingeteilt, zu denen jeweils ein Harpunier, ein Steuermann und die Ruderer gehörten. Die an den Davits hängenden Boote waren mit Seilrollen, Harpunen, Lanzen usw. ausgerüstet.

Sobald der Mann im Krähennest einen Wal erspäht hatte, wurden die Boote ausgesetzt. (Oft ließ man, um Zeit zu sparen, ein Boot schon vorher zu Wasser.) Das Wegfieren der Fangboote war ein lauter und hektischer Vorgang; die Waljäger hatten es oft so eilig, daß sie ihre Hemden und Stiefel in der Hand trugen und erst im Boot anzogen. Sie pullten hinter dem Wal her, wobei sie sorgfältig darauf achteten, daß er nicht durch Geräusche erschreckt wurde. Wie überall stand der Harpunier in besonders hohem Ansehen, und bei den Engländern war diese Aufgabe dem Kapitän oder den Offizieren vorbehalten. Die pragmatischen Engländer verzichteten auf das rituelle Wechselspiel der Yankees, bei denen der Harpunier das Boot steuerte und dann mit dem Mann am Bugriemen den Platz tauschte, sobald der Wal harpuniert werden sollte. Vielmehr bediente der Harpunier den Riemen im Bug, so daß er in der besten Position war, wenn man nahe genug an die Beute herangekommen war. Die Harpune, eine Eisenstange mit einer zweihakigen

Beim Kampf mit dem Wal wurde die Harpune manchmal wie eine Brezel verbogen.

Spitze, wurde dann in den Rücken des Wals geschleudert.

Es gibt nur wenig Beschreibungen der damals verwendeten Jagdwaffen; Scoresby behandelt und illustriert die Wurfharpune, doch er erwähnt auch »eine Hilfswaffe, die zu verschiedenen Zeiten einige Berühmtheit erlangte. Das ist das Harpunengewehr.« Man probierte vielerlei Waffen aus, aber erst in den ersten Jahren des 19. Jahrhunderts wurden Gewehre einigermaßen regelmäßig benutzt. An Bord der *Enterprise* schrieb Alexander Trotter, im Bug des Fangboots befinde sich »ein geladenes Harpunengewehr, ähnlich einer kleinen Kanone, mit einer Harpune und einer daran befestigten langen Leine, die aufgeschossen auf dem Boden des Bootes liegt«. Zumeist jedoch verhinderten die Kälte und das Eis, daß die Schußwaffen bei rauher See zündfertig geladen werden konnten, und so verließen sich die Harpuniere lieber auf ihre tüchtigen Ruderer, die sie in Wurfweite an den Wal heranpullten, und auf ihre kräftigen Arme, die das tödliche Eisen schleuderten.

Der Augenblick, in dem der Wal getroffen wurde, war der gefährlichste für die Leute im offenen Boot. Das verwundete Tier konnte ein Boot mit seiner Fluke zerschmettern oder wegtauchen und die Bootsbesatzung mit nach unten ziehen. Oder es suchte Zuflucht unter dem schützenden Eis und schleppte das Boot an der Leine hinter sich her. Oft waren mehrere Harpunen erforderlich, wenn der Wal unter dem Eis zu entkommen versuchte. Der durch die Harpunen geschwächte Wal wurde mit Lanzenstößen abgetan. »Im Sterben dreht er sich auf den Rücken oder auf die Seite; dieses freudige Ereignis wird von den Jägern durch das Niederholen der Flagge und drei laute Hurras angezeigt.« Wenn viele Wale gleichzeitig erlegt werden sollten – in der Davis-Straße waren es bei einem einzigen Einsatz zuweilen 10 oder 15 –, töteten die Jäger so viele, wie sie konnten, markierten sie mit Flaggen und verfolgten dann die übrigen. 1823 war der Walfänger *Cumbrian* aus Hull umgeben von »den Leichen Hunderter abgespeckter Wale, und die Luft ringsum war meilenweit erfüllt von dem Gestank, den diese verwesenden Fleischmassen verströmten. Gegen Abend nahm die Zahl noch zu, und die Ausdünstungen, die dann unsere Riechorgane plagten, wurden schier unerträglich.« Oft bestanden solche großen Ansammlungen aus Jungtieren oder Kühen und deren Kälbern; das Alter der Tiere interessierte die Waljäger nicht – sie brachten alle um. Natürlich wurde dadurch die Ausrottung der betreffenden Art beschleunigt, da keiner der Jungwale die Möglichkeit hatte, sich fortzupflanzen.

Mit dem Begriff »Packeisfischen« bezeichnete man den Walfang in der Nähe der dichten Treibeismassen; dort hielten sich die größeren Wale angeblich am liebsten auf. Wenn sich das Packeis zu schwimmenden Plattformen verfestigte, die man »Felder« nannte, konnten sich die Walfänger der Tätigkeit widmen, die für Scoresby »die angenehmste und manchmal die ergiebigste« Form des Walfangs war. Wenn ein »Feld« ausgedehnt und fest gefroren war, tauchten die Wale zum Atemholen unweit der Stelle auf, wo sie harpuniert werden konnten; war es aber dünn und voller Löcher, kamen die Tiere meist innerhalb des »Feldes« an die Oberfläche, und die Jäger mußten sie entweder verlorengeben oder sie auf dem Eis verfolgen, indem sie von einem Loch zum andern rannten und sie mit den Lanzen zu erwischen versuchten. Im »Eisgedränge« oder im »offenen Packeis« waren die Waljäger eindeutig im Nachteil, da die Schiffe zwischen den Schollen kaum manövrieren konnten. Dann gingen

sie oft vor Anker oder machten an den Eisdecken fest und warteten ab, bis sich Wale zeigten, die dann mit den Booten verfolgt werden konnten.

Um ein in den eisbedeckten Gewässern der Davis-Straße festsitzendes Schiff wieder flottzumachen, erfanden die Seeleute verschiedene Techniken. Beim sogenannten »Mill-dolling« sprangen mehrere Männer in einem unter dem Bugspriet hängenden Boot hin und her, um das Eis zu lockern. Wenn sich das Eis noch mehr verdickte, ließ der Kapitän seine Mannschaft auf dem Deck immer wieder nach vorn und achtern laufen, wodurch das Schiff in eine wiegende Bewegung versetzt wurde und schließlich freikam. Um in noch dickerem Eis voranzukommen, warfen die Seeleute Eisanker voraus und zogen das Schiff vorwärts, indem sie die Warptrossen mit dem Gangspill einholten. War das Eis so dick, daß sich das Schiff nicht mehr hindurcharbeiten konnte, holte man die Sägen hervor und schnitt damit eine Rinne ins Eis. Als letztes Hilfsmittel wurde Dynamit eingesetzt, um eine Fahrrinne freizusprengen und der Gefahr zu entgehen, vom Eis zerdrückt zu werden.

Im Jahr 1813 wurde die *Esk* aus Whitby, deren Kapitän Scoresby jun. war, in einer großen dreieckigen Bucht von mächtigen Eisschollen eingeschlossen. Ebenso eingeschlossen wurden zahlreiche kleine Wale. Die Tiere ereilte das übliche Schicksal, und Scoresby setzte sich hin und schrieb für sein Buch ein Kapitel mit der Überschrift »Buchteisfischen«. Um die Eishügel nach Atemlöchern abzusuchen, erfand Scoresby die von ihm so benannten »Eisschuhe«, bei denen es sich offenbar um primitive Skier handelte. »Wenn das Eis glatt war«, schrieb er, »war es leicht, sich in einer geraden Linie fortzubewegen, doch Kehrtwendungen konnte ich nur mit erheblichen Schwierigkeiten ausführen, und ich brauchte dazu einige Übung, wenn ich nicht hinfallen wollte.« Man jagte Wale in Stürmen (selten) und im Nebel (regelmäßig). Der Nebel war ein so bedeutender Faktor, daß Scoresby ihm eine längere Passage widmete, in der er ihn als »eines der größten Ärgernisse für die Walfänger in der Arktis« bezeichnete.

Sobald der Wal tot war, wurde er zum Flensen längsseits am Schiff vertäut, und zwar mit dem Kopf nach achtern, damit die Fahrt des Schiffs nicht durch das klaffende Riesenmaul behindert wurde. Die Abspecker trugen eine Art Steigeisen unter den Stiefeln, damit sie auf dem schlüpfrigen Bauch des toten Wals besseren Halt fanden. Der Blubber wurde mit Flensmessern in dicken Schichten abgeschält und an Deck gehievt, von wo aus er in den »Speckbauch« in der Mitte des Laderaums gelangte. Dort zerlegte man ihn in handlichere Stücke und stopfte ihn durch die Spundlöcher in die Fässer. Die beiden »Seiten« der Barten wurden in einem Stück an Bord geholt, in Blöcke von je fünf bis zehn Platten zerteilt und verstaut. Die englischen Eiswalfänger verwerteten nur den Blubber, die Barten und gelegentlich auch die Kieferknochen (die daheim als Baumaterial verwendet wurden), während man die vielen Tonnen Fleisch und Eingeweide den Seevögeln, Eisbären und Haien überließ. Ein Wal lieferte im Schnitt 20 bis 30 Tonnen Blubber und vielleicht zwei Tonnen Fischbein. Es dauerte ungefähr vier Stunden, bis ein Wal in seine brauchbaren Bestandteile zerlegt war.

Die Eiswalfänger besaßen keine Vorrichtungen zum Auskochen des Trans auf See; an Bord installierte Siedeanlagen gab es nicht. Die Holländer hingegen gewannen das Öl in Spitzbergen oder Grönland, und es war gewöhnlich reiner und besser, weil der Blubber noch frisch war.

Auf dem Weg zu den Fabriken in Hull oder London begann sich der faserige Walspeck zu verflüssigen. Wenn er an Bord nicht sorgfältig gesäubert worden war, ging er womöglich schon in Verwesung über, so

daß die Schiffe – und die Besatzung – häufig erbärmlich stanken. Die Fässer wurden in große Kupferkessel umgefüllt, die bis zu 10 Tonnen faßten, und die Blubberstücke ausgekocht. Rückstände, die nicht schmolzen, schöpfte man aus dem Öl heraus, das durch ein Rohr zur Abkühlung in längliche Behälter floß. Öl von höchster Qualität war hellgelb, minderwertigere Sorten waren dunkler. Es wurde in »Tuns« mit einem Fassungsvermögen von 252 Gallonen (1145 l) verkauft.

Das aus dem verfaulenden Blubber gewonnene Öl war oft stark verunreinigt oder ranzig. Anfangs machte man sich nicht viel aus dem Gestank der Tranlampen, doch als andere, besser riechende Öle auf den Markt kamen, wurde das Walöl immer unbeliebter. Es war auch ein Hauptbestandteil der Seife gewesen, wurde aber nun durch Pflanzenöle ersetzt. Immerhin herrschte Transeife in den englischen Waschzubern bis zum Beginn des 19. Jahrhunderts vor, als die Walfänger immer häufiger ranziges Öl anlandeten, aus dem sich nur eine übelriechende Seife herstellen ließ. Die Seife stieß auf Ablehnung, und es schien, als wäre den Walen eine Erholungspause vergönnt. Doch im letzten Augenblick wurde die Industrie gerettet, denn man entdeckte, daß Walöl ein preiswertes Öl für Stra-

Sobald ein Wal gesichtet war, wurde »A fall« gerufen, woraufhin die Waljäger, oft nur halb bekleidet, an Deck stürzten. (Diese Zeichnung aus dem Logbuch der Bostoner *Tarquin* von 1862/63 zeigt in Wirklichkeit Matrosen, die zum Einholen der Marssegel an Deck gerufen wurden, doch das Durcheinander war ähnlich.)

Eine Darstellung der englischen Walfängerei im hohen Norden. Der Walfänger *Harmony* aus Hull vor 1829, als der Stich veröffentlicht wurde, im Einsatz in der Davis-Straße. Im Vordergrund sind Narwale und ein Walroß zu sehen; in der Takelage hat man Walkieferknochen aufgehängt, um das austretende Öl aufzufangen.

ßenlaternen war. Ein Glück für die Walfänger, daß um 1720 in den europäischen Städten die Straßenbeleuchtung eingeführt wurde, bei der der Ölgeruch keine Rolle spielte.

Die einzelnen Bartenplatten wurden sauber gescheuert und von den haarähnlichen Fransen befreit. Dann ließ man sie in der Sonne oder zumindest im Freien trocknen, bevor man sie zum Verkauf oder Versand bündelte. Wenn dieses Fischbein in heißem Wasser eingeweicht wurde, ließ es sich nach Belieben verformen, und nach dem Erkalten behielt es die Form bei, die man ihm gegeben hatte. Es diente bis zum Anfang des 20. Jahrhunderts fast ausschließlich zur Herstellung von Rockreifen und Korsettstangen. In Faserrichtung dünn geschnitten, eignete es sich auch für Schirmstäbe und für geflochtene Stuhlsitze

und -lehnen. Außerdem verwendete man das feste, elastische Material für Ladestöcke, Angelruten, Wagenfedern und Peitschenstiele. Die abgetrennten Fransen benutzte man wie Roßhaar zur Auspolsterung von Matratzen, Sesseln und Sofas.

Walfänger aus den schottischen Städten Aberdeen, Dundee, Kirkcaldy und Bo'ness stachen nach 1750 in See und schlossen sich den Schiffen aus Newcastle, Whitby, Liverpool und Bristol an. Hull, das im 18. Jahrhundert zur führenden englischen Walfängerstadt aufstieg, beteiligte sich erst ab 1754 am Geschäft. Obwohl so viele Schiffe von England aus in See stachen, beherrschten die Engländer die Kunst und Wissenschaft des Walfangs nur unzureichend, und sie mußten für spezielle Aufgaben holländische Experten einstellen.

Die Harpune wird auf den Wal abgeschossen, ein britischer Stich, der erstmals 1813 erschien. Man experimentierte zwar damals schon mit Harpunenkanonen, aber ein so gewaltiges Geschütz hätte man wohl nie in einem kleinen Fangboot montiert.

Großbritannien führte während der ganzen Zeit auf den Meeren Krieg mit verschiedenen Staaten; deshalb ist die Annahme abwegig, der Walfang hätte für die britische Marine eine bedeutende Rolle gespielt. Als 1756 der Siebenjährige Krieg ausbrach, war die englische Seestreitmacht überall in der Welt im Einsatz. Die Folgen der lang anhaltenden kriegerischen Auseinandersetzungen mit Frankreich, Österreich und Rußland waren für die Walindustrie verheerend. Britische Walfänger wurden in großer Zahl zum Dienst in der Kriegsmarine gepreßt, und die Schiffe, die nicht gleichfalls requiriert worden waren, konnten nicht ausreichend bemannt werden.

Die aggressiven Nantucketer Walfänger machten unterdessen auf den Weltmeeren Jagd auf Pottwale und verschifften das Öl nach England. Schon bald gaben sie in der Industrie den Ton an, und als dann auch noch der Ölpreis fiel, lohnte sich das Geschäft für die Engländer immer weniger. Die Regierung unter Lord North versuchte den Walfang wieder anzukurbeln, indem sie für Walfänger, die in kanadischen Gewässern operierten, eine Sonderprämie aussetzte und vorsorglich neue Schiffe mit einer Tonnage von 10 000 Tonnen in Auftrag gab. Die Schwierigkeiten mit den aufsässigen Kolonien führten 1773 zur berühmten Boston Tea Party, bei der eine Schar von als

Indianer verkleideten Kolonisten eine britische Teeladung ins Meer warf. Die Briten vergalten dies mit der Schließung des Hafens von Boston. Die Kolonien eröffneten daraufhin 1775 den Kampf gegen die »Rotröcke«. Die Nantucketer jagten zwar weiterhin Pottwale, steckten aber in einem großen Dilemma: ihr wichtigster Absatzmarkt war stets England gewesen, doch jetzt mußten sie als Rebellen den Amerikanern Loyalität schwören, und sobald sie das taten, waren ihre Schiffe der Gefahr ausgesetzt, von den Engländern konfisziert zu werden. Einige Tory-Walfänger, also solche, die England gegenüber loyal blieben, sahen keine andere Möglichkeit, als ihr Operationsgebiet in die Gewässer Kanadas oder Neufundlands zu verlegen, während andere auf der Suche nach einem neutralen »Heimathafen« den Erdball umsegelten und schließlich auf den Falkland-Inseln landeten.

Der Amerikanische Unabhängigkeitskrieg war ein Triumph für die Demokratie, aber ein Desaster für den Walfang. Die Nantucket-Flotte war ruiniert, und die Briten, deren Walindustrie schon vor dem Krieg nicht sonderlich stabil war, hatten keine andere Wahl, als sie wiederaufzubauen, da sie sonst keine Bezugsquelle für Walöl besäßen. Whitby und Hull, die alten Walfanghäfen, beteiligten sich an diesem Aufschwung, und später kamen London und Liverpool

Um auf dem schlüpfrigen, rotierenden Walkadaver sicheren Halt zu finden, trugen die Walfänger solche Stacheleisen, die Ähnlichkeit mit den Steigeisen der Alpinisten hatten.

THE
WHALEBONE
MANUFACTORY,
South street, Kingston-upon-Hull

 G.  R.

By the King's Letters Patent,

The Public is respectfully informed, that Orders are received and executed with the greatest punctuality and dispatch, for

*SIEVES and RIDDLES of every description.

NETS, with Mashes of various Sizes, for folding Sheep, preventing Hares and Rabbits from passing through Enclosures or Pleasure Grounds, or entering young Plantations.

SLAYS, for Weavers.

TRELICES or GUARDS for Shop-windows, Gratings for Granary, Barn, Warehouse, or Cellar Windows.

Ornamental BLINDS, for House Windows, of various Patterns.

CLOTH of great durability for the preservation of Meat, in Larders, or Safes.

BED BOTTOMS, in place of Sacking.

CARRIAGE BACKS and SIDES; CHAIR and SOFA BACKS, and BOTTOMS, in Black, White, or other Colours, after the manner of Cane in any Pattern.

STUFFING, for Chair and Sofa Bottoms and Backs at a lower Price, and preferable to Curled Hair.

BRUSHES, of different sorts. With a variety of other ARTICLES.

John Bateman,
AND
Robert Bowman.

* Extract from the last address to the Board of Agriculture, by Sir John Sinclair, Bart. on the 7th. June, 1808.—"The Whalebone Sieves, and Nets for confining Sheep, invented by Mr. Bateman, are evidently much more durable, and in other respects greatly to be preferred, to any article of the same sort now in use. It is certainly desirable also, by increasing the consumption of Whalebone, to promote our fisheries, which, like other branches of domestic industry, cannot be too much encouraged."

MYRTON HAMILTON, PRINTER, SILVER STREET, HULL.

hinzu. Um den Wiederaufbau der englischen Fangflotte zu fördern, wurden die amerikanischen Ölimporte mit hohen Abgaben belegt, und 1784 standen 102 Schiffe im Dienst der »Grönlandfischerei«. Viele dieser Schiffe waren nach dem Krieg aus dem Bestand der britischen Kriegsmarine erworben worden, so daß nun Fahrzeuge im Überfluß zur Verfügung standen, außerdem auch mehr als genug arbeitslose Seeleute. Unterdessen hatten die britischen Walfänger gelernt, ohne die Hilfe der Holländer (die im Krieg auf seiten der Amerikaner gestanden hatten) zurechtzukommen, und Ende des 18. Jahrhunderts war Großbritannien führend im »Eiswalfang«.

Weil die Wale in der Davis-Straße und vor den Küsten Grönlands noch nie angetastet worden waren, florierte die englische Walfangindustrie wie nie zuvor. Doch wie jede Industrie, die von Modeströmungen abhängig ist, wurde auch der Walfang von den Veränderungen in der Damenmode beeinflußt. Fischbein hatte in den 1760er Jahren 400 Pfund pro Tonne gebracht, doch 1799 war die Tonne nur noch 102 Pfund wert. Die Mode hatte sich nach der Französischen Revolution nachhaltig gewandelt, denn die Wespentaille des Ancien Régime wurde vom Empirestil abgelöst, in dem Korsetts und Reifröcke keine Rolle mehr spielten. Damit brach auch ein Markt für die vielen Tonnen Fischbein zusammen. Da aber das Öl nach wie vor hohe Preise erzielte, ging die Waljagd weiter. Das Korsett kam zwar um 1830 wieder in Mode, aber mittlerweile waren die Wale sehr knapp geworden. Wie die Walfänger in aller Welt sahen sich auch die Engländer nach anderen Walarten um, sobald eine Spezies nahezu ausgerottet war, und schon bald entdeckten sie, daß es in den Meeren der Südhalbkugel von Pottwalen wimmelte.

Scoresbys *Arctic Regions* erschien 1820, bevor der Niedergang der »Grönlandfischerei« absehbar war. »Der britische Walfang«, schrieb er, »war 1814 ungewöhnlich erfolgreich, vor allem in Grönland; 76 Schiffe, die dort tätig waren, erbeuteten 1437 Wale.« In den fünf Jahren vor 1818 belief sich nach Scoresby der Bruttowert der aus grönländischen Gewässern und aus der Davis-Straße nach England eingeführten Walprodukte auf fast drei Millionen Pfund Sterling.

Seit 1733 erhielten die englischen Walfänger Prämien, doch nach einem knappen Jahrhundert liefen die staatlichen Subventionen aus. Die Einstellung der Prämienzahlungen war ein Schlag für die Industrie, der sie allerdings bei weitem nicht so hart traf wie die Verdrängung des Walöls durch das Rapsöl in den

Wollmanufakturen. Walöl war nie das bevorzugte Hilfsmittel in der Textilindustrie gewesen, und als nun pflanzliche Öle in großen Mengen importiert wurden, fiel der Preis für das Walöl. Gleichzeitig erhob die amerikanische Regierung einen Zoll auf Pflanzenölimporte, um den Walfang in Neuengland zu unterstützen, und als die Engländer die bislang hohen Abgaben auf importiertes Walöl abschafften, erlebte die amerikanische Walindustrie eine beispiellose Blütezeit, während die englische zusammenzubrechen begann.

In den frühen zwanziger Jahren des 19. Jahrhunderts boomte der Walfang in der Arktis – 1823 war das beste Jahr überhaupt –, doch das Eis verlangte seinen Tribut, und die Zahl der Fangschiffe ging zurück, während die Zahl der Wale pro Schiff zunahm. In der Katastrophensaison 1826 erlitt die *Jean* aus Peterhead Schiffbruch und sank; die Besatzung konnte sich in den Booten nach Island retten. Dann gingen die *Lively* aus Whitby und die *Harpooner* aus Bremen mit Mann und Maus unter. Auch die Fänge blieben aus; im Logbuch der *Cumbrian* aus Hull heißt es: »Wir haben in den letzten drei Wochen sorgfältig nach Walen Ausschau gehalten, aber keinen einzigen gesehen, und so ist es bisher auch allen anderen Schiffen ergangen.« Die »Grönlandfischerei«, die sich auf die Ostseite der Insel beschränkte, blieb vom Pech verfolgt, und immer mehr Schiffe nahmen Kurs auf die Davis-Straße.

Mitte der 1840er Jahre begann auch die Einführung des Kohlengases dem Walölgeschäft zuzusetzen. Überall in England entstanden Gaswerke, und den Befürwortern des Walfangs blieb nichts anderes übrig, als ihr Öl ebenfalls in Gas umzuwandeln. Sir William Congreve, Erfinder einer Rakete, die in den zwanziger Jahren ohne Erfolg gegen Wale eingesetzt wurde, und Berater der Gasunternehmen, erkannte, daß Gas aus jedem beliebigen Öl gewonnen werden konnte, und er setzte sich dafür ein, daß in der Gasindustrie Waltran als Rohstoff verwendet wurde. Bei den schwankenden Walölpreisen war es jedoch unmöglich, den Gasbedarf auf Dauer zu vertraglich festgelegten Preisen zu decken, und so schwand die Hoffnung auf eine »Ölgasindustrie«.

Da der südliche Teil der Davis-Straße bereits leergefischt war, mußten sich die Walfänger immer weiter nach Norden vorwagen, wo sich die Wetter- und Eisverhältnisse entsprechend verschlechterten. Die Fangsaison 1830 geriet zu einem fast vollständigen Desaster: 19 der 91 Schiffe gingen verloren, 21 kehrten ohne Öl heim, und die übrigen wurden schwer beschädigt. 1831 verschwor sich das Wetter wiederum gegen die Walfänger, und 1835 drangen sie zwar mühelos in die Eisregion vor, kamen aber nicht mehr heraus.

Im Oktober jenes Jahres blieb ein Dutzend Schiffe vom Packeis der Davis-Straße eingeschlossen. Einem von ihnen, der *Alfred*, gelang der Ausbruch, doch während sie noch unterwegs nach London war, erfror und verhungerte die gesamte Besatzung der *William Torr* aus Hull. Zu den Schiffen, die das Eis gefangenhielt, gehörte auch die *Viewforth* aus Kirkcaldy. Sie saß bis zum 20. Januar 1836 fest. Der Skorbut grassierte mit all seinen schrecklichen Symptomen: gelockerte Zähne, Schwären und völlige Entkräftung. Einige Seeleute lagen, bedeckt mit Eis und Reif, zwei

In der Frühzeit der englischen »Grönland-Fischerei« hielten die Ausguckmänner in der Takelage Ausschau nach Walen. 1807 erfand William Scoresby sen. das faßförmige Krähennest, das größeren Schutz vor den Unbilden der Elemente bot. Auf diesem gestellten Foto hält der Mann ein Fernrohr, und das Faß steht auf dem Deck.

Manchmal kehrten die Walfänger am Ende der Saison nicht zum Heimathafen zurück, sondern überwinterten auf dem Eis.

Monate lang in ihren Kojen. Diejenigen, die nicht an der Krankheit zugrunde gingen, erfroren. Obwohl man mit Blubber gefüllte Fässer an Bord hatte, rührten die Männer diesen bis zum Ende ihrer Leidenszeit nicht an. Als sich das Schiff endlich befreien konnte, mußte es den stürmischen Nordatlantik in einem heftigen arktischen Blizzard überqueren. Mit sieben arbeitsfähigen Männern und 14 Leichen an Bord traf die 289-Tonnen-Bark am 14. Februar im schottischen Stromness ein. Ein Walfängerlied der Zeit gibt die Stimmung der Seeleute wieder:

Oh, Grönland ist ein schlimmes Land,
  Wo das Licht des Tages selten ist,
Wo's Eis nur gibt und Schnee
Und wo der Walfisch bläst.
Sagt Adieu dem kalten Grönland, tapfre Jungs,
  Adieu, du kaltes Grönland!

Im Jahr 1835 waren 71 Schiffe in den hohen Norden gesegelt, doch innerhalb von zwei Jahren sank die Zahl auf 51. Die lebensfeindliche Natur, die rückläufigen Walbestände und die fallenden Ölpreise waren nicht dazu angetan, die Walfänger zum Weiterma-

chen zu animieren. Whitby und London waren aus dem Geschäft ausgestiegen, so daß nur Hull und Newcastle die Tradition aufrechterhielten. Weihnachten 1835 waren so viele Schiffe im Eis überfällig, daß die Kaufleute von Hull eine Rettungsexpedition unter dem Kommando von James Clark Ross entsandten. Am 5. Januar 1836 lief die *Cove* von Hull aus, aber sie konnte ihren Auftrag nicht erfüllen, weil sie in einem Sturm den Bugspriet verlor und nach Stromness umkehren mußte. Die Jahre 1835 und 1836 markieren den Tiefstpunkt des britischen Walfangs in der Arktis; allein der Hafen Peterhead florierte, freilich nur deshalb, weil die Reeder die Kapitäne anwiesen, sich mehr auf den Robbenschlag als den Walfang zu konzentrieren. 1838 erbeutete die Peterhead-Flotte 80 Wale und 28 708 Robben.

So wie sich bei einer größeren Zahl von Schiffen die jeweiligen Durchschnittsfänge verringerten, so konnten weniger Schiffe reichere Beute machen, und so kam es, daß die im Sterben liegende englische Walfangindustrie in den 1840er Jahren noch einmal aufblühte und mit Mühe das nächste Jahrzehnt erreichte. In der ersten Hälfte des 19. Jahrhunderts wurden mehr als 2000 Fangreisen in die Davis-Straße unternommen, und davon entfielen über 90 Prozent auf die Briten. Nur die Natur setzte dem Walfang Schranken: Das Wetter war entsetzlich, die Schiffe wurden vom Eis zerquetscht oder gingen unter, und die Kälte war oft unerträglich. Wenn die Wale Mangelware wurden, entweder weil sie für die Schiffe unerreichbar waren oder weil man sie weitgehend ausgerottet hatte, kehrten die Walfänger mit magerer Ausbeute heim. Niemand scheint sich Gedanken darüber gemacht zu haben, daß die Wale eine begrenzte Ressource darstellten; alle wollten nur möglichst viele Wale töten, so viel Geld verdienen, wie der Markt hergab, und sich dann aus dem Geschäft zurückziehen.

Im Jahr 1850 beteiligten sich zwei mit Dampfmaschinen ausgestattete Schiffe, die *Pioneer* und die *Intrepid,* an der Suche nach dem in der Arktis verschollenen Sir John Franklin und demonstrierten damit die Tauglichkeit der Dampfkraft für die Schiffahrt in arktischen Gewässern. 1857 rüstete die Whale and Seal Fishing Company of Hull die *Diana* mit einem 40 PS starken Hilfsmotor aus; sie wurde so zum ersten dampfgetriebenen Walfänger der Welt. Der Erfolg dieses Experiments führte zur Indienststellung von zwei weiteren Schraubendampfern, der *Ann* und der *Truelove.* Beide Schiffe wurden vom Eis eingeschlossen und gingen verloren, und die *Diana* spielte die Hauptrolle in einer der schrecklichsten Tragödien des englischen Walfangs. Sie wurde im Winter 1866 in der Baffinbai vom Eis eingekeilt und vorübergehend von der Mannschaft verlassen, die aus Sicherheitsgründen lieber auf dem Eis biwakierte. Sie kehrte erst im Frühjahr wieder an Bord des Schiffes zurück, als es langsam südwärts zu driften begann. Nur sieben Männer waren noch kräftig genug, das Schiff zu bedienen, das am 2. April 1867 in Ronas Voe auf den Shetlands eintraf.

Im Zeitraum von etwa 1850 bis 1900 erlebte die englische Walindustrie einen großen Einbruch. London, Peterhead und Whitby verlegten sich mehr und mehr auf den Robbenfang, während Hull zur Hauptstadt der Pflanzenölherstellung aufstieg und so dazu beitrug, daß die Walfänger arbeitslos wurden. Der Walfang mit Dampfschiffen wurde um 1860 in Großbritannien eingeführt und gab der Industrie vorübergehend Auftrieb, denn nun konnten die langen Segelfahrten durch (relativ) angenehme Dampferreisen ersetzt werden. Leider spielten jedoch die Wale und das Wetter nicht mit, so daß der Erfolg ausblieb. Die

Eisenschiffe waren furchtbar unbequem, und in der feuchten Kälte der Arktis bildete sich in den Innenräumen übermäßig viel Schwitzwasser. Außerdem war der Aktionsradius der Dampfschiffe begrenzt, weil sie statt Wind Brennmaterial benötigten und deshalb entsprechende Vorräte mitführen mußten. Und schließlich waren die eisernen Schiffsrümpfe, im Gegensatz zu den elastischeren Holzschiffen, dem Eisdruck nicht gewachsen. Der Dampfer *Empress of India* aus Peterhead hatte einen schwer gepanzerten Bug und eine Besatzung, die unbedingt beweisen wollte, daß dem Dampfschiff-Walfang die Zukunft gehörte. Doch ein Eisberg bohrte ein Leck in den Backbordbug des Schiffes, und es sank innerhalb von vier Stunden. Die Besatzung wurde ausgerechnet von einem Segelschiff gerettet. Die *River Tay,* ein 600-Tonnen-Dampfer mit einem doppelt verstärkten Eisenrumpf und 42 wasserdichten Abteilungen, ging nach der Kollision mit einem Eisberg in wenigen Minuten unter.

Der einundzwanzigjährige Medizinstudent Arthur Conan Doyle fuhr 1880 als Schiffsarzt auf dem Peterhead-Walfänger *Hope,* dessen Kapitän John Gray war. Sieben Monate lang kreuzte der spätere Schöpfer des Detektivs Sherlock Holmes auf dem Nordmeer zwischen Ostgrönland und der Jan-Mayen-Insel und beobachtete Robben, Walrosse, Eisbären und Wale. Von der Seefahrt verstand er genausowenig wie von der Medizin; als er eines Tages auf dem Schanzdeck saß, verlor er das Gleichgewicht und »verschwand zwischen zwei Eisblöcken im Meer«. Er fiel am selben Tag noch ein zweites Mal ins Wasser, was ihm den Spitznamen »Großer Taucher des Nordens« eintrug. Obwohl der Grönland-Walfang damals im Niedergang begriffen war, bekam man noch immer einzelne Wale zu Gesicht. Kapitän Gray erklärte Conan Doyle, daß »in den Weiten der grönländischen Gewässer, in einem Gebiet von Tausenden Quadratmeilen, vermutlich nicht mehr als 300 lebende Wale übriggeblieben seien«.

Im schottischen Hafen Dundee wurde der Walfang zeitweise wiederbelebt, als man um 1850 feststellte, daß für das Batschen (Weichmachen) von Jutefasern kein anderes Öl so geeignet war wie der Waltran. Jute wurde für die Herstellung von Säcken, Teppichunterlagen und Linoleum verwendet, und schon bald besaß Dundee ein Monopol für die Juteverarbeitung in England. Walfänger aus Dundee jagten weiterhin Wale in der Davis-Straße und waren 20 Jahre erfolgreicher als alle anderen Kollegen in England.

Das seltene Gruppenfoto, das die Besatzung eines Walfängers aus Peterhead zeigt, wurde um 1870 aufgenommen. Die übrigen Mitglieder der fünfzigköpfigen Besatzung kamen später auf den Shetlands an Bord.

Von Dundee aus wurde in kleinerem Rahmen auch die Jagd auf Entenwale oder Döglinge *(Hyperoodon ampullatus)* betrieben. Der bereits erwähnte Kapitän David Gray erlegte 1882 mit seinem Schoner *Eclipse* nicht weniger als 200 Entenwale. Diese Schnabelwalart wird etwa 10 m lang und liefert sehr viel weniger Tran als ein Grönlandwal, doch da sie vor den Küsten Schottlands und Norwegens vorkommt, war sie eine leichte Beute. Entenwale sind gesellig und ziehen in Gruppen von fünf bis zehn Tieren umher. Da sie die Angewohnheit haben, sich um einen verletzten Artgenossen zu scharen, konnten die Jäger oft viele Tiere gleichzeitig erbeuten. Ein ausgewachsener Bulle erbrachte bis zu 2 Tonnen Tran und rund 90 kg »Spermaceti« – ein Kopföl, das dem des Pottwals ähnlich ist.

Wie immer waren die Fangbedingungen und Fangergebnisse sehr unterschiedlich: 1867 fingen die Männer aus Dundee nur zwei Wale; im folgenden Jahr waren es 79. In der Saison 1869 liefen acht Fangschiffe in Richtung Grönland aus, die nur zehn Wale, aber 28 000 Robben erlegten. Es war allein den Brüdern Gray aus Peterhead und deren zusätzlich mit Schrauben ausgerüsteten Segelschiffen *Eclipse* und *Hope* zu verdanken, daß Großbritannien in den siebziger und achtziger Jahren des vorigen Jahrhunderts im Walgeschäft blieb. Die Dampfschiffe waren vollgetakelt, weil die Walfänger meinten, sie müßten sich den mit einem hervorragenden Gehör ausgestatteten Walen möglichst geräuschlos nähern. Die Fangreisen in den hohen Norden wurden auch in den letzten

Ein aufwendig beschnitztes *pan bone* (breites Hinterende eines Walunterkiefers) mit Walfangszenen. Der Wind scheint aus verschiedenen Richtungen zu wehen.

Jahrzehnten des 19. Jahrhunderts fortgesetzt, doch nach dem Verschwinden der Wale bestand die Ausbeute hauptsächlich aus Robben. In *The Arctic Whalers* schrieb Basil Lubbock: »Um 1909 mußte man einsehen, daß die Grönlandwale immer seltener wurden und daß das Ende des althergebrachten arktischen Walfangs mit Booten abzusehen war. ... Die letzten guten Fänge in der Grönlandsee erzielte Kapitän J. Murray von der *Balaena*, der 1909 vier große Wale und mehrere Narwale erbeutete.«

In den 90 Jahren, in denen englische Walfänger in der Davis-Straße operierten, fanden mehr als 2000 Fangreisen statt. W. G. Ross kommt in seiner Bestandsaufnahme zu dem Schluß, daß die Hälfte der Reisen auf die ersten beiden Jahrzehnte, von 1820 bis 1840, entfiel. Danach begann ein allmählicher Rückgang, was sowohl die Fangreisen als auch die Zahl der erlegten Wale betrifft, doch insgesamt wurden in den 90 Jahren rund 18 000 Tiere getötet.

»Die Tragödie des britischen Walfangs«, schrieb sein Chronist Gordon Jackson, »liegt darin, daß man die falschen Entscheidungen traf und danach von einer Art Eisparalyse heimgesucht wurde, der die Männer in den arktischen Gewässern zum Opfer fielen. ... Die britische Phase der Walfängerei, die um 1780 begonnen hatte, währte kaum länger als ein Jahrhundert; lange vor dem Ersten Weltkrieg übernahmen die Norweger die führende Rolle im Walfang.«

Die Engländer verfügten über die Dampfkraft, aber sie erkannten nicht deren Nutzen für die Walfangindustrie. Mehrfach retteten Dampfschiffe die Segler, die im Eis festsaßen, doch im allgemeinen sahen die Engländer in der Dampfkraft lediglich ein Mittel, das dazu diente, die langen Reisen bis zur Arktis zu verkürzen. Es waren die Norweger, die erkannten, daß man die Dampfkraft unmittelbar für den Fang von Walen nutzen und zugleich die weiten Reisen vermeiden konnte. Während die Überbleibsel der englischen Fangflotte durch die Walschulen nördlich von Schottland dampften, arbeitete der Norweger Svend Foyn an den Erfindungen, welche die Walindustrie revolutionieren sollten – und die um die Jahrhundertwende den englischen Walfang praktisch zum Erliegen brachten. Die riesigen Furchenwale waren vor den kleinen handgeschleuderten Harpunen sicher gewesen, bis Foyns dampfgetriebene Fangschiffe, Harpunengranaten und Akkumulatoren zum Einsatz kamen. Jetzt war es nicht mehr notwendig, den Nordatlantik zu überqueren und die erlegten Wale auf See zu flensen. Die Norweger erfanden den Küstenwalfang neu und brachten ihn nach Großbritannien. Sie verlegten ihre Tätigkeit von den heimischen Gewässern 1889 nach Island, von dort 1892 zu den Färöern und schließlich zu den Britischen Inseln.

Christian Salvesen (1827–1911) war 1851 von Norwegen nach Leith in Schottland übergesiedelt, um dort einen Stützpunkt für den schottisch-norwegischen Walölhandel zu errichten. Er fungierte wahrscheinlich als Mittelsmann für den Vertrieb von Svend Foyns Walöl in Großbritannien; dabei ging es um rund 7000 Faß, eine Menge, welche die von der gesamten englischen Fangflotte zwischen 1880 und 1900 angelandete Ausbeute übertraf. Mit dem in England verfügbaren Kapital erweiterten Salvesen und sein Sohn Theodore ihr britisches Unternehmen; sie kappten ihre Beziehungen zu Norwegen und erwarben die Küstenstation bei Olna Firth auf den Shetlands. Keiner hat für die Renaissance des britischen Walfangs im 20. Jahrhundert mehr getan als Theodore Salvesen. Seine Fangschiffe durchstreiften die küstennahen Gewässer der Shetlands und der Orkneys und erbeuteten sämtliche Wale, derer sie habhaft werden konnten: Finnwale, Buckelwale, Entenwale, Pottwale, Nordkaper und Blauwale.

Im Jahr 1892 schiffte sich ein Abenteurer und Künstler namens W. G. Burn-Murdoch an Bord der *Balaena* für die Dundee-Expedition in die Antarktis ein. Die Reise war nicht sehr erfolgreich, doch das Abenteuer hatte Burn-Murdoch so gut gefallen, daß er nach seiner Rückkehr für eine zweite Walfangreise anheuerte. Während er mit einem Norweger namens Henriksen auf hoher See war, beschloß er, ein eigenes Walfangschiff zu bauen, die *St. Ebba,* mit der er vermutlich 1912 in See stach.

Burn-Murdoch, der Verfasser und Illustrator des Buchs *Whaling and Bear-Hunting* (1917), war ein passionierter Bärenjäger, doch wir verdanken ihm auch aufschlußreiche Informationen über den Walfang vor dem Ersten Weltkrieg. Gerade seine alltäglichen Beobachtungen machen sein Buch für uns so wertvoll:

Am Vormittag stießen wir auf drei Walfänger aus Olna Firth, der Station der Salvesens von Leith, und sie alle hatten das Meer in verschiedenen Richtungen Hunderte von Meilen weit abgesucht, ohne einen einzigen Blas zu sichten, doch hier, wo wir uns befanden, hatten sich noch vor wenigen Tagen zahllose Wale getummelt. Wie Forellen scheinen die Wale eines Tages urplötzlich irgendwo aufzutauchen und am nächsten wieder zu verschwinden. ...

F. V. Morley, ein junger Journalist, der zusammen mit J. S. Hodgson das Buch *Whaling North and South* schrieb, besuchte in den frühen zwanziger Jahren die Station Olna Firth auf den Shetland-Inseln. Er schildert ausführlich die »im Rechteck angeordnete Gruppe der roten Gebäude mit den verrosteten Eisenblechdächern und den hohen schwarzen Kaminen«, das Flensdeck und die hohle kugelförmige Boje, die einst eine Rettungsboje gewesen war und nun eine »Todesboje« war; sie diente dazu, die Leichen der Wale zu vertäuen, bevor sie auf das Flensdeck hochgewunden wurden, um abgespeckt zu werden.

In *The British Whaling Trade* merkte Gordon Jackson an, daß das Fleisch der von den Engländern getöteten Wale fast immer vergeudet wurde. Salvesen unternahm zwar den Versuch, das Fleisch in England zu vermarkten, aber »das Scheitern seines Vorhabens war eine der Tragödien des modernen Walfangs. Dadurch wurde den Walfängern nicht nur eine zusätzliche Einnahmequelle entzogen, die für das Gewerbe in der Zukunft von großer Bedeutung gewesen wäre, sondern auch Europa eine üppige Quelle des dringend benötigten Proteins vorenthalten.« Gleichzeitig entwickelte Theodore Salvesen jedoch ein Verfahren zur Verwertung des gekochten Walfleisches als Tierfutter. 1906 besaß Salvesen Stationen nicht nur auf den Shetlands, sondern auch auf den Färöern und in Island, und die Engländer schickten sich an, mit den Norwegern in Konkurrenz zu treten.

Die Ausbeutung der Grönlandwale durch die Amerikaner

Die Walfänger aus Leeds und Hull, aus Rotterdam und Amsterdam kannten nur die Wale, die vor Spitzbergen, Jan Mayen und Grönland lebten. Da weder die Nordwest- noch die Nordostpassage entdeckt worden waren, war es noch keinem gelungen, die vom Eis blockierten Meeresgebiete Nordkanadas zu erkunden, und nur sehr wenige Europäer hatten jemals die eisigen Fluten des Beringmeers erblickt. Diese Gewässer, die Vitus Bering 1728 entdeckt hatte, waren praktisch unbekannt. Die rund 90 km breite Meeresstraße, die zwei Kontinente voneinander trennt, wurde nach Bering benannt, desgleichen das riesige subarktische Randmeer, das sich zwischen Alaska, den Aleuten und Sibirien erstreckt. Seit Hunderttausenden von Jahren waren die großen Wale des Beringmeers nur von Schwertwalen und Eskimos bedroht, und sie existierten in einem ökologischen Gleichgewicht, fast wie am Anbeginn der Welt. Dieses sollte jedoch nicht mehr lange bestehen bleiben.

Der Walfang in Spitzbergen brach um 1840 zusammen, weil die Wale ausgerottet waren, und die Walfänger zogen westwärts nach Grönland und dann in die kanadische Inselwelt. Die Holländer zogen sich aus dem Geschäft zurück und überließen die noch verbliebenen Wale den Briten und Amerikanern. Um 1840 war selbst der Walfang in Kanada rückläufig, doch dann erhielt er einen gewaltigen Auftrieb, der segensreich für die Walfänger, aber verhängnisvoll für die Wale war.

Weil der Grönlandwal über eine so reiche Bartenausstattung verfügt und weil die Damenwelt immer mehr Fischbein für Reifröcke und Korsetts verlangte, verdrängte diese Spezies sehr bald den Pottwal als Jagdbeute vom ersten Platz. Der Preis für Barten verdoppelte sich zwischen 1841 und 1846, da noch weitere Röcke in Mode gekommen waren und für die Reifengestelle noch mehr Fischbein benötigt wurde. 1845 erlegte der dänische Walfänger *Neptun* unter Kapitän Thomas Sodring als erster »Ausländer« einen Grönlandwal im Pazifik. Im Sommer des Jahres liefen elf Fangschiffe Petropawlowsk an und brachten die Kunde von einer neuen Walart im Ochotskischen Meer. Schon 1847 operierten etwa 30 Schiffe in diesen ungewöhnlich fruchtbaren Gewässern und erbeuteten 426 Wale – 341 Nordkaper und 85 Grönlandwale. In den ersten 20 Jahren wurden 1391 Fangreisen zum Ochotskischen Meer unternommen, größtenteils von Amerikanern. In dieser Zeit wurden die Grönlandwale in diesem Meer fast vollständig ausgerottet. In einer unveröffentlichten Studie schätzt David Henderson die Gesamtausbeute auf ungefähr 18 000 Grönlandwale und 3600 Kaper.

Wie viele Zeitgenossen war auch Thomas Welcome Roys ständig auf der Suche nach neuen Fanggründen. Er hatte mehrere Male die Erde von der Arktis bis zum Südpazifik umsegelt, und auf diesen Reisen waren ihm Geschichten von ungewöhnlichen Walen im hohen Norden zu Ohren gekommen. Im Sommer 1847 stach er von Sag Harbor aus mit der 275-Tonnen-Bark *Superior* in See, angeblich mit Kurs auf die traditionellen Fanggebiete im südlichen Atlantik. Nach bescheidenen Fängen vor den Inseln Desolación und Crozet steuerte er den Pazifik an. Als er am 7. März 1848 in Hobart eintraf, konnte er nur 120 Faß Öl vorweisen. Am 23. Juli durchfuhr er die Beringstraße – 1000 Meilen weiter nördlich, als jemals ein Walfänger im Pazifik gekommen war –, und dort stieß er auf eine reiche Grönlandwalpopulation, die bis dahin nur den Eskimos bekannt gewesen war.

Als Roys' Leute erstmals die Boote im Beringmeer zu Wasser ließen, empfanden sie die riesigen schwarzen Wale als »kuriose Ungetüme«, denn sie waren nur mit den kleineren Buckel- und Kaperwalen der südlichen Meere vertraut. Roys glaubte, es handle sich um die harmlosen – und lukrativen – »Polarwale«, die man vor Grönland gefangen hatte, und machte unver

An der engsten Stelle der Beringstraße liegen Sibirien und Alaska nur etwa 90 km auseinander. Kapitän Thomas Roys durchfuhr 1848 die Beringstraße und entdeckte die letzte überlebende Grönlandwalpopulation.

züglich Jagd auf sie. In nur 35 Tagen erlegte seine Mannschaft elf Grönlandwale, und dann trat man die Heimreise mit 1800 Faß Öl an – eine Ausbeute, für die normalerweise zwei oder mehr Fangsaisons benötigt wurden.

Als die *Superior* in Honolulu festmachte, verbreitete sich die Nachricht von Roys' Entdeckung wie ein

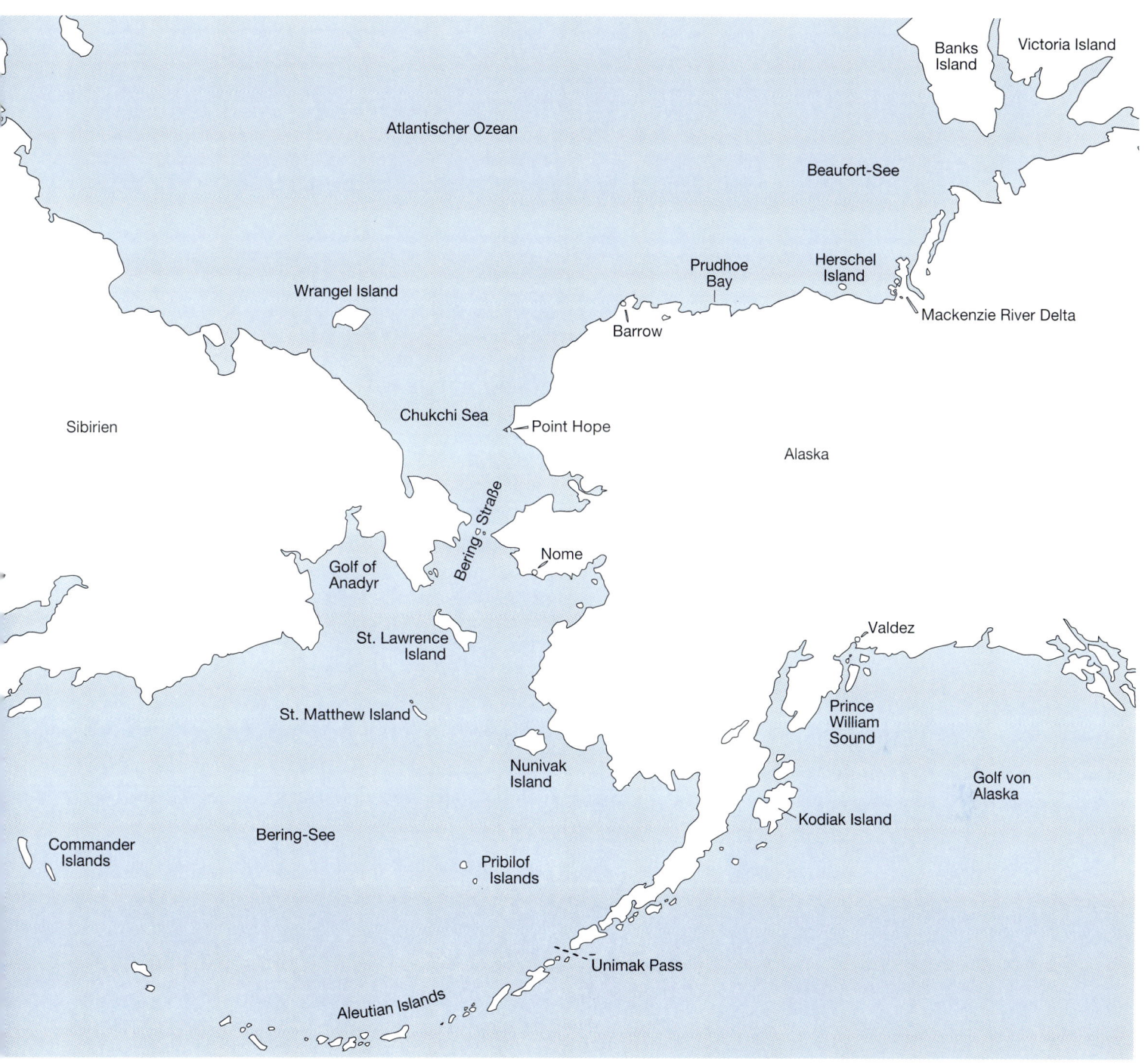

Lauffeuer. Da zu dieser Zeit der Pottwalfang darnie-
derlag, elektrisierte die Neuigkeit die gesamte Walindustrie. 1849 segelten 154 Schiffe gen Norden und
kehrten mit 206 850 Faß Öl und 12 408 Tonnen Fischbein in die Heimathäfen zurück. Im darauffolgenden
Jahr war der Ertrag noch höher: 243 680 Faß Öl und
16 445 Tonnen Fischbein.

John Bockstoce, der Geschichtsschreiber des west-
arktischen Walfangs, meint dazu: »Roys' Reise führte
nicht nur zur bedeutendsten Entdeckung in der Walfängerei des 19. Jahrhunderts, sie war auch eines der
wichtigsten Ereignisse in der Geschichte des Pazifiks.
In den sieben Jahrzehnten nach dieser Entdeckung
lockte der Reichtum der Walbestände in der westli-

chen Arktis Schiffe aus den Vereinigten Staaten, aus Frankreich, Deutschland, Hawaii und Australien in die seichten und trügerischen Gewässer der Beringstraße. Mehr als 2700 Fangreisen fanden statt auf Kosten von 150 gescheiterten Schiffen und der fast vollständigen Ausrottung der Grönlandwale.«

Sobald irgendwo ein neues Walvorkommen entdeckt wurde, sorgte die Gerüchteküche dafür, daß schon sehr bald alle Interessierten davon erfuhren. Das führte zu einer Situation, die sich regelmäßig wiederholte, sofern die Lebensgewohnheiten der betreffenden Wale berechenbar waren: Die Walfänger erschienen wenig später auf dem Schauplatz und brachten die Wale nahezu restlos um. Nur die Pottwale, deren Wanderverhalten noch immer weitgehend unbekannt ist, konnten einem solchen »Blitzkrieg« entgehen; selbst als die Walfänger die Aufenthaltsorte dieser Wale aufgespürt hatten, gelang es den Tieren, sich dem wilden Gemetzel zu entziehen, das ihre zahlosen Verwandten vielfach an den Rand des Aussterbens brachte. 57 Prozent aller Fangreisen in die Westarktis entfielen auf die ersten beiden Jahrzehnte nach Roys' Entdeckung, und schon nach zehn Jahren waren die Wale im Beringmeer so rar geworden, daß der Walfang dort weitgehend eingestellt wurde. Nur sehr wagemutige Walfänger, die Point Barrow umschifften und in die Beaufortsee vordrangen, konnten noch Wale vorfinden. Allerdings mußten sie dafür einen hohen Preis zahlen, denn fast die gesamte Fangflotte wurde vernichtet.

Die Eskimos hatten die Bestände der Grönlandwale nur minimal geschädigt, obwohl sie den Tieren schon seit Jahrtausenden nachstellten. Nach Roys' Entdeckung setzten sie die Jagd fort, doch ihre primitiven und durchweg wenig effizienten Fangmethoden wurden sehr schnell modernisiert und durch die Errungenschaften der modernen Walfangtechniken ersetzt.

Die Walfänger aus Neuengland trafen gewöhnlich Mitte April an der Packeisgrenze ein, genau zu dem Zeitpunkt, da die Wale ihre Wanderung nach Norden antraten. Im Unterschied zu den beweglichen Walen waren die Segelschiffe auf den Wind angewiesen und den Stürmen, Blizzards und böigen Wirbelwinden der Arktis auf Gedeih und Verderb ausgeliefert. Oft wurden sie in die falsche Richtung abgetrieben oder, schlimmer noch, vom Eis eingeschlossen. Manchmal machten sich die Walfänger die Eisbewegungen zu-

Links: Eismassen vor Nordalaska, dem Lebensraum der Grönlandwale.

nutze, indem sie sich an einer Treibeisscholle festhakten, so daß sie von der vorherrschenden Strömung statt von widrigen Winden weiterbefördert wurden. Über seine Erfahrungen in der Arktis schrieb der Walfänger G. F. Tilton: »Jeder Walmann wird bestätigen, daß er auf der Fahrt in die Arktis jedes Jahr vollkommen neue Verhältnisse antrifft. Das Land ist natürlich fest verankert und verschiebt sich nicht, doch das ist auch das einzige, das sich nicht verändert. In den 32 Jahren, die ich in der Arktis zugebracht habe, habe ich niemals zwei Sommer erlebt, die hinsichtlich der Eisbedingungen gleich gewesen wären.« Nicht selten gerieten die Walfänger in eine Flaute und mußten dann hilflos zusehen, wie das Eis um ihr Schiff herum wogte und emporstieg. Ein weiteres Problem war der Nebel. Die naßkalten Nebelfelder der Beringstraße sind berüchtigt, und die Schiffe segelten – oder verfielen in Windstille – inmitten einer dicken Brühe, die so undurchdringlich war wie die finsterste Nacht.

Obwohl die Grönlandwale zahlreich waren und langsam schwammen, war der Walfang kein leichtes Unterfangen. Wenn das Meer von Winden und Strömungen aufgewühlt wurde und hausgroße Eisblöcke auf der Meeresoberfläche tanzten, war es nicht einfach, den Blasstrahl eines Wals auszumachen, dessen Blasloch nur für einen Augenblick zum Vorschein kam. Sobald man die Bedingungen für günstig hielt, wurden die Boote ausgesetzt, und die Jagd begann. Hatte man die Wale auf der Leeseite des Schiffs gesichtet, setzten die Boote Segel, doch wenn sie die Beute gegen den Wind verfolgen mußten, legte sich die Besatzung in die Riemen. Wale besitzen zwar keine äußerlich sichtbaren Ohren, aber ein erstaunlich feines Gehör; schon die Eskimos wußten, daß man sich ihnen nur in völliger Stille nähern konnte. Das geringste Geräusch trägt im Wasser sehr weit; um also die Wale nicht zu »vergrämen«, wurden die Riemendollen mit Stoff umwickelt und alle Gespräche untersagt.

Ein vergrämter Wal flüchtete oft unter das Eis und versteckte sich dort sehr lange. Scammon versicherte, der Grönlandwal könne eine Stunde und 20 Minuten untergetaucht bleiben, doch dabei handelte es sich um ein harpuniertes Tier, nicht um eines, das sich vor seinen Verfolgern verbarg. In den ersten Tagen des arktischen Grönlandwalfangs verwendete man Harpunen mit beweglichen Querschneiden (»Toggles«), aber um 1850 wurde die Harpune mit Sprenggeschoß (»Bomb lance«) eingeführt.

Man hatte zwar längst erkannt, daß geschossene Harpunen effektiver waren als geworfene, aber sie wurden erst mit Erfolg eingesetzt, nachdem William Greener 1837 sein sogenanntes Schultergewehr entwickelt hatte. Schon vorher hatte man mit Drehbassen experimentiert, kleinen, im Bug des Fangboots schwenkbar montierten Geschützen, die jedoch den großen Nachteil hatten, daß sie nur bei ruhiger See benutzt werden konnten. Mit dem »Greener-Gewehr« hingegen konnten die Waljäger aus jeder Position zielen und schießen, und der Wal, der früher immerhin eine kleine Chance gehabt hatte, zu entkommen, war nunmehr vom ersten Augenblick der Sichtung an so gut wie zum Tode verurteilt. Die Technik der neuen Waffe hat Scammon so beschrieben: »Der Zeitzünder, der in das in einem Zylinder enthaltene Pulver eingebettet ist, löst die Sprengladung aus, wodurch der Wal meist sofort getötet wird, und da die Harpune bereits im Körper des Tieres festsitzt, kann es leicht geborgen werden.«

Der Metallzylinder mit der Sprengladung wurde aus einem an der Schulter angelegten Gewehr abgefeuert, dessen Rückstoß den Schützen über Bord schleudern konnte. Doch ebendiese Kraft machte das Gewehr zu einer wirkungsvollen Waffe mit einer Reichweite von etwa 20 m. Besonders wirkungsvoll war sie in der Arktis, wo durch die sofortige Tötung des Wals verhindert wurde, daß er unter dem Eis Zuflucht suchte. Manchmal verzog sich jedoch ein angeschossenes Tier unter die Eisdecke, und deshalb wurde eine weitere Neuerung notwendig, das »Pfeilgewehr«. Kapitän Ebenezer Pierce erfand diese Waffe 1865, und fortan gehörte die handgeschleuderte Harpune der Vergangenheit an.

Während andere Wale nach dem Harpunieren das Fangboot womöglich angriffen, tauchte der Grönlandwal entweder ab, oder er raste davon. Häufig war seine Reaktion eine Kombination aus beiden Fluchtbewegungen. Die Wale waren bekannt dafür, daß sie zuweilen eine meilenlange Fangleine hinter sich herzogen. Vor der Einführung des »Pfeilgewehrs« ahmten die Yankees manchmal die Praxis der Eskimos nach, die Schwanzsehnen des Wals durchzutrennen, um seine rasante Flucht abzubremsen. Das war ein besonders riskantes Unterfangen, denn die um sich schlagende Fluke konnte mühelos das Boot zum Kentern bringen.

Nachdem der Wal »dickes Blut geblasen« hatte, womit er anzeigte, daß er im Sterben lag, warteten die Männer in den Booten so lange, bis er sich auf die

Der Künstler und Walfänger Clifford Ashley malte das Bild *Jagd auf den Grönlandwal,* obwohl seine Spezialität der Pottwalfang war.

Seite wälzte und nur noch schwach mit einem Flipper wedelte. Dann wurde die Beute ins Schlepp genommen und zur Verarbeitung zum Schiff transportiert. Die Arbeitsbühnen wurden herabgelassen, und das Abspecken begann. Mit Taljen hievte die Decksmannschaft den Walkopf aus dem Wasser, bevor man daranging, die Blubberschicht mit rasiermesserscharfen Flensspaten abzuschälen. Der Schädel mit den Barten wurde vom Rumpf abgetrennt und an Deck hochgewunden. Aus dem Gaumendach löste man die Hornplatten, in jeder Oberkieferhälfte etwa 300, heraus und befreite sie sorgfältig von allem anhaftenden Gewebe, das sonst verwest wäre und einen abscheulichen Gestank verbreitet hätte. Dann wurden die einzelnen Barten zum Trocknen auf dem Deck ausgelegt und schließlich, in etwa 35 kg schweren Bündeln verpackt, unter Deck verstaut.

Anders als ihre britischen Kollegen, kochten die Amerikaner den in handliche Stücke zerlegten Blubber auf See aus. Die Transiedereien, große Eisenkessel, die mittschiffs in Ziegelsteinöfen installiert waren und zunächst mit Holz und dann mit Walhautstücken befeuert wurden, blieben in Betrieb, bis die gesamte Beute zu Fässern voller Öl reduziert war. Das dauerte oft 36 Stunden, in denen das Schiff von beißenden schwarzen Rauchschwaden eingehüllt war und ständig die Gefahr einer Feuersbrunst bestand.

Ein Jahr nachdem Kapitän Roys seine epochemachende Reise zum Beringmeer beendet hatte, waren 64 Walfänger in den Grönlandwalgründen aktiv. Das war die Rettung für die Industrie, denn es hatte den Anschein, daß die Walbestände in den bisherigen Fanggebieten zu schwinden begannen. Die ergiebigen antarktischen Bestände wurden ja erst ein halbes Jahrhundert später erschlossen. »Roys' Entdeckung«, schrieb Bockstoce, »markierte den Höhepunkt des Walfangs – seinen letzten glorreichen Erfolg.« Verglichen mit einem Pottwal, der vielleicht 45 Faß Öl lieferte, konnte ein fetter Grönlandwal mehr als 300 Faß einbringen, ganz zu schweigen von dem wertvollen Fischbein. Die Saison von 1849 war die erfolgreichste der gesamten Walfanggeschichte, und auch 1850 gab es eine reiche Ernte. Die Saison von 1852 war dagegen eine Katastrophe. Während das Wetter von 1848 bis 1850 vergleichsweise mild gewesen war, begann die Arktis 1851 ihr wahres Gesicht zu zeigen. Die Wale wurden knapp, und die Stürme trieben viele Schiffe in das Packeis. In dieser verheerenden Fangsaison gingen insgesamt sieben Schiffe verloren. 1854 war das Beringmeer anscheinend leergefangen.

Mehr oder weniger zufällig entdeckten die Walfänger, daß die Wale um Point Barrow herum in die Beaufortsee einschwammen. 1854 steuerten fünf Schiffe diese verhältnismäßig eisfreie Region an; sie verzeichneten zwar keinen großen Fangerfolg, hatten aber immerhin das letzte Refugium der Grönlandwale gefunden. Nach heutigen Schätzungen umfaßte die Gesamtpopulation vor dem Auftritt der Walfänger rund 30 000 Tiere, und aus Aufzeichnungen und Logbüchern geht hervor, daß bis 1854 etwa 7000 Wale erlegt wurden. Wo waren all die übrigen Wale geblie-

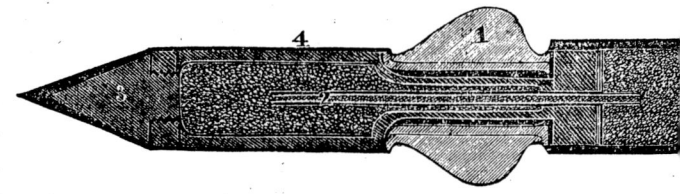

ben? Bockstoce vermutet, die Wale hätten sich sehr schnell der bedrohlichen Situation angepaßt: »Sie lernten, daß sie tief im Packeis, wohin ihnen die Fangboote nicht folgen konnten, in Sicherheit waren.«

Die Fangsaisons von 1859 und 1860 waren wenig ertragreich, und die Walindustrie, einst das Aushängeschild der industriellen Leistungsfähigkeit Neuenglands, schien vom Niedergang bedroht. Außerdem stand Amerika 1860 kurz vor dem Ausbruch des Bürgerkriegs. Schiffe, Kapitäne und Seeleute, die sonst unterwegs gewesen wären, um Tran und Fischbein zu beschaffen, wurden von der Marine übernommen. Die Union verfügte über reichlich Schiffe, da Neuengland nicht nur die Heimat der Walflotte war, sondern auch den größten Schiffsbestand des Landes besaß.

Die Konföderierten besaßen dagegen keine bedeutende Marine. Um das Manko auszugleichen, begannen sie in Europa Kriegsschiffe aufzukaufen. Unter James D. Bulloch, einem Agenten der Südstaaten, wurde die *Raider* in Dienst gestellt, um die Schiffahrt der Nordstaaten zu behindern. Es folgte die *Alabama*, die 69 feindliche Schiffe aufbrachte, bevor sie 1864 selbst versenkt wurde. Die Geschichte des Südstaaten-Kaperschiffs *Shenandoah* ist sicherlich eines der ungewöhnlichsten – und grausamsten – Kapitel der amerikanischen Walfanggeschichte.

Die *Shenandoah*, ein hervorragender Segler mit einer zusätzlichen Dampfmaschine von 850 Pferdestärken, lief am 7. Oktober 1864 unter Kapitän James Waddell mit Kurs auf die Walfanggründe aus. Am 30. Oktober brachte sie vor Dakar die erste Prise auf, die Bark *Aliana* aus Searsport in Maine. Waddell nahm die Besatzung gefangen und versenkte das Schiff. Nach einer erfolgreichen Kaperfahrt in südlichen Gewässern steuerte er die Arktis an. Anfang 1865 traf er im Ochotskischen Meer ein, und schon eine Woche später kaperte er die *Abigail* aus New Bedford. Thomas Manning aus Baltimore, der Zweite Offizier der *Abigail*, wechselte auf der Stelle die Seiten und half Waddell, die übrigen Schiffe der Yankee-Walfangflotte zu orten. Waddell brachte zwei weitere Walfänger aus New Bedford auf, doch als er die *Milo* zum Beidrehen zwang und zur Übergabe aufforderte, erfuhr er von ihrem Kapitän, daß der Krieg vorüber war. Er hielt das für eine Finte und setzte seinen Raubzug fort. Er eroberte die *Sophia Thornton* und die *Jireh Swift* und brannte sie bis zur Wasserlinie nieder. Am 23. Mai wurde das Handelsschiff *Susan Abigail* aus San Francisco aufgebracht. Sie hatte Zeitungen an Bord, aus denen hervorging, daß General Lee kapituliert

hatte und Abraham Lincoln am 15. April gestorben war. Trotzdem führte Waddell seinen Privatkrieg weiter. Insgesamt kaperte oder verbrannte er 24 Walfänger, bevor er am 29. Juni auf Südkurs ging. Da die verbliebenen Walfänger nichts von seinem Abzug erfuhren, hielten sie sich tunlichst verborgen und betrieben bis zum Ende der Saison 1865 nur noch wenig Walfang. Der »Erfolg« der *Shenandoah* läßt sich un-

Um eine Vorstellung von der Länge mancher Bartenplatten zu vermitteln, posiert ein Arbeiter vor senkrecht aufgestellten Fischbeinbündeln.

mittelbar auf den Einsatz der Dampfkraft zurückführen; die Walfänger konnten nur versuchen, ihr davonzusegeln oder sich vor ihr zu verstecken.

Waddell entkam allen Schiffen, die ihn verfolgten, und traf am 5. November in England ein. Die Vereinigten Staaten verlangten von Großbritannien Reparationen für alle Schäden, welche die von den Engländern an die Konföderierten verkauften Schiffe angerichtet hatten. 1872 wurde den USA von einem internationalen Gerichtshof in Genf eine Entschädigung von 15,5 Millionen Dollar zugesprochen, die unter verschiedene Reedereien und Einzelpersonen aufgeteilt wurden. Der Krieg hatte die Walindustrie schwer getroffen: 64 Walfänger fielen den Kaperschiffen der Südstaaten zum Opfer, und weitere 40 der älteren Fahrzeuge wurden 1861 mit Granit beladen und in den Häfen von Charleston und Savannah versenkt. Man wollte dadurch die Hafeneinfahrten blockieren, doch die Schiffe versanken so tief im schlammigen Meeresboden, daß die »Steinflotte« die Aktionen der konföderierten Freibeuter kaum beeinträchtigte. So groß auch die Schäden waren, die der Krieg der neuenglischen Walindustrie zugefügt hatte, sie waren minimal im Vergleich zu jenen, die das Schicksal für die Yankee-Flotte noch bereithielt.

Die Walfänger, die der *Shenandoah* entkommen waren, setzten ihre Arbeit nach dem Krieg fort und wagten sich auf der Suche nach den flüchtigen Grönlandwalen immer weiter nach Norden vor. Die Entdeckung des Erdöls im Jahr 1859 wirkte sich erst in den siebziger Jahren auf den amerikanischen Walfang aus. Als die Preise für Walöl fielen, versuchte man die Einbußen dadurch zu kompensieren, daß man mehr Wale erlegte.

Die *Nile* unter Kapitän Thomas Long fuhr 1867 durch die Beringstraße in die Tschuktschensee ein und gelangte auf Westkurs in sibirische Gewässer. Hier stieß Long auf eine unerschlossene Insel, die er nach Baron Ferdinand Petrowitsch von Wrangel, der in den 1820er Jahren die sibirische Küste erkundet hatte, Wrangel-Insel nannte. Als man hier keine Wale fand, machte man kehrt und passierte im Osten Kap Lisburne in Alaska. Trotz heftiger Winde, eisiger Stürme und schier unerträglichen Bedingungen hielten die Walfänger durch und setzten 1868 und 1869 das Gemetzel an den Grönlandwalen fort. Das Eis sollte seine ganze Gefährlichkeit erst einige Jahre später zeigen.

In der Regel war der Walfang eine Teamarbeit; der Kapitän und seine Mannschaft arbeiteten zusammen,

Zur weiteren Verarbeitung wurde das Fischbein in gleich lange Stücke zerschnitten und versandfertig verpackt.

um sich ihre Anteile am Profit zu sichern und eine möglichst große Ernte einzufahren. Die Walfangschiffe machten sich jedoch gegenseitig Konkurrenz, und ein Wal, den ein Schiff erbeutet hatte, ging einem anderen Schiff verloren. Deshalb war es ziemlich ungewöhnlich, daß einmal nicht weniger als 39 Schiffe gleichzeitig in See stachen: Im April 1871 nahm die neuenglische Fangflotte von Honolulu aus Kurs auf die Arktis.

Zwischen dem 18. und 30. Juni passierte die Flotte die Beringstraße. Im Juli wurden nur wenige Wale gesichtet, und so beschäftigten sich die Walfänger mit der Jagd auf Walrosse. Anfang August befanden sich die meisten Schiffe nördlich der Blossom-Untiefen vor der Wrangel-Insel. Ende August steckte die gesamte Flotte in einer Eisrinne, die nicht breiter war als eine halbe Meile. Auf einer Länge von mehr als 20

Meilen war das Meer höchstens etwa sieben Meter tief, so daß die Schiffe kaum noch genügend Wasser unter dem Kiel hatten. Man hatte schon vorher Bekanntschaft mit dem Eis gemacht, aber das war nichts im Vergleich zu dem gefährlichen Packeis, das jetzt die Schiffe einzuschließen begann. Die meisten hatten inzwischen nach Osten abgedreht, und als sich die Eismasse auf sie zubewegte, gab es für sie kein Entkommen mehr. Am 1. September frischte der Wind auf, das Eis schob sich immer näher heran, und die offene Wasserfläche, wo die Schiffe festsaßen, verkleinerte sich zusehends.

Als sich das Eis um die Schiffe zusammenzog, befürchteten die Kapitäne das Schlimmste – nämlich daß ihre Schiffe nicht nur eingeschlossen, sondern zerdrückt würden –, und sie begannen ihre Leute auf solche Schiffe zu evakuieren, die noch nicht unmittelbar bedroht waren. Das erste Schiff, das zugrunde ging, war die Brigg *Comet*, die vom unaufhaltsam vorrückenden Eis zermalmt wurde. Dann geriet die *Roman*, das nördlichste Schiff der Flotte, zwischen zwei Eisschollen. Sie wurde aus dem Wasser gehoben, zersplitterte wie eine überdimensionale Streichholzschachtel und sank innerhalb von 45 Minuten.

Von den 39 Schiffen, die sich in diesem Meeresgebiet aufhielten, liefen 22 Gefahr, vom Eis eingeschlossen zu werden, doch einige davon machten weiterhin Jagd auf Wale. Es waren weniger Kaltschnäuzigkeit und Fatalismus, die den Kapitän der *Henry Taber* bewogen, die Boote auszusetzen, als vielmehr der feste Glaube, daß ein ablandiger Wind schließlich die Eismassen vertreiben werde. Doch der günstige Wind blieb aus.

Am 8. September schlug das Eis während eines Schneesturms die *Awashonks* leck und schloß die *Julian* und die *Eugenia* ein. Jetzt war offensichtlich, daß der Walfang eingestellt werden mußte, denn alle Schiffe wurden gebraucht, um die Besatzungen der havarierten Fahrzeuge zu bergen. Die Kapitäne versammelten sich am 12. September an Bord der *Florida* und beschlossen, ihre Schiffe aufzugeben und die Leute in die Boote zu schicken.

Die Schiffe konnten die immer enger werdende

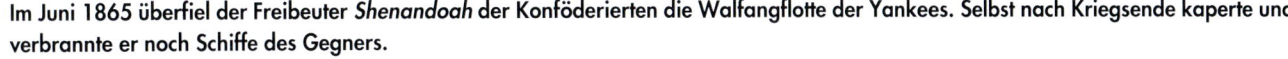

Im Juni 1865 überfiel der Freibeuter *Shenandoah* der Konföderierten die Walfangflotte der Yankees. Selbst nach Kriegsende kaperte und verbrannte er noch Schiffe des Gegners.

Fahrrinne nicht durchsegeln, aber die Männer konnten rudern. Sieben Schiffe lagen südlich der Eismassen beigedreht, bereit, die Besatzungen der aufgegebenen Schiffe aufzunehmen. Am 14. September bildeten 200 Boote eine ungeordnete Prozession und beförderten die Kapitäne und Mannschaften zu den wartenden Schiffen. Bis zum 17. September nahm die »Rettungsflotte« 1129 Mann an Bord. 32 Schiffe hatte man aufgeben müssen, und die Verluste, einschließlich des Öls und des Fischbeins in den Laderäumen, beliefen sich nach dem Stand von 1871 auf schätzungsweise 1,5 Millionen Dollar.

An eine Fortsetzung des Walfangs war nicht mehr zu denken, denn die sieben Bergungsschiffe mußten die Schiffbrüchigen in die Heimat zurückbringen. Während sich das Wetter noch mehr verschlechterte, nahmen sie Kurs auf Honolulu. Am 22. September traf das letzte Schiff dort ein. Zwar kehrten nur sieben der stolzen Schiffe, die ein halbes Jahr zuvor Hawaii verlassen hatten, in den sicheren Hafen zurück, aber immerhin hatte die ganze Katastrophe kein einziges Menschenleben gefordert.

Doch nicht alle Männer fanden sich wieder in Honolulu ein. Ein einzelner Bootssteuermann, dessen Name nicht überliefert ist, beschloß, an Bord zu bleiben, als alle anderen eiligst in die Boote stiegen. Vielleicht hoffte er, das vom Eis blockierte Material im Wert von 1,5 Millionen Dollar zu Geld machen zu können. Die nächsten sechs Monate verbrachte er allein auf einem Schiff, allein mit dem Wind, dem Eis und den Eskimos. Für die Eskimos waren die verlassenen Schiffe eine reiche Quelle, die es zu plündern galt: Holz, Tauwerk, Tran und Lebensmittel – doch keine alkoholischen Getränke. Da die Kapitäne wußten, daß die Eskimos die Alkoholvorräte finden und trinken würden, hatten sie sie restlos vernichtet. Die Eskimos konnten das jedoch nicht wissen, und so tranken sie alles, was sie in den Arzneikästen vorfanden. Viele wurden krank davon, doch da sie den Grund nicht erkannten, schrieben sie ihre Krankheiten bösen Geistern zu, die auf den Schiffen ihr Unwesen trieben. Deshalb verbrannten sie jedes Schiff, auf dem einer von ihnen erkrankt war. Der einsame Amerikaner blieb im stürmischen Winter 1871/72 an Bord der *Massachusetts*. Obwohl er Kontakt zu den Eskimos suchte, »wandten sie sich gegen ihn«, und als er von Walfängern, die im nächsten Frühjahr zurückkehrten, gerettet wurde, soll er gesagt haben: »Nicht einmal 150 000 Dollar könnten mich reizen, noch einen Winter in der Arktis zuzubringen.«

Im Jahr 1872 fanden sich wieder zahlreiche Schiffe in der Arktis ein, um Wale zu fangen und zu bergen, was von der Flotte des Vorjahres übriggeblieben war. Von 1872 bis 1875 erlegte man sogar Wale östlich von Point Barrow. 1876 kündigte sich eine neue Katastrophe an, als die *Marengo* und die *Illinois* südlich der Beringstraße kollidierten, woraufhin die *Illinois* innerhalb einer Viertelstunde unterging. Dann wurde die *Arctic*, ein Schiff der »Rettungsflotte« von 1871, nördlich von Point Franklin vom Eis zerdrückt. 14 der 18 Schiffe, die in den Fanggründen operierten, nahmen Kurs auf Point Barrow, ohne zu ahnen, daß sie von einer riesigen Eistafel verfolgt wurden. Die Schiffe versuchten nach Süden auszuweichen, kamen aber gegen die Strömung nicht an. Zehn Schiffe wurden unweit von Barrow vom Eis eingeschlossen, doch diesmal stand keine Flotte zu ihrer Rettung bereit. Die meisten Seeleute gingen an Bord der *Florence* und arbeiteten sich aus dem Eis heraus, doch 50 Männer blieben zurück in der Hoffnung, später ebenfalls gerettet zu werden. Diesmal war die Überlebensrate nicht so gut. Nur drei Männer überstanden den grimmigen arktischen Winter, und von den zehn Schiffen wurde nur eines, die *Clara Bell*, 1877 gefunden. Im folgenden Jahr gingen drei weitere Schiffe im Eis unter, und ein weiteres scheiterte in einem Sturm.

1879 wurde die Walfangflotte abermals von einer Katastrophe heimgesucht. Wieder einmal drohte das Eis vier Schiffe einzuschließen. Zwei davon konnten sich befreien und trafen am 26. November in San Francisco ein, nachdem man sie längst abgeschrieben hatte. Die beiden anderen wurden nie mehr gesehen.

Mehr als 40 Schiffe waren bis 1876 verlorengegangen, und die Nordpazifikflotte, die einst fast 300 Einheiten umfaßt hatte, war inzwischen auf nur 17 Schiffe geschrumpft. Die sich häufenden Katastrophen machten deutlich, daß Segelschiffe kaum geeignet waren, mit den Unbilden der Natur in der westlichen Arktis fertig zu werden. Der Preis für Walöl war auf einem Tiefstpunkt angelangt, und es hatte den Anschein, als sei die Industrie am Ende. Amerika war damals die einzige große Walfangnation, die noch keine Dampfkraft einsetzte. Nicht nur die Erfolge der Ausländer, sondern auch die Erinnerung an die zusätzlich mit Dampfantrieb ausgestattete *Shenandoah*, die 1865 so viel Unheil unter den neuenglischen Seglern angerichtet hatte, hätte die Amerikaner eines Besseren belehren müssen.

Im September 1871 mußten 32 Walfänger vor Icy Cape in Alaska aufgegeben werden, weil das Eis die Schiffe einzuschließen und zu zermalmen drohte.

Es ist deshalb schwer zu verstehen, warum es so lange gedauert hat, bis sich die Yankee-Walfänger zur Nutzung der Dampfkraft bekehrten. Vielleicht war ihre Sparsamkeit schuld daran. Im Gegensatz zum kostenlosen Wind war die Dampfkraft relativ teuer. Die Kessel mußten mit Kohle befeuert werden, und Kohle kostete Geld. Zudem mußte man für das Bunkern der Kohlenvorräte Ladekapazitäten abzweigen, die man lieber für Ölfässer und Bartenbündel benutzte. Im übrigen hatte man es schon einmal mit Dampfantrieb versucht, doch ohne großen Erfolg. 1866 war auf der Bark *Pioneer* ein Dampfkessel installiert worden, aber auch er konnte das Schiff nicht retten, als es ein Jahr später in der Hudson-Straße vom Eis zermalmt wurde.

Neuen Auftrieb verdankte die darniederliegende Industrie indes weniger dem technischen Fortschritt als den Erfordernissen der Damenmode, den immer schmaleren Wespentaillen und den immer weiteren Reifröcken. Denn das Material, das für die Korsetts und die Reifrockgestelle gebraucht wurde, war bekanntlich Fischbein.

Historisch gesehen, war der Walfang eine ausgesprochen männliche Domäne. Männer jagten, töteten, flensten, segelten, ertranken und starben. Man könnte jedoch sagen, daß sie all dies großenteils für die Frauen taten. Wer auch immer den Frauen vorschrieb, sie sollten sich so eng wie möglich schnüren oder ausladende Krinolinen tragen, war verantwortlich für den Tod von Tausenden von Grönlandwalen. Zur Entschuldigung für die Damenwelt muß freilich angemerkt werden, daß beide Geschlechter Seife, Lampenöl und Schmiermittel benötigten. Somit kann man die Dezimierung der Wale nicht allein den modebewußten Frauen des 19. Jahrhunderts anlasten. Wie dem auch sei, die gesteigerte Nachfrage nach Fischbein trieb die Walfänger erneut in den hohen Norden. Der Fischbeinpreis belief sich 1875 auf 1,12 Dollar pro Pfund, doch 1878 stieg er auf die Rekordhöhe von 3,25 Dollar. Plötzlich war ein einziger Grönlandwal mindestens 5000 Dollar wert.

William Lewis gab den ersten amerikanischen Walfangdampfer, die *Mary and Helen*, in Auftrag, der auf der Werft in Bath, Maine, gebaut werden sollte. Das

Schiff lief am 30. Juli 1879 vom Stapel und wurde in New Bedford mit Siedeanlagen ausgerüstet. Unter Kapitän Leander Owen nahm es Kurs auf die Arktis und kehrte mit 2350 Faß Öl und 2000 Kilogramm Barten heim – ein Gesamtwert von über 100 000 Dollar. Für den Bau des 42 m langen Schiffs hatte Lewis die stattliche Summe von 65 000 Dollar investiert. Auf ihrer Jungfernfahrt hatte also die *Mary and Helen* nicht nur die gesamten Investitionskosten eingespielt, sondern dem Eigentümer auch einen ansehnlichen Gewinn eingebracht. Es war eine der erfolgreichsten Fangreisen in der Geschichte der arktischen Walindustrie.

Noch vor der Rückkehr der *Mary and Helen* plante Lewis, seine Dampferflotte zu vergrößern. Zusam-

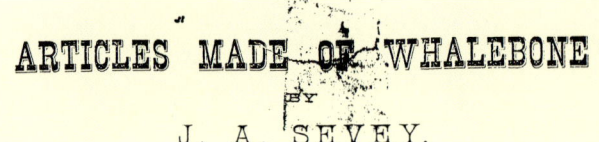

men mit einer Gruppe von Investoren ließ er die *Belvedere*, die *Lucretia* und die *North Star* bauen. 1881 waren die drei Schiffe seeklar, doch dann verkaufte er die *Mary and Helen* für 100 000 Dollar als Rettungsschiff an die amerikanische Regierung und ersetzte sie durch die *Mary and Helen II*. Der spektakuläre Anfangserfolg wiederholte sich jedoch nicht. Nur die *Belvedere* fuhr einen Gewinn ein; die *Lucretia* konnte Kap Hoorn nicht umschiffen und verpaßte so ihre erste Fangsaison in der Arktis, und die *North Star* wurde vor Barrow von Eismassen zerdrückt. Der Einbau einer Dampfmaschine war offensichtlich keine ausreichende Garantie für Unsinkbarkeit.

An der Westküste gaben Millen Griffith, Josiah N. Knowles und George C. Perkins den ersten kalifornischen dampfgetriebenen Walfänger, die *Bowhead*, in Auftrag. Nachdem 1869 die transkontinentale Eisenbahnstrecke fertiggestellt worden war, verlagerte sich das Zentrum der Walindustrie von der Ostküste nach Westen. Nach dem Stapellauf der *Bowhead* stellte die Firma Griffith & Co. drei weitere Dampfschiffe in Dienst und erwarb die *Mary and Helen II* von William Lewis. Es folgte die *Thrasher*, die in Bath gebaut werden mußte, weil die Werften in San Francisco überlastet waren. Griffith, Perkins, Goodall, Knowles und andere gründeten mit ihren fünf Schiffen die Pacific Steam Whaling Company. Im Unterschied zu den New Bedforder Walfängern, die im Besitz von Einzelpersonen waren, gab das kalifornische Unternehmen, das über ein Stammkapital von 2 Millionen Dollar verfügte, Anteilscheine an diverse Investoren aus. Zusammen mit anderen gründete Griffith außerdem die Arctic Oil Works, die den Tran und die Barten verarbeiteten – eine weitere radikale Abweichung von der Tradition an der Ostküste.

Von Traditionen unbelastet, konnten die Kalifornier auch neue Walfangtechniken einführen. Sie statteten ihre Schiffe mit Propellern aus, die eingeholt werden konnten und das Befahren von sonst unschiffbaren Gewässern ermöglichten, und verwendeten die ersten dampfbetriebenen Siedereien und eisernen Öltanks, die die antiquierten und gefährlichen Ziegelöfen und die oft undichten Ölfässer aus Holz ersetzten. Auf Betreiben von Josiah Knowles wurden außerdem die ersten Walfangstationen an der Küste von Alaska errichtet. Um die in jedem Frühjahr fälligen langen und unproduktiven Anreisen zu vermeiden, bauten die Kalifornier 1883 in Barrow eine Dauerunterkunft, von der aus die Walfänger nach dem Vorbild der Eskimos Wale erlegten, die in den

Auf dem Betriebsgelände der Arctic Oil Works in San Francisco wird Fischbein getrocknet. Im Hintergrund sind die Bark *J. D. Peters* und der Zweimaster *Orca* zu sehen.

schmalen Eisrinnen vor der Küste vorüberschwammen. Es gab auch bereits Stationen für die Jagd auf Grauwale an der kalifornischen Küste.

Die Traditionalisten hatten etwas gegen die Walfangdampfer, denn sie erklärten, der Lärm würde die sensiblen Grönlandwale verschrecken. Daran war sicherlich etwas Wahres, aber dieser Nachteil wurde mehr als ausgeglichen durch die Manövrierfähigkeit der neuen Schiffe, die nunmehr in bislang schwierige und gefährliche Gewässer einfahren und heil wieder herauskommen konnten. Die Waljagd fand in der Regel in der Herbstsaison statt. Die Walfänger trafen um

den 10. Juli in Point Hope ein, bunkerten Kohle aus der Corwin Coal Mine, die der Pacific Steam Whaling Company gehörte und zwischen Point Hope und Icy Cape lag, und nahmen dann Kurs auf Barrow. Wenn das Eis vorzurücken begann, folgten sie den Walen zu den Herbstnahrungsgründen im offenen Wasser vor der Herald-Insel. Als 1879 zwei Segelschiffe sanken und zwei weitere gegen einen schweren Sturm ankämpfen mußten, tuckerten die Dampfer mehr oder weniger unbehelligt heim nach San Francisco.

Als in den achtziger Jahren der Preis für Fischbein stieg, wurde die Pazifikflotte entsprechend vergrößert. Schon bald drangen die Walfänger im Osten fast bis zur kanadischen Grenze vor, und 1888 erreichte Kapitän George Bauldry mit der *Helen Mar* die Barter-Insel, den östlichsten Punkt, den bis dahin noch kein Walfänger gesehen hatte. Das Delta des Mackenzie war die Region, in der sich die Grönlandwale zur Nahrungsaufnahme versammelten (es war tatsächlich der Endpunkt ihrer Wanderung), doch für Segelschiffe galt die 700 Meilen weite Strecke von Barrow bis dorthin als zu lang und zu gefährlich. Ein Harpunier namens Joe Tuckfield wurde mit einigen Eskimos ostwärts zur Herschel-Insel entsandt, um dort zu überwintern, und als er zur Station in Barrow zurückkehrte, konnte er bestätigen, daß die Gerüchte der Wahrheit entsprachen: Rings um die Insel gab es Wale in Hülle und Fülle. Mehr noch, er konnte vermelden, daß die Insel einen guten Naturhafen besaß, der den Namen Pauline Cove erhielt. Im August 1889 steuerten die *Beluga* und die *Thetis* (die im Auftrag der Regierung den 141. Längengrad, die Grenze zwischen den Vereinigten Staaten und Kanada, fixieren sollte) die Herschel-Insel an und erkundeten den Hafen. Die Zeit, in der erstmals Walfänger freiwillig in der hohen Westarktis überwinterten, war nun nicht mehr fern.

Drei Schiffe, die *Grampus*, die *Nicoline* und die *Mary D. Hume*, wurden 1890 von der Pacific Steam Whaling Company losgeschickt mit dem Auftrag, keinen Tran, sondern nur Barten an Bord zu nehmen, da der Fischbeinpreis in schwindelerregende Höhen gestiegen war. Die Besatzungen richteten sich ein, sammelten das reichlich vorhandene Treibholz als Brennmaterial, handelten von den Eskimos Fleisch ein und umgaben ihre eisfesten Schiffe mit Schneewällen, um sie gegen die Kälte zu isolieren. Der Winter 1890/91 verlief ohne besondere Vorkommnisse, aber man bekam keine Wale zu Gesicht, auch nicht, als es Frühling und Sommer wurde. Die *Nicoline* und die *Grampus* traten im Herbst die Heimreise nach Kalifornien an, aber die unerschrockenen Walfänger der *Hume* beschlossen, noch einen zweiten Winter im Nordpolarmeer zuzubringen.

Obwohl sie jetzt in Pauline Cove einen sicheren Hafen und eine Operationsbasis besaßen, betrieben sie den Walfang noch immer in der althergebrachten Weise: Sie kreuzten zwischen den Eisschollen und suchten nach Beute. Im Juli 1891, nachdem die anderen Schiffe abgezogen waren, war ihnen das Glück hold. Sie erbeuteten 27 Wale und mußten mitten in ihrer Glückssträhne die Herschel-Insel anlaufen, weil das Schiff mit Fischbein überladen war. Die *Grampus*, die im Frühjahr 1891 zurückkehrte, stieß ebenfalls auf ein Walfänger-Dorado und erlegte vor Kap Bathurst 21 Grönlandwale.

**Die *Mary D. Hume*,
der erste dampfgetriebene
Walfänger, der in der
westlichen Arktis operierte.**

Die Pauline Cove der Herschel-Insel im Winter 1893/94. Hier überwintern sieben Walfänger (*Mary D. Hume*, *Newport*, *Grampus*, *Narwhal*, *Balaena*, *Karluck* und *Jeanette*).

Nach zwei erfolgreichen Fangsaisons brachte die *Mary D. Hume* eine Fracht im Wert von 400 000 Dollar, für die 37 Wale ihr Leben hatten lassen müssen, heim nach San Francisco. Nach diesem phänomenalen Erfolg entsandte die Company vier Walfänger – *Narwhal*, *Balaena*, *Newport* und *Grampus* – in den Norden, zusammen mit einem Versorgungsschiff, dem 862-Tonner *Jeanie*, der das angefallene Fischbein heimbefördern und Vorräte und neues Personal zur Basis schaffen sollte. Dieses System ermöglichte es der *Newport* und der *Hume*, sechs Jahre lang in der Arktis zu bleiben. Die Fangerträge nahmen zu: Die *Narwhal* erbeutete 1893/94 insgesamt 64 und die *Balaena* 62 Wale. Andere Reedereien rüsteten ebenfalls Walfangdampfer für den hohen Norden aus, und 1894/95 überwinterten dort bereits 15 Schiffe.

Wohn- und Lagerhäuser wurden gebaut, und 1893 trafen auch die ersten Missionare ein, um die Eingeborenen zu bekehren. Die Probleme, die eine eng zusammenlebende Gemeinschaft von rund 500 Männern mit sich bringt, sind nur allzu bekannt. Erzwungene Untätigkeit, Trunksucht, Desertionen, Schläge-reien und Ausschweifungen aller Art waren gang und gäbe. Viele Kapitäne hatten ihre Frauen oder Geliebten mitgebracht, und für die Männer fernab von jeder Zivilisation waren auch die Eskimofrauen eine Verlockung. Es wurde freilich nicht nur getrunken und geprügelt. Die Männer vertrieben sich die Zeit mit Ski- und Schlittenfahren auf dem Eis oder mit Mannschaftsspielen, zum Beispiel Baseball und Fußball. Sogar Theateraufführungen gab es.

Leider war diese arktische Idylle ganz und gar abhängig vom regelmäßigen Erscheinen der Grönlandwale, und wie nicht anders zu erwarten, deckten sich die Interessen der Tiere nicht unbedingt mit denen der Walfänger. Die Pacific Steam Whaling Company war auf schnellen Profit bedacht, um die schwindenden Einnahmen zu stabilisieren, was für noch mehr Unruhe sorgte. Sie entschied sich für eine Ausweitung ihres Unternehmens und verlegte sich immer mehr auf den Pelzhandel mit den Eskimos. Um 1908 war das Pelzgeschäft ebenso bedeutend wie der Walfang.

Wieder einmal demonstrierte das Eis seine Macht. Als die *Navarch* im August 1897 von Eismassen eingeschlossen wurde, rettete sich die Besatzung in die Boote. Kapitän Whiteside (der sich angesichts der Katastrophe als Feigling entpuppte und das Schiff und seine Leute im Stich ließ), Charlie Brower (der erst in Point Parrow an Bord gegangen war und später in *Fifty Years Below Zero* über das Unglück berichtete) und nur 21 der 37 Seeleute kamen mit dem Leben davon. Browers Gruppe überstand zwölf Tage auf dem Eis, in denen sie nichts zu essen hatten als Eis und Schuhsohlen. Für Bockstoce »gehören Browers Marsch und Driftfahrt zweifellos zu den schrecklichsten Überlebenskämpfen der Menschheitsgeschichte«.

Im Jahr 1897, dem Jahr, in dem die *Orca*, die *Belvedere*, die *Jesse H. Freeman* und die *Rosario* im Eis scheiterten, mußten mehrere andere Schiffsbesatzungen in Notquartieren überwintern, da sie den schützenden Hafen von Pauline Cove auf der Herschel-Insel nicht mehr erreichen konnten. Josiah Knowles, der die meisten Neuerungen auf der Insel eingeführt hatte, starb 1896, und die Pacific Steam Whaling Company begann ihre inzwischen unwirtschaftlich gewordenen Aktivitäten einzustellen. Sie machte die Küstenstationen in Point Hope und Point Barrow dicht und zog die dort überwinternden Schiffe *Newport* und *Mary D. Hume* ab. Andere Firmen, die noch nicht aufgeben wollten, schickten kleinere und billigere Schiffe ins Nordpolarmeer. Die Eskimos, die nur zu gern Fischbein gegen Felle eingehandelt hatten, lieferten den Walfängern nun Felle im Austausch gegen allerlei Handelswaren – ein weiteres Indiz dafür, daß die Walbestände zurückgingen. William Lewis, der Vorkämpfer des »Dampf-Walfangs«, rüstete 1903 den Schoner *Monterey* mit einem Verbrennungsmotor aus, doch es war eine andere Erfindung, die dem Walfang in der Arktis ein Ende bereitete: 1909 kam der Federstahl auf, und als dieses preiswertere und leichter verfügbare Material das Fischbein in der Korsettherstellung verdrängte, fiel der Fischbeinpreis von 5 Dollar auf 50 Cent pro Pfund.

Die dreißigjährige Periode der Walfangdampfer war damit vorerst abgeschlossen. Viele technische Neuerungen, die den gesamten künftigen Walfang prägen sollten, waren eingeführt worden, doch keine Erfindung konnte den unbestreitbaren Mangel an Walen aus der Welt schaffen. In seiner gründlichen Untersuchung der Logbücher und der sonstigen Walfängeraufzeichnungen hat John Bockstoce mehr als 2600 Fangreisen für die Jahre von 1848 bis 1915 nachgewiesen. Die Zahl der getöteten Wale schätzt er auf ungefähr 20 000. Eine genauere Analyse ergibt, daß ein Drittel der Wale in den ersten neun Jahren des genannten Zeitraums erlegt wurde und zwei Drittel auf die ersten 20 Jahre entfallen. »Diese Ergebnisse«, schreibt Bockstoce, »deuten darauf hin, daß die Grönlandwalpopulation in den ersten 20 Jahren sehr schnell dezimiert wurde, auch wenn die Jagd auf die Tiere in diesen Gewässern noch weitere 47 Jahre lang fortgesetzt wurde.«[*]

Die Grauwaljagd in Kalifornien

Charles Melville Scammon wurde 1825 in Pittston, Maine, geboren, nur sechs Jahre nach Herman Melville, zu dem, soviel wir wissen, keine verwandtschaftlichen Beziehungen bestanden. Der junge Charles beschloß, zur See zu fahren, und mit 23 Jahren befehligte er bereits einen Küstenschoner, der in North und South Carolina Handel trieb. Als Siebenundzwanzigjähriger – er war inzwischen in San Francisco gelandet – übernahm er das Kommando auf der Brigg *Mary Helen*, die vor den Küsten Südkaliforniens und Nordmexikos Jagd auf See-Elefanten machte. 1853 betätigte er sich als Walfänger vor Panama, und 1856 besuchte er die Magdalena-Bucht (Baja California) auf der Suche nach Grauwalen. Er entdeckte 1858 die Laguna Ojo de Liebre, einen der Kalbegründe der Grauwale; sie trägt heute seinen Namen. Scammon ist zwar unmittelbar verantwortlich für die Einführung des Lagunenwalfangs, durch den die Grauwalpopulation bis zur Jahrhundertwende nahezu ausgerottet wurde, aber sein Beitrag zur Walfanggeschichte besteht nicht nur aus dem Abschlachten von Walen, sondern auch darin, daß er zum Chronisten dieses Vorgangs wurde. 1874 veröffentlichte er *The Marine Mammals of the Northwestern Coast of North America; Together with an Account of the American Whale-Fishery*, eines der wichtigsten Bücher über Wale und den Walfang, die jemals geschrieben wurden. Es erschien, nachdem er sich aus dem aktiven Walfang zurückgezogen und schon eine gewisse Berühmtheit als Verfasser von Zeitschriftenartikeln erlangt hatte. Das Werk enthält nicht nur detaillierte

---

[*] Als diese Untersuchung 1980 veröffentlicht wurde, schätzte die amerikanische Regierung den Grönlandwalbestand auf 2200 Tiere, aber seither – bei Jahresfängen von durchschnittlich 30 Tieren – haben die Fachleute ihre Schätzungen auf rund 7000 erhöht.

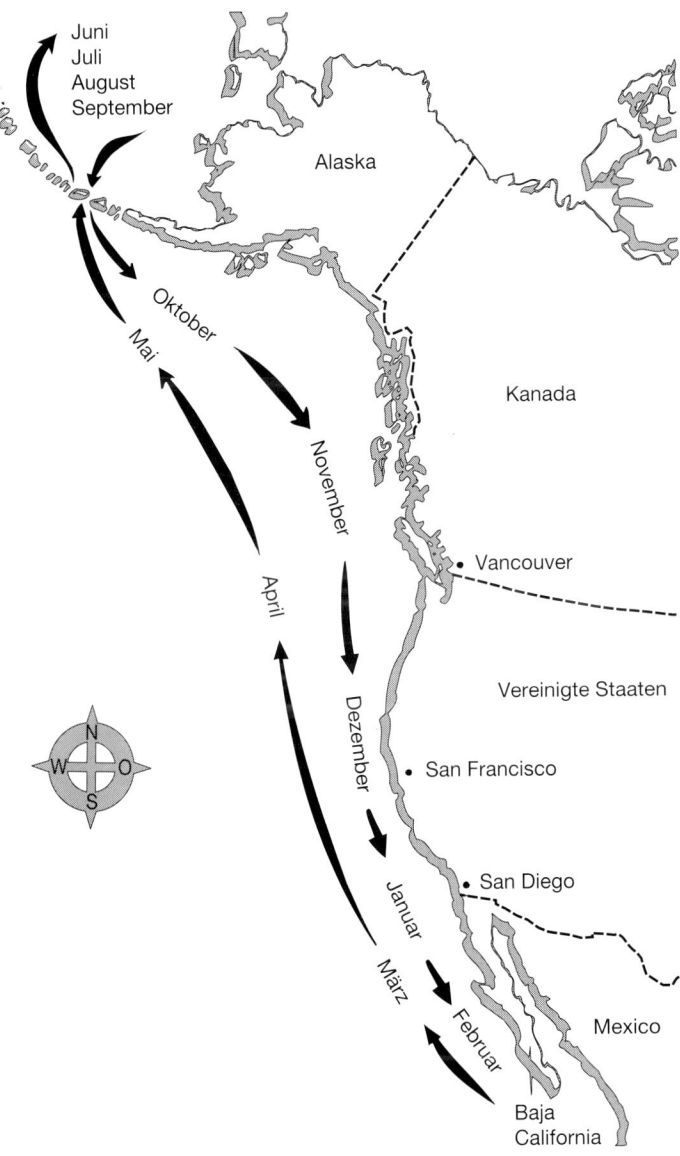

Juni
Juli
August
September

Alaska

Oktober

Mai

Kanada

November

April

Vancouver

Dezember

Vereinigte Staaten

San Francisco

Januar

San Diego

März

Februar

Mexico

Baja
California

Die jährliche Wanderroute der kalifornischen Grauwale.

Schilderungen der verschiedenen Waltiere und Robben, die im Westen gejagt wurden (mit Illustrationen, die ebenfalls Scammon zugeschrieben werden), sondern auch eine hervorragende Geschichte des amerikanischen Walfangs, dargestellt von einem Mann, der in dieser Geschichte eine bedeutende Rolle gespielt hat.

Obwohl Scammons Name untrennbar mit den Grauwalen verknüpft ist, war er, entgegen der landläufigen Meinung, nicht der eigentliche Begründer der Grauwaljagd. Bereits 1795 hatte John Locke, Kapitän des britischen Walfängers *Resolution,* den hundertjährigen Vernichtungsfeldzug eröffnet. Die Dezi-

mierung der Grauwale lief langsam an, weil die Walfänger, die nach Baja California kamen, sich nicht sonderlich für diese Wale mit dem geringen Trangehalt interessierten. Sie kamen hierher, um in den geschützten Gewässern Zuflucht vor dem Winterwetter des Nordpazifiks zu suchen. Im Winter 1845/46 erkundeten die *United States* aus Stonington und die *Hibernia* aus New London erstmals die Magdalena-Bucht und erlegten etwa 40 Wale. In den zehn Jahren zwischen der Entdeckung der Bucht und dem Auftritt von Kapitän Scammon wurden schätzungsweise 500 Wale gefangen. Scammon scheint der erste gewesen zu sein, der erkannte, daß man hier die Laderäume innerhalb einer einzigen Saison mit – freilich minderwertigem bräunlichem – Öl füllen konnte.

Im Winter 1855/56 unternahm Scammon mit der Brigg *Lenore* seine erste Fangreise in die Magdalena-Bucht. Zwei Jahre später fuhr er mit der *Boston* in die nach ihm benannte Lagune an der weiter nördlich gelegenen Vizcaíno-Bucht ein und entdeckte dort und in den beiden kleineren Lagunen die bis dahin unbekannten Kalbegründe der Grauwale. Während früher Walfänger Grauwale in der Brandung, im Kelptang oder zwischen den zerklüfteten Inseln der Magdalena-Bucht gejagt hatten, stieß Scammon in den seichten Lagunen auf dichte Ansammlungen von Walen, vor allem von Kühen und Jungtieren. Er schrieb: »Wenn die Kalbezeit nahte, die von Dezember bis März dauert, versammelten sich die Wale in den entferntesten Winkeln der Lagunen, wo sie sich so zahlreich zusammendrängten, daß man die Gewässer kaum mit einem Boot befahren konnte, ohne mit ihnen in Berührung zu kommen.«

Ein Jahr nach Scammons Entdeckung nahm eine ganze Armada von Walfängern Kurs auf Baja California. Doch schon 1847/48 hatten sich laut Scammon dort 50 Schiffe eingefunden, eine Zahl, die David Henderson allerdings für »offenkundig übertrieben« hält. In den folgenden Saisons wurde der Walfang sporadisch weiter betrieben, teils mit Erfolg, teils mit sehr bescheidener Ausbeute. 1854/55 erhielt die Walindustrie jedoch einen gewaltigen Auftrieb, und es schlossen sich die elf Jahre an, die Henderson einmal die »Bonanza-Zeit« genannt hat. Mit der Entdeckung der Laguna Ojo de Liebre läutete Scammon 1858 ein neues Zeitalter ein, und im darauffolgenden Jahr vollbrachte er eine ähnliche seemännische Leistung, als er die Barriere zum letzten Grauwalrefugium überquerte, zu jener Lagune, die den Namen Ballenas oder San Ignacio trägt.

Die Walfänger ankerten teilweise auch vor den Einfahrten der Lagunen und erbeuteten viele Wale, die auf ihrer Wanderung in die Lagunen hineinschwimmen oder sie wieder verlassen wollten. Die Population der ostpazifischen Grauwale, die damals nur einen Bruchteil des Gesamtbestands ausmachten, war nie sehr groß. Man schätzt sie auf 10 000 bis 20 000 Tiere. Henderson hat die Fänge sorgfältig recherchiert und kommt zu dem Ergebnis, daß von 1845 bis 1874 rund 8000 Wale getötet worden sind. Da es sich dabei vorwiegend um weibliche Tiere handelte, die zum Teil Kälber führten, ist es nicht verwunderlich, daß die Grauwalpopulation so rasch zurückging, daß der Fang 1874 praktisch eingestellt werden mußte.

Die Walfänger, die in den flachen Lagunen vor Anker lagen, ließen die Boote zu Wasser und schlachteten die Tiere in unvorstellbaren Massen ab. Im Unterschied zu vielen anderen Großwalen sind die »grauen« bekannt dafür, daß sie sich das nicht so ohne weiteres gefallen lassen, und so wurden die Fangboote häufig umgekippt, meist von wütenden Muttertieren, die ihre Kälber verteidigten. Bei anderen Walarten, etwa den Grönlandwalen, war es allgemein üblich, daß man zuerst das Kalb harpunierte, weil man wußte, daß die Mutter ihrem verletzten Kind beistehen würde und dann selbst harpuniert werden konnte. Grauwale hingegen, die als »Teufelsfische« bezeichnet wurden, gingen zum Angriff über, wenn sie ihre Kälber bedroht sahen; deshalb harpunierten die Walfänger zuerst die Alttiere und erst dann die wehrlosen Kälber.

Wie die Südkaper Australiens, Neuseelands und Südafrikas fielen die kalifornischen Grauwale einer bedenkenlosen Walfangpolitik zum Opfer, die den Fortbestand der Art nahezu unmöglich machte. Obwohl Henderson die meisten von Scammon genannten Zahlen für zu hoch hält, zitiert er dessen Schätzung, derzufolge die Restpopulation im Jahr 1874 noch 1900 Tiere umfaßt habe.

Während die Neuengländer die Pottwale noch immer mit der Handharpune jagten, bedienten sich die »Lagunenwalfänger« der neuesten Tötungstechniken. Sie verschossen ihre Harpunen mit Gewehren, die im Bug der Boote montiert waren, den Vorläufern der Harpunengeschütze, die wenig später von den dampf- und dieselmotorgetriebenen Fangbooten bei der Hochseejagd eingesetzt wurden. Natürlich folgten die Waljagdwaffen der Entwicklung der Waffen, die zum Töten von Menschen bestimmt waren. Demnach waren die ersten Schußwaffen der Walfänger Stein-

schloßgewehre, bei denen das Pulver durch einen Funken gezündet wurde; sie erwiesen sich in einem schlingernden Boot als allzu unhandlich und unpraktisch. Mit der Erfindung der Perkussionswaffen im 19. Jahrhundert war der Weg frei für die »Walfangartillerie«: ein schweres, schwenkbar montiertes Gewehr, mit dem eine Harpune, an der eine Leine befestigt war, in den Walkörper geschossen werden konnte. Die erste dieser technischen Neuerungen war das 1837 von William Greener entwickelte »Greener-Gewehr«, von dem bereits die Rede war.

Um dieselbe Zeit kam auch die schon ebenfalls erwähnte Harpune mit Sprenggeschoß auf, die sogenannte »Bomb lance«. Mit dieser Waffe, die einer schweren Schrotflinte glich, konnte man in einem Boot, das auf den Wellen tanzte, besser zielen als mit einem Gewehr auf einem Drehgestell. Außerdem entfiel bei der Bomb lance die »Leinenverbindung« zwischen Boot und Wal, da sie eine Sprengladung verschoß, die im Körper des Wals explodierte und ihn tötete. Beide Waffen wurden von den kalifornischen Walfängern eingesetzt. »Jedes Boot«, schrieb Scammon, »ist mit einem Greener-Harpunengewehr ausgerüstet, das im Bug montiert ist, doch daneben wird die Bomb lance allgemein verwendet.« Das Harpunengewehr wurde jedoch weitgehend durch die Bomb lance verdrängt; in der *Whaleman's Shipping List* vom 13. November 1855 lesen wir: »Gewehre zum

Ein Fangboot mit einem drehbar montierten »Greener-Gewehr« verfolgt einen Grauwal vor Baja California. Zeichnung von Scammon (1874).

»Statt die Wale, wie allgemein üblich, auf den Strand zu ziehen, werden die Taljen an einem hohen Galgen aufgehängt, so daß sich der Kadaver während des Flensens im Wasser dreht, ähnlich wie bei der Verarbeitung längsseits eines Schiffs. In der Nähe stehen die Siedereien, von deren Feuern, die unter den Kesseln mit siedendem Tran brennen, dichte schwarze Rauchschwaden aufsteigen.« Scammons Beschreibung und Illustration der Walfangstation in der kalifornischen Monterey-Bucht.

Verschießen einer Harpune sind anscheinend durchweg aufgegeben worden, doch ein Hersteller von Zündern ... hat uns versichert, daß auf vielen Schiffen inzwischen die Bomb lance ausgiebig verwendet wird.«

Ungefähr zur selben Zeit, als die Walfangschiffe die Wale in den Lagunen von Baja California »ernteten«, wurden von der Küste aus unkonventionellere und weniger kostspielige Operationen durchgeführt. Bukkel- und Finnwale näherten sich dem Land zuweilen auf Sichtweite, doch das Hauptjagdobjekt der kalifornischen Küstenwalfänger war der Grauwal. Sie machten sich die Angewohnheit der Wale, dicht vor der Küste Kaliforniens entlangzuschwimmen, zunutze und errichteten dort überall Stationen, die bis in die ersten Jahre unseres Jahrhunderts in Betrieb waren.

Der Küstenwalfang erforderte einen erheblich geringeren finanziellen Aufwand als der Kauf und die Ausrüstung eines Schiffs, das auf große Fahrt ging, und obwohl die Grauwalbestände bereits arg dezimiert waren, machten sich die bescheidenen Jahres-

fänge in den Küstengewässern bezahlt. Die Besatzung eines Hochsee-Walfängers bestand gewöhnlich aus 30 oder 40 Mann, während für eine Küstenstation 12 bis 14 Leute ausreichten. Die Lagunenwalfänger waren entweder Yankees oder die Nachkommen von Yankees, aber die Küstenwalfänger von Alta California waren fast ausschließlich portugiesische Immigranten von Madeira, den Azoren oder den Kapverden. Viele hatten auf Walfängern angemustert, die ihre Heimatinseln angelaufen hatten, doch einige waren sicherlich auch durch den Goldrausch nach Kalifornien gelockt worden. Weil die Grauwaljagd von der Küste aus auf den Winter beschränkt war, wenn die Wale auf ihrem Wanderzug diese Küste passierten, konnten die Leute den Walfang mit dem etwas solideren Beruf des Ackerbauern und Viehzüchters kombinieren. Scammon schildert die Station an der Bucht von Carmel wie folgt:

Auf den Ausläufern der Berge, die zum Meer abfallen, stehen verstreut die sauber getünchten Hütten der Walfänger. ... Sie wohnen hier mit ihren Familien und halten Schweine,

Schafe, Ziegen oder Rinder, die auf den Grundstücken umherstreifen. Diese Anwesen mit ihren kleinen Gärten, die hauptsächlich Mais und Kürbisse liefern, prägen das Bild des Weilers, der für die tüchtigen Leute ein Paradies ist, verglichen mit den Dörfern ihrer Kindheit.

Sie betrieben den Walfang so, wie er ähnlich an den Küsten in aller Welt praktiziert wurde, und nicht zufällig so wie die Bewohner der Azoren, wo man allerdings vorwiegend Pottwale jagte, die weiter vor der Küste zu finden waren. Sobald die Ausguckposten an Land Wale erspäht hatten, legten die mit fünf oder sechs Leuten bemannten Boote ab. Man benutzte vielfach die gleichen Bomb lances und Harpunengewehre wie die Lagunenwalfänger, doch da zu ihrem traditionellen Handwerkszeug auch die Handharpune gehörte, töteten sie die Wale oft noch auf altmodische Weise. Das verendete Tier wurde zur Verarbeitung an Land geschleppt. Wo es möglich war, zog man den Kadaver mit einer Winde auf den Strand, drehte ihn um die Längsachse und schälte die Speckschicht spiralig ab. Wenn entsprechende Vorrichtungen nicht zur Verfügung standen, wurde der Wal häufig im knöcheltiefen Wasser bearbeitet. Der Blubber wurde zerkleinert und ausgekocht, und der in Fässern abgefüllte Tran wurde auf dem Seeweg zu den Märkten befördert, gewöhnlich nach San Francisco.

Längs der gesamten kalifornischen Küste, von Crescent City unweit der Grenze zu Oregon bis San Diego, warteten die Walfänger alljährlich auf die Ankunft der Wale. Aus zeitgenössischen Quellen geht hervor, daß auf diesem rund 1500 km langen Küstenstreifen nicht weniger als 15 Stationen bestanden. Die größte und erfolgreichste Station, die von 1855 bis 1900 in Betrieb war, befand sich in Monterey. In diesen 45 Jahren wurden hier 655 Wale getötet, nicht gerechnet jene Tiere, die zwar harpuniert wurden, aber verlorengingen; durch sie würde sich die Zahl vermutlich auf fast 800 erhöhen. Der gesamte Fangertrag der 15 Stationen wird auf mehr als 4000 Wale geschätzt. Zählt man die 8000 Tiere, die in Baja California und in Sibirien erlegt wurden, hinzu, so ergibt sich, daß zwischen 1850 und 1900 ungefähr 12 000 Grauwale ihr Leben lassen mußten.

Die Monterey-Station hat sich in leicht veränderter Form bis heute erhalten. Das Haus von Kapitän Davenport, dem Gründer der Station, und die Old Whaling Station sind in den Monterey State Historic Park einbezogen worden. Artefakte wie beispielsweise ein Schaukelstuhl aus Fischbein und ein Bodenbelag aus Walwirbelknochen legen ein stummes Zeugnis ab

von der kurzen, aber abwechslungsreichen Geschichte des kalifornischen Küstenwalfangs.

Zwischenspiel: Herman Melville und sein Moby Dick

Herman Melville war nicht der erste Schriftsteller, der sich in Romanen und Erzählungen mit Walen und dem Walfang befaßte. Diese Ehre gebührt Sir Walter Scott (1771–1832), dem Begründer des historischen Romans. 1821 schrieb er *The Pirate*, in dem eine Gruppe von »Zetlanders«, bewaffnet mit »Harpunen, Schwertern, Piken und Hellebarden, mit Heugabeln, Spießen und allen möglichen Geräten, die zugleich lang und scharf waren«, aufbricht, um einem gestrandeten Wal den Garaus zu machen. Der etwa 18 m lange Wal hatte eine Sandbank überwunden und lag reglos da, als die Jäger sich ihm vom Land und vom Meer her näherten. Die Männer stachen auf ihn ein, doch statt ihn zu töten, versetzten sie ihn nur in Rage, so daß

er laut brüllte, und indem er ein Gemisch aus Salzwasser und Blut gen Himmel entsandte und das starke Tau wie einen Zweig zerriß, warf er Mertouns Boot mit einem Schwanzhieb um, schob sich mit einer gewaltigen Anstrengung über die Sandbank und entkam ins offene Meer, wobei er einen ganzen Wald von Waffen, die in seinem Leib steckten, mit sich führte und eine dunkelrote Spur im Wasser hinterließ.

Dieser Bericht ist kaum als ein Beitrag zur Walfanggeschichte anzusehen, aber er kann als Auftakt zu künftigen Entwicklungen gelten: Die Wale waren in entlegenen Gewässern aufgetaucht und warteten auf ihren Chronisten.

Im Jahr 1823 erschien ein eindrucksvollerer Wal im Druck; sein Autor ist James Fenimore Cooper. In dessen Roman *The Pilot* (»Der Lotse«) ist der Held nach dem Vorbild von John Paul Jones gestaltet, der im 1783 zu Ende gegangenen Unabhängigkeitskrieg eine wichtige Rolle gespielt hatte. Als wollte er nachweisen, daß die Amerikaner tüchtigere Walfänger waren als die von Scott geschilderten hasenfüßigen Europäer, fügt Cooper eine etwas unmotivierte Szene ein, in der die Schiffsbesatzung einen »richtigen« Wal, einen Nordkaper, sichtet und aus sportlichem Ehrgeiz Jagd auf ihn macht. Es gelingt den Männern, den Wal mit einem einzigen Harpunenwurf kampfunfähig zu machen, und dann sehen sie dem Todeskampf ihres Opfers zu:

Mitten in einem Zustand vollkommener Ruhe warf das furchtbare Ungetüm seinen Schwanz hoch in die Luft, doch dann nahmen seine Schläge an Schnelligkeit und Heftigkeit zu, bis alles hinter einer Schaumpyramide verschwand, die sich blutrot verfärbte. Das Gestöhn des Fisches glich dem Gebrüll einer Herde von Stieren, und jemandem, der damit nicht vertraut war, muß es so vorgekommen sein, als ob tausend Ungeheuer einen Kampf auf Leben und Tod austrügen, verborgen hinter dem blutigen Nebel, der die Sicht versperrte. Allmählich legte sich das Toben, und als sich die verfärbten Fluten wieder beruhigten, kam der erschöpfte Fisch zum Vorschein, der sich passiv in sein Schicksal ergab. Sobald er sein Leben aushauchte, wälzte sich die riesige schwarze Masse auf die Seite, und als die weiß schimmernde Haut des Bauches sichtbar wurde, wußten die Seeleute, daß sie den Sieg davongetragen hatten.

Sowohl in *The Pirate* als auch in *The Pilot* »brüllt« der Wal, was nicht gerade typisch für diese Tiere ist. Beide Romane enthalten zwar einige realistische Elemente, aber es war einem anderen Amerikaner vorbehalten, das Leben der Wale und den Walfang zutreffender zu beschreiben.

Ein weiterer volkstümlicher Roman, in dem der Walfang – oder zumindest das Töten eines Wals – geschildert wird, ist Jules Vernes *20000 Meilen unter dem Meer* (1870). In dieser phantastischen Erzählung begegnet das Tauchboot Nautilus einer Walschule, die »in Richtung Antarktis« unterwegs ist. Es sind »schwarze Wale«, die von »grausamen und zerstörerischen Pottwalen« angegriffen werden, denen Kapitän Nemo den Garaus machen will. »Wir werden ihnen kein Pardon geben«, sagt er, »Denn diese wildgewordenen Wale bestehen nur aus Maul und Zähnen!« Mit Hilfe eines stählernen Sporns am Bug seines Schiffs durchbohrt und zerfetzt er die Pottwale. »Was für ein Blutbad! Was für ein Lärm an der Wasseroberfläche! Was für ein lautstarkes Zischen und seltsames Gebrüll diese Tiere von sich geben!« Als man Kapitän Nemo erklärt, was für ein Massaker er angerichtet hat, erwidert er: »Es war ein Massaker an schädlichen Tieren.« Der Erzähler, »der ehrenwerte Pierre Aronnax, Professor am Pariser Museum«, bringt es fertig, die Wale so falsch wie nur möglich darzustellen, was kein Wunder ist, wenn man bedenkt, daß er den *Moby Dick* als eine »Verzerrung der Natur« betrachtet, in der es von »Kraken, Seeschlangen ... und Berichten über verrückte Seeleute« wimmelt.

Als Walfänger an Bord der *Acushnet* aus New Bedford, auf der er 1841 anmusterte, verbrachte Herman

Herman Melville (1819–1891).

Melville 18 harte Monate auf See. So hart war diese Zeit, daß der dreiundzwanzigjährige Seemann desertierte, als das Schiff die Marquesas-Insel Nukahiva anlief. Seine Erlebnisse verarbeitete er in *Typee*, doch im Unterschied zum Helden dieses Buchs, der vier Monate lang unter Kannibalen lebt und dann flieht, heuerte der junge Melville schon nach einem Monat auf dem australischen Walfänger *Lucy Ann* an, der Kurs auf Tahiti nahm. Dort wurde er in eine Meuterei verwickelt, und nachdem er einige Tage in einem Gefängnis auf Tahiti verbracht hatte, wurde er entlassen und ging an Bord eines anderen Walfängers, der *Charles & Henry* aus Nantucket. Dieses Schiff – das dritte in weniger als einem Jahr – brachte ihn nach Lahaina, wo er vier Monate lang irgendeiner Tätigkeit nachging, bevor er als gewöhnlicher Matrose an Bord der Fregatte *United States* nach Hause zurückkehrte.

Seine einzige formale Ausbildung erhielt Melville auf See; »ein Walfänger war mein Yale College und mein Harvard«, läßt er seinen Ich-Erzähler Ismael im *Moby Dick* sagen. Nach New York zurückgekehrt, begann er seine Abenteuer aufzuschreiben, wobei er die Fakten großzügig ausschmückte, so daß eine halbdokumentarische Erzählung über sein Leben unter Kannibalen entstand. Sein erster Roman, *Typee*, erschien 1846 und erregte sofort großes Aufsehen. Ein Jahr nach seinem Erstlingserfolg kam *Omoo* heraus und wurde ebenso begeistert aufgenommen. Sein dritter Roman, *Mardi,* der 1847 erschien, war ein Reinfall. Um seinen angeschlagenen Ruf wieder aufzumöbeln, schrieb Melville 1849 *Redburn* und im darauffolgenden Jahr *White-Jacket.* Ein Jahr später hatte er das Manuskript eines Buches abgeschlossen, das er für sein Meisterwerk hielt – eine gigantische Parabel von Gut und Böse, kunstvoll durchsetzt mit der Metaphorik des Walfangs. Er wußte, daß es ein schwieriges Buch war. Dies bezeugt ein Brief, den er am 1. Mai 1850 an Richard Henry Dana schrieb und in dem es heißt:

Es wird allerdings ein merkwürdiges Buch, fürchte ich;

Blubber ist Blubber, wie Sie wissen; obwohl man Öl daraus gewinnen kann, fließt die Poesie so zäh wie der Saft aus einem erfrorenen Ahornbaum – und um das Zeug weichzukochen, muß man ein wenig Phantasie hineingeben, die ihrem Wesen nach so schwerfällig ist wie die Kapriolen der Wale. Dennoch bin ich gewillt, trotz allem die Wahrheit darzustellen.

Er rang im strengen Winter von 1851 um die Vollendung des Buches und berichtete seinem Freund Evert Duyckinck, sein Zimmer »scheint eine Schiffskajüte zu sein; und wenn ich des Nachts aufwache und den Wind heulen höre, kommt es mir fast so vor, als hätte das Haus zuviel Segel gesetzt und als sollte ich auf das Dach steigen, um den Kamin zu reffen«.

Melville hoffte, mit seinem Walfängerbuch seinen Ruhm zu festigen; er befürchtete nämlich, er werde allein als »der Mann, der unter Kannibalen lebte«, in die Geschichte eingehen. Als der *Moby Dick* veröffentlicht wurde (zuerst im Oktober 1851 in London und im November in New York), wurden die schlimmsten Befürchtungen des Autors wahr. Die meisten Rezensionen waren so bösartig wie der Weiße Wal und

Entwürfe für das Wandgemälde »Moby Dick« im Walfangmuseum von New Bedford. Der weiße Wal ist gespickt mit verbogenen Harpunen.

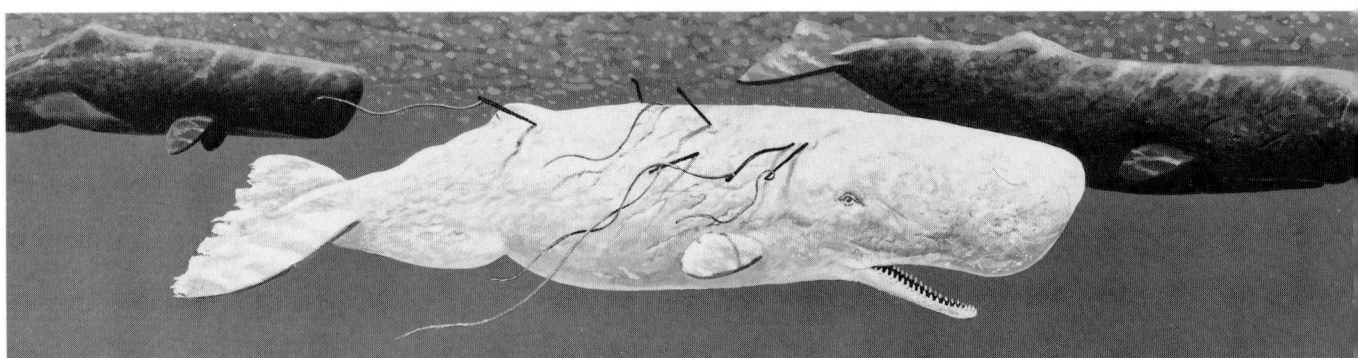

Joan Bennett war in dem Hollywood-Film *Moby Dick* von 1930 die Geliebte von Kapitän Ahab (John Barrymore). In dieser freien Version verliert der Wal.

so rachsüchtig wie Kapitän Ahab. Duyckinck erklärte in der *New York Literary World*, das Buch sei »ein intellektuelles Gemisch aus Abenteuerroman, Philosophie, Naturgeschichte, schöner Sprache, edler Empfindung, schlimmen Redensarten ...« Andere Kritiker waren weniger wohlwollend. Ein anonymer Schreiberling nannte den Roman in der *Southern Quarterly Review* vom Januar 1852 »ein tristes Zeug, langweilig und fade oder lächerlich. Mr. Melvilles Quäker sind die elendesten Hohlköpfe und Schwätzer, und sein verrückter Kapitän, der seine persönlichen Rachegelüste ausläßt an einem Tier, das ihm das Bein abgerissen hat ..., ist ein monströser Langweiler, dem Mr. Melville keineswegs dadurch geholfen hat, daß er ihn mit einer Art Mysterium umgab«. Im Londoner *New Monthly Magazine* vom Juli 1853 wird der Autor hingestellt als »ein Wahnsinniger, der grimassiert, sabbert und kreischt wie ein unheilbarer Tollhäusler, unbekümmert um seinen Wärter oder seine Zwangsjacke«. Diese Kritiken und ein Brand in seinem Verlagshaus, durch den fast alle seine Bücher vernichtet wurden (die meisten waren unverkaufte Exemplare seines *Moby Dick*), trieben Melville noch tiefer in Verzweiflung und Einsamkeit. Er schrieb zwar weiter, war aber gezwungen, eine Stelle als Zollinspektor in New York anzunehmen, um seine

Familie ernähren zu können. Als er 1891 starb, war er nahezu vergessen.

Der Nachruhm von Melvilles *Moby Dick* ließ 40 Jahre auf sich warten. 1893 setzte die Wende ein. Ein anonymer Kritiker nannte das Buch eine »hervorragende Abenteuergeschichte« und rühmte »den ungewöhnlichen Stil des Verfassers. ... Die Sprache stöhnt gleichsam auf unter ihrer intensiven Behandlung, und der Leser gerät in eine kaum noch beherrschbare Erregung. Das einzige Rätsel ist nur, daß Melville so wenig bekannt ist und so wenig gewürdigt wird.«

Die endgültige Apotheose stammt aus der Feder von Lewis Mumford, der 1929 ein Buch über Melville schrieb, in dem dessen Stellung in der amerikanischen Literatur bestimmt wurde: »Melvilles Instrumentation ist ohne Beispiel im Schrifttum des letzten Jahrhunderts; man muß bis zu Beethoven oder Wagner zurückgehen, um eine Demonstration ähnlicher Kraft zu erleben; in den Werken der Literatur findet man sie nicht.«

Nachfolgende Literaturkenner haben Melville und sein Meisterwerk noch mehr in den Himmel gehoben; man hat ihn verglichen mit Homer (die Reise der *Pequod* als Symbol), mit Shakespeare (Ahab als Lear), mit Mark Twain (*Moby Dick* als das bedeutendste Werk der amerikanischen Literatur neben *Huckleberry Finn*), mit Marlowe, Goethe und fast allen großen Autoren heroischer Epik.

Doch der *Moby Dick* gehört nicht nur den Gelehrten. »Nenne mich Ismael«, der erste Satz des ersten Kapitels, ist den meisten amerikanischen Schulkindern vertraut, wenn nicht durch die Lektüre des Romans selbst, dann zumindest durch das klassisch gewordene Comic-Buch. Wir wissen nicht, was Melville von einer Comic-Version seines Buches gehalten hätte – vermutlich hätte sie ihm mißfallen –, aber ganz gewiß wäre er entsetzt gewesen über die ersten Versuche, aus seinem Roman einen Film zu machen.

1926 entstand ein Stummfilm unter dem Titel »The Sea Beast«, mit John Barrymore als Ahab und Dolores Costello als seiner Geliebten. Die Tatsache, daß im Roman keine Frauen vorkommen, scheint die Filmemacher nicht weiter gestört zu haben.

Nach der Erfindung des Tonfilms beschlossen die Moguln von Warner Brothers eine Neuverfilmung, wiederum mit Barrymore als Ahab und Joan Bennett als Faith, die Frau, die er liebt. 1930 hatte sich Melvilles literarische Bedeutung offensichtlich in Hollywood noch nicht herumgesprochen, und so schrieb man das Buch so bedenkenlos um, daß es kaum wiederzu-

Plakat für den *Moby-Dick*-Film von 1956. Ahab steht im Bug des Fangboots, bereit, die Harpune auf den weißen Wal zu schleudern.

erkennen war. In diesem bizarren Remake erhält Ahab einen Nachnamen (»Ceely«) und einen Bruder namens Derek, der Ahab zusteckt, Faith liebe ihn, woraufhin sich John Barrymore mit seinem Holzbein auf die Jagd nach dem Wal macht, der ihm das Bein abgebissen hat. Wie bei einer Version, die sich so weit vom Original entfernt, nicht anders zu erwarten, bleibt Ahab am Leben (nur der Wal stirbt), das Schiff geht nicht unter, und der Held kehrt nach New

Bedford zurück und erlebt ein Happy-End mit der geliebten Dame.

John Huston, der zusammen mit Ray Bradbury das Drehbuch schrieb, führte 1956 Regie bei dem *Moby-Dick*-Film, der sich sehr viel enger an das Original hielt. Diese Version, in der Richard Basehart den Ismael, Gregory Peck den Ahab und Orson Welles den Pater Mapple spielten, hätte Melville vielleicht etwas besser gefallen, denn immerhin gibt sie die Fabel in ihren Grundzügen wieder, und sie bezieht auch die Nebenpersonen Stubb, Starbuck, Daggoo und Tashtego mit ein. Der Text stammt großenteils von Melville, und obgleich die 135 Kapitel des Romans gewaltsam auf zwei Filmstunden zusammengedrängt wurden, stellt dieses Werk eine verblüffend authentische Interpretation des Stoffes dar.

Alan Villiers, von dessen Bericht über eine Walfangreise in die Antarktis später noch die Rede sein wird, wurde von Huston als Experte für die seemännischen Belange engagiert. Da keine Walfänger verfügbar waren, mußte sich die Filmgesellschaft mit einem nicht seetüchtigen Schoner begnügen, den Villiers als »klein, unpassend, altersschwach und untauglich für die echte Seefahrt« bezeichnete. Zu den zahlreichen Katastrophen, von denen die Besatzung heimgesucht wurde, gehörte das Verschwinden der ersten Walattrappe während eines Sturms in der Irischen See. Das »fotogene Tier war allerdings nur ein halber Wal, der seine Schwimmfähigkeit einem komplizierten System von alten Ölfässern verdankte und durch Stahlrippen versteift war. Er besaß jedoch keine Vorrichtung für eine Schleppleine, und das erwies sich als fatal.« Alle Versuche, die Attrappe zu retten, schlugen fehl, und so trieb sie in der Dunkelheit davon und wurde zu einer ernsten Gefahr für die Schiffahrt – und zu einem schockierenden Anblick für alle Passagiere, die sie zufällig zu Gesicht bekamen.

Unter der Oberaufsicht des Walfangexperten Robert Clarke wurde die eigentliche Pottwaljagd 1955 vor Madeira gefilmt, und dazu mußten drei weitere Attrappen des weißen Wals angefertigt werden. Über die Dreharbeiten schrieb der Regisseur: »*Moby Dick* ist der schwierigste Film, den ich jemals gedreht habe. ... Die Umsetzung eines Stoffs dieser Dimension in einen Kinofilm war ein gewaltiges Unterfangen. Wenn ich heute zurückblicke, frage ich mich, ob es überhaupt möglich ist, dem *Moby Dick* filmisch gerecht zu werden.«

Die Rolle, die Moby Dick – der Wal und der Roman – in der volkstümlichen Literatur und Kultur spielt, hat M. Thomas Inge in seinem Beitrag zum *Companion to Melville Studies* (1986) sorgfältig erfaßt. Er verzeichnet nicht nur die Filme und die Comics, sondern auch die Hörspielfassungen (nicht weniger als 10 zwischen 1946 und 1979), die Fernsehadaptionen (drei), die Schallplattenaufzeichnungen, Lesungen, Kinderbücher und sogar die Science-fiction-Bücher, in denen Ahab und der weiße Wal auftreten. Die selbstgestellte Frage, warum Melville eine derartige Faszination auf den Durchschnittsamerikaner ausübt, beantwortet Inge so:

Vielleicht hat das zu tun mit der ausgeprägten romantischen Komponente, die sich im amerikanischen Denken erhalten hat und zum Mitgefühl mit den Mißverstandenen und Entfremdeten neigt. ... Die überragende Bedeutung des *Moby Dick*, eines unverfälscht amerikanischen Werks, das den Menschen an die äußerste Grenze des Universums, der letzten Grenze schlechthin, führt, besteht möglicherweise darin, daß er die Phantasie einer Nation beschäftigt, der die geographischen und wirtschaftlichen Begrenzungen der modernen Gesellschaft noch fremd sind.

Melvilles episches Werk stößt in der Tat zu einer »letzten Grenze« vor. Mit seinen Erzählungen vom Leben unter Kannibalen stieg er in die höchsten Ränge der amerikanischen Abenteuerschriftsteller des 19. Jahrhunderts auf, zusammen mit James Fenimore Cooper und Richard Henry Dana. Man kann *Typee*, *Omoo* und *Mardi* als mehr oder weniger typische Schiffbrüchigengeschichten einstufen, während der *Moby Dick*, der allgemein als der größte amerikanische Roman gilt (der größte Walfängerroman aller Zeiten ist er zweifellos), uns über die Literatur hinausführt, in die Welt der rachsüchtigen Walfängerkapitäne, der Meeresungetüme, der exotischen Harpuniere, der mächtigen Pottwale, der Gefahr, der erregenden Spannung und des Todes – in die Welt der Yankee-Walfänger.

Sieben

Schweres Geschütz

Svend Foyn erfindet die Harpunenkanone

Die glänzenden Gletscher und die nach Westen strömenden Flüsse der skandinavischen Halbinsel haben in die norwegische Küste eine Vielzahl von spektakulären Cañons und Schluchten eingekerbt. Diese Fjorde sind durchweg tief eingeschnitten und steil, ganz anders als die sanft abfallenden Küsten in anderen Weltgegenden, wo Wale besonders häufig stranden. Wir können deshalb davon ausgehen, daß die ersten norwegischen Walfänger nicht auf gelegentliche Walstrandungen vertrauten, sondern ihre Beute von Anfang an gejagt haben. Aus frühen Dokumenten geht hervor, daß sie eine Art Treibjagd praktizierten, bei der einige kleinere Waltierarten, etwa Grindwale, in die Fjorde getrieben und dort getötet wurden. Die Norweger machten sich auch die Neigung der Wale und Delphine, bei der Verfolgung ihrer Beute in die Fjorde einzuschwimmen, zunutze und entwickelten spezielle Fangmethoden für diese Tiere: Wenn die Bauern oder Fischer einen Enten- oder Zwergwal in einen Fjord eindringen sahen, versperrten sie die Mündung mit einem Netz, und die Beute saß in der Falle. Dann ruderten oder segelten sie zu dem Wal hinaus und töteten ihn mit einem Speer oder mit vergifteten Pfeilen. Später wurden dann die Wale mit Gewehren abgeschossen. Die Norweger, deren Land nur zu einem geringen Teil landwirtschaftlich genutzt werden kann und weitgehend bewaldet ist, waren von jeher auf die Nahrung aus dem Meer angewiesen. Viele bestreiten ihren Lebensunterhalt mit der Fischerei, und für sie unterscheiden sich Wale und Fische lediglich durch ihre Größe. Von der Mitte des 19. Jahrhunderts bis heute zählt Norwegen zu den führenden Walfangnationen der Welt.

Angesichts der Nähe der arktischen Fanggründe, die im 17. und 18. Jahrhundert von den Holländern und Engländern so intensiv ausgebeutet wurden, wäre es seltsam gewesen, wenn sich nicht auch die Norweger in jener Zeit am Walfang beteiligt hätten. Ihr Anteil an der Walindustrie nahm zwar im 19. Jahrhundert um mehrere Größenordnungen zu, aber auch schon in den Jahrhunderten, die dieser beispiellosen Expansion vorausgingen, betrieben die Norweger Walfang in arktischen Gewässern.

Thor Arlov, ein norwegischer Diplomat aus Longyearbyen auf Spitzbergen, hat die spärliche einschlägige Literatur gründlich erforscht und die Zollunterlagen in Bergen nach Hinweisen auf Walfänger und Robbenschläger, die im hohen Norden tätig waren, durchforstet. Seine Forschungsergebnisse deuten darauf hin, daß die norwegischen Aktivitäten trotz erheblicher staatlicher Unterstützung gering und nur gelegentlich erfolgreich waren. Arlov fand Belege für etwa 258 Fangreisen in die Arktis, die zwischen 1670 und 1810 von Bergen aus unternommen worden sind. Zum Vergleich: Der südafrikanische Historiker Cornelis de Jong hat ermittelt, daß die Holländer in derselben Zeit mehr als 18 000 Arktisfahrten gemacht haben. Wie ihre damaligen Kollegen fingen die Norweger hauptsächlich Grönlandwale, weil diese reichlich vorhanden waren und große Mengen Tran und Barten lieferten. Offenkundig haben sie die gesamte östliche Arktis von Jan Mayen und Spitzbergen bis zur Davis-Straße befahren.

Selbst in einem norwegischen Buch über die Geschichte des Walfangs wird eingeräumt, daß »die Norweger augenscheinlich keine speziellen Fähigkeiten besitzen, die sie zu Pionieren des modernen Walfangs prädestiniert hätten; von den Küsten Norwegens aus wurde um die Mitte des 19. Jahrhunderts kein moderner Walfang betrieben ...« Als jedoch der amerikanische Pottwalfang zu Ende ging, übernahmen die norwegischen Walfänger die Führungsrolle in der Welt. Das verdanken sie zum großen Teil einem Walexperten und Erfinder namens Svend Foyn, doch es wäre absurd chauvinistisch, zu glauben, der moderne industrielle Walfang wäre ohne ihn nicht entstanden. Andere Männer hatten den Weg gewiesen und Teile des Puzzles entdeckt; Foyn aber gelang es, alle Teile am richtigen Ort und zur richtigen Zeit zusammenzusetzen.

Einer von Foyns Vorgängern war Thomas Welcome Roys, der mit einigem Recht Anspruch auf den Titel »Vater des modernen Walfangs« erheben könnte. Von Roys' Entdeckung der bis dahin unbekannten Grönlandwalpopulation im Beringmeer war bereits die Rede; seine späteren Erkundungsfahrten im Nordatlantik sind zwar weniger bekannt, aber nicht minder bedeutsam für die Geschichte des Walfangs.

Nach seinen Operationen in der Beringstraße steuerte Roys den nördlichen Atlantik an, um seine Suche nach »Polarwalen« fortzusetzen. In der östlichen Arktis fand er keine Grönlandwale mehr (sie waren ein Jahrhundert zuvor von den Holländern und Engländern ausgerottet worden), doch als er dann auf Blau-, Finn- und Buckelwale stieß, eröffnete er das Feuer

auf sie mit einem von ihm selbst entwickelten Gewehr, dessen Harpunengeschoß mit einer Sprenggranate gekoppelt war. Von Westindien und Westafrika bis zum Beringmeer erlegte er Dutzende von Furchenwalen, doch sein Waffenarsenal war noch reichlich primitiv, und sehr oft prallte der Harpunenkopf vom Walkörper ab oder durchschlug ihn, ohne zu explodieren. Als Roys 1857 im Golf von Biskya seine Waffe abfeuerte, wurde ihm die linke Hand abgerissen. Er experimentierte weiterhin mit verschiedenen Sprengstoffmischungen, Harpunenköpfen und Raketentypen, doch erst als er sich mit dem New Yorker Pyrotechniker Gustavus Adolphus Lilliendahl zusammentat, gelang ihm die Entwicklung einer funktionierenden »Raketenharpune«. In der Erprobungsphase erlegte Roys Dutzende – vielleicht sogar Hunderte – von Walen, die er nicht zu bergen vermochte, weil sie entweder absanken oder tödlich verletzt entkamen.

Mit ihren beweglichen Querschneiden, Stiften und Flanschen war die Raketenharpune ein ziemlich kompliziertes Gerät, aber sie funktionierte und wurde 1861 patentiert. Sie wurde aus einem auf die Schulter aufgelegten Rohr abgefeuert, fast so wie eine moderne Bazooka. Zusammen mit Lilliendahl begann Roys mit der Herstellung von Raketenharpunen, die er an Walfänger verkaufte. In den Jahren 1864/65 befuhr Roys mit der Bark *Reindeer* die isländischen Gewässer, wo er seine Erfindung mit großem Erfolg einsetzte. Er und Lilliendahl errichteten eine Walfangstation an der Ostküste Islands, und die beiden planten dort eine Dampfsiedeanlage, eine hydraulische Presse und eine Knochenpresse, doch diese technischen Neuerungen erwiesen sich als impraktikabel. Also beschränkten sich Roys und sein Partner darauf, Wale abzuschießen und abzuspecken. Der Mangel an Kapital und Nachschub, das unwirtliche isländische Klima und die fehlende »Kooperationsbereitschaft« der Furchenwale zwangen Roys zum Aufgeben, und er verließ Island 1866.

Svend Foyn besuchte die Station am Seydisfjördur und sah sich dort um. Er arbeitete an seiner eigenen Erfindung, die sich in vielen Details von der Roysschen unterschied – vor allem darin, daß die Harpune nicht von einem geschulterten Gewehr, sondern von einer Kanone aus abgeschossen wurde –, aber es besteht kaum ein Zweifel, daß er sich von Roys, Lilliendahl und anderen anregen ließ. Norwegen, das in der industriellen Entwicklung ansonsten nur eine bescheidene Rolle spielte, setzte sich in der Walfangtechnologie in den 1860er Jahren kühn an die Spitze und behielt diese Führungsposition fast ein Jahrhundert lang bei.

Die Norweger waren stets auf der Suche nach neuen Fanggründen, wo sie ihre revolutionären Techniken einsetzen konnten, und weil norwegische Heringsfischer vom massenhaften Vorkommen der bislang unerreichbaren Furchenwale in isländischen Gewässern berichteten, errichtete Foyn 1883 eine Station am Alptafjord. Eine weitere Station entstand sechs Jahre später, und das Meer rings um Island erwies sich als so ergiebig, daß um die Jahrhundertwende dort rund 30 Schiffe mehr als 1000 Wale pro Jahr anlandeten. Die Bestände der Blau-, Finn-, Sei- und Buckelwale vor Westisland wurden sehr schnell dezimiert (kein Wunder, da dieselben Bestände auch von Walfängern auf den Färöern, den Shetlands und den Hebriden ausgebeutet wurden), und daraufhin zog man nach Ostisland um. Dort wiederholte sich der Vorgang, woraufhin das Althing, die gesetzgebende Körperschaft Islands, nach der Saison 1915 den gesamten Walfang verbot. Die Regierung machte sich offensichtlich Sorgen um den Fortbestand der Walindustrie in Island; zwischen 1883 und 1915 wurden nämlich in isländischen Gewässern etwa 17 000 Wale getötet.

Svend Foyn wurde 1809 als Sohn eines Reeders in der Stadt Tønsberg geboren. Von Jugend auf war er von dem Streben nach Ruhm und Reichtum beseelt, und mit dem Walfang trachtete er dieses Ziel zu erreichen: »Gott hat die Wale zum Nutzen und Segen der Menschheit erschaffen, und folglich betrachtete ich es als meine Aufgabe, den Fang der Tiere voranzutreiben.« Um das notwendige Kapital zusammenzubringen, stellte er ein Robbenfangschiff in Dienst, das zwischen Spitzbergen und Nowaja Semlja operierte. In diesen eisigen Gewässern erbeutete Kapitän Foyn Robben und vereinzelt auch Nordkaper, doch dabei hatte er immer die riesigen Furchenwale im Auge, die unbekümmert ihren Atemstrahl in die arktische Luft bliesen und bis zu dieser Zeit noch sicher vor den Nachstellungen der Menschen waren. Doch von dem Augenblick an, da Svend Foyn seine erste Explosivharpune in die weiche Speckschicht eines Blauwals schoß, begann für die großen Furchenwale ein rasanter Niedergang, von dem sie sich nie wieder erholen sollten.

Das konnte Foyn freilich nicht wissen; er fühlte sich dazu berufen, immer effizientere Methoden für die Waljagd zu entwickeln. 1863 gab er seinen ersten Walfänger in Auftrag, die *Spes et Fides*, ein 29 m langes Dampfschiff mit Schonertakelung. Im Unterschied zu den späteren Schiffen, die nur eine Kanone im Bug führen, war die *Spes et Fides* (Spitzname »Spissa«) mit nicht weniger als sieben Kanonen ausgerüstet, so daß mehrere Harpunen gleichzeitig auf einen Wal abgefeuert werden konnten. Der Dreißigtonner wurde von einer nur 50 PS starken Maschine angetrieben, die aber bei weitem nicht ausreichte, einen fliehenden Wal in Schach zu halten. Das Schiff verfügte jedoch über »Bremsbretter«, die ausgeschwenkt wurden, um seine Fahrt abzubremsen, und über eine Vorrichtung, die Thomas Roys als »Kompensator« bezeichnet hatte und die dazu diente, den heftigen Ruck eines 80 Tonnen schweren Wals an der Fangleine so aufzufangen, daß diese sich nicht urplötzlich straffte. Foyn gilt zwar allgemein als Erfinder des »Akkumulators« – so nannte er Roys' Kompensator –, aber tatsächlich wurde das Gerät von Roys entwickelt und von Foyn übernommen.

Foyns erste Fangreise war ein Fehlschlag. Das Wetter, das vor Nordnorwegen nie besonders angenehm ist, war entsetzlich; die Wale hielten sich von seinem Mini-Kriegsschiff fern, und als er schließlich doch ein Tier harpunieren konnte, raste es davon und zog das Schiff acht Stunden lang hinter sich her. Als er später einen weiteren Wal harpuniert hatte und auf dem Vorderdeck stand, geriet er mit einem Fuß in eine Tauwerksrolle und wurde über Bord geschleudert. Nachdem man ihn aus dem Meer gefischt hatte, soll der schweigsame Herr nur gesagt haben: »Ich habe meine Mütze verloren.« Die Ausbeute der ersten Reise betrug drei Wale. In der nächsten Saison ging Foyn ganz leer aus. 1865 nahm er Kurs auf Island, um sich bei Roys zu informieren, und der Erfolg des Amerikaners überzeugte ihn davon, daß es in der Tat möglich war, Furchenwale mittels »Artillerie« zu erlegen.

Die Waffe, die Svend Foyn um 1865 erfand und in den folgenden Jahren vervollkommnete, hatte von allen Faktoren in der gesamten Walfanggeschichte wohl die dauerhaftesten und schlimmsten Auswirkungen auf die Wale in aller Welt. Von den Tagen der Erprobung in Norwegen bis heute ist die Harpunenkanone auf den Weltmeeren ständig in Gebrauch gewesen. Die Doppelexplosionen dieser Kanonen waren 1870 in Finnmark zu hören, 1920 vor Südafrika, 1930 im Ross-Meer, 1950 vor Japan, 1960 vor Alaska und 1970 vor Kalifornien. Inzwischen sind sie zwar seltener geworden, aber auch heute vernimmt man sie in norwegischen, isländischen, japanischen und antarktischen Gewässern. Wo auch immer in den letzten 100 Jahren Wale getötet wurden (außer durch Eingeborenenvölker), wurden sie mit Foyns Harpunenkanone getötet.

Die Kanone war keine besonders eindrucksvolle Waffe. Das Geschützrohr maß etwa 120 cm und war auf einem Drehgestell montiert, so daß es nach oben und unten und nach rechts und links geschwenkt werden konnte. Anfangs wurde die Kanone mit gewöhnlichem Schießpulver und einem Ladepfropf aus Guttapercha beschickt. Die Harpune hatte einen schweren zugespitzten Kopf, in dem eine Sprengladung steckte, die im Walkörper explodierte. Unmittelbar hinter dem Kopf befanden sich vier Toggles (bewegliche Querschneiden), die nach hinten zurückgelegt und mit einer Schnur fixiert waren. Nach dem Eindringen in den Walkörper öffneten sich diese Widerhaken und zerschmetterten einen Glasbehälter mit Schwefelsäure; dabei kam es zu einer inneren Explosion, und der Harpunenkopf verankerte sich im Fleisch des Wals, was häufig bereits dessen Tod herbeiführte. Foyns erste Kanonen waren Vorderlader, doch schon früh wurden Hinterlader eingeführt, die auf dem Deck eines rollenden Schiffs mehr Sicherheit boten.

Der Schaft der Harpune war unter Deck durch ein schweres Tau mit einer Reihe von Rollen und Federn verbunden, dem bereits erwähnten Akkumulator, der den Ruck des Aufpralls auffing und es dem Schiff (das gewöhnlich sehr viel leichter war als der Wal) ermöglichte, das waidwunde Tier wie einen Fisch an der Angel zu führen. Der Akkumulator bewirkte, daß der Wal das Tau nie so straff ziehen konnte, daß es gerissen wäre. In späteren Jahren wurden die gußeisernen Harpunen durch solche aus Stahl und die Schwefelsäurebehälter durch Zeitzünder ersetzt, doch im Prinzip hat sich an Foyns Erfindung nicht viel geändert.

Dank der Unfehlbarkeit seiner todbringenden Waffen hat Svend Foyn der Walindustrie eine völlig neue Dimension erschlossen. Vorher mußten die Walfänger weite und strapaziöse Reisen in die Arktis unternehmen (die Wale der Antarktis waren noch nicht entdeckt), aber jetzt, nachdem man die in den Küstengewässern heimischen Furchenwale gleichsam im

Svend Foyn, der Wegbereiter des modernen Walfangs.

Waljagd mit einem Dampfschiff im Meer vor Norwegen. In diesem deutschen Druck, der 1889 erschien, sind die Schiffe und die Kanonen einigermaßen korrekt wiedergegeben, doch es ist offenkundig, daß der Künstler noch nie einen Wal gesehen hat.

Vorgarten Norwegens jagen konnte, wurde der Walfang ein heimisches Gewerbe. 1868 tötete Foyn 30 Wale; 1869 waren es 17 und 1870 sogar 36. Die erste Fabrik zur Verarbeitung von »Guano« (so nannte man die als Dünger verwertbaren Rückstände nach der Extraktion des Öls) entstand 1870 in Kirkeö, und 1880 gab es bereits 20 Walfangunternehmen, die von der norwegischen Küste aus operierten. Die bevorzugte Beute war der Blauwal, weil er, gemessen am Arbeitsaufwand, die größten Mengen Fleisch und Öl lieferte; es folgten der Finn-, der Buckel- und der Seiwal. Da diese Wale bislang völlig unbehelligt geblieben waren, war die Jagd auf sie verhältnismäßig einfach und ungeheuer einträglich. Um 1896 wurden jährlich insgesamt rund 2000 Wale umgebracht.

Weil man die Wale nur zu töten und anschließend zur Küste zu schleppen brauchte, waren große Fangboote entbehrlich. Seit etwa 1880 waren die Walfänger etwa 9–12 m lange und 3,60–4 m breite Eisenschiffe. Die neunköpfige Besatzung bestand aus dem Kapitän, dem Kanonier, drei Ingenieuren, drei Matrosen und einem Proviantmeister. Die Walfängerei war schon immer ein gefahrvoller Beruf, und als Sprengstoff ins Spiel kam, wurde er noch gefährlicher. In der

Anfangszeit flogen die Kanonen nicht selten in die Luft, wodurch die Kanoniere verwundet oder gar getötet wurden. Auch kam es trotz der Akkumulatoren gelegentlich vor, daß ein Wal die ganze Länge der Leine abspulte und das Schiff aus den sicheren Fjorden hinaus aufs offene Meer schleppte. Um die Waljagd zu beschleunigen, entwickelte Foyn noch eine weitere Verbesserung: Weil die Furchenwale in der Regel absanken, sobald sie getötet waren, begann er damit, Druckluft in die Kadaver zu pumpen, um ihnen zusätzlichen Auftrieb zu verleihen.

Bis 1880 hatte Foyn seine Fangmethoden verbessert und sich selbst – und Norwegen – einen neuen und extrem gewinnbringenden Industriezweig erschlossen. Innerhalb von vier Jahren hatte er in der kleinen Stadt Vadsø in der Finnmark eine Verarbeitungsstation aufgebaut, und die norwegische Regierung hatte ihm ein zehnjähriges Walfangmonopol gewährt, das 1882 auslief. Andere norwegische Unternehmer traten sofort auf den Plan. Die Walbestände vor der Finnmark nahmen immer schneller ab, je mehr Fangschiffe ihnen nachstellten. Da die Finnwale schon immer sehr viel häufiger waren als ihre größeren Vettern, die Blauwale, wurden sie zum wichtigsten

Jagdobjekt; 1885/86 erlegten die norwegischen Walfänger 1046 Finnwale und 148 Blauwale. Gegen Ende
des Jahrhunderts schienen die Bestände östlich der
Finnmark erschöpft zu sein, und so verlegten sich die
Walfänger wieder auf die Westseite. Doch die küstennahen Bestände gingen hier ebenfalls zur Neige, und
aus dem Küstenwalfang wurde nun ein Hochseewalfang. Die Walfänger fuhren nach Norden zur Bäreninsel, wo sie die Blauwale nahezu ausrotteten.

Schon bald nachdem sich Foyns »Artillerie« bei der
Jagd auf die großen Furchenwale bewährt hatte, eröffneten die Norweger mit ihren kleinen Fangschiffen
und den neuen Waffen die Jagd auf die kleineren
Entenwale, die nur etwa 10 m lang werden und sich
oft in kleinen Gruppen in den Gewässern zwischen
den Färöern, Island und Spitzbergen versammelten.
Um 1890 erlegten rund 70 norwegische Schiffe im
Schnitt 3000 Entenwale pro Jahr. Der Fang wurde von
Ruderbooten aus betrieben, mit denen man sich den
vorsichtigen Entenwalen leichter nähern konnte als
mit den lauten Dampfschiffen. Die Schnabelwale, zu
denen diese Art gehört, zählen zu den seltensten und
am wenigsten erforschten Waltieren überhaupt, und
die Einbußen durch den Fang, die man auf insgesamt
50 000 Tiere schätzt (Jonsgard 1955), sind der Gesamtpopulation sehr schlecht bekommen.

Als Svend Foyn 1894 im Alter von 85 Jahren starb,
hinterließ er den nachfolgenden Walfängergeneratio-
nen ein ebenso ansehnliches wie schlimmes Erbe. Er
hat die meisten modernen Fangtechniken entwickelt,
die bis heute im kommerziellen Walfang angewendet
werden; er hat neue Fanggründe im Nordatlantik erschlossen, und er hat noch im Jahr vor seinem Tod
ein Robbenfangschiff, die *Antarctic*, in das Südpolarmeer entsandt, um dort die Möglichkeit des Kaper-
walfangs zu erkunden. Sein Erbe wurde zunächst auf
der gesamten Nordhalbkugel und später auf der ganzen Welt übernommen.

Die holländischen und englischen Walfänger, die in
den arktischen Gewässern die Grönlandwale so
gründlich dezimiert hatten, hatten sich damit be-
gnügt, den toten Walen den Blubber und die Barten zu
entnehmen, und den restlichen Kadaver sich selbst
überlassen. Die Norweger des 19. Jahrhunderts dachten praktischer; sie waren bestrebt, möglichst alle
Bestandteile ihrer Beute zu Geld zu machen, und als
Foyn erkannte, daß die Knochen, das Fleisch und die
Eingeweide weitere 50 Prozent des gesamten Fettgehalts eines Walkörpers enthielten, entwickelte er ein
Verfahren, um soviel Öl wie möglich aus ihm herauszuholen. Sobald Foyn das Problem gelöst hatte,
folgten andere norwegische Unternehmen seinem

Der Tod eines harpunier-
ten Wals.

Die Harpune.

Eine deutsche Darstellung des frühen mechanisierten Walfangs. Das Einschaltbild zeigt die dabei verwendete Harpune.

Beispiel, und schon bald entstanden überall entlang der Küste »Guanofabriken«. Neben dem in Säcken abgepackten Dünger erzeugten die Fabriken Leim, und man versuchte sogar das Walfleisch zu vermarkten, das jedoch den Norwegern nicht schmecken wollte. Die Barten der Furchenwale sind, verglichen mit denen der Glattwale, kurz. Doch immerhin waren sie lang genug, daß sie sich absetzen ließen, zumal es kaum noch Glattwale gab. Im ersten Jahrzehnt des 20. Jahrhunderts war das Fischbein weitgehend durch den Federstahl verdrängt worden, und da sich außerdem die Damenmode gewandelt hatte, blieben die Wale verschont – so schien es jedenfalls.

Die norwegischen Fischer glaubten, daß die Wale die Fische in die Küstengewässer lockten, und sie befürchteten, ihre Existenzgrundlage zu verlieren, wenn die Wale weggefangen würden. Als das norwegische Parlament nicht die geforderten Schutzgesetze beschloß, zerstörten die Fischer von Menhavn die Küstenstation der Tanen-Walfanggesellschaft. Nach dem »Menhavn-Aufstand« von 1904 wurde der Walfang vor den Küsten Norwegens verboten, so daß sich

die nordischen Walfänger anderswo umsehen mußten. Sie hielten Ausschau nach weiteren Fanggründen, und sie fanden sie vor Island, den Färöern, Spitzbergen, den Hebriden und den Shetlands. Die Norweger »exportierten« nicht nur ihre einschlägige Erfahrung, sondern auch ihre Landsleute. Jahrzehntelang war das Wort »Walfänger« gleichbedeutend mit »Norweger«. Überall in der Welt, wo Wale erlegt und verarbeitet wurden, traf man auf Norweger.

Vor Island beispielsweise kamen Blauwale zahlreicher vor als Finnwale. Nachdem die Amerikaner Roys und Lilliendahl den Versuch unternommen hatten, auf Island eine Walfangstation zu errichten, schufen sich die Dänen hier mit ihrer Dänischen Fischereigesellschaft eine Basis (Island gehörte damals zu Dänemark), und 1875 bemühten sich die Niederländer vergebens, dort wieder ins Walfanggeschäft einzusteigen. Doch einem Mann namens Thomas Amlie aus Christiana (Oslo) war es vorbehalten, 1887 eine Walindustrie in Island zu etablieren, die er bis 1897 leitete. Die Firma Salvesen & Co. aus Leith erwarb 1904 Amlies Unternehmen und unterstellte es Marcus Bull,

Auf diesem Holzstich von 1886 ist Svend Foyns Küstenstation bei Vadsø in Norwegen zu sehen. Abgebildet ist ein Finnwal, doch die Knochen im Vordergrund stammen von einem viel größeren Tier, wahrscheinlich einem Blauwal.

einem weiteren Norweger, der seine Ausbildung bei Svend Foyn erhalten hatte.

Norweger begründeten auch die Walindustrie auf den Färöern, der dänischen Inselgruppe nördlich von Schottland, die bis heute der heftig umstrittene Schauplatz des alljährlichen »Grindwal-Schlachtens« ist. 1894 errichtete Hans Albert Grøn aus Sandefjord dort die erste Walfangstation; sie betrieb den Fang von Blau- und Finnwalen, die die Inseln auf ihren Wanderzügen zu den Nahrungsgründen im Norden passierten.

Gleichzeitig mit der Expansion ihrer Walfangaktivitäten im Nordatlantik begannen die Norweger mit der Veröffentlichung einer Fachzeitschrift. Die in norwegischer und englischer Sprache abgefaßte *Norsk Hvalfangst-Tidende* (»Norwegische Walfangzeitschrift«) erschien erstmals 1912 als Organ der Norwegischen Walfängervereinigung. (Der erste Chefredakteur war Sigurd Risting, der auch die *International Whaling Statistics* ins Leben rief.) In den folgenden Jahren war die Zeitschrift das wahrscheinlich bedeutendste Periodikum der Walindustrie. Sie verfolgte sehr genau die Entwicklung des Walfangs und druck-

te Beiträge über alle möglichen einschlägigen Themen ab. Auch die kontroverse Diskussion über die Existenz des Zwergblauwals wurde auf den Seiten dieser Zeitschrift ausgetragen, und Jahr für Jahr wurden vollständige Statistiken zum kommerziellen Walfang vorgelegt. Im Dezember 1966 erschien die folgende Notiz:

Von 1967 ab wird die *Norsk Hvalfangst-Tidende* nur noch in sechs statt bisher zwölf Ausgaben erscheinen. Der Grund ist der Rückgang des antarktischen Walfangs; infolgedessen ist ein monatliches Erscheinen nicht mehr erforderlich.

Im Grunde war die Publikation kaum noch erforderlich, da ja Norwegen dabei war, sich aus dem Walfang zurückzuziehen. 1968, nach 57 Jahren, stellte die Zeitschrift ihr Erscheinen ganz ein. (Das gleiche geschah in Japan: Als die Japaner 1988 den Walfang aufgaben, blieb auch das englischsprachige, stark wissenschaftlich orientierte *Journal of the Whales Research Institute of Tokyo* auf der Strecke.)

Spitzbergen ist, obwohl es rund 600 km nördlich des Nordkaps liegt, seit 1925 ein Teil Norwegens. Als die Holländer und die Engländer noch Jagd auf die Grön-

Früher Dampfschiff-Walfang in einem isländischen Fjord. Nach der Erfindung der Harpunenkanone konnten die Waljäger endlich auch die großen Blau- und Finnwale erlegen, die sich ihrem Zugriff so lange entzogen hatten.

landwale machten, segelten sie zu diesem gottverlassenen Archipel, wo die Holländer die berühmte »Blubberstadt« Smeerenburg erbauten. Von 1615 bis 1820 wurden die Wale systematisch abgeschlachtet, doch als sie ausgerottet waren, mußte auch der Walfang eingestellt werden – zumindest so lange, bis die Walfänger zurückkamen.

Bei den Walfängern ist es Brauch, den Walfang zu untersagen, nachdem sie in einer bestimmten Region die Bestände fast völlig ausgebeutet haben; vielleicht wollen sie damit ihr Gewissen beruhigen. Als die Norweger die Furchenwale der Finnmark so arg dezimiert hatten, daß sich der Fang nicht mehr lohnte, verbot das Storting, das norwegische Parlament, den Walfang vor den Nordküsten des Landes. Die Walfänger suchten andernorts nach Walen und fanden sie weiter nördlich, in den Gewässern rund um Spitzbergen und die Bäreninsel. Mit Dampfschiffen und Harpunenkanonen waren dort die Blauwale mühelos zu erlegen, und die Norweger brannten darauf, ihre neue »Artillerie« zu erproben.

In den Gewässern von Spitzbergen tauchte 1903 die erste der schwimmenden Fabriken aus Norwegen

auf. Die *Telegraf* war ein hölzernes Dampfschiff von 737 Tonnen, ausgestattet mit primitiven Maschinen. Aber das Wetter verhinderte den Erfolg dieser Expedition; die ersten sieben Wale, die man erlegte, mußten den weiten Weg bis zur Finnmark geschleppt werden. Mehrere Monate später kehrte die *Telegraf* nach Spitzbergen zurück, und diesmal hatte sie mehr Erfolg: 57 Wale wurden abgeschossen, darunter 42 Blauwale. Im folgenden Jahr wurde ein zweiter, größerer Dampfer, die *Admiralen,* in Marsch gesetzt, der eine stattliche Ausbeute von 154 Walen verzeichnen konnte. Die Kunde von diesem Unternehmen verbreitete sich rasch, und schon 1905 entsandten acht Firmen ihre Schiffe gen Norden. Auch hier wiederholte sich das alte Spiel: Nach wenigen Jahren ging die Zahl der verfügbaren Wale drastisch zurück, und viele Firmen machten Pleite. Im Herbst 1905 nahm die *Admiralen,* eines der wenigen Fabrikschiffe, die in diesem Jahr auf der Nord- und Südhalbkugel operierten, Kurs auf die Antarktis.

Sehr viele der vor Spitzbergen getöteten Wale waren Blauwale, und obwohl dort der Walfang aus wirtschaftlichen Gründen und wegen des Ersten Weltkriegs eingestellt wurde, scheinen sich die Blauwalbestände noch nicht wieder erholt zu haben. (Die Unfähigkeit dieser Walart, sich nach einer intensiven Bejagung wieder zu vermehren, hatte übrigens in der südlichen Hemisphäre noch schlimmere Folgen; 25 Jahre nach dem Ende der Jagd haben laut Aussage des Wissenschaftlichen Ausschusses der IWC im Süden vermutlich nicht mehr als 500 Blauwale überlebt.) Bevor die Norweger ihre Expansion fortsetzten, hatten sie in den Fanggründen der nordeuropäischen Meere rund 50 000 Wale erlegt, die etwa 1,5 Millionen Faß Öl lieferten.

In der Geschichte des Walfangs wurden immer wieder die gleichen Fehler gemacht, denn wir haben es hier mit einer Industrie zu tun, in der die Habsucht fast stets die Vernunft verdrängte und kurzsichtiges Profitdenken unweigerlich auch den leisesten Ansatz zu einer sinnvollen Ressourcenpflege verhinderte. Die ersten, die sich dieser unseligen Praxis verschrieben, waren die Basken, die, nachdem sie die Nordkaper im östlichen Nordatlantik ausgerottet hatten, übers Meer segelten, um in Neufundland ihr Werk zu vollenden. Auch die Norweger fuhren nach Neufundland, als auf ihrer Seite des Atlantik die Furchenwale knapp zu werden drohten.

Ein Fischereiinspektor aus Tønsberg mit Namen Aldolph Nielsen gründete 1888 an der Notre-Dame-Bucht in Neufundland die Cabot Steam Whaling Company. Die norwegischen Walfänger durchstreiften alle Küstengewässer von Neufundland und Labrador und erlegten Blau-, Finn- und Buckelwale. Den Neufundländern, die damals noch keine kanadischen Staatsbürger waren, mißfiel das hochfahrende Gehabe der Norweger noch mehr als den Bewohnern Islands und der Färöer-Inseln, und schon nach der ersten Fangsaison begannen sie gegen die Anwesenheit der ausländischen Walfänger zu protestieren. Sie erklärten, daß die verfolgten Wale die Fischernetze zerstörten, daß die Walverarbeitung mit unerträglichem Gestank verbunden sei und daß die Norweger die neufundländischen Walbestände vernichten würden. Doch die tüchtigen Norweger setzten sich durch, und schon bald waren sie eifrig dabei, Wale zu jagen, zu töten und zu verarbeiten.

Profitgier kennt keine Grenzen. Als die Neufundländer merkten, daß die Norweger durch den Walfang reich wurden, wollten sie ebenfalls ein Stück von dem Kuchen abbekommen. In Neufundland breitete sich ein wahres »Walfieber« aus, und 1903 und 1904 wurden nicht weniger als 25 Anträge auf Erteilung einer Walfanglizenz gestellt. An den Küsten Neufundlands und Labradors schossen Landstationen wie Pilze aus dem Boden. Doch bereits 1905 kam das unvermeidliche Ende. Auf die wilden Spekulationen mit dem Leben der Wale folgte ein Kollaps, der die Walfänger und Investoren gleichermaßen ruinierte. Auch die Kanadier hatten nebenbei ein wenig Walfang vor Sept-Iles im St.-Lorenz-Golf betrieben, aber nachdem die Wale und die Norweger verschwunden waren, war den Walen in den kanadischen Gewässern ein relativ ruhiges Leben vergönnt – bis zu den zwanziger Jahren, als die Kanadier beschlossen, wieder ins Walfanggeschäft einzusteigen.

Der moderne japanische Walfang

Als japanische Walfänger 1878 versuchten, während eines Sturms einen Riesenwal zu bergen, gingen 111 Männer und fast die gesamte Fangflotte von Taiji verloren. Von japanischen Dörfern aus wurde zwar weiterhin Walfang betrieben, aber die modernen technischen Errungenschaften aus Europa läuteten das Ende des herkömmlichen Netzwalfangs ein. Die Japaner ließen sich allerdings Zeit mit der Übernahme der neuen Techniken, vor allem weil sie weder den Berufsstand des Seemannes kannten noch Erfahrung mit großen Hochseeschiffen besaßen.

Erst durch einen Krieg erwarben sie die Fertigkeiten, die sie für den Kampf gegen die Wale benötigten. Im Zuge der Modernisierung annektierten die Japaner die Ryukyu-Inseln, und ein Jahr später bemächtigten sie sich der Bonin-Inseln. 1876 stießen sie nach Korea vor. Da weder die Russen noch die Chinesen bereit waren, die japanischen Gebietsansprüche hinzunehmen, kam es schließlich zum Chinesisch-Japanischen Krieg (1894/95), in dem Japan zur allgemeinen Überraschung den Sieg davontrug und sich die Herrschaft über große Teile Ostchinas sicherte. In den letzten Jahren des 19. Jahrhunderts bauten die Japaner unter dem Meiji-Regime ihre Vormachtstellung auf See aus. Der Aufstieg Japans zur Weltmacht hatte begonnen.

Auf Anregung von Zar Nikolaus II. entstand 1891 die Russische Pazifik-Walfanggesellschaft, und mit Hilfe der neuen norwegischen Fangmethoden begannen die Russen, Wale vor Korea zu jagen. Sie verkauften das Fleisch in Nagasaki, wo nach Tønnessen und

Im Dorf Wadaura zeigt ein Ausguckposten auf dem Hausdach den Walfängern auf See die Position der Wale an. Zu diesem Zweck wurden auch Rauchsignale, Flaggen und Trompeten verwendet.

Johnsen »der Markt für Walfleisch zum menschlichen Verzehr unbegrenzt aufnahmefähig war«.

Die Japaner erkannten sehr schnell, daß die neuen Fangtechniken ihrem Netzfang weit überlegen waren, und so trieben sie die notwendige Umstellung voran, um sich Zugang zur Welt des modernen Walfangs zu verschaffen. Netze wurden zum letztenmal 1909 im südwestlichen Honschu verwendet. Juro Oka, der allgemein als der Vater des modernen japanischen Walfangs gilt, unternahm 1898 eine Reise um die Welt, um möglichst viel einschlägige Gerätschaften und Informationen zu beschaffen. In Norwegen besorgte er Harpunen, Kanonen und Berater, auf den Azoren machte er sich mit dem Pottwalfang vertraut, und in Neufundland beobachtete er den Aufbau eines neuen Walfangunternehmens. (Noch bevor Oka von seiner Reise zurückgekehrt war, hatte T. Takahashi den ersten Walfänger in Japan gebaut, ein Holzschiff, dem er den Namen *Saikai Maru* gab.) Im Juli 1899 gründete Oka seine Firma Nihon Enyo Gyogyo K.K. (später in Toyo Hogei K.K. umbenannt), und am 4. Februar 1900 erlegte sein norwegischer Kanonier Morten Pedersen den ersten Wal, einen Blauwal. 1904 erhöhte Oka das Kapital seines Unternehmens, und in enger Zusammenarbeit mit den Norwegern, von de-

nen er Walfänger charterte oder kaufte, gelang es ihm, den japanischen Markt für Walfleisch zu monopolisieren. In wenigen Jahren entstanden Walfangstationen in Ayukawa in der Präfektur Miyagi und in Abashiri auf Hokkaido, und schon bald beteiligten sich fünf weitere moderne Unternehmen am Walfang und an der Walverarbeitung in Japan.

1904 war unterdessen ein Krieg zwischen Japan und Rußland ausgebrochen, in dem es um die Vorherrschaft in der Mandschurei und in Korea ging. Russische Walfänger (unter anderem die *Michail*, das erste dampfgetriebene Fabrikschiff) hatten in koreanischen und japanischen Gewässern »gewildert«, und sogleich nach Ausbruch der Feindseligkeiten beschlagnahmten die Japaner die Mutterschiffe und die Fangboote, deren Besatzungen als Kriegsgefangene interniert wurden. Japan gewann dann die Schlacht von Mukden, vernichtete das russische Ostseegeschwader vor Tsushima und gewann schließlich den Krieg – die erste asiatische Nation, die eine europäische Macht besiegte.

Ein Resultat des Friedens von Portsmouth war die Abtretung des russischen Kriegsschiffs *Nikolai* an die siegreichen Japaner. Es wurde unverzüglich mit einer 90-Millimeter-Harpunenkanone ausgestattet und zum ersten modernen Walfänger Japans umgerüstet. Um sich mit den Methoden des modernen norwegischen Walfangs vertraut zu machen, engagierten die Japaner drei Experten aus Norwegen, die sich in Taiji niederließen. Nach dem Ersten Weltkrieg expandierte die japanische Walindustrie gewaltig; neue Firmen wurden gegründet und neue Fanggründe erschlossen, man baute eigene Schiffe und verarbeitete sowohl den Tran als auch das Fleisch. In der Saison 1906/07 erbeutete die Fangflotte von Toyo Hogei 633 Wale, mehr, als jedes andere Unternehmen seit Einführung der modernen Fangtechniken angelandet hatte. Die Gesellschaft zahlte ihren Aktionären eine Dividende von 58 Prozent aus, was zahlreiche neue Firmengründungen zur Folge hatte.

Viele dieser Unternehmen fusionierten, und um 1916 waren nur noch drei große Firmen übriggeblieben. Man bezeichnete sie als »Tosa-Gesellschaften«,

weil sie hauptsächlich in der Tosa-See, der großen offenen Bucht im Süden der Insel Schikoku, tätig waren. Der unreglementierte Walfang ruinierte offensichtlich die Walbestände, aber er ruinierte auch die Unternehmen. Wieder trat der unermüdliche Juro Oka auf den Plan, um die gesamte Industrie zu reorganisieren. 1908 wurde der Japanische Walfang- und Fischereiverband (Nihon Hogeigyo Suisan Kumiai) mit Sitz in Osaka und mit Oka als erstem Präsidenten gegründet. In einer Rede von 1910 umschrieb Oka die Zukunft des japanischen Walfangs:

Ich bin fest davon überzeugt, daß wir eine der größten Walfangnationen der Welt werden. Die Fanggründe vor Korea und Japan eröffnen unbegrenzte Möglichkeiten, und sollten, entgegen aller Erwartung, die Walbestände in diesen Regionen zur Neige gehen, so bleiben uns immer noch das Ochotskische Meer und das Beringmeer im Norden, und wir wissen auch von den großen Schatzkammern im Süden. Der

Ein 13,75 m langer Seiwal auf der Flensplattform der Walfangstation in Ayukawa, Japan.

Tag wird kommen, an dem wir am Morgen erfahren, daß man Wale in der Arktis gefangen hat, und am Abend, daß Wale in der Antarktis gejagt werden.

Da Japan damals die Schutzherrschaft über Korea ausübte, erstreckten sich seine ausgedehnten Walfangaktivitäten auf beide Küsten des Japanischen Meeres. Mehrere Walarten waren hier heimisch, doch keine war so ungewöhnlich wie der Grauwal. Nachdem die Grauwale im Ostpazifik auf ihrer rund 20 000 km langen Wanderroute vom Beringmeer bis Baja California so intensiv bejagt worden waren, galten sie auch anderswo als ausgestorben. Als der amerikanische Wissenschaftler Roy Chapman Andrews 1912 die japanische Station in Ulsan besuchte, entdeckte er, daß die koreanischen Walfänger Jagd auf einen Wal machten, den sie *Koku kujira* nannten, was Andrews mit »Teufelsfisch« übersetzte. In seinem Buch *Whale Hunting with Gun and Camera* schildert er seine erste Begegnung mit einem Grauwal wie folgt:

Wir hatten das Ufer kaum verlassen, als weit draußen in der Bucht die Sirene eines Walfängers ertönte, und wenig später kam das Schiff in Sicht. Am Backbordbug hing die dunkle Fluke eines Wals, bei dessen Anblick es mir vor Aufregung fast den Atem verschlug, denn eines von beiden mußte sich jetzt herausstellen – entweder würde ich herausfinden, daß es sich um eine völlig neue Art handelte, oder ich würde eine entdecken, die für die Wissenschaft seit 30 Jahren verschollen war. ... Als die Winde den riesenhaften schwarzen Körper aus dem Wasser zu hieven begann, bewies mir schon die sehr kurze Überprüfung, daß der *Koku kujira* tatsächlich der verloren geglaubte Grauwal und nicht eine neue Spezies war.

In Ulsan in Korea posieren junge Männer für Ray Chapman Andrews mit der Brustflosse eines Grauwals.

Was Andrews gesehen hatte, war leider einer der letzten westpazifischen Grauwale. Deren Zahl schrumpfte durch den immer intensiveren Walfang zusammen, und die zunehmende Industrialisierung scheint die wenigen Überlebenden vertrieben zu haben. Möglicherweise haben die noch verbliebenen Grauwale einen anderen Wanderweg nach Süden eingeschlagen; statt an den asiatischen Küsten entlangzuziehen, nahmen sie Kurs auf Nordamerika, um in den Lagunen von Baja California zu kalben. Von 1910 bis 1933 wurden vor Korea etwa 1500 Grauwale gefangen, doch dann nahm ihre Zahl so drastisch ab, daß man die koreanische Population als erloschen betrachtete. Gelegentlich wurden in japanischen und koreanischen Gewässern noch vereinzelte »Irrläufer« beobachtet, aber seit 1966 ist jede Sichtung eine kleine Sensation.

Den Küstenwalfang in Japan bezeichnete Andrews als »eine große Industrie«, und er lobte sogar die Japaner dafür, daß sie das Fleisch der Wale verzehrten. »Nur wenige wissen«, schrieb er 1911 in einem Beitrag für das *National Geographic,* »was für eine große Rolle das Walfleisch im Leben der einfachen Japaner spielt. Da sie sich kein Rindfleisch leisten können, würde ihre Nahrung fast ausschließlich aus Reis, Fisch und Gemüse bestehen, wenn es nicht die gewaltigen Mengen Fleisch und Blubber gäbe, die diese riesigen Meeressäuger liefern.« Im Winter wurde das Walfleisch klein geschnitten und roh gegessen, doch im Sommer, wenn es schnell verderben konnte, wurde es gekocht und eingeweckt. Andrews beklagt zwar den unausweichlichen Untergang der großen Wale, hoffte aber, »daß die Japaner einen noch größeren Anteil abbekommen, solange es Wale gibt«. So ist es denn auch gekommen.

Die Japaner waren, wie Tønnessen und Johnsen bestätigen, in ihren Gewässern nur allzu erfolgreich:

»In den Ozeanen rings um Japan und Korea sind im Laufe der Zeit mehr Wale gefangen worden, als in den Küstenstationen in anderen Weltgegenden angelandet wurden. Und in keinem anderen Land hat der Walfang eine größere Bedeutung erlangt.« In den ersten Jahren unseres Jahrhunderts jagten die Japaner Blauwale im Südwesten ihres Inselreichs, Buckelwale rings um Japan und vor den Bonin-Inseln und Kaperwale überall dort, wo sie sich zeigten. Pottwale wurden, bis der Walrat zu einem wichtigen Wirtschaftsfaktor wurde, nur in geringer Zahl erlegt. Doch dann entdeckten die Japaner, daß es in ihren Gewässern von Pottwalen wimmelte, die ein Jahrhundert zuvor die amerikanischen und englischen Walfänger in die japanischen Fanggründe gelockt hatten.

Der moderne russische Walfang

Der 1831 in Finnland geborene Otto V. Lindholm war der erste Küstenwalfänger in Rußland – sozusagen der Svend Foyn von Sibirien. 1861 erreichten er und zwei Freunde den Oberlauf des Amur; sie bauten ein Boot und fuhren stromabwärts bis Nikolajewsk am Ochotskischen Meer. Dort schlugen sie ihr Lager auf, um Küstenwalfang zu betreiben. In den ersten zehn Jahren des russischen Walfangs im Fernen Osten erlegten sie 65 Wale. Als Lindholm sein Unternehmen auszuweiten versuchte und ein Walfangmonopol für die gesamte Küste bis zum Beringmeer anstrebte, wurde er von der Regierung abgewiesen. Er gab sein Geschäft auf und kehrte nach Helsinki zurück.

Ein Marineleutnant namens Akim Grigorewitsch Dymydow hatte Lindholms Ersuchen mit Erfolg hintertrieben und konnte jetzt der erste *russische* Walfänger werden. Ursprünglich wollte er Glattwale fangen und die Barten verkaufen, aber als er von Svend Foyns Fangmethoden hörte, sah er sich in Norwegen um und ließ das erste moderne Fangschiff, die *Gennadij Newelskij*, nach Wladiwostok überführen und östlich der Stadt am Japanischen Meer die erste Küstenstation errichten. Mit der neuen norwegischen Harpunenkanone konnte Dymydow nun die bislang unzugänglichen Furchenwale erlegen. Er hatte einen Kanonier und Kapitän aus Norwegen angestellt, aber er behielt es sich vor, den ersten Wal selbst abzuschießen. Bis 1890 wurden von der Station aus 73 Wale vor der koreanischen Küste erlegt; wahrschein-

lich handelte es sich dabei um eine Art, die von den Russen »japanische Nordkaper« genannt wurde. Am letzten Tag des Jahres 1890 stach Dymydow mit einer rein russischen Mannschaft in See – die Norweger waren entlassen worden –, doch sein Schiff ging mit der gesamten Besatzung unter. Eine weitere kurze Episode des russischen Walfangs war damit zu Ende.

Dann betrat Graf Heinrich Kejzerling, ebenfalls ein Marineoffizier, die Bühne. Zusammen mit Henry Carlsson, einem norwegischen Berater, erwirkte er einen staatlichen Kredit von 125 000 Rubel für die Pazifische Walfanggesellschaft, die ihren Sitz in der Station von Hajdamak hatte, welche der Graf nach dem Tod von Dymydow erworben hatte. Im Sommer waren die Walfänger im Norden vor Sachalin aktiv, im Winter steuerten sie das Chinesische Meer im Süden an. Die erlegten Wale wurden nach Nagasaki geschleppt und dort für den menschlichen Verzehr verarbeitet. 1900 erstand das Unternehmen ein 3643-Tonnen-Dampfschiff, das zu einer schwimmenden Fabrik umgebaut wurde – die erste derartige Umrüstung in der Geschichte des Walfangs. Die *Michail* übernahm ihren ersten Wal am 27. Juli 1903, und innerhalb von drei Monaten kamen weitere 98 hinzu. Im russisch-japanischen Krieg war die *Michail*, wie bereits erwähnt, eine der ersten Prisen, die von den siegreichen Japanern aufgebracht wurde.

Im Streit zwischen China und Japan über die Vorherrschaft in der Mandschurei schlugen sich die Russen auf die Seite Chinas. 1898 erwarb die russische Regierung die Halbinsel Liaotung und beschloß den Bau einer Eisenbahn durch die Mandschurei bis zum Marinestützpunkt Port Arthur an der Spitze der Halbinsel. Der Boxeraufstand in China lieferte den Russen den Vorwand für die Verlegung von Truppen in die Mandschurei, was die Japaner auf den Plan rief. Rußland unter Zar Nikolaus II. baute darauf, daß die Japaner klein beigeben würden, und weigerte sich, seine Truppen zurückzuziehen.

Ohne voraufgehende Kriegserklärung griffen jedoch die Japaner Port Arthur an und schlossen die russische Flotte ein. Eine Serie von japanischen Blitzsiegen führte zum Fall von Port Arthur und zur Niederlage der russischen Kriegsflotte in der Straße von Tsushima. Im von Präsident Theodore Roosevelt am 5. September 1905 ausgehandelten Friedensvertrag von Portsmouth (New Hampshire) wurde die Mandschurei wieder China zugesprochen und Korea der japanischen Schutzherrschaft unterstellt, während die USA freie Hand auf den Philippinen erhielten. Für

Rußland bedeutete dies das Ende seiner Vormachtstellung in der fernöstlichen Randzone am Pazifischen Ozean.

In den beiden folgenden Jahrzehnten versuchten die Russen, verschiedene Walfangunternehmen aufzubauen, doch in dieser Zeit, in die der Übergang vom Zarenreich in die Sowjetunion fiel, räumte man dem Walfang nur eine untergeordnete Priorität ein. (Bis 1906 hatten die amerikanischen Walfänger das Ochotskische Meer und den Golf von Anadyr verlassen, weil sich der Fang der beiden Glattwalarten – Nordkaper und Grönlandwale – wirtschaftlich nicht mehr lohnte.) Der Walfang brachte jedoch noch immer Geld ein, und so erteilte die sowjetische Regierung den Norwegern eine fünfzehnjährige Konzession für die Waljagd vor der fast 3000 km langen Küste zwischen Kamtschatka und dem Beringmeer. Eine norwegische Firma schickte 1923 die *Kommandoren I* in das Ochotskische Meer. Man fand dort zwar Furchenwale vor, aber das Wetter war so miserabel, daß selbst die zähen Skandinavier nicht auf ihre Kosten kamen und 1925 abzogen.

Ohne sich von diesem Mißerfolg der Norweger abschrecken zu lassen, beschlossen die Sowjets die Modernisierung ihrer Fangflotte, allerdings mit norwegischer Hilfe. 1930 besuchte eine sowjetische Handelsdelegation Norwegen und handelte die Lieferung von drei Walfangschiffen aus. Sie trafen 1932 ein und schlossen sich dem Fabrikschiff *Aleut* an, einem ehemals amerikanischen Tanker, der in Leningrad umgerüstet worden war. Die Besatzung des Fabrikschiffs bestand aus Norwegern, und auch alle Kanoniere stammten aus Norwegen. Diese erlegten 1933 im Beringmeer 199 Wale, größtenteils Finnwale.

Im nordwestlichen Pazifik, vor den Kommandeur-Inseln und vor Kamtschatka, eröffnete die Flottille eines umgerüsteten Frachtdampfers, der ebenfalls *Aleut* hieß, die Jagd auf Pottwale. Bis zur Saison 1932/33 überstiegen die jährlichen Fänge nicht die Zahl 200, doch 1933/34 waren sie mehr als sechsmal so hoch, und 1938/39 erbeutete die sowjetische Fangflotte über 2500 Pottwale pro Jahr. (Die *Aleut* verarbeitete von 1935 bis 1946 außerdem 645 Grauwale.) Zwischen 1933 und 1956 brachten sowjetische Walfänger im Fernen Osten insgesamt 23 368 Wale verschiedener Art um, die 122 767 Tonnen Öl lieferten. Während des Zweiten Weltkriegs wurden die Walfangaktivitäten vorübergehend reduziert; zwischen 1941 und 1945 blieben die sowjetischen Fangflotten den antarktischen Gewässern fern. Zwar war die *Aleut* während des ganzen Krieges im Einsatz, um die heimische Wirtschaft mit Fleisch und Öl zu versorgen, aber die sowjetische Walindustrie expandierte erst wieder nach Kriegsende, nachdem die UdSSR die Kurilen annektiert und die dort seit 1913 bestehenden japanischen Küstenstationen übernommen hatte.

Die Ureinwohner an den fernöstlichen Küsten fingen bis zu den sechziger Jahren weiterhin vereinzelt Grauwale. Dann wurden ihre primitiven Fangmethoden durch einen vom Staat organisierten Walfang ersetzt, der den Lebensunterhalt dieser Völkerschaften ohe die früheren Risiken sichern sollte.

Acht

Walfang in den alten Stammeskulturen

Indonesien

In der frühen Geschichte des Walfangs hieß es einfach Mensch gegen Wal. Die Wale waren dabei oft die Unterlegenen (*Moby Dick* beweist andererseits, daß der weiße Wal sehr wohl auch der Stärkere sein konnte). Bald jedoch waren die »sanften Riesen der Meere« die alleinigen Verlierer. Ihre einzige Chance war die Flucht in die Weiten und Tiefen des Ozeans. Mit zunehmender Technisierung des Walfangs und der Verwendung von dampf- und dieselbetriebenen Walfängern, von Explosivharpunen, Aufklärern, Unterwasserortungs- und Sonargeräten usw. wurde der Walfang immer mehr zum blutigen Geschäft, und den Walen blieb keine Chance mehr.

Heute werden Wale nur noch in einigen wenigen Gebieten der Erde gejagt. Die Bewohner der Grenadinen-Insel Bequia in der Karibik beispielsweise, wo die Yankee-Walfänger im 19. Jahrhundert erstmals Walfang betrieben, gehen auch heute noch auf Buckelwalfang. Von den grönländischen Eskimos werden immer noch Zwerg- und Buckelwale bejagt (wobei

die von der Internationalen Walfangkommission festgelegte Fangquote nicht überschritten werden darf), außerdem auch Weiß- und Narwale, die als »kleine Wale« derzeit nicht in den Zuständigkeitsbereich der Internationalen Walfangkommission (IWC) fallen. Auch die Einheimischen auf den Azoren betreiben bis heute Pottwalfang; ihre Fangmethoden sind denen der Yankee-Walfänger des 19. Jahrhunderts noch ziemlich ähnlich. Nachdem jedoch in Europa in allen Mitgliedsstaaten der EG der Import von Walprodukten verboten wurde, fehlt heute sowohl für das dort produzierte Walfleisch als auch für das Öl und das Knochenmehl größtenteils der Absatzmarkt. (Walzähne werden bisweilen in die USA geschmuggelt, wo sie für Schnitzarbeiten verwendet werden.) Auch in Alaska werden die jedes Jahr an der Küste entlangziehenden Grönlandwale noch von den dortigen Eskimos bejagt, und auch sie verwenden inzwischen »modernste« Waffen und Techniken, so daß es für die Wale meist kein Entrinnen mehr gibt. Einzig in Indonesien erfolgt der Walfang noch heute auf dieselbe »primitive« Art und Weise wie früher (und ohne Kontrolle durch die IWC).

Die Insel Lomblen (auch Lembata genannt) gehört

Die Walfänger des indonesischen Dorfes Lomblen werfen nicht nur ihre Harpunen, sondern auch sich selbst mit all ihrer Kraft auf den Wal.

zu den Kleinen Sundainseln (für die Indonesier *Nusa Tenggara Timur)*, die auch größere Inseln wie Timor und Flores und kleinere wie Solor, Adonara, Pantar und Alor umfassen. Obschon Lomblen nur eine der insgesamt 13 000, sich über ein Gebiet von 20 000 km² erstreckenden indonesischen Inseln ist, stellt sie doch etwas ganz Besonderes dar, denn an der Südküste der Insel liegt Lamalarep, eines der wenigen Dörfer in Indonesien, wo heute noch Walfang betrieben wird. Lamalarep ist das ärmste Dorf der Insel, da es, abgesehen vom Walfang, praktisch keinerlei Industrie oder Landwirtschaft gibt. Auch sind von zehn Fangreisen meist nur drei erfolgreich, 70 Prozent ihrer Arbeit machen die Walfänger von Lamalarep also umsonst. Nach einer erfolgreichen Jagd verzehren die Dorfbewohner das Fleisch zum Großteil nicht selbst, sondern trocknen es in der Sonne und tauschen es im Handel mit anderen Dörfern gegen Getreide und Gemüse ein.

Im Juni 1979 wurde zur Untersuchung der dort angewandten Walfangmethoden vom World Wildlife Fund (WWF) ein Forscherteam nach Lamalarep gesandt. Unglücklicherweise wurde die Insel Lomblen dann aber am 17. Juli von einer verheerenden Flutkatastrophe heimgesucht, der nach der Überschwemmung der Inseldörfer Wai Teba und Sra Puka nicht weniger als 700 Menschen zum Opfer fielen. Die vom WWF entsandte Untersuchungskommission, deren Mitglieder alle überlebt hatten, blieb daraufhin noch drei Wochen auf Lomblen; doch bis zur Endfassung ihres Berichtes trat dort noch ein weiteres Ereignis ein:

Als am 26. Juli auf der benachbarten Insel Roti ein »Monsterhai« (die genaue Spezies blieb unbekannt) entdeckt wurde, fand man in seinem Magen die halbverwesten Reste eines Menschen, von dem man behauptete, er sei ein Fischer aus Lomblen. Aller Wahrscheinlichkeit nach handelte es sich jedoch um ein

Opfer der Flutkatastrophe, das der Hai später gefressen hatte.

Die Walfänger von Lamalarep fahren schon im Morgengrauen aufs Meer hinaus. Obwohl die Wale auch in einer Entfernung bis zu 30 km vor der Küste umherziehen können, halten sie sich meist näher bei den Inseln auf. Die Boote (von den Inselbewohnern *peledang* genannt) sind etwa 9 m lang und meist in leuchtenden Farben bemalt und am Bug häufig mit symbolischen wachsamen Augen versehen). Beim Bau der Schiffe werden keine Nägel, sondern nur einfache Holzstifte verwendet, und die Segel sind aus Peddigrohr oder Rattan geflochten, wobei jedes Boot nur ein Gaffel-Rahsegel führt. Die meist aus zehn bis fünfzehn Männern bestehende Mannschaft bringt das Boot in die südlich der Inseln in der Sawusee gelegenen Walfanggründe hinaus. Die Walfänger halten nach dem buschigen, schräg nach vorne und nach links gerichteten Blas des größten aller Zahnwale Ausschau – des Pottwals, der auf Bahasa-Indonesisch *ikan paus* heißt und früher auch *kotan klema* genannt wurde. Den Aufzeichnungen des vom WWF beauftragten Forscherteams zufolge fingen die Walfänger von Lamalarep während des zehnwöchigen Aufenthaltes der Beobachter auf den Inseln sowohl Pottwale als auch Schwertwale, Grindwale und verschiedene Arten von Delphinen. Bartenwale werden hier für gewöhnlich nicht gejagt. Obwohl die Männer von Lamalarep eigentlich Walfänger sind, schleudern sie ihre Harpunen auch auf Rochen und Wasserschildkröten, auf Haie und auf Fächerfische.

Die Walfänger der Insel gehören verschiedenen »Korporationen« an, wobei die Zugehörigkeit weiter vererbt wird. Jede dieser Korporationen besitzt ein Fangboot. Die Boote und ihre Namen werden von Generation zu Generation weitergegeben; und wenn ein altes Schiff durch ein neues ersetzt wird, erhält dieses denselben Namen.

Sobald ein Wal gesichtet wird, rudern die Walfänger ihre *peledangs* mit aller Kraft in seine Richtung, holen die Segel ein und beten als ehrfürchtige Christen zusammen ein Vaterunser, damit Gott sie beschützen möge. Der Harpunier steht mit seiner aus Bambus gefertigten Harpune mit vergifteter Spitze auf seinem kleinen, etwas erhöhten Platz bereit. Im entscheidenden Moment, wenn der backpflaumenartig runzlige Rückenbuckel des Wals direkt neben ihm aufragt, schleudert der Harpunier nicht nur seine Harpune auf den Wal, sondern stürzt sich auch selbst mit all seiner Kraft und seinem ganzen Gewicht auf ihn, so daß sich

die Eisenspitze der Harpune tief ins Fleisch des Tieres bohrt.

Der durch seinen schmerzenden Rücken abgelenkte Wal wird dann sofort vom nächsten Harpunier attackiert, und, falls nötig, stürzt sich auch noch ein dritter auf ihn. Um ihn so schnell wie möglich zu töten, müssen die Harpuniere den Wal genau an der richtigen Stelle treffen, andernfalls zieht das Tier das *peledang* wie eine kleine Nußschale meilenweit hinter sich her. Tatsächlich sollen manche Boote von einem wütenden Wal bis nach Timor geschleppt worden sein (Seemannsgeschichten von wütenden Walen sind in der Timorsee sehr verbreitet. Eine der bekanntesten ist die vom berüchtigten »Timor Jack«, einem Pottwalbullen, der jahrelang Fangboote attackierte, bis ihm endlich eine Falle gestellt werden konnte: In einem seiner bevorzugten Reviere wurde ein an einer Fangleine befestigtes Faß ausgesetzt, das er sogleich angriff, woraufhin der Wal endlich harpuniert werden konnte.) Oft versucht der harpunierte Wal aber auch verzweifelt, in die Tiefen des Meeres abzutauchen (Pottwale tauchen von allen Walen am tiefsten), wobei die Fangleine meist so rasch ausgezogen wird, daß sie durchschnitten werden muß, damit das Boot nicht mitgerissen wird. Trifft man den Wal jedoch an der richtigen Stelle und durchbohrt das Herz oder die Lunge, so spritzt Blut aus seinem Blasloch, und bald darauf tritt der Tod ein. Der Kadaver wird dann mit der Fangleine an die Küste gezogen und sogleich von den Dorfbewohnern zerteilt.

Die Aufteilung des Fleisches erfolgt nach einem ganz bestimmten, ziemlich komplizierten System, wobei jeder Bewohner einen bestimmten, seinem Rang in der Dorfgemeinschaft und in seiner Sippe entsprechenden Anteil erhält. Das Fleisch wird von den Dorfbewohnern selbst verzehrt oder in den Nachbardörfern gegen andere Güter eingetauscht, das Öl findet für Beleuchtungszwecke Verwendung. Die Walzähne werden von den Männern, ähnlich wie die Scrimshaws, mit verschiedenen Mustern verziert.

Die Walfänger von Lamalarep erlegen pro Jahr zwischen 30 und 50 Pottwale. Da die großen Bullen kaum in diese Fanggründe kommen, handelt es sich dabei meist um kleinere Exemplare. Daß das überschüssige Fleisch von den Dorfbewohnern für den Tauschhandel verwendet wird, steht in direktem Widerspruch zu den Regeln der IWC, aber da Indonesien nicht zu den Unterzeichnerstaaten der Walfangkonvention gehört, gelten diese hier ohnehin nur mit großen Einschränkungen.

Tonga

Im Logbuch des britischen Weltumseglers und Seeräubers William Dampier[*] vom 18. August 1699 wird berichtet:

»Rings um unser Schiff – vor uns, achteraus, steuerbords und backbords – wimmelte es geradezu von Walen, die einen ohrenbetäubenden Lärm machten. Erst als wir wieder in tiefere Gewässer kamen, verließen sie uns endlich. Der durch ihr Spritzen aus den Blaslöchern und durch ihr heftiges Aufschlagen mit den Schwanzfluken verursachte Lärm war ebenso fürchterlich wie das dumpfe Anbranden von Wellen an den Klippen und Riffen oder in sehr seichten Gewässern. Jene Walgründe, welche in einer Breite von 22 Grad und 22 Minuten liegen, sind aber keineswegs seicht, sondern tatsächlich 20 Faden [36,5 m] tief.«

Der von Dampier genannte Breitengrad entspricht genau jenem, auf dem die Tongainseln liegen, und nach dem von ihm beschriebenen Verhalten der Wale und nach der Jahreszeit zu urteilen, scheint es sich um Buckelwale gehandelt zu haben.

In der Zeit der größten Bedeutung des Pottwalfangs liefen die Walfänger bisweilen auch die sogenannten »Friendly Islands« an. Sie liegen nördlich von Neuseeland und südöstlich der Fidschiinseln und sind heute als Tongainseln oder »Tongatapu« bekannt. Obwohl auf Townsends Karten im Gebiet rund um diese Inseln vereinzelte Fanggründe für Pottwale vermerkt sind, fanden sich hier hauptsächlich Buckelwale ein, die im australischen Winter von ihren antarktischen Nahrungsgründen nach Norden wanderten und sich in diesen Gewässern fortpflanzten. (Tatsächlich wurde 1956 ein in Tonga markierter Buckelwal noch im selben Jahr in dem antarktischen Bellingshausenmeer erlegt.)

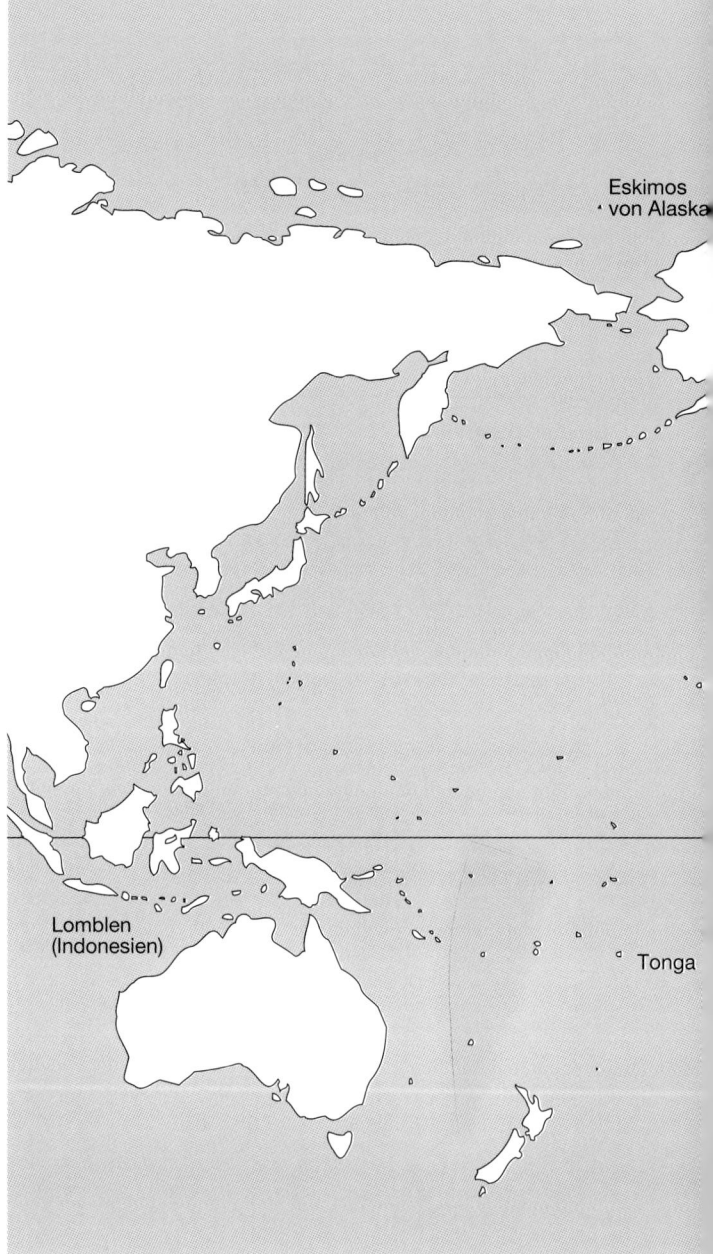

Eskimos von Alaska

Lomblen (Indonesien)

Tonga

---

[*] Dampier (1652–1715) ist wohl eine der faszinierendsten Persönlichkeiten in der Geschichte der britischen Seefahrt. 1679 erreichte er den Pazifik über den Isthmus von Panama und plünderte die gesamte Küstenregion des heutigen Mexiko, Peru und Chile. Als verwegener Abenteurer und Pirat machte er alle Weltmeere unsicher, erlitt im Jahre 1688 auf den Nikobarinseln Schiffbruch und erhielt, 1691 nach England zurückgekehrt, von der britischen Krone den Auftrag zu einer Erdumsegelung, in deren Verlauf er tatsächlich viel früher nach Neuseeland und an die Westküste Australiens gelangte als der weitaus berühmtere Kapitän Cook. Auf einer Kaperfahrt rettete der Freibeuter den Schiffbrüchigen Alexander Selkirk (Vorbild für Defoes *Robinson Crusoe*) von den Juan-Fernández-Inseln. Dampier brachte seine Abenteuer zu Papier und verbrachte nach deren Veröffentlichung seinen Lebensabend als reicher Mann in London.

Die Tongainseln bestehen aus insgesamt rund 169 Inseln und Eilanden, die sich von Norden nach Süden in drei Hauptgruppen gliedern: die Vavau- (von den Walfängern Vau Vau genannt), die Haapi- und die Tongatapugruppe (die größte Inselgruppe). Sie wurden 1616 von dem holländischen Seefahrer Jakob Lemaire entdeckt, 1643 in Abel Tasmans Reisebericht erwähnt und 1773 von Kapitän Cook, der sie aufgrund des freundlichen Empfangs durch die Einheimischen die »Friendly Islands« nannte, dem britischen

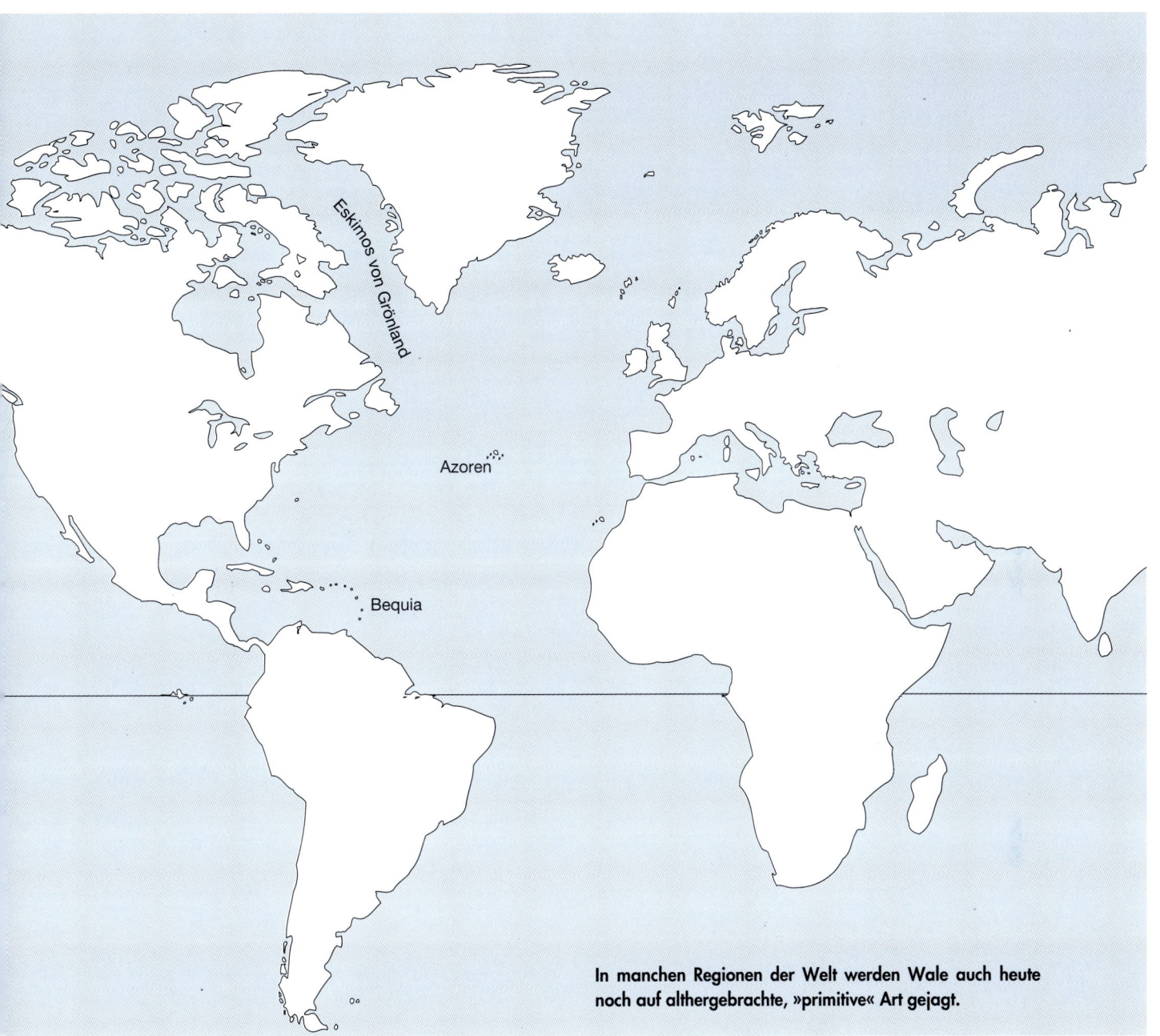

Eskimos von Grönland

Azoren

Bequia

In manchen Regionen der Welt werden Wale auch heute noch auf althergebrachte, »primitive« Art gejagt.

Weltreich angegliedert. (Daß sich die Einheimischen auch weniger freundlich verhalten konnten, zeigte sich 1804, als die englische Brigg *Union* dort zur Proviantaufnahme anlegte und der Kapitän und ein Matrose kurzerhand von ihnen getötet wurden.) Das Königreich Tonga war bis zu seiner Unabhängigkeit im Jahre 1970 britisches Protektorat und ist heute Mitglied des britischen Commonwealth. Die etwa 100 000 Tongaer werden von einem König regiert.

Bereits kurz nachdem Frank Bullen mit seinem Walfänger *Splendid* (den er in seinem Buch *Cachalot* nennt) im Hafen von Vavau Anker geworfen hatte, ließ er die Fangboote zu Wasser und ging auf Buckelwalfang. Die Männer erlegten eine Buckelwalkuh mit ihrem Kalb (»wäre bei unserer Arbeit Zeit für Gefühle, hätten wir sie sicherlich am Leben gelassen ...«) und schleppten die Kadaver zum Flensen in den Hafen. Bei der Rückkehr »schien die gesamte einheimische Bevölkerung auf den Beinen zu sein, um uns willkommen zu heißen und ein Freudenfest mit uns

Eine junge Buckelwalkuh wird samt ihrem Kalb von tongaischen Walfängern umzingelt.

zu feiern. ... Das Fleisch eines Buckelwals ist tatsächlich keineswegs ungenießbar, wenn es auch nicht ganz so gut schmeckt wie das des Schweinswals ...« Aus Bullens Bericht geht weiter hervor, daß sie allein von dieser Kuh fünfzig Barrel (fast 8000 Liter) Öl gewannen – eine ungewöhnlich große Menge für die eigentlich als ölarm geltenden Buckelwale. Aber Bullen scheint in seinen Aufzeichnungen allgemein zu Übertreibungen zu neigen, denn im folgenden wird von einem »riesigen 1000 Fuß [305 m] hohen, steil aus dem Wasser ragenden Riff« berichtet, an dessen Fuß sich eine Höhle befunden haben soll. Bullens Bericht zufolge segelten er und seine Mannschaft sanft in die dunkle, kühle und geheimnisvoll stille Höhle ein, wo sie jedoch durch einen »fürchterlichen, ohrenbetäubenden Lärm« jäh aus ihren Träumen gerissen wurden. Dabei handelte es sich um »das Getöse aus dem Blasloch eines uns folgenden riesigen Buckelwalbullen, dessen Lautstärke in der Enge der Höhle und durch den starken Widerhall noch ins Tausendfache gesteigert wurde und uns wahrhaftig das Fürchten lehrte«. Als der Wal ihrem Schiff immer näher kommt,

beginnen die Männer, blind vor Angst, ihre Harpunen auf den Wal zu werfen, der in seinem Todeskampf »wie ein Lachs aus dem Wasser sprang«. In der Dunkelheit können unsere Helden den Ausgang nicht mehr finden, sehen jedoch die phosphoreszierenden Schwanzflossen von vielen riesengroßen Haien, die sich über den Walkadaver hermachen. Erst in der Morgendämmerung kann das Schiff aus der Höhle fliehen. Auch Bullens weitere Berichte über seine tollkühnen Abenteuer auf dem Walfänger *Splendid* (bzw. *Cachalot*) sind zwar unterhaltsam, haben aber kaum Informationswert.

Die Gewässer rund um die Tongainseln werden noch in verschiedenen anderen Abhandlungen über die Geschichte des Walfangs erwähnt, aber meist nur kurz und fast immer im Zusammenhang mit den auch dort aktiven Yankee-Walfängern. Irgendwann begannen die Tongaer dann auch selbst, auf Walfang zu gehen. Wie die Bewohner der Azoren und einiger Karibikinseln, die ebenfalls von den Yankee-Walfängern angelaufen wurden, übernahmen auch die Menschen von Tongatapu die fremden Fangtechniken und

Der seitlich harpunierte
Buckelwal kann den
Walfängern von Tonga
praktisch nicht mehr
entkommen.

Das elegante tongaische
Fangboot ähnelt den Fahr-
zeugen der Neuengländer
aus dem 19. Jahrhundert.

Ausrüstungsgegenstände in leicht abgeänderter Form und gingen auf die Jagd nach den für sie bequem zu erreichenden Buckelwalen.

1888 landete ein neuseeländischer Walfänger auf der zur Haapaigruppe gehörenden Insel Nukupuli und füllte im Laufe der nächsten zwei Jahre allmählich seine Frachträume mit Buckelwalen. Ein Matrose namens Albert Cook entschloß sich schließlich, bei einer Tongaerin namens Liangiangi auf der Insel zu bleiben. Da er nichts anderes gelernt hatte, baute er sich einen Walfänger. Damit begann vermutlich der Walfang auf den Tongainseln. Geschickt fertigte Albert Cook Harpunen und Speere und gab seine Kenntnisse auch an seine Söhne weiter, die ihm schließlich in nichts nachstanden. Zunächst verkauften sie das Öl an vorbeifahrende Dampfer, aber erst als die Inselbewohner eine Vorliebe für Walfleisch entwickelten, blühte ihr Gewerbe richtig auf. Im Jahre 1937 war das Unternehmen Cook bereits im Besitz einer Harpunenkanone und erbeutete rund 29 Wale. Im gleichen Jahr wurde jedoch der damalige Leiter des Unternehmens, ein Maori aus Neuseeland, durch eine Explosion beim Abfeuern der Harpunenkanone zum Krüppel, und damit kam das Ende des »modernen« Walfangs in Tonga.

Man mied in Zukunft Kanonen, und die einheimischen Walfänger entwickelten ihre eigene Technik. Sie versahen die Harpunen mit einer Ladung Dynamit, die erst unmittelbar vor dem Wegschleudern angezündet wurde. Verlief alles nach Plan, so explodierte die Sprengladung erst, nachdem der Wal harpuniert worden und abgetaucht war. Eine bis heute noch bei den Tongaern populäre Geschichte erzählt von einem Walfänger, der einen Wal harpunieren wollte und im Glauben, der Wal würde tauchen, die Lunte anzündete. Wider Erwarten blieb das Tier jedoch an der Oberfläche. Die Sprengladung detonierte, und das durch eine kurze Leine mit der Harpune verbundene Fangboot wurde zerstört.

Nach Olaf Ruhen, einem Neuseeländer, der einige Zeit auf den Tongainseln verbrachte (vermutlich 1965, obwohl sich in seinem 1966 verfaßten Buch *Harpoon in My Hand* keine Zeitangaben finden) und auch mit den Einheimischen auf Walfang ging, kann man bei den tongaischen Walfängern zwei Gruppen unterscheiden: die Nachkommen der Cooks und die, die nicht von ihnen abstammen. »Sie die Nachfahren der Cooks, sind praktisch die einzigen auf Tonga, die ihr Gewerbe wirklich ernstnehmen. Sie alle haben denselben energischen Gang, an dem man sie schon von weitem erkennen kann, und sind stets eifrig bei der Arbeit.«

Ruhen war nicht nur am Bau des Fangbootes *Velata* beteiligt, sondern auch an der Herstellung von Harpunen und Speeren, die er aus dem Stahl der Kurbelwellen schrottreifer Autos bastelte. Die Harpunen hatten einen Widerhaken und ähnelten den Geräten, die die Walfänger aus New Bedford bereits über ein Jahrhundert vorher verwendet hatten. Als jedoch etwa um diese Zeit einer der tongaischen Walfänger ein Motorboot erstand, änderten sich die traditionellen Fangmethoden schlagartig. Der erste Wal der Saison wurde mit diesem Motorboot gefangen, das viel schneller und auch viel leichter zu manövrieren war als ein Ruderboot, und das ganze Dorf war hellauf begeistert. Denn das proteinhaltige Walfleisch spielte für die tongaische Wirtschaft eine wichtige Rolle, während man auf das Öl weniger Wert legte.

Obgleich die Walfänger auf den Tongainseln weitgehend die gleichen Techniken und Ausrüstungsgegenstände wie die Yankee-Walfänger benutzten, dienten die Walprodukte hier zu ganz anderen Zwecken. Zunächst versuchten die Tongaer, das Öl an Schiffe zu verkaufen. Schließlich entwickelten sie aber eine solche Vorliebe für Walfleisch, daß sie nicht nur das rote Fleisch, sondern auch den Walspeck und sogar die Innereien selbst verzehrten. In den besten Zeiten des tongaischen Walfangs erlegte man rund 20 Buckelwale pro Jahr, die, wie W. H. Dawbin bemerkt, »ausschließlich und ganz in die Mägen der Einheimischen wanderten«. 1957 begab sich Dawbin mit Kuki Cook und seinen Söhnen auf eine Walfangexpedition, auf der zwei Fangboote mitgeführt wurden – eines für die eigentliche Jagd, das andere als Reserveschiff für den Notfall und um den Wal leichter ins Schlepptau nehmen zu können. Nachdem sie um fünf Uhr früh hinausgefahren und gegen Mittag einen gut 15 m langen Buckelwal harpuniert hatten, schleifte sie dieser acht Stunden lang hinter sich her, bis sie ihn schließlich besiegen konnten. Als sie endlich wieder in Hafennähe waren, hißten sie als Zeichen dafür, daß die Fahrt erfolgreich gewesen war, eine schwarze Fahne. Daraufhin strömten die Dorfbewohner herbei, um sich ihren Fleischanteil zu holen. Dawbin bemerkt: »Sogar von einem so großen, schätzungsweise 50 Tonnen schweren Wal war bei Einbruch der Dunkelheit außer dem Gerippe nichts mehr übrig, das dann mit der nächsten Flut wieder ins Meer zurückbefördert wurde.«

Ruhen war weniger erfolgreich. Nach drei Wochen

Ein tongaischer Harpunier verkauft Walfleisch an die Dorfbewohner, die begierig darauf warten, ihre Körbe endlich füllen zu
können.

der Wal vier Speerstöße hatte hinnehmen und eigentlich längst hätte tot sein müssen, löste sich das Harpunenseil von der Harpune, und das Tier entkam.

Andere tongaische Walfänger konnten in jenem
Jahr aber noch Wale erlegen, deren Fleisch in die
Kochtöpfe wanderte. »Das Herz des Wals wurde dagegen, wie üblich, nicht verkauft«, berichtet Ruhen. Oft
bekommt es die königliche Familie als Geschenk,
oder der Walfänger behält es selbst, denn es gilt als
besondere Delikatesse.« Ruhen erhielt von Cook fünf
Kilogramm vom Herz des Wals, das er mit Vorliebe
gegrillt aß. Die Mannschaft der *Velata* bekam 200
Kilogramm Walfleisch, das dann in Kokosmarksauce
zubereitet wurde.

Eine Woche vor seiner geplanten Abreise beschloß
Ruhen, in der Nähe der westlichsten der Tongainseln,
der Vulkaninsel Hunga Haapai, nochmals auf Walfang
zu gehen. Aber auch dieser letzten Expedition war
kein Erfolg beschieden:

Wieder nichts. Ich sollte in jenem Jahr einfach keinen Wal
fangen, aber ich habe es zumindest versucht. Alles in allem
gewann ich dafür doch etwas unendlich Wertvolleres, nämlich die Freundschaft großartiger Menschen und ein viel tie-
feres Verständnis. Nun weiß ich, was es heißt, einen Wal
anzufassen. Er fühlt sich gut und stark an, und das Gefühl
von Kraft und Stärke, das dabei auf einen übergeht, ergibt
sich aus einer gewissen geheimnisvollen Verbundenheit
[mit dem Wal nach dem Kampf]. Ich weiß nun, was es heißt,
der Verlierer zu sein und daß es eigentlich auch gar nicht so
wichtig ist, wer den Kampf gewinnt.

William Dawbin kehrte 1980 nach Tonga zurück, um
im Auftrag der Regierung ein neues Forschungspro-
jekt über Wale zu leiten. Die Nachkommen der alten
Walfänger übten ihr Gewerbe aus, bis der König von
Tonga in jenem Jahr zum Schutz des stark dezimierten Buckelwalbestands den gesamten Walfang verbot.

Walfang mit Gift

Bevor der kommerzielle Walfang auch in Europa in
großem Stil einsetzte, galten die Walfänger von Sibirien und Alaska als die besten der Welt. Tatsächlich
ging man im Nordpazifik schon 1000 Jahre, ehe die
Europäer und Amerikaner so hochentwickelte Waffen
wie die Harpune mit Widerhaken oder die Fangleine
verwendeten, in kleinen Paddelbooten und mit Harpunen auf Waljagd. Es gilt als sehr wahrscheinlich,

auf See hatte die Mannschaft der *Velata* immer noch
keine Wale gesichtet. Dies war vermutlich darauf zu-
rückzuführen, daß die japanischen und sowjetischen
Hochseeflotten die neuseeländischen Gewässer befahren und dort Jagd auf die von ihren Nahrungsgründen in der Antarktis zurückkehrenden Buckelwale gemacht hatten. (Diese Art hemmungsloser Bejagung führte zu einer so starken Verminderung der
Buckwalpopulationen, daß schließlich sogar die wenigen von den tongaischen Einheimischen getöteten
Wale eine Gefahr für deren Bestandserholung darstellten.) Endlich stieß die *Velata* aber doch auf einen
Wal. Die Jagd wurde jedoch zu einem wilden Kampf,
in dessen Verlauf Männer über Bord fielen, sich ein
Mann mit dem Fuß in der Fangleine verfing und die
Velata auf den Wellen hin und her tanzte wie eine
Nußschale. Roger, Ruhens Freund aus Neuseeland,
hielt die ganze Aktion mit der Kamera fest. Nachdem

daß sowohl die Fangtechniken als auch die Kajaks oder *baidarkas* dieser ersten Walfänger im Nordpazifik später von den Nordeuropäern übernommen und so weiterentwickelt wurden, daß auch die größeren Wale damit bejagt werden konnten. Im Nordpazifik finden sich u. a. Grönland-, Grau-, Finn-, Buckel- und Weißwale.

Obwohl vor allem die an der Nordküste Alaskas heimischen Eskimos für ihre uralte Walfangtradition berühmt sind, war dieses Gewerbe auch für verschiedene Volksstämme an der Nordwestküste Nordamerikas vom Staate Washington bis zu den Aleuten von großer Bedeutung. Die meisten dieser Stämme existieren heute allerdings nicht mehr, und ihre Kulturen wurden, wenn nicht ausgelöscht, so doch voll und ganz in die moderne westliche Zivilisation integriert. Wale kommen jedoch in den dortigen Küstengewässern immer noch vor – wie schon vor Millionen Jahren.

Über die tatsächliche Bedeutung des Walfangs für die Nordwestindianer lassen sich nur Vermutungen anstellen, die zum großen Teil auf Legenden oder vereinzelten Berichten in anthropologischen Schriften des 19. Jahrhunderts basieren, in denen auch von Walfängern und ihren Nachkommen die Rede ist. Die einzelnen Stämme unterschieden sich durch ihre Lebensweise stark voneinander, und das einzige, das man mit Sicherheit sagen kann, ist, daß einige von ihnen Wale wegen des Fleisches und des Öls jagten.

Die rauhe, unwirtliche Inselkette, die sich im Norden von Alaska bis fast zur Halbinsel Kamtschatka erstreckt, wurde einst vom Stamm der Aleuten bewohnt. Die sehr wahrscheinlich von sibirischen Eskimos abstammenden Aleuten verfügten zwar weder über fruchtbare Böden, noch über Bodenschätze, aber ihre Küstengewässer boten ihnen eine weitaus bessere Existenzgrundlage – vorausgesetzt, sie nahmen den Kampf mit den Walen auf. Die Aleuten bilden die nördliche Grenze der geologisch instabilen Erdbeben- und Vulkanzone, von der der Pazifik umgeben ist. Viele Aleuteninseln sind tatsächlich nur die kleinen, aus dem Wasser ragenden Spitzen von großen Unterwasservulkanen, und etwa 46 der insgesamt 276 Inseln in dieser 18 000 km langen Inselkette sind aktive Vulkane.

Obwohl Nordamerika höchstwahrscheinlich vor etwa 10 000 bis 25 000 Jahren von Asien her besiedelt wurde und die ersten Siedler asiatischer Abstammung waren, vertreten Geologen heute den Standpunkt, daß die Aleuten niemals Teil der berühmten Landbrücke waren, die beide Kontinente früher mit-

einander verband. Die Inseln wurde vielmehr von dem unglaublich kühnen und harten Volksstamm später von Amerika aus besiedelt. Die Menschen zogen dabei von Insel zu Insel westwärts, bis sie die Kommandeursinseln erreichten, die heute in russischen Hoheitsgewässern liegen. Der russische Zar Peter der Große beauftragte im Jahre 1741 die Kapitäne Vitus Bering auf der *Sankt Peter* und Alexej Tschirikow auf der *Sankt Paul* mit der sogenannten zweiten Kamtschatka-Expedition. Während dieser Forschungsreise betrat möglicherweise ein Mitglied der Mannschaft eines dieser beiden Schiffe, wahrscheinlich ein einfacher Matrose, als erster Europäer aleutischen Boden. Zu jener Zeit lebten auf den Inseln schätzungsweise 25 000 Menschen. In der Folgezeit bemühte sich Rußland, auf den Aleuten Fuß zu fassen, wo es große Mengen von Robben und Seeottern gab, die man vor allem wegen ihres kostbaren Pelzes schätzte und bejagte. Die Aleuten wollten jedoch weder ihre Freiheit noch die Tiere kampflos preisgeben, und die Beziehungen zwischen den beiden Völkern entwickelten sich alles andere als friedlich. 1763 kam es zum offenen Krieg. Vier russische Schiffe wurden zerstört, die Mannschaften massakriert. Im Gegenzug machte der russische General Solowjew alle Dörfer auf der Insel Umiak dem Erdboden gleich, metzelte die Bewohner nieder und vernichtete alle Waffen und *baidarkas* (die Existenzgrundlage der Aleuten), deren er habhaft werden konnte. Solowjew trägt in der aleutischen Geschichte nicht umsonst den Beinamen »der Zerstörer«.

In den folgenden 50 Jahren bauten die Russen ihre Vormachtstellung auf den Inseln weiter aus, und 1804 war der Widerstand der Bewohner endgültig gebrochen. Zum Zweck der Robbenjagd wurde sogar eine ganze Dorfgemeinschaft auf die nördlich der Aleuten gelegenen Pribilof-Inseln umgesiedelt, wo der russische Einfluß noch heute spürbar ist und die Pelzrobben seit der Mitte des 19. Jahrhunderts ununterbrochen bejagt werden. Als die Russen von 1854 bis 1856 mit dem Krimkrieg beschäftigt waren, setzten sich amerikanische Händler und Walfänger auf den Aleuten fest, und 1867 wurden die Inseln zusammen mit Alaska durch Kauf von den USA erworben.

Vor der Ankunft der Europäer nannten sich die Ureinwohner der Aleuten *Unangan*, was in etwa mit »die Menschen« zu übersetzen ist. Tatsächlich waren sie sich nämlich, wie viele andere nordische Völker, der Existenz anderer Kulturen keineswegs bewußt. Die frühesten archäologischen Funde stammen aus der

Nach dem fast völligen Verschwinden der Nordkaper- und Buckelwale im Ochotskischen Meer wurden von den Koryaks, die als hervorragende Walfänger galten, nur noch kleinere Walarten wie dieser Weißwal bejagt.

Zeit um 6000 v. Chr. und lassen darauf schließen, daß die Ureinwohner in erster Linie Meeressäuger bejagten. Tatsächlich war ihre gesamte Kultur also auf die Nutzung all dessen ausgerichtet, was das Meer ihnen bot. Gejagt wurden Pelzrobben, Seelöwen, Ottern, Fische, Delphine und Wale, die entweder in den Küstengewässern beheimatet waren, oder dort ihre Kalbegründe bzw. Laichplätze hatten. Die Ureinwohner der Aleuten fuhren in ihren kleinen, erstaunlich seetüchtigen *baidarkas* aber auch aufs Meer hinaus, um auf Walfang zu gehen. Für den Walfang fanden Handharpunen, an deren Spitze ein Stein befestigt war, Verwendung, Vögel und Robben wurden mit unterschiedlich großen Pfeilen, die mit einer einfachen Schleudermaschine abgeschossen wurden, gejagt. Wie bei den Indianern und anderen Eskimos spielten auch bei den aleutischen Jägern Riten und Zeremonien eine wichtige Rolle. Zur Gemeinschaft der Waljäger hatten nur Männer Zutritt, und aufgrund ihres Wissens um die geheimnisvollen Riten beim Walfang nahmen sie innerhalb der Stammesgesellschaft eine Sonderstellung ein.

Über die Walfangmethoden der Aleuten ist sich die Wissenschaft bis heute nicht einig. Sehr wahrschein-

lich wurden in erster Linie Grauwale und bisweilen auch Finn- und Buckelwale gejagt. 1834 beobachtete der russische Forscher Ferdinand Petrowitsch von Wrangel, daß ein Wal, sobald die Speerspitze durch den Blubber ins Fleisch gedrungen war, tödlich getroffen war und innerhalb von zwei bis drei Tagen verendete. Weitere Berichte über Wale, die rasch an einer einzigen Wunde starben, führten zu der Annahme, daß die Aleuten ihre Speerspitzen mit Akonitin, dem Alkaloid des Blauen Eisenhuts, einem der stärksten Pflanzengifte, versahen und die Wale vergifteten.

Die Walfänger paddelten allein (oder manchmal auch zu zweit) in einer Doppel-*baidarka* aufs Meer hinaus. Sobald man einen Wal gesichtet hatte, näherte man sich ihm bis auf 15 bis 18 m und schleuderte den mit einer Spitze aus Obsidian oder Schiefer versehenen Speer. Die Speerspitzen waren häufig mit dem Fett verstorbener Angehöriger beschmiert, mit Leichenteilen behängt oder mit Kleidungsstücken von Witwen geschmückt. In den Aufzeichnungen des russischen Geistlichen Ioann Wenjaminow aus dem Jahre 1840 finden wir das dem Schleudern des Speers vorausgehende Zeremoniell recht ausführlich beschrieben. Ebenso geht daraus hervor, daß der

Waljäger den Wal nur ein einziges Mal verwundete. Dann kehrte er nach Hause zurück und begab sich erst nach drei Tagen an die Stelle, wo seiner Meinung nach der tote Wal angespült wurde.

Ob die Aléuten wußten, daß die Wale durch das Gift sterben konnten, oder ob dieses eine rein rituelle Funktion hatte, ist bis heute umstritten. Fest steht jedoch, daß Akonitin ein tödliches Gift ist, und bewiesen ist ferner, daß auch Menschen damit vergiftet wurden (insbesondere bei den Ainu im nördlichen Japan). Der Anthropologe Robert Heizer, der sich auch mit dem Walfang beschäftigte, ist der Meinung, daß die Verwendung von Akonitin sehr wohl zweckgebunden war, und versucht, seine Theorie durch eine Reihe von Argumenten zu beweisen. So führt er unter anderem verschiedene historisch belegte Beispiele für die Verwendung von Giften im modernen Walfang an, etwa bei den Walfängern aus Nantucket um 1833. Weiter erwähnt er auch die von schottischen Walfängern praktizierte (und erstmals für das Jahr 1838 belegte) Methode, dem Wal nach dem Harpunieren Blausäure einzuspritzen und ihn so zu vergiften. Der französische Chirurg Ackermann erfand die *harpon inoculateur,* an deren Spitze ein Fläschchen mit Blausäure befestigt war, das zerbrach, sobald die Harpune das Tier traf. Ferner zitiert Heizer den Franzosen Thiercelin, dem es angeblich gelungen war, durch mit Strychnin und Kurare vergiftete Patronen zehn Wale zu töten. Den Grund dafür, daß sich die Verwendung von Gift beim Walfang nicht durchsetzen konnte, ja anscheinend sogar verpönt war, sieht Heizer schließlich darin, daß man auf den Schiffen weniger Männer benötigt hätte, die Walfänger jedoch in erster Linie an der Erhaltung ihrer Arbeitsplätze interessiert waren. (In den fünfziger Jahren testete man in Schweden und Norwegen erneut Kurare als »Waffe« gegen Wale und kam zu dem Ergebnis, daß die zur Tötung eines einzigen großen Tieres nötige Dosis die gesamte Weltproduktion umfassen und das Walfleisch für Menschen ungenießbar machen würde.

Der norwegische Cetologe Åge Jonsgard berichtet, daß die Menschen in Skandinavien schon vor Jahrhunderten die Wale, die sich oft in die engen Fjorde verirrt hatten, töteten, indem sie ihnen zuerst ein Netz über das Maul stülpten und dann ihre vergifteten Pfeile auf sie abschossen. »Die Wale erlitten in der Folge eine Blutvergiftung und waren nach einigen Tagen so schwach, daß sie leicht an Land gezogen werden konnten ...« Aus den entzündeten Narben der toten Wale entnahmen die Walfänger dann wiederum Gift für ihre nächste Waljagd. Während wir bei Jonsgard keine Angaben über die Art des verwendeten Giftes finden, wurde dieses von der Anthropologin Beth O'Leary genau analysiert.

Nach eingehendem Studium der Primärquellen zum frühen Walfang im alten Norwegen beschreibt O'Leary, wie die armen Bauern des Dorfes Kvalvag einen Zwergwal erlegten. Sie verwendeten eine der im England des 13. oder 14. Jahrhunderts gebräuchlichen Armbrust ähnliche Waffe (wobei unklar ist, ob es sich dabei um eine Nachbildung oder um eine echte alte Waffe handelte) und waren mit einem an der Spitze aus Eisen bestehenden Pfeil ausgerüstet, den der Dorfschmied von Skogsvag »aus einem alten, rostigen Bolzen geschmiedet und mit tierischem Urin behandelt hatte. Ehe sie auf Walfang gingen, vergifteten sie die Pfeilspitze, indem sie diese in die entzündete Wunde eines toten Wals oder ein Stück faules Fleisch steckten.« Die auf diese Weise infizierten Pfeile wurden *dödspiler* oder »Todespfeile« genannt. Da diese Art des Walfangs bis um das Jahr 1900 praktiziert wurde, konnte der Bazillus von norwegischen Medizinern untersucht werden, die zu dem Schluß kamen, daß der Bazillus durch das Hervorrufen einer Blutvergiftung oder einer Infektion mit Leichengift tatsächlich eine schwächende Wirkung auf Wale haben konnte.

Was den frühen Walfang auf den Aléuten betrifft, hält O'Leary die Verwendung von Gift für sehr unwahrscheinlich, da den Walfängern das Risiko, daß der getötete Wal nicht an Land geschwemmt, sondern auf das Meer hinausgetrieben würde, wohl zu groß war. (Sie zitiert einen Beobachter, der 1858 bemerkte, daß von zehn getroffenen Walen neun entkamen.) Die Verwendung des Giftes Akonitin hält O'Leary praktisch für ausgeschlossen. »Auch konnte dem Wal unmöglich eine so große Menge davon verabreicht werden, daß die Dosis wirklich tödlich gewesen wäre.«

Es läßt sich also nicht mit Sicherheit sagen, ob die frühen Walfänger auf den Aléuten tatsächlich Akonitin verwendeten, und, falls ja, ob dieses nicht nur eine rein rituelle Funktion hatte. Fest steht aber, daß sie sehr wohl Walfang betrieben, und zwar nicht nur des Fleisches, sondern auch des Öls wegen.

Auf der südlich von Alaska gelegenen Kodiak-Insel lebten die sogenannten Koniags, ein Stamm Pazifik-Eskimos, deren Gesellschaftsstruktur der der Aléuten

Diese Fotografie aus dem Jahre 1904 zeigt eine Kultstätte der Nootka auf der Vancouverinsel. Zu sehen sind Totenköpfe, Holzfiguren von Walfängern und (vorne) von Walen.

sehr ähnlich war. Auch bei der Waljagd verwendeten die Koniags ähnliche Methoden und Waffen wie die Aleüten, und angeblich sollen auch sie ihre Pfeile mit Akonitin vergiftet haben. Die älteren Walfänger hüteten sorgsam die Geheimnisse des alten Walfangrituals und versuchten möglicherweise zu verheimlichen, daß es sich bei Akonitin um ein wirkliches Gift handelte, indem sie behaupteten, ihre »magische« Giftsubstanz bestehe aus Leichengift. Gleichgültig, welche Art Gift man verwendete – der Erfolg des Unternehmens hing in jedem Fall weit mehr von den Luft- und Meeresströmungen ab, die die toten Wale an Land treiben mußten. Charles Melville Scammon hat nicht nur detailliert beschrieben, wie die Wale im Nordpazifik geortet, getötet und dann verarbeitet wurden, sondern sich auch eingehend mit der Geschichte der Walfangindustrie und dem Alltag der Walfänger beschäftigt. Da der Autor die von ihm be-

schriebenen Ereignisse allem Anschein nach selbst miterlebt hat, gilt seine Geschichte des Walfangs an der amerikanischen Nordwestküste als eine der besten Quellen, die wir haben. Über die Walfangtechniken der Indianer schreibt Scammon:

Wie Krieger aus einem Hinterhalt gleiten sie in ihren Kanus langsam von einer Insel, einem Kliff oder einer Bucht ins Meer, stürzen sich mit lautem Gebrüll und Geheul auf ihr Opfer, schleudern ihre tödlichen Waffen und setzen ihm zu wie Bluthunde, die ihrer Beute auch den letzten Lebenstropfen aussaugen wollen. Nach dem Kampf bilden sie mit ihren Kanus lange Ketten und ziehen den toten Wal im Triumphzug an Land. Unter den Indianern der Nordwestküste sind gerade die Walfänger außergewöhnlich abenteuerlustig und ehrgeizig. Jenen, die sich rühmen konnten, einem Wal den Todesstoß versetzt zu haben, wurde früher als höchste Auszeichnung und äußeres Zeichen ihrer Würde die Nase quer eingeschnitten. Dies ist heute aber nicht mehr üblich.

Obwohl Scammon seine Krieger nicht näher beschreibt, dürfte es sich bei ihnen um den im Westteil der Vancouver-Insel beheimateten Stamm der Nootka gehandelt haben, die als die besten Walfänger unter den Nordwestindianern galten. Die meisten an der Nordwestküste heimischen Indianerstämme gingen jedoch überhaupt nicht auf Walfang und verwerteten vermutlich nicht einmal die an ihren Küsten gestrandeten toten Wale. Zu ihnen gehörten die Tlingit, Haida, Tsimshian, Kwakiutl und die Salish. Wale können jedoch auch in eine Kultur integriert werden, ohne daß man sie bejagt. So spielten Waltiere im religiösen Leben der Haida-, Tlingit- und Kwakiutl-Indianer, insbesondere der Schwertwal, eine wichtige Rolle. Der Schwertwal genoß bei diesen Stämmen als Herr des Meeres höchste Verehrung. Man glaubte, daß ein Schwertwal ein voll bemanntes Fischerboot auf den Grund des Meeres hinunterziehen könne, wo die Fischer dann in Wale verwandelt würden. Schwertwale, die so nahe an die Küste herankamen, daß man sie vom Dorf aus sehen konnte, wurden für ertrunkene Dorfbewohner gehalten, die mit ihren Angehörigen in Kontakt treten wollten. Das stilisierte Bild des Schwertwals mit seiner hohen Rückenflosse und dem stark bezahnten Maul ist wohl eines der eindrucksvollsten Motive in der Kunst der Nordwestindianer und erscheint häufig auf Hüten, Masken, Kleidungsstücken, Schnitzereien, Koch- und anderen Haushaltsgeräten sowie auf Totempfählen der oben erwähnten Indianerstämme, zu deren Totemsymbolen auch der Weißbauch- und der Weißstreifendelphin zählten. Zusammen mit dem Bär, dem Raben, dem Adler und dem Biber gehörte der Schwertwal zu den bedeutendsten Tiergottheiten der Nordwestindianer.

Daß der Schwertwal in der Kultur der Nordwestindianer eine so wichtige Rolle spielt, überrascht nicht weiter, da man an der Nordwestküste Nordamerikas das ganze Jahr über dort heimische Populationen beobachten kann. Durch ihre große hochaufragende Rückenflosse und die beeindruckende Schwarzweißfärbung ihrer Haut haben diese Tiere auch in weniger abergläubischen Menschen Angst und Bewunderung erregt. Schwertwale haben übrigens einen ausgeprägten »Familiensinn«. Wie neueste Forschungen ergaben, werden ihre Schulen, die oft bis zu 40 Tiere umfassen, von einem oder mehreren dominanten Bullen angeführt, und die Kühe bleiben ihr ganzes Leben im selben Verband. Daß den majestätischen Schwertwalen, die auch als die größten Beutejäger

des Meeres gelten, übernatürliche Kräfte zugeschrieben wurden, scheint also nur zu verständlich.

Als Kapitän Cook 1778 auf seiner dritten Seereise die nordamerikanische Nordwestküste erkundete, ging er in einer geschützten Meeresenge an der Westküste der Vancoucer-Insel an Land, die er King-George-Sound nannte. Die Bezeichnung konnte sich jedoch gegen den entweder von Sir Francis Drake (1579) oder dem Spanier Perez (1774) gewählten Namen »Nootka Sound« nicht durchsetzen. Wohl aber blieb dem dort heimischen Indianerstamm der von Cook stammende Name »Nootka«. Bei seiner Landung traf Cook auf rund 2000 Indianer, die das Leben von Nomaden führten und eine festgefügte Stammesgesellschaft bildeten, in der es Häuptlinge, »das gemeine Volk« und Sklaven gab, bei denen es sich um Kriegsgefangene handelte. (Cook, der auf seinen Reisen alle möglichen Kunstgegenstände eintauschte, erstand hier auch Knüppel aus Fischbein, die als »Sklaventöter« bezeichnet wurden.) Die Nootka lebten fast ausschließlich von dem, was ihnen das Meer schenkte, insbesondere von Fischen, wie Heringen, Heilbutt, Kabeljau und Lachs, jagten aber auch Robben, Wasservögel und natürlich Wale.

Der Walfang war in der Kultur der Nootka von entscheidender Bedeutung und deshalb mit einem besonders eindrucksvollen Zeremoniell verbunden. Gejagt wurden in erster Linie die jährlich nach Norden ziehenden Grauwale und bisweilen auch Pott- und Finnwale. Die Nootka fertigten Kanus aus riesigen Zedernholzstämmen und verwendeten Harpunen mit einem besonders langen Seil und Schwimmern aus Seehundfell. Der Harpunier hatte in der Stammesgesellschaft einen sehr hohen Rang inne und gab sein geheimes Wissen und seine praktischen Erfahrungen weiter. Außerdem gab es einen »Schamanen«, der nur für den Wal-Ritus zuständig war und durch Beschwörungsformeln dafür sorgte, daß Wale, die eines natürlichen Todes gestorben waren, an Land gespült wurden.

Der Ethnologe Franz Boas hörte von einem »heiligen Haus« nahe des Nootka Sound. Im Winter 1903/04 reiste George Hunt in seinem Auftrag zu den Nootka und fand tatsächlich dieses Haus. Nachdem er durch verschiedene Tricks das Vertrauen der Indianer gewonnen hatte, durfte er das Haus sehen, und schließlich erwarb er es für 500 Dollar vom Häuptling. Das Haus enthielt 95 Bilder von Menschen, Skulpturen von Walen und Totenschädel. Seine Funktion beschreibt Philip Drucker wie folgt:

Nachdem er in vier aufeinanderfolgenden Nächten gebadet und seinen Körper mit Zweigen abgerieben hatte, betrat der Besitzer [Schamane] sein Haus, um zu beten. Dann wanderte er vier Tage lang um den See herum, wobei er immer vier Schritte machte und dann betete. Ein Gehilfe folgte ihm, um ihn, sobald er vor Erschöpfung und Kälte nicht mehr sprechen konnte, rechtzeitig zur Rückkehr zu veranlassen. Keiner von beiden durfte während der vier Tage essen oder schlafen. Das Ritual zog sich über vier zunehmende Monde lang hin. Wenn während dieser Zeit ein Stammesmitglied starb, wurde der Leichnam von dem Schamanen selbst oder seinem Gehilfen geraubt. Selbst wenn die Familien die Leiche versteckten, konnten sie diese meist – durch Bestechung oder andere Tricks – ausfindig machen. Dann brachten sie den Leichnam an die Küste und legten ihn mit dem Gesicht nach unten über einen Stein. Dann durchbohrten sie den Kopf mit einem hölzernen Pflock, der an der Schädelbasis ein- und durch den Mund wieder austrat, und zogen eine Röhre durch das Loch. Der Häuptling stellte sich hinter den Leichnam und bat, indem er aus Leibeskräften durch die Röhre schrie, darum, daß die Wale an Land geschwemmt würden. Anschließend nahm er die Eingeweide aus dem Leichnam, präparierte und trocknete ihn und brachte ihn zur heiligen Stätte.

Vor der Walfangexpedition durfte der Jäger keinen Geschlechtsverkehr haben und mußte täglich in einem Süßwasserteich baden und seinen Körper mit Schierlingzweigen blutig reiben. Nachdem auf dem Rücken des Waljägers eine Leiche festgebunden worden war, schritt dieser feierlich ins Meer und imitierte den Blas des Wals. Dann versetzte er sich in Trance, um das Traumbild eines Wals heraufzubeschwören, und sang dem Wal leise ein Lied vor, in dem er ihn bat, sich nicht gegen den Jäger zu wenden, sondern sich ihm freiwillig zu opfern. Zum Dank würde dieser, der es ja gut mit ihm meine, ihn mit »Adlerfedern und Zedernrinden« schmücken.

Wenn sie meinten, der Wal habe das Lied gehört, fuhren die Walfänger aufs Meer hinaus. Bisweilen nahmen nicht weniger als zehn Kanus an der Jagd teil, wobei ein einziger Wal von bis zu achtzig Männern gejagt wurde.

Die Nootka-Indianer gingen auch noch ein Jahrhundert nach Cooks Besuch auf Walfang. Scammon beschreibt ihre Ausrüstung wie folgt:

Das Walfangkanu der Indianer ist 35 Fuß lang. Die Mannschaft besteht aus acht Mann, von denen jeder mit einem 5 1/2 Fuß langen Paddel rudert. Die Ausrüstung besteht aus Harpunen, Leinen, Speeren und Schwimmern aus Robbenfell; alles haben die Indianer selbst gefertigt. Zum Schnitzen von Speeren und Speerspitzen wurde früher der dicke Teil einer Miesmuschel- oder Meerohrschale verwendet. Die dreisträngige Leine ist aus Zedernruten geflochten. Die Schwimmer sind in kräftigen Farben bemalt, ein bestimmtes Zeichen zeigt, zu welchem Boot sie gehören. Der Speer- oder Harpunenschaft ist aus dem festen Holz der Eibe gemacht, 18 Fuß lang und 18 Pfund schwer und zusammen mit der Spitze eine hervorragende Waffe.

Während der ganzen Jagd sangen die Nootka, die, abgesehen von ihren geflochtenen Hüten, völlig nackt waren, magische Lieder, um den Wal an die Küste zu treiben. Sie versuchten stets, sich dem Wal von der linken Seite her zu nähern, damit sie ihn mit der Harpune direkt ins Herz treffen konnten. (Die schweren Harpunen konnten nicht geschleudert werden; deshalb mußten die Jäger so nahe an den Wal heranrudern, daß sie mit den Waffen zustechen konnten.) Hatte die erste Harpune getroffen, folgten meist weitere. Sobald der Wal erschöpft oder durch den Blutverlust geschwächt war, durchtrennte man seine Schwanzsehnen mit einem an einer langen Stange befestigten Messer und versetzte ihm mit einem Speer aus Elchhorn den Todesstoß. Damit der Wal nicht zu viel Wasser schluckte und unterging, tauchte ein Jäger ins Wasser und nähte dem Wal kurzerhand das Maul zu. Auch während sie den Wal an Land zogen, sangen die Waljäger beschwörende Lieder.

Auf die erfolgreiche Jagd folgte ein großes Fest mit Gesang und Tanz. Der Kopf des Wals wurde als eine Art Fruchtbarkeits- und Regenerationssymbol dem Meer zurückgegeben. Da die Indianer keine Möglichkeit hatten, das Walfleisch zu konservieren, aßen sie bei dem Fest, so viel sie konnten. Der Blubber wurde ausgekocht und das Öl in Behältern aus Tierhäuten oder -blasen aufbewahrt. Der Ethnologe Franz Boas beschreibt in seiner bereits erwähnten Studie, daß die Indianer auch andere Teile der erlegten Wale verwendeten, und zeigt als Beispiele Abbildungen von verschiedenen Kriegskeulen aus Fischbein.

Obwohl es sich bei den südlich der Vancouver-Insel auf der Halbinsel Olympia im Gebiet von Cape Flattery beheimateten Makah, Quileute, Klallma und Quinault um Unterstämme des Volkes der Nootka gehandelt haben dürfte, machen viele Anthropologen Unterschiede. Von all diesen Stämmen betrieben wohl die Makah am intensivsten Walfang. (Bei Untersuchungen von alten Abfallhaufen stieß man in Ozette [Washington State] auf verschiedene Arten von Walknochen und Fischbein, u. a. von Schwert- und Grauwalen, Nordkapern, Pott-, Finn- und Blauwalen.) Die Stammesgesellschaft der Makah wies eine ähnliche Struktur auf wie die der Nootka, und nur die ranghöchsten Mitglieder konnten Waljäger werden. Sie praktizierten die gleichen Riten und verwendeten dieselben Waffen und Techniken wie ihre Verwandten im Norden. Von den Weißen übernahmen sie später das Segel und ersetzten die Speerspitzen aus Muschelschalen durch Eisenspitzen. Bis zur Entwicklung von Explosivharpunen im späten 19. Jahrhundert jagten die Indianer an der amerikanischen Nordwestküste die Wale auf traditionelle Weise. 1850 waren die Makah so hervorragende und erfolgreiche Waljäger, daß sie sich fast ausschließlich von Walfleisch ernähren und überschüssiges Öl an europäische Schiffe verkaufen konnten.

Dennoch deckten die Nordwestindianer mit den Walprodukten fast ausschließlich den Eigenbedarf, und nur die Makah konnten eine äußerst bescheidene »Industrie« aufbauen. Denn die Wale waren knapp, und die Harpuniere wurden traditionell nach Alter und Rang, nicht aber nach ihren Fähigkeiten ausgewählt. Die Fangzahlen blieben also stets relativ niedrig. Die kalifornischen Grauwale waren erst ab der Mitte des 19. Jahrhunderts ernsthaft vom Aussterben bedroht, nachdem Kapitän Scammon ihre Kalbegründe in Baja California entdeckt hatte und die Tiere durch eine ganze »Armada« von Walfängern in großer Zahl abgeschlachtet wurden.

Die Karibik

Schon bevor die Walfänger von Neuengland im Nordosten der heutigen USA ihre eigenen Fanggründe leergefangen hatten, fuhren sie südwärts, bis sie in der Karibik auf Wale stießen (dabei handelte es sich um Tiere derselben Population; denn die Wale zogen alljährlich im Sommer nordwärts an die Neuengland-Küste und kehrten im Winter wieder nach Süden zurück). Die Bejagung von Walen in der Karibik wird durch einen anonymen Artikel in den Londoner *Philosophical Transactions* erstmals für das Jahr 1665 belegt. Drei Jahre später lieferte Richard Stafford, der Shieff der Bermudainseln, bereits einen detaillierten Bericht über die Wale der Region und den Walfang, an dem er sich selbst beteiligt hatte. (Heute gibt es hier nur noch einen einzigen Walfänger auf der Insel Bequia; dieses Gewerbe hat in der Karibik also keine Zukunft.) Da laut Staffords Bericht die Wale fast ausschließlich in den Monaten März, April und Mai erschienen, dürfte es sich bei ihnen um Buckelwale gehandelt haben.

Während der Walfang auf den Bermudas anscheinend nie große Bedeutung erlangte, wurden die Gewässer rund um die Westindischen Inseln schon bald zu einem bevorzugten Jagdgebiet für Walfänger. Anfangs segelten die Walfänger von Nantucket südwärts bis zu den Bahamas, überquerten den Atlantik und segelten weiter zu den Azoren und zur westafrikanischen Küste. In den später als »Bahama Banks« bezeichneten Gewässern gab es nur wenige Wale, und es lohnte sich nicht, diese intensiv zu bejagen. Um die Mitte des 19. Jahrhunderts gingen die Walfänger in den Gewässern rund um die Grenadinen regelmäßig auf Buckelwal- und Grindwaljagd. Da die Buckelwale zur Fortpflanzung stets die gleichen, im Bereich verschiedener Inseln gelegene Kalbegründe aufsuchten, wurden die Bestände durch die intensive und konzentrierte Bejagung stark dezimiert.

Trotz gegenteiliger Behauptungen scheinen Wale nicht kommunikationsfähig genug zu sein, um ihre Nachkommen vor drohenden Gefahren warnen zu können. So kehrten die Buckelwale alljährlich in den Monaten Januar bis Mai und insbesondere von März bis Mai in ihre gewohnten Kalbegründe zurück, wo sie dann von den Walfängern nur noch »eingesammelt« werden mußten.

Nachdem die Anzahl ihrer Beutetiere zurückgegangen war, mußten sich die Walfänger aus dem Norden nach neuen, ergiebigeren Fanggründen umsehen. Als »Entschädigung« für die von ihnen getöteten Wale hinterließen sie den Einheimischen ihre Walfangmethoden. Bis ins 20. Jahrhundert legten die Walfänger immer wieder an den Karibischen Inseln an, um Proviant aufzunehmen, aber ab den 1920er Jahren betrieben nur noch die Einheimischen Walfang.

Die zu den Kleinen Antillen gehörende Insel St. Lucia, an der im 19. Jahrhundert mehrmals Walfänger anlegten, und deren Bewohner in bescheidenem Maß selbst Walfang betrieben, trat 1981 der Internationalen Walfangkommission bei und stimmte 1982 für das Moratorium. Dem Bericht des IWC-Beauftragten Reeves, der die Insel 1987 besuchte, zufolge wird »die Zahl der jährlich gefangenen kleinen Waltiere unterschiedlich mit 30 bis 100 beziffert«. (Da diese jedoch nicht in den Zuständigkeitsbereich der IWC fallen, ist beispielsweise der Fang von Delphinen kein Hindernis für den Verbleib eines Landes in der IWC.)

Die Insel St. Vincent, die heute zusammen mit den nördlichen Grenadinen einen eigenen Staat bildet, wurde vermutlich 1498 von Christoph Columbus während seiner dritten Seereise entdeckt. Bis im 18.

Nachdem vor der Karibik-
insel Bequia ein Buckelwal
erlegt worden war,
versammelte sich oft das
ganze Dorf zum Aufteilen
des Fleisches.

Jahrhundert Siedler aus verschiedenen europäischen Ländern kamen, um für die Erzeugung von Rum Zuckerrohr anzubauen, lebten hier ausschließlich Kariben. Diese Ureinwohner wurden von den Europäern ausgerottet oder umgesiedelt, und heute sind über 90 % der Inselbewohner Nachkommen der Sklaven, die zur Arbeit auf den Zuckerrohrplantagen aus Afrika geholt wurden.

William T. Wallace, ein Plantagenbesitzer von der Insel Bequia, der auf einem Walfänger aus Massachusetts Erfahrungen gesammelt hatte, gründete im Jahre 1875 an der Friendship Bay das erste, heute noch existierende Walfangunternehmen, dem mehrere andere folgen sollten. 1910 gab es auf den nördlichen Grenadinen sechs Betriebe. Zwischen 1890 und 1925 wurden insgesamt 18 925 Hektoliter Öl exportiert, während das Walfleisch, das »beef« (›Rindfleisch‹) genannt wurde, eine wichtige Proteinquelle für die Einheimischen darstellte.

Die Einführung der Walfangindustrie durch Wallace gab 1875 der Wirtschaft der Inseln einen dringend nötigen neuen Impuls, denn die Zuckerrohrindustrie war zusammengebrochen, und abgesehen vom Anbau von Bananen und Pfeilwurz, hatte auch die Landwirtschaft nur geringe Bedeutung. (Heute

leben die Inselbewohner in erster Linie vom Tourismus.) Auf Dauer aber war die Walfangindustrie auf den Inseln nicht existenzfähig. Bis Mitte der siebziger Jahre unseres Jahrhunderts gab es im Dorf Barrouaille auf St. Vincent noch ein auf Grindwal- und Delphinjagd spezialisiertes Unternehmen, das jedoch infolge des drastischen Anstiegs der Treibstoffpreise ebenfalls schließen mußte. Das 1972 in den USA erlassene Gesetz zum Schutz der Meeressäugetiere (»Marine Mammal Protection Act«), verbot die Einfuhr aller Walprodukte in die USA. Damit gab es keinen Markt mehr für das von den Grindwalen stammende »Melonenöl«. Das Walfleisch wurde weiterhin auf den Inseln verzehrt und das Öl, vermischt mit einer minderwertigen Körperlotion, als Allzwecksalbe verwendet.

Die Fangmethoden und die Ausrüstung der Inselbewohner ähnelt immer noch denen der Yankee-Walfänger des 19. Jahrhunderts. Die Fangboote sind 8 m lang, haben 5 Rudersitze und ein langes Steuerruder und sind aus importierter Fichte hergestellt. Der Wal wird mit einer Harpune mit Widerhaken gejagt und dann mit Speeren getötet. Die bevorzugten Opfer der Walfänger auf der Insel Bequia sind Buckelwalkühe mit ihren Kälbern. Wie schon bei anderen Völkern zu beobachten war, wird auch hier dem harpunierten Wal sofort das Maul zugenäht, damit es sich nicht mit Wasser füllt und das Tier untergeht.

Die karibischen Walfänger des 19. Jahrhunderts waren (ebenso wie natürlich auch die Wale selbst) den Walfängern aus Neuengland auf Gedeih und Verderb ausgeliefert. Denn durch den intensiv betriebenen Walfang vor der Küste von Massachusetts wurde die Zahl der in die südlichen Kalbegründe ziehenden Tiere stetig dezimiert.

Aus einer detaillierten Studie über den Walfang in der Karibik von Stephen Price geht hervor, daß die Waljäger von Bequia zwischen 1867 und 1870 pro Jahr über 100 Wale, zwischen 1898 und 1938 aber nur noch 500 Wale insgesamt erlegten. 1925 waren alle Walfangunternehmen bis auf den Betrieb an der Friendship Bay geschlossen. Ein Norweger, der moderne Fang- und Verarbeitungsmethoden einführen wollte, erlegte zwischen 1924 und 1927 rund 200 Wale und mußte schließlich wieder aufgeben.

Zwischen 1930 und 1950 konnten vor Bequia kaum Wale getötet werden, 1958 betrug die Ausbeute vier oder sechs Tiere. Das führte zur Entstehung einer Walfanggenossenschaft, die auf Petit Nevis eine moderne Küstenstation mit Betonrampe und großen Lager- und Verarbeitungshallen errichtete.

Der Bestand der karibischen Buckelwalpopulation wird auf rund 600 Tiere geschätzt, von denen nur wenige in die Nähe von Bequia kommen. So gibt es in Petit Nevis nicht viel zu tun, und jeder erfolgreiche Fang wird groß gefeiert. Das Walfleisch wird eingesalzen, an der Sonne getrocknet und von den Einheimischen verzehrt, das Öl findet zu Beleuchtungszwecken, als Schmiermittel und zum Kochen Verwendung.

1982 trat St. Vincent der IWC bei und stimmte für das im gleichen Jahr in Brighton verabschiedete Moratorium. Nachdem sich ihre Euphorie gelegt hatte, kamen den Umweltschützern bezüglich dieses angeblich so umweltfreundlichen Landes jedoch ernsthafte Zweifel. Konnte ein Land, das für die Abschaffung des kommerziellen Walfangs gestimmt hatte, wirklich selbst Walfang betreiben? Nun, St. Vincent konnte.

Denn 1982 erhielt auch die Walfangindustrie von Bequia neuen Auftrieb. Ein Sponsor stiftete die Mittel für die Anschaffung eines Motorbootes, das die alten Ruderboote ersetzen sollte, und für Kurzwellenempfänger. Die Anzahl der erlegten Wale stieg, und 1984 belief sich die Ausbeute auf fünf Tiere – zwei Kühe, zwei Kälber und einen Bullen.

Da der einzige Harpunier krank wurde, fing man 1985 keine Wale. Und es ist fraglich, ob der inzwischen wieder genesene, hochbetagte Spezialist sein Gewerbe noch lange ausüben wird.

Auf der IWC-Konferenz von 1987 beantragte der Bevollmächtigte von St. Vincent für sein Land die Festsetzung einer jährlichen Fangquote von drei Walen. Dem Antrag wurde stattgegeben – allerdings mit der Einschränkung, daß keine Kälber und keine Kälber führenden Kühe getötet werden durften. Da jedoch genau diese die bevorzugte Beute der Waljäger waren, bedeutete dies praktisch das Aus für den Walfang von Bequia. Denn man harpunierte hier stets zuerst das langsam schwimmende Kalb und dann die Mutter, die nicht von seiner Seite wich; Bullen kamen nur selten in diese Gewässer oder wurden von den Walfängern als zu gefährlich eingeschätzt.

Heute erinnert in Point Hillary, wo sich einst Wallaces Station befand, ein Walfangmuseum an die Geschichte der glücklosen Industrie. Und man hofft, daß die immer noch in der Karibik anzutreffenden Wale als »Naturwunder« die Touristenzahlen weiter ansteigen lassen.

Grönland

Grönland ist die größte Insel der Welt und besitzt endlos scheinende Küsten. (Exakten Berechnungen zufolge hat die stark zerrissene Küstenlinie eine Gesamtlänge von rund 39 308 km, was fast dem Umfang der Erde im Äquatorbereich entspricht.) Natürlich variieren auch die klimatischen Bedingungen von Norden nach Süden und entlang der Ost- und der Westküste. Der Norden Grönlands ist das dem Nordpol am nächsten gelegene Stück Festland, seine Südspitze, Kap Farvel, liegt ungefähr auf dem gleichen Breitengrad wie Stockholm. Im Westen trennen die Davisstraße und die Baffin Bay Grönland von der kanadischen Arktis, die Ostküste grenzt an den Nordatlantik.

Während die ersten europäischen Walfänger vor allem vor der näher bei England und Holland gelegenen Ostküste, wo auch die reichen Fanggründe von Spitzbergen lagen, aktiv gewesen waren, konzentrierte sich der Walfang zu Beginn des 19. Jahrhunderts auf die Westküste, wo die sogenannte »Davisstraßen-Fischerei« große Bedeutung erlangen sollte. William Scoresby jr. gelangte im Zuge seiner Walfangunter-

Mit ihren Kajaks ziehen die Eskimos den harpunierten Narwal an Land.

nehmungen auch nach Grönland und erforschte intensiv die Ostküste. 1822 erkundete er einen gut 6400 km langen Streifen dieser trostlosen Küstenlinie, zu dem auch die am stärksten zerklüftete und am schwersten zu befahrende Meerenge der Grönlandsee gehört, die er zu Ehren seines Vaters »Scoresby Sound« nannte. Diese heute als Scoresbysund bekannte Bucht ist 112 km tief und verfügt über zahllose, von großen Gletschern gespeiste Fjorde und erstaunlich viele heiße Quellen.

Die Holländer und Engländer waren jedoch keineswegs die ersten, die vor Grönlands Küsten auf Walfang gingen und dabei vor allem den dort in großer Zahl vorkommenden Nordkapern nachstellten. Das

Überleben der Grönländer (die Insel wurde, neuesten historischen Forschungen zufolge um 2500 v. Chr. besiedelt) war schon von jeher von der heimischen Tierwelt und vom Walfang abhängig. Die in diesen Gewässern heute noch vorkommenden Walpopulationen bestehen aus Finnwalen, Zwergwalen, Buckelwalen und wenigen Grönlandwalen. Außerdem werden verschiedene Robbenarten und kleinere Wale wie Schweins-, Nar- und Weißwale bejagt. Dies ist kaum verwunderlich, wenn man bedenkt, daß ca. 83 Prozent der Insel ständig von Eis bedeckt sind und die Vegetation an Grönlands südlichen Küsten auch nur aus typischen Tundragewächsen wie Heide, Birke, Erle, Wollgras und Flechten besteht.

Als erste Europäer kamen die Wikinger im Zuge ihrer Reisen nach Westen zwischen 900 und 1000 n.Chr. nach Grönland und gründeten an der Südspitze der Insel zwei Siedlungen. Die von den Archäologen als Östliche und Westliche Kolonie bezeichneten Niederlassungen wurden jedoch wahrscheinlich wegen der unwirtlichen Lebensbedingungen im gleichen Jahrhundert wieder aufgegeben. Auf Anregung der Portugiesen entsandte der König von Norwegen dann um 1472 eine Expedition nach Grönland, deren Teilnehmer jedoch nach ihrer Landung an der Ostküste bald von den Eskimos vertrieben wurden. Auch die späteren Versuche des Erzbischofs von Trondheim, die heidnischen Eskimos zu christianisieren, schlugen fehl. 1576 hielt Martin Frobisher, der im Auftrag von Königin Elisabeth I. von England auf der Suche nach der Nordwestpassage war, die Insel irrtümlich für »Friesland«. Erst in den Jahren 1585–1587 wurde die Insel von dem großen Seefahrer John Davis (auch er war auf der Suche nach der Nordwestpassage) wiederentdeckt und richtig kartiert. Im 17. Jahrhundert erhob das Königreich Dänemark Anspruch auf Grönland. Der norwegische Missionar Hans Edge kam 1721 nach Grönland und berichtete, daß sich die Eskimos auf Grönland für die Waljagd herausputzten wie für eine Hochzeit (»der Wal mag Unsauberkeit nicht«, schrieb er 1741 in *Perlustration*). Sobald der Wal (vermutlich ein Grönlandwal) harpuniert war, sprangen die Männer angeblich auf seinen Rücken und stießen ein Freudengeheul aus.

Ebenso wie die Eskimos sind auch bestimmte Wale nur in den Regionen des ewigen Eises anzutreffen. So kommen zwei kleine Arten, der Narwal (*Monodon monoceros*) und der Weißwal oder Beluga (*Delphinapterus leucas*) ausschließlich im nördlichen Polarkreis vor. Sie werden selten länger als 4,5 m und besitzen, vermutlich damit sie sich unter dem Eis ungehindert fortbewegen können, keine Rückenflosse. Der Narwal wird besonders wegen seines langen, spiralig gedrehten Hornes (eigentlich sein verlängerter linker oberer Eckzahn) geschätzt, während man den Weißwal vor allem wegen seines schmackhaften Fleisches jagt. Zur Zeit werden jährlich etwa 300 Narwale erlegt. Da diese Walarten jedoch nicht in den Zuständigkeitsbereich der Internationalen Walfangkommission fällt, beruht diese Zahl ausschließlich auf den Angaben der Eskimos.

Obwohl der Weißwal in den grönländischen Gewässer weniger zahlreich vorkommt, wird auch gelegentlich er von den Inuit (»Menschen«; mit diesem Namen bezeichnen sich die Eskimos selbst) bejagt. Wie aus einem Bericht Porsilds aus dem Jahr 1918 hervorgeht, werden manchmal ganze Schulen (sārs̄sats genannt) von den Weiß- oder Narwalen vom Eis eingeschlossen und dann von den Eskimos entweder erschossen oder harpuniert. In einem erst 1987 veröffentlichten Bericht der KNAPK, der Grönländischen Jagd- und Fischereigenossenschaft, heißt es: »In den Gewässern vor Thule jagen die Inuit Narwale und Weißwale auch heute noch auf traditionelle Weise; dabei gehen sie äußerst behutsam vor und vermeiden eine unnötige Dezimierung der Bestände. Auch wird ein getöteter Wal ganz verwertet. Sie trocknen das Fleisch und benutzen die Eingeweide und den Rest als Hundefutter. … Das Fleisch wird eingelagert und die Sehnen dienen bei der Anfertigung der für das Überleben in der Arktis nötigen Kleidung als Nähgarn.«

Wie alle Eskimos gingen auch die grönländischen Inuit ursprünglich in ihren typischen Kajaks auf Walfang, töteten die Tiere mit Harpunen und verhinderten durch Schwimmer aus Seehundfellen, daß sie untergingen. Diese Fangmethoden behielten die Inuit auch bei, als im 18. Jahrhundert europäische Walfänger in ihren Küstengewässern zu kreuzen begannen. Erst 1948 rüstete Dänemark die Grönländer mit einer Harpunenkanone aus, aber diese erlegten auch weiterhin nur rund 18 Wale pro Jahr. Rund 10 Jahre später wurden weitere Fangschiffe mit Harpunenkanonen bestückt, und die Walfänger töteten neben Zwergwalen auch einige Grönlandwale. Manchmal hatten die Inuit auch das große Glück, einen Blauwal erbeuten zu können, der sie mehr als reichlich mit dem für sie lebensnotwendigen Protein versorgte.

Die Eskimos auf Grönland bestreiten ihren Lebensunterhalt allerdings in erster Linie durch Fischerei, und der Walfang spielt nur eine untergeordnete Rolle. Deshalb sind die Boote der Fischer heute meist mit einer Fünfzig-Millimeter-Harpunenkanone ausgerüstet, die man einsetzen kann, sobald man einen Wal gesichtet hat. Auch die von den Fischern als »gemeinschaftliche Jagd« bezeichnete Methode, bei der ein Zwergwal zunächst umzingelt und dann mit Gewehren erschossen wird, ist sehr verbreitet. Früher mußten die Einheimischen die Wale von ihren kleinen Fischerbooten aus harpunieren, heute haben sie die Möglichkeit, die kleinen, wendigen Zwergwale gezielt zu verfolgen und zu erlegen. Schätzungen haben ergeben, daß die Fangquote zwischen 1960 und 1977 von 50 auf 300 Zwergwale gestiegen ist.

Die Wale liefern den Dorfbewohnern wertvolle

Nahrung, wobei der frische Walspeck samt der Haut sofort in mundgerechte Würfel geschnitten und als Imbiß (von den Eskimos *muktuk* genannt) verzehrt wird. Das Fleisch wird im allgemeinen unter den Dorfbewohnern aufgeteilt, überschüssiges Fleisch liefert man an benachbarte Siedlungen. Erfolgreiche Waljäger versorgen ihre Dörfer nicht nur mit lebenswichtigen Gütern, sondern genießen auch ein hohes Ansehen. Fast jeder Grönländer ißt mindestens einmal im Jahr Walfleisch. Einer 1984 durchgeführten Untersuchung zufolge hatten 90 Prozent der Inselbewohner im Jahr zuvor Walfleisch verzehrt.

Anders als früher, verwerten die Grönland-Eskimos, seit sie über Plastik und andere Importgüter verfügen, nicht mehr alle Teile der getöteten Wale.

Nach der Jagd verzehren Eskimos in Nordwestgrönland Stücke eines gerade erlegten Narwals als *muktuk.*

Das aus dem Blubber gewonnene Öl wird immer noch für Beleuchtungszwecke, zum Heizen und zum Kochen verwendet, und das Fleisch, der Speck und das Blut der Wale dienen auch weiterhin als Nahrungsmittel. Die Barten, die man früher zur Herstellung von Netzen, Fangleinen und anderen Gebrauchsgegenständen verwendete, werden heute ebenso weggeworfen wie die Schulterblätter, die einst als Schaufeln oder Schreibtafeln dienten.

Die Internationale Walfangkommission (IWC) wurde 1949 als Handlangerin der Walfangindustrie gegründet. In der ersten Konvention hieß es, daß Grauwale und Glattwale unter Schutz ständen, »außer wenn das Fleisch und andere Walprodukte ausschließlich zur Deckung des Eigenbedarfs der Eingeborenenvölker dienten«. Dies hieß mit anderen Worten, daß die Eskimos und Indonesier diesbezüglich tun konnten, was sie wollten. Als die Vereinigten Staaten dann versuchten, von der Kommission die Festsetzung einer bestimmten Fangquote für Grönlandwale für ihre Ureinwohner zu erreichen, nahmen andere Nationen mit Walfang betreibenden Ureinwohnern für sich das gleiche Recht in Anspruch. Die Interessen Grönlands (seit 1953 Teil des Königreichs Dänemark, seit 1979 mit autonomer Selbstverwaltung) werden bei der IWC von Dänemark vertreten.

Im Gegensatz zu den Eskimos in Alaska, in deren Gebiet Erdöl sprudelt, verfügen die Inuit auf Grönland kaum über lukrative Handelsgüter. Auch ist es infolge der Abgeschiedenheit mancher Eskimodörfer auf Grönland oft nur schwer oder gar nicht möglich, die Jagdaktivitäten der Bewohner zu kontrollieren. Von der Arbeit der IWC wissen die Grönland-Inuit nichts. Die dänische Regierung sitzt in Kopenhagen, Tausende von Kilometern von Niederlassungen wie Uummannaq oder Iginniarfik entfernt. Obwohl die dänische Regierung mehrfach versucht hat, den Walfang der Inuit unter Kontrolle zu bringen, sterben die Wale vor Grönland meist, ohne daß in Kopenhagen jemand etwas davon erfährt.

Als die USA 1951 in Thule im Nordwesten Grönlands einen Stützpunkt einrichteten, siedelte man die Einheimischen kurzerhand in das »arktische Modelldorf« Kanak um. In seiner Umgebung gibt es Robben, Walrosse und Narwale, die entlang der Küste vor Kanak zu ihren Kalbegründen ziehen. Eine 1976 von Floyd Durham durchgeführte Untersuchung ergab, »daß hier weiterhin jährlich eine beschränkte Anzahl Narwale auf traditionelle Weise gejagt wird und die Inuit versuchen, die erlegten Tiere optimal zu verwerten. Diese Methode steht im krassen Gegensatz zu der der Eingeborenen in Nordostkanada, die den Narwal einzig wegen seines wertvollen ›Horns‹ mit kleinen, aber modernen Waffen jagen ...«

Die Inuit nennen ihre Heimat heute *Kalaallit Nunaat*. In der Hauptstadt *Nuuk* (früher Godthaab) gibt es Autos, und am Hafen erheben sich große Wohnblöcke. Eine moderne Fischverarbeitungsfabrik erzielte 1982 einen Reingewinn von über einer Million Dollar. Obwohl Grönland kein wirtschaftlich autonomes Land mehr ist, bestreiten immer noch schätzungsweise 25 Prozent der Bevölkerung ihren Lebensunterhalt durch Walfang, Jagd oder Fischerei. Heute hat der Schutz der Wale eindeutig Priorität, und manche Staaten vertreten inzwischen den Standpunkt, daß dem Töten von Walen, aus welchen Gründen auch immer, generell Einhalt geboten werden sollte. So heißt es beispielsweise in einem Bericht des bekannten Walschützers Sidney Holt: »In den Gewässern um Grönland wurden die Zwergwalbestände von den Grönländern und den Norwegern so stark dezimiert, daß diese Walart nun offiziell vom kommerziellen Walfang ausgenommen ist – deshalb sollte die Bejagung generell verboten werden. ... Infolge der eindringlichen Fürsprache durch die dänische Regierung – wobei es andere Mitgliedstaaten der Europäischen Gemeinschaft anscheinend versäumten zu widersprechen – gilt der Zwergwalfang der Grönländer bei der IWC heute als nicht-kommerzieller Walfang, dessen Verbot die Existenz der Eingeborenen bedrohen würde.«

Die Eskimos von Alaska sind nicht für die fast vollständige Ausrottung der Grönlandwale verantwortlich. Die Schuld trifft eher die Yankee-Walfänger unter Führung von Kapitän Thomas W. Roys, die die große, bis dahin unbekannte Glattwalpopulation in der Beringstraße entdeckt hatten – und die Tiere dann 30 Jahre lang hemmungslos bejagten. Als im Jahre 1979 die Anzahl der von den Eskimos erlegten Wale infolge verschiedener günstiger Umstände plötzlich um ein Vielfaches stieg, war die Grönlandwalpopulation ohnehin schon fast ausgerottet. Um den kleinen Restbestand zu retten, vertreten heute viele Menschen den Standpunkt, daß überhaupt keine Grönlandwale mehr getötet werden sollten – und zwar auch nicht von den Alaska-Eskimos. Denn der Grönlandwal gilt als die einzige Art unter den großen Waltieren, die – im Gegensatz zur kommerziellen Ausrottung – ernstlich vom sogenannten biologischen Aussterben bedroht ist. Die Eskimos erklären hingegen,

daß die alarmierende Dezimierung der Grönlandwale nicht ihre Schuld sei und daß sie nicht für den Raubbau der Weißen büßen wollten. Alles, was sie bräuchten, seien ein paar Wale pro Jahr, um ihre Tradition und Kultur bewahren und ihren Nahrungsbedarf decken zu können.

Die Inuit auf Grönland befinden sich praktisch in der gleichen Situation. Auch sie haben die Zwerg- und Buckelwalbestände im Nordatlantik nie ernsthaft gefährden können. Dennoch sind auch diese Walpopulationen in einem beklagenswerten Zustand. Schuld daran sind vor allem die norwegischen, aber auch die isländischen Hochseewalfänger, deren hemmungsloses Vorgehen für die Finnwalpopulationen im Nordatlantik verheerende Folgen hatte. Diese »Zentrale-Nordatlantikpopulation« (früher »Grönland – Island – Jan-Mayen-Population«) wurde 1980 unter Schutz gestellt, was bedeutet, daß hier kein kommerzieller Walfang mehr betrieben werden darf. Das Schlüsselwort ist also »kommerziell«. Die norwegische Regierung hat zwar das Moratorium akzeptiert, versucht jedoch, um die Existenz der kleinen Walfangunternehmen an der Küste zu sichern, von der IWC das Zugeständnis einer kleinen Fangquote von etwa 300 Zwergwalen pro Jahr zu erreichen.

Im Februar 1979 wurde von der IWC eine Sonderkonferenz einberufen, die sich mit dem Problem der Waljagd (insbesondere der Grönlandwaljagd) durch Eingeborenenvölker befaßte. Zu den Teilnehmern gehörten Biologen, Ernährungswissenschaftler und Anthropologen, und bei der Diskussion über die Grönlandwaljagd der Eskimos wurden auch die vielschichtigen Probleme der Inuit auf Grönland angesprochen. Dem Abschlußbericht lag auch ein Papier dänischer Wissenschaftler bei. Die Studie trug den Titel »Waljagd zur Existenzsicherung. Der Fall Grönland« und führte aus: »[Wal-]Jagd zur Sicherung der Existenz kann als Jagd zur Bestreitung des Lebensunterhalts interpretiert werden, muß aber nicht heißen, daß ausschließlich zur Deckung des Eigenbedarfs gejagt wird. In den grönländischen Jagdtraditionen kommt einem auf Tauschhandel beruhenden Verteilungssystem große Bedeutung zu. Deshalb sollte Jagd zur Sicherung der Existenz als Wirtschaftsfaktor betrachtet werden, wobei das Verteilungssystem sicherstellt, daß die gesamte Gemeinschaft Anteil an den Produkten hat.«

Um der IWC klarzumachen, daß ihre Forderungen legitim waren, brachten die Amerikaner schon bald Eskimos, häufig in leicht veränderter Tracht, mit zu den jährlichen Konferenzen. Die Inuit griffen häufig selbst zum Mikrophon und schilderten ihre Sorgen und Nöte. Seit kurzem folgen die Dänen diesem Beispiel. Ähnlich wie die Japaner, die den Markt mit einer wahren Flut von Propagandaschriften überschwemmten, weisen nun auch die Grönländer mit farbigen Hochglanzbroschüren auf ihre Probleme hin. Auf der IWC-Konferenz in San Diego forderten und erhielten die Dänen 1989 schließlich folgende Fangquoten zugestanden: 12 Zwergwale aus deren Zentralatlantischen Population pro Jahr für den Zeitraum von 1990 bis 1992, 190 Zwergwale aus der Westgrönlandpopulation und 42 Finnwale aus den Gewässern vor Westgrönland. Da es keine dänische Walfangindustrie gibt, fallen diese den Grönländern zugestandenen Fangquoten unter die Rubrik »Walfang zur Sicherung der Existenz der Eingeborenen«.

Die Dänen und auch die Grönländer selbst sind sich zwar der Tatsache bewußt, daß bestimmte Walpopulationen in ihren Gewässern vom Aussterben bedroht sind, aber andererseits auch der Ansicht, daß die strengen Vorschriften ihre gewohnte Lebensweise bedrohen. In ihren Broschüren pochen sie daher auf das Recht, in ihrem abgelegenen Land so ungestört leben zu können wie seit Jahrhunderten.

Die Eskimos in Alaska

Bei den Inuit hieß er *aqvik*. Von den Walfängern aus Spitzbergen wurde er einfach »der Wal« genannt, für William Scoresby war er der »Mysticetus«. Herman Melville, ansonsten ein exakter Walforscher und -kenner, verwechselte ihn mit dem nah verwandten Nordkaper[*]. Heute kennen wir den mit wissenschaftlichem Namen *Balaena mysticetus* bezeichneten Wal als Grönlandwal. Sein Lebensraum ist das wohl rauheste und unwirtlichste Gebiet der Erde – eine Welt voll Packeis, in der Stürme wüten, das Wasser sofort zu Eis wird und die Tage und Nächte häufig 24 Stunden haben. Von allen großen Walarten hat der Grönlandwal den kürzesten Wanderweg. Er verläßt niemals die Arktis, sondern zieht nur vom Beringmeer

durch die enge Beringstraße, dann entlang der Eisküste an die Nordküste Alaskas und von dort in die Tschuktschensee und die Beaufortsee. Auch in der russischen Arktis und in den östlichen Meeren wie im Ochotskischen Meer soll es vereinzelte Populationen von Grönlandwalen geben. 1970 wurde in der Bucht von Osaka ein 6,5 m langes Grönlandwalkalb entdeckt, das jedoch bereits einen Tag später zugrunde ging. Japanische Wissenschaftler erklärten, dies sei der südlichste Ort, an dem jemals ein solcher Wal gesichtet wurde, »denn diese Walart wurde in keinem anderen auf einer Breite von 32° 28' gelegenen Gebiet wie beispielsweise die Umgebung von San Diego oder Casablanca angetroffen«. Heute gibt es in der östlichen Arktis allerdings keine Grönlandwale mehr. Sie wurden im Lauf der vergangenen Jahrhunderte von den baskischen, holländischen und britischen Walfängern praktisch ausgerottet. Die einzige bekannte, heute noch existierende Grönlandwalpopulation der Welt ist in der westlichen Arktis vor der Küste Nordalaskas zu finden.

Der Grönlandwal wird von den in der westlichen Arktis heimischen Eskimos schon seit ewigen Zeiten bejagt. Die ursprünglich in jenen Gewässern beheimatete Population schätzt man auf 40 000 Tiere, heute leben in den Gewässern vor den Küsten Nordalaskas und Sibiriens noch 5000 bis 7000 Grönlandwale. Der Grönlandwal ist zwar nicht das größte Tier der Welt, aber mit einer durchschnittlichen Länge von 18 Metern und einem Gewicht von noch mehr Tonnen ist er mit Sicherheit das größte unter den selten gewordenen Tieren der Welt.

Von allen Walfang betreibenden Eingeborenenvölkern verstehen sich die Eskimos wohl am besten auf ihr Gewerbe. Denn sie müssen in einer der lebensfeindlichsten Regionen der Erde überleben und hätten dies wohl kaum ohne die Entwicklung spezieller Fangmethoden und Werkzeuge geschafft. Die Jagd ist praktisch ihr Leben.

Wenn der arktische Winter sich seinem Ende zuneigte, rüsteten sich die Jäger für die Ankunft der Wale. Sie schärften ihre Harpunen und Lanzen und besserten die Schwimmer aus Robbenfell, die Boote aus Walroßhaut und ihre eigenen Kleider aus. In speziellen Häusern, den *karigi*, erbat man durch rituelle Zeremonien den Jagderfolg. Der Geist des Wals wurde feierlich beschworen, damit die anderen Wale sich nicht beleidigt fühlten und das Jagdglück den Jägern auch in Zukunft hold blieb. Denn wenn es nicht gelang, im Frühjahr einen Wal zu erlegen, war das gan-

---

[*] Man sollte Melville diese falsche Klassifizierung nicht übelnehmen, denn sein *Moby Dick* erschien bereits 1851, während Eschricht und Reinhardt ihre genaue Klassifizierung der beiden Glattwalarten erst 1861 veröffentlichten.

ze Dorf vom Hungertod bedroht. Bei der Überwachung der Rituale, bei denen bestimmte Amulette und Gesänge eine wichtige Rolle spielten, agierten die Anführer der Walfänger, die *umialiks*, fast wie Schamanen. Von den allerersten Vorbereitungen bis zur Verteilung des Walfleisches war alles genau reglementiert. So durften beispielsweise Frauen und Kinder das Eis nicht betreten, und die Frau eines *umialiks* mußte fügsam sein, weil man glaubte, ihr Verhalten beeinflusse das des Wals. Für die *Inupiat* (Menschen), wie die Eskimos sich selbst nannten, war die Waljagd ein äußerst gefährliches Unternehmen und untrennbar mit einem bestimmten Ritual verbunden. Man mußte alles tun, um die Sicherheit der Waljäger zu gewährleisten.

Die ganze Ausrüstung wurde mit Hundeschlitten aufs Eis hinausgebracht, wo man Wachtposten aufstellte. Sobald ein oder mehrere Wale gesichtet wurden, ließen die Eskimos ihre Boote zu Wasser und nahmen die Verfolgung auf. Die Mannschaft eines jeden der etwa 6 m langen *umiaks* bestand aus sieben bis zehn Mann. Sobald der Wal in Sicht war, ruderten ihm die Männer leise nach und versuchten, sich ihm entweder direkt von vorn oder von hinten zu nähern, denn die Augen des Grönlandwals liegen an den Seiten seines riesigen Kopfes, und er kann nur seitlich sehen. Sobald der Wal in Reichweite war, schleuderte der Harpunier einen Speer mit einer Spitze aus Elfenbein, an dem ein aus Walroßhäuten gedrehtes Harpunenseil und ein Schwimmer aus Robbenfell hingen. Hatte der Mann schlecht gezielt, tauchte der Wal manchmal unter das Eis. In diesem Fall war der Ausgang der Jagd höchst ungewiß. Denn häufig versuchte der Wal, auch mit mehreren Harpunen im Rücken abzutauchen. Aber die an den Harpunenseiten befestigten Schwimmer verrieten den Eskimos, wo er sich befand. Sobald das Tier ermüdete, wurde es von den Jägern eingekreist. Sie durchschnitten seine Schwanzsehnen, so daß er nicht mehr schwimmen konnte, und töteten ihn mit ihren Lanzen.

Dann wurde der riesige Kadaver von den Walfängern und den an der Küste versammelten Dorfbewohnern mit vereinten Kräften an Land gezogen. Der Fang eines Grönlandwals war stets Anlaß für ein großes Fest, denn von 100 Tonnen Fleisch, Fett und Öl konnten oft mehrere Dörfer lange Zeit leben, und was die Menschen nicht selbst verzehrten, wurde als Hundefutter oder als Köder für Fallen verwendet. Die Eskimos aßen das Fleisch, die Leber, das Hirn, das Herz, die Nieren und die kleineren Eingeweide. Der Wal-

speck wurde in mundgerechte Stücke *(muktuk)* geschnitten und ebenfalls verzehrt. Die Därme wurden zu wasserdichten Kleidungsstücken und durchsichtigen Fensterverkleidungen verarbeitet, der Tran wurde zum Heizen, zum Kochen und für Beleuchtungszwecke verwendet. Die Barten fanden bei der Herstellung von Nähgarn Verwendung und wurden zu verschiedenen Ausrüstungsgegenständen für die Jagd und zu Gebrauchsgegenständen wie Kämmen, Spielsachen, Fallen und Amuletten verarbeitet. Aus den Knochen fertigte man Zäune und Schlittenkufen, die mächtigen Rippen- und Kieferknochen fanden bisweilen beim Hausbau Verwendung.

Obwohl es dafür keine Belege gibt, schätzt man, daß die Eskimos früher im Schnitt 20 Grönlandwale pro Jahr erlegten. Dies sind jedoch nur ungefähre Angaben, da die Wale in manchen Jahren so weit von der Küste entfernt vorbeizogen, daß sie von den Beobachtungsposten überhaupt nicht gesichtet werden konnten.

Da über die Geschichte der Eskimos keine schriftlichen Dokumente existieren, kann man nur schätzen, wann sie damit begannen, Wale zu jagen. Man nimmt jedoch an, daß sie dieses Gewerbe seit 800, vielleicht auch schon seit 4000 Jahren ausüben. Die Menschen, die wir heute als Eskimos bezeichnen, sind höchstwahrscheinlich über die früher zwischen Sibirien und

Dieser Talisman, eine Holztafel mit dem Abbild eines Wals, sollte den Eskimos von Alaska bei der Waljagd Glück bringen.

Im Hafen von Horta auf der Azoreninsel Fayal. Amerikanische Pottwalfänger nehmen Proviant auf.

Alaska liegende Landbrücke nach Alaska einge-wandert, so daß in eine Geschichte dieses Volkes die Gebiete beiderseits der Beringstraße einbezogen werden müssen. Heute wird der Grönlandwal nur noch in den Gewässern vor der Küste Nordalaskas bejagt. Sind diese jedoch zu stark vereist, so ziehen die Wale weiter draußen vorbei, wodurch die Beob-achtung und die Bejagung erheblich erschwert werden. Die Waljagd war jahrhundertelang für die Kultur der Eskimos von entscheidender Bedeutung, und wären die Grönlandwalbestände vor ihren Kü-sten nicht um die Mitte des 19. Jahrhunderts von den Yankee-Walfängern entdeckt worden, hätten die Inuit auch weiterhin ungestört diesem Gewerbe nach-gehen können.

Zwischenspiel: Der Walfang auf den Azoren

Die Gewässer, die man früher als die »Fanggründe der westlichen Inseln« bezeichnete, gehörten im 18. Jahrhundert zu den bevorzugten Gebieten der Pott-walfänger aus Neuengland. Sie hatten nämlich schon früh entdeckt, daß die Gewässer zu den bevorzugten Nahrungsgründen der Pottwale gehörten. Bald stellte sich heraus, daß diese Inseln auch andere Vorteile hatten – man konnte dort nicht nur Wasser und Provi-ant aufnehmen, sondern fand auch Männer, die sich bereitwillig anheuern ließen.

Von seinem Observatorium bei Sagres am Kap São Vincente in Portugal, dem westlichsten Punkt des europäischen Kontinents, regte Heinrich der Seefahrer (1394–1460) viele Abenteurer zur Erforschung der damals bekannten Welt und zur Erweiterung ihrer Grenzen an. Nachdem der von Infante Dom Henrique, wie die Portugiesen Heinrich nannten, geförderte Gil Eannes erstmals Kap Bojador an der Westspitze Afrikas umsegelt hatte, stand der Südatlantik so kühnen Entdeckern wie Bartolomëu Diaz, Vasco da Gama und Ferdinand Magellãn offen. Obwohl der Navigator Diogo de Sevilha die später als Azoren bezeichneten Inseln bereits 1427 erreichte, wird ihre Entdeckung offiziell Gonçalo Velho Cabral für das Jahr 1431 zugeschrieben. Er nannte die sieben Inseln »Ilhas dos Açores« (»Falkeninseln«), und ein Jahr später hatten sich bereits zahlreiche Portugiesen hier niedergelassen. 1452 entdeckte Diogo de Tiere die beiden restlichen der insgesamt neun Inseln.

Bei den rund 1450 km von Portugal entfernten Azoren handelt es sich um die aus dem Meer ragenden Spitzen von erloschenen Unterwasservulkanen des Mittelatlantischen Rückens. Die Gewässer rund um diese Inseln erreichen eine Tiefe von mehr als 1,6 km und sind deshalb ein idealer Ort für die bekanntlich große Tiefen bevorzugenden Pottwale. Doch nachdem Cabral die Azoren entdeckt hatte, blieben den Tieren bis zur Ankunft der Walfänger nur noch 300 friedliche Jahre.

Auf ihren Fangreisen gelangten die Yankee-Walfänger zunächst zu den Bahamas und den Westindischen Inseln. Dann wagten sie sich allmählich auch auf den Atlantik hinaus. Obwohl die Strömungen des Nordatlantiks mehr oder weniger im Uhrzeigersinn verlaufen, erschweren die vielen Neben-, Drift- und Wirbelströmungen die Navigation ganz erheblich. Die gleiche Meeresströmung, die es Christoph Columbus ermöglicht hatte, in einem von Süden nach Westen verlaufenden Bogen die Karibik zu erreichen, machten sich auch die Walfänger zunutze, indem sie sich vom nördlichen Arm der atlantischen Wirbelströmung an die spanische und portugiesische Küste und von dort schließlich nach Afrika treiben ließen. Obwohl sich Ponce de León angeblich bereits im frühen 16. Jahrhundert mit dem Phänomen des Golfstromes auseinandersetzte, wurde dessen Nutzen für die Seefahrt eigentlich erst im frühen 18. Jahrhundert von den Walfängern erkannt. Diese Vorzüge wurden 1786 von Benjamin Franklin, dem Cousin eines Walfängers aus Nantucket, erstmals beschrieben. Nachdem die

Walfänger 1773 die Population vor der westafrikanischen Küste entdeckt hatten, stießen sie fünf Jahre später dann auch in die Fanggründe der westlichen Inseln vor.

Üblicherweise fuhren die Walfänger im Frühling von Neuengland nach Süden bis zu den Westindischen Inseln, von dort zu den Azoren und weiter zu den Kapverdischen Inseln, bis sie im Sommer die westafrikanische Küste erreichten. Im Juli kehrten die Fangschiffe meist wieder nach Neuengland zurück und segelten dann, nachdem sie überholt und neu ausgerüstet worden waren, nordwärts in Richtung Neufundlandbank. Erst 1789 umrundete das britische Walfangschiff *Emelia* erstmals Kap Hoorn und leitete damit die neue Ära in der Geschichte des Walfangs ein: Von nun an wurden die Wale rund um den Erdball bejagt.

Die britische Walfangflotte war in den grönländischen Gewässern beschäftigt, und so stand der Atlantik um die Mitte des 18. Jahrhunderts französischen und spanischen Abenteurern und Piraten offen. Die zähen Yankees ließen sich allerdings nicht beirren und gingen weiterhin Jahr für Jahr in den Gewässern rund um die Azoren auf Pottwalfang, in denen es angeblich besonders große Exemplare gab. Dennoch waren diese Inseln nur eine Zwischenstation auf dem Weg zu den Kapverdischen Inseln und den Fanggründen vor der Küste Südafrikas.

In jenen Tagen jagten die Yankee-Walfänger nicht nur gnadenlos die rund um die Azoren lebenden Wale, sondern preßten auch viele Inselbewohner rücksichtslos zum Dienst auf ihren Schiffen, wo sie wie Menschen zweiter Klasse behandelt wurden und wie Sklaven schuften mußten. Hohmann schrieb später: »Nachdem der sogenannte ›bessere Amerikaner‹ die Back verlassen hatte, füllten sich die Kojen mit kriminellen oder lasziven Abenteurern. Die bunt zusammengewürfelte Mannschaft bestand aus Männern von den Südseeinseln, die man Kanakas nannte, aus Mulatten und anderen Mischlingen von den Azoren und den Kapverdischen Inseln und Männern, die von den Handelsgesellschaften in der Alten und in der Neuen Welt davongejagt worden oder selbst weggelaufen waren.« Der Maler und Schriftsteller Clifford Ashley, der 1904 an Bord der *Sunbeam* unterwegs war, berichtet, daß auf dem Schiff Männer von den Südseeinseln, von den Philippinen und aus Indonesien, Leute von den Kapverdischen Inseln, den Azoren und den Kanarischen Inseln vertreten waren und sich, obwohl ungelernt, als sehr willig und äußerst mutig erwiesen.

In den meisten Romanen und Erzählungen über den Walfang im Atlantik kommen auch die Azoren vor. Von J. Ross Browne wird die Insellandschaft in der Erzählung *Narrative of a Whaling Cruise* (1842) als besonders malerisch und romantisch beschrieben. Über die Walfänger in den Gewässern rund um die Inseln berichtet er: »Sie trugen kegelförmige Hüte aus Sennesblättern, gestreifte Hosen aus Inlett, die mit Segeltuchflicken notdürftig geflickt waren, blaue Hemden und Messer im Gürtel und gingen stets barfuß ...«

Wann die Bewohner der Azoren selbst damit begannen, Wale zu jagen, läßt sich nicht genau feststellen. Die Portugiesen scheinen dagegen seit 1785 regelmäßig auf Pottwalfang gegangen zu sein, nachdem sie das Gewerbe »von den Neuengländern gelernt und dann selbst zuerst an der brasilianischen Küste betrieben hatten«. Die Fanggründe vor den Inseln wurden noch etwa 100 Jahre lang von Walfängern verschiedener Nationalitäten befahren, aber ab 1870 gingen nur noch die Inselbewohner selbst hier auf Walfang.

Sie rüsteten eigene Schiffe aus, waren aber nicht besonders erfolgreich. Ihren ersten Versuch unternahmen sie mit der *Cidade da Horta,* einer Brigg, die die Franzosen ausgemustert und zurückgelassen hatten.

Die Walfänger vor den Azoren verfügten vermutlich nie über mehr als zehn eigene Schiffe auf Walfang, da die einheimische Wirtschaft die beträchtlichen Summen, die für den Bau, die Erhaltung und das Bemannen eines voll funktionsfähigen Fangschiffes notwendig waren, kaum aufbringen konnte. So heuerten die Männer lieber auf ausländischen Schiffen an. Später entwickelten die Walfänger von den Azoren eine auf der Welt einzigartige Technik, den Küstenwalfang von Pottwalen.

Im Rahmen des Küstenwalfangs, bei dem die Tiere von Beobachtungsposten an der Küste ausgemacht werden, wurden fast ausschließlich die relativ ruhigen, friedlichen Kaperwale und bisweilen auch Buckelwale gejagt. Die Gründe liegen auf der Hand: Sowohl der Nordkaper als auch der Buckelwal sind in küstennahen Gewässern beheimatet und langsam schwimmende, passive Waltiere, die nach dem Harpunieren meist rasch verenden. Im Gegensatz zu ihnen kann ein Pottwal im Todeskampf durchaus ein Fangboot zertrümmern oder sogar ein Walfangschiff angreifen und versenken. Ein Walfänger, der sich diesem gefährlichsten aller Großwale in einer klei-

nen »Nußschale« zu nähern wagte, bewies zweifellos großen Mut.

Möglicherweise haben die Bewohner der Azoren die Technik des Küstenwalfangs auch von den Basken übernommen, die im 16. Jahrhundert bei der Jagd auf Nordkaper bis nach Neufundland vordrangen und dabei wahrscheinlich auch die Azoren anliefen. Das baskische Wort *vigía*, das soviel bedeutet wie Beobachtungsposten, wird auf den Inseln noch heute verwendet, und auch der heute noch in vielen Sprachen für den Pottwal verwendete Name *cachalote* [»Kaschelott«] ist baskischen Ursprungs. Die erste Küstenstation auf den Azoren wurde vermutlich um 1832 im Dorf Horta (auch bekannt als Porto Pim) auf der Insel Faial errichtet. Obwohl es kaum schriftliche Zeugnisse gibt, steht fest, daß der damalige amerikanische Konsul 1850 in Horta einen Transiederei einrichtete. Von Faial breitete sich das Gewerbe dann auch auf die anderen Inseln aus, und 1898 gab es auf den Azoren insgesamt 29 Walfangunternehmen.

Nachdem die Fangschiffe ursprünglich aus New Bedford importiert worden waren, baute um die Jahrhundertwende ein Walfänger auf der Insel Pico das erste eigene Schiff. Bald darauf verwendete man erstmals Motorboote, die die kleinen Fangboote rasch aufs offene Meer hinausbrachten. Obwohl dies die Waljagd erheblich erleichterte und die Erfolgsaussichten steigen ließ, unternahmen die Inselbewohner kaum etwas, um ihre Fangmethoden weiter zu modernisieren. Seltsamerweise verzichteten die Walfänger nach der Einführung der Motorboote auf die seit ungefähr 1885 verwendeten Harpunengewehre. Da-

Walfänger von den Azoren rudern mit ihrem canoa auf einen Pottwal zu.

Ein azoreanischer Harpunier wird von den Ruderern gespannt beim Abschleudern seiner schweren Harpune beobachtet.

für wurden die Boote, die *canoas*, zur Verbesserung der Kommunikation mit Funkgeräten ausgerüstet. Ansonsten wurden die Pottwale hier aber auch weiterhin praktisch auf dieselbe Art und Weise bejagt wie von den Yankee-Walfängern. Obwohl die auf den Azoren praktizierte Walfangmethode angesichts der damals aufkommenden technischen Neuerungen altmodisch anmutete, erwies sie sich doch als so effizient, daß sie auch in anderen Ländern Schule machte. Ab 1941 ging man auch auf Madeira in offenen Booten auf Walfang, und 1950 gründeten Walfän-

ger von den Azoren an der brasilianischen Küste ein Walfangunternehmen.

Von ihren *vigías* an der Felsküste hielten die Posten das ganze Jahr über von morgens bis abends Ausschau nach Walen. Sie verwendeten hervorragende Fernrohre, mit denen sie angeblich Wale noch in einer Entfernung von fast 50 km ausmachen konnten. Sobald man einen Blas gesichtet hatte, alarmierte man die Walfänger durch das Abschießen einer Rakete, und die Männer nahmen sofort die Verfolgung der Wale auf. (Auch viele portugiesische Fachausdrücke

Azoreanische Walfänger zerteilen an einer seichten Stelle einen Pottwal, ehe die einzelnen Stücke mit einer Winde an Land gezogen werden. Das kleine Ruderboot wird nur beim Verarbeiten des Wals verwendet; die *canoas* waren mehr als 11 Meter lang.

Nach dem Zerteilen des Wals werden die Stücke mit einer Winde an Land gezogen, wo man den Blubber abschält.

gehen auf die Yankee-Walfänger zurück. So schrien die Männer beispielsweise *bloz!* oder *baleia!*, wenn ein Wal in Sicht war, und nannten den Bullen [englisch ›bull‹] *bulo*, oder das Pökelfleisch [englisch ›junk‹] *janco* usw.) Die *canoas* genannten Fangboote waren 11,5 m lang (und damit um 3 m länger als die amerikanischen) und ebenso seetüchtig und elegant wie jene der Yankee-Walfänger, die Clifford Ashley als »die besten Schiffe, die jemals zu Wasser gelassen wurden«, bezeichnet hat. Die auf den Azoren verwendeten Fangboote hatten glatte Wände oder waren (im Gegensatz zu den amerikanischen, deren Außenplanken ziegelartig übereinandergriffen) karweelgebaut. (Man glaubte nämlich, daß ein Pottwal selbst das Schlagen der Wellen gegen die Planken hören konnte.) Die Mannschaft bestand aus sieben Männern. Nach dem Harpunieren verzichtete man auf den gefährlichen und umständlichen Platzwechsel von Harpunier und Steuermann, und der Harpunier machte selbst die Fangleine fest. Auch die Harpunen glichen denen, die die Yankees um die Mitte des 19. Jahrhunderts verwendet hatten. Die Boote waren mit

Gaffelsegel und Klüver ausgestattet und wurden wenn möglich direkt auf den Wal zugesteuert, damit man ihn leichter harpunieren konnte. Die Männer ruderten aber häufig auch unter Segel auf den Wal zu, wobei sie typische Kanuruder verwendeten, »deren Form, aber auch die Art wie sie gehandhabt wurden« auf indianische Herkunft schließen läßt (Robert Clarke). Die Riemen maßen zwischen 5 und 5,5 m, während das Steuerruder ca. 7 m lang war. Robert Clarke bezeichnete die Tatsache, daß auf den Azoren große Wale nach alter Tradition auch weiterhin mit von Hand geschleuderten Waffen gejagt und getötet wurden, als einmalig in der Geschichte der Seefahrt.

Dabei diente die Harpune lediglich zum Festmachen des Wals am Boot. Wenn der Wal dann das Boot hinter sich herzog (was oft mehrere Stunden dauern konnte), schleuderten die Männer dann den Speer, dessen scharfe Spitze sich tief in das Fleisch des erschöpften Tieres bohrte. Dann zog man eine Schleppleine durch den Oberkiefer des Wals, damit man ihn an die Küste ziehen konnte (der Weg war oft 40 oder 50 km lang). Da ein Wal nie rückwärts schwimmt, brachte man den Knebel am Kopf und nicht am Schwanz an.

Als John Huston 1955 Melvilles *Moby Dick* verfilmte, schickte er ein Kamerateam nach Madeira, das die dortigen Walfänger bei ihrer Arbeit filmen sollte. Die von ihm eingefangenen Bilder beschreiben die Faszination der Waljagd besser als alle Worte. Das Walfanggewerbe kam von den rund 800 km weiter nordwestlich gelegenen Azoren nach Madeira. (Zwischen 1941 und 1949 erlegten 102 Walfangschiffe von dieser Insel an die 1000 Wale, 1981 schloß der letzte Verarbeitungsbetrieb.)

Die getöteten Wale wurden in der Regel am späten Nachmittag zu den Küstenstationen gebracht und am nächsten Tag verarbeitet. Dabei trennte man zunächst den Kopf mit einem rasiermesserscharfen Flensmesser ab und schälte dann den Blubber vom Rumpf. Anfangs verwendete man nur die Zähne und den Blubber, später verarbeitete man auch das Fleisch zu Düngemitteln und Viehfutter.

Die genaue Anzahl der auf den Azoren getöteten Wale ist nicht bekannt, aber zwischen 1895 und 1897 wurden nachweislich etwa 480 000 Liter Walöl exportiert. Die Walfangindustrie florierte bis zum Beginn des 20. Jahrhunderts, aber zur Zeit des Ersten Weltkriegs begann der Niedergang. Ab 1910 verwendete man zur Herstellung von Kerzen anstatt Walratöl das billigere Paraffinöl, und auch der Bedarf der Kosme-

tikindustrie hielt sich in Grenzen. Mit der Nachfrage sanken auch die Fangzahlen. Im Jahre 1910 starben rund 73 Prozent aller erlegten Pottwale in den Gewässern rund um die Azoren. 1915 waren es nur noch 3,8 Prozent. Nach dem Zweiten Weltkrieg durchkämmte erneut eine ganze Armada von Walfängern die Weltmeere, und die Anzahl der vor den Azoren gefangenen Pottwale ging noch weiter zurück. 1949 erlegten 125 *canoas*, die von 19 Küstenstationen ausliefen, nur noch 500 Pottwale. Der Niedergang der Walfangindustrie führte zum Zusammenbruch der Wirtschaft und zu einer Auswanderungswelle. Die jungen Leute hatten an dem gefährlichen Beruf des Walfängers (1974 kamen bei der Waljagd zwei Männer um) kein Interesse mehr. Viele emigrierten in die USA, wo man auch heute, vor allem in Massachusetts und auf Rhode Island, noch portugiesische Enklaven findet.

Die Zähne der vor den Azoren getöteten Pottwale wurden entweder auf den Inseln selbst zu Scrimshawschnitzereien verarbeitet oder zum gleichen Zweck in die Staaten an der amerikanischen Nordostküste geliefert. Der Marine Mammal Protection Act von 1972 verbot die Einfuhr von Walprodukten in die USA, und auch die Staaten der EG haben sich mittlerweile auf ein ähnliches Gesetz geeinigt. Somit gibt es für diese Produkte praktisch keinen legalen Markt mehr.

Obwohl Portugal regelmäßig Beobachter zu den Konferenzen der IWC entsandte, hat sich das Land, möglicherweise aus Angst vor Sanktionen gegen den eigenen Pottwalfang, nie um eine Mitgliedschaft beworben. Seit 1966 zählen die Pottwale zu den weltweit geschützten Tierarten.

Die Walfangindustrie hat auf den Azoren praktisch keine Zukunft mehr. 1976 erklärte ein Harpunier im *National Geographic*, daß man beim Thunfischfang erheblich mehr Geld verdienen könnte. Im gleichen Jahr wurden vor den Azoren noch 200 Wale erlegt, seitdem gingen die Fangzahlen beständig zurück.

Seit 1984 gibt es auf den Azoren offiziell keinen kommerziellen Walfang mehr. 1987 unternahm das Fischereiministerium einen letzten Versuch zur Ankurbelung der heimischen Wirtschaft und erlaubte den Fang von fünf Pottwalbullen. Es gelang, drei Tiere zu töten und an Land zu bringen. Aber da es keine Verarbeitungsbetriebe mehr gab, konnte man lediglich den Blubber abschälen und einen Teil des Fleisches als Düngemittel und Köder für die Fischerei verkaufen. Aus den Zähnen fertigte man Scrimshaws, den Rest der Kadaver überließ man dem Meer.

Dem IWC-Bericht von 1988 ist zu entnehmen, daß dieses Ereignis sowohl auf den Azoren als auch im Ausland zu Diskussionen und Protesten führte. Professor Vasco Garcia, der die Azoren im Europaparlament vertrat, führte die Opposition an und schlug vor, andere Wege, beispielsweise die Walbeobachtung, zu suchen.

Scrimshaws sind, obwohl illegale Waren, auf den Azoren immer noch beliebte Touristensouvenirs. Der Walbeobachtung als Touristenattraktion scheint auf den Inseln jedoch keine große Zukunft beschieden zu sein: Die Wale kommen nur sporadisch in die umliegenden Gewässer und halten sich dann zu weit von den Küsten entfernt auf. Das häufig schlechte Wetter macht kaum Lust auf Bootsausflüge. So erinnert heute nur noch das *Museu dos Baleeiros* in Lages de Pico, in dem Walfangboote, Harpunen, Scrimshaws und andere Ausstellungsstücke zu sehen sind, an die rund hundert Jahre währende Blütezeit des Walfangs auf den Azoren.

Neun

Walfang außerhalb der Antarktis

Südafrika: 1880 bis 1975

Die großen bekannten Pottwalgründe vor der südafrikanischen Ostküste waren die Delagoa-Bai-Gründe, die Sansibar-Gründe und die sogenannten Mahé-Banks, aber auch die Straße von Moçambique zwischen dem afrikanischen Kontinent und der Insel Madagaskar. 1775 überquerte die *Amazon* aus Nantucket als erstes amerikanisches Walfangschiff den Äquator und entdeckte im Südatlantik die Brazil Banks. Auch wenn die Amerikaner im Indischen Ozean auf Walfang gingen, überwinterten sie stets am Kap. 1785 durchfuhren mehrere Walfänger aus Nantucket die Delagoa Bay und gingen schließlich in Kapstadt vor Anker. (Die Ostküste Südafrikas gehört zu den gefährlichsten Küstenregionen der Welt. Die entlang der Küste nach Süden verlaufende Agulhas-Strömung trifft häufig auf eine nach Nordosten treibende Dünung; dadurch entsteht ein Seegang, der bereits in einem Handbuch für Seeleute aus dem Jahr 1773 als »monströs« beschrieben wird und noch heute selbst Supertankern zum Verhängnis werden kann.)

Nachdem die südafrikanischen Walfänger die Kaperwale vor ihren Küsten so stark dezimiert hatten, daß die Bejagung unwirtschaftlich wurde, wandten sie sich einer weiter von der Küste entfernt vorkommenden Art zu. Ausländische Schiffe gingen in der Delagoa Bay und vor Madagaskar auf Pottwalfang. Sie hatten sogar ihren eigenen Moby Dick, einen »Madagascar Jack« genannten Pottwalbullen, der ihre Schiffe bedrohte und schließlich zum Symbol für den südafrikanischen Walfang wurde.

1867 entdeckte man entlang der Flüsse Vaal und Oranje Diamanten, und der Norweger Svend Foyn erfand die Harpunenkanone, die den Walfang dramatisch verändern sollte. Die profitgierigen Norweger hatten die Wale in ihren eigenen Gewässern praktisch ausgerottet und durchstreiften nun die Weltmeere auf der Suche nach neuen ergiebigen Fanggründen. Ende des 19. Jahrhunderts hatten sie in allen Walfangländern festen Fuß gefaßt.

In ihrer *History of Modern Whaling* schrieben Tønnessen und Johnsen: »In den Südafrika umgebenden Ozeanen liegen die reichsten Walfanggründe außerhalb der Antarktis und des Nordpazifik. ... In der Zeit von 1908 bis 1916 wurden insgesamt an die 33 200

Wale gefangen, die rund 962 000 Barrel (1 530 600 hl) Walöl lieferten.«

Einer der ersten Vorposten entstand an der Plettenbergbaai, einer breiten, tief in die Südküste des afrikanischen Kontinents hineingreifenden Bucht. 1831 gründete dort John Archibald Sinclair, ein gebürtiger Schotte, die erste Walfangstation. Im frühen 19. Jahrhundert jagten die Walfänger sowohl Buckel- als auch Kaperwale, und schon bald gab es in der Plettenbergbaai keinen einzigen Buckelwal mehr.

Sinclairs Station blieb auch weiterhin bestehen, und 1899 wurde einer seiner Nachfolger in einer mondlosen Nacht von einem Kaperwal aufs Meer hinausgezogen und blieb verschollen. Nur sein Boot und der Walkadaver, in dem seine Harpune steckte, wurden als Zeugen dieses Dramas in Kapstadt angespült.

1912 errichtete die Norwegische Walfangkompanie von Harald Haarfage auf der kleinen, felsigen, direkt vor der Küste gelegenen Beaconinsel eine große Walfangstation mit allen notwendigen Anlagen. Dann erschien unter der Führung von Kapitän Jacob Odlund eine ganze Flotte von norwegischen Fangschiffen nebst einem Fabrikschiff, und die gnadenlose Jagd auf die Wale vor der südafrikanischen Küste begann.

Nach anfänglichen Erfolgen in der Saison von 1914 erlebte das Unternehmen auf der Beaconinsel aber eine Katastrophe nach der anderen. Fangschiffe sanken oder liefen auf Grund, und schließlich brannten alle Werksanlagen, in denen Walprodukte wie Öl und Guano, Kunstdünger usw. hergestellt wurden, bis auf die Grundmauern nieder. Zwei Monate nach dem Feuer wurde der Walfänger *Plesang* während eines Sturmes gegen die Felsküste geschleudert und sank, wobei die Hälfte der Crew ertrank. Der Krieg in Europa hatte die Preise für Walöl in die Höhe getrieben, und Odlund gab nicht auf. Das Jahr 1915 brachte sogar einen Gewinn. Seine Fangschiffe fuhren die ganze Kapküste von der Mosselbaai bis zum Kap Recife ab und erlegten die von den Beobachtungsposten gesichteten Wale.

Man legte einen großen Vorrat an Walöl an, der jedoch 1916 nicht mehr abgesetzt werden konnte. Das Unternehmen war am Ende.

Die Schiffe wurden anderweitig eingesetzt, die Ausrüstung wurde an die Union Whaling Company in Durban verkauft.

Heute ist die Beaconinsel mit dem Festland verbunden. Vor dem hier entstandenen Ferienhotel stehen eine weiß gestrichene Harpunenkanone und ein verrosteter Transiedekessel. Vereinzelt tauchen in der Plettenbergbaai immer noch Wale auf. Aber weder die Touristen noch die Einheimischen sind sich der Bedeutung der Insel in der Geschichte des südafrikanischen Walfangs bewußt.

Der afrikanische Kontinent mit den wichtigsten Walfangzentren.

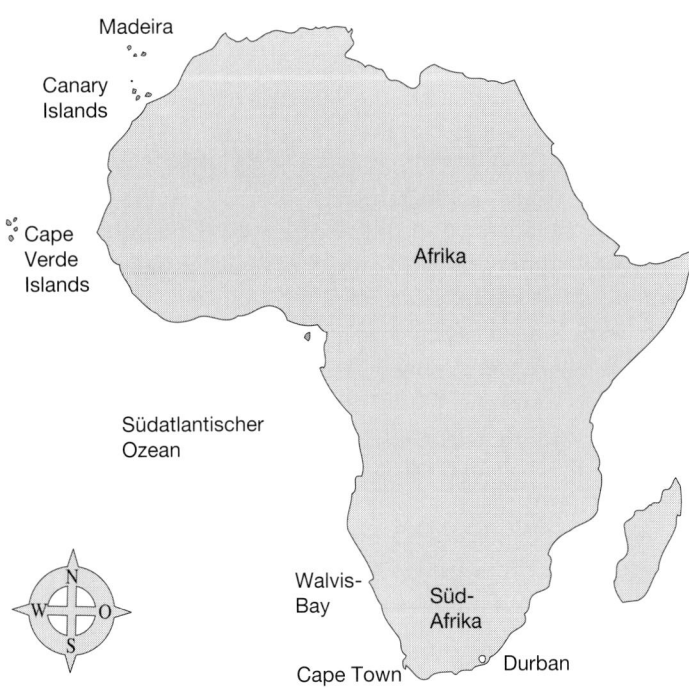

Madeira

Canary Islands

Cape Verde Islands

Afrika

Südatlantischer Ozean

Walvis-Bay

Süd-Afrika

Cape Town   Durban

N W O S

Zwischen 1904 und 1914 errichteten die Norweger in Afrika nicht weniger als 14 Walfangstationen, zu denen auch die von dem norwegischen Unternehmer Johan Bryde geleitete Niederlassung in Durban zählte. Bryde gründete zusammen mit Jacob Egeland, dem damaligen norwegischen Konsul in Durban, eine Handelsgesellschaft, und 1908 wurde in den afrikanischen Gewässern der erste Wal mit modernen Methoden erlegt. Bald erhielten Bryde und seine South African Whaling Company die Erlaubnis, in Dokergat in der Saldanhabaai eine weitere Walfangstation einzurichten. Zwischen 1910 und 1913 durchkreuzten die norwegischen Walfänger die afrikanischen Gewässer von Angola bis Moçambique, und Tausende von Buckelwalen ließen auf dem Zug nach Norden ihr Leben.

Anfangs verfolgten die Bewohner von Durban das Entstehen der neuen Industrie vor ihrer Küste mit regem Interesse. Der Geruch erwies sich dabei nicht gerade als eine Empfehlung und wurde folgendermaßen beschrieben: »...in höchstem Maße penetrant, hartnäckig, irgendwie fett und schwer, so daß man

Die norwegische Walfabrik auf der Beacon-Insel in der Plettenbergbaai. Die Fotografie stammt aus dem Jahr 1914.

sich am liebsten sofort übergeben möchte und er einem noch tagelang in der Nase bleibt«. Aber es gab auch erfreulichere Begleiterscheinungen. So wurde beispielsweise in einigen der besten Restaurants und Clubs der Stadt Walfleisch serviert und recht unterschiedlich aufgenommen. »Poirpoises« (Schweinswale), bei denen es sich wahrscheinlich um die Großen Tümmler handelte, galten als eine Gefahr für die Fischerei, und die zuständigen Beamten waren angewiesen, sie einfach abzuschießen. Rasch verbreitete sich das Gerücht, daß bald ein Betrieb zur Abfüllung des von ihnen gelieferten Öls entstehen würde. (Im späten 19. Jahrhundert gab es in den USA zwei derartige Unternehmen, für Südafrika ist keines belegt.)

1909 brachte Konsul Jacob Egeland seinen Cousin Abraham Larsen nach Durban und gründete mit britischen Geldmitteln die bereits erwähnte Union Whaling Company, die von allen Walfanggesellschaften in Südafrika am längsten Bestand haben sollte.

Im Juli 1908 kamen zwei Fangschiffe aus Sandefjord nach Durban und erlegten bis November 106 Wale.

1914 sahen sich die Norweger gezwungen, wegen des Kriegsausbruchs in Europa und aufgrund von »Schwierigkeiten mit der britischen Regierung« (Bryde hatte trotz des britischen Handelsembargos Walfleisch und -öl an Deutschland verkauft) ihre Station in der Saldanhabaai an eine südafrikanische Wal- und Robbenfanggesellschaft zu verpachten. Damit und mit dem Zusammenbruch des Unternehmens in der Plettenbergbaai war das Ende des norwegischen Walfangs in Südafrika besiegelt.

Die Küstenstation in der Walfischbai, die lange als abgelegener, unbedeutender Vorposten galt, wurde plötzlich zum Schauplatz eines eigentlich Tausende von Kilometern entfernt stattfindenden Krieges. Denn die Station war eine britische Enklave in dem »Deutsch-Südwestafrika« genannten Land. Als 1914 deutsche Truppen hier landeten, konnte immerhin das britische Fabrikschiff *Pentaur* mit der gesamten Mannschaft entkommen. 1916 beendete die Besetzung Südwestafrikas durch die Briten schließlich die deutsche Präsenz in Südafrika.

Die Station in Durban blieb bis 1922 geschlossen, dann nahmen zwei Unternehmen, die Union Whaling Company und die Premier Whaling Company, den Betrieb wieder auf. Sie benutzten eine gemeinsame

Helling, um die Wale an Land zu ziehen, und wandten dann ein in der Geschichte des Walfangs einmaliges Transportsystem an: Die Wale wurden von der Küste per Eisenbahn in die Fabrik verfrachtet.

1926 schickte das »Discovery Committee«, eine britische Organisation, die Informationsmaterial über Wale und Walfang, insbesondere in der südlichen Hemisphäre, sammelte, die Zoologen N. A. Mackintosh und J. F. G. Wheeler in die Dokergat-Station an der Saldanhabaai, um die dort gefangenen Wale (vor allem Blau- und Finnwale) zu untersuchen. 1929 schickte dieselbe Organisation A. H. Laurie und F. D. Ommanney mit dem Auftrag, die vor der Küste von Natal gefangenen Wale zu untersuchen, nach Durban. In *Lost Leviathan* (1971) beschreibt Ommanney die Arbeit in der Fabrik folgendermaßen:

Das Einzigartige an den Walfangstationen in Durban war die Art, wie die Wale in die Fabrik transportiert wurden. Sie kamen nämlich mit der Eisenbahn. ... Die Walfänger brachten die Wale in der Nacht bis zur Hafeneinfahrt. Dann zog man sie mit einem Schleppkahn eine Helling hinauf, von der aus sie schließlich mit einer Winde auf eigens für diesen Zweck gebaute Kippkarren gehievt wurden. Zugmaschinen mit Cowcatcher und quadratischem Frontscheinwerfer zogen die Fracht zu ihrer Begräbnisstätte. Da es wegen der Geruchsbelästigung häufig Beschwerden gab, führte die Hafenpolizei strengste Kontrollen durch, und die Kadaver durften keinesfalls länger als ein paar Stunden im Hafen liegen.

Im Park des Hotels auf der Beacon-Insel in der Plettenbergbaai an der Südküste (Südafrika) steht eine weißgestrichene Harpunenkanone.

Die Fotografie aus dem Jahre 1908 zeigt die Gründer der Walfanggesellschaft von Durban mit dem ersten erlegten Wal. Links Jacob Egeland, der Leiter der Küstenstation, rechts sein Cousin Abraham Larsen.

Wurden sie nicht innerhalb der vorgeschriebenen Zeit mit der Eisenbahn abtransportiert, schleppte man sie kurzerhand ins Meer zurück. Da die recht wackligen Schienen häufig mit vom Wind herangetragenem Sand bedeckt waren, blieb der Zug oft stecken oder entgleiste sogar. Dann hieß es mit wütend pfeifender Dampfmaschine warten, bis endlich ein Kran kam.

In der Fabrik wurden die Wale von Eingeborenen verarbeitet. Ommanney berichtet:

[Die Arbeiter] waren hauptsächlich Zulus, aber es gab auch Leute von weiter nördlich. Die Zulus waren kohlschwarz und hatten strahlend weiße Zähne. Aber es gab auch hellhäutigere Männer mit braunen, bronzefarbenen oder goldbraunen Gesichtern. Sie alle tanzten und sprangen um die Walkadaver herum wie um ein Opfertier, wobei sie ihre Flensmesser schwangen, so daß die Sonne auf den blutbespritzten Klingen glitzerte wie auf den Assagais von Chakas Zulukriegern. Das wilde Geschrei und das Gelächter der Blubber-Boys und der Fleischträger, die ihre Hacken schwangen, übertönte das Rattern der Winde und das Pfeifen der Dampfmaschine. Die Flenser sangen, während sie die Blubberstreifen abschälten, und tanzten häufig barfuß im Schmutz und Schleim, wobei sie ihre Messer wie Speere hielten.

Das bunte Völkergemisch änderte sich (und vermutlich wurden die Männer beim Flensen der Wale auch stiller), aber die Arbeitsmethoden blieben bis zur Stillegung der Fabrikanlage im Jahre 1975 dieselben wie zu Ommanneys Zeiten.

Die Norweger zogen sich zwar aus Südafrika zurück, verstärkten aber ihre Aktivitäten an den Küsten anderer afrikanischer Staaten. So stieg die Zahl der Walfangstationen in Deutsch-Südwestafrika, Französisch-Kongo und der damals portugiesischen Kolonie Ostafrika von fünf im Jahr 1910 auf 25 im Jahr 1912. Die Norweger jagten hauptsächlich Buckelwale (zwischen 1912 und 1914 starben vor der Küste des Kongos 4430 Tiere), verschmähten aber auch Brydewale, Pottwale und die wenigen noch verbliebenen Südkaper nicht. Außerdem wurden in den afrikanischen Gewässern in den »besten« Jahren, nämlich 1926 und 1927, insgesamt 3500 Blau- und 2400 Finnwale getötet. Seit Anfang des 19. Jahrhunderts war der südafrikanische Walfang durch eine große Fluktuation innerhalb der verschiedenen Walfanggesellschaften gekennzeichnet – Unternehmen fusionierten oder aber schlossen einen Betrieb, um sogleich wieder einen neuen zu eröffnen. So kann man nur schwer feststellen, wem die einzelnen Stationen und Betriebe nun wirklich gehörten.

So gründeten Egeland und Larsen 1921 die neue Union Whaling Company, die neben Lever Brothers' Premier Whaling Company an der Felsenküste bei

Die Fabrikanlage der Union Whaling Company von Durban wurde wegen des penetranten Gestanks an der Küste in einiger Entfernung von der Stadt errichtet. Die Walkadaver kamen mit der Eisenbahn, die man im Vordergrund erkennt.

Die 1930 aufgenommene Fotografie zeigt den Kadaver eines Blauwals auf der Helling im Hafengelände von Durban; er wurde später mit der Eisenbahn in die Fabrikanlage am »Kliff« transportiert.

Durban ihren Betrieb aufnahm. Nach der Fusion beider Gesellschaften 1932 blieb die Union Whaling Company Ltd. von 1953 bis 1976 die einzige Walfanggesellschaft Südafrikas.

Die Einführung der Heckhelling, mit der die toten Wale durch eine Öffnung im Heck an Bord gehievt wurden, revolutionierte 1925 den kommerziellen Walfang. Früher waren die »schwimmenden Fabriken« südwärts gesegelt und hatten an einem geschützten Ankerplatz auf die Fangboote mit den erlegten Walen gewartet. Nun aber konnten auch die Südafrikaner, wie viele andere Walfangnationen, Kurs auf die ergiebigen, für sie äußerst günstig gelegenen Blau- und Finnwalgründe in der Antarktis nehmen.

1928/29 schickte die Kerguelen Sealing and Whaling Company die umgerüstete *Radioleine* nach Süden, nach zwei weiteren Saisons arbeitete auch das Fabrikschiff *Tafelberg* für sie.

In seiner Abhandlung über den Walfang in der Antarktis vertritt A. G. Bennett die Ansicht, daß in den südafrikanischen Küstengewässern zwar lange Zeit Walfang betrieben worden sei, aber insgesamt gesehen mit geringerem Erfolg als in den kälteren Gewässern, in denen die Wale wegen des reichen Nahrungsangebots angeblich eine viel dickere Fettschicht hätten. (Diese These wurde nicht wirklich bestätigt. Fest steht aber, daß die südafrikanische Walfangindustrie, insbesondere die Walfabrik bei Durban, zu den rentabelsten Unternehmen ihrer Art zählten und beispielsweise in der Walfischbucht einige der größten Blauwale erlegt wurden.) Die Größe und der körperliche Zustand eines Wals hingen vielmehr von der Jahreszeit ab, in der die Tiere gefangen wurden. Waren sie direkt von ihren südlichen Nahrungsgründen, in denen sie sich vier Monate aufgehalten hatten, in die südafrikanischen Gewässer gekommen, so trugen sie eine schöne, dicke Fettschicht mit sich herum. Erlegte man sie jedoch nach der Geburt oder nach dem Abstillen eines Kalbes, so waren sie geradezu ausgezehrt, weil sie monatelang nichts gefressen hatten.

Dies ist eine der Eigenheiten der Waltiere. Die größten Tiere der Welt wandern Jahr für Jahr in ihre Nahrungsgründe, wo sie sich rund um die Uhr mit riesigen Mengen Krill vollstopfen. Während der Wanderung oder in ihren Kalbegründen nehmen sie hingegen überhaupt keine Nahrung auf. Aus diesem

Einem Finnwal wird in der Fabrikanlage am »Kliff« bei Durban der Blubber abgezogen (aufgenommen um 1930).

Grund fressen die riesigen Blau- und Finnwale der Südhalbkugel auch nur in den antarktischen Gewässern, wo sie sich von Oktober bis März aufhalten. Die übrige Zeit zehren sie von ihrem Fettvorrat, dem Blubber, der gerade diese Walarten für die Walfänger so attraktiv machte.

Wegen der Konflikte Norwegens mit den anderen europäischen Staaten, die in Südafrika Kolonien besaßen, wurde um 1913 angesichts der allmählich schwindenden Walbestände eine neue Idee geboren: Frankreich, das in Afrika mehrere Kolonien hatte, schlug ein internationales Abkommen zur Kontrolle des Walfangs vor. Aber die Zeit für ein derartiges Abkommen war offensichtlich noch nicht reif. Tønnessen und Johnsen schrieben:

»Die Welt lebte immer noch im Zeitalter des Liberalismus, und auch auf den Weltmeeren herrschte das Prinzip des freien Wettbewerbs. Die Meeresbiologie steckte noch in den Kinderschuhen.«

Obwohl sich auch die eifrigsten Walfänger über die Notwendigkeit gewisser Kontrollmaßnahmen im klaren waren, wurden Bestimmungen, die den Fang von zu kleinen Walen oder von Kälber führenden Kühen betrafen oder die Anzahl der Fangschiffe der einzel-

nen Gesellschaften regeln sollten, immer wieder mißachtet.

Erst 1931 verabschiedete der Völkerbund eine Konvention zur Kontrolle des Walfangs, in der unter anderem das Töten von Kaperwalen, Walkühen und Kälbern anderer Walarten verboten wurde. Weiter mußten alle Daten über die Größe der Wale, die Menge des produzierten Öls und andere sachdienliche Informationen umgehend dem Büro für Walfangstatistik in Sandefjord in Norwegen übermittelt werden.

Obwohl Südafrika die Konvention, die 1935 in Kraft trat, mit unterzeichnet hatte, hielten sich die Provinzregierungen nicht an deren Wortlaut. Bald stellte sich jedoch heraus, daß die Walbestände in den Küstengewässern so stark zurückgegangen waren, daß nur noch der Hochseewalfang Profit brachte. So machte sich 1937 die *Uniwaleco* der Union Whaling Company auf den Weg nach Madagaskar und in die Antarktis.

Die südafrikanische Regierung ratifizierte auch die Londoner Zusätze von 1937 zur Genfer Konvention von 1931. Sie legten fest, daß Blau-, Finn- und Buckelwale erst ab einer bestimmten Mindestgröße gefangen werden durften, die Saison nur über drei Monate lief und auf jedem Fabrikschiff Inspektoren geduldet

Das 1937 in Deutschland gebaute Fabrikschiff *Unitas* wurde nach dem Krieg den Briten übergeben und in *Empire Victory* umgetauft. 1945 pachtete Südafrika die »schwimmende Fabrik« und schickte sie unter dem Namen *Abraham Larsen* auf Walfang in die Antarktis.

werden mußten. Natürlich liefen die beiden Walfanggesellschaften Sturm gegen diese Regelungen. Aber schließlich verabschiedete Südafrika den Sea Fisheries Act, der die Kontrolle über alle Meerestiere der Zentralregierung übertrug. Damit waren die Tage des unkontrollierten Piratenwalfangs in Südafrika zu Ende.

Nachdem sich auch Deutschland und Japan am Walfang in der Antarktis beteiligten, erreichten die Fangzahlen bisher ungeahnte Höhen (allein in der Saison 1937/38 wurden insgesamt 46 039 Wale erlegt). Der Zweite Weltkrieg beendete die Diskussion um den Schutz der Wale, und die Tiere waren für eine unbestimmte Zeit sicher. Die südafrikanischen Fabrikschiffe *Uniwaleco* und *Tafelberg* wurden zerstört, aber alle Walfänger, die nicht von der Marine umgerüstet wurden, gingen in den Küstengewässern weiterhin auf Walfang und erhielten die Station von Durban am Leben. So war Südafrika das einzige Land der Welt, daß während des Krieges Walfang im großen Stil betrieb.

Nach 1945 arbeitete die Union Whaling nur noch mit einem einzigen Fabrikschiff. Die deutsche *Unitas*, das größte und am besten ausgerüstete Fabrikschiff der Welt, war von den Briten requiriert und an Union Whaling vermietet worden und trug nun den Namen *Abraham Larsen*. Zwischen 1946 und 1957, als die Südafrikaner zum letzten Mal in der Antarktis auf Walfang gingen, brachten die dort von der *Larsen* erlegten Blau-, Finn- und Pottwale der Gesellschaft Gewinne in Millionenhöhe, wobei allerdings die Blauwale nahezu ausgerottet wurden.

Eine Walfangreise in die Arktis brachte jedem Matrosen eine Prämie von £ 400, und die Kanoniere, die für jeden erfolgreich harpunierten Wal bezahlt wurden, verdienten »so gut wie Filmstars«. (Nach der Rückkehr wurden die Männer häufig mit Schecks bezahlt. Damit wollte die Union Whaling verhindern, daß sie von den leichten Mädchen, Schwindlern und Dieben, die beim Einlaufen der Walfänger an den Docks herumlungerten, gleich um ihr hart verdientes Geld gebracht wurden.)

Der Walfang wirkte sich auch positiv auf die wirtschaftliche Entwicklung von Durban aus. Die Matrosen, die »ins Eis« fuhren, erzielten einen Spitzenverdienst und gaben ihr Geld, ebenso wie die Union Whaling, in der Stadt aus. Einheimische Händler wetteiferten um das Privileg, das Fabrikschiff und die Fangflotte ausrüsten zu dürfen. Als sich die *Larsen* im November 1955 für eine viereinhalbmonatige Fangreise rüstete, sah die Proviantliste folgendermaßen aus: 121 108 Kilogramm Butter, 34 019 Kilogramm Käse und 12 500 Fischkonserven, 1,9 Millionen Zigaretten, 907 Kilogramm Tabak, 2000 Flaschen Bier, 1015 Flaschen Spirituosen und 80 Flaschen Rum.

Die Fanggründe in der Antarktis wurden von den großen Walfangnationen zehn Jahre lang hemmungslos ausgebeutet, und obwohl ganz offensichtlich war, daß zu wenige Wale von zu vielen Schiffen bejagt wurden, ging das Abschlachten weiter.

Während des Krieges waren die Menschen damit beschäftigt gewesen, sich gegenseitig zu vernichten, und hatten die Wale in der Antarktis in Frieden gelassen. Deshalb verliefen auch die ersten Fangsaisons

für die *Larsen* besonders erfolgreich. Ab 1952 sanken jedoch sowohl die Fangzahlen als auch die Preise für Walprodukte drastisch. Nachdem die Bartenwale im Süden so stark dezimiert worden waren, daß sich selbst die IWC besorgt zeigte, wandten sich die Südafrikaner den Pottwalen zu. (Kaperwale galten seit 1937 als weltweit geschützt, aber diese Nachricht scheint erst in den 50er Jahren nach Südafrika vorgedrungen zu sein.) 1957 verkaufte Union Whaling die *Abraham Larsen* an die Japaner, die sie *Nisshin Maru* nannten, und zog sich für immer aus dem antarktischen Walfang zurück.

Im 18. und 19. Jahrhundert wurden die Pottwale wegen der öligen Flüssigkeit in Nase und Stirnhöhle, dem sogenannten Walrat, bejagt. Schon bald nach der Entdeckung der großen Bartenwalpopulationen in der Antarktis fand man heraus, daß die Fettsubstanz im Kopf der Bartenwale anders als der Walrat der Pottwale sogar genießbar war und zur Herstellung von Margarine, Backfett und Toilettenseife verwendet werden konnte. Als die Finnwalbestände zurückgin-

In der Fabrik bei Durban wurden hauptsächlich Pottwale verarbeitet.

Ein südafrikanischer Walfänger im Einsatz. Ein Wal wurde gerade von der Harpunenkanone getroffen, ein weiterer befindet sich längsseits.

gen, wandten sich die Walfänger von Dokergat und Durban dem Pottwalfang zu. Von allen »großen« Walarten waren nur die Pottwale zahlreich genug für eine Bejagung im größeren Stil. (Selbst heute umfaßt die Pottwalpopulation weltweit schätzungsweise immer noch über eine Million Tiere, und ist somit größer als alle anderen Walpopulationen zusammengenommen.) Der Pottwal wurde auch als Symbol der massiven Kampagne »Rettet die Wale« so populär, daß ihn alle westlichen Staaten unter Schutz stellten, obwohl er nicht vom Aussterben bedroht ist. (Einzig die Japaner gingen auch nach dem IWC-Moratorium von 1982 weiterhin auf Pottwalfang.)

1954 setzten die südafrikanischen Walfänger erstmals Aufklärungsflugzeuge ein. Ken Pinkerton, ein ehemaliger Pilot der britischen Luftwaffe, ortete erstmals Wale aus einer Höhe von etwa 150 Metern und gab ihre Position per Funk an die Fangschiffe weiter. Bald waren Pinkerton und zwei weitere Piloten mit zwei Flugzeugen oft acht bis zehn Stunden täglich im Einsatz.

1960 gingen 2545 Wale auf das Konto von Pinkertons Crews. 1961 verfaßte Pinkerton zusammen mit L. C. Surmon eine ausgezeichnete Abhandlung über das Wanderverhalten, das Wachstum, die Lebensgewohnheiten und die Krankheiten von Walen.

Während des Zweiten Weltkrieges war die Union Whaling von Unit Securities Trust, einem Walfangunternehmen aus Johannesburg, aufgekauft worden. Abraham Larsen und sein Sohn mußten die Firma verlassen, und R. K. Fraay wurde Direktor. Der junge, in Norwegen ausgebildete Chemiker Hans Knudsen überwachte in dem von ihm geleiteten Betrieb in Durban die Umstellung von der Bartenwalverarbeitung auf Pottwalverarbeitung. Nach dem Zusammenbruch der Finnwalpopulation war das Fleisch, aus dem man früher einen Extrakt hergestellt hatte, nicht mehr verfügbar. Die Firma mußte in Kühl- und Verpackungsanlagen für die Verarbeitung von Pottwalfleisch investieren. Aus dem Pottwalfleisch entstand ein Fleischmehl, das zusammen mit dem wertvollen Walratöl den Gewinn wieder steigen ließ. Das aus den riesigen Lebern der Pottwale gewonnene Vitamin A wurde 1965 durch synthetische Vitaminöle verdrängt. 1967 errichtete man ein Kühlhaus für Finnwalfleisch, das nach Japan exportiert werden sollte, mußte aber schon bald feststellen, daß die Nachfrage das Angebot bei weitem überstieg. Zwischen 1950 und 1959 hatten die Südafrikaner rund 565 Finnwale pro Jahr erlegt, 1968 konnten sie nur noch 62 töten. Vor der Küste von Natal gab es keine Finnwale mehr, das Unternehmen geriet in finanzielle Schwierigkeiten und beschloß

1968, sich ausschließlich auf den Fang und die Verarbeitung von Pottwalen zu verlegen.

Walratöl war ein äußerst vielseitiges Produkt. Einer Studie von L. Surmon und Peter Best zufolge konnte es für Kosmetika, für Arzneimittel, biologisch abbaubare Waschmittel und Kerzen, als Zusatz für verschiedene hochwertige Schmierstoffe, als Schmiermittel für Feininstrumente, für Druckerschwärze, Fettsäuren und einfach als chemisches Bindemittel verwendet werden. Sulfatiert wurde Walratöl auch zum Gerben von Leder benutzt. Fleisch- und Knochenmehl von Pottwalen wurde als Proteinzusatz unter Tierfutter gemischt, Walfleischextrakt diente als Speisewürzenzusatz, gefrorenes Walfleisch wurde von Menschen verzehrt oder diente als Tiernahrung (hauptsächlich für Haustiere), die Zähne wurden tonnenweise an die Elfenbeinschnitzer im Orient geliefert.

1968 mußte von der Vereinigten Südafrikanischen Walfanggesellschaft die Fangflotte von zwölf auf sechs Boote und die Belegschaft von 1000 auf 500 Mitarbeiter reduziert werden. Wie alle anderen Walfangnationen bekam auch Südafrika den Druck der Öffentlichkeit zu spüren. (Der bereits 1971 von den Vereinten Nationen vorgeschlagene zehnjährige Walfangstopp wurde erst 1982 von der IWC verfügt.) Das arabische Erdölembargo von 1974 ließ die Treibstoffpreise so stark ansteigen, daß lange Fangreisen unrentabel wurden. 1975 stellte die Union Whaling Company, einst das größte Küstenwalfangunternehmen der Welt, ihren Betrieb endgültig ein. Die Fangboote wurden verkauft oder verschrottet.

Die Empfehlung des Historikers Cornelius de Jong, typische Ausrüstungsgegenstände und Werkzeuge, vor allem aber einen der altgedienten, stolzen und schnellen Walfänger zu erhalten, verhallte ungehört. Zwar erwarb die Van der Stel Foundation zwei Schiffe, aber die Stadtverwaltung von Durban blieb untätig. Pläne zur Einrichtung eines Museums oder einer Handelsniederlassung in der alten Station wurden nicht verwirklicht. Schließlich richtete die südafrikanische Armee auf dem Gelände an der Felsenküste einen Militärstützpunkt mit Übungsplatz ein.

Australien: 1950 bis 1978

Wegen der großen Bedeutung des Walöls im Welthandel engagierte die australische Commonwealth-Regierung Kapitän Alf Melsom aus Norwegen, der sie beim Aufbau einer modernen Walindustrie beraten sollte. Auf seine Empfehlung hin wurde 1949 bei Carnarvon an der australischen Westküste nördlich der Shark Bay (»Haibucht«) eine große Fabrik errichtet. Australien war einer der ersten Unterzeichner der Internationalen Walfangkonvention, und obwohl bereits seit 1949 auch eine eigene australische Walfangkommission existierte, wurde der australische Walfang hauptsächlich von der IWC kontrolliert, die zusammen mit der Landesregierung die Fangquoten für die Küstengewässer regelte.

1956 gab es in Australien fünf Walfangstationen: Tangalooma und Byron Bay an der Ostküste und Carnarvon, Point Cloates und Albany an der Westküste.

Tangalooma liegt auf Moreton Island vor Brisbane in Queensland. An dieser Insel, einer der größten Sandinseln der Welt, ziehen die Buckelwale auf ihrer Wanderung von den antarktischen Nahrungsgründen nach Norden vorbei. Die Küstengewässer waren also ideal für den Buckelwalfang. 1952 erlegten die von der 1951 gegründeten Küstenstation aus operierenden norwegischen Walfänger 600 Buckelwale, unter denen sich auch ein 15,5 m langes Prachtexemplar befand. 1954 entstand eine zweite Station in Byron Bay, und die Geschäfte liefen rund zehn Jahre gut, bis ab 1961 die Wale knapp wurden.

Die ersten Angaben über die Buckelwalbestände stammten von den Walfängern selbst und waren maßlos übertrieben. Spätere Forschungen ergaben, daß es in den Küstengewässern vor Queensland nie mehr als 10 000 Tiere gegeben hatte. Außerdem wurden die Buckelwale bereits in der Antarktis intensiv bejagt, und sowjetische und japanische Walfänger nahmen auf hoher See, was sie fangen konnten. So kamen nur wenige Buckelwale in die australischen Küstengewässer.

Die australischen Schiffe mußten immer weiter aufs Meer hinausfahren und gaben sich schließlich sogar mit den Buckelwalen zufrieden, die abgemagert und mit einer relativ dünnen Blubberschicht ihren im Süden gelegenen Nahrungsgründen zustrebten. Die Ölerträge fielen entsprechend niedrig aus. Schließlich konnte man nicht einmal mehr mit Aufklärungsflugzeugen Wale entdecken, und 1962 wurden beide Küstenstationen geschlossen. Tangalooma ist heute ein vielbesuchter Urlaubsort, in dem kaum noch etwas an den Walfang erinnert.

1956 wurde in Cascade Bay auf der rund 1600 km vom australischen Festland entfernten Norfolk-Insel

Ein Arbeiter untersucht in der Walfabrik in Tangalooma die Brustflosse eines gerade auf das Flensdeck gehievten Buckelwals. Die Station war von 1952 bis 1962 in Betrieb.

Der Walfänger *Tangalooma* schleppt einen Kadaver zur Verarbeitung in die Küstenstation auf der Moreton-Insel (Queensland).

eine Walfangstation eingerichtet. (Die Inselbewohner lebten bereits seit dem Ende des 19. Jahrhunderts hauptsächlich vom Walfang.) Zwei Walfänger gingen auf Buckelwaljagd, das Öl wurde nach Sydney geliefert. Nach anfänglichen Erfolgen, die große Hoffnungen für die Zukunft weckten, gingen auch hier die Wale aus, und die Station wurde 1962 geschlossen.

Obwohl es keine Beweise dafür gab, lag der Verdacht nahe, daß die Walfänger in der Antarktis wesentlich mehr Buckelwale erlegten, als sie der IWC meldeten. Zudem war damals der griechische Reeder Aristoteles Onassis ins Walfanggeschäft eingestiegen. Ihn interessierte nur der Profit, und seine *Olympic Challenger* erlegte ohne Rücksicht auf Restriktionen jeden Wal, dessen sie habhaft werden konnte.

1963 erkannte man, daß die Buckelwale vom wirtschaftlichen Standpunkt aus gesehen so gut wie ausgerottet waren, und verbot jeglichen Buckelwalfang südlich des Äquators. Den Australiern blieben nur noch die Pottwale und eine einzige Küstenstation in Albany an der Westküste.

Die Albany Whaling Company (später Cheynes Bay Whaling Company) war 1947 von einheimischen Geschäftsleuten gegründet worden. Aber erst als 1952 die Norweger als Berater kamen und modern ausgerüstete Fangboote mitbrachten, stellte sich der Erfolg ein. Bis 1963 erlegte man im Schnitt 86 Buckelwale pro Jahr, die Anzahl der zwischen 1955 und 1978 getöteten Pottwale wird in den Büchern mit 14695 angegeben.

Während dieser Zeit schränkte die IWC jedoch auch den Pottwalfang durch verschiedene, die Größe und das Geschlecht der zur Jagd freigegebenen Tiere betreffende Restriktionen ein. Dennoch waren die Russen und die Japaner im Nordpazifik besonders erfolgreich, und die Anzahl der zwischen 1961 und 1971 außerhalb der Antarktis getöteten Pottwale belief sich auf 211650 Tiere, wobei auch die vor der australischen Westküste erlegten Pottwale mitgerechnet wurden.

Das Ende des internationalen (und natürlich auch des australischen) Walfangs zeichnete sich allmählich ab, und eigenartigerweise sollte ausgerechnet Australien einer der Wegbereiter werden. 1977 ordnete Premierminister Malcolm Fraser infolge der allgemeinen Beunruhigung über die drohende Ausrottung einer Tierform, besonders aber einer so intelligenten wie des Wals, eine Untersuchung über den Fortbestand des australischen Walfangs an. In allen großen Städten des Landes fanden öffentliche Diskussionen statt, und die Cheynes Bay Whaling Company wurde ebenso befragt wie die westaustralische Regierung und verschiedene Umweltschutzorganisationen. 1978 kam die Untersuchungskommission zu dem Schluß, daß Australien den Walfang einstellen und sich für ein weltweites Verbot des Walfangs einsetzen sollte. (Die Cheynes Bay Whaling Company erlegte am 20. November 1978 ihren letzten Wal und stellte von sich aus in aller Stille den Betrieb ein.) Zusammen mit Neuseeland, das ebenfalls auf eine blutige Walfanggeschichte zurückblickt, wurde Australien zu einem der aktivsten Vorkämpfer für ein weltweites Verbot des kommerziellen Walfangs.

Die Walfangstation von Albany verfiel, und der Stadt, die zwei Jahrhunderte lang ein Zentrum des australischen Walfangs gewesen war, drohte der wirtschaftliche Zusammenbruch. Man verlegte sich auf den Anbau von Weizen und Apfelbäumen. Schließlich entdeckten die arbeitslosen Seeleute große Thunfischschwärme, die auf dem Weg in ihre in der Großen Australischen Bucht gelegenen Laichgründe nahe der Küste vorbeizogen. Aber die Regierung untersagte schon bald den Thunfischfang, da die Tiere in den westaustralischen Gewässern noch zu klein waren und deshalb nur vor der Südküste gefangen werden durften.

Sollte Albany also ebenso verschwinden wie die Walfänger und die Wale, denen es seine Existenz verdankte? Glücklicherweise war jedoch in der verlassenen Station ein gewisser John Bell zurückgeblieben. Er hatte früher die Aufklärungsmaschinen der Walfanggesellschaft geflogen und versuchte nun, die Station einigermaßen in Ordnung zu halten. Mit Hilfe der australischen Jaycees Foundation konnte er das Gelände erwerben, und die Regierung und die Stadtverwaltung gaben Geld für die Renovierung der Gebäude und die Instandsetzung des letzten Walfängers, der *Cheynes III*. Der Komplex erhielt den Namen »Whaleworld« und ist heute das größte Walfangmuseum der Welt.

Die übrigen australischen Walfangstationen sind verfallen. Aber die Wale, besonders die Kaper, kommen langsam zurück. Aus einer japanischen Studie von 1983 geht hervor, daß die Forscher während einer dreiwöchigen Expeditionsreise vor der west- und der südaustralischen Südküste im Bereich der Großen Australischen Bucht 75 Südkaper sowie 30 Pott-, 2 Finn-, 4 Sei- und 2 Zwergwale sichteten. Seit den

Tagen von Ben Boyd waren wohl niemals mehr so viele Kapernwale in den australischen Gewässern aufgetaucht.

Neuseeland: 1890 bis 1964

Nach dem Niedergang des kommerziellen Küstenwalfangs gingen in Neuseeland fast nur noch die Maoris auf Walfang und erbeuteten den einen oder anderen Buckelwal. In den siebziger Jahren des vorigen Jahrhunderts trat das Petroleum seinen Siegeszug an, und der Markt für Walprodukte war praktisch zusammengebrochen.

Während die Kaperwale so gut wie ausgerottet waren, gab es in den neuseeländischen Gewässern

noch eine relativ große Buckelwalpopulation. Außerdem wurden dort, zumindest bis 1875, auch Pottwale gejagt. Der stets zu Übertreibungen neigende Frank Bullen schreibt in seinem bereits früher erwähnten Reisebericht, daß es im Meer von Pottwalen, genauer gesagt von stattlichen Pottwalbullen, geradezu gewimmelt habe.

1890 gründete ein aus New Bedford stammender Walfänger namens H. F. »Bert« Cook bei Whangamumu an der Bay of Islands ein kleines Walfangunternehmen. Da der Kanal von Whangamumu an einer Stelle nur ganze 45 m breit ist, ließ Cook dort ein aus Tauen geflochtenes Netz spannen. Natürlich sind Taue für einen 50 Tonnen schweren Buckelwal kein Hindernis, und man versuchte es mit einem Stahlnetz, in dem die Wale sich verfingen und anschließend von den Maoris harpuniert wurden. Der bereits 300 Jahre früher von den Japanern erfolgreich prak-

Eines der wenigen Fotos vom auf Neuseeland praktizierten Netzwalfang, aufgenommen um 1900. Gerade schwimmt ein Buckelwal (von rechts nach links) in das im Whangamumu-Kanal gespannte Stahlnetz.

Die Küstenstation von Whangaparaoa, Bay of Plenty. Nach dem Flensen des Wals (links) wird der Blubber zur Gewinnung des Öls ausgekocht.

tizierte Netzwalfang erwies sich jedoch als nicht besonders effizient (im besten Jahr erlegte man nur 19 Wale). So schaffte man 1910 einen dampfgetriebenen Walfänger an, und die Fangzahlen stiegen bis auf 75 Wale im Jahr 1924.

Die Norweger, die bereits in der Antarktis mit großem Erfolg auf Finnwaljagd gingen, schickten 1912 ein Fabrikschiff mit vier Fangbooten in die Bay of Islands und gründeten die New Zealand Whaling Company. Nach rund einem Jahr stellte sich jedoch heraus, daß der Buckelwalfang hier nicht den erhofften Gewinn brachte, und die Norweger zogen wieder ab.

An dem engen Eingang zum Tory-Kanal in der Cookstraße gründete der aus Italien eingewanderte Giuseppe Perano eine Walfangstation, die die letzte in Neuseeland sein sollte. Perano verfolgte die Buckelwale mit schnellen Motorbooten und betäubte sie mit Geschossen aus leichten, am Bug angebrachten Harpunenkanonen, durch die die Tiere nicht getötet, sondern nur betäubt wurden. Dann pumpten die »genialen« Peranos mit Hilfe eines Kompressors Luft in die noch lebenden Wale, damit sie nicht untergingen (die

norwegischen Walfänger wandten zwar die gleiche Methode an, waren aber human genug, mit dem »Aufpumpen« zu warten, bis die Wale tot waren). Schließlich versetzte man den gequälten Kreaturen mit einer langen Lanze, an deren Spitze eine elektrisch zündbare Ladung Gelatinedynamit angebracht war, den Gnadenstoß.

Die Station von Te Awaiti (auch unter den Namen Tarwhite oder Tarwathie bekannt) war seit ihrer Gründung durch Perano im Jahre 1915 bis 1964 kontinuierlich in Betrieb. Nach dem Tod Peranos wurde sie von einem seiner Söhne weitergeführt. 1964 stellte die IWC die seit 1962 in den neuseeländischen Gewässern praktisch ausgerotteten Buckelwale endlich unter Schutz.

Peranos Unternehmen produzierte in erster Linie Öl. Da der Markt nicht sehr stabil war, experimentierte man jedoch auch mit der Herstellung anderer Walprodukte, wie beispielsweise Tierfutter, Düngemittel oder Gerbmittel für Leder. 1950 versuchte man auch, mit einer großangelegten Werbekampagne Walfleisch als Delikatesse zu vermarkten. Die Neuseeländer zeigten sich jedoch wenig begeistert, aber der

Walfänger der Firma Perano jagen in der Cookstraße einen Buckelwal. Der Bootsname *Narwhal* mutet etwas seltsam an, da der Narwal nur in arktischen Gewässern vorkommt.

Export von Walkonserven nach England (im ersten Jahr immerhin rund 4000 Tonnen Walfleisch) weckte zunächst große Hoffnungen. Aber die nächste Lieferung wurde schlampig verarbeitet – die Hälfte der Konserven platzte auf dem Weg nach England – und die neue Industrie war gestorben.

Als es so gut wie keine Buckelwale mehr gab, versuchten es die Peranos mit dem Pottwalfang. Der erhoffte Erfolg blieb jedoch aus, und 1964 sah sich die Familie gezwungen, ihre Station am Tory-Kanal zu schließen.

Über 150 Jahre wurden in den Gewässern rund um Neuseeland Wale gejagt, und ohne die Wale und die Walfänger wäre die Besiedelungsgeschichte vermutlich ganz anders verlaufen. Nach dem Niedergang der Walfangindustrie, der einzigen bedeutenden Industrie, die das Land je hatte, gehört Neuseeland zu den Nationen, die sich besonders intensiv für den weltweiten Schutz der Wale einsetzen. Aber auch im Land selbst wird etwas getan. Wale und Delphine stranden bereits seit Jahrhunderten besonders häufig an neu-

seeländischen Küsten (eine Studie der Regierung listete seit 1840 798 Strandungen von insgesamt 6873 Tieren auf), und eine eigens dafür gegründete Organisation bemüht sich intensiv um die Rettung dieser Tiere. Es würde zu weit führen, hier über die Erfolge bei der Rückführung von gestrandeten Waltieren ins Meer zu diskutieren. Aber die Versuche zeigen, wie stark sich das Verhältnis der Neuseeländer zu den Walen geändert hat. Ein Land, das einst zu den bedeutendsten Walfangnationen gehörte und diesem Gewerbe vermutlich sogar seine Existenz verdankt, hat sich voll und ganz von diesem Erbe losgesagt und kämpft heute an vorderster Front für den Schutz der Wale.

Kanada: 1840 bis 1950

Amerikanische Walfänger aus Neuengland gingen bereits in kanadischen Gewässern auf Walfang, lange bevor es ein Kanada gab (die »Union« wurde 1839, das Dominion of Canada 1867 gegründet). Versuche der Hudson Bay Company, in der Hudson Bay Walfang zu betreiben, waren zwar nach einer erfolglosen Expedition im Jahre 1719, bei der die Mannschaft an Skorbut erkrankte, wieder aufgegeben worden. Doch gingen Walfänger von der amerikanischen Neuenglandküste aus um 1740 bereits regelmäßig vor Neufundland auf Nordkaper- und Buckelwalfang und betrieben in den Küstengewässern Pottwalfang. Auch der St.-Lorenz-Golf war für seine reichen Buckelwal- und Weißwalgründe bekannt. Deshalb kreuzten im 18. Jahrhundert zahlreiche Walfänger aus Massachusetts im Golf und in der Strait of Belle Isle auf. Die Walfänger aus Nantucket bevorzugten dagegen seit dem Ende des 18. Jahrhunderts die Küstengewässer vor Neufundland. 1840 lockte die Regierung von Neufundland Walfänger, indem sie jedem der ersten drei Schiffe, die 10 Tonnen Walöl oder 15 Tonnen Blubber anlandeten, 200 Dollar versprach. An den Unternehmungen beteiligten sich auch Walfangschiffe aus Neubraunschweig; die Opfer waren zunächst die langsam schwimmenden Kaper- und Buckelwale, nach der Einführung der Harpunenkanone vermutlich auch die Finnwale.

Um die reichen Grönlandwalbestände in der nördlichen Hudson Bay besonders »wirtschaftlich« ausbeuten zu können, überwinterten ab Mitte des 19.

Jahrhunderts viele nordamerikanische Walfänger unter härtesten Bedingungen in dieser unwirtlichen Region. So konnten sie mit einer Fahrt zwei Fangsaisons abdecken. Gegen Ende des Jahrhunderts wurden die Amerikaner zunehmend von dampfgetriebenen Fangschiffen aus Schottland und Nordengland verdrängt.

Schließlich kamen auch die norwegischen Walfänger mit ihren neuen Technologien nach Neufundland, wo sie zwischen 1893 und 1904 dreizehn Walfangstationen errichteten. Bestürzt darüber, wie intensiv und rigoros die Norweger »ihre« Wale abschlachteten, erließ die neufundländische Regierung 1902 ein Gesetz, nach dem die Stationen mindestens 80 Kilometer voneinander entfernt sein müßten, und verlangte von jeder norwegischen Walfabrik eine Lizenzgebühr von 1500 Dollar.

Damit waren die Norweger aus dem Geschäft. Dafür brachen in Neufundland »ein wahres Walfangfieber und eine in der Geschichte des Walfangs einmalige Welle der Spekulation« (Tønnessen und Johnsen) aus. 1904 gab es 14 Walfangstationen an der Küste von Neufundland und 13 an der Küste von Labrador.

Da die Zahl der Walfänger jedoch zur Zahl der Wale in keinem Verhältnis mehr stand, mußten bereits 1905 mehrere Stationen geschlossen werden. Dr. Ludwig Rismüller, der mehrere Patente für die Herstellung von Düngemitteln und Viehfutter aus Wal-

Vier Buckelwalkadaver vor der Verarbeitung in der Walfangstation bei Kyuquot auf der Vancouver-Insel.

produkten besaß, überstand den Zusammenbruch der neufundländischen Walindustrie. In seinem 1907 erschienenen Buch *Newfoundland and Its Untrodden Ways*, das den Walfang als heroischen Kampf zwischen Mensch und Tier schildert, erklärt J. G. Millais, niemand habe für den Walfang und die Walprodukte soviel getan wie Rismüller.

Mit dem Walölpreis sanken auch die Fangzahlen. 1914 konnten die sieben noch verbliebenen Stationen zusammen nur noch 161 Wale erlegen. Auch Expeditionen in den St.-Lorenz-Golf und die Gründung der Norwegisch-Kanadischen Walfanggesellschaft bei Quebec im Jahr 1911 brachten nicht den erhofften Erfolg. Trotz des Protestes der Neufundländer errichteten die norwegischen Walfänger bis 1918 Küstenstationen in Harbour Grace, Hawke's Harbour und Beaverton und bejagten insbesondere Blauwale, Finnwale, Seiwale, Buckelwale und bisweilen auch Pottwale sowie Grindwale, die sich leicht im seichten Wasser zusammentreiben ließen. Die Nordkaper waren dagegen schon längst ausgerottet.

An der kanadischen Westküste waren die Indianer von der Vancouver-Insel die ersten, die Walfang betrieben. Ihre Fangtechniken wurden später von den Bewohnern der Halbinsel von Olympia im Süden übernommen und breiteten sich nach Norden bis zum Beringmeer aus. Nachdem der französische Walfänger *Gange* 1835 im Golf von Alaska (das Gebiet hieß im 19. Jahrhundert bei den Walfängern »die Nordwestküste« oder einfach »der Nordwesten«) Nordkaper entdeckt hatte, wurden sie erbarmungslos gejagt. 1849 waren sie fast ausgerottet, und die Walfänger machten sich auf in die reichen Gründe im Beringmeer. Dort schlachteten sie die letzte noch verbliebene Buckelwalpopulation ab und bejagten die Grauwale, deren Wanderweg entlang der Küste verlief.

Der Forscher Roy Chapman Andrews, der auf seinen Expeditionen rund um die Welt die verschiedensten Walfangstationen gesehen hatte und durch sein 1916 veröffentlichtes Buch *Whale Hunting with Gun and Camera* große Berühmtheit erlangte, war sich wohl bewußt, daß die Walfangindustrie einer Katastrophe entgegenging: »Es ist höchst bedauerlich, daß das rücksichtslose Abschlachten der Wale zwangsläufig zu deren baldiger Ausrottung führen wird, aber für die Wissenschaft bedeutet dies eine einmalige Gelegenheit zur Erforschung dieser seltsamen und hochinteressanten Tiere.« In seinem Bericht über eine Forschungsreise zu den Walfangstationen Sechart

und Kyuquot auf der Vancouver-Insel im Jahre 1908 beschreibt Andrews die Weiterverarbeitung eines Buckelwals, dessen Tod er beobachtet und fotografiert hatte:

... Nachdem die Knochen zerhackt und das Fleisch in 60-80 cm große Stücke geschnitten worden war, wurden diese getrennt in großen offenen Bottichen an beiden Seiten der Plattform ausgekocht. Nachdem Öl ausgetreten war, zerrieb man die Knochen maschinell zu Knochenmehl, das als Dünger verwendet wurde, aus dem Fleisch entstand durch ein chemisches Trocknungsverfahren und durch Aussieben ein sehr feiner Guano. Selbst das Blut, von dem es mehrere Tonnen gab, wurde in große Bottiche gegossen, gekocht, getrocknet und zu Dünger verarbeitet. Aus dem Wasser, in dem man den Blubber ausgekocht hatte, entstand Leim.

Bis 1910 hatte die Pacific Whaling Company erheblich expandiert und verfügte über zehn von verschiedenen Stationen aus operierende moderne Walfänger, von denen fünf in Norwegen gebaut worden waren. Unter dem neuen Namen Canadian-North-Pacific Fisheries (CNPF) richtete die Gesellschaft in Rose Harbour auf den Queen-Charlotte-Inseln die größte Walfangstation Kanadas ein. Im Sommer 1911 hatten ihre Schiffe 1806 Wale, hauptsächlich Buckelwale, erlegt. Da sich Buckelwale, ebenso wie Kaperwale, meist in küstennahen Gewässern paaren und dort auch kalben, bestand der Großteil der getöteten Wale aus Kühen und Kälbern, was einen Reporter in einer Ausgabe des *British Columbia Magazine* aus dem Jahre 1911 zu folgender Kritik veranlaßte: »Aus dem Kampf gegen den Wal ist wahrhaftig ein Massaker im Interesse der Industrie geworden.«

Nachdem die Norweger von den Erfolgen der kanadischen Walfänger gehört hatten, sandten sie ihre Kundschafter an die nordamerikanische Pazifikküste und stellten fest, daß die Gewässer vor Alaska anscheinend noch vielversprechender waren als die Küstengewässer von British Columbia. Nach der Gründung der United States Whaling Company (ausschließlich mit norwegischem Kapital), die über ein Fabrikschiff und drei schnelle Fangboote verfügte, beherrschten die Norweger schon bald den Walfang in den Gewässern von Alaska. Sie errichteten 1911 eine Station in Port Armstrong und 1912 eine weitere in Akutan auf den Aleuten. Das norwegische Unternehmen schrieb erst nach der Entdeckung großer Blau- und Finnwalbestände schwarze Zahlen. Nachdem jedoch der Walfänger *Sorensen* von einem harpunierten Blauwal versenkt worden war, die Gesellschaft ihn nicht ersetzen konnte, und somit der Unterhalt einer so weit von der Heimat

Ein Nordkaper auf der Helling der Walfangstation in Akutan auf den Pribilof-Inseln.

entfernten Station unrentabel wurde, zogen sich die Norweger zurück und überließen die Aleüten und Alaska den Amerikanern.

Im 19. Jahrhundert waren der amerikanische und der kanadische Walfang wahrhaftig »internationale« Unternehmen. Während auf den Rahseglern der Yankees Landarbeiter aus Neuengland, Bewohner der Kapverdischen Inseln, entflohene Sklaven, Indianer, Eskimos und »Kanakas« arbeiteten, taten in den kanadischen Stationen Männer chinesischer, japanischer, indianischer und norwegischer Abstammung Dienst; die Fangboote waren ausschließlich mit erfahrenen Norwegern und Neufundländern besetzt. Nach dem Ausbruch des Ersten Weltkriegs profitierten die Walfanggesellschaften nochmals vom steigenden Walölpreis. Nach dem Ende des Krieges war aus Walöl hergestellte Margarine weit verbreitet, während Walfleisch dagegen weniger gut ankam. Da es jedoch auch in den Gewässern vor British Columbia bald

kaum noch Wale gab, wurden die Stationen in Sechart, Rose Harbour und Akutan (hier errichteten die Amerikaner nach dem Desaster von Pearl Harbor einen Militärstützpunkt) geschlossen. Pike schätzte 1954, daß in den Gewässern vor British Columbia zwischen 1919 und 1929 rund 7000 Buckelwale erlegt worden waren.

Eine Gesellschaft mit Namen Western Whaling Company eröffnete 1948 in Coal Harbour, einem ehemaligen Stützpunkt der kanadischen Luftwaffe, eine Walfangstation. Sie blieb 20 Jahre in Betrieb und erlegte und verarbeitete in erster Linie Finnwale. Die ehemaligen Hangars und der gesamte Komplex erwiesen sich als ideale Verarbeitungs- und Produktionsstätte. Man erzeugte hauptsächlich Fleischmehl und nach 1953 auch recht erfolgreich Tierfutter. So waren am Ende die Haustiere die Hauptnutznießer der Walindustrie, für die »Wildtiere« ihr Leben lassen mußten.

Weißwal oder Beluga *(Delphinapterus leucas)*

Zwischenspiel: Der Weißwal

Der Untertitel von *Moby Dick* lautet nicht, wie viele meinen, »Der Weiße Wal« sondern einfach nur »Der Wal«. Melvilles rachsüchtiges Monster war nicht wirklich weiß, sondern hatte nur »eine eigenartige schneeweiße, gerunzelte Stirn und einen hohen, pyramidenförmigen Buckel. ... Der ganze Körper war so mit weißen Streifen und Flecken überzogen, daß er schließlich als ›weißer Wal‹ bezeichnet wurde«. In dem Kapitel »Die weiße Farbe des Wals« schreibt Melville, daß die Farbe Weiß zwar manchmal »den Eindruck vollendeter Schönheit schafft, als ob darin eine eigene Tugend begründet läge«, fragt sich aber, ob sie »nicht weniger eine Farbe als vielmehr das Fehlen von Farbe ist und gleichzeitig die konkreteste aller Farben; finden wir deshalb in einer verschneiten Landschaft eine so bedeutungsschwere Stille – farblosen, furchteinflößenden Atheismus?«

Obwohl Ahab weiß, daß der Wal nicht ganz weiß ist, fragt er Kapitän Boomer von der *Samuel Enderby:* »Hast du den weißen Wal gesehen?« Moby Dick ist ein bösartiger Mörder, er reißt Beine und Arme ab, zerstört Schiffe und Menschenleben. Er ist der Inbegriff des Bösen, im Unterschied zu seinem Verwandten, dem echten Weißwal, der ein kleines, freundliches Wesen ist; er ist so gelehrig und gutmütig, daß er oft in Ozeanarien gezeigt und vorgeführt wird. Während Roy Chapman Andrews 1908 verschiedene Walfangstationen in Kanada besuchte, nahm er auch an der Jagd auf einen Weißwal oder Beluga teil. Dieser kleine Wal gehört, zusammen mit seinem einzigen Gattungsgenossen, dem Narwal, zur Familie der Gründelwale. Obwohl Belugas und Narwale auch anderswo, beispielsweise in Grönland und der russischen Arktis, vorkommen, sind sie eng mit Kanada verbunden. Wie der Grönlandwal ist auch der Weißwal ein Geschöpf des arktischen Eises und hält sich nur in hohen nördlichen Breiten auf – es sei denn, er verirrt sich, wie jener Beluga, der 1978 vor New Jersey gefunden wurde, einmal in andere Gewässer. Der Narwal und der Beluga sind ziemlich klein und werden selten länger als 5 m.

Beide Arten wurden jahrhundertelang von den kanadischen Eskimos gejagt. Sie aßen das Fleisch, verwendeten den Tran zum Kochen und für Beleuchtungszwecke und verarbeiteten die langen Rückensehnen zu Zwirn. Von allen Walen hat nur der Beluga eine dicke Haut, die sich gut zum Gerben eignet, und war nach den Delphinen das erste Waltier, das in Gefangenschaft gehalten wurde. Belugas sind inzwischen häufig in Aquarien zu sehen, und *Delphinapterus leucas* ist die erste Art, die in Gefangenschaft Junge zur Welt gebracht hat.

1909 war der Beluga allerdings nur einer von vielen Walen, die auf der Abschußliste standen. Andrews reiste nach Tadoussac, wo der Saguenay in den St.-Lorenz-Strom mündet, um sich einem »Delphinjäger« auf der Jagd nach dem *marsouin blanc* anzuschließen. In einem Kanu näherten sich die Männer einer Herde Belugas und begannen, sobald die Tiere in Reichweite waren, auf diese zu schießen. Nachdem ein Wal getroffen war, wurde er harpuniert, damit er nicht absinken konnte. Sobald das Tier verendet war,

zog man es an Land. Dort wurde die Haut abgezogen, die etwa sieben Dollar brachte und zusammen mit dem Öl und den Knochen mitgenommen wurde.

»Delphinleder« ist äußerst widerstandsfähig und geschmeidig. Da ausgewachsene Belugas – wie alle Wale – keine Haare oder Drüsen in der Haut haben, hat diese keine Poren, und das Leder trägt kein Narbenmuster. Man verwendete es zur Herstellung von Riemen, Stiefeln, Postsäcken, vor allem aber für Schnürsenkel. Die Häute wurden meist eingesalzen und zum Gerben über den Atlantik nach Dundee oder Glasgow geschickt. Das Öl dieser rundlichen, kleinen Wale war ebenfalls eine wertvolle Handelsware. Ein großes Exemplar lieferte 300 bis 400 l feines Öl, das vor allem als Schmiermittel und zur Herstellung von Seifen verwendet wurde.

Belugas wurden jahrhundertelang von den kanadischen Eskimos gejagt. Aber die Europäer gingen so rigoros vor, daß die Weißwalpopulation in Kanada schon bald bedenklich abnahm. Belugas sind sehr gesellige Tiere. Deshalb war es ein leichtes, sie einfach in seichtes Wasser zu treiben und dann abzuschlachten. Zwischen 1868 und 1911 erlegten schottische und amerikanische Walfänger im Bereich des

Im St.-Lorenz-Strom nahm Roy Chapman Andrews 1909 an der Jagd auf Weißwale teil. Die Tiere wurden von Kanus aus erschossen.

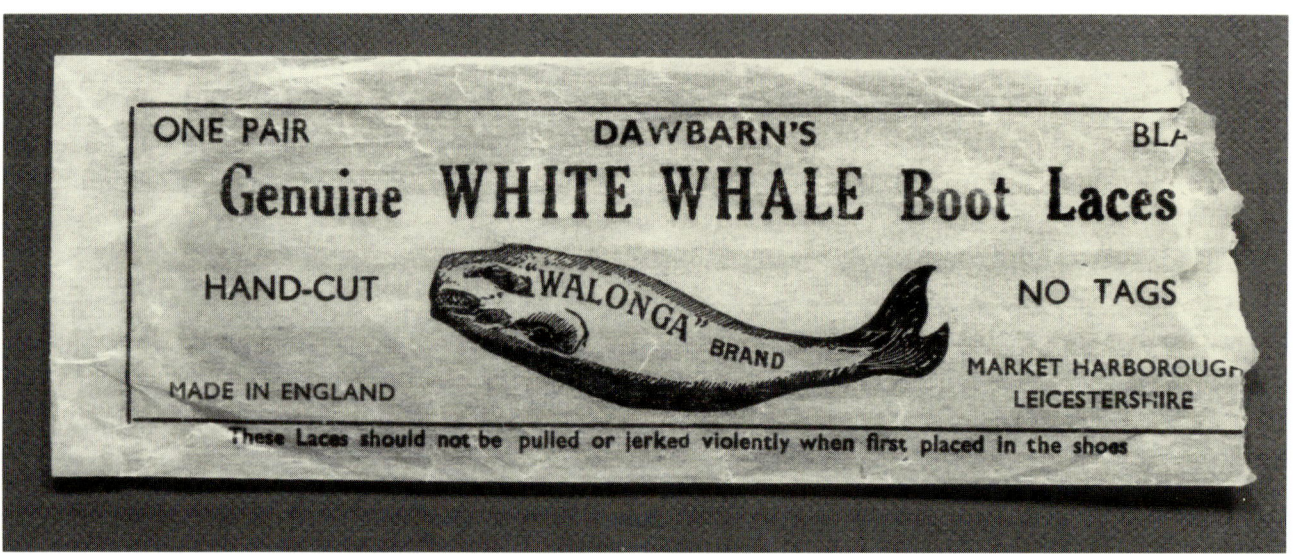

Lancaster-Sund und der Davisstraße mehr als 20 000 Belugas.

Auch die Inuit in Nordalaska jagen den Beluga, den sie *sissuak* nennen. Während ihrer Frühjahrswanderung ziehen die kleinen Wale an Fischerdörfern wie Wainwright vorbei, von wo aus sie mit Kajaks oder Umiaks gejagt werden; anstelle der Harpunen verwenden die Eskimos heute Gewehre. Die dünne Fettschicht, die als *muktuk* so gerne gegessen wird, kann einen toten Weißwal nicht an der Wasseroberfläche halten, deshalb müssen die Jäger das Tier mit einem Haken festmachen. Weißwale ernähren sich gelegentlich auch von Lachs und verfolgen die Fische auch die Flüsse hinauf, wobei sie zu einer leichten Beute für die Fallen der Eskimos werden.

Im Dezember 1984 endete ein *savssat* oder *imay guraat* (davon sprechen die Eskimos, wenn eine große Anzahl Wale in einer Wasserrinne gefangen ist) nicht mit einem Schlachtfest, sondern mit einer Rettungsaktion. Zwischen 1000 und 3000 Belugas waren zwei Monate lang in der Senyavin-Straße an der Südspitze der Tschuktschenhalbinsel im Beringmeer im Eis eingeschlossen. Sie hatten nach Fischen gejagt, als ein östlicher Wind aufkam und ihnen mit einer dreieinhalb Meter hohen Eisbarriere den Rückweg versperrte. Ihre mißliche Lage wurde nach Moskau gemeldet, und während die Bewohner des nahegelegenen Dorfes Yandrakinot vergeblich versuchten, die eingeschlossenen Wale mit Fischen zu füttern, verschafften sich sowjetische Militärhubschrauber aus der Luft einen Überblick über die Lage. Das offene Meer war so weit entfernt, daß die Belugas die Di-

stanz unter dem Eis nicht ohne Atemholen hätten bewältigen können. Der Eisbrecher *Moskva* wurde angefordert und bahnte einen Kanal durch das Eis. Aber die Tiere weigerten sich, diesen zu benutzen. Die Zeitungen berichteten, daß die Wale pfiffen, quiekten und schnaubten, sich aber weigerten herauszukommen. Da fiel einem sowjetischen Beobachter ein, daß Delphine gern Musik hören. Also »ertönte vom obersten Deck Musik: Popmusik, Marschmusik und klassische Musik. Das Klassische entsprach dem Geschmack der Belugas offenbar am ehesten. Die Herde begann langsam, hinter dem Schiff herzuschwimmen«. Zu den Klängen von Tschaikowski und Prokofjew schwammen die Wale langsam der Freiheit entgegen. Ende Februar waren sie frei. Drei Jahre später sollten sowjetische Eisbrecher (ohne Musik) erneut eingeschlossenen Walen zu Hilfe kommen, aber diesmal nicht in Sibirien, sondern in Alaska.

Das Verbreitungsgebiet des Weißwals ist riesig. Man kennt fünf unabhängige Populationen, und obwohl einige Verbreitungsgebiete sehr abgelegen sind, blieb nicht eine von den Raubzügen des Menschen verschont. An der Nordküste von Westkanada mündet der Mackenzie in die Beaufortsee; in diesem Delta halten sich im Sommer etwa 7000 Belugas auf, die im Beringmeer überwintern. Vor der Küste von Westgrönland findet man viele Belugas, die den Sommer im Lancaster-Sund verbringen, aber der Bestand im Süden, die sogenannte Cumberland-Sund-Population, wurde von den Jägern drastisch dezimiert. Die Davisstraßen-Population sank von anfänglich etwa 5000 Tieren auf 600. In der Hudsonstraße überwintern nicht weniger als drei Populationen, die den Sommer an verschiedenen Stellen in der Hudson Bay verbringen. Jacques Cartier berichtete 1535, daß er, während er den St.-Lorenz-Strom hinaufsegelte, Weißwale gesehen habe, und zu Beginn des 17. Jahrhunderts erlegten französische Siedler an beiden Ufern dieses breiten Stromes Weißwale. Da die Wale in den Augen der Fischer eine Gefahr darstellten, fing man sie in Fischreusen, verfolgte sie mit Booten und tötete sie mit Lanzen oder Gewehren. In den dreißiger Jahren zahlte das Fischereiministerium von Quebec 15 Dollar für die Schwanzflosse eines erlegten Beluga. Zwischen 1932 und 1938 wurde 2233mal eine solche Belohnung ausgezahlt. Erst 1944 veröffentlichte Wladim Wladikow das Ergebnis seiner Studien, die ergeben hatten, daß Belugas sich nicht für Kabeljau, Lachse und Heringe interessierten, die den Großteil des kommerziellen Fischfangs ausmachten, sondern sich von Fischen ernährten, die nicht nach dem Geschmack der Menschen sind. In der Zeit, in der Belugas wegen ihres Öls, Leders und Fleisches oder als vermeintliche Konkurrenten der Fischer gejagt wurden, schrumpfte die Weißwalpopulation im St.-Lorenz-Strom von 5000 auf 500 Tiere.

Der Beluga gilt als der erste Wal, der in Gefangenschaft überlebte. 1861 stellte man in den Aquarial Gardens in Bosten erstmals kurzzeitig einen gestrandeten Delphin (oder Tümmler) aus. Die Meeressäugetiere erwiesen sich als so attraktiv, daß im gleichen und im darauffolgenden Jahr sechs Belugas im kanadischen St.-Lorenz-Strom gefangen und per Schiff in mit Seetang ausgelegten Kisten nach New York gebracht wurden. Eine dieser Expeditionen wurde von dem berühmten Showbusiness-Unternehmer P. T. Barnum angeführt, dem es nicht nur auf die Wale, sondern auch auf Publicity ankam.

Barnums erste Wale wurden in einem Eisenwaggon nach New York transportiert und in einem aus Ziegeln und Zement gemauerten Tank im Keller des Museums in Manhattan ausgestellt. »Ich wußte nicht, wie ich diese Monster füttern und pflegen sollte«, schrieb er, »und außerdem befanden sie sich in Süßwasser, das zusammen mit der schlechten Luft im Keller wohl zu ihrem frühzeitigen Tod führte, der schon wenige Tage nach ihrer Ankunft eintrat – aber erst, nachdem Tausende Menschen sie gesehen hatten.«

Natürlich waren die Weißwale eine Sensation, und Barnum plante weitere Ausstellungen:

Ich muß gestehen, daß ich sehr stolz darauf war, daß das ganze Unternehmen meine Idee gewesen war und so erfolgreich verlief. Es war eine große Sensation und vergrößerte mein Vermögen um viele tausend Dollars. Die Wale starben allerdings bald – ihre plötzliche immense Popularität war mehr, als sie verkraften konnten. Daraufhin sandte ich einen Mitarbeiter an die Küste Labradors, und bald darauf hatte ich zwei neue lebende Wale in meinem Monsteraquarium.

Seine neuesten Wale wurden im ersten Stock des American Museum in einem mit Salzwasser aus der New Yorker Bucht gefüllten Tank mit Spiegelglaswänden ausgestellt. Da Barnum nun frisches Salzwasser in seinem Aquarium hatte, schickte er einen Trupp Fischer auf die Bermudas, um tropische Fische in »leuchtenden Farben und spektakulären Formen« zu besorgen. Schließlich kaufte Barnum die Aquarial Gardens in Boston und brachte die ganze Sammlung nach New York. In seinem Bericht über den Beluga (1878) schrieb Henry Lee, daß »sich zwei in dem großen Tank von Barnums Museum in New York befanden, als dieses 1865 niederbrannte«.

1877 fing ein Fischer namens Zach Coup vor Labrador ein einzelnes Tier. Es wurde in einer Holzkiste mit Seetang nach Montreal verschifft, von dort mit der Eisenbahn nach New York verfrachtet und schließlich im Aquarium auf Coney Island untergebracht. Die Reise Labrador–Montreal–New York dauerte 14 Tage. Am 15. September 1877 wurde der Wal abermals verpackt und per Schiff über den Atlantik zu einer Ausstellung im Royal Aquarium von Westminster gebracht. Als der Wal 11 Tage später in Southampton ankam, transportierte man ihn in einem Eisenbahnwagen nach London weiter. Die ganze Reise dauerte 25 Tage.

Im darauffolgenden Jahr wurden weitere vier Weißwale auf die Reise nach England geschickt, aber nur drei überlebten die Überfahrt. Einer war für die Pomona Gardens in Manchester, der zweite für Blackpool und der dritte für Westminster bestimmt. Aufgrund dieser Erfolge importierte das New York Aquarium (das damals an der Südspitze von Manhattan lag) zwei weitere Belugas, die in Rivière-du-Loup am St.-Lorenz-Strom gefangen worden waren.

Im Aquariumführer von 1897 steht:

[Die Wale] wurden am Morgen des 5. Juni 1897 in das große Becken gebracht. Der größere, das Weibchen, das cremefarben und etwa 3 m lang war, war beim Transport verletzt worden und lebte nur fünf Tage. Der kleinere Wal, der bis zum 25. Juli 1897 überlebte, war ein hell-bleifarbenes Männchen von 2,70 m Länge; dieser Wal häutete sich, als er im Aquarium ankam. Kurz danach wurden große Hautstücke im Wasser gefunden.

Das Tier erstickte später an einem offensichtlich zu großen Aal, den es nicht schlucken konnte.

In späteren Jahren entwickelte sich das Einfangen und Ausstellen dieser kleinen Weißwale zu einem eigenen Gewerbe. 1961 reiste ein Team des New Yorker Aquariums unter Leitung von Dr. Carleton Ray zum Kvichak River in Alaska, um Belugas zu fangen, die als erste erfolgreich in verschiedenen Aquarien ausgestellt werden sollten. (Einer dieser Wale, der den Namen Alex bekam, lebte über 20 Jahre in Gefangenschaft.) Ein Jahr, nachdem Alex gefangen worden war, wurde ein weiteres Männchen nach Coney Island gebracht und erhielt den Namen Blanchon. Bis zu seinem Tod im Jahr 1982 zeugte Blanchon zwei Nachkommen. Sie waren die ersten in Gefangenschaft gezeugten und geborenen Weißwale.

Inzwischen wurden mehrere Weißwalkälber in Gefangenschaft geboren, aber keines überlebte. 1972 brachte France, ein neunjähriges Weibchen, das 1967 an der Westküste der Hudson Bay gefangen worden war, ein Kalb zur Welt. Es schwamm im New Yorker Aquarium wenige Minuten nach seiner Geburt mit dem Kopf gegen eine Wand und starb auf der Stelle. Die berühmteste aller Beluga-Geburten fand am 13. Juli 1977 im Vancouver-Aquarium statt. Am 29. Juni war im Churchill River in Manitoba ein trächtiges Weibchen gefangen worden, das zwei Wochen später ein Kalb zur Welt brachte. (Die Tragezeit bei Belugas beträgt 14 Monate.) Das Kalb, das den Namen *Tuaq* erhielt, was in der Eskimosprache soviel wie »das einzige« bedeutet, lebte 16 Wochen, bis es einer schweren bakteriellen Infektion erlag. 1981 kam in Coney Island ein weiteres Kalb zur Welt, aber es konnte nicht an den Zitzen der Mutter saugen und starb nach wenigen Wochen.

Im Juli 1984 rüsteten das New Yorker Aquarium und das Mystic Marinelife Aquarium von Connecticut eine Expedition aus, um in Churchill, Manitoba, Belugas zu fangen. Die kanadischen Behörden schreiben vor, daß für eine derartige Jagd Eskimos eingesetzt werden müssen, da sie das Verhalten der Belugas aus Erfahrung kennen. Man trieb die Wale mit Motorbooten zusammen und suchte einzelne Tiere aus (es sollten gesunde Jungtiere sein, nicht zu jung und nicht zu alt). Dann hechtete ein »Springer« ins Wasser und fing die Wale mit einem Lasso. Die gefangenen Wale wurden in einem Tank untergebracht, und ein Tierarzt stellte fest, ob sie auch stark genug waren,

Ein Taucher füttert die Weißwale im New York Aquarium auf Coney Island. Diese friedlichen, gelehrigen und geschwätzigen Tiere sind in Aquarien besonders beliebt.

Ein Besucher der New Yorker Aquariums auf Coney Island beobachtet durch die Glasscheibe einen Beluga.

um die Reise im Flugzeug zu überstehen. Bei dieser Expedition fing man fünf Wale, von denen drei nach Coney Island und zwei nach Mystic gebracht wurden.

Trotz alledem sind tote Wale im Nordwesten Kanadas immer noch wertvoller als lebende, und da die »Eingeborenen« noch immer so viele Wale erlegen dürfen, wie sie wollen, wird die Jagd auf Belugas in kleinem Maßstab fortgesetzt. 1949 erwarben die Inuit, Cree und Métis Lizenzen für die Beluga-Jagd; die Wale wurden zu Hackfleisch verarbeitet, in die Prairie Provinces in Westkanada gebracht und an Nerze verfüttert. 1960 führte die Regierung von Manitoba eine Art »Sportfischerei« ein, bei der Großwildjäger von Booten aus auf die hilflosen Belugas schießen durften; aber ein entsetzter Aufschrei der Öffentlichkeit setzte diesem grausamen Treiben rasch ein Ende.

Da der kommerzielle Walfang in Nordkanada eingestellt wurde und die Eingeborenen nur wenige Wale erlegen, werden die Belugas hauptsächlich von durch die moderne Technik bedingten Eingriffen in ihren Lebensraum bedroht. Kraftwerke erwärmen das Wasser und die Flüsse, in denen die Weißwale auf Nahrungssuche gehen, werden aufgestaut. Ölgesellschaften bauen Bohrinseln im Delta des Mackenzie, wo ein Teil der Weißwale seine Jungen zur Welt bringt. Im Lancaster-Sund soll eine Gas-Pipeline gelegt werden. Bei der Untersuchung von Walkadavern aus dem St.-Lorenz-Strom stellte man im Gewebe der Tiere ungewöhnlich hohe Konzentrationen von Quecksilber und DDT fest. Mit Ausnahme der St.-Lorenz-Population scheinen die Weißwalpopulationen aber zu wachsen. Obwohl die Kanadier früher die Jagd auf Weißwale förderten und bei der IWC einen recht zweifelhaften Ruf haben, bemühen sie sich heute um die Erhaltung ihrer Fauna, und der Beluga gedeiht in seiner nördlichen Heimat recht gut. So könnten die Weißwale, die in Kanada lange als Symbol für die Symbiose von Mensch und Natur galten, den Beweis dafür liefern, daß eine friedliche Koexistenz von Menschen und Walen möglich ist.

Zehn

Schicksale in der Antarktis

Terra Australis Incognita

Die Antarktis ist wohl die entlegenste Region der Erde und weiter entfernt von der »Zivilisation« als jedes andere Land. Die dem Südpolargebiet am nächsten gelegene Kontinentalmasse ist Südamerika, genauer gesagt, dessen Spitze mit dem öden Kap Hoorn. Zwischen den beiden Kontinenten verläuft die zur Zeit der Segelschiffahrt am meisten gefürchtete Passage der Welt. Ausgerechnet in dieser gottverlassenen Eiswüste am unteren Ende des Globus fanden die größten Auseinandersetzungen zwischen den Walfangnationen und der wohl größte Krieg statt, den die Menschheit je gegen eine Tierart geführt hat.

Selbst die Entdeckung der Antarktis war ein Ausnahmefall. Üblicherweise stießen die Entdecker zufällig auf Länder oder Inseln, von deren Existenz sie nur eine vage Vorstellung hatten. Von der *Terra Australis* wußte man jedoch, daß es sie gab. Nach dem damaligen Wissensstand der Geographen mußte sie als Ausgleich zwischen den Festlandsmassen der nördlichen Hemisphäre existieren. So machte man sich auf die Suche und entdeckte, daß die Antarktis

nicht da lag, wo man sie vermutet hatte, und ganz anders war als angenommen.

Bei der Umrundung der südlichsten Spitzen von Südamerika und Afrika stellte man fest, daß diese Kontinente nicht mit dem hypothetischen »Südland« in Verbindung standen. 1488 umsegelte der Portugiese Bartolomëu Diaz die Südspitze von Afrika, ein Jahrzehnt später folgte ihm Vasco da Gama. Als Magellan 1520 durch die heute nach ihm benannte Straße vom Südatlantik in den Pazifik einfuhr, bewies er, daß Südamerika im Süden mit keinem anderen Festland verbunden war.

1642 landete Abel Tasman auf der von ihm »Van-Diemens-Land« genannten Insel Tasmanien. 1739 meinte der Franzose Bouvet de Lozier, die *Terres Inconnues* entdeckt zu haben; in Wirklichkeit war er jedoch auf die abgelegenste Insel der Welt gestoßen; sie wurde später als Bouvetya bekannt und liegt mehr als tausend Seemeilen von jedem Land entfernt. Dreißig Jahre später stieß Yves-Joseph de Kerguelen-Trémarec auf der Suche nach dem »Eden des Süden« auf eine einsame Inselgruppe im südlichen Indischen Ozean. Wegen starken Nebels konnte er jedoch nicht an Land gehen und kehrte nach Frankreich zurück mit der Nachricht, er habe einen neuen Kontinent

Die Antarktis. Die beschrifteten Inselgruppen sind im Text erwähnt. Die römischen Ziffern I-VI beziehen sich auf die von der IWC (International Whaling Commission) erfaßten Walfanggebiete, deren nördliche Grenze der 40. Breitengrad bildet.

entdeckt, den er großartig *La France Australe* (»Südliches Frankreich«) nannte. Sein folgenschwerer Irrtum brachte ihn vor das Kriegsgericht, aber die von ihm entdeckten Inseln erhielten seinen Namen und machten ihn unsterblich.

Australien sollte erst 1802 von Matthew Flinders umsegelt werden. Aber der verwegene James Cook war vermutlich der erste, der den südlichen Polarkreis durchkreuzte, als er 1774 auf seiner zweiten Fahrt die H. M. S. *Resolution* weiter nach Süden steuerte, als je zuvor ein Schiff gekommen war. Obwohl Cook den antarktischen Kontinent umsegelte, sah er ihn nie wirklich, weil Eis und Nebel ihn auf seiner historischen Fahrt begleiteten. Die Entdeckung der *Terra Australis* ist dem größten Seefahrer des 18. Jahrhunderts verwehrt geblieben; zweimal war er nur eine Tagesreise vom »Südland« entfernt, aber er konnte es nie zu Gesicht bekommen.

1775 entdeckte Cook die Insel Südgeorgien (er benannte sie nach seinem König). Diese Insel sollte später in der Geschichte des Walfangs noch eine bedeutende Rolle spielen, bedeutete ihrem Entdecker aber herzlich wenig. Er beschrieb sie als »wildes und schreckliches Land«, wo »kein Baum oder Strauch zu sehen war, aus dem man auch nur einen Zahnstocher hätte machen können«. Außerdem hielt Cook fest, daß es dort Wale und Robben gab, und seine Aufzeichnungen waren für die spätere Invasion der Europäer verantwortlich, die wild entschlossen waren, den Süden zu kolonisieren und die einzigartige Tierwelt zu zerstören.

Den nächsten Versuch, den verborgenen Kontinent zu entdecken, unternahm der russische Seefahrer Faddei Faddejewitsch Bellingshausen im Auftrag von Zar Alexander I. Er fuhr 1819 mit zwei Schiffen, der *Wostok* und der *Mirnyi*, nach Süden und umrundete ebenfalls die Antarktis, ohne sie zu sehen. (Später sollten die Sowjets behaupten, Bellingshausen hätte als erster den Kontinent gesehen, aber aus seinen Reiseberichten geht nicht hervor, daß er etwas anderes als Eis gesehen hätte.)

Es waren die Robben, die die Jäger zunächst zu den einsamen Inseln im südlichen Ozean lockten. An den südlichsten Küsten Südafrikas, Südamerikas und Australiens lebten große Populationen verschiedener Flossenfüßer der Gattung *Arctocephalus*, gemeinhin bekannt als Seebären.

Und noch mehr Seebären fanden sich auf den Inselgruppen: den Falklands, den Süd-Shetlands, den Süd-Orkneys, den Süd-Sandwich-Inseln, auf Tristan da Cunha, auf den Crozet-, Kerguelen-, Prinz-Edward-, und Heard-Inseln – und auch auf den Inseln südlich von Neuseeland: den Macquarie-, Campbell-, Chatham-, Auckland-, Bounty- und Antipoden-Inseln. Wo auch immer diese unglücklichen Wesen sich zur Fortpflanzung sammelten, sie wurden von den Robbenjägern aufgespürt und getötet. Man betäubte sie durch einen Schlag auf den Kopf und stach dann mit Lanzen auf sie ein, bis sie verbluteten. Man zog ihnen sofort das Fell ab, da dies bei frisch getöteten Tieren weitaus leichter geht als bei ausgetrockneten. Die Felle wurden eingesalzen und verpackt. Robbenfell fand vorwiegend für zwei Dinge Verwendung: als Leder für Handschuhe, Stiefel und Schuhe, oder zur Herstellung von Filz.

Obwohl die Felle sich auch auf dem europäischen Markt gut absetzen ließen, ging der größte Teil nach China. Die Zahlen sind unglaublich. Das erste speziell für den Robbenfang ausgerüstete Schiff war die *States*, ein 1000-Tonner eines Bostoners namens Haley. 1775 kam die *States* mit 13 000 Robbenfellen von den Falklands zurück und verkaufte sie für 50 Cents das Stück in New York (anschließend wurden sie für je 5 Dollar nach China weiterverkauft). 13 000 Felle zu je 5 Dollar ergeben 65 000 Dollar – im 18. Jahrhundert ein Vermögen.

Auf den Inseln war neben den Seebären noch ein anderer Flossenfüßer beheimatet – der See-Elefant, die größte aller Robben. Diese Riesen wurden wegen ihres Öls gejagt, das für Beleuchtungszwecke, als Schmiermittel und für die Bearbeitung von Leder verwendet wurde – das Leder wurde dadurch geschmeidig und wasserabstoßend. (Es ist schon absurd, daß ausgerechnet das Öl eines »wasserfesten« Tieres verwendet wurde, um die Haut eines anderen Tieres wasserfest zu machen, damit der Mensch sie tragen konnte.) Inseln wie Südgeorgien wurden zunächst von Robbenschlägern heimgesucht. *Grytviken* (der Name bedeutet soviel wie »Kesselbucht« und bezieht sich auf die Kessel der Robbenjäger, die die Walfänger dort vorfanden) sollte später die berühmteste Walfangstation der Insel werden.

Es ist schwer zu sagen, wer als erster das antarktische Festland wirklich gesehen hat. Denn immerhin besteht die Möglichkeit, daß einige Robbenschläger es zwar gesehen, aber ihre Entdeckung verschwiegen hatten, um ihre Interessen nicht zu gefährden. 1819 wurde die *Williams*, ein britisches Handelsschiff unter Kapitän William Smith, bei der Umrundung von Kap Hoorn nach Süden abgetrieben, und Smith sah trotz eines starken Schneesturms plötzlich Land. Die Admiralität schenkte ihm keinen Glauben, und so machte sich Smith nach seiner Rückkehr nach Montevideo erneut auf, um dieses Land zu suchen. Mit der *Williams*, die diesmal unter dem Kommando von Edward Bransfield stand, erblickte er tatsächlich Land und landete wahrscheinlich an der nördlichsten Spitze von Graham-Land.

1766 kamen die ersten Robbenschläger auf die Falkland-Inseln, und Bougainville schickte eine Ladung Felle nach Frankreich. Auf Südgeorgien wurden 1786 erstmals Robben getötet, und Kapitän Delano von der *Lord Hawkesbury* kehrte mit einer Ladung Felle von den Falklands und Südgeorgien nach England zurück. Amerikanische Robbenjäger verließen 1792 mit der *Nancy* und der *Polly* Connecticut und kehrten zwei Jahre später mit vollen Ladedecks zurück. Zwischen 1793 und 1820 überfluteten Robbenjäger aus Europa, Amerika und Rußland die südlichen Inseln und schlachteten so viele Tiere ab, wie sie nur konnten, ohne dabei auch nur einen flüchtigen Gedanken an die Zukunft zu verschwenden. Es gibt Schätzungen, wonach zwischen 1793 und 1807 3,5 Millionen Robbenfelle erbeutet wurden. Manch einer machte ein Vermögen, verdoppelte es und verdoppelte es nochmals. 1822 schätzte James Weddell, daß in Südgeorgien mindestens 1,2 Millionen Felle erjagt worden waren und daß die dort lebende Robbenart, die antarktische Pelzrobbe, praktisch ausgerottet sei. Die Südshetland-Inseln wurden 1819 entdeckt; vier Jahre später hatte man dort mehr als 300 000 Robbenfelle erbeutet. Innerhalb von 30 Jahren hatte man die Robbenpopulationen auf jeder einzelnen Insel systematisch dezimiert. Den chinesischen Markt gab es nicht mehr, und das große Robbenschlachten in der Antarktis war vorüber.

1832 umsegelte Kapitän John Biscoe mit dem Enderby-Schiff *Tula* vier Monate lang Antarktika und bestätigte die Existenz dieses Kontinentes. (Biscoe nahm den Kontinent für England in Besitz, er scheint aber in Wirklichkeit nur auf der Insel Anvers gelandet zu sein, die durch die Gerlache-Straße vom Kontinent getrennt ist.) In den Jahren 1833/34 entdeckten zwei andere Walfänger von Enderby, die *Magnet* und die *Eliza Scott*, unter den Kapitänen Kemp und Balleny noch andere Inseln und sahen wohl auch das antarktische Festland, gingen aber nicht an Land. In den folgenden zehn Jahren fand ein wahres Wettrennen um die Entdeckung von neuen Gebieten im eisigen Süden statt. Die Namen verschiedener Teile des antarktischen Kontinents zeugen noch heute von dem Eifer, mit dem man dabei zu Werke ging. 1839 stach Kapitän James Clark Ross mit der *Erebus* von England aus in See. Er hatte den Auftrag, den Erdmagnetismus zu erforschen, neue Gebiete zu entdecken und falsche Karten richtigzustellen. 1843 kehrte er nach England zurück und berichtete unter anderem von vielen schwarzen Walen und »Buckelwalen« – gute Neuigkeiten für die Walfänger, da der Walfang im Norden gerade vor dem Zusammenbruch stand. Der Pottwalfang, der beinahe 100 Jahre floriert hatte, rang verzweifelt nach Luft wie ein gestrandeter Wal. Die Zahl der Schiffe, die von New Bedford und Nantucket ausliefen, sank zwischen 1850 und 1872 von 400 auf 72. In dieser Zeit war man in Pennsylvania auf Erdöl gestoßen. Fischbein für Korsetts war dagegen weiterhin sehr gefragt, und da dieses Material nicht vom Pottwal stammt, begannen die Walfänger sich anderswo nach Walarten umzusehen, die es liefern konnten. Wieder einmal retteten die Wale die Existenz der Walfänger, die sie zum Dank dafür umbrachten.

1873 schickten die Deutschen Kapitän Eduard Dallmann mit dem Dampfer *Grönland* auf die Suche nach neuen Walfanggründen. Das Schiff war nur für den Fang von langsameren Walen wie z. B. Buckelwalen ausgerüstet. Vor den schnellen, kräftigen Finnwalen mußte es hilflos kapitulieren. Amerikaner und Briten ließen ihre großen Fangboote zu Wasser und machten mit Harpunen Jagd auf Wale, norwegische Walfänger verwendeten Harpunengranaten.

1892 schickten die Briten erneut eine Walfangflotte von Dundee aus ins Weddell-Meer. Sie bestand aus vier altmodischen Schiffen, der *Balaena*, der *Diana*, der *Active* und der *Polar Star*. Den schnellen Blau- und Finnwalen standen jedoch auch die Briten hilflos gegenüber. Zur selben Zeit war eine norwegische Expedition unter Carl Anton Larsen in der Antarktis unterwegs. Obwohl auch die *Jason* mit leeren Ladedecks zurückkehrte, sollte Larsens Zukunftsvision vom Walfang in der Antarktis die Walfangindustrie radikal verändern.

Die Briten unterwegs in die Antarktis

Briten und Norweger machten sich bei der Jagd auf Wale im Nordatlantik Konkurrenz, aber es tat sich etwas in der Walfangindustrie. Mehrere Expeditionen

Die schwimmende Fabrik *Horatio* in Leith Harbour, Südgeorgien. Auf ihrer ersten Reise in die Antarktis fing sie 1911 im Ärmelkanal Feuer. Sie wurde repariert und stach wieder in See. Fünf Jahre später brannte das Schiff erneut und sank.

hatten sich in die Antarktis vorgewagt, um den Berichten über riesige Walbestände auf den Grund zu gehen.

Südgeorgien ist eine halbmondförmige Insel, 170 km lang und 2,5 bis 30 km breit. Sie liegt auf halbem Weg zwischen dem 50. und dem 60. Breitengrad, ein wenig südlich von Kap Hoorn und nördlich von der Spitze der Antarktischen Halbinsel. Die felsige Küste besteht aus unzähligen Fjorden und Buchten, viele Gletscher fließen langsam von den hohen, ewig schneebedeckten Bergen ins Meer. Das Schmelzwasser aus den Bergen sorgt für ausreichend Süßwasser, zwei dieser Wasserläufe gelten deshalb offiziell als Flüsse. Als Carl Larsen 1903 mit der *Antarctica* nach Südgeorgien kam, erkannte er, daß die Insel alle notwendigen Voraussetzungen für die Errichtung von Walfangstationen bot: Die Küste war das ganze Jahr über eisfrei; die Häfen waren sicher, es gab höhergelegene Gebiete für die Errichtung von Gebäuden,

einen sanft abfallenden Strand und, vor allem, reichlich Süßwasser.

Larsen wußte besser als jeder andere, daß der Walfang im Süden nur rentabel sein konnte, wenn er von im Süden gelegenen Häfen aus betrieben wurde und damit die enormen Kosten für die 15 000 km lange Reise von Europa in die Antarktis wegfielen. Er kehrte im November 1904 mit zwei Segelschiffen und einem Walfangdampfer über Norwegen nach Südgeorgien zurück und begann mit dem Aufbau von Grytviken, der ersten Küstenstation in der Antarktis. Larsens erstes Fangboot war die 30 m lange und 6 m breite *Fortuna*, und der erste Wal, der im Rahmen dieser Kooperation zwischen argentinischem Kapital und norwegischem Know-how gefangen wurde, war natürlich ein Buckelwal.

1905 beschloß ein weiterer Norweger, A. A. Andresen, es in der Magellanstraße mit dem Walfang zu versuchen, und errichtete bei Punta Arenas eine Küstenstation. Dort gab es jedoch nur wenige Wale, das

Wetter war schrecklich, und der Walfang wurde bald wieder aufgegeben. Noch im gleichen Jahr kreuzte eine andere norwegische Expedition unter dem Kommando von Alex Lange mit der »schwimmenden Fabrik« *Admiralen* vor den Falklands und den Südshetlands, wo sie Blau- und Buckelwale erlegte. Anfangs wurden in der Antarktis vorzugsweise Buckelwale gejagt, weil sie langsam waren und in riesigen Schulen auftraten. 1910/11 waren von 6529 vor Südgeorgien erlegten Walen 6197 Buckelwale. (In der Antarktis konnte man im Frühling und im Sommer, also zwischen Oktober und April, auf Walfang gehen; deshalb erstreckt sich eine Fangsaison dort über zwei Kalenderjahre.)

Da die meisten Inseln, darunter auch Südgeorgien, in britischer Hand waren, benötigte man für den Betrieb einer Walfangstation eine Lizenz. Neben den norwegisch-argentinischen Unternehmen hatten auch Schiffe aus Chile und Argentinien Konzessionen, und natürlich gingen auch die Briten selbst auf Walfang. Zehn Jahre nachdem Larsen den ersten Schritt getan hatte, gab es ein Dutzend »schwimmende Fabriken« auf Südgeorgien und ein weiteres Dutzend auf den Südshetlands und den Südorkneys. Der Versuch, eine Küstenstation auf den Südsandwich-Inseln zu errichten, scheiterte an den ungünstigen Bedingungen.

Man beachte den Unterschied zwischen »schwimmenden Fabriken« und »Fabrikschiffen«. Bei ersteren handelt es sich um umgebaute Frachtschiffe, auf denen Wale verarbeitet werden konnten, während das Flensen selbst neben dem Schiff, auf einer floßartigen Plattform vorgenommen wurde. Die »Fabrikschiffe« dagegen sind eigens für diesen Zweck gebaute Schiffe, die überall in der Antarktis unterwegs waren und mit den Fangbooten zusammentrafen, wo immer es Wale gab. Fabrikschiffe waren beweglich und unabhängig von einer Küstenstation, deshalb mitentscheidend für den Wandel im Walfanggeschäft, das von jetzt an noch mehr Profit brachte. Die unglücklichen Buckelwale mußten, als erste, weil sie der Küste am nächsten waren, ihr Leben lassen. Aber die mit Harpunengranaten ausgerüsteten Fangschiffe konnten nun auch Blau- und Finnwale erlegen, und sie taten es mit einem Eifer, der erst nachließ, als auch diese Tiere nahezu ausgerottet waren.

Die erlegten Wale wurden zu Schiffen gebracht, die im Hafen lagen, und neben diesen geflenst. Die Methoden ähnelten denen der früheren Pottwalfänger, die auf dem offenen Meer gearbeitet hatten. Der Wal wurde, ähnlich wie eine Orange, spiralförmig »ge-

schält«. Die Blubberstreifen brachte man an Bord der schwimmenden Fabrik, wo sie in Kesseln ausgekocht wurden. Den übrigen Kadaver, den sogenannten *Skrott*, ließ man einfach im Hafen zurück, wo er verrottete. (Später wurde der gesamte Kadaver verarbeitet, aber in den frühen Jahren, als der »Vorrat« an Walen unerschöpflich schien, wurden nur die besten Teile verwendet und der Rest einfach weggeworfen. In manchen Fällen nahm man nur den Rückenspeck, und 60 Prozent des Blubbers wurden ebenfalls weggeworfen.) Einige Küstenstationen auf Südgeorgien, den Südorkneys und den Südshetlands hatten den Vorteil, daß den Arbeitern dort mehr Platz zur Verfügung stand als auf den Fabrikschiffen.

Die wichtigste Einrichtung der Küstenstationen war das Flensdeck, genannt *Plan*, eine Holzrampe, auf die der Kadaver zur Verarbeitung gehievt wurde. Es gab verschiedene Einrichtungen und Verfahren zur Verarbeitung von Blubber, Fleisch, Öl und Knochen. Voraussetzung für den Betrieb einer Küstenstation waren vor allem ein Ankerplatz für die Walfänger und reichlich Süßwasser für die Dampferzeugung. Es dauerte meist nicht einmal eine Stunde, einen Wal in seine Bestandteile zu zerlegen. Während der ersten Saison 1904/05 verarbeitete die Station in Südgeorgien 149 Buckelwale, 11 Blauwale und 16 Seiwale. Zehn Jahre später (1910/11 hatte man mit 6197 Buckelwalen einen Rekord aufgestellt) verlegten sich die Walfänger auf Furchenwale und fingen 940 Blauwale, 1716 Finnwale und 512 Buckelwale. Diese Zahlen mögen hoch erscheinen, sind aber verglichen mit dem brutalen Schlachten, das um 1925 nach der Einführung der schwimmenden Fabriken begann, lächerlich.

An der Küste unterlagen die Walfänger den durch den jeweiligen Besitzer – in diesem Fall die Briten – festgelegten Restriktionen. Die Briten legten die Anzahl der Konzessionen und auch die Zahl der Fangschiffe fest. Als die britische Firma Christian Salvesen & Co. um eine Genehmigung für den Walfang in Südgeorgien ansuchte, lehnte das Colonial Office ab. Salvesens New Whaling Company war deshalb gezwungen, eine Station auf den weniger ergiebigen westlichen Falklands zu errichten. 1909 verzeichnete sie den ersten von britischen Walfängern südlich des Polarkreises erlegten Wal. Gegen den Widerstand des Colonial Office errichtete Salvesen 1909 eine eigene Station in Leith Harbour, durfte aber nur zwei Fangschiffe einsetzen. Um diese Beschränkung zu umgehen, suchte Salvesen um eine weitere Genehmigung für Allardyce Harbour an und erhielt die Erlaubnis,

Sieben Finnwale neben einem Fabrikschiff in der Antarktis.

zwei weitere Walfänger in Dienst zu stellen. (Die Station in Allardyce wurde nie gebaut.) 1911 baute Irvin & Johnson, eine Firma mit Niederlassungen in Aberdeen, Peterhead und North Shields, in Südgeorgien eine Station, die als Southern Whaling and Sealing Company bekannt wurde. Zu dieser Zeit begannen die Briten, aus ernster Sorge um die Walbestände, die Zahl der Walfangstationen zu reduzieren. Sie erklärten die Glattwale, die damals in den antarktischen Gewässern allerdings kaum mehr zu finden waren, für geschützt, und die Walfänger durften keine säugenden Kühe mehr jagen. Auch mußte der gesamte Kadaver des Wals verarbeitet werden; die Reste durften nicht mehr im Hafen verrotten.

Um die Jahrhundertwende war bereits klar, daß Erdölprodukte anstelle von Walöl für Schmier- und Beleuchtungszwecke verwendet würden, und die Mo-

de hatte Fischbeinkorsetts und Reifröcke verschwinden lassen. Wozu wurden dann noch all diese Wale getötet?

Der Walölmarkt erlebte um 1900 eine bedeutende Expansion. 1903 erfand ein deutscher Chemiker namens Wilhelm Normann ein Verfahren, durch das tierische Öle in feste Fette umgewandelt werden konnten, die sogenannte »Hydrierung«. Hydriertes Walöl eignete sich für die Herstellung von Seife und von Margarine, die sich als billiger Butterersatz steigender Beliebtheit erfreute. Obwohl Walöl für die Seifenerzeugung Verwendung fand, war es wegen seinen Geruchs nicht besonders beliebt. Lever Brothers, der führende Seifenhersteller Englands, versuchte, die Konsumenten vom Gegenteil zu überzeugen, aber die Interessen der Molkereiwirtschaft führten zu einer massiven Werbekampagne für Seife aus Talg. Die

Öffentlichkeit wurde mit unappetitlichen Schlagworten wie »Kadaverfette,« »halbverrottete Wale« und »chemisch verändertes Fischöl« geradezu bombardiert. Paradoxerweise war etwas, das als Lebensmittel geeignet schien, zum Waschen nicht gut genug. Und da Walöl für die Margarineherstellung und damit für den Handel und die Industrie in Europa immer wichtiger wurde, jagte man noch mehr Wale. Lever Brothers kaufte den Konkurrenten Testrup auf und erwarb die Hälfte des norwegischen Hydrierungsbetriebes De Nordiske Fabriker, bekannt als De-No-Fa.

Zu dieser Zeit stand der Krieg in Europa unmittelbar bevor. Walöl hatte sein negatives Image verloren und wurde eher als Rohstoff denn als Ersatzprodukt betrachtet. Schließlich führte der steigende Bedarf an Glyzerin, einem Nebenprodukt der Hydrierung, zu einem erneuten Boom in der Walfangindustrie. Glyzerin wird zur Herstellung von Nitroglycerin benötigt, und Nitroglyzerin wiederum zur Herstellung von Dynamit.

Solange man nur den Blubber und nicht auch die Knochen verarbeitete, wurden etwa 50 Prozent des Öls verschwendet. Deshalb war die Auflage der Briten, daß der ganze Kadaver zu verwenden sei, nicht nur eine Frage der Hygiene (die verrottenden Kadaver verseuchten die Häfen), sondern auch vom finanziellen Standpunkt aus sinnvoll. Für die Verarbeitung der *Skrotts* wurden mehrere norwegische Firmen gegründet.

Walöl war das Hauptprodukt der Walfangindustrie und wurde für die Herstellung von Margarine und anderen Speisefetten verwendet. Walratöl, das ausschließlich vom Pottwal stammt, war von besserer Qualität und wurde im 19. Jahrhundert für die Herstellung rauchloser Kerzen verwendet. Später entstanden daraus Kosmetika und hochwertige Schmiermittel; denn es bildet einen Film an der Oberfläche, während andere Öle eher versickern. Wale lieferten auch den sogenannten »Guano«, eine Art Knochenmehl, das beim Einkochen von Fleisch und Knochen des Wales entstand und nicht mit dem heute unter diesem Namen bekannten Dünger aus Vogelexkrementen zu verwechseln ist; es wurde verpackt und als Futter- und Düngemittel verwendet. Aus den im Kocher zurückbleibenden Rückständen wurde oft noch das restliche Öl herauszentrifugiert, das man zusammen mit dem Bodensalz dem Guano zur Erhöhung des Proteingehaltes beimischte. Ein reines Nebenprodukt – und oft nicht einmal das – waren die Zähne der Pottwale. Die Walfänger auf hoher See mögen sich

vielleicht die Zeit damit vertrieben haben, aus diesen Elfenbeinstiften Scrimshaws zu schnitzen, in den Küstenstationen hatte man dagegen nicht viel Zeit und noch weniger Interesse für Schnitzarbeiten. Meistens wurden die Unterkiefer samt Zähnen mit dem Kadaver weggeworfen.

Als der Erste Weltkrieg ausbrach, wurden über zwei Drittel aller Wale im Bereich der Falklands gefangen; das bedeutete, daß die Alliierten den Walölmarkt weitgehend beherrschten. Das neutrale Norwegen verkaufte 34 Prozent seines Walöls an Deutschland–Österreich, aber die Briten schlossen diese Hintertür sehr bald, indem sie ein Ende des Handels zwischen Norwegen und den Mittelmächten zur Bedingung für den Verkauf von Kohle an Norwegen machten. In seiner Verzweiflung bot Deutschland für eine Tonne Walöl 300 Pfund, während die Alliierten üblicherweise 25 Pfund bezahlten. 1916 kündigte Großbritannien vorübergehend norwegische Lizenzen in der Antarktis, um den Verkauf dieser »Konterbande« an Deutschland zu verhindern.

Die 1912 eingeführten Restriktionen zur Regelung von Fangquoten und der Verwertung der Kadaver wurden 1914 zusammen mit allen anderen Beschränkungen aufgehoben, um so viel Walöl (und damit auch Glyzerin) wie nur möglich zu gewinnen. Die Harpuniere erhielten einen Bonus für jeden erlegten Wal und durften auf jeden Wal schießen, den sie sahen. In den Kriegsjahren 1915/16 wurden vor Südgeorgien 11 792 Wale erlegt. Wenn keine Fabrik zur Weiterverarbeitung in der Nähe war, ließ man einen erlegten Wal oft einfach treiben und stellte dem nächsten nach. Die Verschwendung war erschütternd. Der Erste Weltkrieg war nicht nur eine der größten Tragödien für die Menschheit, sondern auch eine Katastrophe für die Wale, die ihr Leben lassen mußten, damit Menschen getötet werden konnten. Zwischen 1904 und 1917 wurden vor Südgeorgien 175 250 Wale getötet.

Preisschwankungen auf dem Walölmarkt, die Rivalität zwischen Briten und Norwegern und die steigende Margarineproduktion nach dem Krieg führten zu einer besonders komplizierten Beziehung zwischen den Walfängern und den Käufern von Walöl. Lever Brothers kaufte die gesamte Weltproduktion an Walöl des Jahres 1919 und zusätzlich die Southern Whaling Company – laut dem britischen Walfanghistoriker Gordon Jackson ein Musterbeispiel für eine »vertikale Integration«. Die Seifenhersteller beherrschten also nicht nur den Markt, sie durften auch so viele Wale töten, wie sie benötigten, um ihren Bedarf zu decken. Nachdem die Nachfrage nach Glyzerin den Preis für Walöl im Krieg auf das Vierfache hatte ansteigen lassen, traten nach dem Krieg die Bestimmungen zur Verwertung des gesamten Kadavers wieder in Kraft. Da Sprengstoff nicht mehr das Wichtigste war, konnten sich die Händler nun auf den expandierenden Margarinemarkt konzentrieren. Der Krieg hatte die Untersuchungen über andere Verwendungsmöglichkeiten von Walprodukten lahmgelegt, aber sie wurden sehr bald wieder aufgenommen. Die Briten erhoben eine Steuer auf alles unter britischer Lizenz erzeugte Öl und verwendeten das Geld für die Finanzierung von Forschungsexpeditionen in den Süden. So konnte auch die *Discovery* wieder in Betrieb genommen werden.

Die Dreimastbark mit Holzrumpf war 1901 für die historische Expedition von Robert Falcon Scott zum Südpol gebaut worden. Auf dieser Expedition drangen Scott, Ernest Shackleton und Edward Wilson bis zu 82°16' südlicher Breite vor, weiter als je ein Mensch vor ihnen, mußten aber am 30. Dezember 1902 umkehren. Nachdem Scott das gesamte Jahr 1903 im Eis verbracht hatte, kehrte er im Februar 1904 nach England zurück. 1910 unternahm er abermals eine Expedition zum Südpol, wurde aber vom Norweger Roald Amundsen überholt, der den Südpol am 8. September 1911 erreichte. Scott erreichte den Pol am 17. Januar 1912, sah die norwegische Flagge und wußte, daß er von Amundsen geschlagen worden war. Scott und seine vier Begleiter (Wilson, Evans, Oates und Bowers) kamen auf dem Rückweg zum Schiff im März 1912 ums Leben.

1925 wurde die *Discovery* wiederum nach Süden geschickt, dieses Mal als Forschungsschiff. Auftraggeber war das Interdepartmental Committee on Research and Development, eine Forschungsbehörde auf den Falklands. Das Komitee hatte sich bereits 1918 konstituiert, und dabei hatte Alister Hardy gefragt: »Ist es nicht gut zu wissen, daß ein solches Unternehmen im Dienste von Frieden und Forschung von einem Land im Kriegszustand geplant wird?« Das Komitee bestand aus angesehenen Wissenschaftlern und Beamten und befaßte sich mit der Ozeanographie in der Antarktis. Die alte *Discovery*, die Hardy als »bloßes Skelett, das an die ausgegrabenen Überreste einer Wikingergaleone erinnert«, beschrieben hatte, sollte das Flaggschiff sein.

Im Frühjahr 1924 lief die *Discovery* unter Führung des Zoologen Stanley Kemp in Richtung Südmeer aus.

An Bord befand sich die wahrscheinlich eindrucksvollste Versammlung von Cetologen, die je eine Expedition begleitet hat (obwohl die Cetologie als Wissenschaft noch in den Anfängen steckte und diese Männer erst später als Pioniere auf ihrem Gebiet anerkannt wurden), darunter N. A. Mackintosh, J. F. G. Wheeler. L. Harrison Matthews und Alister Hardy. 1924 errichtete das Komitee in King Edward's Cove, gegenüber von Grytviken auf Südgeorgien, die erste biologische Forschungsstation in der Antarktis.

Während die britischen Wissenschaftler sich aufmachten, die Walfangaktivitäten im südlichen Ozean zu erfassen und aufeinander abzustimmen, suchten die Norweger nach neuen Jagdopfern. 1923 sollte das norwegische Fabrikschiff *Sir James Clark Ross* erkunden, ob man im Ross-Meer auf Walfang gehen konnte. Unter dem Kommando des unermüdlichen Carl Larsen stieß man auf eine große Anzahl riesiger Wale.

1925 erhielt der Walfang durch eine weitere norwegische Neuerung eine neue Dimension: Als die *Lancing* Sandefjord verließ, befand sich am Heck eine Helling, die es ermöglichte, Wale unmittelbar nach dem Fang an Ort und Stelle zu verarbeiten. Um wettbewerbsfähig zu bleiben, mußten die Briten ihre gesamte Hochseeflotte umstellen. (Eine schwimmende Fabrik ohne Heckhelling, die *Southern Queen*, war 1924 gesunken.) Die *Southern Empress*, ein umgebauter Erdöltanker, wurde 1928 in Dienst gestellt, und die britische Antarktisflotte war auf dem Weg zur Vorherrschaft. Im gleichen Jahr trat auch die Hector Whaling Company in den Wettstreit um die Wale ein. Sie wurde von einem Engländer namens Rupert Trouton organisiert, und die Direktoren kamen aus skandinavischen Banken; so ergab sich eine einmalige und etwas verwirrende Verschmelzung britischer und norwegischer Interessen. Die enormen Investitionen in die Antarktisflotte belasteten sogar die wohlhabende Firma Lever Brothers und führten 1929 zur Fusion mit der Margarine Union und zur Entstehung von Unilever.

Bis 1930/31 waren die norwegische und die britische Flotte zu schwimmenden Industriebetrieben geworden. Jeder Tanker hatte mehr als 10 000 Tonnen, war mit Heckhelling ausgerüstet und wurde von einer Schar von Fangbooten begleitet. An Bord befanden sich riesige Luken, in die Walfleisch und Walspeck geworfen wurden, unter Deck gab es Hochdruckkocher für den Blubber und Rotationskocher für Fleisch und Knochen. Zu dieser Zeit war Walfang ein interessanter Beruf – wenn auch nicht mehr so romantisch

wie früher –, und da die Besatzungen dieser hochsee-tauglichen Schlachthäuser oft mehr als 500 Mann zählten, bot sich für viele junge Engländer (und Iren, Schotten, Waliser sowie Männer von den Shetland-Inseln) Gelegenheit zu einer Reise in die exotische Antarktis. In der englischen Literatur hat die romantische Reisebeschreibung Tradition, und das Genre verdankt dieser Periode in der Geschichte des Walfangs eine ganze Menge. Auch wenn die Wale in besorgniserregendem Tempo getötet wurden – in der Saison 1930/31 fand das größte Blauwal-Schlachten in der Geschichte statt –, beschrieben junge Möchtegern-Helden begeistert ihre Abenteuer an Bord der verschiedenen Fabriken der Atlantikflotte. Ihre Werke geben uns ein interessantes Bild vom Leben an Bord eines britischen Walfangschiffes in der Blütezeit der Antarktisfischerei.

An Bord des Unglücksschiffes *Southern Queen* machte sich J. S. Hodgson 1923 in Richtung Antarktis auf. (Er war der »südliche Teil des Teams Morley und Hodgson. Verfasser von *Whaling North and South.)* Auf dem britischen Schiff waren der Kapitän und fast die ganze Mannschaft Norweger. Praktisch jeder, der sich auf Walfangexpedition begab, klagte über den Gestank, und Hodgson bildete da keine Ausnahme. Über die Küstenstation von Saint Olaf's Harbor auf Südgeorgien schrieb er: »Den ersten Eindruck von einer Walfangstation erhält man mit aller Gewalt durch die Nase, und ich gebe zu, daß mich nie etwas so überwältigt hat.« Im Gegensatz zu seinem Mitautor war Hodgson von der Größe und Majestät der zum Flensen an Deck gezogenen Wale wenig beeindruckt. »Ich kann nicht sagen«, schrieb er, »daß mein Mitleid für die Wale von langer Dauer wäre. Ich bin eher besorgt um die Männer, die in wilden und unbekannten Gegenden auf die Jagd gehen und durch das Wetter Stunde für Stunde Gefahren ausgesetzt sind, die für den durchschnittlichen Städter den Tod bedeuten würden ... Die beißende Kälte läßt einen bis auf die Knochen erschaudern: die eleganten kleinen Fangboote sind oft von oben bis unten mit Eis bedeckt, unter Deck kann man kaum atmen.« Hodgson fand die Verpflegung sehr norwegisch und langweilig. Sie bestand aus Pökelfleisch und Walfleisch, es gab kein frisches Obst oder Gemüse, aber mehr als genug Fischklößchen aus der Dose, »die die Skandinavier so lieben«. (Hodgson erzählte, daß das Fleisch als »Walsteak, Walwurst, gehacktes Walfleisch, Walsuppe, Wal-Kar-

Dieses bemerkenswerte Foto hält den Augenblick fest, in dem im südlichen Eismeer eine Harpunengranate einen Wal trifft.

toffel-Pastete, gebratener Wal, gekochter Wal, gebak-kener Wal, gepökelter Wal und Wal in vielen anderen Formen, die ich nicht beschreiben kann, da ich zu wenig vom Kochen verstehe«, auf den Tisch kam.)

Das war kurz vor Einführung der Heckhelling, deshalb mußte das Flensen noch längsseits des Schiffs besorgt werden. Man machte den Wal mit schweren Trossen fest und ließ einen flachen Leichter zu Wasser, die Flenser standen bei ihrer Arbeit auf seiner glitschigen Oberfläche im Wasser. Der Blubber wurde in Streifen abgezogen, mit einer Winde an Bord gehievt und in Stücke zerteilt, die in die Kocher paßten. Wieder schreibt Hodgson: »Der Gestank und der Schmutz über und unter Deck sind entsetzlich. ... Überall Fett und Öl, alles ist mit einer dicken Schmutzschicht überzogen; man kann ihr nirgends entgehen, und es ist wahrlich nicht angenehm, darin zu waten.« Der Blubber wurde in den Kochern ausgelassen; das Öl aus der Zunge gewann man unter Dampf, und der Rest des Kadavers, auch der Kopf, wurde in Stücke von passender Größe zerlegt. Vom Beginn des Flensens bis zum Saubermachen des Decks dauerte die Verarbeitung eines Wals nur eine Dreiviertelstunde.

An Bord des Walfängers *Southern Maid* dachte Hodgson über die Intelligenz der Wale nach und kam zu dem Schluß, daß es damit nicht sehr weit her sein könne – sonst würden sich die Tiere wohl nicht so leicht fangen lassen. Und weiter: »Ihre enorme Größe ... macht sie immun gegen die meisten Gefahren, denen andere Meerestiere ausgesetzt sind, und läßt so wahrscheinlich mit der Zeit den untrüglichen Sinn für Gefahren verkümmern, der den wichtigsten Schutz anderer Tierarten bildet.« Die großen Wale haben wenige natürliche Feinde; in der Antarktis kann nur ein Rudel Schwertwale einzelne Furchenwale bedrohen, und da diese Art der Konfrontation relativ selten ist, hatten die großen Wale alle Aussichten, in Frieden zu leben. Wale haben nie gelernt, den Fangbooten auszuweichen. Das mag zum Teil daran liegen, daß kaum ein harpunierter Wal überlebte, um seine Artgenossen vor der Gefahr zu warnen (falls Wale überhaupt kommunikationsfähig sind), und auch daran, daß das Ganze weniger als eine Walgeneration lang dauerte, also keine Zeit blieb, um die Erfahrung an die nächste Generation weiterzugeben. Die Wale hatten die Schlacht schon verloren, ehe sie überhaupt wissen konnten, was mit ihnen geschah.

Die Zeit zwischen den Weltkriegen war eine kritische Phase für die Walfangindustrie und auch für die Wale: Die stetig steigenden Fangzahlen überzeugten auch die Walfangnationen von der Notwendigkeit internationaler Reglementierungen für die Industrie. Die Sorge um den Schutz der Wale war hauptsächlich von der Sorge um die Erhaltung der Walfangindustrie geprägt. Die Walfangunternehmen hatten zuviel Kapital investiert, als daß sie irgendwelche Beschränkungen der Fangzahlen und damit eine Schmälerung ihres Profits hätten akzeptieren können.

Zwischen 1930 und 1940 wurden auf verschiedenen Konferenzen die Möglichkeiten von Beschränkungen erörtert, aber es hatte, wie Gordon Jackson sagte, »im Grunde wenig Sinn, die alljährlichen Übereinkünfte im einzelnen zu besprechen, weil sie einfach nichts genützt haben«. In Zeiten des Wohlstands hätten besorgte Zeitgenossen vielleicht weitsichtiger gehandelt, aber in einer Zeit, in der der Westen in einer tiefen wirtschaftlichen Depression steckte, war kein Platz für Idealismus. Alle Walfanggesellschaften steckten in Schwierigkeiten. 1931 hatte De-No-Fa 792 000 Pfund Verlust gemacht, Unilever 114 000. Die norwegischen Unternehmen mußten eine Hypothek auf ihre Flotten aufnehmen, die 1932/33 gar nicht erst in See stachen. Der Preis für Walöl war auf 13 Pfund pro Tonne festgelegt, bis zur nächsten Saison fiel er auf 10 Pfund. Obendrein begann das bilaterale Monopol der Norweger und Briten in der Antarktis langsam brüchig zu werden; um ihren Bedarf an Walöl zu decken, traten auch andere Nationen auf den Plan. Panama und Dänemark beteiligten sich in geringerem Ausmaß, und sogar die Vereinigten Staaten stiegen nun in den Walfang in der Antarktis ein und schickten in der Saison 1930/31 den umgebauten Tanker *Frango* in den Süden. Als dann auch noch Japan und Deutschland mit ihren Flotten in der Antarktis aufkreuzten, änderte sich das Kräfteverhältnis im kommerziellen Walfang drastisch. Unter den gespannten Beziehungen zwischen Norwegen und Deutschland (die 1940 in der deutschen Invasion gipfelten) hatte vor allem Norwegen zu leiden. Und Großbritannien überstand die Auseinandersetzungen um Walfangquoten weitaus besser als die späteren Land- und Seekriege.

Aber den Walfängern standen noch andere Schwierigkeiten bevor: Man hatte mit der Herstellung von synthetischen Reinigungsmitteln begonnen, die später die Seifen aus Walöl ersetzen konnten.

Das Fabrikschiff *Frango* wurde 1930 von Dänemark an eine amerikanische Firma verkauft und nahm an der einzigen amerikanischen Walfangexpedition mit moderner Ausrüstung in die Antarktis teil. Die Fahrt war ein Erfolg, aber die Eigentümer konnten das Öl wegen des niedrigen Preises nicht verkaufen.

Schwimmende Fabriken aus Norwegen

Carl Anton Larsen wurde 1860 im norwegischen Tjølling als Sohn eines Kapitäns geboren. Er fuhr schon zur See, als er gerade eben laufen gelernt hatte. Zu der Zeit, da sich die Walfangindustrie vom Norden in den Süden verlagerte, war Larsen bestens ausgebildet und motiviert. Er hatte in der Arktis erfolgreich Finnwale und Delphine gejagt, und als Christen Christensen 1892 nach einem Leiter für seine erste Antarktis-Expedition suchte, war Larsen der ideale Mann. Er war fünf Jahre mit der *Jason* unterwegs und erwies sich als äußerst erfolgreicher Robbenfänger. Nach seiner Rückkehr nach Norwegen wartete er mit faszinierenden Geschichten über ganze Rudel von Blau- und Finnwalen auf, die er zwar gesehen hatte, nicht aber hatte fangen können.

Mit dreißig Jahren war Larsen ein berühmter Kapitän und Walfänger. Als er für Christen Christensen, Sandefjords größten Fabrikbesitzer, gearbeitet hatte, war er in Spitzbergen gewesen, wo er erstmals den Gebrauch von Kochern an Bord von schwimmenden Fabriken und den Öltransport in festen Metalltanks anstelle von Fässern erprobte. Er hatte auch gelernt, im Eis zu arbeiten, und diese Erfahrung sollte ihm in der Antarktis sehr zustatten kommen.

Die neunmonatige Arktisexpedition der *Jason* (allein Hin- und Rückfahrt hatten sechs Monate gedauert) war ein Mißerfolg. Das Schiff wurde im Jahr darauf erneut in den Süden geschickt, diesmal in erster Linie, um Robben zu fangen. Die Besatzung sichtete auch einige Südkaper (einer konnte erlegt werden), kehrte dann aber wieder nur mit Robbenfellen zurück. Christensens Gesellschaft konnte diesen Rückschlag nicht verkraften, und er mußte seine Schiffe verkaufen.

Obwohl er erst einen einzigen Wal erlegt hatte, zählte Larsen zu den erfahrensten Kapitänen in der Antarktis. 1892 schickte Svend Foyn ihn an Bord der *Antarctica* erneut in die Antarktis, aber auch diesmal blieb er, was den Walfang anging, ohne Erfolg. Die *Antarctica* fuhr 1894 erneut in den Süden und entdeckte endlich die 350 Meilen südlich von Neuseeland heimischen Südkaper; aber diesmal mangelte es an der richtigen Ausrüstung, und man konnte nur ein einziges Kalb erlegen. 1903 nahm Larsen an einer schwedischen Expedition unter Leitung von Otto Nordenskjöld teil. Der Forscher und Geologe wollte die meteorologischen und magnetischen Bedingungen in der Antarktis erforschen und erwarb das norwegische Robbenfangschiff *Antarctica* als Flaggschiff. Mit Larsen als Kapitän erreichte die Expedition am 10. Januar 1902 die Südshetlands. Nachdem die Besatzung die Inseln der Antarktis erkundet und in Grytviken auf Südgeorgien den idealen Standort für eine Walfangstation entdeckt hatte, wurde das Schiff bei Hope Bay im Eis eingeschlossen und sank im Weddell-Meer. Die Männer mußten in einer der unwirtlichsten Gegenden der Erde überwintern; sie wohnten in einer Steinhütte auf Snow Hill Island und ernährten sich von Pinguinen. Schließlich wurden sie vom argentinischen Schiff *Uruguay* gerettet und nach Buenos Aires gebracht, wo man ihnen zu Ehren ein Bankett gab. Dort konnte Larsen das Geld für die Gründung einer Walfangstation auf der Insel Südgeorgien auftreiben, und mit der Compañía Argentina de Pesca begann die Geschichte des Walfangs in der Antarktis.

Der erste dort für die Walfangindustrie erlegte Wal ging auf das Konto des ebenfalls aus Sandefjord stammenden Adolf Amadeus Andresen, der, nachdem er seinen Dienst als Seemann quittiert hatte, nach Südchile gezogen war und die großen Walherden in den Gewässern vor Feuerland beobachtet hatte. Er kehrte nach Norwegen zurück und erlernte den Umgang mit einer Harpunenkanone. Dann fuhr er mit einem Schlepper, an dessen Bug sich eine solche Kanone befand, nach Punta Arenas und erlegte am Silvesterabend des Jahres 1903 den ersten Buckelwal. Innerhalb von nur zwei Jahren stellte der rührige A.A. Andresen ein Walfangunternehmen namens Sociedad de Magellanes auf die Beine. Dann folgte Larsen mit der Compañía Argentina de Pesca.

1903 gab es im Nordatlantik nur noch so wenige Wale, daß Norwegen ab der kommenden Saison den Walfang in seinen Gewässern verbot. Außerdem war das Walöl durch große Mengen Leinöl vom Markt so gut wie verdrängt worden. Aber Norwegen war vom Walfangfieber gepackt und auf der Suche nach neuen Fanggründen. Als Larsen 1904 nach Norwegen zurückkehrte, fand er kaum Interessenten für eine Be-

Die norwegische Küstenstation in Leith Harbour, Südgeorgien (um 1914).

teilung an der Compañía Argentina de Pesca, konnte aber mit dem in Argentinien aufgetriebenen Geld drei Schiffe kaufen – die Segelschiffe *Louise* und *Rolf* und ein neues Dampfschiff namens *Fortuna*. Diese drei Schiffe beförderten 60 Norweger und drei Fertighäuser aus Holz, die den Grundstock für die Walfangstation von Grytviken bildeten. Unter Larsens Leitung arbeiteten die fleißigen Norweger einen Monat lang beinahe rund um die Uhr, um Häuser, eine Helling, eine Fabrik mit zwölf Blubberkochern und all die anderen für eine Walfangstation nötigen Vorrichtungen zu bauen. (1950 schilderte der britische Schiffsarzt R. B. Robertson Südgeorgien als »die schäbigste, ungesündeste Siedlung von Weißen auf der ganzen Welt, und als das abstoßendste Beispiel dafür, wohin Profitgier auf Kosten der menschlichen Würde führen kann. Ich glaube, Captain Cook würde in Tränen ausbrechen, wenn er dies sehen könnte.«)

Am 16. November 1904 kam die *Fortuna* in Grytviken an, und am 22. Dezember wurde der erste Wal, ein Buckelwal, erlegt. Buckelwale kamen damals in die Buchten von Südgeorgien, und nachdem sie diese Population erschöpft hatten, entfernten sich die Walfänger weiter von der Küste. Bevorzugte Beute war nun der Blauwal, der das meiste Fleisch und Öl brachte. Da Finnwale jedoch zahlreicher sind als Blauwale und da Buckelwale sich meist näher an der Küste aufhalten, konzentrierte sich der antarktische Walfang zunächst auf diese beiden Arten.

Südgeorgien war 1675 von dem Engländer Anthony de la Roche und 100 Jahre später erneut von James Cook entdeckt worden, der es formell für seinen König in Besitz nahm und nach diesem benannte. Obwohl die Insel als britisch anerkannt wurde, war sie in der Patenturkunde für die »Falkland Island Dependencies« von 1887, die die Falklands, Südshetlands und Südgeorgien umfaßten, als »Dependency« bezeichnet. Da die Briten die Insel seit 1775 offiziell nicht mehr betreten hatten, war es für Larsen keine Frage, daß sie niemandem gehörte. Als dann eine britische Expedition unter der Leitung von Ernest Swinhoe nach Südgeorgien kam und die Walfangstation vorfand, gab es zuerst Protest und dann komplizierte Verhandlungen, die mit einem auf 21 Jahre datierten Pachtvertrag für Larsens Compañía endeten, der am 1. Januar 1906 unterzeichnet wurde. Kaum war die Tinte auf dem Papier trocken, wandten sich wegen der gesetzlichen Restriktionen und dem Rückgang der Walbestände im Norden auch andere Gesellschaften nach Süden, und 1907 waren bereits zwei weitere Walfanggesellschaften, eine aus Sandefjord und eine aus Tønsberg, unterwegs nach Südgeorgien.

1908 standen auf Südgeorgien 17 Gebäude, in denen 150 Männer arbeiteten. Und jeden Herbst fuhren Tausende von Männern aus Vestfold nach Süden, um Wale zu erlegen und zu verarbeiten. Während der Saison landeten die Fangboote so viele Wale an, daß diese nicht sofort verarbeitet werden konnten, und es wird berichtet, daß zeitweise bis zu 40 Kadaver im Hafen lagen. Das Leben war schwierig und einsam, schien aber für die stoischen Norweger wie geschaffen. Viele Männer starben jedoch »in Ausübung ihres Berufes«, und man schätzt, daß zwischen 1904 und 1922 etwa 200 Männer auf Südgeorgien beerdigt wurden oder auf See umkamen. 1912 wurde die Insel von einer Typhusepidemie heimgesucht, der neun Männer zum Opfer fielen.

Die Wale wurden auf traditionelle Weise gefangen, das heißt mit Fangbooten gejagt, mit Harpunengranaten erlegt und anschließend zur Verarbeitung in den Hafen geschleppt. Zuerst nahm man die Verarbeitung an Bord der schwimmenden Fabriken vor, wo der Blubber, wie in den alten Tagen des Pottwalfangs mit Rahseglern, spiralförmig abgeschält wurde. Später, als die Verarbeitung in der Küstenstation erfolgte, wurde der Blubber der Länge nach abgeschält, ähnlich wie die Schale einer Banane. Der restliche Kadaver verrottete im Hafen. Der Gestank von Hunderten Tonnen verwesenden Fleisches muß beinahe unerträglich gewesen sein. Schließlich verfügten die Briten, daß der gesamte Wal verarbeitet werden mußte. In der Folge wurden viele schwimmende Fabriken, die diese Auflage nicht erfüllen konnten, stillgelegt.

Zwar war der Walfang in der Antarktis weniger gefährlich als zur Zeit der alten Rahsegler, aber wegen des Wetters waren die Fangreisen schwierig und alles andere als ein Vergnügen. Der Sommer in der Antarktis ist kein tropischer Sommer, plötzliche Stürme und Unwetter sind keine Seltenheit. Allan Villiers beschrieb das Wetter, das er auf einer Walfangexpedition an Bord der *Sir James Clark Ross* 1923 zwischen Tasmanien und dem Ross-Meer erlebte, so: »Am zweiten Tag kam Wind auf, und die See war hoch. Ein Sturm aus Südwesten fuhr durch die sparsame Takelage des alten Dampfers und trieb große Gischtwogen auf das hölzerne Deck, die kleinen Walfänger im Schlepptau wurden herumgeworfen, schlingerten, stampften und gingen auf und nieder. ... Wir fuhren langsamer, aber Wind und Seegang wurden immer schlimmer, so daß die Lage bald unerträglich wurde.« Später, auf derselben Reise, beschreibt Villiers das Wetter am 20. Dezember, mitten im Sommer: »Am nächsten Tag fuhr die kleine Flotte von sechs Schiffen bei einer Temperatur von minus acht Grad Celsius, die Decks mit Eis und Schnee bedeckt, die Takelage voller Rauhreif, endlich in die offenen Gewässer des Ross-Meeres ein.«

Die Fangboote waren das Wichtigste beim Walfang. Sie waren bis zu 45 m lang, dampfgetrieben und wendig genug, um auch schnelle Furchenwale zu jagen. Wale wurden vom Ausguck auf dem Fockmast ausgemacht, und der Schrei *hvalblast* bedeutete, daß der Blasstrahl eines Wals in Sicht war. Der Harpunier (der meistens auch Kapitän war) steuerte das Schiff nahe an den Wal heran, überließ das Steuer dem Maat, sauste den schmalen Steg zur Harpunenkanone hinunter und gab den tödlichen Schuß ab. Der tote Wal wurde längsseits des Schiffes gebracht, mit Druckluft aufgeblasen, damit er nicht unterging, und gekennzeichnet, damit man ihn jederzeit identifizieren konnte.

In den Küstenstationen gab es weitaus mehr Platz für die Verarbeitung des riesigen Kadavers. Jede Station verfügte über ein Flensdeck mit einer Helling, über die die Wale mit einer Winde hochgezogen wurden. Rund um die Helling lagen die »Fabriken« zur Verarbeitung von Öl, Fleisch und Knochen. Die verschiedenen Walprodukte wurden in riesengroßen Druckkochern gekocht.

Während der ersten zehn Jahre wurden vor Südgeorgien 1738 Blauwale, 4776 Finnwale und 21 1894 Buckelwale erlegt. (Schätzungen zufolge gibt es heute *auf der ganzen Erde* nur noch 5000 Buckelwale.) Die meisten Wale tötete man in den Häfen; Tønnessen und Johnsen schrieben, daß die unglaubliche Anzahl von Walen, die von den verschiedenen Stationen in Südgeorgien gefangen wurden, alles in der Geschichte des Walfangs bisher Dagewesene übertraf«. Es gab so viele Wale, daß die Walfänger nur den dicksten Blubber von Rücken und Bauch nahmen und den restlichen Kadaver einfach in den Hafen treiben ließen. In der langen Geschichte der gierigen Ausbeutung natürlicher Ressourcen durch den Menschen gibt es nur wenige Beispiel für eine derartig rigorose, schonungslose und sinnlose Zerstörungswut.

Die norwegischen Walfangunternehmen entwickelten sich prächtig, und 1909 konnten manche ihren Aktionären eine Dividende von 120 Prozent zahlen.

Natürlich wollten sich auch die Briten ihren Anteil an diesen enormen Gewinnen sichern. Deshalb traf Christan Salvesen aus dem schottischen Leith (von Geburt Norweger) 1908 in der Antarktis ein. Salvesen & Co. war bereits die größte Walfanggesellschaft der Welt mit Anteilen in Island, auf den Färöer-Inseln, den Falkland-Inseln und in Südafrika, aber die norwegischen Unternehmen beherrschten nach wie vor die Walfangindustrie. Sie expandierten beständig und verfügten bald über Stützpunkte im gesamten Südlichen Eismeer. 1912 operierten vier schwimmende Fabriken vor den einsamen Südsandwich- und Orkney-Inseln, die viel näher am Packeis liegen als Südgeorgien. Aber bereits 1911 stießen die Norweger auch an die Grenzen ihrer Expansionsfähigkeit. Ihre Walfänger waren nicht nur in der Antarktis und in den südafrikanischen Gewässern, sondern auch vor Australien, Neuseeland und Alaska unterwegs. Der norwegische Konsul in Sydney, der sich, ebenso wie sein südafrikanischer Kollege, in erster Linie um die Erschließung neuer Fanggründe für sein Land zu kümmern schien, hatte nach Christiania berichtet, daß es vor Australien viele Wale gebe, und im Nu waren die Norweger mit ihren Kanonen vor Ort. Diesmal kamen sie nicht aus Sandefjord, sondern aus der kleinen Stadt Larvik. Die Ausbeute in den australischen Gewässern war jedoch eher mager – bis die Mannschaft eines Larvik-Schiffes am Weihnachtsabend 1908 den größten Brocken Ambra aller Zeiten an Land zog, der rund 455 kg wog, in London 23 000 Pfund einbrachte und die Walfanggesellschaft rettete.

Norwegische Walfänger entdeckten, daß Herden von Buckelwalen an beiden Seiten des Kontinents entlangwanderten. Sie errichteten in Westaustralien die Küstenstationen von Albany und Point Cloates und nannten ein vielversprechendes Gebiet Norwegian Bay. Außerdem schickten sie eine schwimmende Fabrik nach Jervis Bay in Neusüdwales und dann über die Tasmansee nach Neuseeland. Australier und Neuseeländer waren nicht glücklich über die Norweger, die *ihre* Buckelwale fingen. Sie protestierten also so lange laut und anhaltend, bis sie die Norweger schließlich vertrieben hatten. Den Norwegern blieb nur noch die Norwegian Bay, wo sie nur weibliche Buckelwale mit Kälbern vorfanden. Der Leiter der Walfangstation schrieb: »Wir konnten oft einfach hinübergehen und die Harpune in ihren Rücken fallenlassen. Sicher ist es nicht gut, daß Muttertiere mit

Die norwegische Walfang-
station in Leith Harbor,
Südgeorgien, um 1914.

Bis 1925 waren alle Wal-
fanggeschütze Vorderlader
wie dieses hier an Bord
eines norwegischen Wal-
fängers.

Jungen getötet werden, aber was soll man machen?«
Die Norweger betrachteten die Walschlächterei aus-
schließlich vom wirtschaftlichen Standpunkt, und
Tønnessen und Johnsens schrieben noch 1982: »Das
Kalb war ohne Mutter hilflos und starb bald, entweder
es verhungerte, oder es wurde eine leichte Beute für
Haie und Schwertwale. Walfänger hatten nichts für
Gefühlsduselei übrig, wenn es darum ging, 50 bis 60

Barrel Öl im Wert von 300 Pfund von einem großen
weiblichen Wal zu gewinnen.«

Walöl war zwar bis zum Ende des 19. Jahrhunderts
wichtig für Beleuchtungszwecke und als Schmiermittel gewesen, eignete sich aber kaum für die Herstellung von Nahrungsmitteln. Tierische Fette wie Butter,
Milch und Schweineschmalz sowie Olivenöl deckten
weltweit den Bedarf an Speisefett. Weiter wurden für

die Lebensmittelerzeugung Kokos-, Palm- und Erd- nußöl sowie in geringem Maße auch Baumwollsa- men- und Leinöl verwendet. Nachdem 1869 in Frank- reich die Margarine entwickelt worden war, ver- brauchte man für ihre Herstellung bald einen großen Teil der weltweit produzierten tierischen Fette. (Mar- garine entsteht aus einem Gemisch von tierischen Fetten, Pflanzenöl und Milch.) Allerdings wurde ein festes tierisches Fett benötigt, um der Margarine ihre Konsistenz zu geben, und das flüssige Walöl war dazu ungeeignet. Als man allerdings 1905 entdeckte, daß Walöl gehärtet werden konnte, wodurch auch der un- angenehme Geruch und Geschmack verschwanden, eröffnete sich ein ganz neuer Markt. Walöl konnte nun in der Nahrungsmittelindustrie und auch für die Herstellung von Seifen verwendet werden. (Erst 1929 wurde gehärtetes Walöl mit niedrigerem Schmelz- punkt entwickelt, das wirklich schmackhaft war.)

Gerade als die Walfänger ihre Erfolge verzeichnen konnten, brach der Erste Weltkrieg aus und brachte

Sand ins Getriebe. Norwegen beherrschte den Walfang in der Antarktis, aber Länder wie England, Japan und die Vereinigten Staaten beanspruchten ei- nen immer größer werdenden Anteil. Die wichtigste Hydrierungsanlage Norwegens war in der Hand der britischen Firma Lever Brothers, so daß norwe- gisches Walöl nicht nach Deutschland gelangen konnte.

Obwohl Deutschland bereit war, einen überhöhten Preis für Walöl zu bezahlen, durfte Norwegen auf massiven Druck Großbritanniens hin nicht liefern, da es damit seine Neutralität in Frage gestellt hätte.

Somit konnte Großbritannien als einziger Abneh- mer für Walöl den Preis diktieren, und dieser fiel 1916 in den Keller. »Norwegen wurde gezwungen, für Großbritannien billigen Sprengstoff herzustellen«, sagten die Norweger, die sich mit dem Preis, für den sie ihr Öl verschleudern mußten, nicht abfinden konnten. Sechs Monate nach Kriegsende wurden 1918 die Sanktionen aufgehoben, und Norwegen

Die schwimmende Fabrik *Horatio* von Salvesen wurde am 11. März 1916 mit 11 000 Barrel Öl an Bord vom Feuer zerstört.

Das norwegische Fabrikschiff *Sir James Clark Ross* 1924 in der Antarktis; längsseits mehrere Walkadaver.

konnte wieder ungehindert Wale jagen und das Öl verkaufen, an wen es wollte.

Die Briten hatten allerdings Bestimmungen über die Verarbeitung der Kadaver eingeführt, die auch Vorschriften für eine vollständige Nutzung und eine Beschränkung der Walfangsaison (16. September bis 31. Mai) umfaßten. Nach Aufhebung der Sanktionen entwickelte sich die Saison 1919/20 zur ergiebigsten in der Geschichte des norwegischen Walfangs. Die englische Firma Lever Brothers kaufte die gesamte Weltproduktion auf und konnte ihren Aktionären Dividenden zwischen 80 und 240 Prozent zahlen. Angesichts dieser enormen Gewinne beschloß die britische Regierung, daß die Walfänger sich an den Kosten für Forschungsprojekte zur Erhaltung der Wale und somit auch der Walfangindustrie beteiligen sollten. In den Jahren 1922 bis 1931 erzielten die Walfänger Rekordgewinne, und die Wissenschaft wurde erstmals in die Gleichung mit einbezogen. Die Verlierer waren jedoch wiederum die Wale, von denen mehr getötet wurden als je zuvor.

Da Norwegen sein gesamtes Walöl an Großbritannien verkaufen mußte, befand es sich in der paradoxen Situation, die größte Walfangnation der Welt zu sein und gleichzeitig einen Mangel an Fett zu haben. Die Norweger hatten daher 1904 ihr eigenes Verbot des Walfangs in der Finnmark mißachtet, um das eigene Land mit Fleisch und Schmieröl zu versorgen. Anstatt vor der Küste des Nordkaps auf Walfang zu gehen, errichteten sie Stationen entlang der norwegischen Küste.

Das Ross-Meer ist nach Quadratkilometern größer als Frankreich. Gerüchten zufolge sollte es in diesen noch unerforschten, ausgedehnten eisigen Gewässern Unmengen von Walen geben. Die Ross Sea Whaling Company kaufte 1923 den alten Dampfer *Custodian* und baute ihn zu einem Fabrikschiff um. Es bekam den Namen *Sir James Clark Ross* (nach dem Entdecker dieses Meeres) und war für die erste Walfangexpedition in dieses unbekannte Meer vorgesehen. Das Schiff verfügte über Siedereien und Druckkocher und konnte 58 000 Barrel Öl und 170 Mann Besatzung aufnehmen. Mit 8223 Bruttoregistertonnen war die *Sir James Clark Ross* das größte Walfangschiff der Geschichte. Sie stach in Sandefjord in See und kam im November 1923 in Hobart in Tasmanien an. Dort nahm sie neben Wasser und Kohle einen australischen Journalisten namens Allan Villiers an Bord, der sich für 20 Dollar im Monat als Arbeiter anheuerte und die Reise in *Whaling in the Frozen South* dokumentieren wollte. Auch der mittlerweile 64jährige »Vater des antarktischen Walfangs«, Carl Anton Larsen, machte die Reise mit.

Villiers' Chronik zeichnet ein lebhaftes Bild vom Leben an Bord eines Fabrikschiffes, das fünf Fangboote, die *Star I, II, III, IV und V,* im Schlepptau hatte. Über allem wachte das wachsame Auge von Kapitän Larsen, der »trotz seiner sechs Jahrzehnte oder mehr ... mit der Behendigkeit eines Jungen in den Ausguck stieg, wo er drei Stunden lang dem schneidenden Wind ausgesetzt blieb, in die Ecke gekauert, den Blick des Kenners auf das Eis gerichtet, abwechselnd an einer großen Zigarre ziehend und das Schiff dirigierend«. Über den schrecklichen Gestank des ersten im Ross-Meer erlegten Blauwals schrieb Villiers: »Der Geruch war überall ... er war in unserem Essen, unserem Kaffee, unseren Kleidern. Wir waren damit durchtränkt. ... Nach einer Woche hatten wir uns jedoch alle an den Walgeruch gewöhnt, und nach einer weiteren Woche aßen wir Walfleisch.«

Die Jungfernfahrt der *Ross* erwies sich als ausgesprochener Fehlschlag. Sie fing in der Saison 1923/24 nur wenige Wale, und die von den Fangbooten erlegten Tiere konnten auf See nicht verarbeitet werden, denn das Schiff konnte nur in einem Hafen und nicht auf offener See vor Anker gehen. (Dieses Problem sollte erst 1925 mit der Einführung der Heckhelling gelöst werden.) Die Blauwale waren mit ihren 100 Tonnen viel zu schwer für das Takelwerk der *Ross,* und das Flensen auf hoher See mußte aufgegeben werden. Das Schiff mußte einen Hafen finden, und zwar bevor die sieben längsseits vertäuten Wale zu verwesen begannen. Mit den aufgeblähten Kadavern im Schlepptau erreichte man 1924 unter dem Jubel der Mannschaft um Mitternacht »bei hellstem Tageslicht« Discovery Inlet, das einzige geschützte Gewässer im ganzen Ross-Meer.

Sobald die *Ross* sicher vor Anker gegangen war, begann die Verarbeitung der Kadaver. Villiers nannte es eine »fremdartige wilde Szenerie. Dampf entweicht aus unzähligen Kocherrohren und überzieht jedes Tau, jede Reling und jeden Draht auf dem Schiff mit einer dicken Schicht aus Eis und Reif; mit Blut und Fett bespritzte Männer hacken mit messerscharfen Klingen auf die dicke Blubberschicht ein, während aus der Schmiede unter dem Fockmast der Klang der Hämmer ertönt, mit denen die Harpunen geradegebogen und repariert werden.« Villiers zieht einen Vergleich zwischen dem Flensen auf der *Ross* und den alten Tagen des Pottwalfangs: »Vor wenigen Jahren benötigte man vier ganze Tage, um aus einem kleinen Wal 60 oder 70 Barrel Öl zu gewinnen – die *Ross* war in der Lage, 15 große Blauwale an einem Tag zu flensen und zu 500 Barrel Öl zu verarbeiten.«

Die Arbeit war unangenehm, und es war kalt. Aber die Mannschaft eines norwegischen Walfängers wurde gut behandelt. Es gab längst keine Ratten und Schaben mehr in den Unterkünften, keine Maden im Fleisch, kein fauliges Wasser und zumindest in der Antarktis auch kein Faulenzen unter der heißen tropischen Sonne. Die Männer lebten in engen, aber sauberen Unterkünften, die mit elektrischem Licht und Dampfheizung ausgestattet waren. Statt Wind und dem Knarren der Takelage hörten sie die Geräusche der Motoren. Die Zeit der Segelschiffromantik war vorbei, und der von harter Arbeit geprägte Alltag glich dem in einer Fabrik. Aber niemand war für dieses nüchterne unromantische Leben besser geeignet als die schweigsamen Norweger. Wie in einer Fabrik herrschte auch auf dem Walfänger das Prinzip der Arbeitsteilung. Der Kapitän und die Offiziere hatten zwar immer noch das Kommando, aber es gab auch Techniker, Männer, die für Feuer, Kohle, Winden oder Kocher zuständig waren, Zimmerleute, Harpuniere, Proviantmeister, Stewards und einen Arzt. Die Stützen der Gesellschaft an Bord waren jedoch auch weiterhin jene unerschütterlichen Seeleute, die auf den von gefrorenem Blut rutschigen Decks den Kadaver zerteilten, den Blubber abschälten und verarbeiteten.

Die Blubberstücke wurden durch Öffnungen im Deck in die offenen Kocher geworfen, drei Meter hohe zylindrische Kessel, die mit Dampf geheizt wurden. Da Fleisch und Knochen ebenfalls Öl enthielten, benötigte man Druckkocher, um es herauszuholen. Nach dem Sieden wurde der Inhalt der Kocher zentrifugiert, um das Öl vom Speck zu trennen. Zurück blieb der sogenannte *Grax,* der getrocknet und in Säcke abgefüllt wurde und als Futter- oder Düngemittel Verwendung fand. Praktisch der ganze Wal wurde

In der Antarktis waren Männer und Ausrüstung oft mit Eis bedeckt. Die Walkadaver an Deck waren steinhart gefroren.

zu Öl verarbeitet, nichts wurde verschwendet – nur der Wal selbst.

Der Arbeitstag begann für die Männer um 5.30 Uhr. Nachdem sie praktisch alles angezogen hatten, was sie besaßen, gingen sie zum ersten Frühstück und auf eine Zigarette in die Kombüse, bevor sie sich um 6.00 Uhr an die Arbeit machten. Um sich mit den für einen anstrengenden antarktischen Vormittag nötigen Kalorien zu versorgen, tranken die Männer ihren Kaffee mit reichlich Zucker und aßen dazu 2–3 cm dicke Brotscheiben, die mit reichlich Margarine bestrichen waren. Nach zwei Arbeitsstunden kehrten sie in die Messe zurück. Das zweite Frühstück bestand oft aus gebratenem Walfleisch mit Zwiebeln und wiederum Schwarzbrot mit Margarine. »Walfleisch hat für jemanden, der hungrig ist, ein köstliches Aroma«, schrieb Villiers, »und ist bestens für kaltes Klima geeignet. Es schmeckt ein wenig wie ein mit viel Fett

zubereitetes Steak, ist sehr zart, besonders wenn es abgehangen ist.« Auf dem Speisezettel standen Walfleisch, Fisch, Kartoffeln, Erbsensuppe und anderes Fleisch und Gemüse. Dies war kein besonders exotisches Menü, aber die meisten Speisen enthielten reichlich Kalorien. Die Männer brauchten eine kräftige Kost, und die bekamen sie auch. Zu Mittag hatte man eine Stunde Pause, um 15.30 Uhr gab es einen Imbiß mit Schwarzbrot und Margarine. Die Mannschaft arbeitete zwölf Stunden pro Tag – außer den Flensern, die den Blubber abschälen mußten, bevor er steinhart gefroren war. Die kostbare Ruhezeit zwischen Abendessen und Wecken war kurz, deshalb gingen die meisten Männer vor 21.30 Uhr in die Kojen.

Das Leben an Bord eines Fangbootes ähnelte dem auf dem Fabrikschiff, nur daß diese dampfgetriebenen 100-Tonner weit häufiger zum Spielball der Elemente wurden und oft wie Korken auf den hohen Wellen tanzten. Villiers schrieb, daß ein Mann aus Tasmanien, der sich für die Arbeit an Bord einer der *Stars* gemeldet hatte, so unter Übelkeit litt, daß er »zu seiner großen Sorge ... während der ganzen Reise nie arbeiten, schlafen oder essen konnte!« Die Fangboote hatten Funkverbindung mit dem Mutterschiff, und sie konnten genügend Kohle bunkern, um zwei Wochen auf See zu bleiben. Seit der Entdeckung des Ross-Meeres im Jahr 1841 war die *Ross* das erste Schiff in diesem Gewässer, und die Männer in den Fangbooten waren nicht nur Jäger, sondern auch Entdecker, die erstmals Details aus der Naturgeschichte der dort lebenden Wale und anderer in der Antarktis heimischer Tiere beschrieben. So stammt beispielsweise der erste Bericht über einen Angriff von Schwertwalen auf einen Blauwal von der Besatzung der *Star I.*

Die Mannschaft der *Ross* stieß auf drei Walarten: Blau-, Finn- und Schwertwale. Letztere interessierten die Walfänger nicht besonders – außer wenn sie sich über die am Schiff befestigten Kadaver hermachten –, aber mit den Blau- und Finnwalen hatten sie die größte Goldgrube in der Geschichte des Walfangs gefunden. Diese riesigen, wehrlosen Kreaturen glichen reifen, eiskalten Pflaumen, die nur darauf warteten, gepflückt zu werden. Doch trotz aller Anstrengungen war die Reise der *Ross* nicht besonders erfolgreich – teils wegen der extremen Kälte in der Saison 1923/24, teils weil den Männern noch die technische Ausrüstung für den Hochseewalfang im südlichen Eismeer fehlte. »Die Wale sind steinhart«, schrieb Larsen. »Es ist beklagenswert, daß mit dieser sündhaft teuren Ausrüstung nichts auszurichten ist. ... Hätten wir nur eine schwimmende Fabrik, die den Wal an Deck hieven könnte, dann brauchten wir uns keine Sorgen zu machen.«

Ende Februar 1924 zeigte das Verschwinden der Wale aus dem Ross-Meer an, daß die Tiere ihren Zug nach Norden begonnen hatten. In der Antarktis war der Herbst eingezogen, und das Wetter wurde noch miserabler. Anfang März begann sich das Packeis zu schließen, und wie eine Gans mit ihren Jungen zog die *Ross* mit ihrer Flotte von Fangbooten Richtung Neuseeland. Sie hatte nur 17 500 Barrel Öl an Bord (bei einer Kapazität von 58 000), die von 10 Finn- und 211 Blauwalen stammten. Dennoch wurde die Reise als Erfolg gewertet. Einer der Blauwale hatte eine Länge von 32 m gehabt und war somit wahrscheinlich der größte Wal, der jemals erlegt wurde.

1925 brach die *Larsen* mit einer riesigen, aber unpraktischen Bugschleppe in die Arktis auf. Sobald die Norweger herausgefunden hatten, wie man eine Öffnung im Heck anbringt, ohne die Steuerung zu beeinträchtigen, wurden die Walkadaver durch eine riesige Öffnung im Heck an Bord gehievt.

Die von der Besatzung der *Ross* geleistete Pionierarbeit ermöglichte es den Walfängern, während der folgenden zehn Jahre regelmäßig in der Antarktis ihrem Gewerbe nachzugehen. Larsen hatte seine erste Antarktis-Expedition also erfolgreich abgeschlossen. Im November 1924 erkrankte er auf der *Ross*, die erneut auf dem Weg ins Eis war, an Angina pectoris und starb. Seinem Wunsch entsprechend wurde sein Leichnam einbalsamiert, mit auf die Walfangexpedition genommen und dann nach Sandefjord zurückgebracht. In der Saison 1924/25 erlegte die *Sir James Clark Ross* 408 Blau- und 19 Finnwale, die etwa 32 000 Barrel Öl abwarfen.

Carl Anton Larsen starb, bevor sich die auf seinen Vorarbeiten beruhenden Erfolge einstellten. 1925 wurde ein weiteres norwegisches Schiff in Auftrag gegeben, das man nach ihm benannte und mit zwei Neuerungen ausstattete. Es wurde mit Öl angetrieben und war mit einer Helling am Bug ausgerüstet, so daß die Wale hochgezogen und an Deck verarbeitet werden konnten. Dies erwies sich jedoch als zu umständlich, da diese Öffnung erst mühsam geschlossen werden mußte, damit das Schiff sich von der Stelle bewegen konnte. Noch im selben Jahr kam daraufhin die von Petter Sørlles erfundene Heckhelling zum Einsatz. Die bis dahin übliche »schwimmende Fabrik« war eigentlich nur eine größere und modernere Version der alten amerikanischen Walfangschiffe gewesen. Auf deren Fangreisen wurden die Kadaver neben dem Schiff geflenst, und zwar in der Regel in einem geschützten Hafen, da die Flenser sich bei Seegang (und schon gar nicht während eines antarktischen Sturms) nicht an der Oberfläche des rutschigen Wales halten konnten. Sørlles Beitrag zur Technisierung des Walfangs, die Heckhelling, bestand aus einer großen Öffnung am Heck des Schiffes und einer schrägen Rampe, über die der tote Wal hochgehievt werden konnte.

Die *Lancing* verließ Sandefjord im Juni 1925 in Richtung Süden, machte aber unterwegs vor der Küste des Kongo halt, um die neue Ausstattung auszuprobieren. Die Winden waren nicht stark genug, um einen ausgewachsenen Blauwal hochzuziehen, die Buckelwale blieben auf der Rampe hängen, und es war schwierig, bei hohem Seegang ein schweres Tau an der Schwanzflosse eines Wales zu befestigen. Die Winden mußten verbessert werden; die schräge Rampe wurde mit Rollen versehen, die das Hochziehen des Wals erleichterten. Außerdem wurde die sogenannte *hval kla* (»Walklaue«) eingeführt, eine Vorrichtung, die den Wal einfach am Schwanz packte; so entfiel die schwierige und gefährliche Methode, eine Schlinge um die Schwanzflosse zu werfen. Die Mannschaft der *Lancing* nahm 294 Buckelwale aus westafrikanischen Gewässern auf und flenste sie an Deck. Dann brach sie in die Antarktis auf. Wie Svend Foyns *Spes et Fides* leitete auch die *Lancing* eine neue Epoche in der Geschichte des norwegischen (und damit auch des internationalen) Walfangs ein: von nun an konnten Wale überall auf der Welt erlegt und direkt an Ort und Stelle verarbeitet werden.

Durch die Verbesserung der Technik erhöhte sich auch die Anzahl der getöteten Wale. In der Saison 1925/26 wurden 531 Wale erlegt, 1926/27 starben 1117 Wale, und die Zahlen stiegen weiter. Im Vorwort zu seinem 1931 erschienenen Buch schrieb Allan Villiers: »Das Öl mit seinem Wert von etwa 125 Dollar pro Tonne wird verwendet, um Seife, Margarine, Fett und ähnlich prosaische Dinge herzustellen. ... In dieser Saison – 1930/31 – wird der Walfang Norwegen schätzungsweise 70 Millionen Dollar einbringen. Er ist nun einer der führenden Industriezweige Norwegens.«

Die *Lancing*, das erste Walfangschiff mit Heckhelling, lief 1925 vom Stapel.

1925 entstand in Irland im Auftrag der Norweger die *Kosmos* (hier im Oktober 1929 im Hafen von Wellington, Neuseeland), die erste speziell für den Walfang gebaute schwimmende Fabrik. Bis dahin waren alle Fabrikschiffe umgerüstete Tanker gewesen.

Die Industrie war sich, wie üblich, nicht bewußt, welche Konsequenzen ihre Erfolge hatten. Unter den 6111 zwischen 1923 und 1930 getöteten Walen waren 5741 Blauwale. Mit ihren mit einer Heckhelling ausgerüsteten Fabrikschiffen konnten die Norweger das britische Lizenzsystem umgehen und frei den gesamten südlichen Ozean durchkämmen. Es gab für sie nur noch die Beschränkungen, die sie sich selbst auferlegten – und sie hielten nicht viel von Kontrolle. Sie erhöhten die Fangzahlen, indem sie die Zahl der Schiffe und die Zahl der Jagdgebiete erhöhten, denn es schien für jedermann in Sandefjord genug Wale zu geben. Aber der Walfang rund um die Falkland Islands Dependencies war immer noch problematisch; die Briten beherrschten diese Gewässer und verlangten nach wie vor Lizenzen. Daher beschlossen die Norweger, das Lizenzsystem zu übernehmen – um ihre Position in den Verhandlungen mit den Briten zu stärken, und vielleicht auch, weil einzelne Beteiligte

begannen, sich um die Walbestände zu sorgen. Die Briten drohten, alle ihre Lizenzen zurückzuziehen, falls die Norweger nicht mit dem unkontrollierten Schlachten auf hoher See aufhörten. Die beiden Länder einigten sich 1928 darauf, daß alle britischen Lizenzen erneuert würden, und daß für den Hochseewalfang dieselben Regeln gelten sollten wie für den Küstenwalfang.

Die Norweger blieben weiterhin die führende Walfangnation im Eismeer, aber bereits um 1930 standen die Briten an zweiter Stelle. In Norwegen liefen die Geschäfte so gut, daß man zum ersten Mal ein Schiff speziell für den Walfang bauen konnte. Vor 1928 war jede schwimmende Fabrik ein umgebauter Tanker oder ein umgebautes Passagierschiff gewesen. Die *Kosmos,* die bis dahin größte schwimmende Fabrik, wurde von der Kosmos Company in Sandefjord in Auftrag gegeben und in der irischen Werft Workman Clark gebaut. Das Schiff hatte eine Wasserverdrängung von 17801 Tonnen und eine Ladekapazität von 120 000 Barrel Öl. Unter Deck befanden sich 24 Kocher, und der Ozeanriese konnte die für fünf Monate auf See ausreichende Menge von 21 200 Tonnen Heizöl bunkern. Die *Kosmos* war das erste Walfangschiff, das auch ein Flugzeug an Bord hatte, aber dieses Experiment erwies sich als eindeutiger Fehlschlag: Zu Beginn der Saison 1929/30 stieg die auch für eine Landung auf dem Wasser ausgerüstete *Gypsy Moth* mit dem Piloten Leif Lier und dem Schiffsarzt an Bord auf und verschwand auf Nimmerwiedersehen.

Im Kampf um die Vorherrschaft beim Walfang entwickelten die Norweger die berüchtigte Blauwaleinheit (BWE) als Maßeinheit und brachten auch erstmals eine Quotenregelung ins Gespräch. Sie brauchten irgendeinen Maßstab, um ihre Fänge erfassen und vergleichen zu können. Um den hohen Preis für Walöl zu halten, einigten sich die Norwegian Whaling Association und die britische Firma H. K. Salvesen auf eine Formel, bei der die Walfangquote aus der Barrelquote geteilt durch 110 ermittelt wurde (ein Blauwal lieferte durchschnittlich 110 Barrel Öl)[*] Näherungswerte für die anderen Walarten wurden wie folgt festgelegt: Ein Blauwal entsprach zwei Finnwalen, zweieinhalb Buckelwalen oder sechs Seiwalen. Die Fangstatistiken wurden von den Norwegern zunächst in BWE berechnet, obwohl es zuerst überhaupt keine Quoten gab. J. L. McHugh schrieb in seiner Geschichte der Internationalen Walfangkommission: »Man sollte nicht erst erklären müssen, warum die BWE als anerkannte Maßeinheit unlogisch ist.« Durch sie richtete sich das Augenmerk auf eine einzige Walart. In der Praxis war ein Finnwal jedoch ebenso schwer zu fangen, zu töten und zu verarbeiten wie ein Blauwal – nur daß man für letzteren die doppelte Leistung gutgeschrieben bekam.

So verurteilten die frühen Walfänger und später auch die IWC durch ihre Quoten den Blauwal aus purer Profitgier zum Aussterben. Sobald feststand, daß die Antarktis das ergiebigste Walfanggebiet der Erde war, erwogen auch zahlreiche andere Nationen, in diese einträgliche Industrie einzusteigen. Schiffe aus Argentinien, Dänemark, Deutschland und den Vereinigten Staaten schlossen sich den britischen und norwegischen Walfängern an. 1930 gab es in der Antarktis 38 mit Heckhelling ausgerüstete Schiffe und 184 Fangboote. Von der Saison 1927/28 bis zur Saison 1930/31 stieg die Anzahl der dort erlegten Wale von 13775 auf 40 201 Tiere. Davon waren 18 325 Blauwale. Zum Vergleich: Nachdem C. A. Larsen 1923 die Blauwale im

---

[*] Obwohl die alten hölzernen Fässer seit Jahren nicht mehr verwendet wurden, blieb das Barrel mit etwa 160 Litern die Maßeinheit für Walöl, sechs Barrels ergaben eine Tonne. Der Blauwal warf im Schnitt zwischen 80 und 140 Barrel ab, obwohl auch von einem Wal berichtet wird, der 305 Barrel (50 Tonnen) erbrachte. Ein fetter Finnwal lieferte etwa 30 bis 50 Barrel (5–8 Tonnen) Öl. Nach dem Zweiten Weltkrieg erhöhte sich durch die verbesserte Verarbeitung der Gewinn auf 116 bis 135 Barrel pro Wal.

Während der Saison 1931/32 beteiligten sich die Norweger nicht am antarktischen Walfang. Hier liegt ihre Flotte im Hafen von Sandefjord.

Ross-Meer entdeckt hatte, erlegte er insgesamt 211. (Der Blauwalfang endete mit der Saison 1965: die Walfänger hatten nur noch 20 Exemplare dieses großen Furchenwales vorgefunden und erlegt.)

Nach der Rekordsaison 1930/31, in der mehr Schiffe mehr Wale erlegt hatten als je zuvor, war der Markt für Öl im wahrsten Sinne überflutet. Der Überschuß an Walöl und die Tatsache, daß die Wale immer weniger wurden, führten zusammen mit dem Börsenkrach das Ende des norwegischen Walfangs herbei. Die Großabnehmer (wie Unilever in England) hatten reichlich Vorräte und boten schlechte Preise für Walöl. Die Gesellschaften beschlossen, in der Saison 1931/32 nicht auf Walfang zu gehen. Das war, nach Tønnessen und Johnsen, »ein schwarzer Tag in der Geschichte des norwegischen Walfangs«. Aber es war ein guter Tag für den britischen Walfang, denn die Briten schickten fünf schwimmende Fabriken in die Antarktis, und 94 Prozent aller in dieser Saison erlegten Wale gingen auf ihr Konto.

Um diese Zeit beschäftigte man sich erstmals auf internationalen Konferenzen mit den Walbeständen in den Weltmeeren. Im April 1930 lud der Völkerbund zu einer Konferenz von Fachleuten aus Frankreich, Deutschland, Großbritannien, Portugal, Norwegen und den Vereinigten Staaten nach Paris ein. Man diskutierte verschiedene Vorschläge und traf sich 1931 nochmals in Genf, wo der Bericht des Vorjahres angenommen wurde. Diese »Genfer Konvention« war die Grundlage aller späteren internationalen Übereinkünfte, und sie enthielt das Verbot des Glattwalfangs, das Verbot, säugende Muttertiere oder Kälber abzuschießen und eine Klausel, daß die Konvention nach Unterzeichnung durch acht Nationen in Kraft treten würde (zwei davon mußten Norwegen und Großbritannien sein). Großbritannien war jedoch nur zu einem bilateralen Vertrag mit Norwegen bereit. Die Verhandlungen dauerten zwei weitere Jahre und hatten nicht den Schutz der Wale, sondern die Aufteilung des Walölmarkts zwischen den beiden Nationen zum Ziel. Daß dies nicht funktionierte, hatte mehrere Gründe: Eine norwegische Walfanggesellschaft schloß einen separaten Vertrag mit Unilever, der Preis für Walöl brach ein, die Japaner schickten erstmals Walfänger in die Antarktis, und der Druck Deutschlands, das sich ebenfalls am Walfang beteiligen wollte, auf Norwegen wurde immer stärker. Norwegen beherrschte zwar die Meere, aber Großbritannien kontrollierte den Markt.

Der 1928 in Oslo gebaute Walfänger *Petrel* sank an seinem Ankerplatz, nachdem die Walfänger Grytviken aufgegeben hatten. Die Briten hoben das 35 m lange Schiff, das Teil eines Museums auf Südgeorgien werden sollte.

Als der Zweite Weltkrieg Briten und Deutsche zu Feinden zu machen drohte, war Großbritannien entschlossen, norwegisches Walöl um jeden Preis von Deutschland fernzuhalten, aber Norwegen, das neutral bleiben wollte, beharrte auf seinem Recht auf normale Handelsbeziehungen. (Deutschland, das sich bereits im Krieg befand, schlug vor, norwegische und britische Walfangschiffe unbehelligt zu lassen, sofern es den Löwenanteil des Öls bekommen würde.) Norwegen war im Ersten Weltkrieg neutral gewesen und versuchte auch jetzt, sich herauszuhalten, indem es sowohl mit Großbritannien als auch mit Deutschland verhandelte. Aber die Briten ließen nur den Verkauf von Fisch nach Deutschland zu, nicht von Walöl. Norwegens Neutralität sollte von kurzer Dauer sein, denn die Deutschen brauchten seine Häfen noch dringender als das norwegische Walöl. Am 9. April 1940 marschierten deutsche Truppen in Norwegen ein. Die Alliierten eilten den Norwegern zu Hilfe, aber als sich die Lage in Frankreich zu verschlimmern begann, wurden die Truppen der Alliierten abgezogen, und Norwegen blieb bis 1945 von den Deutschen besetzt. Während des Krieges wurde der norwegische Walfang drastisch eingeschränkt und von der Exilregierung in England koordiniert. (König Haakon hatte Norwegen am 7. Juni 1940 verlassen und blieb fünf Jahre in England.) Am 15. Januar 1941 beschlagnahmte die deutsche *Pinguin* in der Antarktis drei norwegische Fabrikschiffe und elf Fangboote mit einer Ladung von insgesamt 23 636 Tonnen Öl. Nachdem sie ihre Beute in Bordeaux abgeliefert hatte, wurde die *Pinguin* von einem britischen Kreuzer versenkt.

Deutschland auf Walfang

Bereits im 16. Jahrhundert machten Walfänger aus Bremen, Hamburg und Schleswig-Holstein vor Spitzbergen Jagd auf Grönlandwale. Zwischen 1670 und 1719 brachen 2289 Walfangexpeditionen von Hamburg aus auf und kehrten mit den Produkten von 9976 Walen zurück. Im 19. Jahrhundert hatten die Deutschen maßgeblichen Anteil am Walfang in der Südsee, Grund genug für Herman Melville, den selbsternannten Kritiker aller nicht-amerikanischen Walfänger, sie an einer Stelle in *Moby Dick* satirisch aufs Korn zu nehmen. Vor dem Ersten Weltkrieg hatten die Deutschen mehrmals den Walfang aufgenommen: 1903 in Island, 1907 in Chile und 1912 in Südwestafrika.

Um die Abhängigkeit der Deutschen von Walölimporten zu reduzieren und die heimischen Molkereiwirtschaft anzukurbeln, führte Hitler am 23. März 1933 das sogenannte »Fettmonopol« ein, das den Import, die Vermarktung und die Herstellung von Fetten kontrollieren sollte. Der Genuß von Margarine wurde als unpatriotisch gebrandmarkt und die Butterher-stellung von der Regierung subventioniert. Diese Maßnahmen wurden als deutscher »Fettplan« bekannt und führten unter anderem zum Aufbau einer deutschen Walfangflotte.

Carl Kircheiss, der bereits in Argentinien, Alaska und in der Antarktis Erfahrungen im Walfang gesammelt hatte, wurde zum Fürsprecher für den Aufbau einer deutschen Walfangindustrie. Bis 1933 hatte er ein Konsortium gegründet, das einen Tanker kaufte und neu ausstattete. Dieses Schiff, getauft auf den Namen *Jan Wellem*, wurde von acht Fangbooten begleitet und lief im September 1936 in Richtung Weddell-Meer aus.

Walter Rau (1874–1940) war die prägende Gestalt des deutschen Walfangs im 20. Jahrhundert. Er stand an der Spitze eines Konzerns, der Margarine, Pflanzenöle und tierische Fette herstellte. Deshalb war es nur natürlich, daß er sich auf für Walöl interessierte. 1935 gab er ein 14 869-Tonnen-Fabrikschiff und acht Fangboote in Auftrag, die alle den Namen *Rau* trugen. Manager, Techniker und Harpuniere aus Norwegen wurden zu stark überhöhten Preisen engagiert, was in Norwegen großen Unmut auslöste. Die Deutschen wollten ihre Flotte weiter ausbauen, und unter Leitung des deutschen Wirtschaftsministers Hjalmar Schacht trieb man den Bau der *Unitas* voran.

Die *Walter Rau* wurde erst 1937 fertiggestellt. Gleichzeitig war die *Terje Viken* gebaut worden, das mit 20 369 Bruttoregistertonnen größte Fabrikschiff der damaligen Zeit.

Der Konzern Unilever, der auch in Deutschland riesige Fabriken unterhielt, war bestrebt, den Walölmarkt auf der ganzen Welt zu beherrschen. Die Zusammenarbeit mit Unilever und mit geschäftstüchtigen Norwegern sparte den Deutschen wichtige Devisen, die sie für die Rüstungsindustrie verwenden konnten. Die Deutschen hatten bis dahin nur wenig Erfahrung im Walfang. Sie wußten sehr gut, daß sie ohne norwegische Mannschaften Wale weder fangen noch verarbeiten konnten. (Als die *Walter Rau*, die *Jan Wellem* und die *Terje Viken* schließlich zum südlichen Eismeer aufbrachen, wurden die Norweger an Bord dieser Schiffe zu Hause als Verräter betrachtet.)

Im Januar 1939 versuchten die Deutschen, die gesamten Bestände des Sales Pool (eines Konsortiums britischer und norwegischer Walfangunternehmen) aufzukaufen. Der gebotene Preis war aber zu niedrig, so daß die 80 000 Tonnen Walöl schließlich an Großbritannien gingen. Das kleine Norwegen hatte dem Druck des Dritten Reiches standgehalten – was einer der vielen Gründe für die Invasion im Frühjahr 1940 war.

Nach dieser Invasion hörte der Handel mit Walöl völlig auf. 55 000 Tonnen Walöl, die auf dem Weg von der Antarktis nach Norwegen waren, entgingen den Deutschen und landeten in Großbritannien. Statt eigene Walfangflotten auszurüsten, beschlagnahmte Deutschland in der Antarktis norwegische Walfänger.

Die Wale blieben auch im Zweiten Weltkrieg nicht verschont. Selbst als die Kampfhandlungen bereits im Gange waren, ging die grausame Jagd weiter. Beide Achsenmächte (Deutschland und Italien) starteten in der Zeit von 1940 bis 1941 Walfangexpeditionen (die Japaner waren von 1940 bis 1942 in der Küstenstation Grytviken), dennoch nahm für die Dauer des Krieges die Zahl der erlegten Wale ab. Die Norweger jagten vor der Küste von Peru Pottwale, um das wertvolle Öl für die amerikanische Rüstungsindustrie zu liefern. Die Walfänger von den Azoren, die ebenfalls für die Amerikaner arbeiteten, erzielten bisher nie dagewesene Gewinne.

Die Japaner kommen

Als die Wale in den japanischen Gewässern allmählich knapp wurden, beschlossen die Japaner, ebenfalls in der Antarktis auf Walfang zu gehen. Sie verwendeten bis in die dreißiger Jahre keine Fabrikschiffe, da sie im Süden von den Bonininseln und im Norden von den Kurilen aus operieren konnten, die nahe an den Fanggründen lagen. Nach dem Zweiten Weltkrieg annektierte die Sowjetunion die Kurilen und übernahm auch die fünf Walfangstationen, die die Japaner dort vor 1913 eingerichtet hatten. 1934 kauften die Japaner das norwegische Fabrikschiff *Antarctic* und nannten es *Tonan Maru*, was soviel bedeutet wie »unterwegs in den Süden«. Nach Tønnessen und Johnsen »begann damit in der Geschichte des Walfangs noch vor Ausbruch des Zweiten Weltkrieges eine Phase, in der die anderen Staaten beinahe aus dem Walfang verdrängt worden wären, was nach dem Krieg auch tatsächlich geschah«.

Zu den (an der Zahl der erlegten Wale gemessen) erfolgreichsten Walfangnationen gehörten im 16. Jahrhundert die Basken, die den Nordkaper in europäischen Gewässern ausrotteten; im 18. Jahrhundert die holländischen und britischen Walfänger vor Grön-

land und Spitzbergen, die dem Grönlandwal in der östlichen Arktis den Garaus machten; die Australier und die Neuseeländer, die beinahe jeden Wal erlegten, der sich in ihre Gewässer wagte; und schließlich die Pottwalfänger der Yankees, die alle sieben Weltmeere nach den mächtigen Pottwalen absuchten. Und dennoch gibt es in der Geschichte des Walfangs nur wenige Beispiele für einen so hemmungslosen Raubzug wie den der Japaner in der Antarktis. Als erstmals Maßnahmen zur Rettung der Wale erwogen wurden, verweigerten die Japaner die Zusammenarbeit.

In den Jahren 1935 und 1936, ihrer zweiten Saison in der Antarktis, produzierten die japanischen Walfänger 44 145 Barrel Walöl und große Mengen Fleisch. (Im 20. Jahrhundert war Japan die einzige Industrienation, in der Walfleisch gegessen wird. Die Japaner schickten mit den Walfangflotten auch gleich Kühlschiffe auf die Reise, die das Fleisch gefroren nach Japan transportierten. So erlegten sie nicht nur Wale, sondern schufen gleichzeitig auch einen Markt für Walfleisch.)

Angesichts eines stetig wachsenden Marktes für Walöl beschlossen die Japaner, ihre eigenen Schiffe zu bauen, statt veraltete in Norwegen zu kaufen. Von einer englischen Werft erwarben sie die Pläne für die *Sir James Clark Ross*, und innerhalb von nur 157 Tagen (die Engländer hatten 18 Monate benötigt) entstanden die *Nisshin Maru* und ihre acht 267 Tonnen schweren Fangboote. In der Zeit von 1936 bis 1937 erlegten die Japaner 1116 Wale und erzeugten daraus 91 368 Barrel Öl, das an die Deutschen verkauft wurde.

Und Tokio baute seine Walfangkapazität weiter aus. Hatte man 1934 bei Null begonnen, so beherrschte Japan 1938 11,6 Prozent des Weltmarktes für Walöl und arbeitete zielstrebig auf eine weitere Vergrößerung seines Anteils hin. Bis Japan 1941 seine Aufmerksamkeit anderen Dingen zuwenden mußte, erlegten seine Walfänger in sieben Saisons 32 840 Wale. Neue Fabrikschiffe waren auf dem Reißbrett bereits fertig, als der Krieg dazwischenkam.

Da Japan 1940 noch neutral war, konnte es die Station von Grytviken auf Südgeorgien von den Briten pachten. Bis zum 9. April 1940 arbeiteten dort dann japanische Walfänger.

Zwischen 1941 und 1945 waren die japanischen Walfangaktivitäten stark eingeschränkt. Von den 78 im Jahre 1941 in Betrieb befindlichen Walfängern waren 1945 insgesamt 51 zerstört. Während des Krieges gingen japanische Walfänger allerdings in den japanischen Gewässern auf Jagd, da das Land Fleisch und Öl benötigte. Von 1942 bis 1944 erlegten sie vor der Küste insgesamt 2122 Wale – Buckelwale im Frühling und Pottwale im Winter.

In der Saison 1943/44 stattete die Ocean Fishing Company in Chichi Jima auf den Bonininseln mehrere Schiffe neu aus, denn die Bedürfnisse eines im Krieg isolierten Inselstaates mußten befriedigt werden. Während 1942 im Bereich der Bonininseln nur 68 Wale erlegt wurden, lag der Durchschnitt in den nächsten beiden Jahren bei 269. Iwo Jima ist eine der Bonininseln, und als sie am 16. März 1945 von den

Amerikanern eingenommen wurde, bedeutete dies das Ende der japanischen Walfangaktivitäten. Allerdings nicht für lange, denn schon bald ersuchten die Japaner um die Erlaubnis, die Walfangstationen auf den Bonininseln wiedereröffnen zu dürfen, und bereits im November 1945 nahmen sie ihre Geschäfte wieder auf.

Zwischenspiel: Wale als Ausstellungsstücke

Wale wurden zur Schau gestellt, seit die ersten von ihnen an europäischen Küsten angeschwemmt worden waren. Im Europa des Mittelalters kamen – noch ehe irgend jemand entdeckt hatte, daß damit Geld zu machen war – Neugierige, um diese gigantischen gestrandeten Kadaver zu bestaunen. Die toten Wale übten eine so starke Faszination aus, daß es nur eine Frage der Zeit war, bis irgendein findiger Geschäftsmann herausfinden würde, daß diese Kadaver oder Skelette für die Bevölkerung des Festlandes von mehr als vorübergehendem Interesse waren.

Mit der Zeit zeigte sich, daß die Zurschaustellung eines Skeletts weit wirkungsvoller war als die eines Kadavers, so etwa bei jenem 29 m langen Blauwal, der 1827 im holländischen Ostende gestrandet war. Sieben Jahre lang machte dieser »Wal von Ostende« die Runde durch England, Frankreich und Holland. Er war eine der beliebtesten Attraktionen seiner Zeit, und es existieren noch zahlreiche Beschreibungen und Illustrationen von ihm. Eine französische Lithographie von 1828 trägt beispielsweise den Titel »Der Wal von Ostende erhält Besuch vom Elefanten und der Giraffe« und zeigt den Wal auf der Seite liegend, umgeben von zahlreichen feinen Herren mit Zylinder und den im Titel erwähnten Tieren. Die 1834 von Henry William Dewhurst verfaßte *Natural History of the Order Cetacea* enthält eine genaue Beschreibung der Anatomie des Wals von Ostende und die vollständige Geschichte seiner Entdeckung, seines Wegs durch Europa und seines weiteren Schicksals. Der Wal wurde im Meer treibend gefunden und nach Ostende geschleppt. Dort zerlegte man ihn bis auf das Skelett und schickte dieses auf Reisen. Zu jener Zeit war die Taxonomie der großen Wale noch unklar, und es gab einige Diskussionen. Aber das Problem wurde von Baron Cuvier in Paris souverän gelöst,

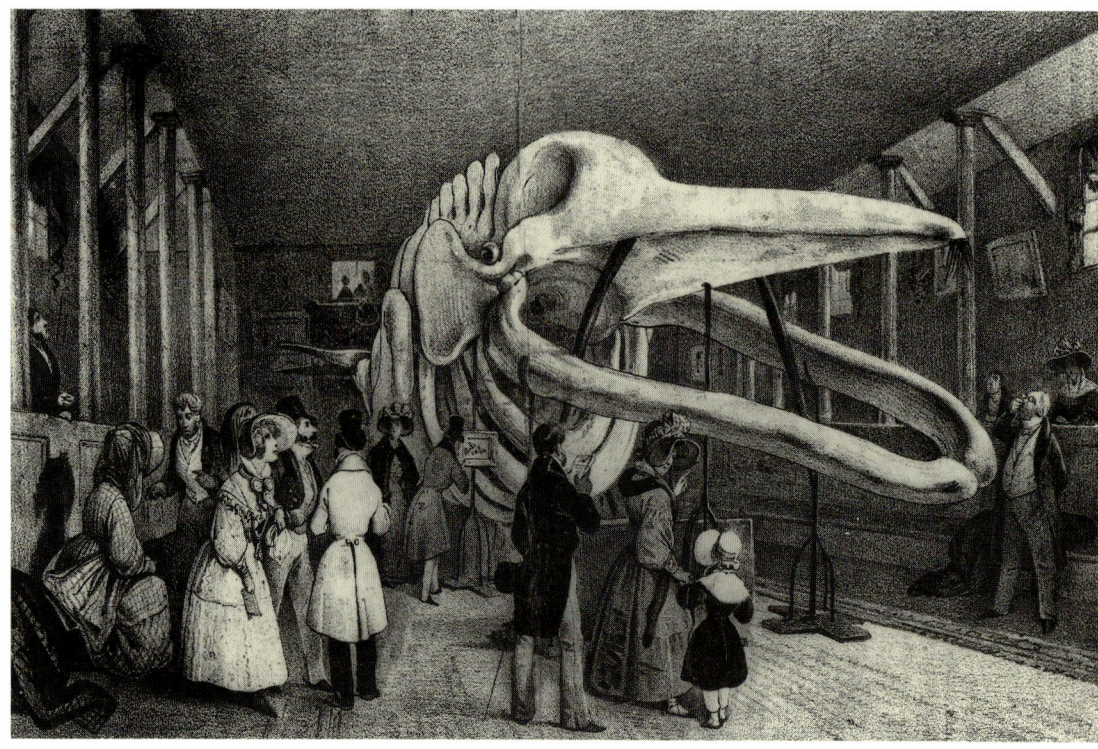

LA BALEINE D'OSTENDE.

Visitée par l'Eléphant, la Giraffe, & les Osages.

»Der Wal von Ostende« (1827) erhält Besuch; unter den Schaulustigen ein Elefant und eine Giraffe.

In seinem Aus-
stellungspavillon
zog das Skelett
des »Wals von
Ostende« (eines
Blauwals) zwi-
schen 1827 und
1834 in ganz
Europa Scharen
von Besuchern
an.

indem er den Wal einfach als *Balaenoptera Rorqual* bezeichnete. Bei dem 29 m langen Tier muß es sich um einen Blauwal gehandelt haben, denn kein anderes Säugetier auf dieser Erde hat jemals diese Größe erreicht. »Zu welcher Art dieses Exemplar auch gehören mag«, schrieb Dewhurst, »es ist zweifellos das größte Tier, das jemals gefangen wurde, und ich zögere nicht zu behaupten, daß das Skelett das schönste in ganz Europa ist.«

Das Skelett wurde in einem langen Holzhaus präpariert; auf dem Transport führte man einen Pavillon mit, der an Ort und Stelle aufgebaut und wieder zerlegt werden konnte. Da der Wal zu einer Zeit »gefangen« worden war, als Ostende noch zu Holland gehörte, wurde die Meinung vertreten, er sollte dieser Nation gehören. Monsieur Herman Kessels, der Mann, der die große Tour organisiert hatte, befürchtete, daß der »König von Holland« (Prinz Wilhelm von Oranien-Nassau) Anspruch auf den Wal erheben könnte, um ihn der Universität Leiden zu schenken. Deshalb ließ er ihn über den Atlantik nach Amerika befördern. Über das Ende der Reise schrieb Dewhurst:»Ich habe erfahren, daß die Besitzer sich mit diesem gewaltigen Skelett in die Vereinigten Staaten aufgemacht haben, wo sie es ausstellen wollen.« Das mag zutreffen, aber nach diesem Zitat aus dem Jahre 1834 wird keine Ausstellung mehr erwähnt, und das Skelett landete schließlich unter bisher ungeklärten Umständen im Naturgeschichtlichen Museum von Leningrad.

1838 wurde unter der »ehrenvollen und dauernden Schirmherrschaft der Universitäten von Oxford und Cambridge« das Skelett eines Blauwals, das vor Plymouth gefunden worden war, auf mehreren Wagen durch England transportiert.

Anfangs verarbeiteten die Yankee-Walfänger Wale gleich auf See. Deshalb hatte die Bevölkerung auf dem Festland keine Gelegenheit, eines der Opfer zu sehen, bei deren Verarbeitung zugegen zu sein, und später waren amerikanische Walfangstationen auf die Westküste beschränkt. 1880 wurde vor Provincetown in Massachusetts ein Finnwal erlegt und nach New York geschleppt, wo man ihn in einem Trockendock ausstellte. Man versuchte nicht, den Kadaver zu konservieren, und als der Verwesungsprozeß begann, wurde er zu Öl verarbeitet.

1866 strandete ein Wal vor der schwedischen Stadt Malmö. Man stellte ihn in Stockholm aus, wobei das Maul so weit geöffnet war, daß die Besucher hineingehen konnten. Anschließend fertigte man von diesem Wal einen Abguß, der zusammen mit dem Skelett

Bau eines Modelles der *Lagoda* (Maßstab 1:2) im Bourne Building des New Bedford Whaling Museum im Juli 1918.

im Naturgeschichtlichen Museum in Göteborg zur Schau gestellt wurde.

In Walfangmuseen sind üblicherweise Geräte und andere Exponate zur Geschichte des Walfangs wie beispielsweise Harpunen, Scrimshaws und Drucke zu sehen. Aber die Geschichte des Walfangs ist eng mit der Naturgeschichte der Wale verbunden. So gibt es im Walfangmuseum von Taiji in Japan neben Fangbooten, Harpunen und anderen Ausrüstungsgegenständen auch Walskelette und zahlreiche Abbildungen über die Biologie von Walen und Delphinen. In New Bedford wird das Skelett eines Buckelwals und

ein erst kürzlich gemaltes, 30 m langes Wandgemälde von Moby Dick gezeigt. Die Wale auf diesem Bild sind, ebenso wie das Modell des Walfangschiffes *Lagoda*, das Herzstück des Museums, im Maßstab 1:2 gehalten. Dieses Modell, das größte Schiffsmodell der

Welt, wurde 1916 gestiftet und in einem eigens dafür errichteten Gebäude untergebracht. Das Bourne Building ist nach Jonathan Bourne (1811–1889) benannt, einem Kaufmann aus New Bedford, der an rund 24 Walfangschiffen beteiligt war; eines davon war die *Lagoda*.

Im New Bedford Whaling Museum wird außerdem eines der bemerkenswertesten Gemälde aller Zeiten gezeigt, ein 390 m langes Kunstwerk von Benjamin Russell und Caleb P. Purrington. Dabei handelt es sich um ein »Panorama«, eines jener im England und Amerika des 19. Jahrhunderts besonders populären illusionistischen Schaubildern.

Das Panorama von Russell und Purrington wurde 1847/48 auf 2,5 m lange Baumwolltücher gemalt, die man so zusammennähte, daß sie mit einem synchron gesprochenen Text quer über die Bühne entrollt werden konnten. Die Geschichte beginnt damit, daß der Walfänger *Kutusoff* New Bedford verläßt; er fährt über die Azoren, Südamerika, Hawaii und entlang der Nordwestküste von Nordamerika nach Tahiti, um Kap Hoorn nach Rio und dann wieder zurück nach New Bedford. Unterwegs erleben wir, wie Wale gejagt werden und wie wütende Wale die Fangboote leck schlagen und erfahren, wie man die Wale zerlegt und den Blubber auskocht. Das Ganze ist also ein faszinierender Reisebericht über Örtlichkeiten und Dinge, die Landratten damals wohl nie zu sehen bekamen. Alle

Das Walfangmuseum in Taiji, Japan. Das Symbol des Museums ist der Nordkaper, der in den japanischen Gewässern seit hundert Jahren fast ausgestorben ist.

Die ehrwür-
dige *Charles
W. Morgan,*
gebaut 1841
in New Bed-
ford, ging
noch auf
Walfang, als
dieses Foto
1920 ent-
stand.

Einzelheiten stimmten, da Benjamin Russell 1841 selbst auf der *Kutusoff* war und Purrington, einem Maler, der nie selbst zur See gefahren war, davon erzählen konnte.

Ein weiteres im New Bedford Whaling Museum ausgestelltes Gemälde liegt vor allem den Walfanghistorikern am Herzen: Charles S. Raleighs *Panorama of a Whaling Voyage in the Ship Niger,* entstanden zwischen 1878 und 1880. Obwohl es ebenfalls »Panorama« genannt wird, ist Raleighs Werk nur 60 m lang und besteht aus einer Reihe von eigenständigen, für eine Ausstellung bestimmten Gemälden. Wie das Panorama von Russell und Purrington illustrieren die Bilder das Leben an Bord eines Walfängers und zeigen einige der faszinierendsten und interessantesten Szenen des Pottwalfangs im 19. Jahrhundert. Nach ihrer Rückkehr blieben die Walfänger, falls ihr Schiff nicht sofort wieder auslief, für gewöhnlich in den Hafenstädten. So erfuhren die Menschen im Landesinneren

in erster Linie durch solche Panoramen von der Romantik und den Gefahren des Walfangs.

In Museen wie Mystic Seaport und New Bedford werden der Walfang und seine Geschichte sehr anschaulich dargestellt. Es gibt auch zahlreiche neuere Filme über den japanischen oder den norwegischen Walfang. Sie zeigen jedoch den modernen, technisierten Walfang des 20. Jahrhunderts und nicht die traditionellen Rahsegler auf der Jagd nach Pottwalen. In ihren audiovisuellen Vorführungen verarbeiten jedoch beide obengenannten Museen einen außergewöhnlichen Spielfilm, der 1922 entstand und einen echten Pottwalfänger in Aktion zeigt.

Obwohl die Handlung (eine Liebesgeschichte) und die Ausstattung uns heute eher kitschig erscheinen, ist *Down to the Sea in Ships* wahrscheinlich der beste Film, der je über den Walfang gedreht wurde. Denn er zeigt als einziger authentische Szenen vom amerikanischen Pottwalfang, beginnend mit der Ausrü-

Wie ein bewegungsloses Luftschiff hängt ein frühes Modell eines Blauwales an Drähten von der Decke der »Halle der Säugetiere« im American Museum of Natural History in New York. Es entstand aus über einen Eisenrahmen gespanntem Pappmaché.

stung des Schiffes in New Bedford bis hin zur Fahrt in rauher See. Vor allem aber wird der Walfang detailliert von Anfang bis Ende dargestellt. Man sieht, wie die Boote zu Wasser gelassen werden, wie der Wal harpuniert wird, das Fangboot hinter sich herzieht, den Todesstoß erhält und in Schlepp genommen wird. Ferner verfolgt man (zusammen mit hungrigen Haien) das Zerteilen des Kadavers, das Ausschöpfen der Walrathöhle und schließlich das Auskochen des Blubbers bei Nacht. So vermitteln diese immer wieder gezeigten Bilder einen weit besseren Eindruck vom Pottwalfang des 19. Jahrhunderts als jedes andere Ausstellungsstück.

Das Museum im norwegischen Vestfold, dem Geburtsort von Svend Foyn, dem Vater des modernen Walfangs, zeigt ein Modell der *Spes et Fides,* seines ersten Walfängers, verschiedene Harpunen und Lanzen sowie die obligatorischen Skelette, die einen Eindruck von der tatsächlichen Größe der Geschöpfe vermitteln, die der Mensch dank seiner Intelligenz und technischen Mittel erlegen konnte.

Im Juni 1935 beschloß die Pacific Whaling Company in British Columbia, einen vor Südkalifornien gefangenen, 17 m langen und 66 Tonnen schweren Finnwal auszustellen. Der Wal wurde einbalsamiert und auf einem Plattformwagen quer durch die Vereinigten Staaten und Kanada transportiert. Der Eintrittspreis für das »Geheimnis dieses Zeitalters«, den »Spielgefährten der Dinosaurier und Mammuts, den letzten der turmhohen Riesen« betrug für Erwachsene 15 Cent, für Kinder 10 Cent. *The Whale Journal,* eine von der Pacific Whaling Exhibition Company herausgegebene Mischung aus Zeitung und Handbuch, schrieb: »Das Mammutexemplar aus dem Meer zieht die Massen in allen Städten an.« Zu diesen Städten gehörten Chicago, New York, Boston, Denver, Louisville und Tulsa. In einem Leitartikel bedankt sich die Gesellschaft bei den »Zeitungen im ganzen Land. Von den führenden Tageszeitungen in den Städten bis zum kleinsten Wochenblatt auf dem Land haben die Herausgeber die Ausstellung nach Kräften unterstützt. ... Die Pacific Whaling Company ist sich der Tatsache bewußt, daß der Erfolg der Ausstellung vor allem der Unterstützung durch die Zeitungen zu verdanken ist, und ist dafür sehr dankbar.«

Zu Beginn des 20. Jahrhunderts baute das American

Mit einer Länge von 29 m und einem Gewicht von mehr als 10 Tonnen beherrscht das neue Modell eines Blauwales die »Halle des Ozeans« im American Museum of Natural History in New York.

Museum of Natural History in New York das lebensgroße Modell eines Blauwals. Ursprünglich sollte es, laut Roy Chapman Andrews, mit Papier überzogen werden, aber »dieses wölbte sich immerzu auf und sank zwischen den Rippen ein«. Zusammen mit James L. Clark (einem der späteren Direktoren des Museums) stellte Andrews das Modell schließlich aus Drahtnetzen und Pappmaché fertig. Der innere Rahmen bestand aus Holz, Stahldraht und Eisenrohren. Der Blauwal hing wie ein Luftschiff von der Decke der »Halle der Säugetiere«, bis die Museumsleitung 1965 beschloß, ihre Walsammlung zu erweitern, und ein neues, 29 m langes Modell an die Decke der »Halle des Ozeans«, einer der geräumigsten Hallen der Welt, kam.[*]

Das Blauwalmodell wurde an stählernen I-Trägern aufgehängt und bestand aus Polyurethan-Schaum, die

Haut aus Glaswolle wurde in der natürlichen Farbe eines Wales bemalt. 1968 wurde das Exponat enthüllt und begeistert aufgenommen. Es war das größte existierende Walmodell und gibt die Ausmaße des größten Tieres aller Zeiten sehr gut wieder. Aber es ist leider nur ein Modell, und es fehlt die natürliche Umgebung.

Selbst als in Meeresaquarien Delphine und in Museen lebensgroße Modelle von Riesenwalen gezeigt wurden, übten echte Wale immer noch eine große Faszination aus – selbst wenn sie längst tot und mit Formaldehyd vollgepumpt waren.

Erst 1954 wurde ein einbalsamierter Wal in Europa und Amerika ausgestellt. Der 70 Tonnen schwere weibliche Finnwal war von dem Dänen Leif Søgaard vor der norwegischen Insel Haroy harpuniert worden und in 165 europäischen Städten zu sehen, bevor er auf einem Frachter über den Atlantik transportiert wurde. Um den Zerfall zu verhindern – oder besser gesagt, zu verzögern –, wurden dem Wal 8000 l Formaldehyd injiziert. Søgaard wollte »Mrs Harøy« ursprünglich noch einige Jahre ausstellen, aber als sich

_____
[*] Zu diesem Zeitpunkt gab es in der im Mai 1933 offiziell eröffneten »Halle des Ozeans« bereits Skelette von einem Finnwal, einem Grauwal und einem Bartenwal sowie den Abguß eines Walkalbs, das im Hafen von Brooklyn in einer Schiffsschraube verletzt worden und nach seinem Tod ins Museum gebracht worden war.

»Mrs. Harøy«, ein Finnwal, der vor der norwegischen Küste harpuniert worden war und 1954 in Europa und Amerika ausgestellt
wurde.

Eine der seltsamsten Geschichten über Wale ist die von einem in
einen Eisberg eingeschlossenen Wal. Im *St. Nicholas Magazine* aus
dem Jahre 1884 wurde die Geschichte von Charles F. Holder
erzählt und von George R. Halm illustriert.

die blasierten New Yorker nicht von der Ausstellung
begeistern ließen, brachte er den Kadaver nach Coney Island. Dort begann er zu zerfallen, und zwei
Tage bevor er auf Anweisung des Gesundheitsmini-
steriums entfernt werden mußte, fing er auf ungeklär-
te Weise Feuer und verbrannte.

In einer Ausgabe der *Norsk Hvalfangst-Tidende*, der
norwegischen Walfangzeitschrift, stand 1954 die Ge-
schichte eines anderen ausgestellten Wales. Dieses
Tier, ein 20 m langer Finnwal, wurde vor Cape Cod
harpuniert, einbalsamiert und auf einen kleinen
Frachter gebracht. Unter Aufsicht von Kapitän Oakes
Anderson bereiste es die Vereinigten Staaten zu Was-
ser, »durch den Bundesstaat New York nach Ohio und
von dort auf beiden Seiten des Mississippi und seiner
Nebenflüsse und Kanäle«. Das Unternehmen war ein
Erfolg, »auch wenn es entsetzlich nach Wal stank«.
Anderson mußte offenbar mehrere Beamte beste-

chen, damit er seinen übelriechenden Wal weiter zeigen durfte, setzte aber seine Tour fort. Schließlich zogen sich seine Partner zurück, und er blieb allein mit dem Kadaver zurück. »Er konnte ihn nicht verkaufen oder verschenken und wagte auch nicht, ihn ins Meer hinaustreiben zu lassen, da er den Seeverkehr stören könnte. Es blieb ihm daher nichts anderes übrig, als weiterzureisen und den Wal auszustellen.« Damit endet die Geschichte. Möglicherweise ist das Skelett dieses Wales im Museum von Albany gelandet.

Die wahrscheinlich ungewöhnlichste Walausstellung, von der jemals berichtet wurde, ist, falls es sich dabei nicht um Seemannsgarn handelt, der Wal im Eisberg. Die Geschichte erschien 1884 im *St. Nicholas Magazine* und stammt von C. F. Holder: Ein Schiff namens *Laughing Polly* (Lachende Polly – schon der Name macht das Ganze verdächtig) segelt im Bereich der Südshetlands, als der Mann im Ausguck in der Ferne ein Schiff zu sehen vermeint. »Dein Schiff ist

Links:
Beim Ausatmen zeigt »Physty«, der gefangene Pottwal, sein seitliches Blasloch, etwa 6 m dahinter ist seine Schwanzflosse zu sehen. Rechts der Autor.

Unten:
Nach achttägiger Gefangenschaft wird »Physty« bei Fire Island, New York, in die Freiheit entlassen. Dank der ausführlichen Berichterstattung in den Medien waren zahllose Schaulustige erschienen.

ein Eisberg«, erklärt ihm der Kapitän. »Du bist ein toller Matrose, wenn du einen Eisberg nicht von einem Walfänger unterscheiden kannst.« Sie steuern direkt auf den Eisberg zu und entdecken, daß der Eisberg, der etwa 90 m aus dem Wasser ragt, den Körper eines »beinahe 30 m langen Furchenwales« enthält. Der Kapitän erklärt, daß der Wal nicht auf hoher See im Eis begraben wurde, sondern auf irgendeiner Eisscholle gestrandet sein mußte. Er war jahrelang von Eis und Schnee bedeckt, als der ganze Block schließlich losbrach und zu diesem Eisberggefängnis wurde. Als zusätzlichen Beweis für diese Geschichte zitiert der Autor einen »Captain Pendleton«, der »85 m von der Wasseroberfläche entfernt einen Wal in einer Eisklippe von 245 m Höhe sah«. Da die »Erklärung« weniger wahrscheinlich ist als die Geschichte selbst, können wir daraus schließen, daß Herr Holder einmal zu oft in P.T.Barnums Zirkus gewesen war und seine lebhafte Phantasie diese Geschichte erfunden hatte. Da ausgestellte Wale an sich schon unwahrscheinlich sind, sollte uns ein Wal in einem Eisberg jedoch nicht allzu sehr überraschen.

Als 1971 Gigi, eine junge Grauwalkuh, gefangen und in »Sea World« ausgestellt wurde, war sie der erste – und bislang einzige – lebende Großwal, der einem Publikum vorgeführt wurde. In den letzten Jahren hat man allerdings auch andere Wale »präsentiert«, die meisten von ihnen durch Zufall. Gelegentlich stranden Wale an irgendwelchen Küsten, und die Menschen strömen in Scharen herbei, um zu sehen, wie die unglücklichen Tiere sich im flachen Wasser hin und her werfen. Zwar konnten Grindwale und verschiedene kleinere Delphine in manchen Fällen gerettet und zurück ins Meer gebracht werden, die größeren gestrandeten Wale sind aber fast immer eingegangen.

Im April 1981 tauchte ein junger Pottwal am Strand von Coney Island im Stadtgebiet von New York auf, einem Ort, an dem man normalerweise keinen lebenden Wal vermutet. Das Tier, das etwa 7,6 m lang war und männlichen Geschlechts zu sein schien, erhielt den Namen »Physty« (eine Koseform des Gattungsnamens *Physeter*) und wurde zurück ins Meer geschleppt. Am nächsten Morgen tauchte das Tier am etwa 60 km von Coney Island entfernten Strand von Fire Island auf. Dort wurde der Wal in ein leeres Bassin geschleppt, wo sich einige barmherzige Samariter um ihn kümmerten und ihn mit Tintenfischen und Antibiotika fütterten, während sie ihn auf Anzeichen einer Erkrankung untersuchten, die ihn in diese

»Humphrey«, der Buckelwal auf Abwegen – erkennbar an der Farbgebung auf der Unterseite seiner Flossen –, erschien 1990 wieder in der Bucht von San Francisco und strandete auf einer Schlammbank. Er wurde befreit und machte sich davon; Humphrey-Freunde glauben jedoch, daß sie ihn bestimmt nicht zum letzten Mal gesehen haben.

Lage gebracht haben könnte. (Es wurde festgestellt, daß er vier unterschiedliche Formen von Lungenentzündung hatte.) Eine Woche lang schwammen verschiedene Leute mit ihm, streichelten ihn, sangen ihm etwas vor und analysierten alles an ihm, von der Atemfrequenz bis zur Augenfarbe. (Die Augen eines Pottwals sind braun.) Physty schien schwächer und schwächer zu werden, und ein Fachtierarzt für Meeressäugetiere wurde zur Autopsie angefordert. Vielleicht lag es am Tintenfisch, vielleicht am Chloromycetin, vielleicht an anderen Dingen – Physty, der in dem 2,5 m tiefen Bassin immer nur auf der Seite liegend geschwommen war, richtete sich auf und begann kräftig zu schwimmen. Am achten Tag seiner Gefangenschaft wurden die Netze, mit denen das Bassin abgeschlossen war, durchgeschnitten, und der junge Wal wurde von seinen Rettern ins offene Meer hinausgetrieben.

Die Anwesenheit eines Wals – und noch dazu eines Pottwals – in den Gewässern von New York war natürlich eine Sensation. Die Fernsehanstalten berichteten über das Ereignis von dem Tag an, da er erstmals in der Nähe der Berg- und Talbahn von Coney Island gestrandet war; als Physty freigelassen wurde, hatten Millionen Menschen seine runzelige Haut gesehen und seinen mühsamen Atemzügen gelauscht. Es war nicht nur das erste Mal, daß ein großer, lebender Wal »gerettet« worden war, für viele Leute war Physty auch der erste lebende Wal, den sie je gesehen hatten.

Im Oktober 1985 verirrte sich ein Buckelwal nach San Francisco; statt nach Hawaii oder zu den Farallon Islands zu schwimmen, zog »er« (man hatte ihm sehr bald den Namen »Humphrey« gegeben, obwohl sein Geschlecht nie bestimmt werden konnte) nach Osten. Er schwamm in die San Francisco Bay, vorbei an Richmond (wo man ihn zwei Jahrzehnte früher noch harpuniert hätte, denn in Richmond befand sich die letzte amerikanische Walfangstation) und dann weiter den Sacramento River hinauf.

Ein Wal, der einen Fluß hinaufschwamm – das war eine Sensation. Humphrey beherrschte die Nachrichtensendungen zusammen mit jenen, die etwas zu seinem merkwürdigen Verhalten zu sagen oder einen Vorschlag hatten, wie man ihn zum Umkehren bewegen könnte. Wissenschaftler versuchten, ihn mit Geräuschen von Schwertwalen zu erschrecken; Zuschauer wollten ihn mit Flöten- und Tamburintönen betören. Die Küstenwacht versuchte, ihn mit Motorbooten zu treiben; Helikopter donnerten über seinen Kopf hinweg, um ihn zu einer Kehrtwendung zu bewegen. Man versuchte es mit Telepathie. Trotz aller Versuche des Militärs, der Wissenschaft, der Umweltschützer und der Medien ließ sich Humphrey jedoch nicht von seinem Kurs abbringen. 25 Tage lang zog er den Fluß hinauf, bis er schließlich einige Meilen stromaufwärts von der Rio Vista Bridge die langersehnte Kehrtwendung machte. (Die Entscheidung war ihm durch eine Flottille von Schiffen und eine Kakophonie von Geräuschquellen, sogenannten *Oikomi*, die die Japaner bei der Treibjagd auf Delphine verwenden, erleichtert worden.) Am 4. November

Die ersten Versuche der Eskimos bestanden darin, Löcher in das Eis zu schneiden, so daß die Wale atmen konnten, die herausgeschnittenen Eisstücke wurden mit Stangen unter die Eisdecke geschoben.

schwamm er unter der Golden Gate Bridge hindurch und ins offene Meer hinaus.

Im Rahmen der Diskussion über das Phänomen »Humphrey« schrieb Patricia Warhol, Direktorin der American Cetacean Society: »Sicher hat nie ein Wal – vielleicht mit Ausnahme dessen, der angeblich Jonas verschluckt hat, oder von Melvilles sagenumwobenem Moby Dick – soviel Publicity erhalten und soviel Interesse erweckt wie der Buckelwal, der unter dem Namen Humphrey bekannt wurde.« Bis zum Oktober 1988 war die Begeisterung der Medien für Humphreys Wanderungen abgeebbt und das Thema auf die letzten Seiten der Zeitungen verbannt.

In diesem Monat wurden vor Point Barrow in Alaska drei Grauwale im Eis eingeschlossen. Drei Wochen lang beobachtete die Welt, wie Eskimos, Wissenschaftler und Ölgesellschaften gemeinsam versuchten, sie zu retten. Der Fall schien hoffnungslos, das Eis war zu dick. Einer der Wale verschwand schließlich, wahrscheinlich hatte er in Panik versucht, unter der Eisdecke davonzuschwimmen. Am 20. Tag kamen sowjetische Eisbrecher zu Hilfe und bahnten den Walen einen Weg durch das dicke Eis in die Freiheit. »Operation Breakthrough« war ein erstaunlicher Fall von internationaler Zusammenarbeit, aber das war nicht alles. Weit bemerkenswerter war, daß diese Rettungsaktion von der ersten bis zur letzten Minute auf den Fernsehschirmen rund um die Welt zu sehen war.

Als die Grauwale in Alaska festsaßen, stürzten sich die Medien auf dieses Ereignis wie eine Katze auf eine Maus. Sie brachten die Wale auf allen Titelseiten und in allen Nachrichtensendungen der Welt. Warum? Es handelte sich nicht um Angehörige einer bedrohten Art; der Mensch war noch nicht einmal für ihre Lage verantwortlich. Sie waren einfach Opfer ihrer eigenen Unerfahrenheit geworden, als sie zu weit vom Kurs abkamen. Warum war es unsere Aufgabe, sie zu retten? Warum hielt man es für der Mühe wert, mehr als eine Million Dollar zu investieren, um zwei wilde Tiere zu retten? Es war wie mit dem »Kätzchen auf dem Baum«; nur handelte es sich in diesem Fall nicht um Kätzchen, sondern um zwei riesige Wale, die zu den erklärten Lieblingen der Medien wurden. Mehr als alle anderen Lebewesen waren Wale zum Symbol des lieblosen Umgangs der Menschen mit der Natur geworden. Die gutmütigen Tiere wollten nur in Ruhe gelassen werden, und genau wegen dieser Friedfertigkeit wurden Millionen dieser Riesen abgeschlachtet.

In Alaska töten die Eskimos von North Slope Borough jedes Jahr ein paar Grönlandwale aus (heiß umstrittenen) Gründen der Tradition und zur Nahrungsgewinnung. Tatsächlich hatte ein Eskimo-Walfänger die eingeschlossenen Grauwale entdeckt und wollte sie »von ihrem Elend erlösen« und schlachten. Er wußte, daß sie nicht allein entkommen konnten. Als die Neuigkeit zur Lower Forty-Eight durchdrang, begann der Medienrummel. Zuerst wollten die TV-Anstalten bloß filmen, wie die Wale ihre Nasen durch das Eis steckten, und über ihr bevorstehendes Ende berichten, aber als Umweltschützer davon erfuhren, wurde Helfen zum Gebot der Stunde. Die Ölgesellschaften, deren Ruf durch ihre massiven Eingriffe in die Natur der eisigen Wildnis schwer angeschlagen war, wollten nur zu gerne helfen.

Um die Wale zu retten, aber noch mehr, um sich selbst als »Umweltfreunde« zu präsentieren, starteten sie mit allen ihnen zur Verfügung stehenden technischen Mitteln einen massiven Angriff auf das Eis. Ein »Luftkissenboot« wurde von der etwa 320 km entfernten Prudhoe Bay losgeschickt, um eine Schneise durch das Eis ins offene Meer zu schaffen. Als klar wurde, daß das Millionen Dollar teure Fahrzeug nicht zu den Walen durchkommen konnte, verfielen die Retter auf primitivere Methoden. Sie begannen in Richtung auf das rund 8 km entfernte offene Meer Löcher ins Eis zu hacken, damit die Wale auf ihrem Weg in die Freiheit Luft holen konnten.

Dies war eine Sisyphusarbeit und die Erfolgsaussichten konnten bestenfalls als düster bezeichnet werden – besonders als sich auch noch herausstellte, daß die Wale stark geschwächt waren und wohl nicht mehr lange durchhalten würden.

Zu diesem Zeitpunkt war alle Welt in die Geschichte verwickelt, bis hin zum Präsidenten der Vereinigten Staaten, der die Retter telefonisch seiner Unterstützung versicherte. In einer Kolumne der *Daily News* schrieb Suzan Nightingale: »Auf der Titelseite dieser Zeitung, unter der Geschichte der Wale, wird berichtet, daß möglicherweise 5 Millionen Kinder in Amerika chronisch unterernährt sind. Die Associated Press berichtet, daß 2 Millionen Menschen im Sudan vom Hungertod bedroht sind. ... Und doch sind es die Wale, die gefangenen, verletzten Wale, die unsere Gedanken und unsere Gebete beherrschen – und wahrscheinlich auch unsere Dollars, wenn sie helfen könnten.« (Sie betonte, daß es keinen Anruf von Präsident Reagan gegeben hatte, als im vorangegangenen Juni sieben Eskimos im Eis umgekommen wa-

Zwei sowjetische Eisbrecher, die *Admiral Makarow* und die *Wladimir Arsenew,* erscheinen am Ort des Geschehens. Nachdem alle anderen Versuche gescheitert waren, bahnten die Eisbrecher den Walen einen Weg in die Freiheit.

ren.) Es steht außer Frage, daß diese Wale die Sympathien aller hatten, aber es ist schwer zu verstehen, warum die Rettungsversuche tatsächlich so weit gingen.

Ohne diese Rettungsversuche wären diese Tiere eines natürlichen Todes gestorben, wie Hunderttausende ihrer Artgenossen über Jahrhunderte hinweg. Indem wir die Waltiere zu mythischen Geschöpfen erhoben, spiegelte sich in ihrem Leiden unser eigenes wider, und gleichzeitig ergriffen wir die Gelegenheit, vergangene Untaten an ihnen wiedergutzumachen. Außerdem konnten wir der Verlockung nicht widerstehen, es den Walfangnationen mit dieser grandiosen Geste »zu zeigen«. Diplomatische Initiativen für eine Beschränkung des japanischen Walfangs hatten sich bisher als so gut wie sinnlos erwiesen. Wie konnten wir unseren Standpunkt besser klarmachen als dadurch, daß wir zeigten, wieviel uns die Wale bedeuteten?

Inzwischen waren bereits so viele Leute in die Aktion verwickelt, daß man die Wale unmöglich ihrem Schicksal überlassen konnte. Die Welt beobachtete jeden Schritt vorwärts, und niemand wollte der erste sein, der dem Problem den Rücken kehrte. Obwohl es bis zu den amerikanischen Präsidentschaftswahlen des Jahres 1988 nur noch zwei Wochen waren, hatten die Wale höchste Priorität in der Berichterstattung auf der ganzen Welt. Als die Aussichten schlechter wurden und die Wale immer mühsamer atmeten, wurde stündlich berichtet.

Die Amerikaner haben nicht sehr viel Erfahrung mit Eisbrechern, wohl aber die Sowjets. Sie schickten zwei dieser Schiffe an den Ort des Geschehens, und die Reporter erfuhren, daß sich die Entfernung zwischen den Schiffen und den Walen stetig verringerte. Am 26. Oktober durchbrachen die *Admiral Makarow* und die *Wladimir Arsenew* unter dem Sternenbanner und der roten Fahne mit Hammer und Sichel die letzte Barriere, und die Wale waren frei.

Sie wurden unter weltweitem Applaus durch die Rettungsaktion der sowjetischen Eisbrecher in letzter Minute gerettet, und wir schliefen in jener Nacht des 28. Oktober besser. War das eine Million Dollar wert?

Natürlich. Es wurden nicht nur die Tiere gerettet (was in der allgemeinen Aufregung fast unterging), wir machten alle die freudige Entdeckung, daß Gruppen, die einander eigentlich feindlich gegenüberstanden – Regierung und Eskimos, Umweltschützer und Ölgesellschaften, Sowjets und Amerikaner – durchaus vernünftig zusammenarbeiten konnten, wenn nur genug auf dem Spiel stand.

All dies wäre ohne das Fernsehen nicht möglich gewesen. Es brachte auf noch nie dagewesene Weise die nach Luft ringenden Wale in unsere Wohnzimmer. Früher hatten wir die majestätischen und bedrohten Wale nur aus Filmen und Dokumentationen gekannt, nun sahen wir erstmals drei unmittelbar bedrohte Tiere, die all unsere Aufmerksamkeit beanspruchten. Hier ging es nicht um eine abstrakte Rettungsaktion, bei der wir die Zahl der getöteten Wale wissen oder begreifen mußten, daß eine ganze Tierart vom Aussterben bedroht war. Es ging vielmehr um *einzelne* Wale, die in Schwierigkeiten waren. Sie hatten auch Namen erhalten, was sie uns noch näher brachte. So waren sie nicht einfach nur riesige, bedrohte Tiere, sondern »Putu«, »Siku« und »Kanik« (oder »Bonnet«, »Crossbeak«, und »Bone«, je nachdem ob die Namen von den Eskimos oder von den Biologen stammten), und unsere Herzen flogen ihnen zu.

Daß die zwei Wale gerettet wurden, war beinahe eine Nebensächlichkeit. Sie wurden nicht mit Sendern versehen, angeblich weil sie das noch mehr belastet hätte. Der Grund waren aber wohl eher die Kosten, die eine Beobachtung ihrer fast 10 000 km langen Wanderung mit sich gebracht hätte. In ihrem geschwächten Zustand waren die Wale auch eine leichte Beute für Haie und Schwertwale. Sobald wir wußten, daß sie frei waren, konnten wir uns aufatmend zurücklehnen. Die Geschichte endete damit – für die Menschen, nicht für die Wale –, daß der Weg ins offene Meer frei war. In den Spätnachrichten wurden wir Zeugen (und Beteiligte) einer großartigen Selbstbeweihräucherung. Wir hatten unseren Teil für die Wale getan, und während sie fröhlich den warmen Lagunen von Baja California entgegenschwammen, konnten wir uns wieder unserem »wallosen« Leben zuwenden in der Hoffnung, daß sie in Sicherheit waren. Und wenn sie es nicht waren, nun, dann war das eben der Lauf der Natur.

Im Grunde spielt es keine Rolle, ob die beiden Wale leben oder nicht. Wichtig war, daß die Welt auf das Leiden der Wale aufmerksam geworden war – und zwar aller Wale, und nicht nur von Putu, Siku und Kanik –, und für nur eine Million Dollar wurden alle Beteiligten mit positiver Publicity belohnt: die Eskimos (die in ein schlechtes Licht geraten waren, weil sie den ernstlich bedrohten Grönlandwal bejagten); die Ölgesellschaften (die sowieso positive Publicity nötig hatten); und sogar die Überraschungshelden des Dramas, die Sowjets, deren *Glasnost* gründlich aufgewertet wurde.

Und der Rest der Welt konnte sich in aller Behaglichkeit davon überzeugen, daß zumindest eines der Probleme dieser Welt – wenn auch nur ein kleines – gelöst worden war.

Elf

Der Anfang vom Ende

Die Beschränkung des Walfangs

Die Idee, den Walfang zu kontrollieren, ist relativ neu. Früher hatten die Walfänger keine Reglementierungen und Beschränkungen gekannt und einfach rücksichtslos alle Arten von Walen gejagt. War eine Art bedrohlich dezimiert, wandten sie sich einer anderen zu oder suchten sich ein anderes Gebiet, in dem es noch genügend Vertreter der von ihnen fast ausgerotteten Spezies gab. Erst wenn eine bestimmte Walart kaum noch irgendwo anzutreffen war, kam jemand auf die Idee, daß Schutzmaßnahmen angebracht sein könnten.

Die ersten intensiv bejagten Wale waren die Glattwale, die sich unglücklicherweise meist in den Gewässern fortpflanzten, auf die auch die Siedler ein Auge geworfen hatten. So wurden sie in Australien, Neuseeland, Südafrika und vor Cape Cod abgeschlachtet. Auch die langsam schwimmenden Buckelwale, die sich ebenfalls in Küstennähe fortpflanzen, wurden wegen ihres Trans fast ausgerottet. Als in den dreißiger Jahren zur schmerzlichen Gewißheit wurde, daß es kaum noch Glattwale gab, verboten die

Walfangnationen den Glattwalfang. Buckelwale sind heute genauso selten, weil es noch weitere 30 Jahre dauerte, bis man sich zu einem Fangverbot für sie durchringen konnte. Den anderen »großen« Walarten erging es ähnlich. Denn nur wenige einsichtige Walfänger erkannten, daß gewisse Schritte nötig waren, bevor eine Walart unmittelbar vom Aussterben bedroht war. Die Geschichte der Rettung der Wale läßt sich kurz und bündig mit den Worten »zu wenig und zu spät« umreißen.

1929 erließen die Norweger das erste ihren eigenen Walfang betreffende Gesetz. Das norwegische Walfanggesetz sollte den Walfang im Nordatlantik regeln. Denn die Norweger hatten die Furchenwalbestände an den eigenen Küsten ebenso dezimiert wie in den Gewässern der Färöer-Inseln, der Hebriden, der Shetlands und vor Island. Das Gesetz verbot den Fang von Glattwalen, von Kühen und Kälbern aller Arten und von Blauwalen mit einer Länge von weniger als 18 m.

Der argentinische Wissenschaftler José Léon Suarez legte dem Völkerbund 1925 ein Memorandum vor, das seine eigenen Vorstellungen vom gemeinsamen Eigentum der Menschheit und auch einige Aspekte des norwegischen Walfanggesetzes enthielt und schließlich zur ersten Internationalen Konvention zur

Beschränkung des Walfangs führte. Diese Konvention schützte die Glattwale und die Kühe mit Kälbern, und da sie für alle Weltmeere galt, half sie auch dem kalifornischen Grauwal. Außerdem gab es Bestimmungen über die Lizenzvergabe an Walfangschiffe und über das Führen von Fangstatistiken. Suarez machte sich berechtigte Sorgen um die Wale. 1956 beschuldigte ihn der norwegische Walexperte J. T. Ruud, lange Jahre Mitglied der norwegischen Delegation bei der Internationalen Walfangkommission, in einer Diskussion über die Beschränkung des Walfangs »der Übertreibung, wie wir sie oft bei Fanatikern erleben«. Die Walfangnationen waren nicht geneigt, Restriktionen zu akzeptieren, die sie eigentlich für unnötig hielten, und lehnten besonders Regelungen ab, die ihre Freiheit auf den Meeren einschränken sollten. Schließlich wurde die Konvention aber doch von acht Nationen unterzeichnet. England ratifizierte das Papier erst 1934, und Japan, die Sowjetunion und Deutschland verweigerten ganz.

Am 24. Mai 1934 fand in London eine Weltkonferenz über den Walfang statt, an der Delegierte aus Argentinien, Australien, Irland, Deutschland, Großbritannien, Norwegen, Südafrika und den Vereinigten Staaten teilnahmen. Kanada und Portugal schickten Beobachter. Am 8. Juni wurde in London ein Abkommen unterzeichnet, das jedoch die Wale nicht schützte. Nach zweiwöchigen Verhandlungen hatten die Walfänger erreicht, daß sie 11 519 *mehr* Glattwale erlegen durften als in der vorangegangenen Saison. In der Saison 1937/38 trafen schwimmende Fabriken aus Japan und Deutschland in der Antarktis ein. Diese beiden Länder bewirkten einen Produktionsanstieg um 84 Prozent, und ein Großteil des Öls sollte den in Europa bevorstehenden Flächenbrand schüren.

Ein Jahr später gab es erneut eine Konferenz in London, die ganz im Zeichen der offenen Feindschaft zwischen Großbritannien und Norwegen stand. Es kam zu keiner Einigung, und 1938 lief die internationale Walfangflotte aus wie immer. Zu den norwegischen Schiffen gesellten sich im Süden erneut britische, japanische und deutsche Walfänger und Fabrikschiffe. In dieser Saison starben 14 922 Blauwale, 2079 Buckelwale und 28 009 Finnwale. Das ergab die bis dahin nie erreichte Rekordsumme von insgesamt 45 010 Walen in nur einer einzigen Saison. Aus einer Analyse der Fangstatistiken ging hervor, daß der Blau- und der Buckelwal übermäßig stark bejagt wurden und daß es nur eine Frage der Zeit war, bis dieses

Schicksal auch die Finnwale ereilen würde. Wohl keine Tierart der Welt hätte ein derartiges Massaker überleben können.

Bei den Konferenzen von 1937 und 1938 ging es sowohl um politische als auch um biologische Probleme. Zu den Teilnehmern gehörten Diplomaten und Cetologen, und sie setzten sich oft für völlig verschiedene Ziele ein. Die Biologen unter Führung von Remington Kellogg aus den USA wollten die Walbestände bewahren, die Politiker waren mehr daran interessiert, Japaner und Deutsche unter Kontrolle zu halten. Für die Norweger waren Politik und Walfang eins, da der Walfang einer ihrer wichtigsten Industriezweige war, und sie konnten sich nicht einer Politik anschließen, die die heimische Wirtschaft gefährdete.

Am 24. Juni 1938 wurden die »London Protocols« unterzeichnet. Sie enthielten ein Verbot des Buckelwalfangs südlich des 40. Breitengrades bis 1939; ein Verbot des Glattwalfangs im sogenannten »Bereich I« (ein von Kellogg vorgeschlagenes Schutzgebiet, denn er setzte sich für eine Aufteilung der Antarktis in leichter zu kontrollierende Bereiche ein); kein Walfang mit Fabrikschiffen außer in der Antarktis, und, um die Japaner zu beschwichtigen, die zur allgemeinen Überraschung an der Konferenz teilgenommen hatten, eine Verringerung der geforderten Mindestgröße bei den Blau-, Finn- und Pottwalen. Anwesenheit und Zustimmung der Japaner waren positiv für den internationalen Walfang, aber negativ für Norwegen. Denn es war nun klar, daß ein Land auch ohne norwegisches Material und Personal in der Antarktis in großem Stil Walfang betreiben konnte. Die Japaner betrieben den Aufbau einer eigenen Walfangflotte und hielten sich an keinerlei Beschränkungen.

Auch wenn Europa kurz vor einem Krieg stand, gab es weiterhin Konferenzen über die Aufteilung der Walbestände und den Verkauf von Walöl. Letzteres war von besonderer Bedeutung, da ein Krieg Einschränkungen des Verkehrs und des Handels zwischen den verschiedenen europäischen Nationen zur Folge haben würde. Ohne Rücksicht auf die Meinung der übrigen Welt – besonders bei einer so unbedeutenden Sache wie dem Walfang – schickte Japan seine Flotten in den Süden und nahm fünf Wochen vor Saisonbeginn den Walfang auf. Dabei wurden auch Buckelwale und kleine Wale, deren Fang ausdrücklich verboten worden war, erlegt. Deutschland hielt sich dagegen an die »Protocols«, erlebte aber eine miserable Saison. Inzwischen hatte sich die Situation

Nur wenige Gemälde verherrlichen den mechanisierten Walfang. Dieses Bild von David Cobb zeigt ein britisches Fangboot in der Antarktis auf der Jagd nach einem undefinierbaren Wal.

durch die verschiedenen Abkommen, Protokolle, Empfehlungen und Zusatzprotokolle so kompliziert, daß niemand mehr wußte, wer was ratifiziert hatte.

Für Juli 1939 wurde eine weitere Konferenz in London einberufen, an der nur die Walfangnationen (Deutschland, Großbritannien, Japan, Norwegen und die Vereinigten Staaten) teilnehmen sollten. Kanada, Irland, Neuseeland und Südafrika schickten Beobachter. Man kann sich nur schwer vorstellen, daß sich diese Länder, von denen sich vier bald als Feinde im größten Krieg der Geschichte gegenüberstehen sollten, an einen Konferenztisch setzten und über die Größe der zur Jagd freigegebenen Buckelwale diskutierten. Aber bis zum Ausbruch der Feindseligkeiten taten sie genau das.

Japan setzte den Walfang im Süden in den Fangperioden 1939/40 und 1940/41 fort, und die Deutschen fanden heraus, daß es einfacher war, Tanker zu beschlagnahmen, als selbst in der fernen Antarktis Wale zu erlegen und zu verarbeiten. Hitler meinte, daß ihm seine Marine in der nördlichen Hemisphäre weit bessere Dienste leisten konnte und schickte nur »Überfallkommandos« in den Süden.

Auch als der Krieg schon im Gange war, trafen die Walfangnationen noch zusammen, um den Wiederaufbau ihrer Flotten zu koordinieren. Im Juni 1943 trafen sich Briten und Norweger und diskutierten Pläne für den Bau neuer Fabrikschiffe, die sofort nach Kriegsende einsatzbereit sein sollten. Remington Kellogg schlug 1944 vor, daß die Walfangnationen nach dem Krieg wieder zusammentreffen und Richtlinien für eine künftige Reglementierung der Walfangindustrie erarbeiten sollten. Das erste Zusammentreffen der Internationalen Walfangkonferenz fand unter Kelloggs Vorsitz im November 1945 in Washington statt.

Bei Kriegsende gab es praktisch keine japanische Walfangindustrie mehr. Man hatte die Fabrikschiffe und Fangboote für andere Zwecke eingesetzt. Nun waren die meisten gesunken oder beschädigt.

Die Deutschen versuchten nach dem Krieg, wieder in die Riege der Walfangnationen zurückzukehren, aber ihre Wirtschaft lag darnieder, und sie konnten das zum Bau eines Fabrikschiffes notwendige Kapital nicht aufbringen.

1946 wurden auf der Internationalen Walfangkonferenz in Washington Richtlinien für eine internationale Organisation beschlossen, die ausschließlich für eine »Erhaltung der Walbestände und die geordnete Entwicklung der Walfangindustrie« arbeiten sollte. Die Konferenz hielt sich an das Londoner Abkommen von 1937 und die 1938 und im November 1945 in London unterzeichneten Protokolle zu diesem Abkommen, und sie führte zur Einrichtung der Internationalen Walfangkommission im Jahre 1949. Das entsprechende Abkommen wurde von Australien, Dänemark, Frankreich, Großbritannien, Island, Kanada, Mexiko, den Niederlanden, Neuseeland, Norwegen, Panama, Schweden, der Sowjetunion, Südafrika und den Vereinigten Staaten unterzeichnet. Japan, das nach dem Krieg den Walfang wiederaufnehmen durfte, um Fleisch für die Bevölkerung zu beschaffen, trat der IWC erst ein Jahr später bei.

Artikel III der Konvention lautete: »Die Vertragsstaaten stimmen der Einrichtung einer Internationalen Walfangkommission zu ... die sich aus jeweils einem Regierungsmitglied der Vertragsstaaten zusammensetzt. Jedes Mitglied erhält eine Stimme und kann von einem oder mehreren Experten und Beratern begleitet werden.« So wurde die IWC geboren. Die erste Zusammenkunft konnte erst nach Ratifizierung der Konvention durch sechs Unterzeichnerstaaten erfolgen. Dies geschah am 30. Mai 1949 in London.

Birgir Bergensen, der Vorsitzende des staatlichen norwegischen Walfangausschusses, wurde zum ersten Vorsitzenden gewählt. Remington Kellogg zu seinem Stellvertreter. Zu dieser Zeit war die Antarktis bereits das wichtigste Walfanggebiet der Erde, in dem mehr als 70 Prozent aller Wale erlegt wurden.

Der erste Absatz der Konvention von 1946 lautet wie folgt:

Die Regierungen, deren rechtmäßige Vertreter hier unterzeichnet haben,

In Anerkennung des Interesses der Nationen der Welt an der Bewahrung der großen Naturschätze, hier repräsentiert durch die Walbestände für kommende Generationen;

Angesichts der Tatsache, daß die Geschichte des Walfangs aus der übermäßigen Ausbeutung eines Gebietes nach dem anderen und einer Walart nach der anderen in einem Ausmaß besteht, das den Schutz aller Walarten vor weiterer übermäßiger Bejagung erfordert;

In Anerkennung der Tatsache, daß die Walbestände natürlich wachsen werden, wenn der Walfang entsprechenden Reglementierungen unterworfen wird, und daß die Zunah-

me der Walbestände auch eine Zunahme der Zahl der gefangenen Wale erlauben wird, ohne diese Naturschätze zu gefährden;

In Anerkennung der Tatsache, daß es im allgemeinen Interesse ist, so schnell wie möglich eine maximale Größe der Walbestände zu erreichen, ohne eine Verbreitung von Wirtschaftskrisen und Nahrungsmittelknappheit auszulösen;

In Anerkennung der Tatsache, daß zur Erreichung der genannten Ziele der Walfang auf jene Arten beschränkt werden sollte, die am besten in der Lage sind, die Nutzung zu überdauern, um dadurch bestimmten Walarten, deren Bestände stark reduziert sind, eine Erholungspause zu gewähren;

Mit dem Wunsche, ein System von internationalen Richtlinien für den Walfang zu schaffen, um eine angemessene und wirkungsvolle Bewahrung und Entwicklung der Walbestände auf der Grundlage der Grundsätze zu garantieren, wie sie in dem am 8. Juni 1937 in London unterzeichneten Internationalen Abkommen für die Regelung des Walfangs und in den am 14. Juni 1938 und am 26. November 1945 in London unterzeichneten Protokollen zu diesem Abkommen dargelegt sind; und

Entschlossen, eine Konvention zu schaffen, die für die angemessene Bewahrung der Walbestände Sorge trägt und so eine geregelte Entwicklung der Walfangindustrie möglich macht;

Sind wie folgt übereingekommen ...

Die IWC und ihre Mitglieder taten dann genau das Gegenteil von dem, was sie versprochen hatten. Nach der Untersuchung der Rolle und der Geschichte der IWC schrieb J. L. McHugh, ein Kommissionsmitglied aus den USA und 1971 Vorsitzender: »Vom ersten Zusammentreten der Kommission an ... wurden alle wichtigen Aktivitäten oder Unterlassungen eher von kurzfristigen wirtschaftlichen Überlegungen als von den Erfordernissen zur Erhaltung der Walbestände diktiert.«

Jeder Unterzeichnerstaat (oder »Vertragsstaat«, wie es in den Berichten heißt) der IWC hat eine Stimme im technischen Ausschuß. (Der wissenschaftliche Ausschuß, der nur beratende Funktion hat, ist eine inoffizielle Einrichtung und kann nur Empfehlungen geben, an die die Delegierten nicht gebunden sind.) Mit einer Dreiviertelmehrheit kann jede Resolution angenommen werden, aber da zur Zeit der Entstehung der Konvention einige Länder nicht bereit waren, den Willen der Mehrheit zu akzeptieren, gibt es eine Einrichtung, die jeder Resolution die Verbindlichkeit nehmen kann. Artikel V.3 der Konvention (über die Annahme von Novellen) lautet wie folgt:

An Bord der Fabrikschiffe wurde der Blubber abgeschält (hier von einem Blauwal) und zum Auskochen in kleinere Stücke geschnitten.

Alle Novellen erlangen ihre Gültigkeit für den Vertragsstaat neunzig Tage nach Bekanntmachung der Novelle durch die Kommission, außer a) ein Staat erhebt gegenüber der Kommission Einwände gegen die Novelle vor Ablauf einer Frist von neunzig Tagen, dann erlangt die Novelle für alle Staaten für weitere neunzig Tage keine Gültigkeit ...

In der Praxis bedeutete dies, daß, sobald ein Staat gegen eine Quote oder eine andere Beschränkung Einwand erhoben hatte, alle anderen Staaten dasselbe tun würden, da sie nicht an Beschränkungen gebunden sein wollen, die für die Konkurrenz nicht galten. Die Unfähigkeit der IWC, die Einhaltung ihrer Vorschriften zu erreichen – oder wenigstens ihr Bestehen bis zur nächsten Konferenz zu sichern –, zeugt von ihrer grundlegenden Unzulänglichkeit und führte in späteren Jahren dazu, daß sich manche Staaten über die Resolutionen schlicht und einfach lustig machten. Solche Lücken in den Vorschriften waren aber die einzige Möglichkeit, die Walfangnationen zum Beitritt zu bewegen; hätten diese geglaubt, daß sie *wirklich* Beschränkungen ihrer Industrie durch eine unabhängige Instanz hinnehmen müßten, wären sie eher der SPCA (Süd-Pazifik-Kommission) beigetreten.

Die IWC schränkte ihre eigene Autorität bei der Bestimmung der Anzahl der Fabrikschiffe eines Mitgliedsstaates ein. Kein Wunder also, daß die IWC gemeinhin als »Walfängerclub« betrachtet wurde! Die Vorschriften waren sorgfältig darauf ausgerichtet, keinem Mitglied Beschränkungen aufzuerlegen, außer jenen, denen sie sich freiwillig unterwarfen, und die Mitglieder konnten alles ablehnen, was sie für zu streng hielten.

Remington Kellogg, der an den ursprünglichen Abkommen mitgearbeitet hatte und einer der glühendsten Fürsprecher der Wale war, schrieb 1940 in einem Artikel in *National Geographic:* »Trotz dieser Abkommen [den Protokollen zum IWC-Abkommen] ist die Anzahl der getöteten Wale nicht merklich zurückgegangen. Wenn die Ausbeutung der Walbestände in diesem Ausmaß weitergeht, wird sehr bald eine Zeit kommen, in der die Wale Seltenheitswert besitzen, der Preis für Walöl steigt, und daher wird der Walfang noch intensiver werden.« Die Internationale Walfangkommission, die mit hochgesteckten Zielen ins Leben gerufen worden war, hatte genau das Gegenteil erreicht. Die Walbestände nahmen rapide ab, und aufgrund ihrer unheilvollen Unzulänglichkeit überwachte die Kommission, die eigentlich den Walfang zwecks Fortbestand der Industrie regeln sollte, schließlich die fast vollständige Ausrottung der Wale und das Ende der Industrie.

Ein Problem der IWC waren die nicht beigetretenen Staaten. Argentinien, Chile und Peru hatten die Konvention von 1946 zwar unterzeichnet, aber nicht ratifiziert. Sie betrieben weiterhin Walfang, waren dabei aber nicht an die Vorschriften der IWC gebunden. 1952 kamen Chile, Peru und Ecuador in Santiago zusammen, um einen eigenen Vertrag zu unterzeichnen, der den »gesamten« Walfang im Südpazifik regeln sollte. Sie richteten auch eine eigene Kommission ein, die liberalere Vorschriften erließ als die IWC; beispielsweise konnte jeder Staat seine Quoten selbst festsetzen. In der Praxis existierte die Süd-Pazifik-Kommission nur auf dem Papier und regelte überhaupt nichts. Argentinien trat der IWC 1959 bei, Chile und Peru folgten erst 1979.

Im Gegensatz zu Landsäugetieren sind Wale die meiste Zeit für Menschen unsichtbar, und man kann sie nur beobachten, wenn sie zum Atmen an die Wasseroberfläche kommen – natürlich vorausgesetzt, man ist gerade vor Ort. Der Grönlandwal und der Grauwal fallen in eine andere Kategorie. Sie können Stück für Stück gezählt werden, wenn sie auf ihren jährlichen Wanderungen die Küsten passieren.

Wale können auch von Hochseeschiffen aus gezählt werden. Dabei stellt sich allerdings regelmäßig die Frage, ob der heute beobachtete Wal nicht der von gestern oder gar der von vergangener Woche ist. Deshalb schoß man bestimmte Markierungszeichen auf die Tiere ab, die im Blubber steckenblieben und nach dem Tod des Wals untersucht werden konnten.

Die Markierungszeichen gaben außerdem Aufschluß über das Wanderverhalten bestimmter Walarten. Die Walfänger führten Buch darüber, wie viele Wale sie in welchem Zeitraum erlegten. So wurde das Verhältnis zwischen Aufwand und Ergebnis zu einer Art Maßeinheit für die Walzählung. Dauert es in einer Saison x Tage, um y Wale zu finden, und vergrößert sich in der nächsten Saison die Anzahl der benötigten Tage bei gleichbleibendem Fangergebnis, so kann man daraus schließen, daß die Anzahl der Wale zurückgegangen ist.

Falls aber die Population einer Walart bestimmt werden konnte (viele meinten, das sei unmöglich, und man solle lieber im Interesse der Tiere einen Irrtum in Kauf nehmen und den Walfang gänzlich einstellen), mußten die Wissenschaftler berechnen, um wie viele Wale die Population verringert werden

konnte, ohne sie ernstlich zu gefährden. Jede Population hat eine natürliche Wachstumsrate. Sie basiert auf der Fruchtbarkeit der Tiere, auf dem Alter und der Größe der Einzeltiere bei Geschlechtsreife (ein wichtiger Faktor, wenn einzelne Tiere nicht getötet werden dürfen, bevor sie sich vermehren konnten), auf natürlich bedingten Schwankungen und anderen Faktoren. Aus den komplizierten Berechnungen der Populationsdynamik ergibt sich eine Konstante, die als der »vertretbare Maximalertrag einer bestimmten Tierpopulation« bezeichnet wird.

Irgendwie gelang es den mit den bejagten Walpopulationen befaßten Biologen, sich selbst davon zu überzeugen, daß es einer Population guttat, wenn eine bestimmte Anzahl von Walen getötet wurde. Ray Gambell, ein Walbiologe (und derzeit Sekretär der IWC), schrieb, daß bei weniger Walen pro Population mehr Nahrung zur Verfügung stehe, die Wale größer würden und sie sich früher und öfter fortpflanzten. Bei dieser Argumentation hätten sich die ernsthaft bedrohten Arten wie der Kaperwal und der Buckelwal mittlerweile erholen müssen, aber soweit wir wissen, sind ihre Populationen noch auf demselben Stand wie bei der Einstellung ihrer Bejagung. Zum Glück für die verbliebenen Wale war nicht jeder mit Gambell und den anderen Verfechtern des »vertretbaren Maximalertrages« einer Meinung.

In den Jahren 1945/46 operierten drei britische und sechs norwegische Flotten in der Antarktis. Im Jahr darauf stiegen auch die Niederlande, die UdSSR und Südafrika ein, und General Douglas MacArthur ermöglichte die Teilnahme der Japaner, indem er ihnen Schiffe und Material zur Verfügung stellte. In dieser und vielen späteren Fangperioden waren die Walfänger »berechtigt«, 16 000 BWE (»Blauwaleinheiten«) zu erlegen. Bei so intensiver Bejagung aber kann keine Tierart überleben. Die riesigen Blauwale kämpften heroisch gegen ihr Schicksal. Der Höhepunkt des Blauwalfangs war die Saison 1930/31, in der 29 410 Blauwale getötet wurden. In den darauffolgenden 35 Jahren erlegten die Walfänger insgesamt 189 710 Blauwale, also *durchschnittlich* 5420 Blauwale pro Jahr. Im selben Zeitraum wurden noch mehr Finnwale (543 141) abgeschlachtet. Natürlich brach die Blauwalpopulation zusammen; ihr folgten die der Finnwale und schließlich die der Seiwale.

Vor dem Zweiten Weltkrieg gab es keine Reglementierung für den antarktischen Walfang. Jedes Land konnte dort auf Jagd gehen und mit jeder beliebigen

Ausrüstung jede Walart jagen, die den Walfängern in den Sinn und vor die Kanonen kam. Aber auch der Nachkriegswalfang in der Antarktis ist ein dunkles Kapitel.

Sobald der Krieg vorbei war, wandten sich die Walfangnationen nach Süden, um ihren massiven Angriff auf die Wale in der Antarktis fortzusetzen. England und Norwegen, die Hauptrivalen bei der Plünderung der südlichen Hemisphäre, setzten den Walfang bis 1963 bzw. 1968 fort; die Niederlande beteiligten sich von 1947 bis 1964. Ab den späten sechziger Jahren setzten nur noch Japan und die UdSSR den Walfang in den eisigen Gewässern der südlichen Hemisphäre fort. (Als 1982 das Moratorium zum kommerziellen Walfang erlassen wurde, bejagten die kaltblütigen Walfänger in der Antarktis gerade den Zwergwal, der mit einer Länge von nur 9 m früher nicht einmal beachtet worden war.)

Um zu verstehen, was in den Fanggründen der Antarktis geschehen ist, muß man den Stand der Walpopulationen vor und nach der Ausbeutung untersuchen. Nach sorgfältiger Auswertung der zur Verfügung stehenden Daten schätzte K. Radway Allen, Fachmann für Populationsdynamik, die übriggebliebene Buckelwalpopulation in der südlichen Hemisphäre auf etwa 3000 Tiere, 2 Prozent der ursprünglichen Population. Ähnliche Schätzungen gibt es für Blauwale (heute 11000 Tiere, 5 Prozent der ursprünglichen Population von 200000); Finnwale (heute 103000, 21 Prozent der ursprünglich 490000); und 37000 Seiwale (19 Prozent der ursprünglichen 191000). Natürlich kann man, um die Zahlen der erlegten Tiere zu schätzen, nicht einfach 11000 von 200000 abziehen und daraus schließen, daß 189000 Tiere getötet wurden; wenn man die Zahl der jährlich erlegten Wale analysiert, stellt man fest, daß die Zahlen beträchtlich höher sind. Die Zahl der zwischen 1920 und 1966 (in diesem Jahr wurden sie für »geschützt« erklärt) tatsächlich erlegten Wale beträgt 307638. Der Prozentsatz der verbleibenden Populationen ist die Schätzung für die heute lebenden Wale, dabei sind die »Zuwächse«, alle im fraglichen Zeitraum geborenen Wale, sowie die natürliche Sterblichkeit und alle anderen Faktoren, die eine Population beeinflussen, mit einbezogen – außer dem Menschen.

Während die Zahl der heute in der Antarktis lebenden Wale eine unbekannte Größe ist, wird die Zahl der getöteten Wale registriert. Hier die Zahlen für die Antarktis:

Zahl der in der Antarktis getöteten Wale				
Saison	Blauwal	Finnwal	Seiwal	Buckelwal Pottwal
1919/20	1874	3213	71	261	8
1920/21	2617	5491	36	260	31
1921/22	4416	2492	103	9	3
1922/23	5683	3677	10	517	23
1923/24	3732	3035	193	233	66
1924/25	5703	4366	1	359	59
1925/26	4697	8916	195	364	37
1926/27	6545	5102	776	189	39
1927/28	8334	4459	883	23	72
1928/29	12 847	6690	808	59	62
1929/30	17 898	11 614	216	853	73
1930/31	29 410	10 017	145	576	51
1931/32	6488	2871	16	184	13
1932/33	18 891	5168	2	159	107
1933/34	17 347	7200	0	872	666
1934/35	16 500	12 500	266	1965	577
1935/36	17 731	9697	2	3162	399
1936/37	14 304	14 381	490	1177	926
1937/38	14 923	28 009	161	2079	867
1938/39	14 081	20 784	22	883	2585
1939/40	11 480	18 694	81	2	1938
1940/41	4943	7831	110	2675	804
1941/42	59	1189	52	16	109
1942/43	125	776	73	0	24
1943/44	339	1158	197	4	101
1944/45	1042	1666	78	60	45
1945/46	3606	9185	85	238	273
1946/47	9192	14 547	393	29	1431
1947/48	6908	21 141	621	26	2622
1948/49	7625	19 123	578	31	4078
1949/50	6182	20 060	1284	2143	2727
1950/51	7048	19 456	886	1638	4968
1951/52	5130	22 527	530	1556	5485
1952/53	3870	22 867	621	963	2332
1953/54	2697	27 659	1029	605	2879
1954/55	2176	28 624	569	495	5790
1955/56	1614	27 958	560	1432	6794
1956/57	1512	27 757	1692	679	4429
1957/58	1690	27 473	3309	396	6535
1958/59	1192	27 128	2421	2394	5652
1959/60	1239	27 575	4309	1338	4227
1960/61	1744	28 761	5102	718	4800

Zahl der in der Antarktis getöteten Wale

Saison	Blauwal	Finnwal	Seiwal	Buckelwal	Pottwal
1961/62	1118	27 099	5196	309	4829
1962/63	947	18 668	5503	270	4771
1963/64	112	14 422	8695	2	6711
1964/65	20	7811	20 380	0	4352
1965/66	1	2536	17 587	1	4555
1966/67	4	2893	12 368	0	4960
1967/68	0	2155	10 357	0	2568
1968/69	0	3020	5776	0	2682
1969/70	0	3002	5857	0	3090
1970/71	0	2888	6151	0	2745

Mit diesen Zahlen (aus McHugh, 1974) läßt sich die Geschichte des antarktischen Walfangs anschaulicher dokumentieren als mit Worten. Wir können nacheinander den Zusammenbruch der Blauwal-, Finnwal- und Seiwalpopulationen verfolgen (die Buckelwale waren bereits in ihren Kalbegründen vor Australien, Neuseeland und Südafrika dezimiert worden) und sehen, wieviel zu spät sich die IWC entschloß, den Blauwal unter Schutz zu stellen. Wir sehen ferner, daß sich die Walfänger wieder dem Pottwal zuzuwenden beginnen, und müssen uns klarmachen, daß auch in allen anderen Weltmeeren intensiv Walfang betrieben wurde, als die Fangboote im südlichen Packeis auf der Lauer lagen. Während die Zahl der jährlich in der Antarktis abgeschlachteten Pottwale in den sechziger Jahren, verglichen mit den Zahlen der Finnwale, gering war, töteten die Sowjets und die Japaner im Nordpazifik nie dagewesene Mengen von Pottwalen: Zwischen 1960 und 1970 wurden pro Jahr im *Durchschnitt* 20 738 Pottwale erlegt.

Der britische Walfang in der Nachkriegszeit

1945 brachen die Walfänger abermals in die Antarktis auf. Unter ihnen waren auch die Briten, die dort seit der Entdeckung der großen Furchenwale zu Beginn des Jahrhunderts Walfang betrieben hatten. Nach dem Zweiten Weltkrieg rüsteten sie sich erneut und schickten in der Saison 1945/46 die *Southern Venturer,* ein neues Fabrikschiff, in Begleitung von einer

Flotte neuer Fangboote, nach Süden. Das Unternehmen wurde ein großer Erfolg, und sie bauten ein weiteres Fabrikschiff, die *Southern Harvester;* mit dem von Deutschland requirierten *Empire Venturer* (vormals *Terje Viken*) und der *Balaena* verfügten die Briten nun über eine wirklich stattliche Flotte.

Eine Erfindung des Krieges erwies sich als besonders verheerend für die Wale. Bis in die vierziger Jahre hatte man die Wale auf die gleiche Weise aufgespürt, wie schon zu Kapitän Ahabs Zeiten – ein Mann saß im Ausguck und suchte den Horizont nach Walen ab, und sobald er einen ausgemacht hatte, rief er in seiner jeweiligen Sprache: »Dort bläst einer!« Während des Krieges hatten die Alliierten jedoch ein Verfahren zur Ortung von Unterseebooten entwickelt, das mit der Abkürzung der Organisation bezeichnet wurde, der es zu verdanken war: ASDIC (Anti-Submarine Detection Investigation Committee). Dieses dem Radar entsprechende, unter Wasser anwendbare Verfahren ermöglichte es den Walfängern, sich an einen unter Wasser befindlichen Wal zu »hängen«, der dann kaum Chancen hatte zu entkommen, wenn nicht der Harpunier wiederholt sein Ziel verfehlte. Radar wurde lediglich bei der Suche nach toten Walen eingesetzt.

Auch noch weitere im Krieg erprobte Techniken wurden nun beim Walfang eingesetzt. Nachdem 1929 ein Flugzeug nicht mehr zur *Kosmos* zurückkehrte, verzichtete man bis zur britischen *Balaena*-Expedition 1946/47 auf Aufklärungsflugzeuge. Die *Balaena* war mit zwei einmotorigen Hochdeckern vom Typ »Walrus« ausgerüstet, aber da die Wale in den ersten Jahren nach der Kriegspause so zahlreich waren, dienten die Flugzeuge hauptsächlich zur Erkundung der Beschaffenheit des Eises.

John Griersons *Air Whaler* gibt eine genaue Beschreibung der Flugzeuge und ihrer Besatzung auf der *Balaena* in der Antarktis 1946/47. Kommodore Grierson und seine Crews konnten tatsächlich Erfolge beim Aufspüren von Walen verzeichnen, auch wenn tiefhängende Wolken, Schneestürme, starke Winde und schlechte Sicht regelmäßige Flüge unmöglich machten. (Zwischen dem 3. November 1946 und dem 16. März 1947 konnten sie nur 26mal starten.) Die Wale wurden aus der Luft ausgemacht, dann gab man ihre Position, Angaben über die Eisbeschaffenheit per Funk an die Fangboote weiter. Ein weiterer Vorteil war, daß die Piloten auch über die Position und den Erfolg anderer Fabrikschiffe berichten konnten. Die Briten hielten das Experiment für gelungen, wiederholten es aber nicht. Flugzeuge wurden später auch in Südafrika und Westaustralien eingesetzt, und auch die norwegischen und japanischen Fabrikschiffe verwendeten in der Saison 1953/54 in der Antarktis Hubschrauber, aber der »Walfang aus der Luft« spielte nie eine wirklich bedeutende Rolle.

Die Norweger waren beim Walfang immer einen Schritt voraus gewesen, und auch jetzt schickten sie, kaum daß die Friedensverträge unterzeichnet waren, 44 Walfänger in den Süden. (Zu dieser Zeit wurde der norwegische Walfang durch staatliche Subventionen massiv gefördert.) Im November 1946 trat in London endlich die Internationale Walfangkonferenz zusammen. Dies war ein erster Schritt zur Reglementierung des Walfangs und weg von der bisherigen Laisserfaire-Philosophie. In der Saison 1947/48 waren insgesamt 15 Fabrikschiffe aus allen Walfangnationen in der Antarktis unterwegs, zwischen 1950 und 1960 lag der Durchschnitt bei 20 Schiffen.

In Großbritannien herrschte nach dem Krieg Fleischknappheit, und deshalb erlegten die Briten besonders viele Wale. Versuche, den Briten den Konsum von Walfleisch schmackhaft zu machen, blieben jedoch erfolglos. Man konnte das proteinreiche Fleisch daher nur zu Fleischmehl verarbeiten oder den Saft als Würzmittel für Eintöpfe und Suppen auspressen. 1949 versuchte die Regierung nochmals, ihre Bürger für Walfleisch zu begeistern, indem sie Rezepte veröffentlichte und das Fleisch als neue, bisher ungenützte Proteinquelle anpries. Die Briten blieben jedoch stur und ablehnend. Gordon Jackson drückte es diplomatisch aus: »Fernöstliche Zubereitungsmethoden und Gewürze waren für das Walfleisch eben besser geeignet als die traditionellen britischen Methoden.«

Die Walfänger an Bord der britischen Schiffe hatten diesbezüglich jedoch keinerlei Vorurteile. Terence Wise, der zwischen 1957 und 1960 auf der *Balaena* fuhr, schrieb in *To Catch a Whale*: »Walfleisch, das in diesem Land auf tiefe Abneigung stößt, ist eine echte Delikatesse, besonders für Männer, die sonst kein Frischfleisch bekämen. Etwa 10 kg schwere Stücke werden in der unteren Takelage zum Trocknen aufgehängt. Nach etwa drei Wochen hat sich eine harte, schwarze, lederartige Haut gebildet, die entfernt wird; dann erhält man Fleisch, das dem Kalbfleisch ähnelt und bis zu 85 Prozent reines Protein enthält. Es schmeckt aufgrund des äußerst geringen Fettgehalts eher schal, und unsere Köche geben üblicherweise ein wenig Schweinefett dazu, damit es saftiger wird.«

Die Briten betrieben den Walfang auf moderne Art

und Weise. Das Mutterschiff hielt ständigen Funkkontakt mit den Fangbooten, und Eisberge wurden mit Radar geortet. Die Fangboote waren schlanke, schnelle, zwischen 45 und 60 m lange Jäger von 350 bis 500 Tonnen und erreichten eine Geschwindigkeit von 15 bis 18 Knoten. Terence Wise nannte sie »Schnellboote mit Gewehren«. Ein gefangener Wal wurde längsseits des Schiffes gebracht, durch die Heckschleppe hinaufgezogen und auf dem Flensdeck verarbeitet. Das Zerteilen eines warmen, 80 Tonnen schweren Kadavers war schon bei ruhigem Wetter eine Strapaze – aber wenn dann auch noch ein Schneesturm tobte, mußten sich die Männer wie im Vorhof der Hölle fühlen.

Das Leben an Bord eines britischen Fabrikschiffes war extrem hart, aber es bewahrte noch ein wenig von der Romantik der »guten alten Zeit« – wenigstens in den Augen der Landratten in England oder Norwegen. Die Männer, die auf dem mit warmem Blut und eisigem Wasser bedeckten Deck herumrutschen mußten, mögen das allerdings ein wenig anders gesehen haben. Sie schufteten rund um die Uhr, sieben Tage in der Woche, oft unter unmöglichen Witterungsbedingungen. Schlaf bekamen sie nur, wenn »Flaute« im Walfang herrschte. »Sobald ein Wal gefangen wird«, schrieb Terence Wise, »arbeiten die Männer bei Temperaturen von unter dem Gefrierpunkt, mit Gischt besprüht, oft bis zu den Knien im Wasser stehend, an den Fingern aus Verletzungen blutend, die sie nicht fühlten.« Wise bediente die Winde und konnte so die harte Arbeit der Flenser gut beobachten:

Gelegentlich wird die Monotonie durchbrochen. Plötzlich hört man etwas knirschen und reißen, ein Stück Fleisch hat sich zu schnell vom Knochen gelöst, saust über das Deck, noch bevor die Winde betätigt werden kann, und reißt einen Mann aus dem Gleichgewicht, so daß er der Länge nach in der Blutlache landet. Oder ein anderer durchlöchert beim Bearbeiten der Innereien die vollen Gedärme, und mit einem kleinen Knall spritzt der Inhalt in die Luft. Die Männer fluchen und wollen weglaufen, aber es ist zu spät. Halbverdaute Nahrung und Fäkalien prasseln auf sie nieder, zum großen Vergnügen derer, die sich außer Reichweite befinden. Der Geruch ist nicht loszuwerden.

Auf diesen Fahrten jagte die *Balaena* zunächst Pottwale. Der Großteil des Öls wurde in Fässer abgefüllt, aber es gelang den Männern auch, etwas für den Eigenbedarf abzuzweigen. Walöl sollte gegen Kahlköpfigkeit und Arthritis helfen, festsitzende Schrauben und jeden klemmenden Bolzen lockern und ein erst-

FLEET AIR ARM
AMPHIBIAN WALRUS

WHALE SPOTTING PLANE
KEEPS CONSTANT TOUCH
WITH SHIP

"FLOATING
WHALE FACTORY"

500 TON
CATCHER

500 T
CATCH

WHALES ABOUT
TO BE HAULED UP
THROUGH SLIP-WAY

Diese in der britischen Zeitschrift *The Sphere* **veröffentlichte Abbildung zeigt das Fabrikschiff** *Balaena* **in der Antarktis. In der Luft Flugzeuge auf der Suche nach einem Wal.**

klassiges Sonnenöl abgeben. Nachdem das Schiff tiefer in die Antarktis vorgedrungen war, begann die Jagd auf Finnwale, deren Öl das wichtigste Produkt der britischen Walfangindustrie war. An Bord wurde außerdem Fleischmehl hergestellt und Fleisch eingefroren, das später auf das ebenfalls zur Flotte gehörende Kühlschiff umgeladen wurde. Jedes in der Antarktis operierende Schiff informierte das Büro für Walstatistik in Sandefjord über seine wöchentliche Fangquote. Sobald die festgesetzte BWE-Quote erreicht war, erklärte das Büro die Saison für beendet.

Gegen Ende der Fangreise – im späten März oder Anfang April – gab es schon längst keine frischen Nahrungsmittel mehr, das schlechte Wetter wurde fürchterlicher, und die Männer waren erschöpft und sehnten sich nach ihrem trockenen, warmen Zuhause. Auch wenn dieses Zuhause Norwegen war, erschien es ihnen als tropisches Paradies, verglichen

mit den brausenden Winden, den heulenden Blizzards, dem gefrierenden Wasser und den miserablen Arbeitsbedingungen in der Antarktis. Was zog die Männer dorthin? Wise beendet seine Schilderung mit diesen Worten:

Naß, durchgefroren, elend, die Hände gefühllos und der Kopf am Zerspringen, betete ich oft um das Ende dieses Fegefeuers, um nur fünf Minuten in der warmen Messe mit einem Becher Kaffee, und ich fragte mich, warum zum Teufel ich hierhergekommen war. Aber wenn ich aufgetaut war, wußte ich, warum. Ich war gekommen, weil ich wollte: wegen der Kameradschaft unter den Männern; weil in diesem Leben die künstlich geschaffenen Probleme des Lebens auf dem Festland fehlten; weil mich die hoch aufwogende See und das Heulen des Windes mit einer eigenartigen Freude erfüllten. Die Wildheit und Schönheit der Elemente – und das Überleben trotz allem – erfüllten mich mit einem Frieden, der tiefer ging als die körperliche Erschöpfung.

An der Jungfernfahrt der *Southern Harvester* in der

Saison 1946/47 nahm Dr. Harry Lillie als Schiffsarzt teil. Er war von der Grausamkeit der explodierenden Harpunen so erschüttert – er sah mit an, wie ein Finnwal von fünf Harpunen getroffen wurde und neun Stunden mit dem Tod rang –, daß er sich für alternative Tötungsmethoden einzusetzen begann. Zunächst zog er Gifte in Betracht (»wie Kurare oder Blausäure ... die mittels einer Panzerabwehrrakete oder einer Art Bazooka in die Muskeln der Wale geschossen werden«) und dachte auch an Flüssiggas. Aber schließlich schien ihm elektrischer Strom am geeignetsten. (»Der von einem Generator auf dem Fangschiff erzeugte elektrische Strom wird durch ein isoliertes Kupferkabel und durch das Harpunenseil in die Harpune geleitet, sobald man diese abfeuert.«) In *The Path Through Penguin City*, seinem Bericht über seine Erlebnisse auf dem Walfänger (teilweise als Dialog zwischen Pinguinen geschrieben), schrieb Lillie: »Können die Männer wirklich so kaltblütig sein, daß sie die Tortur dieser Tiere hinnehmen, nur um den Status quo zu erhalten? Sicher nicht; während der Zeit, die ich mit diesen Männern in der Antarktis verbrachte, gelangte ich zu der Überzeugung, daß sie selbst froh wären, wenn die Zeit der Grausamkeiten endlich zu Ende ging.«

Lillie konnte Salvesen nicht für seine revolutionären Ideen gewinnen. Aber es gelang ihm, Sir Vyvyan Board, einen Direktor der United Whalers Ltd. (Besitzer der *Balaena*) davon zu überzeugen, daß der Einsatz von elektrischem Strom den Walfang humaner und auch effizienter machen könnte. 1948 wurde ein Walfänger von United Whalers in Norwegen mit einer elektrischen Harpune ausgestattet. Dr. Lillie beschrieb sie als »fliegendes Geschütz aus einer hochbeständigen Stahllegierung mit einem Harpunenkopf, der wiederum keinen Sprengstoff enthielt«. Bei dieser elektrischen Harpune war die Stromstärke entscheidend: zu wenig läßt den Wal weiteratmen, so daß seine Lungen sich mit Wasser füllen und er absinkt, zuviel läßt das Fleisch verkohlen. 1952 wurde ein Schiff von Salvesen, die *Setter V*, mit einem elektrischen Harpunengeschütz ausgerüstet und im Nordatlantik getestet. Lillies Buch erschien 1955, als seine Idee, Wale mittels Strom zu töten, noch hoffnungsvoll klang. Hier ein Auszug aus dem Klappentext: »Dr. Lillie sah den Todeskampf dieser Kreaturen viele Male mit an, und er suchte lange nach einer weniger grausamen Tötungsmethode für diese Industrie, und die Idee wurde schließlich von einer der größten Firmen aufgegriffen. Nach jahrelangem Kampf und diversen Schwierigkeiten führt sein Einsatz nun dazu, daß die Harpunengranate durch die humanere elektrische Harpune ersetzt wird.« Natürlich kam es nie dazu, weil das Ganze technisch nicht machbar war (den Herstellern gelang es nicht, das Stromkabel und die Harpunenleine miteinander zu verbinden). Obwohl es 1954 gelang, 38 Wale durch Strom zu töten, wurde das Experiment als Fehlschlag gewertet und eingestellt. (1956 fanden die Japaner heraus, daß durch den Strom die Blutzirkulation des Wales gestoppt und damit die Frische des Fleisches beeinträchtigt wurde.)

Es war erst 57 Jahre her, daß C. A. Larsen mit Geschichten von »Hunderten und Tausenden von

Das Fabrikschiff *Southern Venturer* 1950 in der Antarktis. An Deck oberhalb der Heckschleppe ein Hubschrauber.

Die Walfangstation Grytviken auf Südgeorgien, die 58 Fangzeiten ununterbrochen in Betrieb gewesen war, wurde 1962 von den Briten geschlossen, dann bis 1964 an die Japaner verpachtet und schließlich für immer stillgelegt. Diese Aufnahme entstand im Januar 1990.

Walen« aus der Antarktis zurückgekehrt war, und 35 Jahre, seit die *Lancing* erstmals eine Heckschleppe verwendet hatte. Die Jagd auf die großen Furchenwale ging ihrem Ende entgegen. Zwischen 1950 und 1960 wurden die letzten Blau- und Finnwale erlegt, und in den darauffolgenden 10 Jahren schlug die Stunde der letzten Seiwale der südlichen Hemisphäre. Seiwale haben nicht sehr viel Tran, aber ein Tier mit 40 Tonnen Gewicht liefert eine Menge Fleisch, und das war genau das, was die Japaner wollten.

1961 verkaufte Salvesen & Co. die *Southern Venturer* an die Japaner. Leith Harbor, die älteste britische Walfangstation in der Antarktis, wurde geschlossen. Die Preise für Öl fielen weiter. 1963 verkaufte Salvesen auch die *Southern Harvester* an die Japaner, und damit waren dreieinhalb Jahrhunderte britischer Walfanggeschichte abgeschlossen. Betreiber der Walfangindustrie mußten, ebenso wie seinerzeit die Hersteller von Fischbeinkorsetts, feststellen, daß sie

überflüssig geworden war. Städte wie Hull und Whitby waren durch das Walöl groß geworden, sogar London war rund um die Docks der Walfänger neu gewachsen. Wo 1790 noch kleine, verwinkelte Gassen gewesen waren, lagen 1810 die großen Docks an der Themse. Als die Zeit des Walfangs zu Ende ging, wurden die Docks umgebaut. Wo einst die Walfänger von ihren Reisen ins Eis berichtet hatten, schossen Wohnhäuser aus dem Boden, und »Isle of Dogs« ist heute eine der ersten Adressen in der Londoner City.

Wie seine ehemaligen Kolonien Neuseeland, Australien und Amerika wandelte sich auch Großbritannien rasch von einer Walfangnation zu einem Vorkämpfer für das Ende des Walfangs. Auf jede Resolution der Internationalen Walfangkommission, die auch nur andeutungsweise das Töten von Walen tolerierte, reagierte der Vertreter Großbritanniens in der Kommission mit leidenschaftlichem Protest. 1987 hielt der britische Landwirtschaftsminister, John Selwyn Gummer, auf der Konferenz in Bournemouth die Eröffnungsansprache, in der er ein für allemal klarmachte, daß er und sein Land auf der Seite der Engel standen:

Die 1982 durch Mehrheitsbeschluß gefaßte wichtige Entscheidung, nach einer umfassenden Schätzung der Walbestände ein Moratorium für den kommerziellen Walfang zu erlassen, wird bald auf der ganzen Welt Realität werden. Alle Mitgliedsstaaten haben den kommerziellen Walfang bereits eingestellt oder werden ihn einstellen. Wir müssen nun dafür sorgen, daß diese allgemein begrüßten Entscheidungen nicht leere Worte bleiben. Es wäre eine Tragödie, wenn unter dem Deckmantel wissenschaftlicher Studien oder existenznotwendigen Walfangs der kommerzielle Walfang wieder aufleben würde ... Die Welt wird uns nicht verzeihen, wenn unsere Versprechen, die Wale zu schützen, unter irgendwelchen Vorwänden gebrochen werden.

Norwegen nach dem Krieg

Der Krieg war für die Walfangflotten eine Katastrophe: Alle britischen und japanischen Fabrikschiffe wurden durch Torpedos versenkt, und auch neun norwegische Schiffe (darunter die *Lancing* und die *Kosmos*) landeten auf dem Grund des Meeres. Da Fleisch weltweit knapp war, legten die Walfangnationen keinen Wert mehr auf die Einhaltung der 1940 so sorgfältig ausgearbeiteten Bestimmungen. Norwegische und japanische Walfänger töteten jeden Wal, den sie erwischen konnten, um ihre Familien zu ernähren. Da die amerikanische Kriegsmaschinerie das Kopföl des Pottwals als Schmiermittel benötigte, förderten auch die Vereinigten Staaten den Walfang nach Kräften. Während des Krieges war der südliche Ozean jedoch zu weit entfernt, und die Gefahr, überfallen zu werden, zu groß – und der Nordatlantik war Schauplatz eines mörderischen U-Boot-Krieges. Blieb also nur noch die südamerikanische Küste, und die Norweger schickten ihr Fabrikschiff *Thorshammer* an die Küsten von Chile und Peru. Nach Pearl Harbor war auch die Sicherheit im Pazifik nicht mehr gewährleistet. Aber der Bedarf der Amerikaner an Walöl war groß, und sie unterstützten deshalb den norwegischen Pottwalfang. In dieser Zeit hielt man sich kaum oder gar nicht an vorgeschriebene Mindestgrößen, und die meisten erlegten Wale scheinen Jungtiere gewesen zu sein. »Not kennt kein Gesetz«, schrieben Tønnessen und Johnsen: »Im Namen der Demokratie durfte man auch die Walbabys umbringen.«

Ab Ende 1943 waren die deutschen Überfallkommandos außer Gefecht gesetzt und die Norweger bemühten sich intensiv um die Erlaubnis, wieder auf die Jagd nach Walen gehen zu dürfen.

Die *Thorshammer* wurde von Januar bis April 1944 und die *Sir James Clark Ross* (nicht die ursprüngliche *Ross*, sondern ein neues, 1930 gebautes Schiff) für die ganze Saison 1944/45 in die Antarktis geschickt. Das norwegische Walfangkomitee war auch während des Krieges aktiv geblieben, und während viele Fabrikschiffe und Fangboote anderer Nationen ausfielen, konnte Norwegen sofort nach Kriegsende den Walfang wieder aufnehmen.

1945 besaß nur Norwegen funktionstüchtige Fabrikschiffe. Zwei deutsche Fabrikschiffe, die als schwimmende Öldepots gedient hatten, wurden ausfindig gemacht, und im Rahmen der im Potsdamer Abkommen festgelegten Reparationen ging eines davon, die *Walter Rau*, an Norwegen, wo sie in *Kosmos IV* umbenannt wurde. (Das andere, die *Wikinger*, fiel der Sowjetunion zu und erhielt den Namen *Slava*.) Nach dem Krieg stieg der Preis für Walöl auf 100 Pfund pro Tonne, ein Niveau, das sich bis 1951 hielt. Die Walfangindustrie wurde wieder attraktiv, und die Norweger waren sehr daran interessiert, ein Stück von diesem Kuchen zu ergattern. Aber dieselben Norweger, die so lange führend bei der Entwicklung neuer Walfangtechniken gewesen waren, verfügten nur noch über veraltetes Gerät und hoffnungslos überalterte Fabrikschiffe. Norwegen begann, seine führende Position zu verlieren, und die Gründe dafür waren zahlreich und kompliziert. Norwegische Walfanghistoriker vertreten die Meinung, die Norweger hätten gewußt, daß die weltweiten Fangquoten viel zu hoch waren und zur Vernichtung der Walbestände führen würden; deshalb hätten sie sich auf den Schiffbau verlegt. Diese Auslegung schreibt den Norwegern nicht nur geradezu hellseherische Fähigkeiten zu, sie setzt auch voraus, daß eine bedeutende Walfangnation plötzlich ein Gefühl für das Leiden der Wale entwickelte. Dies traf jedoch keineswegs zu. Der wahre Grund für den Niedergang der norwegischen Walfangindustrie war vielmehr das Auftreten zweier Konkurrenten, die später zu »Supermächten des Hochseewalfangs« aufsteigen sollten: Japan und die Sowjetunion.

Tønnessen und Johnsen schreiben: »Amerikaner, Argentinier, Australier, Brasilianer, Chilenen, Dänen, Deutsche, Finnen, Holländer, Italiener, Japaner, Kanadier, Österreicher, Russen, Schweden, sie alle planten den Einstieg in den Hochseewalfang in der Antarktis.« Aber nur die Japaner, die Russen und die Holländer organisierten Expeditionen in die Antarktis und schafften es mit vereinten Kräften, Norwegen aus dem Geschäft zu verdrängen. Angesichts der drohenden Konkurrenz erließen die Norweger das sogenannte »Gesetz für norwegische Mannschaften«, das norwegischen Staatsbürgern verbot, für ausländische Walfangunternehmen zu arbeiten. Dieses Gesetz basierte auf der Annahme, daß weder Japan noch Deutschland den Walfang wiederaufnehmen dürften. Aber diese Annahme erwies sich als falsch.

Mit Unterstützung der Amerikaner – und gegen den heftigen Widerstand der Norweger – nahmen die Japaner 1946 den Walfang wieder auf. Obwohl auch die Deutschen nach 1951 wieder eine neue Flotte hätten bauen können, verzichteten sie, wohl angesichts so starker Konkurrenten wie Norwegen, Großbritannien, Japan, der Sowjetunion und der *Olympic Challenger* des Aristoteles Onassis.

Zwischen 1945 und 1953 erlegten die Walfänger in der Antarktis jährlich 16 000 Blauwaleinheiten. Während dieser Jahre war die Industrie mit der Aufteilung der BWE beschäftigt. Um Mannschaften, Material und Geld optimal einsetzen zu können, schlossen die Norweger ihre Walfanggesellschaften zu einer einzigen, vom Staat subventionierten Organisation zusammen. Obwohl die Flotten auch in anderen Gewässern operierten, war die Antarktis nach wie vor das Zentrum des Walfangs. Da die Walfänger ausschließlich am Profit interessiert waren, bedeuteten rückläufige Fangzahlen für sie nur, daß sie noch intensiver und effektiver arbeiten mußten.

Der IWC drohte wegen der anhaltenden Konflikte um die Fangquoten in der Antarktis die Auflösung. Norwegen und die Niederlande empfanden das Quotensystem als Benachteiligung und Bevormundung. 1959 erklärten beide Länder auf der Konferenz in Den Haag ihren Austritt aus der IWC. Die Japaner zogen sich ebenfalls zurück, da sie befürchteten, daß Nichtmitglieder einen unverhältnismäßig großen Teil der Wale erjagen würden. Weniger als zehn Jahre nach ihrem ersten Zusammentreffen war die IWC völlig zerstritten. Drei der wichtigsten Mitglieder fehlten und setzten nun ihre Quoten für den Walfang in der Antarktis selbst fest. Die einzigen noch verbliebenen Walfangnationen waren die Sowjetunion und England.

Vor dieser Konferenz hatte man sich nie gefragt, ob und inwieweit die Öffentlichkeit über das Abschlachten der Wale informiert war. Die Walfänger gingen einfach ihrer Arbeit nach, die hauptsächlich darin bestand, die Welt mit dem benötigten Walöl zu versorgen. Durch die Dissonanzen in ihren Reihen wurde die IWC für die internationalen Medien interessant. Durch die schlechte Presse peinlich berührt, beschlossen die Kommissionsmitglieder, Einigkeit zu demonstrieren und der Presse den Zugang zu allen Daten zu verwehren. Im Bericht des Vorsitzenden hörte sich das so an: »... die schriftlichen Protokolle von den Konferenzen der Kommission sind als Berichte an die Vertragsstaaten zu betrachten und nicht für eine Veröffentlichung, auch nicht in Auszügen, in der Presse oder in Handelsblättern, bestimmt ...«

Für die Saison 1960/61 wurden wieder keine Quoten festgelegt. Da der Walfang nun völlig außer Kontrolle zu geraten drohte, ernannte die Kommission ein »Dreierkomitee«, das die Furchenwalbestände in der Antarktis berechnen und Empfehlungen für das weitere Vorgehen geben sollte. Das Komitee bestand aus Douglas Chapman aus den Vereinigten Staaten, Sidney Holt von der FAO der Vereinten Nationen und K. Radway Allen aus Australien. Diese drei Männer, alle angesehene Fachleute für Populationsdynamik, analysierten die verfügbaren Daten sorgfältig und kamen zu dem Schluß, daß die Blauwalpopulation der Erde – egal wie groß sie auch noch sein sollte – eine weitere Bejagung nicht verkraften könnte und geschützt werden sollte. Die Formulierung der Empfehlungen klingt für ein solches Dokument teilweise ungewöhnlich scharf: »Wie der wissenschaftliche Unterausschuß ferner meint, läßt die Übereinstimmung von vier unabhängigen Quellen keinen Zweifel daran, daß die Bestände übermäßig bejagt wurden und ein Schutzprogramm eingeleitet werden sollte, wenn die Industrie auf lange Sicht weiterbestehen soll.«

Wie gewöhnlich wurden die Vorteile der Walfänger zu Nachteilen für die Wale. Da der Walfang in der Antarktis zwischen 1959 und 1962 nicht kontrolliert wurde, erreichte das Schlachten erschütternde Dimensionen. In diesen vier Fangperioden wurden insgesamt 110 563 Finnwale getötet. In der Saison 1960/61 starben 28 761 Finnwale, die größte Zahl von Vertretern einer einzelnen Art seit der Saison 1929/30; damals waren 29 410 Blauwale getötet worden. Dies war die letzte erfolgreiche Saison im Blauwalfang, und die Population hat sich davon nie mehr erholt. Den Finnwalen drohte das gleiche Schicksal. Wie erwartet fanden die Walfänger in der nächsten Saison im Süden nur noch 18 668 Finnwale.

Trotz geringerer Fangzahlen gaben sie das blutige

Geschäft jedoch nicht auf; es fanden sich immer noch Wale, und man konnte damit noch immer Geld verdienen. Aber dieses blutige Geschäft wurde nicht mehr von den Norwegern betrieben. Die privat geführten Unternehmen in Norwegen und Großbritannien konnten es mit den vom Staat unterstützten japanischen und sowjetischen Walfangflotten nicht aufnehmen, und während die einen die Waffen streckten, rüsteten die anderen auf. Die Holländer verkauften die *Willem Barendsz I* an die Japaner; die Briten verkauften die *Balaena* und das Kühlschiff *Enderby*, die Norweger ihre *Kosmos III* und fünf Fangboote. 1971 verschrotteten die Norweger zwei weitere Fabrikschiffe, und das Land kämpfte um das Überleben seiner Walfangindustrie.

Die Sowjets verkündeten einen Fünfjahresplan für den Walfang und schickten trotz der schwindenden Bestände in der Saison 1959/60 drei riesige Expeditionen in die Antarktis. Die Japaner hatten bei der IWC erreicht, daß die BWE neu aufgeteilt wurden, wobei nun jeder Walfänger eine Quote von 63 Einheiten erhielt; mit den Fabrikschiffen anderer Länder erwarben die Japaner aber auch deren Quoten. Die Japaner, die nicht mit norwegischen Mannschaften arbeiteten, verbesserten die von den Norwegern entwickelte Technologie. Sie verwendeten eine Harpune mit einer flachen Spitze, die wirkungsvoller war als das alte Modell von Svend Foyn, und sie rüsteten ihre Walfänger mit Dieselmotoren aus. Norwegen, das diesen Industriezweig begründet hatte, wurde schließlich von Japan und der Sowjetunion verdrängt, von zwei Giganten, die den Hochseewalfang bis zum Ende beherrschen sollten.

Bereits 1946 hatte man über ein System diskutiert, das, im Gegensatz zum an der Leistungsfähigkeit orientierten BWE-System, einzelnen Ländern bestimmte Quoten sichern sollte. Dies erschien jedoch zu kompliziert. Denn wenn jedes Land einen festen Anteil am Walbestand zugesprochen erhielt, würden sicher auch bisher unbeteiligte Nationen ins Geschäft einsteigen wollen. Wie aber sollte man die etablierten Walfangnationen zum Verzicht auf einen Teil ihres Anteils bewegen?

Nachdem nun die UdSSR groß ins Walfanggeschäft eingestiegen war, wurde auch die Frage der nationalen Quoten wieder aktuell. Anstelle des bestehenden BWE-Systems schlugen die Norweger folgende Aufteilung der Walbestände vor: 20 Prozent für die Sowjets, 33 Prozent für die Japaner, 32 Prozent für die Norweger, 9 Prozent für die Briten und 6 Prozent für die Holländer. Die Walfänger konnten sich aber nicht auf diese Aufteilung einigen, und als die Konferenz 1959 in London beginnen sollte, waren die Niederlande und Norwegen entschlossen, eher auszutreten als die in ihren Augen mehr als ungerechten Quoten zu akzeptieren. Neuseeland kritisierte die Sturheit der Walfangnationen mit scharfen Worten (»Wir bedauern, daß die Kommission bis jetzt nicht den Mut zum Handeln gefunden hat ...«), und Remington Kellogg versuchte, den Zusammenhalt wenigstens für ein weiteres Jahr zu sichern. Aber es half alles nichts, und am Ende der Konferenz war die IWC zerrissen.

Die 1963 in London abgehaltene Konferenz war wahrscheinlich die wichtigste in der Geschichte der IWC. Man hatte sich eingehend mit dem Bericht des Dreierkomitees auseinandergesetzt und erkannt, daß die Walbestände beängstigend zurückgegangen waren. Endlich wurde der Blauwal in fast der ganzen Antarktis unter Schutz gestellt und der Buckelwalfang verboten. Die Blauwaleinheiten blieben allerdings weiter bestehen, und dank dieses Systems erjagten die Walfänger 18 668 Finnwale und 5503 Seiwale. Die Walfänger waren nahe daran, selbst den Ast abzusägen, auf dem sie saßen.

1964 fand die IWC-Konferenz ironischerweise in Sandefjord statt. Die Niederländer hatten den Walfang aufgegeben. So waren im letzten Akt dieses Dramas Norwegen, Japan und die UdSSR, die letzten großen Walfangnationen, ganz unter sich. Japan und die Sowjetunion, die nun die Walfang-Großmächte waren, plädierten für höhere Quoten, während Norwegen wenigstens noch etwas Profit machen wollte, bevor das ganze Geschäft ruiniert war. Die Quoten wurden auf dieser und den folgenden Konferenzen drastisch reduziert, aber es war fast schon zu spät. Durch die niedrigen Quoten wurde die Walfangarmada überflüssig, und mehrere Fabrikschiffe mußten umgebaut werden. 1966 machte die *Sir James Clark Ross* ihre letzte Fahrt von Sandefjord nach Taiwan, wo sie verschrottet wurde. Auch andere Walfänger landeten auf dem Schrottplatz, aber Norwegen verfügte über genügend Personal und Material, um seine Walfangindustrie noch für kurze Zeit aufrechterhalten zu können.

Für die Saison 1967/68 war die Quote auf 3200 BWE für die gesamte Antarktisflotte reduziert worden. Die Walfänger hielten ihre Probleme für gelöst, als sie eine andere, niederschmetternde Nachricht erhielten: Der wissenschaftliche Ausschuß der IWC erklärte, daß die früheren Schätzungen der »vertretbaren

Maximalerträge« falsch gewesen seien, und empfahl eine weitere Reduzierung der Quote. Der Rückzug Norwegens aus dem Walfanggeschäft löste jedoch das Problem; denn die norwegischen Walfänger behielten ihre Quoten für einen eventuellen Wiedereinstieg, zu dem es jedoch nie kam. Auf der IWC-Konferenz von 1969 wurde die Quote auf 2700 BWE festgelegt. Nur noch Japan und die Sowjetunion versuchten, sie zu »erfüllen«, mußten aber bei 2469 BWE aufgeben – sie fanden keine Wale mehr.

Japan und der Walfang

Nach der japanischen Kapitulation am 14. August 1945 verfügte der Oberkommandierende der Alliierten, General Douglas McArthur, daß der Wiedereinstieg der Japaner in den Walfang zu unterstützen sei, um das besiegte, hungernde Volk mit dem dringend benötigten Fleisch zu versorgen. (Diese Verfügung war jedoch keineswegs so selbstlos, wie es zunächst scheint; die Japaner sollten zwar das Fleisch bekommen, aber das Walöl brauchten die Amerikaner.) Die Japaner verfügten lediglich über zwei Tanker von je 11 000 Bruttoregistertonnen, und diese wurden schnellstens zu Fabrikschiffen, der *Hashidate Maru* und der *Nisshin Maru*, umgebaut.

Zwischen 1946 und 1951 erlegte die japanische Antarktisflotte 3119 Blauwale, 5292 Finnwale, 76 Buckelwale und 584 Pottwale. Der Angriff auf die Seiwale hatte noch nicht begonnen. Nachdem Japan sechs Jahre des uneingeschränkten Walfangs betrieben hatte, trat das Land der IWC bei.

In diesem Jahr war die japanische Flotte um die neu ausgerüstete *Tonan Maru*, ein 19 209-Tonnen-Schiff, vergrößert worden. Ihr folgte eine weitere *Nisshin Maru*, das einzige nach dem Krieg in Japan neu gebaute Fabrikschiff; alle anderen Schiffe kaufte man von anderen Ländern.

Seiji Ohsumi, der bekannteste Walbiologe Japans, schrieb: »Der Nordpazifik ist seit dem 19. Jahrhundert als einer der bedeutendsten Fanggründe für Pottwale bekannt.« Außerdem waren die japanischen Schiffe auch in ihrem eigenen »Vorgarten«, im Gebiet der Aleuten im Nordpazifik, unterwegs. Laut einer Studie von Nishiwaki aus dem Jahre 1967 gibt es im größten Teil des Nordpazifik, zwischen Beringmeer und dem Äquator, Pottwale, aber die großen Bullen

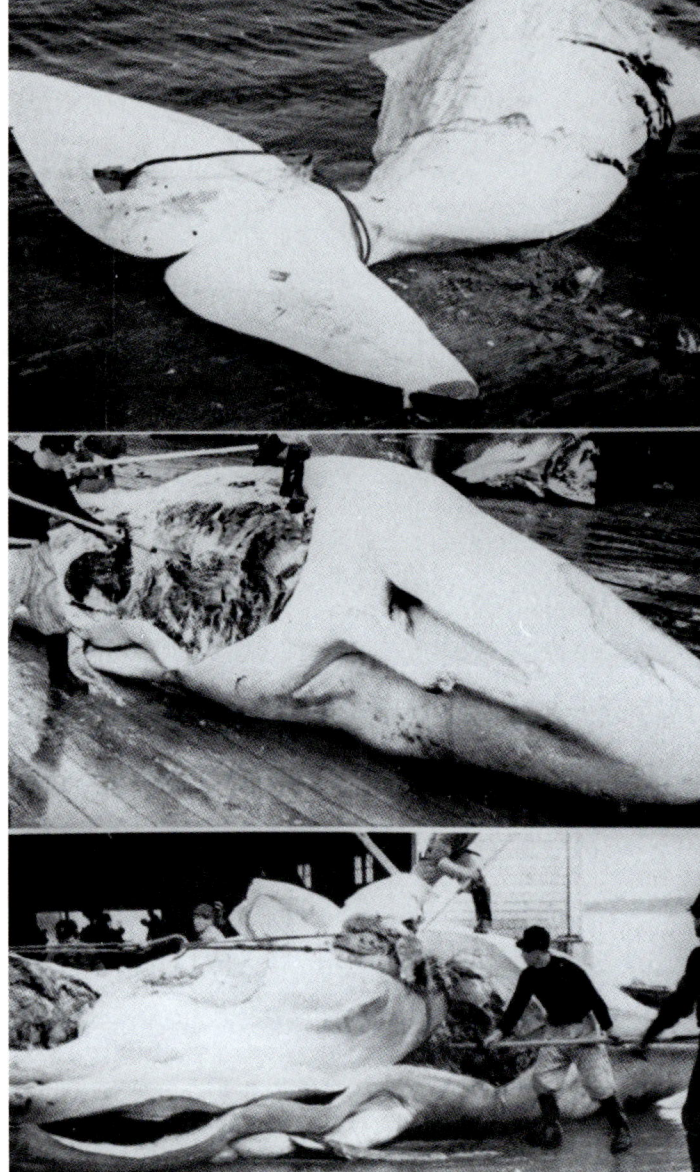

Moby Dick war frei erfunden, aber es gibt weißlich gefärbte Pottwale. Dieser hier wurde von japanischen Walfängern am 19. April 1957 im Nordpazifik erlegt.

»wandern auf Nahrungssuche im Uhrzeigersinn nach Norden«.

Obwohl wir relativ wenig über das Wanderverhalten der Pottwale wissen, ist anzunehmen, daß die Walfänger (die Amerikaner im 19. Jahrhundert ebenso wie die Japaner im 20. Jahrhundert) stets die größten Tiere suchten, und männliche Pottwale sind um ein Drittel größer als weibliche.

1965 schrieb N. A. Mackintosh in *The Stocks of Whales:* »Es ist derzeit sehr schwierig, den Weltbestand der Pottwale auch nur ungefähr zu schätzen.« Zu dieser Zeit mußten die Walfänger zumindest den Anschein erwecken, als wüßten sie über die Populationsdynamik der Tiere, die sie jagten, genau Bescheid; also begannen sie damit, die Wale zu zählen. Das ist allerdings noch komplizierter als die Beobachtung ihres Wanderverhaltens. Denn bei den Walen handelt es sich um Tiere, die die meiste Zeit unter der Wasseroberfläche verbringen, außer Sichtweite für jene, die sie zählen wollen. Doch 1966 schätzte Nishiwaki die Zahl der männlichen und weiblichen Pottwale im Nordpazifik auf 150 000 Exemplare. Innerhalb von drei oder vier Jahren stiegen die Zahlen in dem Maße, wie die Kontroverse über den Walfang an Schärfe zunahm. 1971 wandte Ohsumi komplizierte mathematische Formeln an, die die Häufigkeit der Trächtigkeit, das Alter bei der Geschlechtsreife und andere bis dahin wenig bekannte Faktoren miteinbezogen, und kam – ganz im Sinne der japanischen Argumentation – auf 167 000 männliche und 124 000 weibliche Pottwale im Nordpazifik.

Das erste japanische Fabrikschiff im Nordpazifik war 1946 die *Kaiko Maru*. 1952 folgte die *Baikal Maru*, die mit einer Flottille von Fangbooten in den Gewässern rund um die Boninseln unterwegs war. Eine zweite Flotte kam 1954, eine dritte 1962 zum Einsatz. Zwischen 1962 und 1975 operierten drei japanische Flotten im Nordpazifik. Ihre einzigen Konkurrenten waren die Sowjets.

In der japanischen Literatur gibt es (vielleicht mit Absicht) nur wenige Angaben über die Verwendung der Pottwale. Tønnessen und Johnsen schrieben: »Obwohl das Fleisch des Pottwals in Japan teilweise auch als Nahrungsmittel Verwendung findet, ist die Nachfrage sehr gering. Daher wird der Großteil des Pottwals zu Walöl verarbeitet.« Und wofür wird das Öl verwendet? Der sowjetische Cetologe A. A. Berzin schreibt dazu:

Die bei der Verarbeitung des Pottwals anfallenden fetthaltigen Substanzen sind aufgrund des hohen Gehalts an nicht verseifbaren Substanzen für den menschlichen Verzehr ungeeignet; sie werden vielmehr für in der Technik benötigte Öle verwendet ..., die Fettsäuren bei der Seifenherstellung, die nicht verseifbaren Substanzen bei der Herstellung von Reinigungsmitteln; die hochmolekularen aliphatischen Alkohole in der Leder- und Gummiindustrie; für die Herstellung von Kosmetika; bei der Entfettung von Wolle; der Rückstand nach der Gewinnung des Fettes wird zur Gelatineherstellung verwendet. ... Walratöl dient als Schmiermittel in der Feinmechanik. ... Fester Walrat wird als Trägersubstanz bei der Herstellung vieler medizinischer und kosmetischer

Produkte, hauptsächlich Gesichtscremes und Salben, und für die Herstellung von lithographischer Tinte verwendet. Die therapeutischen Eigenschaften des Walrats sind seit langem bekannt, beispielsweise seine heilende Wirkung bei Verbrennungen. ... *Das Fleisch des Pottwales ist ungenießbar, aber es ist reich an Eiweiß und daher wichtig für die Herstellung von Futtermehl.* [Hervorhebung von mir.] ... Gekochtes Pottwalfleisch wird für die Fütterung von Pelztieren und für die Herstellung von Trockeneiweiß verwendet. Die Walleber, besonders die des Pottwals, ist der wertvollste Rohstoff für die Vitaminherstellung. ... Die Leber eines Pottwales enthält soviel Karotin wie 50 Tonnen Möhren.«

Seit die Japaner mit der intensiven Bejagung der Pottwale begonnen hatten, beharrten sie darauf, daß das Fleisch zur Versorgung der Bevölkerung diente. Pottwalfleisch hat, ebenso wie Delphinfleisch, aufgrund seines hohen Myoglobingehaltes eine unappetitlich rötlich-schwarze Farbe und schmeckt angeblich sehr unangenehm. Die Eßgewohnheiten der Japaner unterscheiden sich jedoch von denen vieler Menschen im Westen (sie haben beispielsweise eine Vorliebe für rohen Fisch). Auch die Japaner hätten sicher dem Fleisch der Glattwale den Vorzug gegeben, gaben sich aber auch mit Pottwalfleisch zufrieden.

Was auch immer mit dem Fleisch geschah – das Walöl war in jedem Fall von großer Bedeutung für die Wirtschaft. 1967 verlagerte sich der Walfang von der Antarktis, wo es fast keine Wale mehr gab, in den Nordpazifik, ein Gebiet, für das es noch keine Beschränkungen gab, und gleichzeitig änderte sich auch das Verhältnis zwischen Öl und anderen Walerzeugnissen: 1962 machten Pottwale 57 Prozent des japanischen Walfangs aus, 1975 etwa 93 Prozent.

Auch als die Anzahl der Wale allmählich zurückging, betrieben die Japaner und die Sowjets weiterhin Walfang in der Antarktis und im Nordpazifik. Die IWC setzte die Quote für die Saison 1968/69 auf 3200 BWE fest, die sich Japan und die UdSSR teilten. Das wurde folgendermaßen umgesetzt: Die Walfänger töteten 2893 Finnwale und 12 368 Seiwale. Die BWE-Summe errechnet sich wie folgt: 2893 Finnwale dividiert durch 2 ergibt 1446; 12 368 Seiwale dividiert durch 6 ergibt 2061. 1446 plus 2061 ergibt 3507. Die Diskrepanz ergab sich durch den Rückzug Norwegens aus dem Walfang in der Antarktis, wodurch dessen Quote freiblieb.

Da die norwegischen Walfänger nun außer Gefecht waren (oder Arbeit in Südafrika oder Australien suchten), hatten die Japaner und die Sowjets freie Bahn. In den folgenden zehn Jahren (1968 bis 1978) erlegten sie in der Antarktis Hunderttausende von Finn- und

An Bord eines japanischen Walfängers südlich von Tokio; ein Brydewal wird auf hoher See ausgenommen, bevor man ihn zur Küstenstation schleppt.

Seiwalen (Buckelwale waren zu dieser Zeit ebenso wie Blauwale auf der ganzen Welt geschützt) und zusätzlich im Nordpazifik eine immer größer werdende Zahl von Pottwalen.

Die Gesamtzahl der zwischen 1951 (als Japan der IWC beitrat) und 1976 von den Japanern erlegten Pottwale betrug 124458. (In derselben Zeit erlegten die Sowjets im Nordpazifik 102314 Tiere, das ergibt insgesamt 226772.) Ohsumi gibt in seiner Arbeit, aus der die obigen Zahlen stammen, die Zahl der zwischen 1800 und 1909 im Nordpazifik erlegten Pottwale mit 60842 an. Der Jahresdurchschnitt betrug zwischen 1800 und 1909 558 Tiere, zwischen 1951 und 1976 9880 Tiere. Nichts zeigt deutlicher die Effizienz des modernen Walfangs – und seine katastrophalen Auswirkungen.

Während die Japaner intensiv Walfang betrieben, nahm die Zahl der Anhänger der Antiwalfang-Bewegung überall auf der Welt beständig zu. Zu den Protestaktionen gehörte auch eine Demonstration während des Besuches von Kaiser Hirohito in Washington am 2. Oktober 1975. Als erstmals ein japanischer Kaiser den Boden der Vereinigten Staaten betrat und vor dem Weißen Haus von Präsident Ford begrüßt wurde, erschien plötzlich ein Flugzeug mit einem Transparent, auf dem die Worte »Emperor Hirohito Please Save the Whales« (Kaiser Hirohito, bitte retten Sie die Wale) zu lesen war. Anscheinend hatte der Kaiser jedoch bei den Walfängern nicht viel Einfluß. Denn trotz der Proteste – oder vielleicht gerade deswegen – bemühte sich Japan um eine Erhöhung der Quoten.

Seit Mitte der siebziger Jahre wandte sich die Weltöffentlichkeit eindeutig gegen den japanischen Walfang. Die Japaner reagierten auf die Petitionen, Leitartikel, Demonstrationen, Proteste, Zeitschriftenartikel und internationalen Verurteilungen mit Abwehr. Sie prangerten die Antiwalfang-Bewegung als rassistisch motiviert an, als ein weiteres Beispiel dafür, daß Europa versuche, den armen Asiaten seine eigenen Bräuche aufzuzwingen. Zuerst glich die Kontroverse einem Pokerspiel, in dem jede Seite die andere herausforderte. Die Vereinigten Staaten (angeblich der Anführer der Anti-Japan-Bewegung) gingen sogar so weit, Gesetze zu erlassen, die gegen die Japaner verwendet werden konnten. Die Japaner drohten, aus der IWC auszutreten und ihre eigenen Regeln für den Walfang aufzustellen. Es war nicht das erste, aber auch nicht das letzte Mal, daß solche Drohungen ausgesprochen wurden.

1976 gelang der japanischen Walfangindustrie ein neuer Schachzug. Obwohl die Quoten für die meisten Walarten bei der IWC-Konferenz in Canberra verringert worden waren, überraschten die Japaner die Welt mit einer neuen Taktik, die es ihnen erlaubte, den Walfang fortzusetzen, ohne sich um die Restriktionen der IWC zu kümmern: Sie bewilligten sich selbst den Walfang für wissenschaftliche Zwecke. Die Quote für Brydewale in der südlichen Hemisphäre betrug 1976/77 null. Trotzdem erlegten die Japaner 225 Tiere. Die Welt schrie empört auf, aber niemand konnte etwas dagegen unternehmen. Die IWC hatte keine Möglichkeit, die Einhaltung ihrer Regeln zu erzwingen, sie war von der Kooperationsbereitschaft der Mitgliedstaaten abhängig. Aber in diesem Fall hatte Japan eine Gesetzeslücke entdeckt, in die ein ganzes Fabrikschiff paßte.

Artikel VIII der Internationalen Walfangkonvention enthält den scheinbar harmlosen Absatz:

Unbeschadet des Inhalts dieser Konvention kann jeder Vertragsstaat jedem seiner Staatsbürger eine spezielle Bewilligung erteilen, aufgrund deren Wale zum Zweck der wissenschaftlichen Forschung erlegt und verwendet werden können unter Bedingungen, die dem jeweiligen Vertragsstaat geeignet erscheinen; das Erlegen und Verwenden der Wale im Einklang mit diesem Artikel unterliegt nicht den Bestimmungen dieser Konvention.

Offensichtlich war dieser Absatz dazu gedacht, den Vertragsstaaten die Durchführung wissenschaftlicher Experimente zu ermöglichen, ohne dabei den für den kommerziellen Walfang geltenden Beschränkungen unterworfen zu sein. Mit anderen Worten: Wenn Wissenschaftler in einem Land glaubten, mit Walöl ein Medikament gegen Krebs herstellen zu können, mußten sie nicht erst Walfänger werden, um an Material für ihre Experimente zu kommen. Nirgends stand geschrieben, daß die Regierung irgend jemandem darüber Auskunft geben mußte, was sie vorhatte, wenn sie sich selbst eine solche Bewilligung ausstellte, und als die Japaner ihren Walfängern die Erlaubnis erteilten, im südlichen Ozean 240 Brydewale zu erlegen, waren sie nicht verpflichtet, die Art der wissenschaftlichen Forschung offenzulegen, die der vorgebliche Zweck dieser Jagd war. Tatsächlich schrieben japanische Wissenschaftler Arbeiten über die Brydewale, und beinahe 2000 Tonnen Walfleisch wanderten direkt in die Gefrieranlagen der Walfanggesellschaften und schließlich in die Mägen der Japaner. Im folgenden Jahr glaubte die IWC, die Lücke geschlossen zu haben, indem sie eine genaue Überwachung dieser Sonderregelung durch den wissenschaftlichen Ausschuß empfahl. – Wie wir sehen werden, war das Schlupfloch damit jedoch nicht verschlossen, sondern nur notdürftig gekittet. 1987 sollte die Angelegenheit

so vehement eskalieren, daß sogar die Existenz der IWC bedroht war.

Das Moratorium, das die Walfangnationen zu allerlei abwegigen Mitteln greifen ließ, war noch gar nicht erlassen, und der Walfang war noch immer ein legaler – wenn auch zunehmend unpopulärer – Wirtschaftszweig. Und die Japaner standen nach wie vor an der Spitze.

Im Oktober und November 1977 erlegten sie in der südlichen Hemisphäre weitere 114 Brydewale und erzeugten 750 Tonnen Fleisch und 176 Tonnen Öl. Zu diesem Zeitpunkt war die Finnwalpopulation in der südlichen Hemisphäre so sehr dezimiert, daß die Quote, die 1973 noch 1450 und 1975 nur noch 220 betragen hatte, auf Null gesetzt und der Bestand für geschützt erklärt wurde, so wie vorher der der Blau-, Glatt-, Grau- und Buckelwale. Die einzigen noch zur Jagd freigegebenen größeren Walarten waren die Sei- und die Pottwale. Da jedoch auch die Quoten für sie immer weiter sanken, wurden die 9 m langen Zwergwale für die Walfänger immer attraktiver.

Zu diesem Zeitpunkt wurde allmählich allen (außer vielleicht den Japanern) klar, daß die Tage des kommerziellen Walfangs gezählt waren. Überall auf der Welt wurde Protest laut, und nur sture Fanatiker konnten weiterhin ignorieren, was auf den Walfang zukam. Natürlich setzte die IWC auch weiterhin Quoten für verschiedene Arten fest, aber diese Quoten fielen immer niedriger aus, je mehr Staaten sich der bedrohlichen Situation für die Wale bewußt wurden und mit Sorge reagierten. Auch Gegner des Walfangs traten der IWC bei, und Umweltschützer übten Druck auf ihre Regierungen auf, etwas gegen den Walfang zu unternehmen.

Japaner und Sowjets bejagten weiterhin die Arten, die sie nach den Vorschriften der IWC jagen durften; 1980 waren Blau-, Glatt- und Buckelwale absolut geschützt, daher erlegten sie Finn-, Sei-, Bryde-, Zwerg- und Pottwale. Die Quoten – und daher auch die Fangzahlen – für diese Arten sahen folgendermaßen aus:

Art	1975/76	1976/77	1977/78	1978/79	1979/80
Finnwal	565	344	459	470	604
Seiwal	2230	1995	855	84	100
Brydewal	1363	1000	524	454	743
Zwergwal	9360	11 924	8465	9173	12 006
Pottwal	19 040	12 676	13 037	9360	2203
Gesamt	32 558	27 939	23 520	19 541	15 656

Ein Brydewal auf dem Flensdeck der Walfangstation in Taiji, Japan, 1981. Man beachte die drei Längskiele am Rostrum, an denen die Art zu erkennen ist, und die weiß umrandeten Barten.

(Diese Zahlen stammen aus dem Verzeichnis der IWC und gelten für alle Gebiete; sie umfassen die Quoten für männliche und weibliche Pottwale, die getrennt festgesetzt werden.)

Besonders zu beachten ist der Rückgang der Pottwalquoten. Die Quote für 1980/81 war noch mit 1623 festgesetzt, und für 1981/82 betrug sie für die südliche Hemisphäre und den Nordatlantik null, mit einem Aufschub für die Nordpazifikquote bis zum folgenden Jahr. Mit dem auf der IWC-Konferenz von 1982 erlassenen zehnjährigen Moratorium für den kommerziellen Walfang erledigte sich die Frage der Nordpazifikquote. Es gab keine weiteren Quoten für Pottwale mehr, aber das Moratorium sollte eine dreijährige Anlaufphase enthalten; deshalb wurde die Quote für Zwergwale für die Saison 1981/82 mit »nicht über« 8102 Walen festgesetzt. Der kommerzielle Walfang sollte noch bis zur Saison 1985/86 fortgesetzt werden, bevor er endgültig aufhörte.

So zumindest dachten die Urheber des Moratoriums – aber als die Euphorie vorüber war, wurde man sich schmerzlich bewußt, daß noch mehr Walblut vergossen werden würde. Zuerst erhoben Japan, die UdSSR, Peru und Norwegen, den Bestimmungen der IWC gemäß, Einspruch gegen das Moratorium. Es war für sie

also nicht bindend. Und da diese Nationen führend im Walfang waren, wurde die Effektivität des Moratoriums stark eingeschränkt. Brasilien, Island und Südkorea erhoben keinen Einspruch, schienen also gewillt, den Walfang einzustellen. (Hier ist anzumerken, daß der Walfang der Peruaner, Brasilianer und Südkoreaner von Japan kontrolliert wurde.)

Offen blieb noch die Frage der Quoten für Zwergwale in der Zeit vor dem Inkrafttreten des Moratoriums, und später die noch schwierigere Frage, was geschehen sollte, wenn eine Walfangnation das Moratorium einfach ignorierte.

Auf der IWC-Konferenz von 1982 wurde die Quote für Zwergwale in der südlichen Hemisphäre mit 7072 festgesetzt. Man glaubte, daß man durch hohe Quoten für Japan die Probleme verringern konnte, die das bevorstehende Ende der Walfangindustrie angeblich für das Land mit sich brachte. Tatsächlich schienen die Japaner die dreijährige Übergangszeit zu nützen, um allerlei Strategien, Ausflüchte und Erklärungen zu ersinnen, damit sie den Walfang nicht wirklich aufgeben mußten. Bis 1988 versäumten sie nicht eine Fangsaison.

Zwischen 1982 und 1986 jagten die Japaner im Nordpazifik und in der Antarktis weiter nach Pottwalen. (Sie begannen auch wieder von »Walfang zu Forschungszwecken« zu sprechen, aber das wurde bis 1986 nicht ernstgenommen.)

Die Zwergwalquote in der südlichen Hemisphäre wurde für 1983 mit 6655 festgesetzt und für 1984 auf der IWC-Konferenz in Buenos Aires auf 4224 reduziert. Wie gewöhnlich zeigten sich die Japaner von der Handlungsweise der Gegner des Walfangs schockiert und überrascht, und nach der Abstimmung über die Zwergwale verließ das japanische Kommissions-

mitglied Kunio Yonezawa unter Protest die Konferenz. In einem Interview während der Konferenz von Buenos Aires sagte Shigeru Hasui, Geschäftsführer von Nippon Kyodo Hogei: »Die IWC hat 40 Mitgliedsstaaten, nur acht von ihnen betreiben aktiv Walfang, und mindestens die Hälfte der 40 ist erst in den letzten Jahren mit der Absicht beigetreten, gegen den Walfang zu stimmen; daher haben sie es leicht, eine Mehrheit zu erzielen. Wir können wohl keine ernsthafte Diskussion in der IWC erreichen, da unser Standpunkt völlig ignoriert wird.« Auf die Frage, ob die IWC noch Zukunft habe, antwortete Hasui: »Obwohl die IWC so viele Daten zur Verfügung hat, versucht sie noch immer, den kommerziellen Walfang gänzlich zu verbieten, daher meinen wir, daß sie für uns kein Forum mehr ist.« Trotz dieser kaum verhüllten Austrittsdrohungen ist Japan widerwillig Mitglied jenes internationalen Gremiums geblieben, das sich so sehr bemüht hat, das Land zur Aufgabe des Walfangs zu bewegen.

Für die japanischen Konsumenten waren Wale eine beinahe unerschöpfliche Quelle für vielerlei Waren, von Nahrungsmitteln bis zu Medikamenten und Schmierölen.

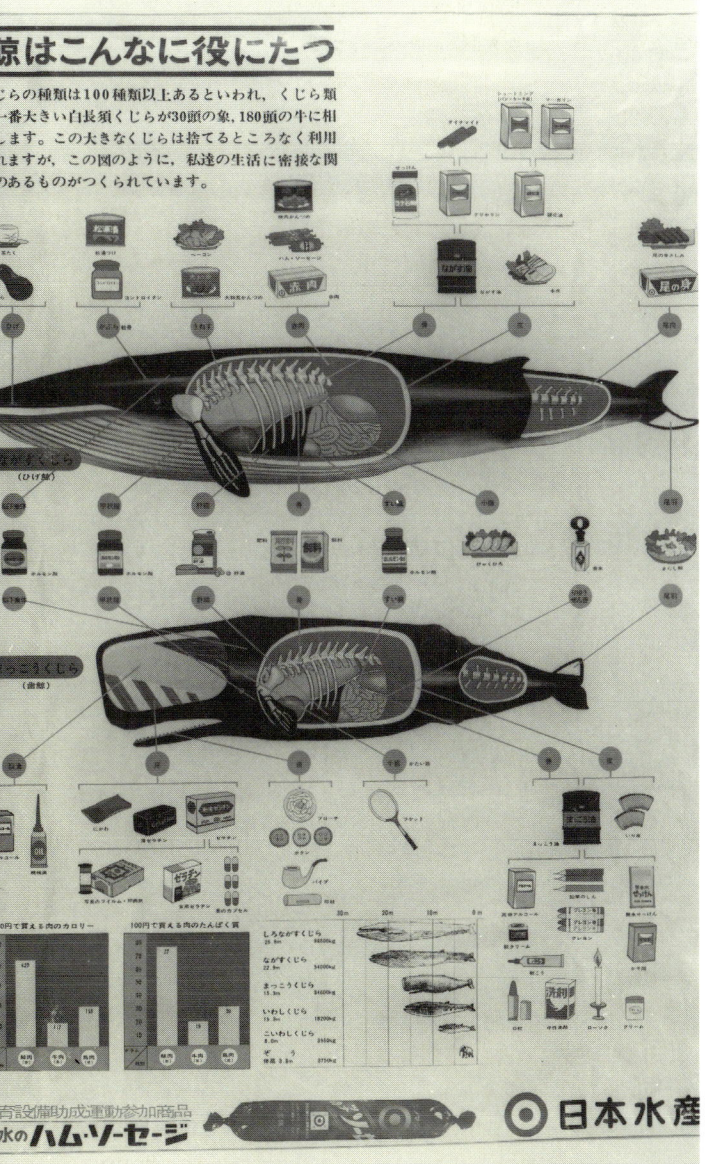

Der sowjetische Moloch nach 1945

Faddei Faddejewitsch Bellingshausen war wahrscheinlich der erste Mensch, der das antarktische Festland erblickte. Er unternahm mit der *Wostok*, einer 600-Tonnen-Korvette, im Auftrag von Zar Alexander I. eine Expedition, in deren Verlauf er den antarktischen Kontinent umsegelte, die Südshetlands sichtete und die Südsandwich-Inseln entdeckte. Bellingshausen (nach dem das Bellingshausenmeer benannt wurde) beschrieb verschiedene ungewöhnliche Vogelarten, darunter auch die Pinguine, und trug am Neujahrstag 1820 in sein Tagebuch ein: »Wir sahen Wale im Wasser spielen, sie tauchten senkrecht bis zu einem Drittel ihrer Länge aus dem Wasser auf und verschwanden dann wieder darin, die waagrechten Schwanzflossen zuletzt.« Nach ihrer Rückkehr im Jahr 1821 – die Reise hatte etwas länger als zwei Jahre gedauert – fand die Expedition kaum Beachtung. Es dauerte noch weitere zehn Jahre, bis die Ergebnisse von Bellingshausens Reisen veröffentlicht wurden, und zwar nur in einer begrenzten Auflage von 600 Exemplaren. Die Russen schienen an einem weiteren, von Eis und Schnee bedeckten Kontinent nicht besonders interessiert zu sein und kehrten erst 137 Jahre später erneut in die Antarktis zurück.

Das sowjetische Fabrikschiff *Juri Dolgoruki*.

1946 schickten die Sowjets das Fabrikschiff *Slava*, die als Kriegsbeute requirierte ehemalige deutsche *Wikinger*, unter dem Kommando von Kapitän V. I. Woronin nach Süden. An Bord befanden sich norwegische Harpuniere und Flenser. In ihrer ersten Saison erlegten die sowjetischen Walfänger insgesamt 369 Wale, beinahe die Hälfte davon waren Blauwale. 1955 schrieben die sowjetischen Walfanghistoriker Senkowitsch und Arsenjew: »Das Ausland prophezeite einen Mißerfolg, aber diese Prognose war ein Mißerfolg.« Die Sowjets erwiesen sich als äußerst gelehrige Schüler, und bereits 1948 waren sie in der Lage, den Walfang in der Antarktis ohne jegliche fremde Hilfe durchzuführen. In der Saison 1948/49 erlegte die *Slava* ohne Norweger an Bord 1107 Wale, bis zur Saison 1953/54 wurden mehr als 3000 Tiere erbeutet. In dieser Zeit suchten Fabrikschiffe unter britischer, japanischer, niederländischer, argentinischer und norwegischer Flagge die Antarktis heim, und der Bestand an Furchenwalen wurde stark reduziert. Die Zahl der Blauwale hatte bereits beträchtlich abgenommen, und das bevorzugte Beutetier der Walfänger war nun der Finnwal. In der Saison 1953/54 erlegten die Walfangflotten insgesamt 2697 Blau- und 27 659 Finnwale.

Sobald feststand, daß der Nordpazifik ein ebenso ergiebiges Jagdgebiet für Pottwale war wie die Antarktis für Furchenwale, reagierten die Walfänger entsprechend. Bis 1954 waren die Sowjets nur mit der Flottille der *Aleut* in den Gewässern vor der Halbinsel Kamtschatka und bei den Kommandeurinseln unterwegs, aber nachdem auch die anderen Walfangnationen dieses Gebiet entdeckt hatten, verschwanden die Wale schnell, und der Walfang verlagerte sich von den Küstengewässern auf die hohe See. Das Jagdgebiet erstreckte sich bald über den ganzen Nordpazifik, über den Aleutenbogen bis zum Golf von Alaska. Die Quoten wurden angehoben, und die Sowjets stellten weitere Mannschaften und Schiffe in Dienst, 1956 verkündeten sie einen Fünfjahresplan (1956 bis 1960) für den Walfang, der den Bau von fünf Fabrikschiffen vorsah. Ende der sechziger Jahre verfügten sie über die *Aleut*, die *Sowietskaja Ukrania* (Baujahr 1959), die *Juri Dolgoruki* (1960), die *Sowietskaja Rossija* (1961), die *Wladiwostok* (1962) und die *Dal'nii Wostok* (1963), gigantische Fabrikschiffe mit Fangbooten mit Dieselmotoren. In den Jahren 1956 bis 1964 bauten die Sowjets 67 neue Fangboote mit durchschnittlich 843 Bruttoregistertonnen, die mit ihren 3600-PS-Motoren eine Geschwindigkeit von bis zu 19 Knoten erreichten. Es war klar, daß die Sowjets im Hochseewalfang kräftig mitzumischen gedachten. Dabei kam ihnen die intensive staatliche Förderung besonders zustatten. Andere Walfangnationen wie Großbritannien, die Niederlande und Norwegen mußten dagegen zusehen, wie sie mit ihren Privatfirmen bestehen konnten, und Japan war ein Kapitel für sich. Es schien kein Mittel zu geben, um den sowjetischen Moloch aufzuhalten, und der Neuling würde den Hochseewalfang bald so stark beherrschen, daß für die anderen kaum noch Wale übrigblieben. 1968 schickten nur noch die Sowjetunion und Japan Walfänger in die Antarktis.

Auf der IWC-Konferenz von 1959 konnten sich die in der Antarktis operierenden Walfangnationen nicht auf nationale Quoten für Glattwale einigen. Die Niederlande und Norwegen verließen die Kommission und überließen es den einzelnen Regierungen, Quoten festzulegen. Die Sowjetunion hielt sich aus der Diskussion heraus, aber als die Quoten feststanden, entfielen auf sie 20 Prozent der Gesamtquote. Dasselbe geschah im darauffolgenden Jahr, und die UdSSR sicherte sich allmählich einen stetig steigenden Anteil am antarktischen Walfang.

Zu diesem Zeitpunkt war allerdings der Walbestand in der Antarktis infolge des harten Konkurrenzkampfes so stark reduziert, daß die Walfänger sich nach anderen Gebieten umsehen mußten. Sie beschlossen,

Mannschaften und Material im Nordpazifik einzusetzen. Als die Wissenschaftler jedoch feststellten, daß es auch im Nordpazifik nicht genug Blau- und Buckelwale gab, um die Industrie aufrechtzuerhalten, wandte man sich dem Pottwal zu. 1970 gab es für diese Art keine Quoten, aber für das folgende Jahr hatte die IWC eine Obergrenze von 10 481 für Japan und die Sowjetunion gesetzt.

Andere Walfänger machten weiter Jagd auf andere Wale. Die Norweger jagten noch immer Zwergwale, die Kanadier erlegten von Küstenstationen in Neufundland aus Finnwale, es gab verschiedene, mit japanischem Kapital finanzierte Aktivitäten in Südamerika, und die Australier jagten vor ihrer Westküste Pottwale. Der Pottwalfang vor Durban war rückläufig, und der »Walfang zu wissenschaftlichen Zwecken« der Amerikaner in Kalifornien so minimal, daß jeder Vergleich mit den großen »Walfangflottillen« lächerlich erschien. All diese Aktivitäten zusammen waren mit der Zahl der auf hoher See getöteten Pottwale kaum vergleichbar.

1966 kehrte die *Slava*, das letzte in der Antarktis operierende sowjetische Fabrikschiff, zurück. 1964 hatten die Hochseewalfänger im Nordpazifik 10 314 Pottwale erlegt, 1967 war die Zahl auf 15 469 gestiegen.

1966 hatten die Sowjets dreimal so viele Pottwale erlegt wie die Japaner (9436 im Vergleich zu 3000),

Bei schwerem Seegang schlug das Wasser im Lee oft über die Reling der Fangboote. Das Bild zeigt die Nr. II, den sowjetischen Walfänger *Olg*.

wobei ein großer Teil der Wale in japanischen Gewässern gefangen wurde. Der sowjetische Cetologe B. A. Senkowitsch hat errechnet, daß in den vierzehn Jahren seit Beginn des sowjetischen Pottwalfangs (1950 bis 1964) 86 000 Pottwale erlegt wurden. Die sowjetischen Cetologen beschäftigen sich intensiv mit den getöteten Walen – offensichtlich um diese gewinnbringende Industrie auch weiterhin aufrechterhalten zu können – und waren mehr als erstaunt, als sie feststellen mußten, daß es Probleme mit den Walen gab. Die erlegten Tiere waren jetzt viel jünger und kleiner als in den vorangegangenen Jahren. Dazu A. A. Berzin, ein sowjetischer Wissenschaftler, der 1972 eine umfassende Arbeit über Pottwale veröffentlichte: »Bereits Ende 1963 war klar, daß Schutzmaßnahmen für Pottwale, die im Sommer in subpolare Breiten wanderten, dringend erforderlich waren. Das Fehlen strenger internationaler Beschränkungen könnte für die Pottwale des Nordpazifiks fatale Folgen haben.« Bald darauf sprachen sich Japan und die Sowjetunion für eine *Erhöhung* der Quoten für Pottwale im Nordpazifik aus.

Der maschinelle Pottwalfang unterschied sich nicht wesentlich von den früheren Methoden: Er war einfach nur effizienter. Die Wale wurden vom Ausguck aus gesichtet, dann näherte sich das Fangboot mit gedrosselten Motoren, um die Tiere nicht zu erschrecken. Die Harpuniere zielten auf die linke Seite des Wals, also direkt auf das Herz. Sobald der Wal tot war, brachte man ihn längsseits des Fangbootes und pumpte Druckluft in den Kadaver, damit er nicht absank. Anschließend wurde er zur Verarbeitung zum Fabrikschiff geschleppt. Im Gegensatz zu den Walfängern des 19. Jahrhunderts ließen die Sowjets keinen Teil ungenutzt. Lediglich das Fleisch des Pottwals galt als ungenießbar, konnte aber an Pelztiere verfüttert und in getrockneter Form anderen Futtermitteln beigemischt werden. Ein Walleberextrakt wurde auch bei der Herstellung eines Campolon MG genannten Präparates verwendet, das die Sowjets in der Therapie gegen Anämie einsetzten. Die Bauchspeicheldrüse enthielt eine Substanz, aus der man Insulin herstellen konnte, und die Hypophyse lieferte eine adreno-kortikotrope Substanz für die Behandlung von Arthritis und Gicht. Eine Art chirurgischer »Schwamm« aus dem Kollagen der Flossen wurde bei Verbrennungen als temporärer Ersatz für Spenderhaut verwendet. Die Sehnen dienten zur Herstellung von Klebstoff.

Pottwale sind die einzigen Wale – oder besser gesagt, die einzigen Tiere auf der Welt –, die die geheimnisvolle Substanz Ambra produzieren. Diese pöröse, graubraune Substanz findet man manchmal beim Öffnen eines Pottwales, aber nur bei drei oder

Das sowjetische Fangboot *Dezzkij-45* in der Antarktis.

Das sowjetische Fabrikschiff *Slava*. Die ehemalige deutsche *Wikinger* war von den Sowjets nach dem Zweiten Weltkrieg requiriert worden.

vier von hundert Tieren. Meist befinden sich kleine Stücke davon in den unteren Gedärmen, aber manchmal stößt man beim Entfernen der Eingeweide auch auf große »Brocken«. Das größte Stück Ambra fand die Mannschaft der sowjetischen *Sowjetskaja Rossija* 1967 in einem 15 m langen männlichen Pottwal, es wog rund 270 kg.

Die öffentliche Meinung, die in der Sowjetunion selten eine Rolle spielte, sollte die Sowjets schließlich doch aus dem Walfanggeschäft verdrängen. Aber wie alle anderen Walfangnationen gingen auch sie nicht widerstandslos, und bevor die Harpunen ruhten, mußten noch Tausende von Pottwalen sterben.

Als Mitte der sechziger Jahre die Glattwalbestände so dezimiert waren, daß sich die Jagd kaum noch lohnte (in der Sprache der Walfänger hieß das, das »Fangergebnis pro Einsatzeinheit« war nicht befriedigend), entdeckte man, daß es immer noch eine Menge Wale gab, aber eben leider die falschen. Die »richtigen« Wale, die Glattwale, waren verschwunden und die

Blau-, Finn-, Sei- und Buckelwale so rar, daß sie unter Schutz gestellt oder als bedroht eingestuft wurden. Aus wirtschaftlichen und politischen Gründen waren die japanischen und die sowjetischen Killerflotten inzwischen die einzigen auf den Weltmeeren; diese beiden Länder aber waren bereit, vom Glattwal- auf den Pottwalfang umzusteigen. Beide Nationen benötigten das Öl und den Dünger, und die Sowjets aßen das Fleisch zwar nicht selbst, verfütterten es aber an ihre Nerze und Zobel, und Überschüsse konnten immer noch an die Japaner verkauft werden. Für die Japaner waren die Pottwale eine bisher unerschlossene, äußerst vielversprechende Quelle.

Allmählich erschien der Pottwal auch in den Randbemerkungen der Jahresberichte der IWC und fand mehr und mehr Beachtung. In einem Arbeitspapier für die IWC stimmte die Delegation der UdSSR 1965 zu, daß bei aller »Sorge um die Glattwalbestände« auch »die Fangzahlen bei weiblichen Pottwalen beschränkt werden sollten«.

Da allmählich klar wurde, daß die Pottwale den

Platz der Glattwale als bevorzugte Beutetiere der Walfänger einnahmen, berief die IWC 1966 eine Sondersitzung ein. Unter anderem wurde dort beschlossen: »Eine Sonderkommission solle geschaffen werden, die sobald wie möglich die Gesamtbestände schätzt. Zu diesem Zweck muß jedes Land der Internationalen Walfangkommission seine vollständigen Aufzeichnungen über Einsätze und Fangzahlen zur Verfügung stellen.«

Zuerst wurde die Welt in Sektoren aufgeteilt, die eine Überwachung der Fänge erleichterten. Dabei spielte es keine Rolle, daß die Wale sich nicht an diese Sektoren hielten und beliebig von einem Sektor in den anderen und sehr wahrscheinlich auch von einer Hemisphäre in die andere wanderten.

Der wissenschaftliche Ausschuß der IWC teilte die südliche Hemisphäre in neun Bereiche und halbierte den Nordpazifik unter der (wahrscheinlich falschen) Annahme, daß es in diesem Gebiet zwei verschiedene Pottwalbestände gab. Er entschied, daß die Pottwale im Nordatlantik eine eigene Population darstellten. So wurde der gesamte Ozean zur Freude der Norweger, Isländer und Kanadier zu einem einzigen »Verwaltungsgebiet« erklärt.

Um die Zahl der Wale schätzen zu können, die jährlich getötet werden durften, mußten die Walfänger eine ungefähre Vorstellung von der Größe der Population haben. Es war keine einfache Aufgabe festzustellen, wie viele Pottwale es in den Weltmeeren gab, besonders da diese Tiere sich wenig entgegenkommend zeigten und den Großteil ihres Lebens unter der Wasseroberfläche verbrachten. Unbeeindruckt von so geringfügigen Problemen brüteten die Forscher der IWC vor ihren Bildschirmen und brachten auch tatsächlich Zahlenangaben zustande. Auch wenn die Ergebnisse in ausgesucht umständlicher Sprache formuliert und durch allerlei Floskeln, die ohnehin nur ein Fachmann für Populationsdynamik verstehen konnte, garniert wurden, handelte es sich nur um Näherungswerte. 1983 nahmen die Wissenschaftler an, daß es im östlichen Nordpazifik 111 400 männliche und 162 000 weibliche und im westlichen Sektor 61 000 männliche und 137 100 weibliche Pottwale gab.*

Mit 33 154 Bruttoregistertonnen war das 210 m lange Fabrikschiff *Sowietskaja Rossija* das größte Walfangschiff aller Zeiten.

Ein ausgewachsener männlicher Pottwal auf dem Flensdeck der *Olympic Challenger*. Man beachte die Zähne im Unterkiefer, das Fehlen von Zähnen im Oberkiefer sowie die Schnauze mit den vielen Narben.

1968 erlegten die Walfänger im Nordpazifik 12 470 männliche und 3617 weibliche Pottwale. Für das folgende Jahr betrugen die Zahlen 11 239 und 3605. Im Bericht der IWC für 1970 war auch der wissenschaftliche Ausschuß der Meinung, »daß es in Anbetracht

der offensichtlich exzessiven Fänge wünschenswert sei, die Abnahme des männlichen Bestandes zu verlangsamen ...«, und empfahl, »daß eine weitere Reduktion der Fangzahlen beim männlichen Pottwal wünschenswert wäre«. Die IWC setzte also 1970 erstmals Quoten für Pottwale für die Saison 1971 fest. Die Japaner bekamen 5760, die Russen 7716 Pottwale zugeteilt. Auf die Vereinigten Staaten entfielen, obwohl sie im Begriff waren, die letzte Küstenstation in Kalifornien zu schließen, überraschenderweise 75 Tiere. Für die nächsten drei Fangperioden setzte die Kommission die Quoten für den Nordpazifik mit 6000 männlichen und 4000 weiblichen Tieren fest, aber die

---

* Diese Zahlen ergaben insgesamt 472 100 Tiere, und zusammen mit den Schätzungen für die südliche Hemisphäre und den Nordatlantik (1984) hätte die Pottwalpopulation weltweit etwa 1 000 000 Tiere umfaßt. Diese Zahlen sind nützlich für die Planung von Walfangaktivitäten, aber als 1989 bei der Konferenz der IWC der Bericht der International Decade for Cetacean Research (IDCR) vorgestellt wurde, konnten die Forscher anstelle der 600 000 in der Antarktis vermuteten Tiere nur 3059 ausmachen.

Sowjetunion und Japan hielten sich nicht ein einziges Mal an diese Quoten. Sie erlegten zur gleichen Zeit auch in der Antarktis rund 13 000 Pottwale.

Die Pottwalfänger arbeiteten mit allen Mitteln, um ihre Fangzahlen zu erhöhen, und die IWC konnte nur hilflos zusehen, wie die Zahlen astromonische Höhen erreichten. Zwischen 1964 und 1974 wurden in den nördlichen und südlichen Ozeanen 267 194 Pottwale erlegt, also im Schnitt 24 270 Tiere pro Jahr. Als die Vereinten Nationen 1972 eine Resolution zur Beendigung des Walfangs verabschiedeten, waren die Augen der Welt auf die IWC gerichtet. Würde sich dieses Gremium der Meinung der übrigen Welt anschließen? Würden die Quoten für die Wale reduziert werden? Als die Vereinigten Staaten 1972 bei der IWC ein Moratorium beantragten, wurde es von der Kommission abgelehnt. Das gleiche geschah 1973. (Die USA verabschiedeten 1972 ihren »Marine Mammal Protection Act«, der das Ende des amerikanischen Walfangs brachte.) Das Schlachten ging jedoch weiter, und 1974 mußten 21 217 Pottwale sterben.

Umweltschützer hatten zu diesem Zeitpunkt Japan und die Sowjetunion als die Schurken in diesem Drama erkannt und begannen nun Druck auszuüben, indem sie Unterschriften sammelten und diese samt Petitionen den jeweiligen Botschaftern überreichten. Amerikanische Kongreßabgeordnete wie Alphonso Bell aus Kalifornien wandten sich gegen die Japaner: »Es ist an der Zeit, daß Japan und die Sowjetunion sich den internationalen Protesten beugen und dieser räuberischen Industrie ein Ende setzen.« Man konnte über die Handelsbeziehungen der USA zur japanischen Industrie Druck auf die japanische Regierung ausüben, die den Walfang voll subventionierte. Im Gegenzug starteten die Japaner eine Werbekampagne, veröffentlichten Broschüren über Geschichte und Gegenwart des Walfangs und reagierten auf diplomatischem Weg auf die Anschuldigungen.

Die Sowjets waren dagegen ein ganz anderes Problem. Sie erlegten genauso viele Wale wie die Japaner, aber es gab offensichtlich keine Möglichkeit, sie unter Druck zu setzen. Die Sowjets ließen sich nicht dazu herab, auf die gegen sie gerichteten Anschuldigungen zu reagieren. Die Stimmen in der IWC teilten sich klar in Befürworter und Gegner des Walfangs.[*] Als bereits der Eindruck entstand, niemand habe die Autorität, der sicheren Vernichtung der Pottwale Einhalt zu gebieten, erschienen plötzlich die Retter auf der Bildfläche. Diese unerwartete Hilfe kam von den

»Öko-Guerillas« von Greenpeace, die entschlossen waren, sich den sowjetischen Walfängern notfalls direkt entgegenzustellen.

Greenpeace hatte das Fabrikschiff *Dal'nii Wostok* etwa 480 km von der kalifornischen Küste entfernt im Nordpazifik entdeckt. Die Fangboote waren unterwegs gewesen, und die »Rainbow Warriors« trafen zuerst auf einen toten Wal, der nicht einmal die geforderte Mindestgröße hatte. Sie näherten sich dem riesigen Fabrikschiff in ihren Schlauchbooten und forderten (auf russisch), daß die Männer aufhören sollten. Die Kameraleute von Greenpeace filmten die Flenser hoch oben und das blutige Spülwasser, das aus den Speigatten floß. Die Umweltschützer planten einen noch weit spektakuläreren Schachzug: Sie wollten sich mit ihren Booten zwischen die Wale und die Harpunen der Walfänger stellen.

Als das Fangboot *Wlastij* Kurs auf ein paar Pottwale nahm, folgten die Schlauchboote. Sobald die Wale in Reichweite waren, wählten die Kommandos ihre Positionen so, daß die Harpuniere genau über ihren Kopf hinweg auf den Wal hätten schießen müssen. Sie waren davon überzeugt, daß die Harpuniere aus Angst, sie zu treffen, nicht feuern würden. Aber sie täuschten sich. Ein 125 kg schweres Gußeisenprojektil pfiff über ihre Köpfe hinweg und traf einen der unglücklichen Wale. Die Greenpeace-Leute konnten trotz höchstem persönlichem Einsatz dem Töten nicht Einhalt gebieten. Aber sie filmten den Vorfall und sorgten dafür, daß Fernsehanstalten auf der ganzen Welt den Film sendeten und so die Öffentlichkeit auf das Problem aufmerksam wurde.

Im Juni 1977 fand im australischen Cronulla eine Sonderkonferenz der IWC zum Thema Pottwalfang statt. Der wissenschaftliche Ausschuß empfahl für den Nordpazifik eine Quote von 763 Pottwalen, aber die Konferenz endete mit einer Quote, die weltweit für Schlagzeilen sorgte: 6444 – beinahe das *Zehnfache* dessen, was die eigenen Wissenschaftler empfohlen hatten. Auf der Konferenz von 1978 blieb es bei der Empfehlung von 763. Die Walfänger waren natürlich nicht bereit, diese Zahl zu akzeptieren, daher ignorierten sie den wissenschaftlichen Ausschuß erneut

---

[*] 1972 gab es in der IWC 15 Staaten mit Stimmrecht. Davon waren sechs im Walfang aktiv (Island, Japan, Norwegen, Panama, Südafrika und die UdSSR). Dieser Block konnte jede Resolution niederstimmen, da für die Verabschiedung eine Zweidrittelmehrheit notwendig war.

Bis 1972 betrieb die Del Monte Company im kalifornischen Richmond eine Küstenstation, wo Buckel-, Grau- und gelegentlich auch Pottwale erlegt wurden. Die Schiffe waren umgebaute Trawler mit einer Harpunenkanone am Bug.

und bewilligten sich selbst eine Quote von insgesamt 6344. Davon entfielen 3226 auf die Sowjetunion.

Jean-Paul Fortom-Gouin nahm als Berater der panamaischen Delegation 1978 an der Konferenz von London teil. Seine Delegation plante, eine Resolution für ein Moratorium für den kommerziellen Walfang einzubringen, aber noch vor Konferenzbeginn wurde die Resolution zurückgezogen und Fortom-Gouin abberufen. Es gab Gerüchte, daß Japan Panama unter Druck gesetzt hatte, indem es drohte, ein großes Zuckergeschäft platzen zu lassen, wenn Panama darauf bestand, die Walfanginteressen Japans zu gefährden.

Obwohl die Sowjets mehr Wale erlegten, waren die Japaner die glühenderen Verfechter höherer Quoten. Die Japaner führten die Schlacht an, und Jahr für Jahr stimmten die sowjetischen Kommissionsmitglieder kommentarlos für die Vorschläge der Walfänger. Zwischen 1978 und 1984 wurde Japan in der Kommission von Kunio Yonezawa vertreten, einem redegewandten und leidenschaftlichen Anwalt der Rechte der Walfänger. Die sowjetischen Delegierten waren fast immer mit den Japanern einer Meinung, aber ihre Reaktionen waren sehr einsilbig. Je nach Abstim-

mung sagte das sowjetische Kommissionsmitglied entweder »Ja« oder »Nein«. Das war alles.

Der wissenschaftliche Ausschuß war so intensiv mit den verschiedenen Methoden zur Erhebung der Walbestände beschäftigt, daß er für 1979 gar keine Quoten angeben konnte. (1978 hatte Japan seine Quoten für den Nordpazifik und die südliche Hemisphäre nicht ausschöpfen können.) Innerhalb und außerhalb der IWC wuchs der Druck. Ausgerechnet auf der Konferenz von Tokio im Jahr 1979 wurde der Walfang mit Fabrikschiffen gänzlich verboten (außer für Zwergwale), was einem ad-hoc-Moratorium für den Pottwalfang gleichkam. Es schien außer einer Mißachtung der IWC-Resolution keine Möglichkeit zu geben, den Pottwalfang fortzusetzen. Aber die Sowjets fanden einen Weg.

Einen Monat nach der Konferenz verlangten sie, daß per Post über eine Quote von 1508 männlichen Pottwalen abgestimmt werden sollte. Der von nur drei Ländern (Japan, der UdSSR und Peru) unterstützte Vorschlag wurde abgelehnt. Aber trotzdem ging man auf Walfang. Die *Sowietskaja Rossija* erlegte 201 Wale und die *Dal'nii Wostok* 130, aber später würden sie behaupten, sie hätten die Resolution von Tokio falsch verstanden und gedacht, das Moratorium gelte erst für die Saison 1980/81. Trotz der fragwürdigen Umstände und Rechtfertigungen, unter denen diese Wale getötet wurden, waren es die letzten von sowjetischen Walfängern erlegten Pottwale.

Ebenfalls 1980 fingen die Sowjets in der Antarktis etwa 900 Schwertwale und schützten auf Befragen Unkenntnis über die Artenzugehörigkeit der Tiere vor. Sie behaupteten, daß aus der russischen Bezeichnung für diese Art *(kosatka)* hervorginge, daß es sich um Delphine handelte (was richtig ist), nicht um Wale, sie also nicht unter die Bestimmungen der IWC fielen. In der Folge wurde der Schwertwal offiziell in die Liste der Arten aufgenommen, für die die Bestimmungen der IWC galten.

1980 wurde auf der Konferenz im englischen Brighton ein Vorschlag für ein umfassendes Moratorium zum Pottwalfang abgelehnt. Die entscheidende Stimme kam von Kanada. Die Pottwalquoten für die Saison 1980/81 betrugen 400 für die Antarktis und 890 für den Nordpazifik mit einem »Beifang« von 11,5 Prozent. Das bedeutete, daß zusätzlich 460 Weibchen getötet werden durften, denn dies ließ sich bei Tieren, deren Geschlecht erst im nachhinein bestimmt werden konnte, nicht vermeiden. (Diese Quote fiel komplett den japanischen Küstenwalfängern zu, denn zu diesem Zeitpunkt hatten sich die Sowjets aus dem Pottwalfang zurückgezogen.) Auf derselben Konferenz wurde die Quote für Zwergwale in der südlichen Hemisphäre mit 7072 festgesetzt. Langsam reduzierte man die Quoten, obwohl die Hochseewalfänger jedesmal heftig protestierten. Wieder einmal kam der Protest von den Japanern, während die Sowjets schweigend zuhörten und nötigenfalls »njet« sagten.

Im Februar 1981 traf in der Zentrale der IWC im englischen Cambridge ein überraschendes Kommuniqué aus Moskau ein, das Gerüchten entgegentrat, die Sowjetunion plane, sich aus dem Walfang zurückzuziehen. Das Kommissionsmitglied Nikonorow ließ die Kommission wissen, daß die Sowjetunion »im Zuge der allgemeinen Maßnahmen zum Schutze der Natur« den kommerziellen Walfang im Nordpazifik 1979 eingestellt hätte, »daß die Flotte den Walfang in der Antarktis aber in begrenztem Umfang ... fortsetzen würde«. Zu dieser Zeit wiesen die Sowjets darauf hin, daß der Walfang notwendig für die Forschung sei, denn wenn keine Wale mehr erlegt würden, könnte man auch nichts mehr über sie erfahren. 1981 bestand die sowjetische Flotte allerdings nur noch aus einem Fabrikschiff und fünf Fangbooten – war also

meilenweit entfernt von den fünf schwimmenden Fabriken und etwa 80 Fangbooten, die zehn Jahre zuvor die Meere unsicher gemacht hatten.

Die Holländer in der Antarktis

Nach einer Pause von eineinhalb Jahrhunderten beschlossen die Holländer, wieder ins Walfanggeschäft einzusteigen. Sie wollten Walöl als Ersatz für die Pflanzenöle, die sie durch den Krieg in Niederländisch-Indien (heute Indonesien) verloren hatten. Der Wiedereinstieg war jedoch nicht so einfach. Norwegen, das in jeder neuen Walfangnation eine Bedrohung sah, erließ das »Norwegische Mannschaftsgesetz«, das Norwegern verbot, für ausländische Walfangunternehmen zu arbeiten. Ein weiteres Gesetz untersagte es Norwegern, auf Schiffen zu fahren, die vor dem Krieg nicht am Walfang beteiligt gewesen waren. Dieses Inlandsgesetz richtete sich speziell gegen Japan und Deutschland. Den Sowjets aber gelang es, die Norweger zu überlisten, indem sie das deutsche Schiff *Wikinger* reparierten und *Slava* nannten. Damit verfügten sie über einen altgedienten Walfänger und hatten Anspruch auf norwegische Unterstützung. Die Holländer waren trotz derartiger Hindernisse entschlossen, sich erneut am Walfanggeschäft zu beteiligen und sich durch kein norwegisches Gesetz aufhalten zu lassen.

Auf der internationalen Walfangkonferenz 1946 in Washington war das »Norwegische Mannschaftsgesetz« Gegenstand hitziger Debatten. Der oberste Vertreter der Niederlande, Fischereidirektor D. J. van Dijk, griff die Norweger heftig an, weil sie die Niederlande vom Hochseewalfang ausschlossen und ihnen damit die Möglichkeit nahmen, ihre erschöpften Vorräte an dringend benötigten Fetten aufzufüllen. Obwohl man sich auf der Plenarsitzung fast ausschließlich mit diesem Problem beschäftigte, fand man keine Lösung. Schließlich fügte man dem Abschlußkommuniqué folgenden Nachtrag hinzu:

Im Interesse einer wirksamen Erhaltung und der Entwicklung der Walbestände empfiehlt die Konferenz den vertretenen Regierungen, von allen Maßnahmen Abstand zu nehmen, die ein an den Grundsätzen der internationalen Walfangabkommen festhaltendes Land daran hindern könnten, die internationalen Regelungen zum Schutze des Walbestands anzuerkennen oder durchzuführen.

Die holländische schwimmende Fabrik *Willem Barendsz II* (206 m lang, 26 830 Bruttoregistertonnen) lief 1955 vom Stapel. (Am Horizont links die erste, nur 154 m lange *Willem Barendsz.)* Das größere Schiff war bis zum Ausstieg der Holländer aus dem Walfang 1964 das bedeutendste Schiff ihrer Antarktisflotte.

Nach ihrer Wiederaufnahme wurde die holländische Walfangindustrie vom Staat unterstützt und zählte Prinz Bernhard zu ihren Fürsprechern, ähnlich wie auch König Wilhelm I. im 19. Jahrhundert den holländischen Walfang gefördert hatte. Die holländische Regierung verpflichtete sich zum Ankauf des von holländischen Expeditionen gelieferten Öls. Da sie auch den Bau neuer Schiffe finanzierte, entwickelte sich hier die erste staatlich geführte Walfangindustrie. (Später folgten die Sowjets und die Japaner diesem Beispiel.)

Anfang 1946 kaufte die Nederlandsche Maatschappij voor Valvischaart N. V. einen Tanker, der in der Amsterdamer Werft zu einem Fabrikschiff umgebaut und nach dem berühmten Arktisforscher *Willem Barendsz* benannt wurde. Dann erwarben die Holländer acht Fangboote von einer norwegischen Firma, die in Panama gearbeitet hatte, und waren damit bereit für die Reise nach dem Süden. Es stellte sich nur noch das Problem, geeignete Mannschaften zu finden. Erste Risse im »Norwegischen Mannschaftsgesetz« zeigten sich, als unabhängige norwegische Harpuniere sich auf der *Willem Barendsz* anheuern ließen. Der norwegische Konsul in Amsterdam gehörte zu den

Direktoren der holländischen Gesellschaft und stellte entgegen den Vorschriften seines Landes sofort etwa fünfzig Norweger ein. (Die Holländer heuerten außerdem norwegische Mannschaften in Kapstadt an, da es in anderen Ländern nicht möglich war.) In Tønnessens und Johnsens (stark von Voreingenommenheit geprägter) Analyse des holländischen Walfangs heißt es:

»Man kann ohne Übertreibung sagen, daß die Umgehung des norwegischen Gesetzes durch norwegische Harpuniere den holländischen Walfang ermöglichte, und keine Nation sollte künftig der IWC so viele Schwierigkeiten bereiten wie die Niederlande.«

Am 27. Oktober 1946 verließ die *Willem Barendsz* Amsterdam mit einer gemischten Mannschaft, doch die Fangboote waren fast ausschließlich mit Norwegern besetzt. (Das »Norwegische Mannschaftsgesetz« galt nämlich nur für schwimmende Fabriken, nicht für Fangboote.) Die holländische Regierung wollte ihre Ölindustrie um jeden Preis wiederbeleben. 1951 schloß sie einen Acht-Jahre-Vertrag mit der Walfanggesellschaft. Darin kam man überein, ein neues Fabrikschiff und acht Fangboote für die Saison 1955/56 zu bestellen und bestätigte die Gewährung aller Darlehen und Zinszahlungen.

Die 190 m lange neue *Willem Barendsz* lief 1956 vom Stape und sogleich gab es Aufruhr in der Walfangindustrie. Die Holländer protestierten gegen die Senkung der Fangquoten auf 14 500 Blauwaleinheiten für die Saison 1958/59. Sofort legten auch die anderen Walfangnationen Protest ein, da sie den Holländern nicht den geringsten Vorteil lassen wollten.

Nur wenige Unterzeichnerstaaten waren an der Erhaltung der Walbestände interessiert – es sei denn, »sie diente der planmäßigen Entwicklung der Walfangindustrie«. Und gerade diese »Entwicklung« lief auf die Zerstörung der eigentlichen Grundlagen der Industrie hinaus. Vor 1958 basierten die von der IWC festgelegten Quoten auf der Blauwaleinheit, und die einzelnen Walfangnationen konnten frei um die Wale konkurrieren. Die IWC war von der Blauwaleinheit geradezu besessen und konnte sie, wie ein hartnäckiges Virus, nicht mehr loswerden. Scott McVay schrieb 1974:

Warum erscheint die Blauwaleinheit heute so vernunftwidrig, und wie funktioniert sie?« Eine Blauwaleinheit entsprach früher einem Blauwal oder zwei Finnwalen oder zweieinhalb Buckelwalen oder sechs Seiwalen; heute werden nur Finn- und Seiwale durch sie berechnet. Wenn man von »Einheiten« statt von »Walen« spricht, so ist das erstens nicht Biologie, sondern Arithmetik, und zwar schlechte Arithmetik. Zweitens trennt man auf diese Weise das Töten der Wale von der Sorge um die Überlebensfähigkeit jeder einzelnen Art. Die Blauwaleinheit widerspricht jedem vernünftigen wirtschaftlichen Denken. Denn was man von einer Art nicht bekommt, nimmt man einfach von einer anderen, ohne Rücksicht darauf, ob diese das auch verkraften kann. Und damit nicht genug – die auf der Basis der Blauwaleinheit ermittelte Quote wurde auch über alle wissenschaftlichen Erkenntnisse gestellt, so daß die noch verbliebenen Walbestände stetig weiter reduziert werden.

Zu Beginn der fünfziger Jahre herrschte in der Walfangindustrie ein wüstes Durcheinander; R. G. R. Wall nannte es die »Walfangolympiade«. Die Expeditionen warteten in der Antarktis, und an dem vorher festgesetzten »Eröffnungstag« der Saison begannen alle Walfänger aller Flotten, Wale zu töten, so schnell sie nur konnten. Am Ende der Woche teilten sie ihre

An Bord der *Willem Barendsz* in der Antarktis. Man hört beinahe das Zischen und Stampfen der Dampfmaschinen, spürt das schlüpfrige geronnene Blut unter den Füßen und den Geruch von geschlachteten Walen.

Fangergebnisse dem Büro für Internationale Walfangstatistik in Sandefjord mit. Das Büro schätzte das Datum, an dem die BWE-Quote erreicht sein würde. So blieben die Walfänger bis zum letzten Moment im Wettbewerb, da keine Flotte zu kurz kommen wollte, bevor nicht das Ende der Saison angesagt war.

Jedesmal wenn die IWC kurz vor der Vereinbarung einer vernünftigen Verfahrensweise stand, vereitelte die eine oder andere Walfangnation den Plan. 1953 erkannte der wissenschaftliche Ausschuß, daß der Rückgang der Blauwalbestände große Probleme nach sich ziehen würde, und versuchte, den Eröffnungstag der Saison bis zum 15. Januar zu verschieben. Als die Holländer drohten, Beschwerde einzulegen, ließ man den Vorschlag fallen. 1955 meinte der wissenschaftliche Ausschuß, daß eine Beschränkung der Fangzahlen für jede einzelne Art von Vorteil wäre. Norwegen stellte sich dagegen und schlug statt dessen vor, die Gesamtmenge der gefangenen Wale zu reduzieren. Auf der Jahrestagung der IWC 1955 in Moskau empfahl der wissenschaftliche Ausschuß, die jährliche Fangquote auf 11 000 BWEs zu reduzieren.

Die Holländer wandten sich weiterhin gegen jede Senkung der Fangquoten, und 1958 erreichten sie eine Rückkehr zur Quote von 15 000 BWEs. Sie waren offensichtlich entschlossen, sich trotz der Situation der Wale gegen die Meinung der Welt durchzusetzen. Sie verließen die IWC und kündigten an, daß sie ihre Quoten selbst festsetzen wollten. Als deutlich wurde, daß die IWC keinen Einfluß auf die Niederlande hatte, sahen sich auch die Norweger zum Austritt genötigt. Denn sie wollten nicht an Beschränkungen gebunden sein, die für andere Nationen keine Gültigkeit hatten.

Durch das Ausscheiden der Niederlande und Norwegens wurde die IWC praktisch handlungsunfähig. Denn wie sollte eine Kommission, die nicht einmal ihre eigenen Mitglieder kontrollieren konnte, auf Nationen einwirken, die ihre Regelungen von vornherein mißachteten? Im Bericht für 1960 stellt der Vorsitzende fest:

»Die Kommission ist sich über die Bedeutung der Einhaltung des Vertrages im klaren und geneigt, eine Erhöhung der Fangquoten für die Antarktis in Betracht zu ziehen, falls dadurch der Verlust von drei Mitgliedsländern, die ihren Austritt erklärt haben, abgewendet werden kann.«

Die Kommission war bereit, den in der Antarktis aktiven Walfangnationen höhere Quoten anzubieten. Doch dieser Anreiz wirkte nicht, und am 1. Juli 1959, zehn Jahre nach Gründung der Kommission, war die

Jagd wieder offen. Die Holländer ließen wissen, daß sie sich an die meisten Vorschriften der IWC halten würden – außer an jene über die Anzahl der gefangenen Wale. Die Norweger versprachen, alle Bedingungen des Internationalen Walfangabkommens einzuhalten – mit Ausnahme der Fangbeschränkungen für die Antarktis.

Die Walfangnationen teilten die Wale folgendermaßen unter sich auf: Japan 5800 BWE, Norwegen 5000 BWE, England 2500 BWE. Die Niederlande erklärten, sie würden nicht mehr als 1200 BWE fangen, und die UdSSR genehmigte sich 3000 BWE. Dies ergab insgesamt 17 500 BWE, also eine wesentlich höhere Quote als in den Vorjahren und vor allem mehr Tiere, als die Walbestände verkraften konnten. Wie widersinnig diese Quoten waren, zeigte sich daran, daß die Walfänger unabhängig von der Anzahl ihrer BWE nicht annähernd genug Blauwale fanden, um diese Quoten zu erfüllen, deshalb schlachteten sie die kleineren Finnwale ab. Die Zeiten der Blauwaljagd waren vorbei, doch die Blauwaleinheit, die den Untergang dieser Walart herbeigeführt hatte, bestand weiter. In der Fangsaison 1959/60 wurden nur 1192 Blauwale getötet, aber dafür mußten 27 128 Finnwale sterben.[*]

Natürlich war das Überleben der Walfänger viel wichtiger als das der Wale. Und es wurde deutlich, daß die IWC den Passus der Konvention, in dem es um die »Wirtschafts- und Ernährungsprobleme« der Walfangnationen ging, anerkennen und nicht »alle Walarten vor weiterer Überjagung« schützen würde.

Bevor man entscheiden konnte, ob man die Wale für die Industrie oder für die Nachwelt schützen wollte, mußte man eine Ahnung davon haben, wie viele es gab. Das Zählen von Walen ist eine schwierige Sache, und das Problem sollte die IWC noch während ihrer ganzen stürmischen Existenz verfolgen. Da es keine absoluten Anhaltspunkte gab, entwickelten die Wis-

---

[*] Fast zur gleichen Zeit »entdeckten« die Japaner eine Unterart des Blauwals; sie stellten fest, daß die Tiere zur Zeit der Geschlechtsreife kleiner waren als Blauwale, und in Ermangelung eines besseren Namens für die Wale, die bis zu zwanzig Meter lang werden konnten, nannten sie sie Zwergblauwale. Während die Walforscher noch darüber diskutierten, ob es sich bei *Balaenoptera musculus brevicauda* um eine echte Unterart handelte oder nicht, begannen die Japaner, sie abzuschlachten. Von 1959 bis 1963 töteten sie auf der Höhe der Kergueleninseln 2533 dieser »Zwerge«. Aber selbst wenn es eine eigene echte Unterart gab, blieben nicht genügend Blauwale (jeder Größe) übrig, daß sich das Töten rentiert hätte.

senschaftler unterschiedliche Methoden und kamen oft zu ganz verschiedenen Schätzungsergebnissen. Überdies neigten besonders voreingenommene Wissenschaftler zu Schlußfolgerungen, die ihren eigenen Standpunkt stützten. Wissenschaft sollte eigentlich objektiv, berechenbar und nachvollziehbar sein. Aber Wissenschaft im Dienste des Umweltschutzes – oder schlimmer, im Dienste des Geschäfts – kann sich leicht ins Gegenteil verkehren. So konnten Wissenschaftler, die für die Walfanggegner arbeiteten, »beweisen«, daß es weniger Wale gab, als die Befürworter des Walfangs annahmen, und Wissenschaftler aus den Walfangländern waren in der Regel imstande nachzuweisen, daß es genug Wale einer bestimmten Art gab, um den Walfang noch für lange Zeit aufrechtzuerhalten. Der wohl berühmteste Walfangbefürworter unter den Wissenschaftlern war der niederländische Professor E. J. Slijper, Autor eines vielgelesenen Buches über Wale *(Walvissen)* und hochrangiges Mitglied der holländischen Delegation in der IWC. Er lehnte es kategorisch ab, Populationsschätzungen gelten zu lassen, die anzeigten, daß der Walfang eingeschränkt werden sollte. Er schrieb: »Das Ziel der Kommission und ihrer biologischen Berater ist nicht, wie viele Leute meinen, die Ausrottung der Wale zu verhindern. Das ist vielmehr das Ziel der internationalen Schutzorganisationen. Tatsächlich ist die IWC bestrebt, die Verminderung des derzeitigen Bestandes zu verhindern und zu garantieren, daß diese einträgliche Quelle von Öl, Fleisch und anderen wertvollen Produkten unseren Nachkommen nicht verlorengeht.«

Rechtzeitig zur Tagung im Juni 1962 traten die Niederlande wieder der IWC bei, und auch Norwegen widerrief am 6. Juni seinen Austritt. Man vereinbarte, die Fangrechte zwischen den fünf Walfangnationen folgendermaßen aufzuteilen: Japan 33 Prozent, Norwegen 32 Prozent, UdSSR 20 Prozent, England 9 Prozent und die Niederlande 6 Prozent.

Die Quote für die Saison 1963/64 betrug 10 000 BWE, doch die Walfänger konnten nur 8429 einbringen; dies zeigte, daß man den Bericht des »Dreierkomitees« nicht ernst genug genommen hatte. (Dieses Komitee hatte 1963 in einem IWC-Bericht dringend empfohlen, den Walfang einzuschränken.)

In den folgenden Jahren wurden in der Antarktis mehr Wale abgeschlachtet als je zuvor. Natürlich waren die Blauwalbestände so stark dezimiert, daß die Walfänger in der Saison 1961/62 nur 718 und in der Saison 1962/63 ganze 309 Tiere erlegen konnten. Dafür erreichte die Zahl der erbeuteten Finnwale 1961/62 die Rekordhöhe von 28 761 Tieren. Wie zu erwarten gewesen war, mußte in den folgenden Jahren die Jagd auf den Seiwal beginnen. Nach der unseligen Idee der Erfinder der BWE war ein Seiwal nur ein Sechstel soviel wert wie ein Blauwal; als die Blau- und Finnwalbestände fast erschöpft waren, begann man systematisch, die nächstkleineren Furchenwale auszulöschen.

Die Sowjets und die Japaner drängten die Holländer allmählich aus dem Geschäft. 1962 wurde die *Willem Barendsz I* an einen Japaner verkauft (und hieß fortan *Nitto Maru*); ihre Nachfolgerin, die *Willem Barendsz II*, ging nach der Saison 1963 an einen südafrikanischen Konzern und wurde in eine schwimmende fischverarbeitende Fabrik umgewandelt. Später tauchte das Schiff im Nordpazifik unter südkoreanischer Flagge auf. Der Verkauf der Flotte bedeutete das Ende der holländischen Walfangindustrie. Die Delegierten der Niederlande blieben jedoch in der IWC. Sie haben, wie die Vertreter vieler ehemaliger Walfangnationen, ihren Standpunkt diametral verändert und sind heute eifrige Walschützer.

Das Ende des kommerziellen Walfangs in Kanada

Kanada, einer der ursprünglichen Unterzeichnerstaaten des Internationalen Abkommens zur Regulierung des Walfangs von 1946, war auch auf der ersten Tagung der IWC 1949 in London anwesend. Eine der von der IWC angenommenen Resolutionen erlaubte es den Walfangnationen, zu Forschungszwecken auch eine kleine Anzahl von Vertretern »gefährdeter Arten« zu fangen. (Diese scheinbar harmlose Bestimmung sollte Ursache eines internationalen Konflikts werden, der in den achtziger Jahren die IWC fast zerriß, aber 1950 erschien sie als eine angemessene Methode, etwas über die Biologie bestimmter Arten zu erfahren.) Einem Biologen namens Gordon Pike wurde die Aufgabe zugeteilt, die Kadaver kanadischer Wale zu untersuchen, und von 1948 bis 1968 sah er sich in der Pacific Biological Station in Nanaimo, British Columbia, Grauwale, Buckelwale und Schwertwale an.

Nach dem Zusammenbruch des Piratenwalfangs von Aristoteles Onassis 1954 tauchten mehrere Norweger, die daran beteiligt waren, in British Columbia auf. Einer von ihnen, Arne Borgen, war Harpunier auf der *Olympic Challenger* gewesen; er sollte den Wiederaufbau der kanadischen Walfangflotte in Coal Harbour überwachen und rief norwegische Harpuniere aus der ganzen Welt zusammen. Schließlich wurde er Kapitän einer Flotte von fünf umgebauten Fangschiffen: *Bouvet III, Nahmint, Polar 5, Globe VII* und *Lavalee*. Die Western Whaling Company war also wieder flott. 1957 töteten die Walfänger 635 Wale, 1958 774 und 1959 869. (1959 waren darunter ein 25 m langer Blauwal, 369 Finnwale, 185 Seiwale, 27 weitere Blauwale und 27 Buckelwale).

1961 trafen die Kanadier eine Vereinbarung mit Japans größtem Walfangkonzern, Taiyo Gyogyo K.K., die sie zum Verkauf von gefrorenem Walfleisch auf dem japanischen Markt berechtigte. Die Gesellschaft wurde zur Western Canada Whaling Company Limited, und vier der fünf Fangboote wurden in *Westwhale I* bis *IV* umbenannt. Zwei neue schnelle Fangboote aus Japan erhielten die Namen *Westwhale V* und *VI*. Es gab zwar Sprachschwierigkeiten zwischen norwegischen und japanischen Walfängern, aber die Harpuniere hatten keine Probleme. In der ersten Saison (1962) töteten sie 713 Wale, im folgenden Jahr nur 548. Die japanisch-kanadische Flotte wurde immer besser, was jedoch nicht zu höheren Gewinnen führte. Es gab nämlich einmal mehr nicht genug Wale. 1967 sichtete die kanadische Flotte an 15 der ersten 23 Tage der Saison keinen einzigen Wal; die Station von Coal Harbour öffnete 1968 nicht mehr, und die *Westwhale*-Flotte wurde verkauft.

Zwischen den Weltkriegen wurde von den Stationen in Neufundland und Labrador aus weiterhin Walfang in begrenztem Umfang betrieben. Die Walfänger nahmen alles, was sie fanden – Blau-, Finn-, Sei-, Buckel- und Pottwale und 1937 auch den wahrscheinlich letzten legal von Walfängern erbeuteten Nordkaper (die Art wurde im selben Jahr voll unter Schutz gestellt). Die Hauptbeute waren Finnwale. Ein Blick auf die Statistiken für den Nordatlantik zeigt, daß die Walfänger recht lustlos zu Werke gingen. 1924 waren nur zwei Fangboote im Einsatz, die 12 Blauwale, 144 Finnwale, 16 Buckelwale und 8 Pottwale fingen. Von 1931 bis 1935 und 1938 gab es überhaupt keinen Walfang, 1939 erbeuteten die Stationen an der Nordatlantikküste 144 Wale, davon waren 118 Finnwale.

Nach dem Zweiten Weltkrieg sah man im Walfang ein Mittel zur Arbeitsbeschaffung und zur Erhöhung der Einnahmen, vor allem aber diente er zur Versor-

gung der hungernden Bevölkerung mit Fleisch. Die Station in Hawke's Harbour, Labrador, wurde 1945 wieder eröffnet, und norwegisch-neufundländische Konsortien betrieben uneingeschränkten Walfang im Nordatlantik. (Farley Mowat behauptet, daß die Konsortien 1951 3721 Finnwale sowie mehrere hundert »andere Wale« verarbeitet hätten.) 1963 wurde in Blandford, in Nova Scotia, eine weitere Küstenstation eröffnet; obwohl an dem Fangboot *Thorarinn* die kanadische Flagge wehte, waren Mannschaft und Ausrüstung norwegisch. Man erlegte eine beträchtliche Anzahl von Finn- und Seiwalen und brachte das Fleisch und das Öl nach Japan. Zwei Jahre später eröffneten die Norweger eine Station in Dildo, Neufundland, nach zwei weiteren Jahren entstand in Williamsport eine Küstenstation als Gemeinschaftsunternehmen der neufundländischen Fisheries Products Limited und des japanischen Riesen Taiyo Fisheries. Von 1964 bis 1972 wurden in kanadischen Gewässern weiterhin Finnwale getötet, ihre Zahl nahm jedoch stetig ab. Der Wissenschaftliche Ausschuß der IWC reduzierte weiterhin die Quoten, aber die Walfänger konnten sie ohnehin nicht mehr erreichen. 1972 stellte die kanadische Regierung »freiwillig« ihren letzten kommerziellen Walfangbetrieb ein. (Die Stationen an der Westküste waren schon seit 1967 geschlossen.)

Kanada war in den stürmischen Jahren stets ein recht aktives Mitglied der IWC gewesen. Den Richtlinien der »Stockholmer Resolution« der Vereinten Nationen von 1972 folgend, die einstimmig ein Moratorium des Walfangs beschloß (das noch 10 Jahre lang nicht befolgt werden sollte), gab Kanada einseitig das Walfanggeschäft auf und zog sich 1981 aus der IWC zurück. Bei der IWC-Tagung 1980 in Brighton hatte Kanada zu den Nationen gehört, die von protestierenden Umweltschützern als »Walmörder« beschimpft wurden. Premierminister Pierre Trudeau versicherte dem kanadischen Unterhaus, daß Kanada im Begriff sei, sich aus der IWC zurückzuziehen: »Wir sind keine Walfangnation; wir wollen uns innerhalb der Kommission noch zu allen Fragen äußern können, doch wir wollen nicht an den Entscheidungen der immer noch Walfang betreibenden Nationen teilnehmen.« (Eigentlich berechtigt das Entsenden von Beobachtern nicht dazu, sich zu »allen Fragen zu äußern«; Beobachter haben gar nichts zu sagen.) 1981, im Jahr vor dem Moratorium der IWC, wurde der Cetacean Protection Act zum Gesetz, und Kanadas Kleinwalfang war vorläufig der Kontrolle der Regierung unterstellt. Die kanadischen Inuit dürfen immer noch Belugas und Narwale fangen, aber die Kanadier töten keine großen Wale mehr.

In den fünfziger Jahren wurden vor den Küsten von Florida und Georgia einige ungewöhnliche Wale beobachtet. Es war schon seltsam, daß sich Wale gerade in diesen Gewässern tummelten, wo man früher kaum jemals einen Wal beobachtet hatte; noch seltsamer wurde es, als man merkte, daß es sich um Nordkaper handelte.[*] Sie erschienen später auch auf der anderen Seite von Florida, im Golf von Mexiko, vor Cape Cod, und um die Mitte der siebziger Jahre wurden sie vor Nova Scotia gesichtet. (Wahrscheinlich waren die Wale schon immer dort gewesen, doch hatte niemand nach ihnen gesucht oder sie erkannt.) Nordkaper fressen und kalben an verschiedenen Orten. Nun machte man den südlichen Teil des Verbreitungsgebietes als möglichen Kalbegrund aus (was durch das Vorhandensein von Kälbern belegt wurde), während die nördlichen Teile vermutlich die Nahrungsgründe sind (hier wurden fressende Wale beobachtet).

Wale kümmern sich nicht um Staatsgrenzen. Sie können jedes Jahr von Georgia bis zur Bay of Fundy und zurück schwimmen. Der Golf von Maine, wo der Großteil dieser Population beobachtet worden war, liegt zwischen der Nordostspitze der USA und der kanadischen Provinz Nova Scotia. Die angrenzende Bay of Fundy mit ihren sagenhaft hohen Tidenhüben zwischen den Küsten von New Brunswick und Nova Scotia gehört zu Kanada; so wollen wir die Nordkaper auch hier als »Kanadier« betrachten.

Eine Walpopulation, die als ausgerottet galt, war wie durch ein Wunder wieder aufgetaucht. Freilich sind die meisten Nordkaper des Nordatlantik umgebracht worden – Reeves und Mitchell berichteten (1983), daß zwischen 1820 und 1899 etwa 250 bis 300 gefangen wurden – doch es ist immerhin ein bemerkenswertes Comeback. Mead berichtet über 795 Nordkaper (»eher einzelne Wale als einzelne Beobachtungen«) in Massachusetts und dazu 233 in Florida und folgert daraus:

»Nordkaper konzentrieren sich anscheinend im Sommer in der Bay of Fundy und den angrenzenden Gewässern und im Winter vorwiegend im südlichen Teil ihres Verbreitungsgebietes. Besonders viele Kälber gibt es in den Gewässern um Florida, was zu der Annahme führt, daß ein Kalbegrund in der Nähe liegt.«

Der Nordkaper war die erste Walart, die weltweit unter Schutz gestellt wurde. 1937, noch bevor irgendein internationales Abkommen unterzeichnet war, erkannten die Walfangnationen, daß zu wenige dieser großartigen Tiere übrig waren, und erklärten es für ungesetzlich, Nordkaper zu töten, überall und zu jeder Zeit. Walfänger halten sich nicht immer an die Vorschriften, nicht einmal an ihre eigenen, und so wurden auch weiterhin vereinzelt Nordkaper abgeschlachtet. Zusätzlich strandeten und starben manchmal einzelne Tiere, doch im großen und ganzen haben die rigorosen Schutzmaßnahmen den Walen geholfen. Auch aus Südafrika und Australien, wo Kaper als erste Walart bejagt wurden und infolgedessen auch als erste Walart ausgestorben waren, kamen Meldungen über das wiederholte Erscheinen von Muttertieren und Kälbern in den Küstengewässern. In japanischen und sowjetischen Gewässern sowie vor Alaska sichtete man dagegen nur sehr wenige Nordkaper. Einzelgänger können auch vor Hawaii oder Kalifornien auftauchen.

Demgegenüber geht die Zahl der Blauwale weiterhin stark zurück. Blauwale stehen noch nicht so lange unter Schutz wie die Nordkaper, sie wurden noch bis 1968 bejagt. Im Laufe von 20 Jahren konnten sich die Blauwalbestände nicht erholen, und es gibt heute weit weniger Vertreter dieser Art als ursprünglich angenommen. Die einzelnen Walarten sind auf unterschiedliche Nahrung und verschiedene ökologischen Bedingungen angewiesen und nicht einfach nur größere oder kleinere Varianten ein und derselben nützlichen Öl- und Fleischquelle. Dies haben die Walfänger nie begriffen. Durch ihre Uneinsichtigkeit haben sie selbst ihre Existenz aufs Spiel gesetzt und die Walfangindustrie in den Ruin getrieben.

Der Piratenwalfang des Aristoteles Onassis

Aristoteles Onassis wurde 1906 in Smyrna (heute Izmir) geboren, besaß einen argentinischen Paß, war

---

[*] Untersuchungen historischer Berichte seit dem unerwarteten Erscheinen der Nordkaper haben gezeigt, daß die Wale dort früher nicht nur bekannt waren, sondern auch bejagt wurden. Reeves und Mitchell (1983) haben entdeckt, daß nach 1876 eine »Nordkaperfischerei« vor Fernandina, Florida, existierte und daß von 1875 bis 1882 zwischen South Carolina und Georgia 25 bis 30 Nordkaper gefangen worden sind.

Die *Olympic Challenger,* die einem Griechen mit argentinischem Paß gehörte, in Panama registriert war und in Kiel vom Tanker zum Walfänger umgerüstet wurde, 1952 auf der Fahrt durch den Jütlandkanal zwischen Ostsee und Nordsee. Man beachte den Hubschrauber auf dem Achterdeck.

aber eigentlich ein Weltbürger; er machte Geschäfte in den USA, Europa, Südamerika und im Mittleren Osten. Während des Zweiten Weltkriegs versuchte er sich zusammen mit seinem Freund Costa Grastos erstmals als Walfänger. Sie engagierten Beobachter der amerikanischen Küstenwache, die auf Flügen über der kalifornischen Küste Wale für sie ausfindig machten; dann schickten sie gemietete Fischerboote, um die Wale zu töten. Onassis galt als rücksichtsloser, habgieriger Schiffsmagnat, der sein Vermögen mit geheimen Geschäften und durch die Einschüchterung seiner Rivalen erworben hatte. Aber niemals zeigte sich deutlicher, wie rücksichtslos er sich über Gesetze und Vorschriften hinwegsetzte, als bei seinem Einstieg ins Walfanggeschäft. Obwohl der Walfang im Vergleich zu Onassis' Tankerflotte und anderen Unternehmen nur ein »Nebenerwerb« war, betrachtete er ihn als gewinnbringend – und als besonderes Vergnügen. Er erkannte, daß man hier sehr viel Geld verdienen konnte, solange man sich nicht mit Regeln und Vorschriften abgeben mußte. In der Saison 1949/50 schreckte sein Treiben die Mitgliedstaaten

der IWC auf, denn sie fürchteten, daß sie die 16 000-BWE-Quote mit einem weiteren Konkurrenten teilen mußten. Ihre Befürchtungen waren jedoch grundlos, da Onassis nach eigenen Regeln spielte und die IWC völlig ignorierte.

Er wandelte den T-2-Tanker *Herman F. Whiton* in eine schwimmende Fabrik um, die er *Olympic Challenger* nannte. Wie alle seine Unternehmen wurde auch dieses durch verschiedene Beteiligungsgesellschaften, Registrierungen und Flaggen unterschiedlicher Herkunft undurchschaubar gemacht. Die *Challenger* war finanziert durch eine Aktiengesellschaft unter der Leitung eines Griechen mit argentinischem Paß, war an eine Scheinfirma in New York angeschlossen, in Panama registriert und wurde geführt von der sogenannten Olympic Whaling Company mit Sitz in Montevideo, Uruguay. Schiffseigner war ein gewisser Lars Andersen, ein Norweger, den man der Kollaboration mit den Nazis überführt hatte. Onassis traf ihn in Buenos Aires bei Verhandlungen über die Rettung von Juan Peróns mißglücktem Walfangunternehmen.[*]

Abschälen des Blubbers vom Kopf eines Pottwals auf Onassis' Fabrikschiff *Olympic Challenger* 1951 im Ross-Meer.

Die *Olympic Leader*, eines von Onassis' mächtigen Fangbooten.

* 1951 hatte der argentinische Staatschef Perón ein Fabrikschiff mit 24 570 BRT in Dienst gestellt. Es sollte das größte Walfangschiff der Welt werden. Bescheiden nannte er es nach sich selbst, konnte es jedoch nicht finanzieren, und obwohl das Schiff von Onassis gebaut und wahrscheinlich heimlich bezahlt worden war, fuhr es nie als Walfänger, sondern beendete seine Laufbahn als Tanker.

Andersen wurde Unternehmensleiter und stellte Wilhelm Reichert, ebenfalls ein ehemaliger Nazi, als Kapitän ein. Die *Challenger* wurde begleitet von 17 Fangbooten, die mit insgesamt 519 Deutschen bemannt waren. An Bord befand sich der erste je im

Hochseewalfang eingesetzte Hubschrauber. Die Jungfernfahrt der *Olympic Challenger* verlief ungeheuer erfolgreich. Die Mannschaft tötete Wale ohne Rücksicht auf Größe, Art oder Zustand. Die in Norwegen ausgebildeten Männer fingen gefährdete Blauwale, Buckelwalkühe mit Kälbern und kleine Pottwale, die noch nicht einmal Zähne hatten. Seine erste Saison brachte Onassis 4,2 Millionen Dollar ein, und die *Olympic Challenger* war nun der Schrecken des organisierten Walfangs. Onassis' Frau Tina (Tochter seines Konkurrenten Stavros Livanos) war der Meinung, daß, wer gesellschaftlich anerkannt werden wollte, mit amerikanischen Geschäftsleuten und Prominenten Umgang pflegen mußte. So lud Onassis viele von ihnen an Bord der *Challenger* ein, wo sie zusehen konnten, wie sich das Meer vom Blut der Wale rötete. Er stattete den Salon seiner Jacht *Christina* mit Barhockern aus, die mit der Penishaut von Walen überzogen waren und Fußstützen aus Pottwalzähnen hatten. Einer der Biographen von Onassis schrieb, daß »der Anblick von Grausamkeiten ihn erregte«.

Im September 1954 ging die *Olympic Challenger* mit ihrer Flottille vor der Westküste von Südamerika auf Waljagd. Das Schiff fuhr unter panamaischer Flagge, und wegen der engen Beziehungen der USA zu Panama glaubte Reichert, man wäre vor jeder Störung durch andere Nationen sicher. Peru zeigte sich jedoch über diese offensichtliche Mißachtung seiner Hoheitsrechte erbost und drohte Maßnahmen an, falls die *Challenger* weiterhin innerhalb seiner neu festgelegten Zweihundertmeilenzone jagte. Natürlich ließ Onassis sich nicht einschüchtern und reagierte auf die peruanischen Drohungen genauso wie auf die der IWC: Er lachte einfach darüber.

Im Gegensatz zur IWC verfügte Peru jedoch über eine Marine. Diese brachte die *Challenger* und vier ihrer Fangboote auf, geleitete sie in den alten Walfanghafen Paita und hielt sie dort fest. Die Beschlagnahme des Fabrikschiffes samt Ladung setzte Onassis zwar als Walfänger schachmatt, brachte ihm im Endeffekt jedoch einen weit höheren Gewinn als die Fortsetzung des Walfangs. Der Grieche hatte nämlich lukrative Versicherungen für fast alle Fälle abgeschlossen. Dazu gehörten auch eine Versicherung über 30 000 Dollar pro Tag im Fall jeder Unterbrechung der Walfangaktivitäten sowie eine Police über die unglaubliche Summe von 15 Millionen Dollar im Fall einer Beschlagnahme des Schiffes.

Onassis hatte sechs Jahre lang Wale außerhalb jeglicher Legalität zum eigenen Vergnügen und um des Profits willen getötet. Für die Beendigung seines Piratenwalfangs waren vor allem die Norweger verantwortlich. Sie machten die Welt auf sein schändliches Treiben aufmerksam – vielleicht aus Angst vor der Konkurrenz, vielleicht aber auch, weil sie ob seines rücksichtslosen Vorgehens wirklich besorgt waren. Wie auch immer – 1955 und 1956 stand in den Ausgaben der *Norsk Hvalfangst-Tidende* mehrfach zu lesen, daß »die *Olympic Challenger* sich nicht an die Richtlinien der IWC hielt«. Die Besatzung der *Challenger* versuchte zwar, sich von Onassis zu distanzieren, aber Logbücher und eidesstattliche Erklärungen, die sich die Norweger verschaffen konnten, wiesen deutlich auf die Verbindung hin. Durch die Veröffentlichung verschiedener Schriftstücke und Fotos in ihrer Walfangzeitschrift, die bewiesen, wie grob gesetzwidrig auf der *Challenger* gehandelt wurde, erreichten die Norweger schließlich, was der IWC nicht gelungen war: Sie drängten Aristoteles Onassis aus dem Walfanggeschäft.

Die Norweger erhielten den gerichtlichen Befehl, 6300 Tonnen illegal in Hamburg gelöschtes Walöl zu beschlagnahmen, und wenig später wurde auch die *Olympic Challenger* aufgebracht. Auch Japan hatte gegen das Vorgehen der Walfangpiraten protestiert. Aber genau in dem Augenblick, in dem internationale Sanktionen in Kraft treten sollten, verkaufte Onassis' Partner Costa Grastos die gesamte Flotte für 8,5 Millionen Dollar an die Japaner. Die *Olympic Challenger* hieß von nun an *Kyokuyo Maru II* und fuhr als Teil der japanischen Flotte bis 1970 auf Walfang.

Zwölf

Die Bewegung gegen den Walfang

»Rettet die Wale«

Es waren viele verschiedene Gründe und Ereignisse, die schließlich zu einer massiven Kampagne für die Rettung der Wale führten. Einzeln für sich betrachtet, hätte wohl keiner dieser Faktoren ausgereicht, um die Umweltschützer derart zu mobilisieren. Aber als Ganzes gesehen und analysiert, machten sie einen der größten Siege in der Geschichte des Umweltschutzes möglich – die Beendigung des kommerziellen Walfangs.

Wir haben einer einzigen Tiergruppe einen geradezu göttlichen Status eingeräumt, indem wir alle ihre Mitglieder zu einem Symbol zusammengefaßt haben. Das geschah nicht in der Absicht, eine neue Mythologie zu schaffen, sondern aus rein sachlichen Gründen. Innerhalb des Umweltschutzes, der heute für viele zum Credo geworden ist, haben wir den Wal zu unserem Fahnenträger erkoren, zum Symbol für alles, was auf unserem Planeten falsch – oder richtig – gemacht wird.

Bevor es das Fernsehen gab, waren Zeitschriften und das Radio unsere wichtigsten Informationsquellen, wobei letzteres den Cetologen bei ihren Studien kaum entscheidend weiterhelfen konnte. Man war daher zunächst auf die Presse angewiesen. Im Januar 1940 erschien im *National Geographic* der Artikel »Whales, Giants of the Sea« von Remington Kellog mit 31 Abbildungen verschiedener Wale, Delphine und Tümmler von Else Bostelmann. Der Untertitel lautete: »Erstaunliche Säugetiere, die größten Geschöpfe aller Zeiten, zeigen zärtliche Liebe zu ihren Jungen, können aber auch verstümmeln oder verschlingen.« Auf einem Foto richtet sich ein Großer Tümmler im Wasser auf, »wie ein Hund, dem man beigebracht hat, aufrecht zu stehen und zu betteln«. Der bezaubernde, intelligente Delphin hatte seinen ersten Auftritt, und die Menschen sollten Waltiere von nun an mit anderen Augen sehen.

1938 wurde in St. Augustine, Florida, das erste Ozeanarium Amerikas eröffnet. Es hieß Marine Studios (später Marineland), und zu den Attraktionen gehörte eine kleine Gruppe von Großen Tümmlern. Arthur McBride, der erste Leiter von Marineland, schrieb 1940 für die Zeitschrift *Natural History* den Artikel »Meet Mr. Porpoise«. Er war Wissenschaftler (er kam als erster zu dem Schluß, daß Delphine sich mit Hilfe ihres Gehörs orientieren), machte aber auch

Werbung für das Aquarium: »Wenn wir uns den riesigen Becken nähern, bezaubert uns die natürliche Schönheit dieser Stätte. ... Im unteren Gang geleitet uns sanftes blaues Licht von einem Bullauge zum anderen, und durch diese Fenster betrachten wir in Ehrfurcht die faszinierende, vielfältige Unterwasserwelt.« Die Stars dieser Welt waren die Großen Tümmler. McBride schrieb: »Beim ersten Anblick dieser großen grauen Tiere vergißt man alles, was man bisher von ihnen wußte.« McBride und seine Nachfolger studierten das Verhalten der gefangenen Delphine, mußten jedoch auch Besucher ins Aquarium locken. Deshalb wiesen sie immer wieder auf das freundliche Wesen des Delphins hin. In der Einleitung zu McBrides Artikel heißt es:

Den Lesern von *Natural History* wird hier einer ihrer ›menschlichsten‹ Verwandten aus dem Meer vorgestellt. Seine erstaunliche Lebensweise, die in Floridas Marine Studios zu beobachten ist, weist ihn als reizenden Meeressäuger aus, der gerne spielt, sich an seine Freunde erinnert und auch Eifersucht und Kummer kennt.

Bald nach der Veröffentlichung dieses Artikels wurden die Marine Studios geschlossen, aber nach dem Ende des Zweiten Weltkriegs kam es zur Wiedereröffnung. 1954 eröffnete ein anderes Marineland in Palos Verdes, Kalifornien, und der Wettlauf um die Dollars der Touristen begann. Man erkannte bald, daß das Geschäft mit Meeresaquarien eine Menge Geld brachte, und eine Sea World genannte Gesellschaft begann, im ganzen Land riesige »Themenparks« einzurichten. Natürlich waren Waltiere die Stars – zunächst die gelehrigen Großen Tümmler und Belugas, dann die mächtigsten Raubtiere der Erde, die Schwertwale. Der erste erfolgreich in Gefangenschaft gehaltene Schwertwal war Namu, der 1964 im Aquarium von Seattle gezeigt wurde und den Namen der in British Columbia gelegenen Stadt trug, in deren Nähe man ihn gefangen hatte. Namu war der erste der vielen Schwertwale, die in Sea World gezeigt und alle Shamu genannt wurden. (Dieser Name wurde ohne Unterschied jedem Wal, Männchen oder Weibchen, gegeben, damit niemand merkte, daß die Wale gelegentlich starben.) Bei Sea World interessierte man sich nur am Rande für Ichthyologie und Cetologie. Der Schwerpunkt lag auf Unterhaltung mit zirkusartigen Vorführungen, bei denen Wale häufig in lustige Kostüme gesteckt wurden.

1961 begann John Lilly mit der Untersuchung der Gehirne von Großen Tümmlern, und durch seine Forschungsarbeiten (die zunächst den Tod der Forschungsobjekte zur Folge hatten) wurden die Delphine noch populärer. 1963 wurde der Film *Flipper* uraufgeführt.

Lilly wurde als »wissenschaftlicher Berater« genannt. Die Delphine, die ständig zu lächeln schienen, munter quäkten und pfiffen und stets bereitwillig ihre Rollen spielten, wurden schon bald die Lieblinge der Umweltschutzbewegung. Die Tatsache, daß zwischen einem glatten, »lächelnden«, 2,4 m langen Großen Tümmler, der durch einen Ring sprang, und einem 14 Meter langen Buckelwal mit Knoten auf dem Kopf und Entenmuscheln auf den Flippern ein enormer Unterschied besteht, fiel kaum ins Gewicht.

Auf den Film *Flipper* folgte die gleichnamige Fernsehserie, in der der intelligente Held, ähnlich wie der Hund Lassie und ebenfalls zusammen mit einem kleinen Jungen, wahre Heldentaten vollbringt. In dem Science-fiction-Roman des Franzosen Robert Merle, *Der Tag der Delphine* (1967), lernten die Tiere sogar Englisch und retteten die Welt vor einer nuklearen Katastrophe. Es wurde immer schwieriger, Medium und Botschaft auseinanderzuhalten. Alle verliebten sich in Wale und Delphine. Dies lag in erster Linie an der Art und Weise, wie sie im Fernsehen und Film dargestellt wurden: als sensible, intelligente Geschöpfe, deren einziger Wunsch es anscheinend war, uns Menschen das Leben leichter und erfreulicher zu machen.

Zur selben Zeit, als Flipper vor Gefahren warnte oder Merles Delphine die Zerstörung unseres Planeten abwendeten, wurden auf den Weltmeeren Zehntausende von Walen getötet.

1966 schrieb Scott McVay für *Scientific American* den Artikel »The Last of the Great Whales«, durch den die Öffentlichkeit erstmals von den Problemen der Wale erfuhr. Zwei Jahre später publizierte McVay in *Natural History* den Artikel »Can Leviathan Long Endure So Wide a Chase?« Beide Artikel enthüllten das ganze Ausmaß des Massakers, das unter dem Schutz der IWC verübt wurde, und die Leser waren empört.

Kaum war die Öffentlichkeit auf die Dezimierung der Wale besonders aufmerksam gemacht worden, erfuhr sie auch noch, daß diese Tiere singen konnten. Schon 1952 hatten Forscher vor den Bermudas die Unterwasserlaute von Buckelwalen aufgenommen, doch erst 1967 kam Roger Payne mit seinem primitiven Unterwassermikrophon in diese Gewässer. Gemeinsam mit seiner Frau Katy begann er, diese Laut-

Eine Buckelwalkuh mit ihrem Kalb vor der Hawaii-Insel Maui. Jim Hudnall war einer der ersten, die lebende Wale unter Wasser fotografierten.

äußerungen zu analysieren, und kam zu dem bemerkenswerten Ergebnis, daß es sich dabei tatsächlich um *Gesänge* handelte, um einzelne Phrasen, die von einzelnen Walen immer wieder wiederholt wurden. Payne brachte eine Schallplatte heraus, die er *Songs of the Humpback Whale* nannte. Es sind unheimliche, gespenstische Töne, und es war nur allzu leicht, sie als Hilferufe zu deuten. Die Wale waren nicht nur vom Aussterben bedroht, sie sangen sogar quasi ihr eigenes Requiem.[*]

Später wurden die Buckelwale sogar zu echten Plattenstars. Die Single mit ihren Gesängen, die 1979 der Januarausgabe von *National Geographic* beigelegt wurde, erreichte auf diese Weise eine nie dagewesene Auflage von 10,5 Millionen Exemplaren.

Im Begleittext der bei Columbia erschienenen Schallplatte heißt es:

Seit der Mensch zur See fährt, hat er vermutlich Walgesänge gehört, aber nur selten als solche erkannt. Allein in der Walfangliteratur gibt es viele Berichte über fremdartige, ätherische Klänge, die nachts auf stillen Schiffen schwach widerhallten und die Matrosen in ihren Kojen verwirrten ...

(Bereits früher hatten Seeleute die musikalischen Neigungen der Buckelwale bemerkt. Schon 1856 schrieb Charles Nordhoff: »Der Buckelwal ist in vielerlei Hinsicht ein Fisch mit sehr seltsamen Gewohnheiten, die sich in hohem Maß von denen jeder anderen Walart unterscheiden. ... Manchmal gerät ein Wal unter ein Boot ... und gibt dann ungewöhnliche klagende Töne von sich, vermischt mit gurgelnden Ge-

Der sowjetische Überläufer Michail Baryschnikow trägt das gegen den Walfang (und gegen die Sowjetunion) gerichtete T-Shirt des Animal Welfare Institute.

räuschen, die von einem ertrinkenden Menschen stammen könnten. Als ich diese Laute zum ersten Mal hörte, konnte ich kaum glauben, daß sie von einem Wal stammen sollten.«)

Paynes Schallplatte verkaufte sich ungewöhnlich gut. Die Menschen waren fasziniert von der Vorstellung, daß Wale singen konnten, und verzaubert von den unheimlichen Gesängen, die aus einer anderen Welt zu kommen schienen. Ein Jahr später publizierten Payne und McVay in der Zeitschrift *Science* den Aufsatz »Songs of Humpback Whales«. Die Folksängerin Judy Collins sang, begleitet von den gespenstischen Tönen der Buckelwale, das neuseeländische Walfängerlied »Farewell to Tarwathie«. Dann brachte die National Geographic Society ein Buch über die Verhaltensweisen von Tieren heraus, das auch ein Kapitel über Walgesänge enthält.

Wale und Delphine sind Säugetiere mit großen, vielfach gewundenen Gehirnen. Sie singen geheimnisvolle »Lieder« und verfügen über eine Intelligenz, die von vielen Forschern als der menschlichen gleichwertig oder sogar überlegen eingestuft wird. So überrascht es kaum, daß diese Tiere zum Symbol für den Umweltschutz wurden und all diejenigen, die unseren Planeten vor der fortschreitenden Zerstörung durch die Menschen bewahren wollen, die Parole »Rettet die Wale« auf ihre Fahnen geschrieben haben.

Ein weiteres bedeutendes Ereignis, das sich aus dieser Stimmungslage heraus entwickelte (oder sie vielleicht auch verursachte, denn oft sind Ursache und Wirkung schwer auseinanderzuhalten), war 1974 die Veröffentlichung des Buches *Mind in the Waters* (deutscher Titel: *Der Geist in den Wassern.)* Diese von Joan McIntyre herausgegebene Sammlung von Aufsätzen, Gedichten, wissenschaftlichen Abhandlungen, Fotos und Zeichnungen ist ein neuartiges Handbuch über Wale und Delphine, in dem die Tiere in den Himmel gehoben und die Walfänger verdammt werden. »Der Wal markiert einen Riß in unserem Bewußtsein«, schrieb McIntyre, »einerseits erscheint er als Produkt, als Ressource, als Ware, als Ding, das zerteilt wird, um den Anforderungen der Ökonomie zu genügen; auf der anderen Seite ... ist er der große Leviathan, Hüter der unermeßlichen Geheimnisse des Ozeans.«

Mind in the Waters galt schon bald als eine Art »Kompendium der Wale«, und Joan McIntyre wurde in den Rang der Hohepriesterin der »Liebet-die-Wale«-Bewegung erhoben. (Als sie hörte, wie Greenpeace versuchte, die sowjetischen Walfänger zu behindern, soll sie gesagt haben: »Ich will die Wale retten, aber nicht auf *diese* Weise.«) Sie war die »Mutter« des 1972 in San Francisco begründeten »Project Jonah« und vertrat die Organisation auf den Tagungen der IWC von 1972 bis 1975 als Beobachterin.[*]

1975 veröffentlichte *Audubon* in einer ausschließlich den Waltieren gewidmeten Ausgabe eine düstere Prognose für die Wale mit dem Titel »Vanishing Giants«. Die Zeitschrift enthielt erstmals seit Else Bostelmanns Aquarellen von 1940 wieder gemalte

---

[*] McIntyre gestand sich fünf Jahre zu, um ein Moratorium des Walfangs zu erzielen, und verfehlte ihr Ziel nur um einige Jahre. Enttäuscht über den Mißerfolg ihrer Bewegung, ging sie nach Hawaii. 1982 schrieb sie in ihrem Buch *The Delicate Art of Whale Watching:* »Die Rettung der Wale war sozusagen mein Beruf, er hat mich müde gemacht, verbittert und mit Mißtrauen und Ärger erfüllt.«

Bilder der großen Wale. Außerdem erschienen T-Shirts, Aufkleber, Ansteckknöpfe und Poster. Menschen gingen mit Petitionen auf die Straßen, die später bei der sowjetischen und der japanischen Botschaft eingereicht wurden, um zu zeigen, daß die Wale, die sie töteten, der übrigen Welt etwas bedeuteten. (Ebenfalls um diese Zeit brachte *Audubon* die erste Mappe mit Unterwasserfotos von lebenden Walen heraus; Jim Hudnall lieferte die ersten Fotos von den Buckelwalen in der Maalea Bay von Hawaii.) Die Zeit war reif für die Einführung des wirksamsten aller Medien, des Fernsehens. Kein Mensch hat mehr für die Verbreitung des Wissens über die Bewohner des

Christine Stephens, Präsidentin des Animal Welfare Institute und treibende Kraft hinter der Bewegung zum Schutz der Wale, sammelt in Washington Unterschriften für eine Petition.

Meeres gesorgt als Kapitän Jacques-Yves Cousteau, der zusammen mit Emile Gagnan die Aqualunge erfand. Er hat mit seinen Filmteams die Erde umfahren und die Welt unter Wasser erforscht. Im November 1968 zeigte das Fernsehen Cousteaus ersten Film über Wale. Man sah Unterwasseraufnahmen von Finnwalen und von einem Pottwal, später folgten Filme über Grauwale, Buckelwale, Nordkaper und verschiedene Delphine. Von 1968 bis 1976 brachte Cousteaus Fernsehserie Wale sowie andere geheimnisvolle Meeresbewohner, wie Tintenfische, See-Elefanten, Seekühe und Pinguine, in die Wohnzimmer der ganzen Welt.

1977 produzierte die Filmabteilung der National Geographic Society den Film »The Great Whales« von Nicolas Noxon. Er machte die Zuschauer mit dem Walfang bekannt und zeigte in erschütternden Bildern, wie die Wale getötet wurden. Da man dabei besonders gut an Buckelwale herankommen konnte, spielten diese ebenso eine Hauptrolle wie die Grauwale von Baja California, die sich erstmals berühren ließen.

Nun wußte fast jeder, wie Wale aussehen, und sehr viele hatten gehört, wie sie singen. Paynes Buckelwalschallplatte ging über eine halbe Million Mal über die Ladentische und wurde damit zur bestverkauften Schallplatte mit Tierlauten. Paul Winter schrieb die Suite »Common Ground«, in der Walgesänge den Kontrapunkt zu seinem Alt-Saxophon bildeten. Aber das Beste (oder Schlimmste) sollte noch kommen. Man konnte immer noch keinen Zusammenhang zwischen den Bildern von Walen und Walfängern herstellen. Die »Rainbow Warrior« von Greenpeace aber fuhr in den Nordpazifik, wo die Besatzung gegen die sowjetischen Walfänger kämpfte – und sich dabei selbst filmte.

Das Bild der tapferen Menschen in ihren winzigen Schlauchbooten, die von den riesigen Schiffen der Killer drohend überragt wurden, war nicht leicht zu vergessen. Fotos wurden in Zeitschriften und Zeitungen abgedruckt und flimmerten im Fernsehen um die ganze Welt. Wir hörten nicht nur davon, daß die bösen Sowjets Wale töteten, sondern wir sahen auch Bilder davon. Es war eine Meisterleistung der Medienmanipulation, der innerhalb der Walschutzbewegung eine große Bedeutung zukam.

Aufkleber und T-Shirts mit dem Slogan »Rettet die Wale« erschienen immer häufiger. Möchtegern-Walretter sammelten Millionen von Unterschriften für Petitionen. Gruppen, deren erklärtes Ziel einzig die

Rettung der Wale war, schossen wie Pilze aus dem Boden. Die erste war die 1971 in Los Angeles gegründete American Cetacean Society; es folgten das Whale Center in Oakland und die Connecticut Cetacean Society in West Hartford. Nun schlossen sich auch die großen Wildtierschutzorganisationen der Bewegung an: World Wildlife Fund, National Wildlife Federation, Sierra Club, Animal Welfare Institute, Humane Society of the United States, National Audubon Society. Anfang und Mitte der siebziger Jahre erschienen zahlreiche Artikel über die raubgierigen japanischen und die grausamen (und kommunistischen) sowjetischen Walfänger. (Im Januar 1975 zeichnete ich zehn Bilder großer Wale zu einem Artikel von David O. Hill in der Zeitschrift *Audubon*. Die *New York Times* schrieb in einem Leitartikel, diese Ausgabe wolle »durch ihren Text mithelfen, das Leben dieser herrlichen Geschöpfe zu beleuchten, und durch die Illustrationen Sorge um ihr Schicksal wecken«.)

Während die Tierschutzorganisationen Artikel schrieben, Kundgebungen abhielten und Unterschriften sammelten, begannen radikalere Gruppen mit der Aufstellung ihrer Streitkräfte. Es war die Zeit der Anti-Kriegsbewegung in den USA, und zumindest einige Menschen erkannten, daß die Arbeit innerhalb des Systems nicht der richtige Weg war, um etwas zu erreichen. Die bunt gemischte Umweltschutztruppe formierte sich zum Angriff.

Mit der Annahme des Marine Mammal Protection Act (MMPA) durch den Kongreß zogen sich die USA 1972 aus dem Walfanggeschäft zurück und wandten sich nun offiziell dem Schutz aller Meeressäuger zu. Das Gesetz ist wahrscheinlich das weitestgehende die Meeressäugetiere betreffende Gesetz der Welt. Paragraph 101 (a) lautet:

Es wird ein Moratorium verabschiedet zur Entnahme und zum Import von Meeressäugetieren und Meeressäugetierprodukten, beginnend mit dem Tag des Inkrafttretens dieses Gesetzes ...

»Entnahme« wird im Gesetz definiert als »Beunruhigung, Jagd, Fang, Tötung, oder der Versuch, irgendein Meeressäugetier zu beunruhigen, zu jagen, zu fangen oder zu töten«. Das hieß ganz einfach, daß es in den Vereinigten Staaten keinen Walfang und keinen Handel mit Walprodukten mehr gab, also mit Walöl, Haustierfutter aus Walfleisch, Fischbein und Narwalzähnen. Alle Vorführungen von Meeressäugetieren in Aquarien oder Ozeanarien fielen unter die Zuständigkeit der MMPA, und die Marine Mammal

Commission wurde (unter anderem) eigens geschaffen, um »eine Überprüfung und Untersuchung der Tätigkeit der Vereinigten Staaten in bezug auf Meeressäugetiere gemäß den bestehenden Gesetzen und internationalen Abkommen vorzunehmen ...«

Nachdem dieses Gesetz existierte, konnten die USA ihre Ziele weltweit verfolgen und der Walschutzbewegung mit »reinen Händen« beitreten. [*]

Die Haltung der USA zum Walschutz wurde durch zwei Nachtragsgesetze, das Pelly- und das Packwood-Magnuson-Amendment bekräftigt. Das Pelly Amendment von 1971, das das Fisherman's Protective Act von 1967 modifizierte, lautet:

Wenn der Handelsminister feststellt, daß Angehörige eines fremden Landes direkt oder indirekt Fischfang in einer Weise und unter Umständen treiben, welche die Wirksamkeit eines internationalen Programms zum Schutz der Fischerei mindern, so hat er diese Tatsache dem Präsidenten anzuzeigen.

Daraufhin kann der Präsident den Import von Fischereiprodukten aus dem zuwiderhandelnden Land sperren. (Der Ausdruck »Fischfang« bezieht sich auf alle Meeresressourcen, einschließlich der Säugetiere.) Man berief sich erstmals 1974 auf Pelly, als Japan und die Sowjetunion, nachdem sie die IWC-Quoten für antarktische Zwergwale beanstandet hatten, ihre eigenen Quoten aufstellten. Präsident Ford weigerte sich, die Sperre anzuordnen, da er meinte, die zuwiderhandelnden Länder würden sich gewiß an künftige IWC-Quoten halten. Der eigentliche Grund war jedoch, daß diese Sperre Amerikas wirtschaftlichen Interessen geschadet hätte.

Das Packwood-Magnuson-Amendment zum Fishery Conservation and Management Act von 1976 sollten die wirtschaftlichen Sanktionen gegen alle Nationen verschärfen, die die Wirksamkeit der Walfangkonvention von 1946 beeinträchtigten. Anders als das freiwillige Pelly-Amendment erfordert diese Ergänzung eine *verbindliche* Mindestreduktion um 50 % der Fischereibewilligungen (für Finn-, Blau- und Furchenwale, nicht Wale im allgemeinen) in der Zweihundertmeilenzone der USA.

Die USA waren nur ein einziges Mal auf Walfang in der Antarktis. 1930 schickte die American Whaling

---

[*] Amerikas Hände waren jedoch nicht so rein, wie manche es gerne gesehen hätten. Zur Zeit der Annahme des MMPA töteten die Eskimos in Alaska mehr der ernstlich gefährdeten Grönlandwale als je zuvor, seitdem die Walfänger des 19. Jahrhunderts fast die ganze Population ausgelöscht hatten.

Demonstranten versuchen 1983 während der Tagung der IWC in Brighton, Delegierte und Passanten mit Transparenten und Schildern aufzurütteln.

Company die *Frango* in den Süden, und obwohl es ihr gelang, Wale zu erlegen, konnte das Öl wegen der schlechten wirtschaftlichen Bedingungen in der Heimat nicht abgesetzt werden; es lagerte fünf Jahre in Fässern in einem Warenhaus, bevor es nach Europa verkauft wurde. Obwohl die Amerikaner eine lange Walfangtradition hatten, die bis in die Zeit der Besiedlung des Landes zurückreichte, engagierten sie sich mit mehr Begeisterung für den Schutz der Wale als so manches andere Land. Nach der Schließung der letzten Walfangstation in Richmond, Kalifornien, 1972 (und abgesehen von der Grönlandwaljagd der Eskimos) nahmen die Amerikaner sehr aktiv am Kampf zum Schutz der Wale teil. Es war zwar kein rein amerikanischer Kampf, aber da die meisten Gefechte auf amerikanischem Boden – meist in den Gerichten und im Kongreß – stattfanden, verband man die »Bewegung« mit den amerikanischen Umweltschützern.

Die Regierung der USA, die Umweltschützer und die Widerstandskämpfer, für die keiner der beiden ersten Gruppen annehmbar war, bildeten eine eigenartige Interessengemeinschaft. Dennoch hatten sie alle dasselbe Ziel: die Beendigung des kommerziellen Walfangs; und obwohl sie untereinander oft uneins über die Taktik waren, was David Day »The Whale War« (Walkrieg) nannte, arbeiteten sie verbissen zusammen, um dieses Ziel zu erreichen. Manchmal war es ganz und gar nicht klar, wer nun eigentlich der Feind war. Die Ökologen sahen häufig die Regierung als ihren Gegner an, besonders wenn diese die Eskimos in ihrem Feldzug für höhere Fangquoten für Grönlandwale unterstützte. Die Regierung war gegen jene, die die Gesetze brachen, und die »legitimen« Schutzorganisationen versuchten die Mitte zu halten, indem sie die Regierung unterstützten, doch gelegentlich auch die Taktiken der »Widerstandskämpfer« entschuldigten. (Sogar die Widerstandskämpfer waren uneinig. Paul Watson, der Kommandant, der schließlich mit der *Sea Shepherd* den Piratenwalfänger *Sierra* in Porto rammte und versenkte, hatte Greenpeace verlassen müssen, weil seine Methoden zu radikal waren.)

23. Juli 1982: Das Moratorium ist beschlossen. Der Autor, Tom Garret, US-Vertreter bei der Kommission, und Sir Peter Scott, Präsident des WWF und Leiter der britischen Delegation, zeigen sich zufrieden.

Im Lauf der Geschichte sind Wale aus verschiedenen Gründen getötet worden; den Pottwal, dessen Fleisch als ungenießbar galt, jagte man vorwiegend wegen des Walratöls, das aus seinem riesigen Kastenkopf stammte. Es gilt, da es seine Viskosität sogar unter extremen Druck- und Temperaturbedingungen behält, als eines der besten Schmieröle. Mitte der siebziger Jahre tauchte eine »Alternativlösung« auf, die ausgerechnet aus der Wüste kam. In den Trockenregionen des amerikanischen Südwestens wächst der immergrüne Jojobastrauch (Simmondsia chinensis), dessen eingekapselte Samen ein flüssiges Wachs enthalten, das sich vom Pottwalöl fast nicht unterscheiden läßt. Außerdem hat es nicht dessen »fischartigen« Geruch und verfärbt sich beim Schwefeln nicht dunkel. Da das Jojobaöl zur Herstellung von Kerzen, Shampoos, Gesichtscremes, Wachsen und Industrieschmiermitteln verwendet werden konnte, sah es zunächst so aus, als ob das Töten der Pottwale ein Ende hätte – oder bald haben würde. Leider ist der Jojobastrauch schwer zu kultivieren und wächst wild zu langsam, um rationell geerntet werden zu können. Trotz der Aufregung über diese »Entdeckung« (ein Patent zur Verwendung von Jojobaöl war schon 1936

erteilt worden) und entgegen den Hoffnungen der Walschützer ging das Abschlachten der Pottwale weiter.

Das vielleicht bedeutendste Ereignis für die »Rettet-die-Wale«-Kampagne war die Zulassung von Beobachtern zu den bisher geschlossenen Sitzungen der IWC. Die Anzahl dieser Beobachter, die den verschiedensten Interessengruppen angehören, ist seit 1970 beträchtlich gestiegen. Bei der 20. Jahrestagung der IWC im Jahre 1969 waren es zehn (vier waren Vertreter von Regierungen, die entweder am Walfang oder aber an seiner Beendigung interessiert waren – Italien, Peru, Portugal und Chile –, einer war Charles Lindbergh, der die Survival Service Commission der Internationalen Union für die Erhaltung der Natur, IUCN, repräsentierte). 1978 nahmen insgesamt 26 Beobachter teil; einige, wie beispielsweise der Vertreter von Greenpeace, der offizielle Empfehlungsschreiben für die Teilnahme an der Tagung bekommen hatte, waren keine offiziellen Regierungsvertreter. 1982, im Jahr des Moratoriums, befanden sich 59 zusätzliche Zuhörer im Tagungssaal, nicht eingerechnet die Beobachter aus Irland und Portugal oder die Vertreter von international anerkannten Organisationen wie

FAO (Food and Agriculture Organization) oder IUCN. Das bedeutete, daß über die Maßnahmen der Kommission nicht länger hinter verschlossenen Türen verhandelt werden konnte und die häufig politisch motivierten Aktionen der Delegierten öffentlich geprüft werden konnten. Die Welt wollte wissen, wer die Wale tötete und wer zuließ, daß dies geschah.

Zusätzlich konnte jedes Mitgliedsland innerhalb seiner Delegation auch von der Regierung unabhängige Beobachter entsenden. Nur die Delegierten selbst wußten, welche Art von Politik ihre Delegation vertrat, und während man wohl mit Sicherheit annehmen kann, daß kein Mitglied der japanischen oder sowjetischen Delegation gegen den Walfang war, gab es in der amerikanischen Delegation Mitglieder, die mit der offiziellen Meinung ihrer Regierung nicht einverstanden waren. Zur Delegation der USA zählten Vertreter so unterschiedlicher Seiten wie des Innenministeriums, der Humane Society of the United States, des Außenministeriums und der Alaska Eskimo Whaling Commission. Oft mußten die Delegierten entgegengesetzte Interessengruppen zufriedenstellen, doch nach amerikanischem Tagungsbrauch diskutierten, drohten, wählten, argumentierten, überredeten, lockten und schmeichelten sie, bis sie so etwas wie einen »gemeinsamen Standpunkt« zustande gebracht hatten. Diesen mußten sie dann der IWC vorlegen und versuchen, die anderen Länder davon zu überzeugen.

Greenpeace

Greenpeace begann 1969 als Protestbewegung gegen eine Atomexplosion auf der Aleuteninsel Amchitka. Drohende Erdbeben, Flutwellen und radioaktiver Niederschlag, ganz zu schweigen von der Vernichtung einer ganzen Insel, brachten die ersten »Öko-Guerillas« auf den Plan. Mit dem umgebauten Heilbuttfangschiff *Phyllis Cormack* segelte eine kunterbunte Brigade von Verrückten, Hippies, selbsternannten »Ökologen« und Mitläufern von Vancouver nordwärts nach Amchitka; sie dachten, wenn sie in der Explosionszone ankerten, würde dies Präsident Nixon veranlassen, den Test abzublasen. Das schafften sie zwar nicht, aber diese Reise markierte die Geburtsstunde einer Vereinigung, die später eine der mächtigsten Umweltschutzorganisationen der Welt werden sollte. Bereits damals war die Strategie von Greenpeace klar definiert: Man wollte sich vor allem die Medien und ihren Einfluß auf die Meinungsbildung zunutze machen. Selbst der Name war medienwirksam gewählt. Laut Bob Hunter, dem ersten Präsidenten und Chronisten der Bewegung, beschwor er das Bild vom Garten Eden. Er war so kurz, daß er mühelos in eine einzige Schlagzeile paßte, umriß klar und deutlich die Ziele, Kampf für die Umwelt und gegen den Krieg, und wurde schon bald zum Synonym für spektakuläre, radikal und militant anmutende Aktionen, die jedoch stets vom Geiste Gandhis und seinem Ideal des passiven Widerstands erfüllt waren.

Die nächste Kampagne von Greenpeace war ähnlich schlecht organisiert und anfällig für Katastrophen, aber geprägt von unerbittlichem Kampfgeist. Es handelte sich um eine weitere Protestaktion gegen Atomversuche, und zwar im Südpazifik, wo die Franzosen auf dem in ihrem Besitz befindlichen Mururoa-Atoll einen weiteren Atomtest planten. Die Bombe wurde gezündet, obwohl sich das Greenpeace-Schiff *Vega* nur rund 24 km von der vom radioaktiven Niederschlag betroffenen Zone entfernt befand. Weit wichtiger war jedoch, daß sich David McTaggart an der Aktion beteiligte. Ihm gehörte die *Vega*, und er sollte bei Greenpeace eine immer wichtigere Rolle spielen.

Dann kam der Neuseeländer Paul Spong, ein graduierter Psychologe, dessen besonderes Interesse den Walen galt. Er hatte eine Weile mit den Schwertwalen im Aquarium von Vancouver gearbeitet und war der Überzeugung, daß Musik eine wichtige Rolle bei der Kommunikation mit diesen Tieren spielte.[*] Spong organisierte in Vancouver eine »Greenpeace Whale Show«, um Geld für eine Reise nach Japan zu beschaffen, wo er sich für die Beendigung des Walfangs einsetzen wollte. Obwohl er dort 1974 in zwei Monaten 19 Vorträge hielt, konnte er die Japaner nicht überreden, den Walfang aufzugeben.

---

[*] Für *Mind in the Waters* führte Spong im Beitrag »The Whale Show« folgende Beobachtungen aus: »Wir spielen den Walen oft Musik vor, denn wir haben das Gefühl, daß sie sich dafür interessieren und vielleicht sogar Gefallen daran finden. Manchmal, besonders in ruhigen Nächten, kommt es vor, daß eine Schule Wale, oder ein Teil davon, oder auch nur ein einzelner Wal, sich für eine Stunde oder länger vor der Küste herumtreibt und sich anscheinend auf die Musik einstellt. Manchmal scheinen sie sich an diesem ›Fest‹ zu beteiligen, indem sie im Chor mitsingen oder aber ihre Körper im Tanz wiegen. Dies schließen wir aus der phosphoreszierenden Schaumspur, die sie hinterlassen.«

Nach seiner Rückkehr ging er mit Frau, Kind und Wal-Show in Kanada auf Tournee, vorgeblich um Geld aufzutreiben, doch in Wirklichkeit, um jemanden ausfindig zu machen, der ihm bei seinem Plan, sich der sowjetischen Walfangflotte im Pazifik entgegenzustellen, helfen würde. Denn dazu mußte man die Walfänger erst finden und brauchte jemanden, der bei der Suche half.

Spong stieß auf den Namen von Åge Jonsgard, dem großen alten Mann der norwegischen Walforschung, gab sich als »freier Wissenschaftler« aus und flog nach Norwegen, um mit ihm über das Verhalten der Wale zu diskutieren. Jonsgard nannte ihm Einar Vangstein vom Büro für internationale Walfangstatistik in Sandefjord. Spong gab sich nun als Pottwalforscher aus und brachte Vangstein dazu, ihm zu sagen, wo er Wale für wissenschaftliche Zwecke finden könnte. Vangstein wies ihn in den Nordpazifik, wo die sowjetischen Walfänger Pottwale gesichtet hatten.

Die neu gestrichene und überholte, aber noch immer nicht besonders seetüchtige *Phyllis Cormack* verließ Vancouver, gab vor, nach Norden zu fahren, um die Sowjets abzuschütteln (man befürchtete, daß sie die Pläne kannten) und ging schließlich auf Südwestkurs. Ein russischsprechendes Mannschaftsmitglied hörte den Funkverkehr der sowjetischen und polnischen Fischfangschiffe in der Gegend ab. Am 27. Juni 1975, nach 58 Tagen auf See und am vorletzten Tag der IWC-Tagung in London, fand man die sowjetischen Walfänger. (Paul Spong war nicht an Bord der *Cormack*, sondern warb in London bei der Presse um Sympathien. Man wollte den Walfängern noch während der IWC-Tagung gegenübertreten). Das Fabrikschiff *Dal'nii Wostok* und seine Flottille befanden sich in der Gegend des Mendocino-Grabens, nur knapp 1100 km von der Küste Kaliforniens entfernt.

Die *Phyllis Cormack* ging mit den Flaggen der Vereinten Nationen, von Greenpeace, British Columbia, Kanada, der Oceanic Society und eines buddhistischen Klosters sowie verschiedenen anderen Wimpeln, die im Wind knatterten, auf Kurs. Für das erste Geplänkel mit den Sowjets wurden zwei kleine aufblasbare Schlauchboote zu Wasser gelassen. Eine Parallele zu David und Goliath drängte sich geradezu auf: Die *Dal'nii Wostok* war fast 230 Meter lang und so hoch wie ein zehnstöckiges Gebäude; jedes der Schlauchboote maß nur ganze 4 Meter und verfügte über einen 50-PS-Außenbordmotor.

Zunächst stießen die Greenpeace-Leute auf den Kadaver eines Pottwals der neben einem schwimmenden Radarreflektor trieb. Damals waren Pottwale erst ab einer Mindestlänge von 9 Metern zur Jagd freigegeben, aber dieser war bedeutend kleiner. Paul Watson kletterte auf den winzigen Wal, um dem Fotografen Rex Wyler eine Vorstellung von der tatsächlichen Größe des Tieres zu geben: Es maß nur etwa 6 m.

Sobald die *Cormack* die *Wostok* eingeholt hatte, stellte der russischsprechende George Korotva den Walfängern ein Ultimatum: »Wir sprechen für die 53 Mitglieder der Vereinten Nationen, die 1972 für ein Zehnjahresmoratorium des gesamten Walfangs gestimmt haben. Wir verlangen, daß Sie sofort mit dem Töten der Wale aufhören und Ihre Flotte anderweitig einsetzen. Andernfalls werden wir alles in unserer Macht Stehende tun, um Sie daran zu hindern.« Die Sowjets, die das Greenpeace-Schiff zunächst für ein von verrückten Kaliforniern gesteuertes Ausflugsboot hielten, sahen keinen Grund, sich vor dieser »irregeleiteten« Schar von Walfreunden zu fürchten, und forderten sie, laut Korotva, auf, »sich zum Teufel zu scheren«.

Drei Stunden lang filmten die Möchtegern-Walretter die Walkiller. Sie beobachteten Ströme von Blut, die aus den Speigatten rannen, und dazu als Kontrast eine Frau im Bikini an Deck. Aber die Greenpeace-Leute verbrachten nicht fast 60 Tage auf See, nur um das Blutbad zu filmen. Sie hofften auf eine Gelegenheit, sich mit ihren Schlauchbooten zwischen das Harpunengeschütz und einen Wal stellen zu können, so daß der Harpunier riskieren mußte, sie zu treffen, wenn er den Wal erlegen wollte.

Bei Einbruch der Nacht, als es zum Filmen fast schon zu dunkel war, bekamen sie endlich ihre Chance. Das Fangboot *Wlastnij* verfolgte eine fliehende Schule Pottwale, und die *Cormack* war ihm hart auf den Fersen. Die von Panik ergriffenen Wale machten kehrt und schwammen auf die sie verfolgende Flotte zu. Der Motor eines der Schlauchboote setzte aus, als das 150-Tonnen-Fangboot auf die Greenpeace-Leute zusteuerte. Watson versuchte, es wieder zu starten. Dies mißlang, und das kleine Gummi-Entchen wurde beiseite geschoben, als die von einem Dieselmotor getriebene *Wlastnij* den keuchenden Walen nachstampfte, wobei der Harpunier jede Bewegung der Tiere verfolgte. Ein anderes Schlauchboot las die im Wasser zappelnden Helden auf, und weiter ging die wilde Verfolgung des sowjetischen Killerbootes.

Als die Greenpeace-Mannschaft sich endlich zwischen die Harpunen und die Wale manövriert hatte,

Im Nordpazifik stellt sich 1976 ein Schlauchboot von Greenpeace einem sowjetischen Walfänger entgegen. Vor dem Bug ein Pottwal.

glaubten die Männer, sie hätten ihr Ziel erreicht. Sicherlich würde der Harpunier nicht ihr Leben gefährden, indem er die über 100 Kilo schwere Harpune geradewegs auf sie abschoß. Sie schaukelten in der dunkler werdenden See auf und ab, die Wale vor ihnen schnaubten und bliesen. Dann feuerte der Harpunier.

Das Geschoß drang tief in den Körper eines 9 m entfernten Wals ein, und er wand sich in einer Wolke aus Blut und zerrissenen Eingeweiden im Todeskampf. Ein anderer Wal stürmte zuerst auf die Greenpeace-Leute, dann auf die *Wlastnij* zu. Seine mächtigen Kiefer auf und zu schlagend, griff er das Fangboot an und schnellte aus dem Wasser, als wollte er auf den Harpunier losgehen. Sobald der Wal jedoch so nahe war, daß der Harpunier mit seiner Waffe fast gerade nach unten zielen konnte, erschoß er das Tier.

Die Regenbogenkrieger hatten dennoch ihr Ziel erreicht und alles auf Zelluloid gebannt. Sie nahmen Kurs auf San Francisco und stellten fest, daß sie Helden geworden waren. Robert Hunter schrieb:

Nur indem wir uns selbst vor den Harpunen gefilmt haben, gelang es uns, in ganz Amerika bekannt zu werden – etwas,

das keine der früheren Expeditionen geschafft hat. Walter Cronkite persönlich stellte unseren Film dem Fernsehpublikum vor; er lief in allen Fernsehkanälen der USA und Kanadas, in Europa und sogar in Japan. Wylers Fotos gingen um die Welt.

1976 fuhr die Greenpeace-Flotte erneut in den Nordpazifik, diesmal diente das umgebaute Minensuchboot *James Bay* als Flaggschiff. Man stieß zwischen Kalifornien und Hawaii auf die sowjetischen Walfänger, und wieder stellten sich die Regenbogenkrieger mit surrenden und klickenden Kameras zwischen die Wale und die Walfänger. Diesmal feuerten die Harpuniere nicht, sondern zogen sich zurück und nahmen Kurs nach Nordwesten – »vielleicht irritiert durch die Männer und Frauen in den aufblasbaren Booten«.

Am Tag, nachdem die sowjetische Flotte verschwunden war, erhielt die *James Bay* Besuch von einer Schule unglaublich geselliger Pottwale. Einige besonders romantisch veranlagte Greenpeace-Leute behaupteten sofort, daß es sich um dieselben Tiere handelte wie am Vortag, als man die Walfänger vertrieben hatte, doch niemand wußte es genau. Die Wale bliesen und sprangen aus dem Wasser und bildeten

1977 stellen sich erneut Greenpeace-Leute der sowjetischen Walfangflotte im Nordpazifik entgegen. Man beachte die riesige Öffnung für die Aufschleppbahn am Heck der *Dal'niie Wostok.*

eine Art Geleitzug für die *James Bay*. Sie umringten das Schiff und streckten ihre Köpfe aus dem Wasser, was als Gruß oder eine Geste der Dankbarkeit interpretiert wurde, hoben ihre Schwanzflossen hoch in die Luft und tauchten unter. Für den damaligen Greenpeace-Präsidenten Hunter war dieses Ereignis noch wichtiger als der »Kamikaze«-Einsatz im Jahr zuvor:

In kommenden Jahrhunderten, so war ich überzeugt, würden Menschen auf diese unsere Aufzeichnungen – Filme, Tonbänder, Notizbücher, Karten und Schriften – zurückblicken und sagen: »Sieh her, das war der Wendepunkt. Hier gingen nicht nur Menschen Wale retten, sondern die Wale kamen zurück, um sich für die Mühe erkenntlich zu zeigen. Es war der wirkliche Beginn der Brüderlichkeit zwischen lebenden Wesen.«

Während der nächsten Walfangsaison entdeckte die *James Bay* das Fabrikschiff *Wladiwostok* gut 1200 km vor der kalifornischen Küste. Wieder stellten sich die Regenbogenkämpfer den Fangbooten entgegen, doch diesmal hatten die Harpuniere keine Bedenken, über ihre Köpfe hinwegzufeuern. Im Schlauchboot bat Patrick Moore Mike Bailey, anzuhalten, weil er fürchte-

te, einer der Wale würde unter ihnen auftauchen. Hunter schrieb:

Dann schien etwas neben seinem rechten Ohr zu explodieren. Er stellte fest, daß sie geschossen und ihn verfehlt hatten. Zunächst glaubte er, der Wal sei voll getroffen worden. Riesige graue Körper brachen aus dem Wasser hervor, und Schwanzflossen peitschten die Luft. Das Killerboot hielt an, und im Schlauchboot war man dankbar für die Atempause. Dann bemerkte er, daß die Harpune nur das Wasser getroffen hatte. Er wollte jubeln, aber das Gefühl, sich übergeben zu müssen, war stärker. In seiner Kehle steckte ein Schrei wie eine Fischgräte fest.

Noch während die Crew zur *James Bay* zurückkehrte, wurden die erschöpften Wale von den Harpunieren abgeknallt. Die Expedition erhielt mehr Publicity, aber sie hatte keine Wale gerettet.

Es war ja nicht die Absicht der Greenpeace-Flotte, einzelne Wale vor dem Tod zu bewahren. Die Regenbogenkrieger begriffen, daß die Weltmeere zu weit und ihre Mittel zu gering waren, um die massive Waljagd wirklich und wirksam behindern zu können. Sie filmten die Ereignisse, weil sie erkannten, daß sie auf die Hilfe der Medien angewiesen waren. Die Bilder dieser tapferen »Öko-Guerillas«, die ihr Leben riskierten, um Wale zu retten, waren die wohl wirkungsvollsten Dokumente im Propagandakrieg gegen die Walfänger.

Auch Jimmy Carter, damals Präsident der Vereinigten Staaten, sah die Filme über den Einsatz von 1977 und stellte sich sofort mit seinem nicht unerheblichen Einfluß hinter die Antiwalfangbewegung. Bei der Tagung der IWC in Canberra 1977 waren die Fronten klar abgesteckt.[*]

Es hieß »wir« gegen »sie«, und jeder kannte die Schurken. Die Koalition aus Wissenschaftlern, Umweltschützern, Politikern und »Öko-Guerrillas« aus aller Welt erwies sich als eine in der kurzen, stürmischen Geschichte des aktiven Umweltschutzes bisher nie dagewesene Kraft. Diese bunt zusammengewürfelte, mächtige Streitmacht, deren Mitglieder so grundverschieden waren, da sie oft nicht dieselbe Sprache sprachen, war manchmal träge wie ein Gletscher, manchmal schnell wie ein Gedanke. Ruckweise, keuchend und stotternd wie ein altersschwacher Motor bewegte man sich an der Front und auf den Barrikaden unaufhaltsam auf das einzige große Ziel zu – auf das Moratorium.

Einer der Schurken in der 1977 aufgeführten Version des Dramas »Walfang« war Australien. Dort hatte man seit Beginn der Besiedlung um 1788 Walfang betrieben, aber nun war nur noch eine einzige Küstenstation übrig – die der Cheynes Beach Whaling Company in Albany, an der verlassenen Südwestküste.

September 1977. Die Mitglieder der selbsternannten »Weltweiten Bewegung gegen den Walfang«, Greenpeace-Leute und andere Umweltschützer brachen mit einem recht armselig wirkenden Konvoi aus Lastwagen und Kombiwagen in Sydney auf, keuchten die längste Ost-West-Küstenlinie der Welt entlang, durchquerten mit überhitzten Motoren die Nullarbor Plain und erreichten schließlich Albany.

Da es sich bei dem australischen Walfangbetrieb um eine Küstenstation handelte, konnte man ihn unschwer ausmachen. Doch es gab andere Probleme. So tauchte zum Beispiel eine Gruppe von Radfahrern auf, die »God's Garbage« genannt wurde und die Demonstranten belästigte. Und dann waren da die Haie. Niemand hatte ihnen von den großen weißen Haien erzählt, die sich in Erwartung einer Mahlzeit aus Walfleischbrocken beständig vor der Küste herumtrieben. Plötzlich schien die Idee, in kleinen Schlauchbooten hinauszufahren, gar nicht mehr so reizvoll. Und die Medien, sonst immer die wichtigste Stütze der Greenpeace-Leute, schienen diesmal auf der Seite der Walfänger zu stehen. Vor dem Eintreffen der Greenpeace-Brigade waren Reporter bereits eine Woche vor Ort gewesen und hatten die Freuden und die Bedeutung des Walfangs kennengelernt.

Allen Schwierigkeiten zum Trotz beluden die Greenpeace-Leute ihre Schlauchboote mit zusätzlichem Treibstoff und nahmen die Verfolgung der weit vor der Küste operierenden Walfänger auf. Die ersten beiden Versuche waren nicht gerade erfolgreich; beide Motoren versagten, und die Walfänger töteten sieben Pottwale. Die Schlagzeile in der Lokalzeitung lautete: »Runde 1 für die Walfänger.« Die Umweltschützer sollten jede Runde verlieren, aber schließlich doch den Kampf gewinnen. Eines der Schlauchboote wurde durch einen Walfänger, der Befehl hatte, sie vom Schauplatz der Jagd wegzulocken, fast 150 km aufs offene Meer hinausgelockt. Winde und gefrierender Regen trieben von der Antarktis herüber.

Robert Hunter schließt seinen Bericht über den Versuch, die Cheynes Beach Station zur Aufgabe zu bewegen, mit diesen Worten:

Als wir Albany verließen, fühlten wir uns deprimiert, enttäuscht, erschöpft. Erst Monate später beugte sich die Bundesregierung dem durch die Berichterstattung hervorgerufenen Druck und ordnete eine Untersuchung über den Walfang in Australien an, die erste derartige Untersuchung überhaupt. Meinungsumfragen hatten gezeigt, daß rund 70 Prozent der Bevölkerung gegen den Walfang waren. Wir hatten keinen einzigen Wal gerettet – aber indirekt eine starke Bewegung in diese Richtung herbeigeführt.

Es wäre übertrieben zu behaupten, allein die Aktion von Greenpeace hätte die australische Regierung zu der Untersuchung über den Walfang bewegt. (Project Jonah hatte sich, bereits mehrere Jahre bevor Greenpeace auf den Plan trat, in Australien für eine Beendigung des Walfangs eingesetzt.) Es stimmt jedoch, daß die Berichterstattung die Aufmerksamkeit der australischen Öffentlichkeit auf die Wale lenkte und dann eine Untersuchung stattfand. Am 31. Juli 1978, als die Anhörungen beginnen sollten, verkündete die Cheynes Beach Whaling Company, daß »die Direktoren glaubten, Einsätze in diesem Jahr würden zu ei-

---

[*] Leider operierte Carter an der Heimatfront weit ungeschickter. Als IWC-Beauftragten ernannte er ausgerechnet Richard Frank, einen Rechtsanwalt, der stark dem japanischen Standpunkt zuneigte und später, nach seinem Ausscheiden aus dem Amt, von der Japan Whaling Association als Rechtsberater angestellt wurde.

nem beträchtlichen Verlust führen, und es wäre unwahrscheinlich, daß der Walfang 1979 einen Gewinn brächte«; deshalb habe »der Ausschuß beschlossen, daß die Walfangeinsätze in naher Zukunft enden müßten«.

Für Greenpeace war der Kampf noch lange nicht vorbei. Die Sowjets und die Japaner trugen ihre Streitereien innerhalb der IWC aus, doch auf hoher See tobte der Krieg gegen die Wale weiter. Jetzt verlagerte sich das Geschehen nach Island. Mit ihren rund 240 000 Einwohnern konnte die Insel weder im Walfang noch auf anderen Gebieten eine Großmacht werden. Sie hatte jedoch eine lange Walfangtradition und würde sicher nicht kampflos aufgeben. Obwohl Island seit der ersten Tagung der IWC diesem Gremium angehörte, war der Walfang in seinen Gewässern meist von den allgegenwärtigen Norwegern organisiert worden. (Die Familie Loftsson, Eigentümer einer isländischen Walfangstation in Hvalfjordur, steht im Ruf, enormen Einfluß in isländischen Regierungskreisen zu haben.)

Trotzdem ist der Walfang in Island kein bedeutender Wirtschaftszweig; in *Daughter of Fire*, einer Studie über Island, schreibt Katherine Sherman: »Der Walfang ist ein sehr kleiner Teil von Islands Fischindustrie, doch in den letzten Jahren hat er mehr Mißfallen erregt als jede andere organisierte Jagd.« 1978 kreuzte das neueste Schiff von Greenpeace mit Namen *Rainbow Warrior* in isländischen Gewässern und verhinderte dort den Walfang. Die finanziellen Mittel für dieses Unternehmen hatte Alan Thornton von so unterschiedlichen Mäzenen wie dem World Wildlife Fund, dem englischen Komiker Spike Milligan und den Beatles beschafft. Ungefähr um die gleiche Zeit übernahm David McTaggart die Leitung von Greenpeace International, das neben seiner Zentrale in Kanada Büros in Frankreich, den Niederlanden, in Deutschland und Dänemark unterhielt.

Es waren verschiedene Faktoren, die Greenpeace veranlaßten, die Isländer aufs Korn zu nehmen. Sie jagten noch immer Finnwale, die in der Antarktis schon fast ausgerottet waren, und die Regenbogenkrieger glaubten, daß sie im Nordatlantik genauso bedroht wären. Auch waren die Isländer durch das Zusammentreiben von Schwertwalen, die später an Ozeanarien verkauft wurden, als grausame und gefühllose »Walsammler« bekannt geworden.

Nachdem der Fang von Schwertwalen in kanadischen und amerikanischen Gewässern verboten worden war, wandten sich die Aussteller an die isländischen Heringsfischer, die sich in der Hoffnung auf gute Gewinne auf den Schwertwalfang verlegten. Dabei wurden viele Tiere getötet oder verletzt. Noch schändlicher war jedoch die Behandlung der gefangenen Wale: man hielt sie in winzigen, flachen Bekken, wo sie jedesmal, wenn sie zum Atmen auftauchten, eisigen Winden ausgesetzt waren. Die Wale hatten starke Erfrierungen, ihre Haut war rissig und blutete, und sie litten Hunger. Es ging das (natürlich unbestätigte) Gerücht, daß viele Schwertwale im Schutz der Nacht ins Meer entlassen wurden, weil sie sonst nicht überlebt hätten. Die überlebenden Wale wurden an die Meistbietenden verkauft, in der Regel kanadische und amerikanische Ozeanarien. Fang und Verkauf wurden von Thordur Asgiersson, der für das isländische Fischereiministerium arbeitete und zufällig Islands Beauftragter für die IWC war, genehmigt. Unter den Umweltschützern wurde Unmut gegen die Isländer laut.

Die erste Kampagne gegen die Isländer endete unentschieden. 1979 jedoch waren die Isländer so beunruhigt, daß sie mehrere Harpunengranaten über die Köpfe der Leute in den Schlauchbooten schossen und dann die Marine einsetzten. Die *Rainbow Warrior* wurde im Juli 1979 von isländischen Kanonenbooten aufgebracht, und ihre Schlauchboote, ihre einzigen Waffen in diesem Kampf, wurden gewaltsam von Deck entfernt.

Da das Moratorium erst in der Saison 1985/86 wirksam werden sollte, konnten die Walfanggegner bis dahin nicht viel tun. Doch sobald die Japaner ihre Absicht verkündeten, sie wollten mit dem »Walfang zu wissenschaftlichen Zwecken« beginnen, griffen Greenpeace und zahlreiche andere Umweltschützer ein. Zuerst versuchten sie es auf friedlichem Weg und brachten die japanische Regierung vor Gericht. (Diese Methode war im Fall des Abschlachtens von Delphinen erfolgreich gewesen, versagte jedoch, als die Umweltschützer versuchten, die Japaner vom Töten der Pottwale abzuhalten. Der Oberste Gerichtshof der Vereinigten Staaten entschied zugunsten der Japaner.) Es war klar, daß »Walfang zu wissenschaftlichen Zwecken« für die Japaner, Isländer, Koreaner und Norweger nur eine Umschreibung für kommerziellen Walfang war. Empört über die Untätigkeit der IWC, sammelten sich die Umweltschützer und begannen erneut, die Welt über die unredlichen und gefährlichen Praktiken der Walfangnationen aufzuklären.

Zur großen Bestürzung der Umweltschützer schloß

die Regierung der USA mit Japan einen bilateralen Vertrag, ohne die Beschränkungen der IWC zu beachten. Gemeinsam mit anderen Schutzorganisationen mißbilligte Greenpeace diese Vereinbarung. Man zitierte David McTaggart, der gesagt hatte: »Es ist ganz und gar unannehmbar, daß zwei Mitgliedsstaaten der IWC ihre eigenen Fanglimits festsetzen, ohne den Wissenschaftlichen Ausschuß und andere Mitglieder zu befragen.« Die Umweltschützer verklagten die Regierung. Die Klage hatte in erster und zweiter Instanz Erfolg, aber der Oberste Gerichtshof verfügte, daß die Regierung der Vereinigten Staaten das Recht hatte, mit den Japanern ein separates Abkommen zu treffen.

Im April 1985 hatten die Japaner »bedingt« dem Ende des kommerziellen Walfangs für 1988 zugestimmt. Für den »Walfang zu wissenschaftlichen Zwecken« gab es jedoch keinerlei Beschränkungen, und dies sollte die IWC fast an den Rand des Zerfalls bringen. Obwohl der kommerzielle Walfang fast vorbei war, stand fest, daß die Walfänger auch weiterhin Wale töten würden – nur eben aus anderen Gründen. Aber das würde den Walen wenig nützen.

Als die Norweger im Frühjahr 1986 entgegen dem Verbot der IWC im Atlantik Zwergwale fingen, stach Greenpeace erneut in See. Mit der *Moby Dick*, einem umgebauten holländischen Fischerboot, fuhren die Umweltschützer von Hamburg aus zur norwegischen Küste. Nach zwölftägiger erfolgloser Suche entdeckten sie einen einzelnen norwegischen Walfänger. Wie üblich umkreisten sie das Schiff mit ihren Schlauchbooten und konnten so das Töten acht Stunden lang verhindern. Dann wurden sie von der norwegischen Küstenwacht verhaftet und sechs Tage lang im Hafen von Vardø festgehalten. Als man sie freiließ, mieden sie sorgfältig die Zwölfmeilenzone und entdeckten die Zwergwaljäger wieder. Unter Androhung weltweiter Negativschlagzeilen – die Norweger konnten ja nicht abstreiten, entgegen dem Moratorium Zwergwale zu töten, wenn man sie dabei fotografiert hatte – zerstreuten sich die Walfänger, wenigstens für den Augenblick. Später im Sommer, nachdem Präsident Reagan beschlossen hatte, den Norwegern, die ihre Absicht bekundet hatten, sich an das Moratorium zu halten, keine Sanktionen aufzuerlegen, fuhr die *Moby Dick* erneut mitten unter die norwegische Flotte. Sie wurde wieder aufgebracht, aber es stand nun fest: Die Norweger töteten auch weiterhin Zwergwale.

Auf der IWC-Tagung von 1988 in Auckland, Neuseeland, wurde das Thema »Walfang zu wissenschaftlichen Zwecken« durch etwas ersetzt, was »Küsten-walfang in kleinem Rahmen« genannt wurde. Dieses neue, von Japan entwickelte Konzept sollte es den Bewohnern der armen Dörfer in Nordjapan ermöglichen, Zwergwale und andere Wale unmittelbar vor ihrer Küste zu jagen, »wie sie es immer schon getan hatten«. Dieser Idee lag offensichtlich die Tatsache zugrunde, daß die IWC den Eskimos von Alaska Jahr für Jahr erneut erlaubte, ihren traditionellen Walfang zur Deckung des Eigenbedarfs fortzusetzen.

Warum sollte diese Regelung nicht auf für die armen japanischen Fischer gelten? Obwohl das Thema »Küstenwalfang in kleinem Rahmen« auf der Tagung 1988 zur Sprache kam, wurde die Beratung auf 1989 verschoben, und die Japaner fuhren fort, das Moratorium »mißzuverstehen«. Anfang 1989 fuhren sie wieder in die Antarktis, um dort zu »wissenschaftlichen Zwecken« Zwergwale zu fangen. Während verschiedene Tierschutzorganisationen Proteste und Unterschriftsaktionen organisierten, hatte sich Greenpeace wieder auf die Reise gemacht. Im Februar 1989 war das japanische Fabrikschiff *Nisshin Maru No. 3* in der Antarktis auf der Suche nach Zwergwalen und das Greenpeace-Schiff *Gondwana* auf der Suche nach den Japanern. Als die *Gondwana* versuchte, sich zwischen die Walfänger und die Wale zu drängen, versuchten die Japaner ihrerseits die Greenpeace-Leute aus dem Weg zu räumen. Dieses ungeschickte Manöver hatte einen Zusammenstoß der beiden Schiffe zur Folge.

Die Greenpeace-Aktivistin Cindy Lowry hat sich bei der Rettung der Grauwale, die im Oktober 1988 bei Point Barrow in Alaska im Eis eingeschlossen waren, besonders hervorgetan. In Zusammenarbeit mit Campbell Plowden (der in Washington blieb und Vorkehrungen für den Einsatz der sowjetischen Eisbrecher traf, die tatsächlich die Wale befreiten) koordinierte sie die Rettungsaktion, wobei sie mutig jedes bürokratische Hindernis übersprang. Obwohl sich Greenpeace das hohe Ziel gesteckt hat, unseren Planeten zu retten, haben die Greenpeace-Aktivisten doch eine ganz besondere Vorliebe für die Wale, und wo immer diese Tiere bedroht werden, finden wir wahrscheinlich auch die Regenbogenkrieger.

Piratenwalfang

Es war einmal ein japanisches Schiff, ein sogenannter Schleppnetzfischer, der hieß *Shunyo Maru.* Er wurde zur *Southern Fortune,* die von Curaçao aus betrieben wurde. Und *endlich* (Betonung beabsichtigt) ist daraus das Walfangschiff *MV Tonna* geworden. Es wurde unter der Flagge der niederländischen Antillen trotz der auffälligen Harpunenkanonen am Bug als Fischerboot eingetragen. (In Wirklichkeit gehörte sie Andrew M. Behr aus Südafrika, der noch einen weiteren Piratenwalfänger, die *Sierra,* sein eigen nannte.) Beide Schiffe waren kombinierte Tötungs-/Fabrikschiffe, das heißt äußerst leistungsfähige Walfänger, die die Wale noch auf See verarbeiteten, damit niemand erkennen konnte, welchem Zweck sie wirklich dienten.

Die *Tonna* hatte im Sommer 1978 im Nordatlantik erfolgreich gearbeitet und eilte Mitte Juli mit 400 Tonnen Walfleisch in den Gefrierkammern zu den Kanarischen Inseln, um die Ladung zu löschen. Etwa 320 km vor der Küste Portugals sichtete sie einen großen Finnwal und verfolgten ihn. Der 50 Tonnen schwere Wal wurde getötet und längsseits der *Tonna* gebracht. Während die Mannschaft sich abmühte, den Kadaver an Bord zu hieven, legte sich das schwerbeladene Schiff auf die Seite, bis die Reling unter Wasser war. Wasser strömte durch offene Luken ins Schiff, und die Mannschaft flüchtete in die Rettungsboote; das Gewicht des Wals begann das Schiff mit dem Heck voran hinabzuziehen. Der norwegische Kapitän Kristhof Vesterheim beschloß, nach alter Seemannstradition mit seinem Schiff unterzugehen, und klammerte sich mit einer Flasche Bier in der Hand an die Brücke. Wenn auch die Tradition, daß ein wahrer Kapitän sein sinkendes Schiff nicht verläßt, hier zur Parodie wurde, so entsprach doch das Ganze der *Moby-Dick*-Tradition: der Wal zog das Walfangschiff mit in die Tiefe.

Die *Sierra* war in jeder Hinsicht ein Schwesterschiff der *Tonna.* Sie war nicht eindeutig registriert und anscheinend 1955 von den Holländern als Fangboot gebaut worden, das das Fabrikschiff *Willem Barendsz* begleiten sollte. Die holländische Walfangindustrie hatte 1964 den Betrieb eingestellt, und das Fangboot wurde zum Umbau in die Werft zurückgeschickt. 1968 stach das kombinierte Fang- und Verarbeitungsschiff unter dem neuen Namen *Run* unter der Flagge der Bahamas in See. Die Besatzung tötete entlang der Westküste von Afrika 1676 Wale, meist Brydewale, aber auch Buckelwale und die seltenen Südkaper. Nach einem Sturm allgemeiner Entrüstung widerriefen die Bahamas die Registrierung, und da die *Run* den einzigen Vermögenswert der Gesellschaft darstellte, erklärte die Firma sofort den Bankrott. Die *Run* wurde nun als im Besitz der Scheinfirma Beacon Sierra Ltd. in Liechtenstein befindliches Fischerboot registriert und erhielt wieder den Namen *Sierra.* Unter Kapitän Arvid Nordengen fuhr die *Sierra* (jetzt unter somalischer Flagge) die afrikanische Atlantikküste auf und ab und lief für Reparaturarbeiten und Proviantaufnahme den Hafen von Kapstadt an. Die Besatzungsmitglieder kamen aus verschiedenen Ländern, die meisten waren Farbige aus Südafrika; es gab jedoch auch vier sogenannte »Produktionsinspektoren«, die aus Japan stammten.

Bereits um 1973 hatte Andrew Behr die künftige Produktion der *Sierra* an die Taiyo Canada Ltd., die kanadische Filiale der japanischen Taiyo Fisheries, verkauft. Dabei handelte es sich um das tiefgefrorene Fleisch von 400 bis 500 Walen, die das Schiff jährlich vor der Küste Afrikas fangen sollte. Obwohl die Registrierung der *Sierra* ein streng gehütetes Geheimnis war, wurde bald klar, daß sie ein Teilchen des Puzzles darstellte, das die Japaner damals Walfang nannten. Die Japaner behaupteten, sie unterstützten die IWC und hielten sich streng an deren Regeln. In Wirklichkeit unterliefen sie jedoch deren Beschlüsse, indem sie den illegalen Piratenwalfang unterstützten – und dann behaupteten, nicht beteiligt gewesen zu sein. 1978 war das Problem zu einer ernstzunehmenden Bedrohung für die IWC geworden. Denn die Japaner schienen bereit, jedes Risiko einzugehen, um ihren Markt regelmäßig mit Walöl und Walfleisch versorgen zu können.

Sie hatten jedoch ihre Rechnung ohne Paul Watson gemacht.

Watson war von Greenpeace ausgeschlossen worden, weil er für die gewaltsame Durchsetzung der Ziele des Umweltschutzes plädierte und sich als kompromißloser Einzelkämpfer gezeigt hatte. Er war auf den Kadaver eines Pottwals gesprungen, als die Russen diesen an Bord der *Dal'nii Wostok* hievten. Nach der Trennung von Greenpeace versicherte er sich der finanziellen und geistigen Unterstützung von Cleveland Amorys (dem Gründer von The Fund for Animals) und kaufte für 120 000 Dollar einen 779-Tonnen Yorkshire-Trawler, den er überholte und *Sea Shepherd* nannte. Er rüstete das Schiff mit 40 Tonnen steinernem Ballast aus, verstärkte den Bug mit 18 Tonnen Beton und nahm Kurs auf Neufundland, um sich den Robbenfängern entgegenzustellen. Später lief er mit der *Sea Shepherd* in den Nordatlanik aus, um die *Sierra* zu verfolgen und zu versenken.

Nachdem Watson gehört hatte, daß der Piratenwalfänger vor der Küste von Nordafrika operierte[*], fuhr er mit seiner *Sea Shepherd* über den Atlantik in Richtung Portugal. Am 15. Juli 1979 trafen die beiden Schiffe auf See aufeinander, und die *Sea Shepherd* jagte den Walfänger in den Porto de Leixões, den Außenhafen von Porto. Dort täuschte Kapitän Nordengen Watson, indem er vorgab, im Hafen zu docken. Als die Hafenlotsen an Bord der *Sea Shepherd* kamen, um das Ruder zu übernehmen, legte die *Sierra* ab. Watsons Schiff wurde von den Hafenbehörden festgehalten, und er fürchtete, er würde die Gelegenheit, den Piratenwalfänger zu rammen, verpassen. Die meisten Besatzungsmitglieder wollten internationales Recht nicht verletzen, indem man den Hafenbehörden davonlief, und zogen es vor, an Land zu gehen. (Watson schrieb später: »Vierzehn stellten fest, daß das, was damals in Boston in der Theorie noch so edel und kühn erschienen war, in der Praxis hier in Leixões ganz anders aussah.«) Schließlich blieben drei Mann für ein 63 m langes 779-Tonnen-Schiff übrig. Als die *Sea Shepherd* aus dem Hafen auslief, entdeckte man die *Sierra* etwa eine Viertelmeile vor der Küste und steuerte direkt auf sie zu.

Watson schrieb: »Wir trafen sie direkt hinter der Harpunenkanone am Bug und machten weiter. Ich war überrascht, wie schwach wir selbst den Stoß im Ruderhaus spürten. Aber der Schaden erwies sich als beachtlich.« Der erste Stoß war nur eine Warnung. Dann wendete Watson und rammte die *Sierra* erneut, diesmal mittschiffs. Trotz eines klaffenden Risses in ihrer Seite, durch den Wasser eindrang, konnte die *Sierra* den Hafen von Leixões erreichen, während die *Sea Shepherd* versuchte, nach England zu entkommen. Sie wurde von einem portugiesischen Zerstörer abgefangen und zurück nach Leixões gebracht. Dabei fuhr sie an der *Sierra*, die Schlagseite hatte, vorbei: »Die Männer auf dem Deck und auf dem Dach der Brücke schrien, kreischten und verfluchten uns. Wir winkten fröhlich zurück und machten elegante Verbeugungen, wie jemand, der sich für die Bravorufe nach einer gelungenen Vorstellung bedankt ...«

---

[*] In seinem Buch, *Sea Shepherd*, erklärte Watson, daß Craig van Note vom Monitor Consortium (eine Sammlungsbewegung von Naturschutzorganisationen mit Sitz in Washington) »Nachrichtenquellen auf der ganzen Welt hatte« und es ihm zu verdanken war, daß er die *Sierra* ausfindig machen konnte. Van Note gehört zu den führenden Persönlichkeiten in der Walschutz-Bewegung. Er lieferte unschätzbare Informationen, war der Katalysator der gesamten Naturschutzgemeinschaft und Verfasser der »Rettet die Wale«-Anzeigen für Christine Stevens' Animal Welfare Institute.

Watson wurde freigelassen, aber die portugiesischen Behörden hielten sein Schiff fest. Er und zwei seiner Besatzungsmitglieder, deren Pässe man beschlagnahmt hatte, flohen aus Portugal und gelangten schließlich nach England. Watson flog nach Amerika, ging zum Fernsehen und bekam eine enorme Publicity für seine Aktionen zugunsten der Wale. Als Watson und seine Männer Ende 1979 nach Leixões zurückkamen, waren die meisten beweglichen Gegenstände von seinem Schiff verschwunden. Man gab es ihnen auch nicht zurück, und sie beschlossen, es zu versenken.

Während Watson im Februar 1980 wegen Störung der Robbenjagd vor Neufundland in Kanada vor Gericht gestellt (und verurteilt) wurde, befestigten Unbekannte Magnetminen am Rumpf der *Sierra* und versenkten sie im Hafen von Lissabon. Die *Sierra* war gerade repariert und für eine neue Walfangsaison ausgerüstet worden; später wurde sie gehoben und verschrottet. Kurze Zeit später beschlagnahmte die südafrikanische Regierung zwei weitere Piratenwalfänger, und am 27. April wurden zwei der fünf Walfänger der Spanier im Hafen von Marin nahe Vigo mit Haftminen gesprengt und versenkt. Bis heute hat man die Saboteure nicht gefunden. Fest steht nur, daß sie zu einer Gruppe von europäischen Aktivisten gehörten. Doch zusammen mit Paul Watson waren sie im wesentlichen verantwortlich für die Beendigung des Piratenwalfangs – zumindest im Atlantik.

Die Gier der Japaner nach Walfleisch hat im modernen Walfang zu ungewöhnlich vielen Problemen geführt. Solange sie auf gute Absatzmöglichkeiten hoffen konnten, würden verbotene »freie Unternehmer« weiterhin das System (und die Japaner) stützen. So wurden beispielsweise in Taiwan nicht weniger als vier ehemalige japanische Schiffe zu Fang- und Fabrikschiffen umgebaut. Auf der *Sea Bird*, der *Sea Flower*, der *Chi Hsin* und der *Chu Feng* fuhren Taiwaner unter dem Befehl von erfahrenen japanischen Walfängern, Technikern und Offizieren. Sie durchstreiften die Meere und brachten das Fleisch zunächst über Taiwan und später, als dies zu leicht durchschaubar war, über Südkorea nach Japan. Auch hinter diesen Unternehmungen stand die unersättliche Taiyo Fisheries Company, die sich diesmal hinter einer koreanischen Tochtergesellschaft versteckte. Es waren Ermittler von Greenpeace, die die verschlungenen Pfade aufdeckten, auf denen illegal Walfleisch von Taiwan über Korea nach Japan gelangte; erst als die

Der Piratenwalfänger Sierra wurde stark beschädigt, als er 1979 von Paul Watsons *Sea Shepherd* vor der Küste Portugals gerammt wurde.

USA mit Fischereisanktionen gegen Taiwan und Japan drohten, schlossen die Japaner das taiwanische Unternehmen. Nun versuchte man, eine große Menge Walfleisch über Hongkong und die Philippinen an Japan zu verkaufen, aber bis heute ist nicht geklärt, ob die 2000 Tonnen Fleisch jemals ankamen oder in den Docks verfaulten.

Bereits 1956 hatten die Japaner in den chilenischen Walfang investiert. Taiyo Gyogyo verhandelte mit der chilenischen Firma Pesquera del Sur über die Möglichkeit, von Coronel Bay aus Walfang zu betreiben. Das erste japanische Walfangunternehmen in Chile wurde fast ausschließlich von Tokio aus finanziert, Mannschaften und Schiffe kamen aus Japan. Den Chilenen oblag es, die Station und die Anlagen für die Verarbeitung des Fleisches bereitzustellen, das zur Gänze nach Japan verschifft werden sollte.

1977 eröffnete in Chile eine weitere Filiale von Taiyo. Taito Seiko übernahm den Schleppnetzfischer *Orient Maru No. 2* und nannte ihn *Paulmy Star No. 3*. Der umgebaute Walfänger, der nun in Panama registriert war, fuhr nach Chile, dessen Regierung gerade eine Quote von 500 Walen zugesprochen erhalten hatte. Die chilenische Walfangindustrie bestand allein aus der *Paulmy Star*, die 1978 704 Tonnen Walfleisch, 1979 320 Tonnen und 1980 563 Tonnen exportierte. Ende 1980 änderte die *Paulmy Star* ihren Namen in *Juan IX*, und die Farben von Panama wichen der chilenischen Flagge. Die neue chilenische Walfangindustrie war absolut nicht gewillt, sich an das IWC-Reglement zu halten, und bis zur Tagung der Kommission 1982 hatten die Chilenen fast jede Regel verletzt: Sie hatten zu kleine und geschützte Wale gefangen; man hatte sie in geschützten Gewässern erwischt; sie hatten die erlaubte Fangzeit überschritten, und sie behaupteten schließlich, sie hätten die Wale in einer Station verarbeitet, die längst geschlossen war. 1984 lief die *Juan IX* von Chome (nahe dem historischen Hafen von Talcahuano) aus und entdeckte und tötete 15 Kaperwale, also Vertreter der vielleicht am meisten gefährdeten großen Walart der Welt.

Weitere illegale Walfangoperationen fanden in Spanien statt, wo Taiyo den Walfang der Gebrüder Masso finanzierte. Da die spanischen Walfänger ihre Fangzahlen so gut wie nie meldeten, ist kaum etwas über ihre Industrie bekannt. Die Spanier aßen kein Walfleisch, sondern exportierten es nach Japan. Da es jedoch ein Importverbot für Walfleisch aus Nicht-IWC-Ländern gab, trat Spanien der Kommission 1979 bei, um so seine Transaktionen zu legalisieren.

Nachdem ein subversives Geschäft nach dem anderen aufgedeckt worden war, suchten die Japaner fieberhaft nach neuen Wegen, um Wale von anderen für

Der mit Beton verstärkte Bug der *Sea Shepherd*, nachdem sie den Piratenwalfänger *Sierra* gerammt hatte.

sich töten zu lassen. Die Philippinen traten 1981 der IWC bei, enthielten sich im folgenden Jahr beim Moratoriumsbeschluß der Stimme und waren 1983 im Walfanggeschäft. Ein ehemaliges japanisches Schiff, die *Miwa Maru*, wurde zum Fang- und Fabrikschiff *Faith* umgebaut und begann den Brydewalen und den höchst gefährdeten Buckelwalen nachzustellen. Unter dem massiven Druck der IWC verbot Japan schließlich Walfleischimporte aus Manila, und nachdem man über Jahre versucht hatte, Walfleisch nach Japan zu schmuggeln, brach die philippinische Industrie schließlich zusammen.

Im August 1981 fuhr Paul Watson mit der *Sea Shepherd II* ins Beringmeer, wo die Sowjets alljährlich 179 Grauwale töteten – angeblich für die sibirischen Eskimos. Sie hatten den Begriff »Eingeborenenwalfang«, unter dem die Eskimos Alaskas für eine Fangquote für Grönlandwale stritten, dahingehend interpretiert, daß sie das Fleisch der von ihren Booten aus erlegten Wale als Nahrungsmittel für die sibirischen Eskimos benötigten. Watson glaubte jedoch, daß es in sibirischen Nerzfarmen verfüttert wurde, und wollte gegen das Töten der Wale protestieren oder es, wenn möglich, beenden.

Die Einheimischen in Sibirien waren nicht an fremde Schiffe vor ihren Küsten gewöhnt und deshalb verblüfft über die Anwesenheit der *Sea Shepherd II*.

Watson und seine Truppe beobachteten blauäugige, blonde Frauen (»soviel zum Thema Eingeborenenwalfang«), die Walfleisch in Stücke hackten und diese auf ein Fließband warfen. Sie sahen mehrere lange, niedrige Gebäude, offensichtlich Unterstände für Käfige. Sie sahen, schrieb Watson, »eine Nerzfarm! ... Die Wale dienten einfach als billiges Futtermittel für ein lukratives Fellexportgeschäft.« Sowjetische Hubschrauber und ein Zerstörer näherten sich dem Kriegsschiff der Ökologen und drohten, es aufzubringen. Man konnte sich jedoch in sichere internationale Gewässer retten und Watson entkam. Er hatte jedoch den Weg für den zweiten Abschnitt der Invasion in Sibirien geebnet.

Eine Woche vor der Jahrestagung der IWC 1983 in Brighton brachte die *Rainbow Warrior* einen Invasionstrupp an die sibirische Küste, nahe demselben Dorf, das Watson zwei Jahre zuvor kurz gesehen hatte. Die Sowjets, die diesmal die besseren Informationen hatten (Greenpeace konnte seine Vorhaben noch nie gut verheimlichen), stürzten sich sofort auf den Trupp. Während die Rettet-die-Wale-Aufklärungseinheit die sowjetisch-sibirischen Verteidigungskräfte auf See ausmanövrieren konnte, mußten sieben der Guerillas an der Küste zurückbleiben. Sie wurden gefangengenommen, jedoch – wohl um noch mehr Aufsehen zu vermeiden – nach drei Tagen wieder freigelassen. Bei der Übergabe wurde die amerikanische Delegation von Leo Rasmussen, dem Bürgermeister von Nome in Alaska, angeführt. Nachdem er den Sowjets einen Anstecker mit der Aufschrift »I love Nome« überreicht hatte, nahm er die Eindringlinge in seine Obhut, und sie kehrten gemeinsam triumphierend in die USA zurück.

Die Greenpeace-Leute hatten Nerzfarmen fotografiert, jedoch keinen Beweis dafür gefunden, daß das Grauwalfleisch an die Nerze verfüttert wurde. Die Sowjets, die durch die friedliche »Besetzung« dieses für sie strategisch wichtigen Territoriums (es sollen U-Boot-Bunker in der Nähe sein) ziemlich verwirrt waren, versprachen, Daten über den Walfleischverbrauch der Ureinwohner freizugeben. Vor 1955 fingen die sibirischen Eskimos im Schnitt 20 Wale pro Jahr zur Deckung ihres Eigenbedarfs. Dank der IWC stieg die Anzahl der Wale fast auf das Zehnfache, was darauf schließen läßt, daß eher Marder als Tschuktschen das Walfleisch verzehrten.

Das Walfangmoratorium sollte 1985/86 in Kraft treten, lange vor dieser Saison jagten die Japaner jedoch Pottwale, eine geschützte Art, für die die Quote Null galt. 1981 hatten sie um eine Zweijahresquote für diese Walart ersucht und sie auch erhalten. Nach einer verworrenen Saison, in der nur sieben Wale getötet worden waren, warteten die Japaner das Jahr 1983 ab. 1984 erklärten sie, daß sie den Pottwalfang im Nordpazifik wieder aufzunehmen gedachten. Sie wollten jährlich etwa 400 Wale erlegen, und zwar so

lange, bis die Walfangkapitäne in Pension gingen oder starben (vermutlich nicht vor dem Jahr 2000). Die amerikanischen Behörden, die keine Sanktionen gegen die japanische Fischfangindustrie verhängen wollten, unterzeichneten ein bilaterales Abkommen mit Japan, das den japanischen Walfang bis 1988 duldete. Eine Gruppe von Naturschutzorganisationen reichte Klage gegen das Handelsministerium ein, das es versäumt hatte, die Japaner unter Hinweis auf das Packwood-Magnuson-Amendment anzuzeigen.

Die japanische Walfanggesellschaft Nippon Hogei gründete 1967 eine peruanische Filiale mit Namen Compañía Ballerna de Kinkai, die 1977 als Victoria del Mar oder Vicmar bekannt wurde. Die Firma unterhielt drei Walfangschiffe, deren Beute in der Station von Paita verarbeitet wurde. 1979 trat auch Peru der IWC bei, um die für Nicht-IWC-Mitglieder geltenden Beschränkungen beim Walfleischexport nach Japan zu umgehen. Von der Tatsache, daß Peru eine wichtige Rolle bei der Beendigung der Walfangaktivitäten von Aristoteles Onassis gespielt hatte, während das »legale« Töten weiterging, wollten später weder Peru noch Japan etwas wissen.

Peru gehörte zu den Ländern, die gegen das Moratorium Einspruch erhoben hatten, und Greenpeace konzentrierte seine Aufmerksamkeit auf das, was es als illegalen peruanischen Walfang ansah. (Nach Ansicht der Naturschützer wurde die Situation dadurch verschärft, daß die peruanische Walfanggesellschaft den japanischen Taiyo Fisheries gehörte.) Die *Rain-*

Der spanische Walfänger *Corrumiero* wird im August 1978 vor Kap Finisterre durch Greenpeace-Kommandos gestört.

Der peruanische Tierschützer Felipe Benavides steht neben einem sterbenden, 20 m langen Blauwal an der Küste von Conchan, Peru. Der Wal war im Februar 1978 verbotenerweise von Walfängern der von Japan betriebenen Station in Paita harpuniert worden.

bow Warrior fuhr in den Hafen von Paita ein, Besatzungsmitglieder enterten das Fangboot *Victoria 7.* Mehrere Aktivisten ketteten sich an die Harpunenkanone und einer begab sich in den Ausguck. Nach einigen Tagen der Verwirrung erschienen peruanische Marinesoldaten und zerschnitten die Ketten. Man verhaftete die Greenpeace-Leute und drohte ihnen schwere Strafen für Seeräuberei an. Nur das Eingreifen von Felipe Benavides, einem prominenten peruanischen Naturschützer, bewahrte sie vor einer mehrjährigen Gefängnisstrafe. Erst 1986, Jahre nachdem Peru den Walfang aufgegeben hatte, widerrief es seinen Einspruch.

Die Naturschützer beschränkten ihre Aktivitäten nicht auf Proteste und Konfrontationen. Ebenso wirksam wie ihre Aktionen waren ihre Enthüllungen über die illegalen Aktivitäten der Piratenwalfänger. Auf fast jeder IWC-Tagung während der letzten zehn Jah-

re hat Greenpeace eine Broschüre verteilt, die in der Regel mit kompromittierenden Fotos von illegalen Walfangaktionen illustriert war. Zwar gelang es den Naturschützern nicht, nach Taiwan oder auf die Philippinen vorzudringen, doch schafften sie es immer wieder, Fotos von den Piratenschiffen, von verräterischen Etiketten auf Walfleisch und sogar von Walfängern bei der Arbeit beizubringen. Dank eines dichten Netzes von geschickt plazierten Agenten konnte Greenpeace die Hinterhältigkeit des Piratenwalfangs dokumentieren und das heimliche Treiben aufdekken. Als Campbell Plowden 1979 Hokkaido besuchte, sprach er mit einem anonym gebliebenen japanischen Walfänger, der ihm nicht nur erzählte, daß Zwergwalfänger Baird-Schnabelwale jagten, sondern ihm sogar entsprechende Fotos beschaffte. (Baird-Schnabelwale fallen nicht unter die IWC-Bestimmungen.) Da sie größer als Zwergwale werden können, meinen die meisten auf Naturschutz bedachten Länder, sie sollten einbezogen werden. Die in *Pirate Whaling 1980*, einer Dokumentation über die »ungeregelte Zwergwaljagd«, veröffentlichten Bilder abgeschnittener Köpfe von Baird-Schnabelwalen entfachten einen Sturm der Entrüstung, und die Publikation führte zu massiven Bemühungen um die Aufnahme der Schnabelwale in die Liste der Waltiere, deren Jagd durch die IWC geregelt werden kann.

Zwischenspiel: Betrachtungen über Wale

Nun, da die Problematik des Walfangs allgegenwärtig scheint, fällt es schwer, sich eine Zeit vorzustellen, in der die Wale noch nicht Teil unseres Lebens waren. Sie gehören zwar nicht zu unserem Alltag – es sei denn, wir wären Eskimos oder arbeitslose japanische Walfänger.

Mindestens seit der Zeit der Höhlenmalerei von Lascaux und Altamira hat der Mensch Totemtiere. In den Augen der alten Ägypter nahmen die Götter die Gestalt der Katze, des Schakals, des Pavians, des Geiers, des Ibis und des Krokodils an. In Knossos entwickelten die Kreter einen Stierkult, und in der griechischen Mythologie gibt es den Schwan, den Adler, den Delphin und sogar den dreiköpfigen Hund. Die Eigenschaften von Mensch und Tier waren in den Kentauren (Wesen mit menschlichem Oberkörper und Pferdeleib) und im Minotauros (Ungeheuer mit Stierkopf und Menschenleib) vereint. Sogar der Nachthimmel war von Tieren bevölkert: Der Tierkreis umfaßte Ursus den Bären, Taurus den Stier, Canis Major den Großen Hund, Aries den Widder, Scorpio den Skorpion und Cancer den Krebs. Am Südhimmel steht das Sternbild Cetus, der Wal.

Natürlich gab es Totemtiere nicht nur in den westlichen Kulturkreisen. Auch bei den Afrikanern, den Polynesiern, den Mikronesiern, den nord- und südamerikanischen Indianern, den australischen Aborigines und den Völkern Indiens trifft man auf übernatürliche Wesen in Tiergestalt.

Als sich das Christentum im Westen verbreitete, begannen die Menschen, Götter in menschlicher Gestalt darzustellen, und Tiere wurden zu Sinnbildern, nicht als wirkliche Götter, sondern als Paradigmen christlichen Verhaltens. In mittelalterlichen Handschriften, wie den Bestiarien des 12. und 13. Jahrhunderts, wurden Tiere dargestellt und beschrieben. Die meisten waren dem Autor bekannt, doch einige – wie beispielsweise das Einhorn oder der Vogel Greif – kannte niemand. Symbole für die vier Evangelisten Markus, Lukas, Johannes und Matthäus sind der Löwe, der Stier, der Adler und der Engel, wobei die Evangelisten selbst, nicht ihre tierischen Sinnbilder verehrt werden.

Seit der Mensch Wale tötet, hat er ihnen paradoxerweise auch verschiedene Denkmäler geschaffen. Die eindrucksvollste Darstellungsart ist dabei wohl die Malerei. Man findet Wale in einigen sehr frühen Felsmalereien in Norwegen und in den Totems der verschiedensten Kulturen, von den Japanern bis zu den an der Nordwestküste Nordamerikas beheimateten Indianern.

Frühe Anatomen studierten die Wale, weil sie als besonders faszinierende Vertreter der Klasse der Säugetiere galten. Natürlich waren sie dabei auf tote Tiere angewiesen, und ihre detaillierten Zeichnungen waren nicht viel besser als die frühen Abbildungen toter Leviathane, die an den Küsten Europas angespült wurden. Die Holländer, aber auch die Engländer, zwei Wegbereiter des arktischen Walfangs, hatten offenbar eine besondere Vorliebe für das Abbilden von Walen. Das liegt wahrscheinlich daran, daß diese Tiere besonders häufig an ihren Küsten strandeten.

Im 18. Jahrhundert, als der kommerzielle Walfang auf Hochtouren zu laufen begann, nahm auch die Tradition der Walfangkunst ihren Anfang. Meistens wurden Walfangschiffe dargestellt, oft aber auch die exotischen Orte, an denen man Wale tötete. Es mehrten sich Bilder von Rahseglern inmitten von bedrohlich wirkenden Eisbergen und Stiche von tropischen Landschaften mit hochaufragenden Vulkanen im Hintergrund. Auf solchen Darstellungen, die vorwiegend aus dem 18. und 19. Jahrhundert stammen, sah man von den Walen meist nur die Fontäne, den breiten Rücken oder die Fluke, die aus der stürmischen See ragte – keine besonders effektvolle Art, einen Wal darzustellen, doch damals sah man das Tier in erster Linie als Blubber- und Fischbeinlieferanten und nicht als ein lebendes Wesen. Man schätzte den Wal mehr als Handelsobjekt denn als Mitglied des Tierreiches. Walschulen galten ebenso als natürliche und unerschöpfliche Ressourcen wie die riesigen Baumbestände, die für Brenn-, Papier- und Bauholz gefällt wurden. So wie man Bäumen weder eine Seele noch Ge-

Als William Morris Hunt (1824–1879) das Bild *Der blasende Wal* malte, überließ er vieles der Phantasie des Betrachters.

fühle zubilligte, betrachtete man die Wale als schwimmende Ölquellen, die man einfach nur auszubeuten brauchte. Kein Wunder, daß sich niemand die Mühe machte, sie als lebende, atmende Geschöpfe darzustellen, oder als Tiere, deren Morphologie und Physiognomie einer Abbildung wert waren.

Im Gegensatz zu den Bäumen galten Wale jedoch als gefährlich. Dies führte zu einer anderen Darstellungsart: der Wal als Bedrohung. Nachdem die Yankee-Walfänger in ihrem Gewerbe weltweit führend geworden waren, kam es immer öfter vor, daß Walfangschiffe umgeworfen, in die Tiefe gezogen, zerschmettert oder auf andere Weise von Walen beschä-

digt wurden. Man wollte nicht wahrhaben, daß diese »aggressiven« Wale harpuniert worden waren oder ihre Jungen verteidigten und daß es nur sehr wenige belegte Fälle von grundlosen Angriffen von Walen gab. Das Jagdobjekt hatte die »Frechheit«, sich zu wehren und das Geschäft zu stören. Im Amerika des 19. Jahrhunderts setzte man den Wal gleich mit Erdbeben oder einem Tornado, also mit Naturkatastrophen, die in des Menschen unveräußerliches Recht, Gewinn zu erzielen, eingriffen. Auf zahllosen Gemälden und Stichen wurden die Gefahren des Walfangs gezeigt. Zerbrechliche Fangboote wurde umgekippt, tapfere Walfänger stürzten ins Meer, und die Wale hauchten Blut spritzend ihr Leben aus. Diese Darstellungen verherrlichten stets den heroischen Kampf des Menschen gegen das »Ungeheuer« Wal.

So überrascht es nicht weiter, daß es nur wenige Bilder gibt, die das Zeitalter des technisierten Walfangs verherrlichen. Der Walfang mit Fabrikschiffen, bei dem Wale mit Fangbooten mit Dieselmotoren gejagt und ihre Kadaver zur Verarbeitung auf große Schiffe gezerrt wurden, eignete sich nicht mehr für malerische Bilder. Zwar wagten sich zu diesem Zweck Männer in die eisige Antarktis, aber ihre gefährlichen Unternehmungen lieferten den Künstlern kaum auswertbare Motive.

Die Art der Darstellung von Walen änderte sich, als kurz vor dem Zweiten Weltkrieg die ersten Ozeanarien eröffnet wurden. Die Wissenschaftler konnten nun Delphine in Gefangenschaft studieren, und man erkannte, daß diese Geschöpfe nur nicht anmutig und liebenswert, sondern auch intelligent waren. Aber es gab nur wenige Publikationen, die sie in ihrer natürlichen Umgebung zeigten.

Seit Mitte der siebziger Jahre gibt es eine neue Darstellungsform, die lebende Wale im Wasser zeigt. Zunächst sah man diese Bilder nur im Rahmen von »Rettet-die-Wale«-Kampagnen, aber dann entwickelten sie sich rasch zu einer ganz speziellen Kunstform. Es waren nicht mehr die klassischen Darstellungen von Walfangbooten zwischen den Kiefern wütender Pottwale, sondern man zeigte nun die Wale in ihrem natürlichen Lebensraum. Der Künstler mußte nicht nur wissen, wie die einzelnen Arten aussahen, sondern auch die Wiedergabe von ganz besonderen Licht-und-Schatten-Spielen beherrschen. Bevor es die moderne Taucherausrüstung und Geräte für die Unterwasserfotografie gab, wagten sich nur wenige Maler an die Darstellung von Walen, denn niemand konnte lange genug unter Wasser bleiben, um genau festzustellen, wie es dort aussah.

Das Interesse an den Walen erwachte etwa zu der Zeit, als die Menschen allmählich über das Gemetzel auf hoher See aufgeklärt wurden. Naturschutzorganisationen begannen, Prospekte, Flugblätter und Zeitschriften zu verteilen, um die Sympathie der Menschen für die Wale zu wecken. Die Kunst der Walmalerei erreichte ihren Höhepunkt etwa zwischen 1975 und 1985.

In den achtziger Jahren erlebte die Walfangfotografie ihre Hochblüte. Taucher versuchten mit Unterwasserkameras, Wale auf Zelluloid zu bannen. Ihre Arbeiten wurden weltweit in Büchern, Zeitschriften und Filmen veröffentlicht und haben uns einen Eindruck davon vermittelt, wie Wale wirklich aussehen. In der Dezemberausgabe 1988 von *National Geographic* erschien ein Artikel mit dem Titel: »Whales: An Era of Discovery.« Die Fotos von Flip Nicklins zeigen Blauwale, Finnwale, Grindwale und Pottwale, also Arten, die früher als nicht fotografierbar galten.

Vielen Menschen bot sich auch die Möglichkeit, Wale direkt zu beobachten. Es gibt viele Orte, wo man einfach hingehen und den Walen zusehen kann. Die Walbeobachtung ist in den USA besonders beliebt, teils weil die Amerikaner die Wale lieben und teils weil an Amerikas Küsten verschiedene Arten zu Hause sind.

An der Westküste von Seattle bis nach San Diego und an der Ostküste von Maine bis zum Golf von Mexiko kann man Wale sehen. Obwohl Schwertwale auf der ganzen Welt verbreitet sind, gehören sie zu den Hauptattraktionen im Nordwesten, besonders um Puget Sound und rund um die San-Juan-Inseln. Buckelwale kann man ebenfalls an beiden Küsten beobachten, besonders aber in Massachusetts. Finn- und Blauwale finden sich gelegentlich vor Kalifornien ein, und zwar vor allem im südlichen Teil. Während der Tagung der American Cetacean Society 1985 in Monterey erschienen Blauwale in der Monterey Bay. In Südkalifornien hat sich um die Beobachtung der Grauwale, die die Küste entlangwandern, sogar eine regelrechte Industrie entwickelt. Sobald sie die Lagunen von Baja California erreichen, werden sie bereits von den nächsten Walbeobachtungsvermarktern erwartet.

Das Geschäft mit der Walbeobachtung soll 1975 in Massachusetts seinen Anfang genommen haben, als der Fischer Alvin Avellar auf seinem Boot *Dolphin* für Geld Leute zur Beobachtung von Walen mitnahm. Mittlerweile hat Avellar seine Flotte und sein Geschäft in Provincetown zu einem Multimillionendollar-Unternehmen ausgeweitet und den Weg für viele andere Walbeobachtungs-Aktivitäten bereitet. Die Buckelwale, die auf der Stellwagen Bank in Neuengland ihre Nahrung suchen, wandern zur Paarung und zum Kalben in die warme Karibik, und es gibt Leute, die Tausende von Meilen reisen, um sie dort zu sehen.

Als Kapitän Avellar merkte, daß er kaum etwas von Walen verstand, seine Passagiere aber unbedingt mehr über die Tiere wissen wollten, die sie beobachteten, setzte er sich mit einer Gruppe von Cetologen am Center for Coastal Studies of Provincetown in Ver-

Ein Künstler betritt das Reich der Wale. Porträt einer Buckelwalfamilie von Richard Ellis.

bindung. Die Wissenschaftler sollten den Passagieren kurze Vorträge halten, als Gegenleistung bot er ihnen die Möglichkeit, täglich Wale aus nächster Nähe beobachten zu können. (Der National Marine Fisheries Service hat Richtlinien für die Walbeobachtung aufgestellt, damit kein Boot zwischen fressende und säugende Wale hineinfährt. Nur wer eine amtliche Genehmigung hat, darf zu den Walen hinaus.) Das Unternehmen hat sich aus bescheidenen Anfängen zu

einem der anspruchsvollsten Programme für das Studium einer Großwalpopulation entwickelt.

Unter der Leitung von Dr. Charles »Stormy« Mayo haben die Wissenschaftler Freßgewohnheiten, Wanderrouten, Verwandtschaftsbeziehungen und sogar die Wirkung der Beobachter auf die beobachteten Wale studiert. Sie konnten sogar den Lebenslauf einzelner Wale, denen sie Namen gegeben hatten, verfolgen.

Buckelwale sind eine der Attraktionen von Hawaii. Sie kommen im Spätherbst von Südalaska (wo sie ebenfalls beobachtet werden) und sammeln sich vor der Westküste der Insel Maui. (Interessanterweise liegt dieser Ort direkt vor dem alten Walfanghafen Lahaina.) 1986 gab es auf den Inseln etwa ein Dutzend auf Walbeobachtung spezialisierte Unternehmen, die rund 3 Millionen Dollar einnahmen. 1981 studierte Stephanie Kaza von der University of New Hampshire das Geschäft der Walbeobachtung in Kalifornien. Sie besuchte etwa 40 Stellen und wertete die Kartenverkaufszahlen, den erzieherischen Wert und andere Aspekte der Programme aus. Ihre Ergebnisse für 1981 waren schon erstaunlich, und seit dieser Zeit sind alle Zahlen noch weiter angestiegen. 1981 zahlten eine Viertelmillion Besucher rund 2 Millionen Dollar (einer Untersuchung von Whitney Tilt zufolge kamen 1983/84 2,6 Millionen Dollar zusammen). Auf die Frage, warum die Walbeobachtung so beliebt sei, antwortete sie, »dies entspreche der wiedererwachten Liebe der Menschen zu den Meeressäugetieren in einer Zeit, da Naturbeobachtungen einen hohen Stellenwert in der Freizeitgestaltung hätten«.

1988 versuchte Scott Kraus vom New England Aquarium (der von einem Beobachtungsboot aus Neuengland-Nordkaper wiederentdeckt hatte), den »Wert der Wale« zu bestimmen, indem er die Verdienstmöglichkeiten durch Walfang und Walbeobachtung verglich. Er kam zu dem Schluß, daß durch den Walfang kurzfristig mehr zu verdienen war (30 bis 50 Millionen Dollar durch Beobachtung, gegenüber 154,2 Millionen Dollar durch den kommerziellen Walfang), aber

der wahre Wert der Wale auf lange Sicht vor allem metaphorischer Natur ist. Wale sind zum Sinnbild für all die wunderbaren Geheimnisse und das Leben in den Weltmeeren geworden. Wir müssen noch viel über die Wechselbeziehung Mensch und Erde lernen. Deshalb dürfen wir uns nicht nur für das Wohlergehen der Wale interessieren, sondern müssen uns auch verstärkt um die Erhaltung ihres natürlichen Lebensraums bemühen. Die Wale sind vor allem als Übermittler dieser Botschaft von Bedeutung.

Walbeobachtungsprogramme gibt es heute in den ehemaligen Walfangländern Argentinien, Australien, Kanada und Neuseeland, und sie sollen auch auf Länder ausgedehnt werden, in denen der kommerzielle Walfang erst vor kurzem beendet wurde oder noch weitergeht: Japan, Island, Norwegen. Das wäre sicher möglich, aber es gibt sowohl soziologische als auch geographische Probleme. Touristen in Japan könnten

es unangenehm finden, ein Tier in seiner natürlichen Umgebung zu beobachten, das die Mahlzeit des Vortages hätte sein können; wie viele Amerikaner besuchen Rinderfarmen, um sich die Tiere anzusehen? Japaner und Isländer haben die Wale vor ihren Küsten mehr oder weniger ausgerottet, und wahrscheinlich sind nur sehr wenige Touristen bereit, drei oder vier Tage in einem kleinen, ungemütlichen Boot zu verbringen, nur um einen Blick auf den Rücken eines Wals werfen zu können. Zweifellos spielt die Tatsache, daß Wale sich in der Nähe der amerikanischen Küsten aufzuhalten pflegen, eine wichtige Rolle bei der erfolgreichen Entwicklung der Walbeobachtungsindustrie.*

Die Walbeobachter sehen oft nur die Rücken oder die gewaltigen Fontänen der dahinziehenden Tiere. Mutige Kameraleute aber drangen ins Reich der Wale vor und brachten flimmernde Bilder mit.

Um einen Wal wirklich verstehen zu können, muß man ihn unter Wasser sehen, »im blauen Licht der Ewigkeit«, wie es Loren Eisely ausdrückte. In *The Delicate Art of Whale Watching* schrieb Joan McIntyre: »Die wirkliche Welt der Wale ist ganz anders; sie ist für uns unvorstellbar und, soviel ich weiß, auch nicht wahrnehmbar. Für uns ist es äußerst schwierig, in diese Welt vorzudringen, die sich unserem Vorstellungsvermögen fast völlig entzieht. Wer wirklich den Wunsch hat, Wale in ihrer Welt zu sehen, muß stark und ruhig genug sein, um allein ins Wasser zu gehen, ohne großartige Ausrüstung und das Gefühl von Sicherheit, das die Nähe anderer Menschen vermittelt; und dann, und nur dann wird man vielleicht den Wal wirklich sehen und in seinem Innersten seine Macht und Schönheit erkennen.«

Wale waren nicht oft Thema bedeutender Gedichte, obwohl große Dichter sie beiläufig erwähnt haben. Im *Verlorenen Paradies* spricht Milton von Leviathan:

Gewaltigstes aller lebenden Geschöpfe, in der Tiefe
breit wie ein Berg schläft oder schwimmt es,
und erscheint wie ein lebendes Land; durch seine
Kiemen zieht es ein Meer ein und atmet es spritzend
wieder aus.

---

*1989 schrieb Tom Arnbom, ein schwedischer Biologe, daß man auch in Norwegen versuchsweise Walbeobachtungsprogramme gestartet habe. Mit Unterstützung des WWF war eine Gruppe schwedischer Naturschützer auf norwegischen Schiffen auf die Suche nach Walen gegangen. Sie sahen auf ihren Exkursionen zwar Pottwale und Zwergwale, aber nur sehr wenige Norweger.

Auf diesem unglaublichen Foto springt ein Buckelwal direkt vor einer Gruppe aufgeregter Walbeobachter vor Maui, Hawaii, aus dem Wasser.

Dieses und andere poetische Zitate findet man im einleitenden Abschnitt von *Moby Dick*, in dem Melville »jede noch so zufällige Anspielung auf Wale, die er irgendwie in irgendwelchen geistlichen oder weltlichen Schriften finden konnte«, gesammelt hat. In den *Grashalmen* von Walt Whitman findet sich ein Gedicht mit dem Titel »Ein Gesang der Freuden«. Unter den Freuden, die er preist, sind die des Lokomotivführers, des Reiters, des Soldaten, des Fischers, des Bauern und des Walfängers.

O Walfängers Freuden! Ich kreuze wieder meinen alten Kurs!
Ich fühle die Bewegung des Schiffes unter mir, ich fühle des Atlantiks Brisen, die mich umfächeln, ich höre den Ruf vom Masttopp herunter. Da – er bläst!
Wieder springe ich auf die Takelung, um mit den anderen zu schauen – wir steigen herab, rasend vor Erregung,
Ich springe ins heruntergelassene Boot, wir rudern hinaus, dorthin, wo unsere Beute liegt,
wir nähern uns heimlich und leise, ich sehe die gewaltige Masse, träge, sich rekelnd,
ich sehe den Harpunier sich erheben, ich sehe die Waffe fliegen von seinem kräftigen Arm;
O wiederum flüchtig weit draußen im Meer der verwundete Wal, absinkend, windwärts rennend, zieht er mich,

wieder sehe ich ihn aufsteigen zum Atmen, wir rudern
    wieder nahe, ich sehe einen Speer durch seine Seite
    getrieben, tief
drinnen, in der Wunde gedreht,
    wieder ziehen wir uns zurück, ich sehe ihn sinken,
    sein Leben verläßt ihn schnell,
aufsteigend spritzt er Blut, ich sehe ihn kreisend
    schwimmen
näher und näher, geschwind das Wasser durchschnei-
    dend – ich sehe ihn sterben,
er macht einen krampfartigen Sprung in des Kreises
    Mitte, und dann fällt er reglos hin in blutigem
    Schaum.

Als Whitmans Lobgesang auf die Freuden des Walfangs 1855 veröffentlicht wurde, betrachteten die meisten Menschen das Töten von Walen noch als eine edle und heroische Tat. In den achtziger Jahren unseres Jahrhunderts hatten die Menschen jedoch ein intensiveres Bewußtsein für ihre Umwelt entwickelt, und der Walfang wurde nicht länger als gut und schön betrachtet. So war es wohl nur natürlich, daß jemand die neuen Gedanken in einem erzählenden Gedicht, einer Art Walepos, zum Ausdruck brachte.

Der englische Dichter, Dramatiker und Schauspieler Heathcote Williams verfaßte *Whale Nation*, ein 751 Zeilen langes Loblied auf den Wal, das noch dazu reich illustriert ist. Es wurde in England gut aufgenommen; der Dichterfürst Ted Hughes bezeichnete es als »glänzend scharfsinnig, dramatisch und wunderbar rührend, voll Erhabenheit und Schrecken«.

Williams' langes Gedicht beginnt (und endet) mit einer Einführung in den Wasserplaneten: »Vom Raum her ist der Planet blau. / Vom Raum her ist der Planet das Reich / nicht der Menschen, sondern der Wale.« Es folgt eine Einführung in die Biologie und die Wunder der Wale (»Fremde Wesen / Ihr ganzer Körper: jeder Knochen, jede Membran, jede Vertiefung, / Teil eines ungeheuren Ohres, / zwanzigmal so empfindsam wie das menschliche«) und eine wehmütige Beschreibung der unnützen Dinge, zu denen der Mensch den Wal benützt:

… obwohl dieses besondere Schmiermittel
    in alle geröllverstopften Städte der Menschen kom-
    men kann;
ihr Leben beschließend wie gestrandete Wale,
angeschwemmt und verfaulend an den Stränden der
    Zivilisation,
deren Fundamente auf totem Blubber erbaut sind.

Dreizehn

Nach dem Moratorium

Kaliforniens Liebschaft mit dem Grauwal

Um die Jahrhundertwende war der Walfang in Kalifornien praktisch zu Ende, vor allem weil es kaum noch Grauwale gab. Roy Chapman Andrews sagte: »Durch das dauernde Abschlachten der Grauwale in ihren Fortpflanzungsgründen ging ihre Zahl so stark zurück, daß die Jagd keinen Gewinn mehr brachte und die Küstenstationen schließlich ihren Betrieb einstellten. Mehr als 20 Jahre lang war die Art für die Wissenschaft verloren gewesen, und die Forscher glaubten, sie wäre ausgestorben.« Andrews fuhr nach Ulsan (Korea), um Berichten über einen geheimnisvollen Wal nachzugehen, der von den koreanischen Walfängern gejagt wurde. Er entdeckte, daß es sich um den *Koku kujira* handelte, so hieß der Grauwal in Japan. Während diese Walart in kalifornischen Gewässern selten geworden war, gab es auf der anderen Seite des Pazifiks offensichtlich noch so viele Vertreter, daß sich die Jagd lohnte.

Die japanischen Walfänger haben sich noch nie darum gekümmert, ob die Walbestände abnahmen, und machten auch bei der »koreanischen Grauwal-Herde« keine Ausnahme. Vor Gründung der Küstenstation in Ulsan im Jahre 1899 bis zur Mitte der dreißiger Jahre wurden etwa 1500 Grauwale getötet. 1933 fing man nur noch zwei Tiere, und die Art galt im Westpazifik als ausgestorben. Norwegische Walfänger fingen zwischen 1914 und 1929 gelegentlich noch einen Grauwal, und das amerikanische Fabrikschiff *California* graste die kalifornischen Küsten ab.

1937 erkannten die Walfangnationen, daß der Grauwal zwar biologisch noch nicht ausgerottet, aber kommerziell nicht mehr nutzbar war, und im folgenden Jahr wurde das Internationale Abkommen zur Regulierung des Walfangs (Vorläufer der IWC) unterzeichnet, das das Töten von Grauwalen verbot. Weder Japan noch die Sowjetunion hatten daran Anteil, und die Walfänger beider Staaten töteten weiterhin Grauwale, sofern ihnen welche begegneten. Die Jagd auf Grauwale war nur den Ureinwohnern und Ländern erlaubt, in denen die Walprodukte ausschließlich von den Ureinwohnern verbraucht wurden.

1938 feierte die kalifornische Grauwalpopulation ein erstaunliches Comeback. Daß die Walfänger keine Grauwale mehr finden konnten, bedeutete nicht unbedingt, daß es keine mehr gab. Wahrscheinlich

waren die restlichen Wale weiter von der Küste weg-
gewandert oder hatten gar Cabo San Lucas, die Spitze
der Baja-Halbinsel, umrundet und in der Cortez-See
Zuflucht gefunden. Wie immer sie es auch geschafft
hatten – die überlebenden Wale gediehen und vermehrten sich.

Von allen Großwalen sind Grauwale wohl am leich-
testen zu zählen. Die frühesten Zählungen führte
man von günstigen Plätzen an der Küste mit Fernglä-
sern durch. Dr. Carl Hubbs, Amerikas bedeutendster
Ichthyologe, wurde bei einer Expedition nach Baja
California von keinem Geringeren als Errol Flynn begleitet (Flynns Vater war Biologieprofessor in Belfast).
Bei Scammon's Lagoon stiegen Hubbs und seine Gefährten in kleinen Flugzeugen auf; sie benutzten auch
Hubschrauber, bis sie merkten, daß der Lärm die
Wale erschreckte. (Die Ergebnisse der Zählungen
waren nicht exakt, da man auch die Tiere berücksich-
tigen mußte, die während der Nacht vorbeikamen
oder gerade untergetaucht waren.) Wenn wir auch
die Anzahl der Wale, die nach zwei großen Walfang-
perioden übrigblieben, nie genau kennen werden,
schwanken die Schätzungen zwischen einigen Hundert und ein paar Tausend. Wie auch immer – die
Anzahl der verbliebenen Wale reichte in jedem Fall
für eine Bestandserholung aus. (Vielleicht gibt es etwas im Wesen des Grauwals, das diese Erholung gefördert hat. Der Nordkaper, der ebenso intensiv bejagt
wurde, hat dies nicht geschafft und gilt immer noch
als gefährdete Art, obwohl der kommerzielle Nordkaperfang seit 1937 verboten ist.

Der Kardiologe Paul Dudley White, der als Herzspe-
zialist von Präsident Eisenhower bekannt wurde, hat
um 1916 die erste wissenschaftliche Beschreibung eines Walherzens publiziert. 1956 ging er nach Scammon's Lagoon und versuchte, den Herzschlag eines
Grauwals abzuhören. In einem Artikel für *National
Geographic* schrieb White: »Menschliche Herzen
schlagen 50- bis 90mal in der Minute. Doch das Herz
eines großen Wals pumpt sehr langsam – vielleicht
weniger als 10mal pro Minute. Niemand weiß es genau, denn der Puls des schwersten Geschöpfes der
Erde ist nie zufriedenstellend gemessen worden.« Zu
diesem Zweck wollte White zwei Elektroden in den
Rücken eines Wals einsetzen. Seine Ausrüstung war
nach heutigem Standard primitiv. Die Wale waren
verständlicherweise scheu, und White und seine Kollegen scheiterten. Es sollten noch weitere 15 Jahre
vergehen, bis der Pulsschlag des Grauwals gemessen
wurde; die Tests wurden an Gigi durchgeführt, einem
jungen Grauwal, den man gefangen hatte und in San
Diego hielt. (Im Gegensatz zu Dr. Whites Voraussagen schlug Gigis Herz 43mal in der Minute.)

1960 schätzte Raymond Gilmore die kalifornische
Gesamtpopulation auf 4454 Tiere; als Dale Rice und
Allen Wolman 1971 die verfügbaren Zahlen analysierten, schlossen sie daraus: »Die exakteste Schätzung der derzeitigen Populationsgröße des kalifor-
schen Grauwals liegt bei etwa 11000.« An der Uni-
mak-Durchfahrt bei den Aleuten (die erste Meerenge
südlich der Halbinsel von Alaska, durch die fast alle
Grauwale wandern) haben Beobachter die Wale gezählt, die nachts oder wegen schlechten Wetters
übersehen Tiere dazugerechnet und die Gesamtpopulation auf 16928 Wale geschätzt. Scammon hatte
den Bestand vor den Raubzügen der Walfänger mit
30000 bis 40000 Tieren veranschlagt. Diese Zahlen
gelten heute als zu hoch, und man nimmt an, daß die
ursprüngliche Population ungefähr genauso groß war
wie die heutige. Der unverwüstliche kalifornische
Grauwal hat also zwei heftige Attacken überlebt und
es geschafft, in etwa wieder auf seine ursprüngliche
Bestandszahl zu kommen.

Gigi war der einzige je in Gefangenschaft gehaltene
große Wal. Am 11. März 1971 wurde er von einer Sea
World Expedition bei Scammon's Lagoon gefangen
und mittels einer speziell entworfenen Tauschlinge
am Boot befestigt und nach San Diego gebracht. Er
war 5,54 m lang und wog 1950 kg. Man setzte ihn in
ein 2000 Hektoliter Wasser fassendes Becken und versuchte, ihn mit einer Mischung aus Schlagsahne, Le-
bertran, Hefe, Tintenfischmehl, Thunfischfleisch,
Maiskeimöl, Vitaminen und Wasser zu füttern. Während der ersten beiden Wochen fraß Gigi nichts und
verlor über 68 kg. Nachdem jedoch die Sahne aus der
Futtermischung entfernt worden war, begann der
junge Wal zu fressen (anfangs wurde er gefüttert, indem man einen Schlauch in einen Winkel seines
Mauls steckte und die Mischung hineinpumpte) und
setzte allmählich das verlorene Gewicht wieder an.

Während der folgenden vier Monaten nahm Gigi
über 450 kg zu und wuchs um fast 60 cm, deshalb
mußte sie in ein Becken mit über 4400 Hektoliter
Wasser gebracht werden. Von dieser Zeit an war Gigi
die Hauptattraktion in Sea World. Sie hatte ihren festen Platz im Vorführungsprogramm (man brachte ihr
keine Tricks bei, sie war einfach nur *da*), und sie war
Gegenstand zahlreicher wissenschaftlicher Tests.
Denn sie war der erste – und, was man damals noch

13. März 1972. Nach einem Jahr Gefangenschaft in Sea World in San Diego wurde die junge Grauwalkuh Gigi dem Meer zurückgegeben. 1977 konnte man sie wiederfinden und identifizieren – die Wiederaussetzung war also erfolgreich gewesen.

nicht ahnen konnte, auch der letzte – Großwal, der medizinisch untersucht wurde. Man überwachte Atmung, Stoffwechsel und Herzschlag, maß die Dicke des Blubbers, untersuchte das Blut auf Gerinnungsfähigkeit und die Chromosomen, analysierte die Freßgewohnheiten (nach einer gewissen Zeit begann Gigi, gefrorene Tintenfische vom Boden des Beckens aufzuschlürfen) und nahm die Lautäußerungen auf.[*]

Nach acht Monaten hatte Gigi 1905 kg zugenommen

_____

[*] Die *Marine Fisheries Review* vom April 1974 ist dem kalifornischen Grauwal gewidmet, und zwar hauptsächlich Gigi. In dieser Ausgabe sind die Ergebnisse aller oben angeführten Untersuchungen enthalten.

und wurde, da sie nun 7,3 lang war, in ein 3,8 Millionen Liter Wasser fassendes Becken umquartiert. Da der Wal auch weiterhin rasch an Gewicht zunahm (pro Tag fraß er über eine Tonne Tintenfische und nahm 11,3 kg zu), war es klar, daß auch dieses Becken bald zu klein sein würde, und man machte Pläne für seine Entlassung in die Freiheit. Man beschloß, Gigi im März freizulassen, in der Hoffnung, sie würde sich den übrigen Grauwalen anschließen, wenn sie auf ihrem Weg nach Norden vorbeikamen.

Am 13. März 1972 wurde Gigi rund 8 km vor San Diego in den Pazifik entlassen. Sie war mit einem Sender ausgestattet und markiert worden, der es erlaubte, von der Küste aus ihren Aufenthaltsort festzu-

Einer der »freundlichen« Grauwale taucht mitten unter den Walbeobachtern in der San Ignacio Laguna, Baja California, auf.

stellen, damit man sie später wiedererkennen konnte. (Der Sender war so konstruiert, daß die Bolzen, die ihn im Blubber festhielten, in sechs Monaten durchrosten würden.) Die Radiosignale wurden bis Mai empfangen und hörten dann auf. In der Folge wurde Gigi mehrfach beobachtet, und das Experiment, bei dem »ein Walbaby für die Wissenschaft ausgeborgt und dann dem Meer zurückgegeben« wurde, gilt im großen und ganzen als Erfolg. Sicher gab es auch Menschen, die die Tatsache, daß ein Walbaby im Dienste der Wissenschaft von seiner Mutter getrennt und aus seiner natürlichen Umgebung gerissen wurde und viele Tests direkt vor den Augen zahlender Zuschauer stattfanden, als unnötige Grausamkeit betrachteten. Aber als Gigi schließlich wieder in die Freiheit entlassen wurde und wahrscheinlich zu ihrer Herde zurückfand, kann man dieses Experiment wohl kaum als Fehlschlag werten.

Als der Schriftsteller Erle Stanley Gardner 1960 nach Baja California kam, war dies noch eine weitgehend unbekannte Region. (John Steinbeck hatte 1940 mit seinem Freund Doc Ricketts die Cortez-See besucht und *The Log from the Sea of Cortez* geschrieben, doch die beiden hatten sich vorwiegend mit dem

Leben in den Gezeitentümpeln befaßt.) Nach seiner Rückkehr beschrieb Gardner seine Abenteuer in dem Buch *Hunting the Desert Whale*. Rückblickend erscheinen Gardners Beobachtungen ganz und gar nicht aufregend, doch 1960, als noch niemand ahnen konnte, daß die Walbeobachtung sich zu einem richtige *Industriezweig* entwickeln würde, waren sie eine einmalige Erfahrung. (Die Mitglieder von Gardners kleinem Expeditionsteam kampierten in Scammon's Lagoon und beobachteten die Wale von kleinen Booten aus. Damals wußte niemand, ob der sagenhafte »Teufelsfisch« aus Scammons Zeiten nicht die kleinen Boote gefährden würde, und ein Großteil des Buches berichtet von den Befürchtungen der Leute, der Wal könnte sie mit seiner Schwanzflosse erschlagen oder ihre Boote versenken. Es sollten noch weitere 15 Jahre vergehen, bis Touristenboote in die geschützten Gewässer der Baja-Lagunen vordrangen und die Walbeobachtung zu einem blühenden und einträglichen Geschäft wurde.

Im Winter 1975/76 ereignete sich in der San Ignacio Laguna etwas ganz Ungewöhnliches. Einige Wale, meist Mütter mit Kälbern, begannen, sich den Booten zu nähern. Diese »freundlichen Wale« nahmen Kontakt mit den Booten auf und ließen sich sogar von den Insassen berühren. Begeisterte Beobachter sahen darin den großen Durchbruch, auf den sie gewartet hatten: Die Wale wollten offensichtlich mit ihnen Freundschaft schließen, und da die Menschen sie nicht mehr töteten, hatten sie auch keinen Grund zur Furcht mehr. Von nun an begnügten die Touristen sich nicht mehr damit, die Wale nur zu beobachten – sie hofften auf einen Kontakt mit den »freundlichen Tieren«, auf das Erlebnis ihres Lebens. Hunderte von Walfreunden strömten nach Baja California. Natürlich wandten sich nicht alle Wale den Menschen zu, aber schon bald zirkulierten Geschichten darüber, daß »die Wale uns verziehen haben«, und »eine neue Ära in der Beziehung zwischen Mensch und Wal angebrochen sei«. Eine kalifornische Zeitung verkündete: »Grauwale verlieren ganz offensichtlich die Furcht vor dem Menschen.«

Leider trübten Schwärmerei und Wunschvorstellungen den Blick der Walbeobachter. Einige vergaßen (oder hatten nicht gewußt), daß in Scammons Tagen diese Wale als »Teufelsfische« bekannt waren, weil die Weibchen oft angriffen, wenn ihre Jungen bedroht waren. Die Sehnsucht nach einem Kontakt mit den Walen ließ die Beobachter einen grundlegenden Aspekt vergessen, der das Verhalten aller Säugetiere prägt: den jedem Muttertier angeborenen natürlichen Schutzinstinkt.

1956 wurde während der »Operation Herzschlag« eins der Ruderboote von Dr. Whites Team von einem wütenden Muttertier leckgeschlagen. Im April 1977 begegnete der Hobbysegler Tom Bowers mit seinem acht Meter langen Boot zwei Grauwalen, offensichtlich Mutter und Kalb. Die Wale tauchten unter, dann rammte ein erwachsenes Tier das Boot und hob das Heck fast einen Meter aus dem Wasser. Der Wal tauchte, schlug mit seinem Schwanz auf das Heck, zerbrach die Reling, traf ein Besatzungsmitglied am Kopf und schleuderte es über das Deck.

Ende Februar 1983 fuhr ein kleines, in der Gegend als *Ponga* bekanntes Boot mit zwölf Touristen und einem Bootsführer zur Scammon's Lagoon. Die mexikanische Regierung hatte verboten, vom Pazifik her in die Lagune einzufahren, aber ein Bootsführer durfte Touristen von der Küste aus hinausführen. (Heute ist die gesamte Lagune für Touristen gesperrt, damit sich die Wale in Ruhe fortpflanzen können.) Als mehrere Wale in Sicht kamen (nach Augenzeugenberichten war keiner näher als 45 bis 70 Meter), stellte der Kapitän den Motor ab, und das Boot trieb ruhig dahin.

Ganz plötzlich bäumte sich ein erwachsener Wal unter dem Boot auf und hob es mit seinem Kopf fast aus dem Wasser. Das kleine Boot glitt herunter, und im selben Moment erlitt einer der Passagiere, ein älterer Mann, einen Herzanfall und starb. Der Wal tauchte und traf dabei mit seiner 3,5 m langen Schwanzflosse das Boot. In dem Tumult wurde ein weiterer Mann am Kopf getroffen. Er erlag nach zwei Tagen in einem Krankenhaus seinen Verletzungen.

Früher riskierten die Pottwalfänger in ihren kleinen Fangbooten ihr Leben. Denn häufig zerschmetterte ein Wal bei dem verzweifelten Versuch, die Lanze, die sich tief in seinen Körper gebohrt hatte, wieder loszuwerden, ein Boot. Viele Walfänger wurden schwer verletzt oder gar getötet, wenn ein harpunierter Pottwal im Todeskampf wild mit seiner Fluke um sich schlug und das Fangboot beschädigte oder gar versenkte.

Der Wal in Scammon's Lagoon war jedoch nicht harpuniert worden, und keiner der Augenzeugen hatte vorher, während oder nach dem Angriff andere Wale oder gar ein schutzbedürftiges Jungtier in der Nähe gesehen. Es besteht jedoch durchaus die Möglichkeit, daß der Wal Artgenossen beschützen wollte, die sich außer Sichtweite oder unter Wasser befanden. Wir wissen nicht, ob der Wal mit Absicht oder unabsichtlich angriff, ob er von Aggression oder vom Schutzinstinkt getrieben war. Auch wenn uns vieles im Verhalten der Wale noch unverständlich erscheint, dürfen wir wohl annehmen, daß sie auf bestimmte Reize reagieren oder hinter ihrem Handeln eine bestimmte Absicht steckt. Nur unsere Unkenntnis und Unfähigkeit, das Verhalten der Tiere eingehend zu analysieren, läßt uns glauben, daß sie unkontrolliert und ohne jegliches Motiv handeln.

Als der erste »freundliche Wal« 1976 Kontakt mit den Beobachtern aufnahm, wußte noch niemand, daß das kein abnormaler Einzelfall war. Es kam immer wieder einmal zu derartigen Begegnungen mit verschiedenen Walen und in verschiedenen Lagunen. Beim »Angriff« in Scammon's Lagoon könnte es sich auch um die Panikreaktion eines Einzeltieres gehandelt haben, das irgendwie erregt war und unabsichtlich das Boot traf. Doch was ist, wenn es nicht so war? Wenn es zu weiteren derartigen Unfällen kommt?

Da die Grauwale auf ihrer Wanderung nach Süden besonders nahe an der kalifornischen Küste vorbeiziehen, sind sie, vor allem in Südkalifornien, zu Objekten intensiver Beobachtung geworden.

Im Januar und Februar schwimmen sie an San

Francisco und Monterey vorbei, dann an Los Angeles und an San Diego und schließlich erreichen sie mexikanische Gewässer und die dünn besiedelte Baja-Halbinsel. In den Lagunen werden sie von Booten aus beobachtet (was jetzt von der mexikanischen Regierung sorgfältig geregelt wird). Dies hat dazu geführt, daß nun eine große Zahl von Menschen mit den Walen konfrontiert wird – und umgekehrt.

Norwegische Manöverkritik

Wegen seiner Fjorde und weil manche Walarten dazu neigen, besonders vor Nordnorwegen recht nahe an die Küste heranzukommen, blickt das Land auf eine lange Tradition in der Jagd auf Kleinwale zurück. Früher gab es dort auch eine traditionelle Jagd auf den Riesenhai *(Cetorhinus maximus)*. Dieser Hai, einer der größten Fische der Welt, kann größer als ein kleiner Wal werden. Zwergwale, die häufig die Fjorde aufsuchen, um die dort zahlreich vorkommenden Fische zu fressen, wurden etwa ab 1880 von Fischern mit kleinen Booten gejagt. Diese Art Walfang, den die IWC später als »Küstenwalfang in kleinem Rahmen« bezeichnete, unterscheidet sich grundlegend von den Raubzügen in der unwirtlichen Antarktis, bei denen Explosivharpunen eingesetzt und Walkadaver an Deck von über 150 m langen schwimmenden Fabriken geflenst werden. Er wurde in viel kleinerem Rahmen betrieben und bot den Fischern zusätzliche Verdienstmöglichkeiten. Die Jagd auf kleine Wale hatte um 1920 entlang der Møre-Küste im westlichen Mittelnorwegen begonnen. Sie verbreitete sich nordwärts zu den Lofoten und zum Bezirk Tromsø mit Zentrum in Vestfjorden. Zur selben Zeit fing man auch Belugas vor Spitzbergen. Obwohl die Norweger die Wegbereiter des mechanisierten Walfangs gewesen waren und die Industrie ein Jahrhundert lang beherrscht hatten, sah es 1967 so aus, als wollten sie sich endlich aus dem blutigen Geschäft zurückziehen.

Auf der IWC-Konferenz von 1988 in Auckland führten die Japaner den Begriff »Küstenwalfang in kleinem Rahmen« ein, und da diese Idee nicht rundweg abgelehnt wurde, erinnerten sich die Norweger daran, daß es auch in ihrem Land einen traditionellen Küstenwalfang gab. Auf der 40. Jahresversammlung der IWC 1989 in San Diego machten sie geltend, daß auch ihre Fischer seit über 100 Jahren kleine Wale

jagten. Sie zitierten (wie die Isländer) den »Königsspiegel« (eine Beschreibung der verschiedenen Wale in isländischen Gewässern aus dem 13. Jahrhundert) als Beweis dafür, daß ihre Walfanggeschichte bis ins Jahr 1200 zurückreichte. Die Norweger suchten auch um die Genehmigung für wissenschaftliche Forschungsarbeiten nach, die es ihnen ermöglichen würde, im Nordatlantik einige Finnwale und Zwergwale zu erlegen.

Während es schien, als ob die Norweger dem Walfang noch immer nicht abgeschworen hätten, trat eine andere Art von Öl an die Stelle des Walöls, ein Öl, das für ihre Wirtschaft noch viel wichtiger werden sollte.

1959 stieß man bei Groningen in den Niederlanden auf ein riesiges Erdgasfeld und schloß daraus, daß es auch anderswo in der Nordsee ähnliche Rohstoffquellen geben könnte. Vor einer geologischen Untersuchung mußten die Grenzen von Norwegen, Großbritannien und Dänemark auch auf den Seekarten genau festgelegt werden. Die Geologen waren, was die Aussicht auf Erdöl auf dem norwegischen Kontinentalschelf anging, nicht besonders optimistisch; und die ersten Bohrlöcher erwiesen sich tatsächlich als trocken – falls man mitten im Meer von trockenen Löchern sprechen kann.

Obwohl die Meeresregion rauh und unwirtlich ist, machten die Ölgesellschaften trotz starker Winde, hohem Seegang und noch höheren Kosten weiter, und am 23. Dezember 1969 förderte das Bohrschiff *Ocean Viking* in Ekofisk das erste Erdöl aus der Nordsee. (Ortsnamen nützen im Meer nicht viel, aber die Ölgesellschaften geben den Stellen, an denen Bohrungen stattfinden, Namen.) In den siebziger Jahren entdeckten andere internationale Gesellschaften noch weitere Erdöl- und Erdgasfelder unter der Nordsee.

1975 produzierte Norwegen schon mehr Öl, als es verbrauchen konnte, und begann es zu exportieren. Das Öl wurde vorwiegend mit Tankern transportiert, die direkt auf See beladen wurden. Aber 1975 baute man auch eine Pipeline von Ekofisk nach Teesside in Schottland, und 1977 folgte eine weitere in die deutsche Stadt Emden. Obwohl ausländische Gesellschaften das Öl entdeckt hatten, hat Norwegen diesen wichtigen neuen Wirtschaftszweig »norwegisiert«, und Statoil gehört zu 100 Prozent der Regierung. Bevor der Ölpreis 1985 fiel, machte Öl 20 Prozent des norwegischen Bruttosozialprodukts und 40 Prozent der Exporteinnahmen aus. Die Ölfelder in der Nordsee lieferten etwa 240 Millionen Liter Öl pro Tag.

Norwegen verfügt über 35 Prozent der bekannten Ölreserven Westeuropas und über erstaunliche 50 Prozent der Erdgasreserven und kann damit etwa ein Viertel des gesamten europäischen Energiebedarfs decken.

Obgleich die Zahlen fast astronomisch klingen (schätzungsweise 1900 Milliarden Liter Öl und 1840 Milliarden Kubikmeter Gas), liegt doch nur eine begrenzte Menge Öl unter der Nordsee. Das heißt zwar nicht, daß die Norweger bereits alle Ölfelder entdeckt hätten, aber sie können nicht unbegrenzt Öl fördern. Denn im Gegensatz zu den Walbeständen können sich Ölfelder nicht regenerieren.

Nördlich der Finnmark, wo die Breitengrade sich dem Pol nähern, stellt sich außerdem die Frage nach den Hoheitsrechten. Die UdSSR erhebt Anspruch auf die Öl- und Gasfelder vor ihrer schier endlosen nördlichen Küstenlinie von Murmansk bis zum Beringmeer, und sogar Spitzbergen, das zu Norwegen gehört, verfügt über Ölreserven, die von den Sowjets untersucht wurden. 1989 gab es zwischen Norwegen und der UdSSR noch kein Abkommen über die Grenzlinie in der Barentssee.

Die Lehre, die man aus Norwegens zwei Abenteuern mit dem Öl ziehen kann, liegt in der wehmütigen Betrachtung der norwegischen Walfanghistoriker Johann Tønnessen und Arne Odd Johnsen: »Es ist gut möglich, daß heute und in Zukunft jährliche Fangquoten von 9000 bis 10000 Einheiten möglich gewesen wären, und das hätte die Welt mit 200000 Tonnen Fett, dem wichtigsten Rohstoff für 300000 Tonnen Margarine, und mit 300000 bis 400000 Tonnen Fleisch für hungernde Menschen versorgt.«

Die Norweger und ihre Mittäter haben unbekümmert und verantwortungslos die meisten Furchenwale getötet. (Ironischerweise spielte sich ein Teil des Walfangdramas dort ab, wo sich heute die Öltürme erheben.) Die Walfänger brauchten 500 Jahre, um die Nordkaper zu dezimieren, weil deren Fortpflanzungsgründe so weit verstreut und schwer zu finden waren. Der Pottwalfang begann in den ersten Jahrzehnten des 18. Jahrhunderts und dauerte etwas über 100 Jahre. (Die zweite, mechanisierte Phase, in der australische, südafrikanische, japanische und sowjetische Walfänger die Überlebenden der ersten Phase weiter dezimierten, währte ein weiteres Jahrhundert.) Nachdem Svend Foyn aus Vestfold seinen ersten Blauwal vor Norwegen erlegt hatte, vergingen nur 70 Jahre, bis die Walfänger den Weltbestand dieser Geschöpfe zugrunde gerichtet hatten. Die Gier der Walfangnationen nach schnellem Profit auf Kosten der großartigsten Tiere auf Erden ist ein unverzeihliches Verbrechen gegen die Natur. Nur wenige Menschen werden jemals sehen, wie das größte Tier, das je gelebt hat, seinen mächtigen Rücken aus dem Wasser hebt und seine breiten Schwanzflossen in die Luft streckt, wenn es majestätisch in jenen Tiefen verschwindet, die einst seine Zuflucht waren.

Das Ende des Walfangs in Island

Die Isländer früherer Zeiten verschonten den Zwergwal, weil sie ihn für einen »guten« Wal hielten, den ihnen Gott gesandt hatte, um sie vor den »bösen« Walen zu schützen. Isländischen Walfanghistorikern zufolge wurden Zwergwale erst seit 1914 wegen ihres Fleisches gejagt. Dabei verwendete man anfangs nur kleine Fischerboote mit 38-mm-Kanonen. Die Isländer aßen das Fleisch dieser Wale und verwendeten Fluken, Flipper, Zunge, Blubber und die Furchen. Vor 1974 gab es keinerlei Kontrollen oder Beschränkungen für den Zwergwalfang. Dann setzten die isländischen Behörden Fanglimits und Quoten für ihre eigenen Walfänger fest, aber erst 1977 regelte die IWC den Zwergwalfang im Nordatlantik durch Quoten.

Neben Kapelan, Seehecht, Kabeljau und Hering, die den größten Teil der isländischen Fischexporte ausmachen, jagten die Fischer auch die großen Wale, die die Gewässer der Dänemarkstraße und der Norwegischen See bewohnten oder durchzogen. In diesen Gewässern rotteten holländische und britische Walfänger im 17. und 18. Jahrhundert den Grönlandwal sogar bis nach Spitzbergen hinauf aus. In den sechziger Jahren des 19. Jahrhunderts erfanden zwei Amerikaner, Thomas W. Roys (der 1848 die Grönlandwale im Beringmeer entdeckt hatte) und G. A. Lilliendahl, ein Feuerwerkshersteller, eine primitive Harpune, die sie in isländischen Gewässern testeten. 1865 errichteten sie eine Küstenstation in Seydisfjördur und töteten 49 Wale, meist Blauwale. Obwohl sich ihre Jagdmethode als recht erfolgreich erwies, ging die Gesellschaft durch den Sturz der Ölpreise nach dem amerikanischen Bürgerkrieg 1867 in Konkurs. Die Norweger fingen jedoch weiterhin Wale in den reichen isländischen Gewässern, bis die Isländer sie vertrieben.

Als Antwort auf die Bedrohung ihrer Wale durch die Norweger verbot das isländische Parlament (Althing) ab 1915 den Walfang. Erst 1935 genehmigte die Regierung die Errichtung einer einzigen Station in Talknafjörd in der verlassenen Nordwestecke der Insel. Das Personal der 1949 in Hvalfjörd (nördlich von Reykjavik) eröffneten Station bestand aus Norwegern, die die Isländer ausbildeten und Anfang der fünfziger Jahre das Feld ihren begabten Schülern überließen. Island gehörte zu den ersten Unterzeichnerstaaten der Konvention zur Regelung des Walfangs von 1949 und ist deshalb bis heute an jeder Entscheidung über die Walfangindustrie beteiligt.

Obwohl Island stolz behaupten kann, das älteste ununterbrochen tagende Parlament der Welt zu besitzen (sein Althing ist seit 903 jährlich zusammengekommen), blickt es auf eine wechselvolle Geschichte zurück. Von 900 bis 1262 war die Insel unabhängig, dann band sie sich politisch an Norwegen. Von 1380 bis 1918 herrschten die Dänen, dann wurde die Republik erneut unabhängig. Als Teil Dänemarks blieb Island im Ersten Weltkrieg neutral. Im Zweiten Weltkrieg wurde die Insel wegen ihrer strategisch günstigen Lage im Nordatlantik erst von den Engländern und dann von den Amerikanern besetzt. Die letzten Bindungen zur dänischen Krone wurden 1944 gelöst. Zwei Jahre später zogen alle Kampftruppen von der Insel ab, aber die USA erhielten die Genehmigung, einen Luftstützpunkt in Keflavik zu unterhalten. Als Island 1949 der NATO beitrat, wurde Keflavik zu einem wichtigen NATO-Stützpunkt.

Zwischen 1949 und 1985 fingen die Isländer vor Hvalfjörd im Schnitt 234 Finnwale, 82 Pottwale und 68 Seiwale pro Jahr, wobei sie sich streng an die Regelungen der IWC hielten.* Fischer bzw. Walfänger aus kleinen Dörfern fingen auch Zwergwale, doch bis 1977 erschienen diese Tiere nicht wichtig oder groß genug, um in den Fangstatistiken erwähnt zu werden. Von 1977 bis zum Moratorium jagten isländische Walfänger zusammen mit Norwegern und Dänen die ihnen zugeteilte Anzahl von Nordatlantik-Zwergwalen. Die IWC bestimmte nur, wie viele Wale eines Bestandes entnommen werden durften; die Aufteilung der Beute machten die einzelnen Nationen unter sich aus. Als 1982 in Brighton das Moratorium rechtskräftig

wurde, erhoben nur Peru, die UdSSR, Norwegen und Japan Einspruch. Nach heftigem Disput im Parlament beschloß Island, keinen Einspruch zu erheben. Deshalb nahm man an (irrtümlich, wie sich später herausstellte), daß Island sich aus dem Walfanggeschäft zurückziehen wollte. Obwohl schließlich auch Japan und Norwegen ihren Einspruch zurückzogen, beschworen sie die größte Kontroverse der späten achtziger Jahre herauf – die Diskussion um den »Walfang zu wissenschaftlichen Zwecken«.

Da der kommerzielle Walfang mit der Saison 1985/86 offiziell zu Ende war, mußten all die Nationen, die Walfleisch wollten oder brauchten, einen Weg finden, um es legal zu bekommen. Zunächst stießen sie dabei auf das System, das die Japaner 1976 angewandt hatten, als sie sich selbst die Erlaubnis erteilten, zu »wissenschaftlichen Zwecken« 240 Brydewale aus dem Nordpazifik zu holen. Die Welt protestierte so laut, daß die Japaner diese Strategie für zehn Jahre aufgaben und lieber verschiedene Abkommen aushandelten (vor allem mit den USA), die es ihnen ermöglichen sollten, trotz des weltweiten Walfangverbots eine kleine Zahl von Walen zu fangen. Als auch diese Strategie versagte, brachten sie erneut das Thema »Walfang zu wissenschaftlichen Zwecken« auf den Tisch, indem sie behaupteten, sie brauchten eine bestimmte Anzahl Wale zu Forschungszwecken, die meist mit der Gesundheit oder Fruchtbarkeit einer bestimmten Population zu tun hatten. Diese Geschichte ist in einem anderen Kapitel nachzulesen. Da Japan jedoch in der Geschichte des isländischen »Walfangs zu wissenschaftlichen Zwecken« eine bedeutende Rolle spielt, muß diese unheilige Allianz hier erwähnt werden.

Die Beziehungen zwischen den großen Walfangnationen waren nie einfach zu durchschauen. Es war leicht festzustellen, welche Länder mit einer lebensfähigen Walfangindustrie durch ein Moratorium Nachteile hatten, beispielsweise Norwegen, Island, Japan und die UdSSR. In anderen Ländern, wie Peru, Brasilien, den Philippinen und Südkorea, wurde die Walfangindustrie ganz oder teilweise von Japan finanziert und mit Hilfe japanischer Arbeitskräfte betrieben. Die Gesellschaften stellten zwar ein paar Arbeitsplätze für Einheimische bereit, aber von ihren Produkten gelangte nur sehr wenig ins jeweilige Land. Die Lateinamerikaner haben nie viel für Walfleisch übrig gehabt, und das Fleisch und das Öl gingen direkt an Japan. Deshalb war es, als die Isländer 1985 einen Antrag auf »Walfang zu wissenschaftli-

---

* 1956 ereignete sich vor Island ein seltsamer Zwischenfall. Die Fischer stellten fest, daß die Bestände in ihren Fischgründen und damit ihre Existenzgrundlage durch eine große Anzahl von Schwertwalen bedroht waren. Nachdem die Isländer selbst versucht hatten, ihre Netze von den Schwertwalen zu befreien, riefen sie die amerikanische Luftwaffe zu Hilfe. Die Schwertwale wurden mit Maschinengewehren, Raketen und Wasserbomben zerstreut.

chen Zwecken« stellten, ganz und gar nicht klar, ob sie unabhängig oder im Einvernehmen mit Japan handelten. (Ihre Behauptung, daß sie, um ihre Forschungsprojekte finanzieren zu können, das Fleisch nach Japan verkaufen müßten, weckte so manchen Zweifel an ihrer Glaubwürdigkeit.)

Auf der IWC-Tagung von 1985 unterbreiteten die isländischen Vertreter den ersten von vielen »Forschungsplänen«. Sie behaupteten, daß sie für ihre Experimente 80 Finnwale, 40 Seiwale und 80 Zwergwale brauchten. (Sie deuteten außerdem an, daß sie auch eine begrenzte Anzahl Blau- und Buckelwale brauchten, ließen jedoch diese bizarre Idee schnell wieder fallen.) Da sich Island während der ersten Jahrzehnte des Bestehens der IWC als kleines Land mit nur vorübergehendem Interesse am Walfang dargestellt hatte, fielen seine Vertreter in den ersten Scharmützeln des »Kriegs um den Walfang zu wissenschaftlichen Zwecken« nicht besonders auf und überließen die Dreckarbeit dem ewigen Sündenbock Japan. Zwei Jahre lang beriet der Wissenschaftliche Ausschuß, ohne zu einer Entscheidung zu kommen. Doch je länger die Beratung dauerte, desto mehr Nationen entdeckten ihr Herz für den »wissenschaftlichen Walfang«, in dem sie eine mögliche Alternative sahen.

Zuerst schlugen nur die Japaner vor, Wale zu Forschungszwecken zu töten, doch dann starteten auch die Isländer eine großangelegte Kampagne. Obwohl sie recht eindrucksvoll für den »Walfang zu wissenschaftlichen Zwecken« argumentierten, war klar, daß sie eigentlich nur »kommerziellen Walfang« meinten. Die koreanische Delegation reichte ebenfalls einen entsprechenden Antrag ein, der jedoch so schlecht durchdacht und formuliert war, daß der Ausschuß ihn sofort ablehnte. Es ist nicht bekannt, ob die Koreaner den Walfang fortsetzten oder nicht, und wenn ja, was mit dem Fleisch geschah. Natürlich ist der Gedanke, daß sie es an die Japaner verkauft haben, keineswegs von der Hand zu weisen.

Die Walfanggegner waren immer noch nicht von der Notwendigkeit dieser sogenannten »Forschung« überzeugt, denn das Ganze sah sehr nach kommerziellem Walfang unter anderem Namen aus. Sie hatten bereits »gutartige« Forschung abgelehnt, die Wale studieren wollte, ohne sie zu töten, und witterten nun einen Rückfall in alte, schlechte Zeiten, als Wale für den Handel getötet wurden und die Wissenschaftler dann die Kadaver untersuchen durften. Woher dieses plötzliche Interesse, tote Wale zu untersuchen, wo

man doch in der Vergangenheit Hunderttausende hätte untersuchen können?

Die Frage wurde dem Komitee zur Prüfung vorgelegt, und 1986 lehnte die Kommission die Anträge von Japan, Island und Korea ab. Trotzdem töteten isländische und japanische Walfänger weiterhin Wale. Die Japaner fingen angeblich Wale für ihr Forschungsprogramm, und die Isländer fingen ganz offensichtlich Wale für die Japaner. Das isländische Forschungsprogramm, dessen Kosten man anfangs auf 48 Millionen isländische Kronen geschätzt hatte, hing vom Verkauf des überschüssigen Fleisches nach Japan ab. Falls man es verkaufen konnte, waren etwa 30 Millionen Dollar zu erzielen, also eine beachtliche Summe für ein »Forschungsprogramm«. Und wenn die Isländer das Fleisch der 200 Wale, die sie verlangten, nicht verkaufen wollten, hätten sie schließlich mehr Walfleisch gehabt, als die gesamte Bevölkerung der Insel je verbrauchen konnte.

In der Hoffnung auf Zustimmung der IWC verlangte Island schließlich 120 Wale, die etwa 4000 Tonnen Fleisch geliefert hätten. Falls sie nichts davon verkauften oder an Nerze verfütterten, wären auf jeden Mann, jede Frau und jedes Kind in Island 15 Kilo Walfleisch gekommen. Zunächst exportierte Island 95 Prozent des Walfleisches nach Japan, doch unter dem Druck der USA reduzierte sich die Ausfuhrmenge auf 49 Prozent, da der »Löwenanteil« im Land bleiben mußte. Das war aber noch immer nicht genug. Sir Peter Scott, ehemaliger Präsident des WWF, sagte 1986: »Auf der diesjährigen Tagung beschloß die IWC, daß alle für ›wissenschaftliche Zwecke‹ gefangenen Wale in erster Linie vor Ort verwendet werden sollten. Wir haben gerade gehört, daß Island 49 Prozent seiner Ausbeute an Japan verkauft. Das ist eine Verzerrung des Begriffs ›Walfang zu wissenschaftlichen Zwecken‹ und macht die IWC lächerlich.«

Trotz einer Werbekampagne, die die Isländer dazu animieren sollte, mehr Walfleisch zu essen, ließen sich die Inselbewohner nicht überzeugen, und das Fleisch, das nicht auf Pelzfarmen an Nerze und Füchse verfüttert wurde, verfaulte in den Lagerhäusern. (Die Isländer gaben vor allem den USA die Schuld, und als der »Gipfel der Supermächte« für den 9. Oktober 1986 in Reykjavik geplant wurde, waren viele Isländer geneigt, gegen den amerikanischen Stützpunkt in Keflavik zu votieren.)

Im Oktober inszenierten Greenpeace und die Humane Society of the United States eine kleine Demonstration vor dem Hotel in Washington, in dem die

Isländisch-Amerikanische Handelskammer tagte. Dies war der Anfang einer Protestwelle, die auf einen massiven Boykott isländischer Fischereiprodukte hinauslaufen sollte. Binnen eines Monats holten all jene Guerillas, die nicht an die Effektivität von Wirtschaftssanktionen und Verhandlungen glaubten, zu einem Schlag aus, der die isländischen Walfänger zur Besinnung bringen oder aber in die Knie zwingen sollte.

Einen Monat nach dem Gipfel, am 9. November 1986, zertrümmerten zwei Männer der Sea Shepherd Society Maschinen und Computer in der Walfangstation Hvalfjörd. Dann schlichen sie an Bord von zwei der vier isländischen Walfangschiffe, die in Reykjavik vor Anker lagen, öffneten die Bordventile und sahen zu, wie die Schiffe sanken. Von seinem Stützpunkt in Vancouver aus erklärte Paul Watson den Medien: »Islands Walfänger sind Kriminelle, sie müssen vor Gericht gebracht werden.« Er drohte auch, Norwegens Walfangindustrie zu sabotieren, doch scharfe Sicherheitsvorkehrungen und der Mangel an Gelegenheit verhinderten dies. Die meisten anderen Naturschützer, einschließlich Greenpeace, mißbilligten Watsons Guerillataktik, doch alle außer den Walfängern waren der Meinung, daß Verhandlungen und Boykotts nichts bewirkt hatten. Die zwei Schiffe wurde innerhalb von zehn Tagen wieder flottgemacht, und die Isländer nahmen den »wissenschaftlichen Walfang« wieder auf.

Im Dezember 1986 hatten die Japaner 3602 Tonnen Walfleisch aus Island eingeführt. (Offensichtlich stammte das nicht alles aus dem Jahr 1986. Es ist sehr wahrscheinlich, daß die Isländer einfach das Fleisch von 1985 neu etikettierten und den Japanern als Ausbeute des »wissenschaftlichen Walfangs« von 1986 verkauften.) Im März 1987 nahm das japanische Kühlschiff *Aoshima Maru* in Island Hunderte Tonnen Walfleisch an Bord und machte sich auf den Weg nach Japan. Bei einem Zwischenstopp in Hamburg beschlagnahmten die Deutschen, die den CITES-Vertrag, der den Handel mit Produkten gefährdeter Arten verbietet, unterzeichnet haben, am 20. März jedoch die gesamte Ladung.

Isländer und Japaner stellten auf der Tagung 1987 in Bournemouth formelle Forschungsanträge an die IWC. (Auch Südkorea und später Norwegen brachten Anträge ein.) Das Thema »Walfang zu wissenschaftlichen Zwecken« beherrschte schon bald die Tagesordnung. Die eine Seite sah die Souveränität ihrer Wissenschaft bedroht, während die anderen Länder be-

fürchteten, daß der kommerzielle Walfang unter anderem Namen wiederaufgenommen würde.

Die Naturschutzorganisationen gingen mit vereinten Kräften mit Boykotts, wirtschaftlichem Druck, politischen Diskussionen und einem Propagandafeldzug gegen die Isländer vor. Und selbst Isländer kämpften gegen Isländer. Die Organisation Icelandic Whale Friends Society befestigte eine Piratenflagge am Mast eines im Hafen von Reykjavik liegenden Walfängers, und eine Gruppe isländischer Biologen schrieb einen offenen Brief an ihre Regierung, in dem es hieß: »... Wir sind der Meinung, daß unter den derzeitigen Bedingungen der Walfang nicht gerechtfertigt ist und daß es falsch ist, ihn mit der Wissenschaft in Verbindung zu bringen.« Unter zunehmendem Druck von Greenpeace und anderen Umweltschutzorganisationen stornierten wichtige Importeure von isländischen Fischereiprodukten ihre Bestellungen bei isländischen Lieferfirmen. Die Fischfangindustrie, die Island den höchsten Exporterlös brachte, erlitt einen lähmenden Schlag. Aber die Isländer hatten noch eine Trumpfkarte, die sie meisterlich ausspielten: Die Amerikaner, die die Wale und Fische betreffenden Schwierigkeiten verursacht hatten, waren auf dem Luftwaffenstützpunkt von Keflavik quasi ihre Untermieter.

Der in Harvard ausgebildete isländische Rechtsanwalt Gudmundur Eiriksson meldete sich zu Wort und hielt ein leidenschaftliches Plädoyer für das souveräne Recht Islands, seine eigenen Forschungsprojekte ohne Einmischung der IWC oder der USA zu verfolgen. In seinen Äußerungen war auch die unausgesprochene Drohung enthalten, die US-Streitkräfte von der NATO-Basis in Keflavik zu vertreiben, falls die USA weiterhin den isländischen »Walfang zu wissenschaftlichen Zwecken« zu lähmen versuchten. Obwohl es nur um 120 Wale ging, hatten die Debatten die beiden Länder an den Rand eines größeren internationalen Konflikts getrieben. Würden die USA den Forderungen des kleinen Island nachgeben? Waren 120 Wale ein angemessener Preis für einen strategisch wichtigen Militärstützpunkt? (Greenpeace-Ermittler erfuhren später, daß während der IWC-Tagung 1987 in Bournemouth der Beauftragte der Vereinigten Staaten in ständigem Kontakt mit hohen Regierungsstellen stand, und daß man ihn angewiesen hatte, sich »konstruktiv neutral« zu verhalten. Das Ganze brachte natürlich die Walfanggegner auf, die erwartet hatten, daß die amerikanischen Delegierten im Kampf gegen die verschlagenen »For-

Als der schwedische Matrose Mats Forsberg im Sommer 1987 die Walfangstation in Hvalfjörd besuchte, stellte er überrascht fest, daß einige der Arbeiter in der isländischen Station Japaner waren.

schungs-Walfänger« in vorderster Front stehen würden.)

Die bisher politisch eher unbedeutenden Walfangprobleme wurden nun auf höchster diplomatischer Ebene verhandelt: Am 9. September 1987 flog eine Delegation von US-Unterhändlern nach Island. Sie brachten eine bilaterale Vereinbarung zustande: Island durfte, ohne amerikanische Sanktionen befürchten zu müssen, 20 Seiwale fangen, mußte dafür aber 1988 seinen gesamten Forschungsplan der IWC vorlegen. Der isländische Außenminister Hannibalsson traf am 19. Oktober in Washington mit dem amerikanischen Außenminister George Schulz zusammen. Japan kaufte kein Walfleisch mehr von Island, und die Wale im Nordatlantk schienen wieder sicher zu sein.

Nach der stürmischen IWC-Tagung von 1987 in Bournemouth beriet das isländische *Althing* über das Für und Wider des »Walfangs zu wissenschaftlichen Zwecken« und suchte nach einem Weg, eine Anzeige nach dem Pelly Amendment zu vermeiden, die katastrophale Folgen für die Fischereiindustrie nach sich gezogen hätte. Im Frühjahr 1989 kam für den »wissenschaftlichen Walfang« in Island eine seltsame Wende: Der Verband der Wissenschaftler streikte. Einen Monat vor der IWC-Tagung in San Diego im Juni wußten die Isländer immer noch nicht, wie sie »wissenschaftlichen Walfang« ohne Wissenschaftler betreiben sollten, und auch die IWC konnte zu keinem bindenden Beschluß kommen.

Die Gemeinschaft der Umweltschützer hatte jedoch keine derartigen Skrupel und leitete einen Boykott ein, der die isländische Fischereiindustrie – und damit die gesamte isländische Wirtschaft – in ernste Schwierigkeiten brachte. Bedeutende Abnehmer von isländischen Fischereiprodukten wie Wendy's und Long John Silver stornierten ihre Verträge mit Samband, der isländischen Fischergenossenschaft. Tengelmann, eine große deutsche Supermarktkette, machte Verträge im Wert von 10 Millionen Dollar rückgängig. Die Isländer waren bereit zu verhandeln.

Zwischen den IWC-Tagungen waren die Unterhändler der USA und Islands zu einem Kompromiß gekommen, der offensichtlich im Zusammenhang mit der NATO-Basis in Keflavik stand, und als auf der Tagung 1989 in San Diego das Thema »Walfang zu wissenschaftlichen Zwecken« zur Sprache kam, nahm der überraschend zurückhaltende US-Beauftragte William Evans das »großzügige Angebot« der Isländer an, nur 68 Finnwale und keine Seiwale zu fangen. Island kündigte an, daß es nicht vorhabe, im Jahr 1990 Wale zu wissenschaftlichen Zwecken zu fangen, und daß es für die Zeit nachher noch keine Pläne gebe. Japanische und norwegische Anträge wurden mit der Empfehlung abgelehnt, die Regierungen möchten ihre Anträge »überdenken«. 1989 schien das letzte Jahr des isländischen Walfangs zu sein.

Die ungelöste Grönlandwalfrage

Der Augenblick, in dem die Eskimos von Alaska ihre alten Traditionen aufgaben und moderne Walfangmethoden übernahmen, ist genau registriert. Charlie Brower, Leiter der Walfangstation in Barrow, erzählt von der Zeit, da er mit den Eskimos auf Walfang ging: »Der erste Wal, den man seit Tagen gesehen hatte, sprang direkt vor dem *umiak* aus dem Wasser. Es blieb gerade genug Zeit, die bereitliegende Walflinte zu schnappen und zu schießen, bevor er unter das Eis tauchte. ... Das Frühjahr 1888 war die letzte Saison, in der sie Wale nach alter Sitte fingen. Danach begannen die jungen Leute, unsere Walfanggeräte zu übernehmen.«

Die Einführung moderner Geräte schien ein Segen für die Eskimos zu sein, erwies sich jedoch als eine der unangenehmsten Streitpunkte im unerbittlichen Kampf der Walschützer gegen die Fürsprecher der Eskimos.

Während der 50 Jahre nach dem Ende des Dampfschiffwalfangs brauchten die Eskimos keinen besonderen Schutz, außer vor der Kälte und vor den Neuerungen, die ständig in ihre »primitive« Kultur eingeführt wurden. Sie behielten viele ihrer ursprünglichen Walfangtechniken bei, die über Tausende von Jahren entwickelt worden waren und ebensogut oder sogar besser funktionierten als die meisten Methoden der Yankees. Die Eskimojäger wußten alles über die Grönlandwale, über das Wetter und das Eis; Boote aus Fellen waren für diese Gewässer besser geeignet als Boote aus Holz.

Am wichtigsten war jedoch wohl die traditionelle Bedeutung der Waljagd für die Eskimogesellschaft. Früher, das heißt vor den Tagen von Roys, war das Erlegen eines Wals ein bedeutendes Ereignis für die Dorfgemeinschaft – ja, es war *das* Ereignis des Jahres, und der Harpunier galt als hochangesehener Mann. Nach erfolgreicher Jagd fand ein großes, ebenfalls von alten Traditionen geprägtes Fest statt.

Die Wale wurden von den Eskimos nur dann belästigt, wenn sie an der Küste entlangwanderten, und sie wurden in Ruhe gelassen, sobald sie ihre Nahrungsgründe bei Banks Island erreicht hatten. Aber die Waljagd der Eskimos, die im Laufe ihrer langen Geschichte ohne spürbare Auswirkungen auf die Gesamtpopulation geblieben war, machte plötzlich einen gewaltigen Sprung nach vorne. Und in der Heimat der Grönlandwale hielt eine neue Technologie ihren Einzug. Während sich die Entdeckung des Erdöls zunächst als positiv für die Wale erwiesen hatte und sie vor allem die Industrien rettete, die Walöl mit der gleichen Selbstverständlichkeit verschlangen, mit der Wale Krebse fressen, entwickelte sich die Erdölindustrie schon bald zu einer Bedrohung für die Tiere. Denn das »schwarze Gold« sprudelte entlang der Nordküste Alaskas, dem letzten Zufluchtsort der großen Meeressäuger. Die Grönlandwale waren also erneut in Gefahr, nachdem Charlie Crower die Ölquellen im Delta des Sagavanirktok River in der Prudhoe Bay entdeckt hatte.

Ursprünglich hatten die Eskimos Wale zur Deckung ihres Nahrungsbedarfs gejagt. Aber mit der Ankunft der Walfänger änderte sich nicht nur die traditionelle Einstellung der Eskimos. Viele von ihnen fanden, besonders während der Errichtung der Küstenstationen, auch Arbeit bei den Walfängern.

Eskimos, die noch nie einen Wal gefangen hatten, strömten in die Küstendörfer und arbeiteten in den Stationen in Point Hope und Point Barrow. Nach dem Ende der Walfangindustrie kehrten die Eskimos zu ihren alten Traditionen zurück und fingen während der nächsten 60 Jahre etwa 15 Wale pro Jahr. Floyd Durham verfaßte eine Studie über die von 1852 bis 1973 in den drei wichtigsten Walfangdörfern Barrow, Point Hope und Wainwright alljährlich von den Eskimos erlegten Wale. Die Zahlen der Jahre mit verfügbaren Daten sehen wie folgt aus:

Barrow (52 Jahre): 371 Wale (7 pro Jahr)
Point Hope (60 Jahre): 241 Wale (4 pro Jahr)
Wainwright (32 Jahre): 48 Wale (1,5 pro Jahr)

Die Gesamtsumme betrug 660 Wale und der Durchschnitt pro Jahr lag bei 12,5 Tieren. Auch in anderen Dörfern fing man Wale, insgesamt 22 in den Jahren

1961 bis 1973, was den Durchschnitt auf 14,5 Wale erhöhte.

Vor 1970 gingen nur wenige Eskimos auf Walfang, da man es sich nicht leisten konnte, 500 Dollar pro Woche für die Verpflegung einer zehnköpfigen Mannschaft auszugeben, ganz zu schweigen von den 8000 Dollar für ein Boot, Gewehre, Munition, Zelte, Schlitten und andere Ausrüstung. Dann aber gab es bei Projekten wie der Transalaska-Pipeline auch Arbeit für die Eskimos, und die Zahl der jungen Männer, die sich den Walfang leisten konnten, stieg sprunghaft an. 1976 war die Anzahl der Mannschaften um das Dreifache gestiegen, und allein aus Barrow kamen 36 Teams. Entsprechend schoß die Zahl der getöteten Wale nach oben. 1972 fingen die Eskimos 37 Wale, und in den darauffolgenden Jahren sahen die Zahlen folgendermaßen aus:

Jahr	getötet und geborgen	getrofen oder getötet, aber verloren	gesamt
1973	37	10	47
1974	20	31	51
1975	15	28	43
1976	48	43	91
1977	29	79	108
1978	12	6	18
1979	12	15	27
1980	16	18	34

Es leuchtet ein, warum die IWC beschloß, nach 1977 den Walfang der Eskimos zu beschränken: Sie waren zweifellos auf dem besten Weg, den Grönlandwal auszurotten.

Erst 1972 wandte die IWC ihre Aufmerksamkeit der Kontroverse um den Grönlandwal zu, die daraufhin sofort zu einer Frage von internationaler Bedeutung wurde. Bis zu diesem Jahr hatte man das Problem einfach übersehen.[*]

Im 23. Jahresbericht der IWC (1973) erscheint folgende Bemerkung:
Der [Wissenschaftliche] Ausschuß hat das spärliche Material

über die Grönlandwale in der Arktis überprüft. ... Es wurde vereinbart, daß der Ausschuß die Kommission ersuchen soll, Dänemark, die USA und die UdSSR über den Fang von Grönlandwalen, Grauwalen und anderen Walen durch die Ureinwohner zu befragen und die Information dem Büro [für Internationale Walfangstatistik] mitzuteilen. Der Ausschuß ersucht die Kommission auch, die Vereinigten Staaten zu Schritten aufzufordern, welche die Verschwendung durch verlorengegangene Wale aller Arten beim Eingeborenenwalfang verringern.

Im Jahresbericht von 1974 hieß es, das Komitee »nimmt erfreut die Reaktion der Länder auf den Wunsch nach Daten über den Fang von Grönlandwalen und anderen Walen in der Arktis durch die Ureinwohner zur Kenntnis. 1972 wurden dort 37 Grönlandwale gefangen, alle von Ureinwohnern der Vereinigten Staaten.«

1975 äußerte sich der Wissenschaftliche Ausschuß besorgt über den Mangel an Information über den Bestand und über die Zunahme der Fänge, und 1976 verlangte er mehr Informationen aus den Logbüchern der Walfänger, um die verbliebene Grönlandwalpopulation bestimmen zu können. 1977 war der Ton des Komitees weniger verbindlich:

Dem Komitee liegen Berichte über Studien von Grönlandwalen in Alaska vor ... Sie enthielten neue Informationen über die Anzahl der Wale, die erlegt, getötet, aber verloren, und getroffen, aber verloren worden waren. ... Die ursprüngliche Größe des Bestandes und sein gegenwärtiger Zustand sind noch immer unbekannt. Das Komitee fordert nachdrücklich die Beseitigung dieses Mißstandes ... und empfiehlt, Schritte zu unternehmen, um die Ausweitung des Walfangs zu beschränken und die Verlustziffern von getroffenen Walen zu reduzieren (ohne den Gesamtfang zu erhöhen).

1978 überprüfte der Ausschuß das »neue Material« und schrieb: »Die besten der uns zugänglich gemachten wissenschaftlichen Belege lassen darauf schließen, daß die derzeitige Bestandsgröße zwischen 2000 (Obergrenze) und 600 (Untergrenze) liegt, also 6 bis 10 Prozent des geschätzten Anfangsbestandes beträgt.« Da die Grönlandwalpopulation in einem derart schlechten Zustand war, wurde der Ausschuß schließlich aktiv. Er erklärte: »Der Ausschuß ist der Meinung, daß die Ausbeutung dieser Art aus biologischen Gründen aufhören muß ...« Seinem Rat folgend, »erklärte die Kommission diese Bestände für geschützt« und verbot den Fang von Grönlandwalen ganz. Das Ergebnis der Abstimmung bei der Vollversammlung lautete 16 zu 0, die USA enthielten sich der Stimme.

---

[*] In der Internationalen Übereinkunft zur Regulierung des Walfangs von 1946 heißt es: »Die Geschichte des Walfangs hat das Überfischen einer Gegend nach der anderen und einer Walart nach der anderen in einem solchen Ausmaß gebracht, daß es erforderlich ist, alle Wale vor weiterem Überfischen zu schützen.«

Die Naturschützer lobten die Entscheidung der IWC, aber die Eskimos hielten nicht viel von ihr. Laut Jacob Adams, einem Walfangkapitän aus Barrow, »fühlten sich die Eskimos durch das Moratorium der IWC, das sie auch auf die Unfähigkeit ihrer eigenen Regierung zurückführten, getroffen und reagierten anfangs verärgert auf diesen Eingriff in ihre Ernährungsgewohnheiten und ihre Kultur«.

Sie bildeten die Alaska Eskimo Whaling Commission (AEWC) und ersuchten sofort die Regierung der USA, gegen das IWC-Moratorium Einspruch zu erheben. Die AEWC erklärte mit Nachdruck, daß die IWC keine Gerichtsbarkeit über sie habe und daß sie viel mehr über Grönlandwale wisse als so mancher Wissenschaftler aus Australien oder Südafrika. Dahinter lag die Drohung, daß sich die Eskimos weder von der IWC noch von der Regierung ihr traditionelles und unveräußerliches Recht auf die Jagd von Grönlandwalen streitig machen lassen würden.

In Washington fanden öffentliche Anhörungen statt. Jede Regierungsdienststelle, die irgend etwas mit Wildtieren, Eskimos oder Außenpolitik zu tun hatte, war beteiligt. Pressemeldungen mehrten sich. (»Grönlandwal-Einspruch würde alle Wale verurteilen, warnen die Naturschützer; Carter wird nächste Woche entscheiden«, lautete eine Schlagzeile vom 14. Oktober 1977.) Jede Naturschutzorganisation bildete sich ihre eigene Meinung und überflutete die Presse mit Stellungnahmen. Zeitungen veröffentlichten Leitartikel, meist zugunsten der Wale, beispielsweise die *Washington Post* am 1. Oktober: »Ohne schlüssige Beweise dafür, daß ein Tötungsstopp für eine Saison die Ureinwohner in ernstliche Schwierigkeiten bringen würde, wirft das Problem die Frage nach der Glaubwürdigkeit der USA in Sachen Walfang auf. Jahrelang haben wir uns selbst als das Gewissen der Welt in Walfangfragen dargestellt. Wenn nun die USA nachgeben, sobald es um ihre eigenen Interessen geht (zumal an der Rechtmäßigkeit dieser Interessen ernsthafte Zweifel bestehen), so beschwören sie den Verdacht, daß sie mit zweierlei Maß messen, geradezu herauf. Auch droht dann ein Rückfall in die alte Unsitte, daß jede Nation sich ungestraft den Beschlüssen der IWC widersetzen und Wale jagen kann.« Der Präsident der USA mußte zur Beantwortung der Flut von Briefen zum Thema Grönlandwale einen Formbrief entwerfen. In diesem Brief schrieb Jimmy Carter: »Die Wale sind zum Symbol für unsere gesamten Umweltprobleme geworden.«

Die Annahme des Vorschlags der IWC hätte das Ende des Eskimowalfangs bedeutet und würde einem »Verrat« an den Eskimos gleichkommen. Um ihn abzulehnen, hätten die USA jedoch innerhalb von 90 Tagen nach der Beschlußfassung gegen die IWC-Resolution Einspruch erheben müssen. Das Außenministerium erhob keinen Einspruch, aber am 21. Oktober verkündete der Richter am Bezirksgericht John Sirica unter Berücksichtigung der Argumente der AEWC ein vorläufiges Unterlassungsurteil, das vom Außenministerium den Einspruch *forderte*. An dem Tag, als die 90-Tage-Einspruchsfrist auslief, wurde Siricas Urteil von den höchsten Instanzen revidiert. Die Regierung der Vereinigten Staaten beantragte daraufhin eine Quote von 15 gefangenen oder 30 getroffenen Grönlandwalen. Die IWC wies diesen Antrag jedoch zurück und schlug auf ihrer Sondersitzung in Tokio eine Quote von 12 gefangenen oder 18 getroffenen Walen vor.

In den folgenden Jahren, als die Zähltechnik verfeinert wurde, schien die Zahl der Grönlandwale anzusteigen. Es war natürlich kein wirklicher Anstieg – wie viele Befürworter des Eskimowalfangs es sich gewünscht hätten –, sondern ergab sich eher aus der Einführung neuer und besserer Methoden, die Grönlandwale zu finden und zu zählen, wenn sie an den Beobachtungsposten der Wissenschaftler vorbeizogen. Auch wurden neue Methoden für das Aufspüren und Verfolgen von Walen entwickelt. Beobachter flogen mit kleinen Flugzeugen über das Wasser, und Akustiker zählten die Wale vom Strand aus, indem sie sie belauschten.

Obwohl die Zahl der Grönlandwale weiterhin anstieg, verstärkten die Tierschützer ihr Engagement, um das aufzuhalten, was sie als gefährliche Verschwendung bezeichneten. (Die Eskimos behaupteten natürlich, sie hätten immer schon gewußt, daß die Zahlen höher waren, als die Wissenschaftler sagten.) Biologen, Demographen, Ethnologen, Mathematiker und Anthropologen beteiligten sich an der Diskussion, und der einst am wenigsten bekannte Großwal der Welt wurde fast über Nacht zur meistdiskutierten Art.

Es war nie ganz klar, wer auf welcher Seite stand. Die Argumente waren sehr unterschiedlich, oft zu theoretisch und fast immer widersprüchlich. Klar war beispielsweise, daß der wissenschaftliche Ausschuß der IWC offensichtlich glaubte, es gäbe zu wenig Grönlandwale, um irgendeine Form der Verfolgung erlauben zu können. Doch was sollte aus den Eskimos werden? Konnte man ihnen einfach sagen, sie sollten

Eine Eskimojagdgesellschaft kehrt mit einem Grönlandwal im Schlepptau ins Lager zurück.

Hamburger essen und ihre alten Traditionen vergessen? (Es ist schließlich allgemein bekannt, daß die Amerikaner die Ureinwohner ihres Kontinents nicht gerade sehr edel behandelt haben. Sie nahmen den Indianern einfach das Land oder erschossen sie oder die Büffel, die ihre Lebensgrundlage bildeten. Wenn dies nichts nützte, versuchte man, die Indianer mit Pocken zu infizieren. Angesichts dieses schändlichen Tuns war es ziemlich schwierig, die Behörden dazu zu bewegen, die Eskimos, die letzten Ureinwohner, dazu zu zwingen, ihre alten Traditionen aufzugeben, nur weil ein paar mitleidige Seelen die Wale retten wollten.) Man verfaßte langatmige Studien, die sich ausführlich mit den Ernährungsgewohnheiten und den kulturellen und wirtschaftlichen Bedürfnissen der Eskimos auseinandersetzten. Dabei spielte der Grönlandwal stets eine wichtige Rolle. Die Eskimos

von Alaska wurden ebenso genau studiert wie die Wale.

Im Februar 1979 berief die IWC eine Expertentagung in Seattle ein. Es gab einige Ausschüsse für Wildtiere, Ernährung und Kulturanthropologie, und die Ergebnisse wurden 1982 als Sonderveröffentlichung der IWC publiziert. In seiner das Symposium einleitenden Rede bemerkte Ray Gambell, Sekretär der IWC:

Die Hauptaufgaben der IWC sind der Schutz der Walbestände der Welt und die Überwachung einer geordneten Entwicklung der Walfangindustrie. Die IWC erkennt auch an, daß Walfang zur Sicherung der Existenzgrundlagen einen Sonderstatus einnimmt. Vor diesem Hintergrund muß man mein Plädoyer für die Eskimos sehen, und wir ersuchen Sie als technische Experten, uns die nötigen Informationen für eine geeignete Vorgehensweise zu liefern.

1987 auf dem Eis in Point Barrow. Eskimowalfänger beginnen den Blubber vom Kadaver eines Grönlandwals abzuziehen. Die vielen Tonnen Fleisch werden aufbewahrt und gegessen.

Entwickelte die IWC tatsächlich eine »geeignete Strategie«? Angesichts der außergewöhnlichen Umstände muß man diese Frage unter gewissen Einschränkungen mit Ja beantworten. Der Ausschuß erstellte die gewünschten Richtlinien, anerkannte aber gleichzeitig, daß, obwohl er regelmäßig eine Nullquote für Grönlandwale empfahl, »die Kommission diese Empfehlung aus anderen als wissenschaftlichen Gründen stets zurückwies«.

Einige Wissenschaftler wollten die Wale schützen, andere die Walfänger. Die Abgelegenheit des Lebensraumes der Wale machte die Sache noch problematischer: Niemand wußte genau, wie viele Wale dort überlebt hatten, wie man das herausfinden sollte und wie viele Wale einst dort *gewesen waren*. Im hohen Norden Wale zu zählen ist schon schwierig genug. Aber genau zu bestimmen, wie viele Wale es dort vor der Ankunft von Thomas Roy im Jahre 1848 gegeben hatte, war fast unmöglich.

Diese Schwierigkeiten schreckten jedoch die furchtlosen Wissenschaftler keineswegs ab. Bewaffnet mit Populationsmodellen, Schätztechniken wie der DeLury-Methode, Computern, Flugzeugen und raffinierten Abhörgeräten, schätzten sie und zogen ihre Schlüsse. 1977, als mit 108 Tieren mehr Wale getötet wurden als je zuvor, schätzten Biologen die Größe der gesamten noch verbliebenen Grönlandwalpolulation auf 800 bis 1200 Tiere. Ein Jahr später erhöhten sie die Zahl auf 2264 Wale. In den folgenden Jahren sollte die Zahl jedes Jahr weiter steigen, bis 1988 von 7000 Tieren die Rede war.

Eine kürzlich erstellte Studie behauptet, es habe vor der kommerziellen Ausbeutung fünf Grönlandwalpopulationen gegeben. Howard Braham, Direktor des Marine Mammal Laboratory in Seattle, schätzt, daß die Spitzbergen-Population 25000 und die Population der Davis-Straße und der Baffin-Bay etwa 11000 Tiere umfaßte; 700 Grönlandwale lebten vermutlich im Foxe-Becken und in der Hudson Bay, 40000 in der westlichen Arktis (USA) und weitere 6500 im Ochotskischen Meer. Das ergibt insgesamt 83200 Grönlandwale. Man muß jedoch bedenken, daß dies nur grobe, in die Vergangenheit projizierte Schätzungen mit großen Unsicherheitsfaktoren sind. Zum Beispiel sagt Braham, daß 1848 »der westarktische Bestand einst zwischen 8000 und 40000 Wale umfaßte ...« Obwohl die ursprüngliche Anzahl der Wale in der westlichen Arktis umstritten ist, gibt es keine Diskussionen über die Anzahl der von der Spitzbergen-Population übriggebliebenen Tiere: Null. Gelegentlich sieht man noch einen Grönlandwal in einem der anderen Gebiete, aber die meisten überlebenden Grönlandwale der Erde leben in der westlichen Arktis.

Während die Grönlandwalpopulation auf verschiedene Weise geschätzt wurde, versuchten die Wissenschaftler zu bestimmen, wieviel man (wenn überhaupt) von dieser Population noch entnehmen könne, ohne sie langfristig zu schwächen. Dem Bericht der Marine Mammal Commission von 1979 zufolge »verfolgte die Kommission zwischen 1978 und 1979 zwei Ziele: die Deckung des für das Überleben notwendigen Bedarfs der Eskimos zu gewährleisten und dabei die gefährdete Grönlandwalpopulation zu schützen, damit sie sich regenerieren kann, *falls eine Regeneration noch möglich ist* [Hervorhebung von mir]«. Die Details dieser Kontroverse sind zu theoretisch und komplex, um hier erörtert zu werden. Es genügt festzustellen, daß manche die definitive Ausrottung der Population voraussagten, andere meinten, sie werde sich stabilisieren, und wieder andere fanden, eine minimale »Ernte« würde die Population sogar langfristig *vergrößern*. Und natürlich gab es auch noch die Eskimos, die den Wissenschaftlern nicht ein einziges Wort und schon gar keine Zahl glaubten.

Ein anderes Element dieser Gleichung sind die »getroffenen, aber verlorengegangenen« Wale. Da die Jagdmethoden der Eskimos ziemlich primitiv und die Bedingungen so ungünstig waren, verloren die Jäger oft die harpunierten Wale, das heißt, ein verletzter Wal entkam unter das Eis. Daher spielt der »getroffene, aber verlorene Wal« eine wichtige Rolle in den Diskussionen, nicht nur, weil er wirklich tot sein könnte, sondern auch, weil die Jäger nicht wollten, daß die entkommenen Wale in ihren Quoten mitgezählt wurden.

Auch das Öl spielt in der Geschichte von den Eskimos und den Walen eine bedeutende Rolle. Am 10. September 1969 akzeptierte der Staat Alaska über tausend Pachtangebote für 179 Ölbohrungen entlang der Nordküste und war bald darauf um 1 Milliarde Dollar reicher. Die Ölfelder lagen alle auf der riesigen, fast leeren Fläche, die im Süden von der Brooks-Kette und im Norden von der Beaufortsee begrenzt ist. Zu diesem gewaltigen Eis- und Tundragebiet (1972 als North Slope Borough eingetragen) gehören auch die bedeutenden Walfangdörfer Barrow, Wainwright und

Point Hope. Zuerst erlegte North Slope Borough den Ölgesellschaften Steuern auf, aber die gesetzgebende Körperschaft von Alaska beschloß, daß nicht mehr als 4 Millionen Dollar pro Jahr erhoben werden durften. 1971 wurde der Alaska Native Claims Settlement Act verabschiedet, der die Fortführung des riesigen Pipelineprojekts ermöglichte; die Folge war eine katastrophale Inflationsspirale. Zu den Nutznießern dieses Wirtschaftsbooms gehörten die Eskimos in den Walfangdörfern, die plötzlich in einer Woche bei den Ölgesellschaften mehr Geld verdienten als ihre Vorfahren in einem Jahr.[*] Nach langen Verzögerungen durch Gesetzgebung und Verwaltung – ganz zu schweigen von den Schwierigkeiten, eine 1270 Kilometer lange Pipeline mit 1,2 m Durchmesser über eines der schwierigsten Gelände der Welt zu bauen –, begann das Rohöl schließlich am 20. Juni 1977 zu fließen.

Und vor der Küste wurde noch mehr Öl entdeckt. Im Dezember 1979 boten die Ölgesellschaften über 1 Milliarde Dollar für die Pachtrechte in dem über 2000 qkm großen Gebiet vor Prudhoe Bay in der Beaufortsee. Nun hatten nicht nur die Walfänger mit dem Erdöl zu tun, sondern auch die Wale. Denn die potentiellen Bohrgründe lagen im Delta des Mackenzie River, vor Banks Island in der Beaufortsee, also genau in den Nahrungsgründen der Wale.

Wenn die Ölgesellschaften dort bohren, droht die Zerstörung des letzten Lebensraums der Grönlandwale. Beim Bau der Bohrinseln ist der Lärm unerträglich. (Man bedenke, wie sensibel das Gehör eines Grönlandwals ist: Er hört das Klappern einer Ruderdolle aus einer halben Meile Entfernung.) Flugzeuge, Hubschrauber und Boote verursachen einen Höllenlärm, und natürlich besteht immer die Möglichkeit, daß Öl ausläuft. (Bisher geschah dies über 23 000mal in der Prudhoe Bay, wobei einmal 760 000 und einmal 2,5 Millionen Liter ausliefen.) Man kann nur ahnen,

---

[*] Joe McGinniss schreibt in *Going to Extremes*: »Die Ölgesellschaften pflegten viele Eskimos anzustellen, damit ihnen niemand vorwerfen konnte, sie seien Rassisten oder wollten den Einwohnern von Alaska keine Arbeit geben; die Eskimos verdienten 1000 Dollar pro Woche; dabei hatten viele von ihnen ihr ganzes Leben lang noch nie 1000 Dollar gesehen, und das richtete sie zugrunde. ... Während der Walfangsaison war es besonders schlimm. Im Frühjahr und im Herbst machten sie sich nach Barrow oder Point Hope auf und kamen einen Monat lang nicht zurück, sondern erst, wenn die Saison vorbei war. ... Die Walfangsaison war das Ereignis des Jahres für sie; die Pipeline konnte warten. Das Öl war schon seit Jahrtausenden dagewesen und konnte noch weiter da bleiben. Denn schließlich hatte man nur ein paar Wochen im Jahr die Chance, einen Wal zu fangen.«

welche Auswirkungen eine Ölschicht auf dem Wasser der Beaufortsee hätte – für die Wale wäre das sicher nicht gut. (Wale atmen bekanntlich Luft und wären vom ins Wasser laufenden Öl nicht unmittelbar betroffen, aber die Auswirkungen auf die Nahrungskette wären katastrophal.)

Während die Diskussion darüber, wie viele Wale es gab, wie viele es gegeben hatte und wie viele getroffen, aber verlorengegangen waren, noch andauerte, stellte sich eine noch viel wichtigere Frage: Würden die Ölbohrungen den Lebensraum der Wale zerstören und damit das Thema beenden? Obwohl die Eskimos erkennen, daß die Ölgesellschaften eine ernste Bedrohung für die Wale darstellen, arbeiten sie für die Gesellschaften, die ihr kulturelles Gefüge zerstören können. Viele von ihnen sind als Installateure, Buchhalter, Lehrer und Verkäufer angestellt – aber im Herzen sind sie alle Jäger geblieben. Sie sehen sich als Walfänger, ganz gleich, wo das Geld herkommt, mit dem sie die Boote kaufen.

Der kalifornische Biologe Ronn Storro-Patterson machte einen mutigen, aber letztendlich zum Scheitern verurteilten Versuch. Er wollte die Eskimos dazu bringen, statt der Grönlandwale die nicht gefährdeten Grauwale zu jagen, wodurch alle Konflikte beigelegt gewesen wären. Es war ein vernünftiger, durchdachter und einleuchtend formulierter Lösungsvorschlag, den die Eskimos jedoch ablehnten. Sie erklärten, die Haut der Grauwale sei mit Entenmuscheln bedeckt und deshalb nicht eßbar; der Grauwal sei zu mager; er lebe für ihre kleinen Boote zu weit von der Küste entfernt; er erscheine im Sommer, wenn sie anderweitig beschäftigt seien; er wehre sich zu wild, wenn man ihn harpuniere; und schließlich seien all ihre Traditionen auf den Grönlandwal zugeschnitten.

Auf der IWC-Tagung von 1978 versuchte das amerikanische Kommissionsmitglied Richard Frank, die Empfehlung des Ausschusses für eine Nullquote zu Fall zu bringen. Nach langen Debatten und Verhandlungen hinter den Kulissen genehmigte die Kommission für 1979 eine Quote von 18 Walen oder 27 Treffern. Da die Eskimos um 45 Wale (die in Wirklichkeit Frank vorgeschlagen hatte) nachgesucht hatten, waren sie ziemlich verstimmt und verklagten erneut die Regierung. Diesmal erklärten sie, es sei nicht die Aufgabe der IWC, den Walfang der Ureinwohner zu kontrollieren. Außerdem, schrieb Jacob Adams, »werden die Eskimos ihre eigenen Forschungen über den Grönlandwal weiterführen; Jagdmethoden und zur Bestreitung des Lebensunterhalts notwendige Fänge

sollten unter der Leitung der AEWC festgesetzt werden; man wird die Vorschriften der USA zur Einhaltung der IWC-Quote ignorieren und das Recht der IWC, über den Fang von Grönlandwalen durch die Eskimos von Alaska zu befinden, vor Gericht anfechten«. Die Klage wurde abgewiesen, doch die Drohungen dauerten an. Es gab keine Möglichkeit, die tatsächlichen Fangzahlen zu überwachen, und wenn die Eskimos die Quote überschritten, konnte man nichts dagegen unternehmen. Die USA hatten nun sowohl die Walfanggegner in der IWC als auch die Eskimos vor den Kopf gestoßen, die immerhin amerikanische Staatsbürger waren. Gab es noch eine Möglichkeit, die Eskimos und die Tierschützer zufriedenzustellen? Der Wissenschaftliche Ausschuß war natürlich scheinbar unpolitisch und unterstützte die Nullquote für Grönlandwale. Im Bericht von 1980 heißt es:

Der Ausschuß bekräftigt nochmals seine Empfehlungen von Canberra, Cronulla und Cambridge, daß es vom biologischen Standpunkt aus der einzige sichere Weg ist, wenn die Zahl der Tötungen von Grönlandwalen aus dem Beringmeer-Bestand null beträgt. Er glaubt auch, daß, wenn man die derzeitigen Schätzungen anerkennt, die Population sogar ohne Bejagung zurückgehen würde.

Eine der Studien, die dem Ausschuß vorlagen, stammte von Howard Braham und Jeffery Breiwick vom National Marine Mammal Laboratory. Dort hieß es, daß die Grönlandwalpopulation im Beringmeer bereits seit geraumer Zeit zurückgehe und noch weiter abnehmen würde, ganz gleich, was die Eskimos machten. Ihren Berechnungen nach wäre, wenn man hohe Fangzahlen erlaubte (was sie »pessimistische Parameterwerte« nannten), die Population binnen 45 Jahren ausgelöscht. »Die gemäßigten Parameterwerte bedeuten, daß die Zahl der Grönlandwale von 3000 Tieren 1970 in 100 Jahren auf 2026 Tiere zurückgegangen ist, wenn ab 1981 die Nullquote eingehalten wird. Entnimmt man jedoch pro Jahr 10 oder 22 Tiere, so reduziert sich die Population in 100 Jahren auf 1424 bzw. 638 Wale.« Die Autoren folgern daraus, daß »keine der Parteien, weder die Eskimos noch die Grönlandwale, das Spiel gewinnen kann. Selbst die gerechtfertigte eingeschränkte Bejagung zur Sicherung des Lebensunterhalts erscheint zu diesem Zeitpunkt als riskant, wenn wir wollen, daß sich die Grönlandwalpopulation erholt.«

Zum Glück waren die ursprünglichen Populationsschätzungen zu niedrig. Das ermöglichte es den Eskimos, ihre Forderungen zu erhöhen. Die USA sahen sich in der IWC in einer recht prekären Situation, weil

Beim Abschälen des Blubbers verwenden die Eskimos von Point Barrow ähnliche Werkzeuge wie ihre Vorfahren.

sie sowohl für als auch gegen den Walfang waren. Sie waren führend im Kampf für ein Moratorium für jeglichen kommerziellen Walfang (das 1982 erging), zugleich aber auch anerkannte Wortführer (wenn auch etwas widerwillig) in der Bewegung für den Walfang durch die Ureinwohner.

Auf der IWC-Tagung von 1980 in Brighton verlangte das Kommissionsmitglied Frank eine Erneuerung der aktuellen Quote von 18 gefangenen oder 22 getroffenen Grönlandwalen. Wieder empfahl der Wissenschaftliche Ausschuß, überhaupt keine Grönlandwale zu töten. »Wenn die IWC einer Nullquote zustimmt«, sagte Frank, »werden wir große Mühe haben, diese durchzusetzen.« Es war klar, daß die Anti-Walfangfraktion dem Vorschlag der USA ablehnend gegenüberstand. Australien sagte, daß auch der Fang von nur zehn Walen »die Abnahmerate verdoppeln wür-

de«, und ein Kommissionsmitglied von den Seychellen schlug eine Quote von 8 gefangenen und 12 getroffenen Walen vor. Als Frank andeutete, die USA würden gegen eine solche Quote Einwände erheben, wurde sie abgelehnt und die weitere Diskussion über diese Frage auf einen späteren Zeitpunkt der Tagung verschoben.

Am 25. Juli tauchte ein anderer Vorschlag auf: eine Dreijahresquote von 45 gefangenen und 65 getroffenen Walen, wobei pro Jahr nicht mehr als 17 Tiere gefangen werden durften. Er wurde mit 16 zu 3 Stimmen bei 4 Enthaltungen angenommen. Die Tinte auf dem Papier war jedoch noch nicht trocken, da hatten die Eskimos von Kaktovik den Vertrag bereits gebrochen.

In früheren Zeiten hatte das Dorf Kaktovik nur eine unwesentliche Rolle in der Walfanggeschichte der Eskimos gespielt. Es liegt auf der winzigen Barter-Insel, deren Bewohner gelegentlich einen Wal zur Deckung ihres Nahrungsbedarfs fingen, bis die DEW (Distant Early Warning)-Radarstation der Luftwaffe kam. Durch das Geld, das die Dorfbewohner beim Bau eines Flugplatzes und der großen, nach Sibirien gerichteten Abhöranlagen verdienten, waren sie plötzlich reich genug, um sich ihren Brüdern bei der Waljagd anschließen zu können.

Am 14. September 1980, nachdem der National Marine Fisheries Service (NMFS) die Jagd offiziell beendet hatte, fingen Jäger aus Kaktovik einen Grönlandwal. Die für 1980 festgelegte Quote von 18 gefangenen oder 26 getroffenen Walen war bereits erreicht, trotzdem taten Beamte des NMFS den Fang als Ergebnis »mangelhafter Kommunikation« ab. Im Oktober fingen die Eskimos jedoch noch zwei weitere Wale. Man löste das Problem durch Unterzeichnung eines Kooperationsabkommens zwischen der National Oceanic and Atmospheric Administration (NOAA) und der AEWC, das die Eskimos bevollmächtigte, ihre Jagd selbst zu überwachen und die Kapitäne zu bestrafen, die die Vorschriften verletzten. Im Oktober 1982 wurde das Abkommen bis 1987 verlängert; falls NOAA und AEWC sich nicht auf eine neue Quote einigen konnten, galt die Quote des Vorjahres.

Während der Jahre 1981 bis 1983 führten das Innenministerium, die Marine Mammal Commission und zahlreiche andere Stellen Untersuchungen durch, die, wie sie hofften, Licht in diese dunkle Angelegenheit bringen sollten. Auch die Eskimos brachten ihre nicht unbeträchtliche Sachkenntnis ein, aber sie befanden sich, zumindest was den Walfang betraf, ebenfalls auf dem Weg in die achtziger Jahre.

Zuerst wollten sie die IWC-Definition des Begriffs »Treffer« ändern, da sie sich auf unfaire Weise bestraft fühlten, wenn eine Harpune vom Rücken eines Wals abglitt oder wenn sie einen Wal traf, aber nicht explodierte. Beides galt als Treffer. Weder NOAA noch IWC ließen sich jedoch von den Argumenten der Eskimos überzeugen, und die alte Definition blieb bestehen. (In den Bestimmungen der IWC wird »getroffen« definiert als »mit einer für den Walfang benutzten Waffe durchstoßen«.) Offensichtlich war eine nicht detonierte Harpune ein Treffer, aber eine Harpune, die nur abprallte, das war eine andere Sache.

1985 lief die auf zwei Jahre festgesetzte Quote von 1983 aus. Mit dem Inkrafttreten des Moratoriums war es mit dem kommerziellen Walfang offiziell vorbei, aber die Walfangnationen setzten weiterhin alle Hebel in Bewegung, um wenigstens noch eine Saison bewilligt zu bekommen. (In einer überraschenden Eröffnungserklärung kündigte die Sowjetunion an, daß sie bis 1987 den kommerziellen Walfang beenden würde.) Übrig blieben noch Island und Japan mit ihren »Forschungs«-Projekten, Norwegen mit einem Versuch, den »Küstenwalfang in kleinem Rahmen« neu zu definieren, damit die Fischer und Walfänger im nördlichen Teil des Landes weiterhin Zwergwale jagen konnten, und schließlich die Eskimos.

Um ihren Standpunkt zu unterstreichen, schickte die AEWC im Juli 10 Eskimos zur IWC-Tagung im englischen Bournemouth. Ihre Interessen wurden auch von ihrem Anwalt und von Senator Ted Stevens aus Alaska vertreten. Zu dieser Zeit nahm man an, die Grönlandwalpopulation im Beringmeer umfasse 4000 Tiere. Deshalb erhöhten die Eskimos, die sich auf eine günstige, ihre Bedürfnisse betreffende Studie des Innenministeriums stützen konnten, ihre Forderung auf 35 Treffer, wodurch sie hofften, 26 Wale fangen zu können. Das war eine beträchtliche Steigerung gegenüber 43 Walen (mit nicht mehr als 27 pro Jahr), die für 1984 und 1985 bewilligt worden waren. Der ursprüngliche Vorschlag wurde rundweg abgelehnt. Kommissionsmitglied John Byrne, Nachfolger von Richard Frank, stritt erneut mit den Walfanggegnern, und ein Kompromiß tauchte auf: Die Eskimos sollten eine Dreijahresquote mit 26 Treffern für 1985, 1986 und 1987 bekommen, mit nicht mehr als 32 Treffern pro Jahr. Natürlich hatten die Eskimos vor, 1985 und 1986 von allen 32 Gebrauch zu machen und hofften, daß für 1987 die Quote von 26 erhöht wurde.

1987 machten die Grönlandwale erneut von sich reden. Der neue Beauftragte der USA, Anthony Calio, hatte mehrere Reisen nach Alaska unternommen, um mit den Eskimos zu verhandeln, und als die Blockquote auslief, mußte ein neues Abkommen ausgehandelt werden. In der Zwischenzeit hatten die Eskimos ihre Techniken verbessert und ihre Erfolgsquote auf 69 Prozent angehoben; zehn Jahre vorher hatte sie noch bei traurigen 33 Prozent gelegen, was bedeutete, daß auf jeden gefangenen Wal zwei verlorene Wale kamen.

Auf den IWC-Tagungen von 1987 wurde die Grönlandwalfrage von einem viel strittigeren Problem überschattet. Japan und Island (und in geringem Ausmaß auch Südkorea) hatten detaillierte Vorschläge für den »wissenschaftlichen Walfang« unterbreitet. Sie wurden alle abgelehnt, aber diese Länder waren entschlossen, trotzdem weiter Walfang zu betreiben.

Ihre Aktivitäten bedrohten die Existenz der IWC. Denn es war sinnlos, Vorschriften zu erlassen, die von den Mitgliedsstaaten, die sich nicht einmal die Mühe machten, Einspruch zu erheben, einfach ignoriert wurden. Es wirkte fast wie eine nachträgliche Entschuldigung (es gab großes Aufsehen, als die Isländer drohten auszuziehen oder ihren Fall dem Internationalen Gerichtshof vorzulegen), als man die Quote der Eskimos für 1987 auf 32 Wale erhöhte.

Bei der Definition des Begriffs »Eingeborenenwalfang« hatte sich nun eine höchst seltsame Situation ergeben. Für die Eskimos war das technische Zeitalter angebrochen. Sie lebten nicht länger in Iglus und fuhren auch nicht mehr in Hundeschlitten (erstere wurden durch Fertighäuser, letztere durch Motorschlitten ersetzt). Trotzdem bestanden sie darauf, daß sie zur Bewahrung ihrer Kultur und ihrer Traditionen weiterhin Wale töten mußten. Obwohl Kritiker anmerkten, daß die Eskimos die Wale nun mit Hubschraubern und Unterwasserortungsgeräten verfolgten und mit Harpunenkanonen erschossen, jagen sie die Wale fast noch so wie vor 100 Jahren. Und die Waljagd ist für sie immer noch eine gefährliche Arbeit in eisiger Kälte.

Den meisten Ärger bereitet den Eskimos und auch ihren Kritikern immer noch das Problem der »getroffenen und verlorengegangenen« Wale. Um die Kritiker zum Schweigen zu bringen und ihre eigene Ausbeute zu steigern, sind die Eskimos ungewöhnliche Wege gegangen und dabei tatsächlich bis nach Norwegen gekommen.

Ein Problem der alten »Schwarzpulver«-Harpunenkanonen war, daß sie gelegentlich nicht losgingen. Wenn das Pulver naß war (und das geschah in der Arktis recht häufig) und die Kanone nicht zündete, konnte der Wal entkommen. Manchmal ging die Kanone mit halber Kraft los, was dem Wal nicht besonders schadete, aber als Treffer gezählt wurde.

Die Norweger sahen sich unter dem starken Druck der IWC gezwungen, eine wirksamere Methode zum Töten der 9 Meter langen Zwergwale zu entwickeln. (Da die Explosivharpunen zuviel Fleisch zerstörten, hatte man »kalte« Harpunen verwendet, die ganz ohne Sprengstoff funktionierten. Riesige Eisenknebel bohrten sich in den Leib des Wals und »hakten« ihn fest, so daß er, oft stundenlang, wie ein 10-Tonnen-Fisch an einer Angelschnur hing.) »Kalte« Harpunen wurden 1986 verboten, und norwegische Wissenschaftler entwickelten eine wirkungsvollere Waffe, die mit dem Sprengstoff Penthrit funktionierte. Bei ersten Versuchen mit Penthritharpunen wurden viele Leute verletzt, aber die Entwicklung ging weiter. Und 1987, als die Norweger aus dem kommerziellen Walfang ausgestiegen waren, fanden sie sich im Walfangausrüstungsgeschäft wieder. Sie konnten ihre eigene Erfindung nicht verwenden, aber die Eskimos, die letzten Menschen, denen die IWC eine Fangquote zugestanden hatte, konnten sie brauchen.

Da die Eskimos glaubten, daß eine höhere Trefferquote ihre Gegner besänftigen würde, kauften sie den Norwegern die neuen Waffen ab. Nun betrug ihre Erfolgsquote fast 90 Prozent, und der Tod der Tiere erfolgte sofort. Aber je weiter sich die Eskimos von ihren ursprünglichen Techniken entfernen, desto weniger nötig erscheint es, ihnen weiterhin den Walfang zur Bestreitung ihres Lebensunterhalts zu erlauben. Menschen, die Motorschlitten fahren, CB-Funk benützen, um die Position der Wale zu signalisieren, Nylonparkas und Moonboots tragen, die Wale mit Zugmaschinen aus dem Wasser ziehen und, was besonders wichtig ist, über ein Einkommen aus der Erdölindustrie verfügen, das ihnen alle diese Verbesserungen ermöglicht – diese Menschen passen einfach nicht mehr in das Bild, das man sich von Ureinwohnern macht. Da sie nun fast keinen Wal mehr verlieren, kann man praktisch keine ihrer Walfangtechniken mehr als »ursprünglich« anerkennen. Sind sie ursprünglich, weil die Eskimos dies so sagen? Es steht nirgendwo geschrieben, daß wir eine Kultur, oder auch nur einige Aspekte einer Kultur, erhalten müssen, wenn die betreffenden Kulturträger selbst beschließen, im 20. Jahrhundert zu leben. Es ist der Gipfel der anthropologischen Überheblichkeit, »primitive« Kulturen wie Museumsdioramen zu erhalten. Der Fortschritt gehört nicht allein den Stadtbewohnern, er fällt wie der Regen auf jeden herab.

Die Sowjetunion nach dem Moratorium

Am 23. Juli 1982 verabschiedete die IWC mit großer Mehrheit einen Zusatzartikel zu dem Dokument, das den kommerziellen Walfang gänzlich verbot.[*]

---

[*] Der IWC gehörten mittlerweile 37 Nationen an, von denen viele beigetreten waren, um gegen den kommerziellen Walfang zu stimmen. Die mit einem Stern bezeichneten Länder traten 1982 bei. Für

Der historische Paragraph, der dem 1000 Jahre währenden Abschlachten der Wale im Namen des Profits ein Ende setzte, lautet:

Ungeachtet der anderen Bestimmungen von Paragraph 10 [die sich mit dem aus anderen Gründen erlaubten kommerziellen Walfang beschäftigen] betragen die Quoten für den Fang von Walen aus allen Beständen zu kommerziellen Zwecken für die Küstensaison 1986 und die Hochseesaison 1985/86 sowie für die Zeit danach Null. Diese Bestimmung wird unter Berücksichtigung qualifizierter wissenschaftlicher Gutachten streng überwacht werden, und spätestens 1990 wird die Kommission eine umfassende Bewertung der Auswirkungen dieser Bestimmung auf die Walbestände vornehmen und die Abänderung dieser Bestimmung und die Festlegung anderer Fanglimits in Erwägung ziehen.

Man beachte, daß »spätestens 1990« eine »umfassende Bewertung« vorgenommen werden sollte, um festzustellen, ob und wie das Moratorium funktionierte und ob die Kommission für den Fall, daß sich die Walbestände inzwischen deutlich erholt hatten, »die Festsetzung anderer Fanglimits« erwägen könnte. In der Euphorie nach der Annahme des Moratoriums wurden diese Bestimmungen weitgehend übersehen. Die Tierschützer glaubten, sie hätten den Walkrieg endgültig gewonnen. Doch kaum waren die Hochrufe verklungen, da zeigten sich auch schon die ersten Risse.

Gemäß den IWC-Statuten können Mitgliedsstaaten, die gegen die Entscheidung der Kommission sind, innerhalb von 90 Tagen Einspruch erheben. Im November hatten Japan, Norwegen, Peru und die UdSSR in aller Form Einspruch erhoben. Das Moratorium enthielt eine dreijährige Aufschubklausel, angeblich damit die Walfangnationen ihren Betrieb allmählich und ohne übermäßigen wirtschaftlichen Druck reduzieren konnten. Gemäß dieser Klausel wurden noch Walfangquoten für 1983, 1984 und 1985 festgesetzt, aber für Nationen, die ihren Einspruch 1986 immer noch aufrechterhielten, galt, daß sie das Moratorium gebrochen hatten.

In der Saison 1983/84 wurde Walfang in großem Stil nur noch in der Antarktis betrieben: Japan und die Sowjetunion, die das Moratorium noch immer ablehnten, machten mit ihren Flotten Jagd auf Zwergwale. Die Tierschutzfraktion innerhalb der IWC, der nun noch einige weitere Staaten angehörten, bestand weiterhin auf reduzierten Quoten. Die Quote für die Zwergwale der Südhalbkugel wurde von Jahr zu Jahr reduziert; sie betrug 1983 6655 und 1984 4224. Nur eine massiv von ihrer Regierung unterstützte Walfangindustrie konnte es sich leisten, trotz hoher Treibstoff- und Lohnkosten Schiffe für den Fang von ein paar tausend Zwergwalen in die Antarktis zu schicken. 1985 meldeten Fabrikschiffe der UdSSR den Fang von 3027 Zwergwalen in der Antarktis, womit sie ihre Quote um 1086 überschritten hatten. Die USA antworteten mit einer auf das Pelly Amendment gestützten Anzeige, was die Sowjets weitgehend ihre Fischfangrechte in amerikanischen Gewässern kostete. Aus diesen und wohl auch noch anderen Gründen leitete das Jahr 1985 den Anfang vom Ende des sowjetischen Walfangs ein.

Im Gegensatz zu Japan, Korea oder Island sahen die Sowjets keine Notwendigkeit, den kommerziellen Walfang unter dem Pseudonym »Walfang zu wissenschaftlichen Zwecken« weiterzuführen. Außer vor den Küsten Sibiriens, wo weiterhin Grauwale gejagt wurden – vielleicht zur Versorgung der Ureinwohner, vielleicht zur Verpflegung der Nerze –, schwiegen die sowjetischen Harpunenkanonen. Auf der IWC-Tagung von 1986 im schwedischen Malmö verteilten die Sowjets eine Eröffnungserklärung, in der sie ihre Absicht verkündeten, 1987 den gesamten kommerziellen Walfang einzustellen. Verglichen mit der Flut von Worten und Papier, die von den Japanern kam, wirkten die Sowjets geradezu gelassen.

1988 beantragten die Japaner 370 Zwergwale für »zeremonielle Zwecke« – ein weiterer Vorwand, wieder in den kommerziellen Walfang einsteigen zu können. 1989 propagierten sie eine neue Art von Walfang, den »Küstenwalfang in kleinem Rahmen«, für den sie dringend eine »vorläufige« Quote von 320 Zwergwalen in ihren Küstengewässern brauchten. Im Gegensatz zu den lächerlichen Versuchen der Japaner, sich über das Moratorium hinwegzusetzen, reichten die Sowjets, die so lange mit den Japanern zusammengearbeitet hatten, 1988 einen vernünftigen, wohldurchdachten Vorschlag zur Revision der Konvention von 1946 ein. Darin heißt es:

Die sowjetische Regierung ist der Meinung, daß es richtig ist, die Konvention auf den Schutz und das Studium der Wale auszurichten (nicht so sehr auf die Regelung des Walfangs).

---

das Moratorium stimmten: Antigua*, Argentinien, Australien, Belize*, Costa Rica, Dänemark, Ägypten*, Frankreich, Deutschland*, Indien, Kenia*, Mexiko, Monaco*, die Niederlande, Neuseeland, Oman, St. Lucia, St. Vincent, Seychellen, Senegal*, Spanien, Schweden, Großbritannien, USA, Uruguay. Dagegen stimmten: Brasilien, Island, Japan, Korea, Norwegen, Peru, Sowjetunion. Enthaltungen: Chile, China, Philippinen, Südafrika, Schweiz. (Kanada war 1981 ausgetreten.)

... Eine so außerordentliche Naturerscheinung, wie es die Wale sind, verdient es, umfassend und eingehend studiert zu werden, und das kann nur auf der Basis internationaler Zusammenarbeit wirkungsvoll getan werden. ... Die Regierung der UdSSR nimmt Rücksicht auf die von ihren Bürgern zum Ausdruck gebrachte Besorgnis und auf die Appelle der Welt.

Jahrelang haben sich die Sowjets in ihrer Walfangpolitik unnachgiebig und wenig bereit zur Zusammenarbeit gezeigt. Sie stimmten gegen jeden Vorschlag, der den Walfang reduziert hätte. Sie haben, aus Gründen, die nur ihnen selbst bekannt sind, bis heute ihren Einspruch gegen das Moratorium nicht zurückgezogen. Dennoch scheinen sie nicht die Absicht zu haben, den Walfang wiederaufzunehmen.

Das Ende des japanischen Walfangs

Am 4. November 1984 lief die japanische Pottwalfangflotte in Richtung Pazifik aus, obwohl es für diese Wale keine Quote gab. Da Japan seinen Einspruch gegen das Moratorium von 1982 nicht zurückgezogen hatte, handelte es legal, aber die Tierschützer waren in Alarmbereitschaft. Wieder einmal siegte die Ökonomie über die Ökologie, und wegen der heiklen japanisch-amerikanischen Handelsbeziehungen wurde ein »bilaterales Abkommen« getroffen. Die Amerikaner wollten keine Wirtschaftssanktionen über Japan verhängen, wenn es seinen Einspruch gegen das Moratorium am 1. April 1985 zurückzog. Dieses Zugeständnis an die Wirtschaft empörte die Umweltschützer derart, daß sie Klage gegen den Handelsminister und den Außenminister einreichten. Der amerikanische Richter Charles R. Richey entschied zugunsten der zwölf Umweltschutzgruppen[*], und das Appellationsgericht bestätigte seine Entscheidung. Aber im Juni 1986 hob das Oberste Bundesgericht das Urteil auf und stellte fest, das bilaterale Abkommen sei legal. Die Japaner konnten weiterhin Walfang betreiben, obwohl sie ihren Einspruch zurückgezogen hatten und somit an das Moratorium gebunden waren.

[*] American Cetacean Society, Animal Protection Institute of America, Animal Welfare Institute, Center of Environmental Education, Connecticut Cetacean Society, Defenders of Wildlife, Friends of the Earth, The Fund for Animals, Greenpeace USA, The Humane Society of the United States, International Fund für Animal Welfare, The Whale Center.

Sie fingen 1986 und 1987 je 200 Pottwale im Nordpazifik.

Zwar hatten die Tierschützer den Prozeß verloren, aber Japan war bereit, seinen Einspruch zurückzunehmen, und mußte daher zugestehen, daß es 1988 mit dem kommerziellen Walfang aufhören würde. Die IWC hatte die Pottwale im Nordpazifik als »geschützten Bestand« eingestuft, was bedeutete, daß das Fanglimit für diese Art automatisch null war. Es schien, als hätte man die Japaner ausmanövriert, und obwohl sie es fertiggebracht hatten, drei zusätzliche Jahre herauszuschinden, schien nun das Ende ihrer Walfanggeschichte endgültig gekommen. Wer jedoch glaubte, der japanische Walfang wäre tatsächlich am Ende, der unterschätzte die Zähigkeit und Entschlossenheit der Japaner und die Bedeutung der »Wissenschaft« im modernen Walfang.

Um der Fairneß willen sollte man jedoch anmerken, daß die Japaner wirklich konsequent alles auf die Karte »Wissenschaft« setzten. Sie respektierten die Entscheidungen des wissenschaftlichen Ausschusses, dessen Berichte ziemlich oft mit den politischen Strategien der Walfanggegner unvereinbar waren. So stand zum Beispiel außer Frage, daß der von den Eskimos in Alaska gejagte Grönlandwal der am meisten gefährdete Großwal war. Seit 1972, als die IWC sich erstmals mit der Grönlandwalfrage beschäftigte, gab es keine Saison mehr, in der der Grönlandwal nicht als »geschützt« eingestuft wurde, und 1977 empfahl der Ausschuß, auch den Fang von Grönlandwalen durch die Ureinwohner strikt zu verbieten. Und doch bemühten sich die Amerikaner, die zu den führenden Nationen der Antiwalfangbewegung zählten, um Quoten für diese Walart. Diese Ungereimtheit blieb den Japanern natürlich nicht verborgen, und sie ließen nichts unversucht, um zu erreichen, daß ihr »Walfang zur Sicherung des Lebensunterhalts« mit dem der Eskimos auf eine Stufe gestellt wurde. Während der hitzigen Debatten, die 1982 der Annahme des Moratoriums vorausgingen, erklärte das Kommissionsmitglied Yonezawa: »Der wissenschaftliche Ausschuß hat bewiesen, daß ein totales Moratorium nicht gerechtfertigt ist. ... Es gibt über 300000 Zwergwale in der Antarktis und weniger als 4000 Grönlandwale. ... Wie kann man gegen den Fang eines kleinen Teils [der Zwergwalpopulation] sein, wenn man für die Jagd auf den Grönlandwal stimmt?«

Die Japaner hatten bereits versucht, unter dem Deckmantel der Wissenschaft Walfang zu betreiben, als sie sich selbst die Erlaubnis erteilten, im Süd-

Drei japanische Fangboote mit abgedeckten Harpunenkanonen. Man beachte die überhängenden Vordersteven und den Steg zwischen Brücke und Geschütz.

pazifik 240 Brydewale zu fangen. Dieses Vorgehen wurde von allen Seiten mißbilligt, und die Japaner verfolgten dieses Projekt nicht weiter. Während der nächsten zehn Jahre behaupteten sie jedoch weiterhin, sie seien die einzigen, die an die Wissenschaft glaubten, und so konnten sie auf mehr oder weniger legale Weise den kommerziellen Walfang fortführen. Doch mit Inkrafttreten des Moratoriums sahen sie sich in die Enge getrieben; falls es irgendeine Möglichkeit gab, Wale zu töten – um der Liebe, des Geldes oder der Wissenschaft willen –, so waren sie entschlossen, diese zu nutzen.

Das Thema »Walfang zu wissenschaftlichen Zwecken« erschien erstmals auf der IWC-Konferenz von 1985 auf der Tagesordnung. Man kam überein, eine entsprechende Arbeitsgruppe zu bilden, die der Kommission auf der nächsten Tagung Bericht erstatten würde. 1986 brachten die Japaner zögernd einen Antrag auf »wissenschaftlichen Walfang« ein, aber die Kommission verschob die Diskussion auf 1987.

Im September dieses Jahres beantragten die amerikanischen Umweltschutzgruppen, die bereits gegen die Regierung geklagt hatten, die früheren Entscheidungen zu revidieren; sie behaupteten, Japan habe

seine Absicht, den Walfang aufzugeben, falsch dargestellt und rüste in Wirklichkeit seine Flotte für die Fahrt nach Süden; dies sei eine klare Verletzung sowohl des bilateralen Abkommens als auch des IWC-Moratoriums. Das angesehene Washingtoner Rechtsanwaltsbüro Arnold and Porter vertrat die Umweltschützer; die Japaner stellten Richard Frank, früher Mitglied der Walfangkommission und Verwalter von NOAA, sowie seinen Kollegen Eldon Greenberg ein. Obwohl die Japaner sich selbst für zehn Jahre den Fang von 825 Zwergwalen und 50 Pottwalen pro Jahr genehmigt hatten, reduzierten sie die Zahl auf 300 Zwergwale. (Ein wirklich sehr eigentümlicher Aspekt dieser Kontroverse ist die Zahl der für »Forschungszwecke« benötigten Wale. Gegner des japanischen Projekts erklärten, sogar 825 Wale seien zu wenig, um sinnvolle Ergebnisse zu erzielen, daher würden 300 noch weniger bringen. Deshalb wurde vorgeschlagen, Japan sollte *mehr* Wale für Forschungszwecke bewilligt bekommen, doch dieser Vorschlag wurde schnell wieder zurückgezogen.) Da die IWC auf ihrer Tagung im Juni alle vier Forschungsanträge zurückgewiesen hatte, verletzte die japanische Flotte klar die Regeln der IWC und forderte die USA zu einer

Nisshin Maru No.3, das letzte der japanischen Fabrikschiffe.

Anzeige nach dem Packwood-Magnuson- und dem Pelly-Amendment heraus. Sogar eine Abstimmung per Post, bei der die Mitgliedsstaaten der IWC sich für oder gegen Japans revidiertes Forschungsprogramm aussprechen sollten (die meisten stimmten dagegen), konnte die entschlossenen japanischen Walfänger nicht aufhalten, und am 20. Dezember nahm das Fabrikschiff *Nisshin Maru No.3* in Begleitung von vier Fangbooten Kurs auf die Antarktis.

Am 9. Februar 1988, nachdem japanische Walfänger in der Antarktis den ersten Zwergwal getötet hatten, schickte Handelsminister C. William Verity einen Brief an Präsident Reagan, in dem es hieß:

Wenn ich feststelle, daß Angehörige eines fremden Landes Fischfangtätigkeiten betreiben, welche die Wirksamkeit eines internationalen fischereirechtlichen Schutzprogrammes beeinträchtigen, so bin ich nach dem Packwood-Magnuson- und dem Pelly-Amendment verpflichtet, Ihnen diese Tatsache anzuzeigen. Mit diesem Brief zeige ich an, daß japanische Staatsangehörige Walfangoperationen durchführen, welche die Wirksamkeit des Schutzprogrammes der IWC beeinträchtigen.

Nun hatte der Präsident 60 Tage Zeit, um den Kongreß über die Schritte zu informieren, die er gegen Japan unternehmen wollte. Am 6. April strich er Japans Fischfangprivilegien in amerikanischen Gewässern: »Gemäß dem Packwood-Magnuson-Amendment beauftragte ich den Außenminister, Japan 100 Prozent der Fischfangprivilegien in der ausschließlichen Wirtschaftszone der USA ... zu versagen.« Dies hörte sich dramatisch an, bezog sich aber nur auf 3000 Tonnen Meeresschnecken und 5000 Tonnen pazifische Weißfische. Zum Entsetzen der Tierschützer wurden keine Handelssanktionen erlassen.

Obwohl die Japaner das Gegenteil behaupteten, war klar, daß es sich beim Hochseewalfang nicht um einen »traditionellen« Industriezweig handelte. Zwar hatte man von den Stationen Taiji, Wakayama, Wadaura usw. aus schon immer Küstenwalfang betrieben. Er erreichte jedoch nie die Dimensionen des Walfangs mit Fabrikschiffen, vor allem deshalb, weil es in den Küstengewässern nicht genügend Wale gab, um den Aufbau einer großen Industrie zu rechtfertigen. Als nach dem Russisch-Japanischen Krieg moderne Walfangtechniken eingeführt wurden, begannen die Japaner mit beispiellosem Eifer, Wale zu jagen. Vielleicht wollten sie damit der Welt beweisen, daß sie tatsächlich eine moderne Nation mit hochentwickelter Schiffahrt waren. Bis nach dem Zweiten Weltkrieg war *kujira* in Japan kein besonders wichtiges Nahrungsmittel gewesen. Weshalb aber kämpften die Japaner dann so ausdauernd um das »Recht«, Wale töten zu dürfen? Trotz massiver Kritik, drastisch sinkender Quoten und drohender wirtschaftlicher Nachteile haben sie diesen Kampf hartnäckig in der IWC, auf den Straßen und zweimal vor dem obersten Gericht der USA ausgetragen.

Es gibt einen interessanten Gegensatz zwischen der norwegischen Walfangindustrie, die die erste gewesen war, und der japanischen und sowjetischen, die die letzten waren. Während die norwegische Regierung die privat geführte Industrie als bedeutende Quelle für Steuereinnahmen betrachtete, galt für Japan und die Sowjetunion genau das Gegenteil: Beide Länder subventionierten ihre Walfangindustrien und hielten trotz der Senkung der Quoten und der wachsenden Unrentabilität an ihnen fest. Tønnessen und Johnsen erklären, »daß die Russen das, was sie für 240 Millionen Kronen produzierten, für 100 Millionen Kronen hätten kaufen können«. Sie schreiben weiter, daß »wirtschaftliche Überlegungen wohl nicht der Grund gewesen sein können, warum ein an Bodenschätzen so reiches Land sich genötigt fühlte, sich auf ein Unsummen verschlingendes Unternehmen wie den Walfang in der Antarktis einzulassen«.

Auch für Japan wurde der Walfang immer unrentabler, obwohl die Summen, mit der die Regierung diese Industrie unterstützte, nie bekannt geworden sind. Die Japaner machten weiter, weil sie vor der IWC und vor der ganzen Welt behauptet hatten, Walfleisch sei einer ihrer wichtigsten Eiweißlieferanten. Außerdem hatte Japan zuviel in den antarktischen Walfang investiert, um die Fangflotte einfach verschrotten zu können. In der Walfangindustrie arbeiteten so viele Japaner, daß die zwangsläufig folgenden Massenentlassungen zu massiven Unruhen in einem Land geführt hätten, in dem man überhaupt nicht an Entlassungen gewohnt war. Und schließlich war da auch noch die japanische Definition des Begriffs »Ungerechtigkeit«. Warum durften die »Ureinwohner« von Grönland und Alaska gefährdete Wale töten und sie nicht? (Auf späteren IWC-Tagungen schlugen die Japaner vergeblich eine neue Definition des Begriffs »Ureinwohner« vor, von der sie glaubten, sie würde ihnen den »Walfang zur Sicherung des Lebensunterhalts« ermöglichen.) Der letzte und für die Japaner vielleicht wichtigste Grund war jedoch, daß sie sich nicht vorschreiben lassen wollten, was sie zu essen hatten und wie

sie dies beschaffen sollten. Im Lauf seiner Geschichte hat sich Japan immer wieder gegen die Bevormundung durch Fremde zur Wehr gesetzt. Als sich das Land in den dreißiger Jahren durch die geheime Absprache zwischen Amerikanern, Engländern, Chinesen und Holländern, ihm Öl und andere Bodenschätze vorzuenthalten, bedroht fühlte, zog seine Armee in den Krieg. Ein Leserbrief in der Tokioter Zeitung *Yomiuri Daily* von 1988 zeigt, welche Kluft noch immer zwischen den Japanern und all jenen besteht, die sie zur Beendigung des Walfangs bewegen wollen:

Wie verlautet, erwägt die Regierung der USA wegen des japanischen ›wissenschaftlichen Walfangs‹, durch den herausgefunden werden soll, ob der kommerzielle Walfang eine Zukunft hat, Handelssanktionen gegen Japan ...

Erstens müssen wir folgendes klarstellen: Wale sind dazu da, um verwertet zu werden. Solange wir darüber nicht einig sind, können wir nicht stichhaltig argumentieren.

Zweitens sollten wir betonen, daß Zwergwale nicht auf der Liste der gefährdeten Arten stehen. Deshalb kann es nicht falsch sein, eine vernünftige Menge davon zu fangen.

Drittens sollten wir wiederholen, daß niemand das Recht hat, anderen zu befehlen, was sie essen oder nicht essen sollen. Nur Barbaren, die feine Unterschiede nicht erkennen und anerkennen können, versuchen etwas so Absurdes. Man ist versucht, denen, die den Walfang in Mißkredit bringen wollen, kulturelle Anmaßung zu unterstellen.

Vielleicht mußten Tausende von Walen nur deshalb sterben, weil die Japaner sich keine Vorschriften machen lassen wollten. Die um 1970 begonnene Kontroverse sollte sich in den achtziger Jahren immer mehr verschärfen und schließlich zu heftigen Konfrontationen zwischen den Walfangnationen und den übrigen Staaten führen.

In den frühen siebziger Jahren verbreiteten Tierschutzgruppen Anschuldigungen gegen Japan und sammelten Unterschriften für Gesuche an die japanische Botschaft, um zu zeigen, wie stark sich die Amerikaner für den Schutz der Wale engagierten. Sie organisierten sogar den Boykott japanischer Produkte. Auf der anderen Seite des Pazifik reagierte man defensiv, erbittert und antiamerikanisch, und die Zeitungen prangerten in scharfen Kommentaren die falsch verstandene Sentimentalität der Amerikaner an. Man äußerte die Vermutung, die Bewegung gegen den Walfang würde heimlich von amerikanischen Firmen finanziert, die die japanische Konkurrenz fürchteten. Die Japaner behaupteten, die Abschaffung des Walfangs würde in ihrem Land zu Arbeitslosigkeit und Chaos führen. Und schließlich glaubten sie einfach nicht, daß die Wale, die sie jagten, wirklich vom Aussterben bedroht waren.

Dennoch ist es schwierig, die Motive der Japaner zu durchschauen. Als ein Grund für ihre Widerspenstigkeit wird vermutet, daß sie auf keinen Fall des Gesicht verlieren wollten. Aber auch das scheint wieder eine zu einfache Erklärung zu sein. Hätten die Japaner den Walfang wirklich aufgeben wollen, hätte es sicher einen Weg gegeben, mit Würde auszusteigen. Vielleicht fühlte sich Japan, als dominierende Macht am Rand des Pazifik, immer mehr in der Lage, seine wirtschaftlichen Muskeln spielen zu lassen. Vielleicht glauben die Japaner auch einfach nur an das Heute und daran, daß künftige Generationen für sich selbst sorgen müssen. Besteht irgendein Zusammenhang zwischen seinem phänomenalen Wirtschaftswachstum und dem bewußten Verzicht auf den Schutz natürlicher Ressourcen? Kann ein Land mit begrenzten Ressourcen und einem unersättlichen Appetit auf Rohstoffe es sich leisten, die Ressourcen anderer zu schützen? Können andererseits die USA, eine Nation von 240 Millionen Menschen, die über 9 Millionen Quadratkilometer verstreut sind, verstehen, was es bedeutet, auf einer felsigen Inselkette zu leben, von der nur 13 Prozent des Bodens landwirtschaftlich nutzbar sind? Auf den felsigen Inseln Japans eingezwängt, drängt sich eine wimmelnde Menschenmenge zusammen, halb so groß wie die Bevölkerung der USA. Naturschutz ist ein Luxus, den sich die Japaner kaum leisten können, wenn sie 120 Millionen Menschen ernähren wollen. Platzmangel bedeutet auch, daß die Japaner nicht große Mengen Rinder oder Schweine züchten können, da das meiste Futter für diese Tiere eingeführt werden müßte.

Daher hat das Eintreten der Japaner für den Walfang letztlich mit ihrer Ernährung zu tun. Während die Quoten schon sanken, stieg Japans Interesse an Walfleisch weiter. Man stellte fest, daß der japanische Walfang effektiver war als der anderer Nationen, da man sowohl das Fleisch als auch das Öl verwenden konnte. Die Japan Whaling Association überschwemmte das Land mit einer Flut von Broschüren über die Vorzüge des Walfleisches, mit Listen japanischer Walfleischrestaurants, mit Rezepten und mit Statistiken, die zeigten, wie sehr die Japaner diese Nahrung liebten. In einer dieser Publikationen erscheint folgende Erklärung:

Wir hoffen, daß der Walfang wieder aufgenommen werden kann. Falls das Moratorium fortbesteht, gibt es ein Problem, denn die Wale sind Teil unserer Umwelt und unseres Lebens. Natürlich könnten wir Schweine- oder Rindfleisch essen, doch ich glaube nicht, daß wir ohne Walfleisch soviel Freude am Leben hätten und so schwer arbeiten könnten wie bisher.

Seit sie Walfang betreiben haben die Japaner das Walfleisch stets so definiert, wie es ihnen gerade paßte. Schon in der Nara-Zeit (710 bis 784 n. Chr.) hatten die buddhistischen Kaiser verboten, Säugetiere zu töten und ihr Fleisch zu essen, deshalb erklärten die Japaner einfach, der Wal sei ein Fisch und daher von dieser Regelung ausgenommen. Im 15. Jahrhundert wurden die Beschränkungen aufgehoben, und das Walfleisch, das keineswegs die Nahrung der einfachen Bauern war, begann auf den Tischen der Adligen aufzutauchen. Nachdem die Japaner die Kunst des Walfangs mit Netzen vervollkommnet hatten und mehr Wale fingen als früher, fanden sie zunehmend Geschmack am Walfleisch und begannen, verschiedene Zubereitungsmethoden zu entwickeln.

Als Nahrungsmittel ist Walfleisch für die Japaner nichts anderes wie Schweinefleisch, Rindfleisch oder Huhn für die Amerikaner oder Europäer. Japaner betrachten die Tiere des Meeres in erster Linie als *Lebensmittel* und nicht als Lebewesen, als Fische, Säugetiere oder Krebse. Es ist wohl kein Zufall, daß in den erwähnten Broschüren nie Wale abgebildet sind; man sieht nur Bilder von der Fleischzubereitung, von Märkten und von Heiligtümern. (Gerechterweise muß man sagen, daß auch westliche Rezepte für Kalbsschnitzel, Truthahnbrust oder Seezungenfilet kaum mit den Abbildungen von Kälbern, Truthähnen oder Seezungen illustriert sind.) Die Japaner können einfach nicht verstehen, warum so viele Menschen soviel Aufhebens um etwas machen, das sie essen wollen. Masaharu Nishiwaki, einer der führenden Walforscher Japans, faßte den japanischen Standpunkt treffend zusammen:

Haustiere wie Rinder, Schafe und Schweine waren einmal Wildtiere (vor vielen Jahrtausenden). Die Menschen haben sich zu ihrem eigenen Wohl daran gewöhnt, diese Tiere zu essen, zu züchten und zu verwerten. Auch heute muß der Mensch um seiner Gesundheit und seines Wohlergehens willen tierisches Eiweiß zu sich nehmen. Auch wenn wir Respekt, Dankbarkeit und Mitleid für die Tiere empfinden, so haben wir als Menschen doch keine andere Wahl, als ihnen das Leben zu nehmen und sie zu verzehren. Unter diesem Gesichtspunkt unterscheiden sich Wale wirklich nicht von Haustieren.[*]

---

[*] Nicht nur die Japaner neigen dazu, sich von den Tieren, die sie töten und essen, gefühlsmäßig zu distanzieren. Terence Wise

Angesichts der Vorliebe der Japaner, Dinge mit Namen zu bezeichnen, die diese in freundlicherem Licht erscheinen lassen, war die Einführung des »Walfangs zu wissenschaftlichen Zwecken« 1986 – obwohl jedem klar war, daß es sich um kommerziellen Walfang unter anderem Namen handelte – eine perfekte Lösung, und die Japaner konnten nicht verstehen, warum alle Welt dagegen war. In den Augen der Japaner wird ein Wal zu dem, als was man ihn bezeichnet – sei es zu einem Fisch oder sei es zu einem Nahrungsmittel.

Die meisten japanischen Argumente stimmen. Die Japaner sind ein Inselvolk und beziehen einen Großteil des nötigen Proteins aus Fischen und Schalentieren. Die Wale, die sie jagen, sind nicht vom Aussterben bedroht. Sie essen das Fleisch wirklich und jagen die Wale nicht für die Erzeugung von Lippenstift, Margarine oder Schuhcreme. Und sie behaupten, die IWC sei dazu gegründet worden, um die Wale *für die* Walfangindustrie, aber nicht *vor ihr* zu schützen.

Das Moratorium wurde im Juni 1982 angenommen. Da es in der Saison 1985/86 wirksam werden sollte, blieben den japanischen und sowjetischen Hochseewalflotten noch drei Jahre Zeit, um Wale zu jagen und sich schrittweise aus dem Geschäft zurückzuziehen. Die Japaner taten nichts dergleichen. Statt sich allmählich zurückzuziehen und für die Walfänger andere Arbeitsplätze zu schaffen, investierten sie weiterhin in den Walfang und suchten nach immer neuen Ausflüchten, um die Erhaltung ihrer Walfangindustrie zu rechtfertigen.

Zuerst verkündeten sie, daß sie nicht die Absicht hätten, sich an das Moratorium zu halten. Dann fingen sie von 1982 bis 1986 in der Antarktis so viele Zwergwale, wie ihnen aufgrund der jährlich zugeteilten Quoten zustanden. Als die USA drohten, sie anzuzeigen, weil sie die Wirksamkeit des Moratoriums bedrohten, begannen sie mit Verhandlungen, die zu einem sonderbaren bilateralen Abkommen führten, das ihnen – unabhängig von allen IWC-Beschränkun-

gen – eine Quote von Pottwalen im Nordpazifik zugestand. Das führte zu einer Klage der Umweltschutzorganisationen, nicht gegen die Japaner (die anzuklagen in den USA wohl schwierig gewesen wäre), sondern gegen das amerikanische Handelsministerium. Die Umweltschützer verloren den Prozeß, aber man sah, daß die amerikanische Umweltschutzbewegung das Leben der Wale nicht gegen importierte Hondas, Nikons oder Panasonics eintauschen wollte.

1985 brachten die Japaner, zusammen mit Koreanern und den Isländern, das Thema »wissenschaftlicher Walfang« erneut zur Sprache. Die eigentlichen Wortführer waren diesmal die Isländer; sie drohten mit dem Austritt aus der IWC, falls die USA nicht nachgaben, und kündigten sogar an, die NATO-Basis Keflavik zu schließen, falls die USA weiterhin versuchten, Island aus dem Geschäft zu drängen. (Die Isländer hatten keinen Einspruch gegen das Moratorium erhoben, daher waren sie in der seltsamen Lage, daß sie dem Ende des Walfangs zwar zugestimmt hatten, aber drei Jahre später, als das Moratorium in Kraft treten sollte, versuchten, ihr Walfanggeschäft wieder zu eröffnen.) Die Japaner versuchten es von 1985 bis 1988 mit dem »Walfang zu Forschungszwecken«. Auf der IWC-Tagung von 1988 gingen sie dann einen ganz neuen Weg: Sie hatten entdeckt, daß sie jahrhundertelang »Küstenwalfang in kleinem Rahmen« betrieben hatten, und führten nun dieses Argument ins Feld. Die japanische Delegation ließ den »wissenschaftlichen« Anspruch fallen und verteilte den Bericht eines internationalen Seminars. Im Vorwort hieß es: »Wenn Ureinwohnern die Fortführung des Walfangs in kleinem Rahmen zugestanden wird, weil die Ausbeutung dieser Ressource für ihre Gesellschaft, ihre Religion, ihre Ernährung und ihre Ökonomie von grundlegender Bedeutung ist, warum wird dann nicht auch der Küstenwalfang im kleinen Rahmen erlaubt?« (Ganz offensichtlich bezog sich dies auf die Argumente, mit denen die Eskimos von Alaska ihren Grönlandwalfang zu rechtfertigen versuchten. Und wenn es für die Ureinwohner von Alaska eine Sonderregelung gab, warum dann nicht auch für die Japaner?)

Am 1. Juli 1986 überreichte der japanische Botschafter in Großbritannien dem Sekretär der IWC eine Note, in der die Japaner ihren Einspruch gegen das Moratorium zurückzogen. Trotz dieses Schrittes bemühten sich die Japaner jedoch weiterhin um die Anerkennung des »Walfangs zu wissenschaftlichen Zwecken«, des »Küstenwalfangs im kleinen Rahmen«

---

schrieb in einer Betrachtung über den britischen Walfang in der Antarktis: »Obwohl dieser Wal frisch aus dem Meer kam und heißes Blut aus seiner Rückenwunde rann, in der die Harpune steckte, empfand ich überhaupt kein Mitleid mit dem Geschöpf. Das mag gefühllos erscheinen, aber ich denke, daß die neuartige Erfahrung und die Gewißheit, daß dieser Kadaver bares Geld wert war, die meisten Gefühle verdrängte ... Der Walfang ist ein Industriezweig, der Nahrung für den Menschen erzeugt, indem er Wale tötet – so wie das Schlachten von Rindern oder Schafen –, und man scheint den Tod der Tiere nicht aus ethischen Gründen, sondern wegen der angewandten Methode zu beklagen.«

oder jeder anderen Art von Walfang, die es ihnen ermöglichte, im Geschäft zu bleiben.

1989 waren den Japanern die Argumente ausgegangen. Das Töten von Pottwalen war weltweit verboten, das Moratorium zum kommerziellen Walfang schien endgültig zu stehen, und nicht ein einziger Antrag auf »wissenschaftlichen Walfang« war vom Wissenschaftlichen Ausschuß der IWC angenommen worden. Ihr sorgfältig ausgearbeiteter Vorschlag einer Neudefinition des Begriffs »Küstenwalfang in kleinem Rahmen« wurde ebenfalls abgelehnt. Die Joint Whaling Company (Nippon Kyodo Hogei) wurde aufgelöst, die Direktoren pensioniert, die Angestellten entlassen. Die »großen« Küstenwalfänger wie Nitto Hogei und Nihon Hogei, die Brydewale gejagt hatten, gab es nicht mehr. Die Küstenstationen Wadaura, Taiji und Ayukawa waren geschlossen und ihre Maschinen verkauft. Heute betreiben die Japaner nur noch »wissenschaftlichen Walfang« (ein Schiff jagt Zwergwale in der Antarktis) und »Walfang in kleinem Rahmen«, bei dem nur Schnabelwale und Grindwale getötet werden dürfen.

Ursprünglich betrieben die Japaner Walfang im bescheidenen Rahmen zur Deckung ihres Nahrungsbedarfs, indem sie den Walen Netze überwarfen und sie dann mit Schwertern töteten. Später arbeiteten sie mit technisch hochentwickeltem Gerät und waren die führende Walfangnation der Welt. Sie verwerteten das Öl, das Fleisch, die Knochen, den Blubber, die Gedärme, die Fluke und sogar die Bauchfalten. Von der Zeit des Russisch-Japanischen Kriegs 1904, der ihnen das russische Walfangschiff *Michail* einbrachte, bis zur Mitte der sechziger Jahre, als sie gleichzeitig in den Küstengewässern Japans, in der Antarktis und im Nordpazifik operierten, waren sie wahrscheinlich verantwortlich für den Tod von mehr Walen als jede andere Nation in der Geschichte des Walfangs. Japan steht mit einem Fuß in der Vergangenheit und mit dem anderen in der Zukunft. Indem sich die Japaner zu Hause und am Arbeitsplatz einem strengen Verhaltenskodex unterwerfen und auf den Märkten der Welt wie Seeräuber verhalten, offenbaren sie die inneren Widersprüche, die aus westlicher Sicht ihre Kultur schon immer gekennzeichnet haben. Der Konflikt zwischen Vergangenheit und Gegenwart wurde nirgendwo deutlicher als in ihrer Walfanggeschichte. »Traditionelle« Werte standen im Widerspruch zu »modernen« Anforderungen, als die Japaner nachzuweisen versuchten, daß ihr Walfang jahrhundertelang unverändert fortgedauert habe, gleichzeitig aber moderne Waffen entwickelten, um das Töten noch effizienter zu machen.

Der Schrein der Walfänger von Taiji: ein lebensgroßer Nordkaper.

Es war die Umweltschutzbewegung, die dem Walfang in Japan und in den anderen Ländern, in denen die Regierungen sich dem Druck der Öffentlichkeit beugen mußten, ein Ende setzte. Amerikaner, Engländer, Australier, Franzosen, Holländer und Greenpeace haben die Japaner mit vereinten Kräften aus dem Walfanggeschäft gedrängt. Von der Annahme des Moratoriums 1982 bis zu ihrer widerwilligen Unterwerfung 1989 haben die Japaner um jeden einzelnen Wal gekämpft – und sogar während der Verhandlungen weiter getötet.

Um so überraschender war dann das Auftreten einer *japanischen* Antiwalfangbewegung. Schon relativ lange hatte es Japaner gegeben, die gegen den Walfang waren, aber erst auf der IWC-Tagung von 1989 wurden ihre Pressemitteilungen an die Delegierten verteilt. Eine Gruppe, die sich Elsa Nature Conservancy nannte, hat bereits seit der Annahme des Moratoriums 1982 für ein Ende des Walfangs gekämpft. Auf der IWC-Tagung von 1989 in San Diego legte diese Organisation unter Leitung von Eiji Fujiwara ihr Material der IWC vor. In seiner Eröffnungserklärung schrieb Fujiwara:

Die japanische Walfangindustrie ist ihrer Struktur nach ein halber Regierungsbetrieb, und nach der Meinung der Welt, die für ein Verbot des kommerziellen Walfangs eintrat, kämpften die Fischereigesellschaft der Regierung und die Walfanggesellschaften gemeinsam dagegen. Außerdem verbreiteten sie Propagandamaterial und manipulierten die öffentliche Meinung, so daß sich innerhalb der Nation keine Stimme gegen die Politik der Regierung erhob.

In einer anderen Erklärung griff Fujiwara die Haltung seiner Regierung zum »Walfang in kleinem Rahmen« an:

Wir folgern aus unserer Forschungsarbeit, daß die Argumente der japanischen Regierung hinsichtlich des Walfangs in Ayukawa aus folgenden Gründen unbegründet sind:

1) Der Walfang in kleinem Rahmen von Ayukawa wurde erst 1933 von Außenstehenden begründet. Er hat daher keine Tradition.
2) Küstenwalfang in kleinem Rahmen ist kommerzieller Walfang.
3) Der finanzielle Beitrag des Walfangs zum Haushalt der Stadt ist geringfügig.
4) Die Gewohnheit, Walfleisch zu essen, wurde erst vor nicht allzu langer Zeit eingeführt.
5) Der Verbrauch von Walfleisch vor Ort ist rückläufig.
6) Es gibt sehr wenig auf den Walfang bezogenes kulturelles Erbe.
7) Die Stadtverwaltung hat Pläne für die Zeit nach dem Walfang.

Natürlich kann eine Umweltschutzorganisation nicht für ein ganzes Volk sprechen. Aber allein die Tatsache, daß derartige konträre Ansichten öffentlich geäußert wurden, schwächte die bisher unangreifbar erscheinende Position der Regierung. Dies war das Signal, auf das die Umweltschützer gewartet hatten. Der kommerzielle Walfang in Japan endete irgendwann im Jahr 1988 – nicht mit dem Dröhnen der letzten Harpunenkanone, sondern mit einem Seufzer, ähnlich dem letzten Atemzug eines Wals.

Das Ende des kommerziellen Walfangs

Es muß irgendein geheimer Zwang sein, der in einem Menschen den unwiderstehlichen Drang auslöst, einen Wal zu töten, sobald er nur eines dieser Geschöpfe vor der Küste oder auf dem offenen Meer erblickt hat.

Scott McVay hat all die Fragen gestellt, die sich die Walfangindustrie – und die Welt, die das Abschlachten der Wale zuließ – längst selbst hätte stellen müssen:

Was ist es, das uns treibt, eine Jagdtradition aus früheren Zeiten einfach weiterzuführen? Sind wir wie ein todbringendes automatisches Spielzeug, das nicht stehenbleibt, bevor die letzte Granate in der Flanke des letzten Wals explodiert? Was treibt uns dazu, innerhalb eines Menschenalters das größte Geschöpf, das je auf unserem Planeten gelebt hat, einfach auszulöschen? Warum töten wir die Gans, die goldene Eier legt? Ist durch das Schicksal des Grönlandwals und des Nordkapers, des Blau- und des Buckelwals – Arten, die nicht mehr Teil der biologischen Systeme sind, denen sie Millionen Jahre angehörten – unser eigener Nachruf vorgezeichnet? Was geben uns die Wale außer Knochen, Fleisch und Blubber?

Wann ein Mensch zum ersten Mal auf den Kadaver eines gestrandeten Wals stieß, ist unbekannt. Wir werden auch nie erfahren, wann die baskischen Ausguckposten ihren ersten Nordkaper erspähten, aber wir wissen, daß Willem Barendsz im Jahre 1596 Spitzbergen entdeckte. Holländer und Engländer trotzten der arktischen Kälte und dem schiffezermalmenden Eis, um den Grönlandwal wegen seines »Fischbeins« zu jagen, das man zur Herstellung von Korsettstangen für die feinen Damen verwendete. Auf der anderen Hälfte der Erde warf ein Japaner namens Kakuemon

Taiji einem Wal ein aus Wisterienranken geflochtenes Netz über und begann damit ein Vernichtungswerk, das seine Landsleute ohne Unterbrechung 400 Jahre fortführen sollten. Als am 21. November 1620 die *Mayflower* in Cape Cod eintraf, wurden die Pilgerväter von Nordkapern begleitet und beschlossen, zu bleiben und nicht nach Virginia weiterzufahren. Um 1712 soll Christopher Hussey vor der Küste von Nantucket von einem Sturm abgetrieben worden sein und den ersten Pottwal in den Gewässern von Neuengland getötet haben. Diese Geschichte ist nicht belegt, aber es steht außer Zweifel, daß die Nantucketer bald danach begannen, die Weltmeere auf der Suche nach den mächtigen Pottwalen zu durchstreifen; sie entwickelten eine Industrie, die der westlichen Welt eine neue Art von Beleuchtungskörpern und Schmiermitteln brachte. Als die Engländer 1788 ihre erste Ladung Sträflinge nach Botany Bay transportierten, konnten sie nicht wissen, daß es in den austral-asiatischen Gewässern von Walen wimmelte. Die Walfän-

ger umrundeten 1789 Kap Hoorn und entdeckten die reichen Fanggründe im östlichen Pazifik. Der Walfänger *Maro* aus Nantucket fand 1820 riesige Ansammlungen von Pottwalen in japanischen Gewässern. Kapitän Thomas Welcome Roys, der beim Erproben einer Harpune eine Hand verloren hatte, durchfuhr 1848 die Beringstraße und entdeckte die bis dahin unerforschten, von fetten Grönlandwalen bevölkerten Gewässer. 1855 fuhr ein anderer Walfangkapitän in eine abgeschiedene Lagune der einsamen Halbinsel Baja California, und wieder war eine Walart zum Tode verurteilt. Gerade als es schien, als wäre es den Walen der Welt beschieden, mit ihrem Öl die industrielle Revolution zu schmieren, bohrte Oberst Edwin Drake in Titusville, Pennsylvania, die erste Ölquelle der westlichen Welt an. Hat die Entdeckung des Erdöls die Wale gerettet?

Kaum. Es lieferte vielmehr den Treibstoff für widerstandsfähige, von den Naturgewalten weitgehend unabhängige und schnelle Schiffe und Fangboote. Be-

Großer Ball der Wale zur Feier der Entdeckung der Ölquellen in Pennsylvania.

waffnet mit den Explosivgranaten von Svend Foyn, stellten die Menschen den Walen unerbittlich nach, getrieben von Habgier, Mordlust, Blutgier und Technik. Nun konnte man sich auch auf die großen Finnwale stürzen, die lange Zeit zu schnell und zu stark für die Walfänger in ihren offenen Ruderbooten gewesen waren. Eine unvorstellbar riesige Zahl wurde harpuniert, erschossen, gesprengt, vergiftet oder durch elektrischen Strom getötet. Millionen von Walen wurden für die Lampen, Maschinen, Kriege, Moderichtungen und Speisezettel der Welt in ihre Bestandteile zerlegt. Tief in der klirrenden Kälte der Antarktis hatten die Wale seit Beginn der Welt ungestört gelebt. Die raubgierigen Walfänger entdeckten sie und schlachteten sie ab, bis sie fast ausgerottet waren. Sie erschossen sie unter dem düsteren Himmel des Ross-Meeres und zerrten sie auf Fabrikschiffe, die diese 100 Tonnen schweren Geschöpfe in nur einer Stunde zu Öl und Düngemittel verarbeiteten.

Als es den Anschein hatte, daß den Walfängern die Wale ausgingen, wenn sie mit dem Gemetzel fortfuhren, setzten sie sich zusammen, um einen Weg zu finden, wie sie ihre Industrie erhalten konnten, bevor es mit den Walen zu Ende war. Am 30. Mai 1949 trafen sich Vertreter von 15 Nationen in London, und die IWC war geboren. Diese Organisation, die die Wale für die Industrie erhalten sollte, schaute die nächsten 40 Jahre zu, wie die Wale dahinschwanden und die Industrie verfiel. Verglichen mit dem Jahrtausend, das die Walfänger brauchten, um die Walbestände auf verstreute Restpopulationen zu reduzieren, kam das Ende erstaunlich schnell. Eine Walfangnation nach der anderen gab das todbringende, teure, anachronistische Geschäft auf. 1972 verabschiedeten die Vereinten Nationen einstimmig eine Resolution, die die völlige Einstellung des weltweiten Walfangs forderte. Im selben Jahr verabschiedeten die USA den Marine Mammal Protection Act, der alle Wale, Delphine und Robben in amerikanischen Gewässern schützte, und schloß die letzte amerikanische Walfangstation. In Südafrika wurde 1975 Durban geschlossen, und in Australien führte man 1978 eine Umfrage durch, die zur Beendigung des australischen Walfangs führte. 1982 betrieben nur noch die Sowjets und die Japaner Hochseewalfang. Am 23. Juli 1982 (wohl das wichtigste Datum in der tausendjährigen Geschichte des Walfangs) stimmte die IWC für ein Moratorium, das für den gesamten kommerziellen Walfang galt. Viele Walfangländer protestierten, erhoben Einspruch und prozessierten; sie erfanden unzählige Ausflüchte und Ausreden, um das nutzlose und unwirtschaftliche Geschäft weiterführen zu können. Angesichts sinkender Gewinne, zur Neige gehender Walbestände und unüberhörbarer weltweiter Kritik gaben die Sowjets 1987 und die Japaner 1988 den Walfang auf.

Es werden noch Jahre vergehen, bis wir wissen, ob das Ende des Walfangs zu spät kam. Die großen Wale waren alle so stark dezimiert, daß sich die Populationen vielleicht nie mehr erholen. Nordkaper, Buckelwale und Grönlandwale sind auf der ganzen Welt auf spärliche Restpopulationen reduziert. Wir haben keine Ahnung, wie viele Pottwale es noch gibt. Obwohl sie weltweit unter Schutz stehen, kämpfen die Furchenwale ums Überleben. Der letzte Blauwal könnte noch zu unseren Lebzeiten sterben.

Als die IWC 1983 in Brighton zusammentrat, hatte Peru seinen Einspruch gegen das Moratorium zurückgezogen und dafür eine Quote von 165 Brydewalen zugesprochen erhalten. Das bereitete den Weg für die IWC-Tagung von 1984, die offenbar die letzte war, auf der Quoten festgesetzt wurden. 1985 waren die wichtigsten Themen das bereits angenommene Moratorium selbst und die relativ kleine Anzahl von Walen, die von verschiedenen Gruppen von Ureinwohnern zur Deckung des Eigenbedarfs gefangen wurden. Die Zeiten, da Delegierte der Walfangnationen an einem Tisch saßen und die Wale der Welt für ihre Tötungsschiffe aufteilten, sind vorüber.

Seit dem Inkrafttreten des Moratoriums hat der Walfang beträchtlich abgenommen, aber in Alaska, Japan, Norwegen und Island werden immer noch Wale getötet, und Delphine, die nicht unter die Zuständigkeit der IWC fallen, sterben in den Schleppnetzen der Thunfischfänger und an den Stränden der ganzen Welt. Der kommerzielle Walfang ist vorbei, und so hat die IWC, die »für die Erhaltung der Walbestände zu sorgen und so die planmäßige Entwicklung der Walfangindustrie zu ermöglichen« hatte, eigentlich keine Funktion mehr. Die Tagungen werden fortgesetzt, und man debattiert hauptsächlich über die »umfassende Einschätzung«* und den Begriff des »Walfangs zu wissenschaftlichen Zwecken«. Es ist nicht klar, welchem Zweck die IWC noch dienen soll, sie hat sich eigentlich selbst überlebt. Sie begann als eine Organisation, die das Abschlachten der Wale förderte, ging durch eine Phase, in der einige Mitgliedstaaten mit anderen um grundsätzliche Fragen des Walfangs stritten und erreichte schließlich das Zeitalter des Umweltschutzes.

Trotz ihres Wissenschaftlichen Ausschusses war die Politik die eigentliche Triebfeder der IWC. In den meisten Ländern aber arbeiten die Politik und die Hochfinanz Hand in Hand. Man konnte mit dem Töten von Walen viel Geld verdienen. Wer in der IWC etwas anderes sieht als eine Organisation, die die Wale schützte, damit sie von Walfängern gejagt werden konnten, mißdeutet die Geschichte des Walfangs. Daß dort humane Tötungsmethoden, Schonzeiten und Schutzgebiete und sogar ein völliges Moratorium diskutiert und auch durchgesetzt wurden, ist eher dem Zeitgeist und den Umständen, nicht aber der Menschlichkeit der Walfänger zu verdanken. Sie alle, sogar jene, die später für das Ende des kommerziellen Walfangs eintraten, wollten ursprünglich mehr Geld, was bedeutete, daß noch mehr Wale sterben mußten. Sie kämpften miteinander um Kontingente und höhere Quoten, aber in den Anfangsjahren der Kommission war der Ruf »Rettet die Wale« nur ein schwaches Geflüster.

Aber letztendlich war es nicht die IWC, die versagte, sondern die Mitgliedsstaaten. Die jährlichen Tagungen dienten den Walfangnationen nur als Forum, um ihr Recht, Wale zu töten, geltend zu machen; die IWC erließ keine Vorschriften, die nicht von den Regierungen der Mitgliedsstaaten vorgeschlagen oder unterstützt wurden. Die Kommission hatte nur die Rechte, die ihr von den Mitgliedsstaaten eingeräumt wurden. Die IWC für den Tod der Wale verantwortlich zu machen ist, als ob man den Völkerbund für den Zweiten Weltkrieg zur Rechenschaft zöge. Sie scheiterte an der Unfähigkeit der Walfangnationen, zu erkennen, daß die IWC einem positiven Zweck hätte dienen können. Statt dessen zankten sie sich über Quoten, traten aus, wenn ihnen etwas nicht paßte und verhielten sich so habgierig, chauvinistisch und unkooperativ, kurz so, wie souveräne Staaten sich eigentlich immer verhalten. Natürlich unterstützten sie nicht den Schutz der Wale; sie machten sich über wichtigere Dinge Gedanken, über Geld, Macht und Nationalstolz.

Die Wale waren in diesem Spiel um Macht nur Schachfiguren und starben dafür zu Millionen, wie Fußsoldaten in einem Krieg. Das größte Wunder ist wohl, daß es überhaupt Wale gab, die das überlebten. Denn die Walfangindustrie wirkte manchmal wie eine internationale Gemeinschaft zur Befreiung der Welt von den Walen.

In den frühen Tagen des Walfangs erkannten nur wenige Menschen, wie delikat die Beziehung zwischen Mensch und Wal wirklich war. Man betrachtete die Wale in erster Linie als nie versiegende Rohstoffquelle für Handel, Industrie und Mode. Nur gelegentlich drückte jemand ganz leise seine Verwunderung über dieses einseitige Geschäft aus, bei dem eine Seite alles gab und die andere alles nahm. 1804 veröffentlichte Comte Bernard-Germain de la Cépède, ein französischer Anatom und Naturforscher, die *Histoire Naturelle des Cétacés*, in der er schrieb:

Der Mensch, angelockt durch den Reichtum, den der Sieg über die Wale ihm bringen könnte, hat den Frieden in ihren weiten, einsamen Lebensräumen gestört, ihre Zufluchtsstätten entweiht, all jene geopfert, die die eisigen, unzugänglichen Eiswüsten nicht vor seinen Schlägen schützen konnten; der Krieg, den er gegen sie führte, war besonders grausam, denn er sah, daß große Fänge seinen Handel gedeihen ließen, seine Industrie belebten, seine Steuerleute zahlreich, seine Navigatoren kühn, seine Flotte stark und seine Macht größer machten. So kam es, daß diese Riesen unter den Riesen unter seinen Waffen fielen, und da sein Geist unsterblich und seine Wissenschaft unvergänglich ist und er seine Träume grenzenlos vermehrt hat, werden sie erst aufhören, die Opfer seiner Interessen zu sein, wenn sie aufhören zu existieren. Vergeblich fliehen sie vor ihm, er wird bis an die Grenzen der Erde kommen; sie werden keine Zuflucht finden außer im Nichts.

---

* Auf der im Zusatzartikel zum Moratorium enthaltenen »umfassenden Einschätzung« ruhen die letzten Hoffnungen der Walfänger. Sie besagt, daß »spätestens 1990 die Kommission eine umfassende Einschätzung der Auswirkungen dieser Entscheidungen auf die Walbestände vornehmen und eine Abänderung dieser Bestimmung und die Festsetzung neuer Fanglimits erwägen wird«. Falls diese Einschätzung einen ausreichenden Zuwachs an Walen anzeigt, könnte die IWC erwägen, das Moratorium aufzuheben und den kommerziellen Walfang wieder zu gestatten.

Nachwort

Als ich mit diesem Buch begann, war der Walfang noch nicht zu Ende. Das Moratorium war zwar 1982 ergangen und sollte 1985/86 in Kraft treten, aber verschiedene Walfangländer suchten weiterhin nach einem Vorwand, der es ihnen ermöglichte, weiterzumachen. Zunächst erhoben vier Länder Einspruch; dann kamen die Vorschläge wie »Walfang zu wissenschaftlichen Zwecken« und »Küstenwalfang in kleinem Rahmen«. Als sich für keinen dieser Pläne eine Mehrheit fand, gingen sie einfach weiter auf Walfang und beriefen sich auf ihre Souveränität, die sie dazu berechtigte, zu tun, was sie für richtig hielten – trotz der IWC und trotz der Meinung der übrigen Welt, die das Töten von Walen für anachronistisch, grausam und sogar barbarisch hielt.

Während ich an diesem Buch arbeitete und die dafür notwendigen Recherchen durchführte, schien es jedoch, als ob das Ende unmittelbar bevorstünde. Nachdem es den Walfängern auch weiterhin nicht gelang, sich der Unterstützung durch die IWC zu versichern, schlossen sie ihre Stationen und setzten Schiffe und Mannschaften für andere Tätigkeiten ein. Ich glaubte, das Ende des Walfangs sei nun tatsächlich gekommen, und schrieb das Buch in der Annahme, der Krieg des Menschen gegen die Wale habe einen erkennbaren Anfang, eine mittlere Phase und ein Ende gehabt. Aber ebenso wie andere Kriege endete auch dieser nicht mit der Einstellung des Feuers.

Ich rechnete nicht mit der Entschlossenheit einiger Länder, das fortzusetzen, was sie »schon immer« getan hatten – auch wenn es nur ein paar Jahrzehnte gewesen waren. Gewiß, viele Walfänger zogen ihre Schiffe ab und schlossen ihre Stationen, doch das kann auch ein Ablenkungsmanöver gewesen sein, durch das sie die Welt zu einer wohlwollenderen Haltung bewegen wollten. Als ich im Sommer 1990 in Island war, sah ich im Hafen von Reykjavík vier Walfangschiffe liegen. Sie sahen ohne ihre Harpunenkanonen seltsam unvollständig aus. Als ich einen isländischen Matrosen fragte, was man nun, da der Walfang vorbei war, mit den Schiffen anfangen wolle, sagte er mir, sie würden aufgehoben; gewiß könnten sie bald wieder auf Walfang gehen.

Als die Sowjets erklärten, sie würden 1987 ihre Walfangindustrie einstellen, glaubte ich (und auch alle anderen) daran. Die Sowjets ließen sich schließlich nicht leicht durch Boykotts und Proteste beeinflussen; wenn sie sagten, sie wollten mit dem Walfang aufhören, so würden sie es wahrscheinlich auch tun. Als ein japanischer Sprecher mir erzählte, daß die Walfangstationen geschlossen, die Fabrikschiffe in Tanker umgewandelt und die Fangboote umgebaut würden, glaubte ich ihm ebenfalls. Die Isländer hatten nicht einmal Einspruch gegen das Moratorium erhoben, als es 1982 angenommen wurde, und so hielt ich ihre Proteste gegen das Ende dieses tausendjährigen Blutbads für reines Säbelrasseln (oder besser Harpunenrasseln). Ich wußte, daß die Menschen in Nordnorwegen und in Grönland weiterhin einige Wale für den Eigenbedarf töten würden, und war der Ansicht, man sollte ihnen, ebenso wie den Eskimos in Alaska und Kanada, das Recht zugestehen, eine geringe Anzahl von Walen zu nichtkommerziellen Zwecken zu jagen. Ich war der festen Überzeugung, wenn nur noch einige hundert Wale und nicht mehr, wie noch vor 20 Jahren, Zehntausende, getötet würden, sei dies ein Kompromiß, mit dem die Welt durchaus leben könnte. Ich habe versucht, meinen Standpunkt über den Walfang der Eskimos in Alaska zur Sicherung ihrer Existenzgrundlage klar darzulegen. In meinen Augen war das Überleben einer bedrohten Walart weit wichtiger als die Sicherung des Fortbestands einer Kultur, die ich keineswegs für bedroht hielt. Aber ich wurde durch fein gesponnene Intrigen der Regierung, die ich weder verstehen, geschweige denn bekämpfen konnte, ausmanövriert.

Ich hatte nicht mit dem Widerstand der Walfänger gerechnet – obwohl ich als Historiker eigentlich wissen sollte, daß sich niemand gerne Vorschriften machen läßt. Das gilt besonders für souveräne Staaten, die das Gefühl haben, ihre Wirtschaft, ihre Tradi-

August 1990: Im Hafen von Reykjavík liegen drei isländische Walfangboote ohne Harpunenkanonen. Werden sie jemals wieder auslaufen?

tionen oder ihre Ernährungsgrundlagen seien bedroht, oder sich als Opfer ungerechter Diskriminierungskampagnen fühlen.

Die Isländer reichten 1990 auf der IWC-Tagung im niederländischen Noordwijk erneut einen Antrag zur Genehmigung des Walfangs für Forschungszwecke ein, der jedoch vom wissenschaftlichen Ausschuß abgelehnt wurde. Aber Island ist ein Land, in dem der Anschein äußerer Ruhe häufig ein drohendes Grollen unter der Oberfläche verbirgt; dies gilt sowohl für die Politik als auch für die Geologie. Die Isländer schlossen sich begeistert den Japanern und Norwegern an, die versuchten, das Moratorium zu Fall zu bringen, indem sie behaupteten, sie bräuchten die Arbeitsplätze, das Geld, das Fleisch und auch den Stolz, mit dem sie das Töten der Wale erfülle. Inoffiziell drohte Island, zusammen mit Norwegen, Dänemark und Kanada, dem North Atlantic Whaling Cartel beizutreten, falls die IWC weiterhin einen Kurs verfolge, der auf die Abschaffung des kommerziellen Walfangs abziele. Die Sowjetunion, deren Entscheidung, den Walfang

aufzugeben, die ganze Welt überraschte, sorgte durch die Behauptung für Aufsehen, sie sei aus wissenschaftlichen Gründen auf den Walfang angewiesen. Wie die Japaner führten auch die Sowjets an den von ihnen getöteten Walen die nötigen wissenschaftlichen Untersuchungen durch, es ist jedoch absurd anzunehmen, daß sie Tausende bereits existierender Statistiken unbedingt noch durch ein paar hundert weitere ergänzen müßten. Die Japaner deuteten an, sie würden einfach die IWC verlassen, wenn man ihnen nicht erlaubte, den Walfang wieder aufzunehmen.

Zukünftige IWC-Tagungen werden zeigen, ob die Antiwalfang-Koalition stark genug ist, dem Druck der Walfangnationen zu widerstehen, oder ob es diesen gelingt, die Meinung der Welt durch das immer wieder vorgebrachte Argument, der Mensch habe ein »natürliches Recht« darauf, Wale zu töten, zu ihren Gunsten verändern können. In diesem Fall wäre dieses Buch nichts anderes als ein langer Zwischenbericht über das unaufhaltsame Aussterben einer Tierart. Ich hoffe, dieser Fall tritt nie ein.

Bibliographie

ADAMS, J. 1979, The IWC and Bowhead Whaling: An Eskimo Perspective. *Orca* 1(1):11–12

ADAMS, J. E. 1975. Primitive Whaling in the West Indies. *Sea Frontiers* 21(5):303–13.

ADAMSON, P. (n.d) *The Great Whale to Snare: The Whaling Trade of Hull*. City of Kingston upon Hull Museums.

AGUILAR, A. 1981. The Black Right Whale, *Eubalaena glacialis*, in the Cantabrian Sea. *Rep. Intl. Whal. Commn.* 31:457–59.

–. 1985. A Review of Old Basque Whaling and its Effect on the Right Whales *(Eubalaena glacialis)* of the North Atlantic. *Rep. Intl. Whal. Commn.* (Special Issue) 10:191–99.

ALLEN, E. S. 1973. *Children of the Light: The Rise and Fall of New Bedford Whaling and the Death of the Arctic Fleet*. Little, Brown.

ALLEN, G. 1916. The Whalebone Whales of New England. *Mem. Boston Soc. Nat. Hist.* 8(2):109–322.

ALLEN, K. R. 1980. *Conservation and Management of Whales*. Universitiy of Washington Press.

ANCHER, E. A. 1976. *Mosman's Bay: The Romance of an Old Whaling Station*. Mosman Historical Society. Sydney.

ANDERSON, C. R. 1939. *Melville in the South Seas*. Columbia University Press.

ANDERSON, J. 1878. *Anatomical and Zoological Researches Comprising an Account of the Zoological Results of the Two Expeditions to Western Yunnan in 1868 and 1875, and a Monograph of the Two Cetacean Genera* Platanista *and* Orcaella. London.

ANDREWS, R. C. 1911. Shore-Whaling: A World Industry. *National Geographic* 22(5):411–42.

–. 1916. *Whale Hunting with Gun and Camera*. D. Appleton.

–. 1929. *Ends of the Earth*. G. P. Putnam's Sons.

ANON. 1860. A Summer in New Bedford. *Harpers's New Monthly Magazine* 21(121):6–19.

ANON. 1908. The Production of Whalebone. *National Geographic* 29(12):883–85.

ANON. 1951. Dutch Whaling Operations. *Norsk Hvalfangst-Tidende* 40(4):202–3.

ANON. 1954. The Japanese Whaling Industry. *Norsk Hvalfangst-Tidende* 43(11):625–31.

ANON. 1954. Rotary Whale Harpoons. *Norsk Hvalfangst-Tidende* 43(11):650–51.

ANON. 1954. Whales on Show. *Norsk Hvalfangst-Tidende* 43(8):457–59.

ANON. 1955. »Olympic Challenger« has not observed the provisions of the International Whaling Convention. *Norsk Hvalfangst-Tidende* 44(11):645–61.

ANON. 1955. The Soviet Whaling Industry. *Norsk Hvalfangst-Tidende* 44(3):150–52.

ANON. 1955. Wounded Whale Attacks Catching Boat. *Norsk Hvalfangst-Tidende* 44(3):133–34.

ANON. 1956. »Olympic Challenger« has not observed the provisions of the International Whaling Convention. *Norsk Hvalfangst-Tidende* 45(I):1–16.

ANON. 1956. War Against Killer Whales in Iceland. *Norsk Hvalfangst-Tidende* 45(10):570, 573.

ANON. 1957. The Chilean/Japanese Whaling Station in Chile. *Norsk Hvalfangst-Tidende* 46(7):396–97.

ANON. 1957. Japanese Whaling from Chile. *Norsk Hvalfangst-Tidende* 46(1):12–13.

ANON. 1958. Factory Ship Equipment from West Germany to Russia. *Norsk Hvalfangst-Tidende* 47(9):458.

ANON. 1958. Good Season for the Union Whaling Company at Durban. *Norsk Hvalfangst-Tidende* 47(2):82.

ANON. 958. The Russian Expansion. *Norsk Hvalfangst-Tidende* 47(10):507.

ANON. 1978. Hunting of the Gray Whale Could Be Revived. *New York Times* June 18, 1978:10.

ANON. 1985. Whaling in the Caribbean. *Center for Environmental Education Report* 3(2):6.

ANTHONY, H. E. 1933. Glimpses into the Hall of Ocean Life. *Natural History* 33(4):365–80.

ARAL, Y., AND S. SAKAI. 1952. Whale Meat in Nutrition. *Sci. Rep. Whales Res. Inst.* 7:51–67.

ARISTOTLE. *Historia Animalium*. Translated by D'Arcy Wentworth Thompson. Clarendon Press. 1910.

ARLOV, T. B. 1990. *Norwegian Sealing and Whaling in the 17th and 18th Century*.
Paper presented at the 15th Annual Whaling Symposium, Kendall Whaling Museum, Sharon, Mass. Oct. 13–14, 1990.

ARNBOM, T. 1989. The New Whalewatchers. *WhaleNews* 39:1–2.

ARRIAN. 1983. History of Alexander and Indica. Loeb Classical Library. Harvard University Press. Cambridge.

ASHLEY, C. W. 1938. *The Yankee Whaler*. The Riverside Press (Houghton Mifflin).

AXELSON, E. 1980. Table Bay: The Gradual Shaping of a Sailors' Haven. *Oceans* 13(4):14–19.

BACH, J. 1982. *A Maritime History of Australia*. Pan Books.

BAILEY, A. M., AND R. W. HENDEE. 1926. Notes on the Mammals of Northwestern Alaska. *Jour. Mammal.* 7:9–28.

–, AND J. H. SORENSEN. 1962. Subantarctic Campbell Island. *Proc. Denver Mus. Nat. Hist.* 10:1–305.

BAKER, A. N. 1983. *Whales & Dolphins of New Zealand and Australia*. Victoria University Press.

BAKKEN, A. 1964. One Hundred Years of Norwegian Whaling. *Norsk Hvalfangst-Tidende* 53(11):122–37.

BALCOMB, K. 1991. What's It All About, Humphrey? *Whale-watcher* 24(4):3–5.

BANFIELD, A. W. F. 1974. *The Mammals of Canada.* University of Toronto Press.

BANNISTER, J. L. 1974. Whale Populations and Current Research of Western Australia. In W. E. Schevill, Ed., *The Whale Problem: A Status Report,* pp. 239–54. Harvard University Press.

–. 1986. Notes on Nineteenth Century Catches of Southern Right Whales *(Eubalaena australis)* of the Southern Coasts of Western Australia. *Rep. Intl. Whal. Commn.* (Special Issue) 10:255–67.

BARKHAM, S. H. 1984. The Basque Whaling Establishments in Labrador 1536–1632–A Summary. *Arctic* 37:515–19.

BARNES, R. H. 1980. Cetaceans and Cetacean Hunting: Lamalera, Indonesia. *World Wildlife Fund Project No. 1428.* Gland, Switzerland.

BARNUM, P. T. 1870. *Struggles and Triumphs, or, Forty Years' Recollections.* J. B. Burr & Co.

BARTHELMESS, K. 1987. Walfangtechnik vor 375 Jahren: Die Zeichnungen in Robert Fotherby's »Journal« von 1613 und ihr Einfluss auf die Druckgraphik. *Deutsches Schiff-fahrtsarchiv* 10:289–324.

–. 1989a. The Sperm Whales *Physeter macrocephalus* at Berckhey in 1598 and on the Springersplat in 1606 – A Discovery in Early Iconography. *Lutra* 32(21):185–92.

–. 1989b. Walkinnladen in Wanten: Maritime Motivkunde als historische Datierungshilfe (Whale Jawbones in the Shrouds: Maritime Iconography as a Datable Source for a Badly Documented Historical Practice). *Deutsches Schiff-fahrtsarchiv* 12:243–64.

–. 1990a. *Olympic Challenger: The Brief History of the Onassis Whaling Venture.* 1950–56. Paper presented at the 15th Annual Whaling Symposium, Kendall Whaling Museum, Sharon, Mass. Oct. 13–14, 1990.

–. 1990b. *Jaws: Uses of Baleen Whale Mandibles.* Paper presented at the 15th Annual Whaling Symposium, Kendall Whaling Museum, Sharon, Mass. Oct. 13–14, 1990.

BASBERG, B. L. 1990a. *Whaling or Shipping? Conflicts over the Use of the Norwegian Whaling Fleet During World War II.* Paper presented at the 15th Annual Whaling Symposium, Kendall Whaling Museum, Sharon, Mass. Oct. 13–14, 1990.

–. 1990b. *Report on the 1990 Norwegian Antarctis Expedition, Including the Husvik and Stromness Stations.* Paper presented at the 15th Annual Whaling Symposium, Kendall Whaling Museum, Sharon, Mass. Oct. 13–14, 1990.

BASS, G. 1972. *A History of Seafaring Based on Underwater Archaeology.* Thames and Hudson.

BEACH, D. W., AND M. T. WEINRICH. 1989. Watching the Whales. *Oceanus* 32(1):84–88.

BEAGLEHOLE, J. C. 1966. *The Exploration of the Pacific.* Stanford University Press.

BEALE, T. 1835. *A Few Observations on the Natural History of the Sperm Whale.* London.

BECKER, P. 1985. *The Pathfinders: The Saga of Exploration in Southern Africa.* Penguin.

BEDDARD, F. E. 1900. *A Book of Whales.* John Murray.

BENNETT, A. G. 1932. *Whaling in the Antarctic.* Henry Holt.

BERGENSEN, B., AND J. T. RUUD. 1941. Pelagic Whaling in the Antarctic. IX. The Season 1938–39. *Hvalradets Skrifter* 25:5–31.

–. J. LIE, AND J. T. RUUD. 1939. Pelagic Whaling in the Antarctic. VIII. The Season 1937–38. *Hvalradets Skrifter* 20:5–30.

BERNSTEIN, A. 1959. *Masterpieces of Women's Costume of the 18th and 19th Centuries.* Crown.

BERZIN, A. A. 1972. *The Sperm Whale.* Izdatgel'stvo »Pischevaya Promyshlennost« Moskva 1971. Translated from the Russian by Israel Program für Scientific Translations. Jerusalem.

–, AND N. V. DOROSHENKO. 1980. Right Whales of the Okhotsk Sea. *Sci. Com. Rept. Intl. Whal. Commn.* SC/32/PS2.

–. 1981. Distribution and Abundance of Right Whales *(Balaenidae)* in the North Pacific Ocean. *Intl. Whal. Commn.* SC/33/PS11.

BEST, P. B. 1970. Exploitation and Recovery of Right Whales *Eubalaena australis* off the Cape Province. *Div. Sea Fisheries Invest. Rept. S. Afr.* 80:1–20.

–. 1974. Status of the Whale Populations off the West Coast of South Africa, and Current Research. In W. E. Schevill, Ed., *The Whale Problem,* pp. 53–86. Harvard University Press.

–. 1982. The Status of Right Whales off South Africa. *Sci. Rep. Intl. Whal. Commn.* SC/32/PS4.

–, AND L. C. SURMON. 1974. Conservation and Utilisation of Whales off the Natal Coast. *Jour. South Afr. Wildl. Mgmt. Assoc.* 4(3):149–56.

–, AND G. J. B. ROSS. 1986. Catches of Right Whales from Shore-based Establishments in Southern Africa, 1792–1975. *Rep. Intl. Whal. Commn.* (Special Issue) 10:275–89.

BICKFORD, A., S. BLAIR, AND P. FREEMAN. 1988. *Ben Boyd National Park Bicentennial Project; Davidson Whaling Station; Boyd's Tower; Bittangabee Ruins.* NSW National Parks and Wildlife Service.

BIRKELAND, K. B. 1926. *The Whalers of Akutan: An Account of Modern Whaling in the Aleutian Islands.* Yale University Press.

BLACK, L. T. 1980. Early History. In L. Morgan, Ed., »The Aleutians.« *Alaska Geographic* 7(3):82–105.

–. 1988. The Story of Russian America. In W. W. Fitzhugh and A. Crowell, Eds., *Crossroads of Continents,* pp. 70–82. Smithsonian Institution.

BLAINEY, G. 1974. *The Tyranny of Distance: How Distance Shaped Australia's History.* Macmillan.

BLAIR, S., A. BICKFORD, AND P. FREEMAN. 1987. Davidson's Whaling Station, Twofold Bay. *Heritage Australia* 6(3):13–16.

BOAS, F. 1930. *The Religion of the Kwakiutl Indians.* Columbia University Press.

–. 1955. *Primitive Art.* Dover.

BOCK, P. 1966. *A Study in International Regulation: The Case of Whaling.* Ph.D. Dissertation, New York University. University Microfilms.

BOCKSTOCE, J. R. 1977a. Eskimo Whaling in Alaska. *Alaska Magazine* 43(9):4–6.

–. 1977b. An Issue of Survival: Bowhead vs. Tradition. *Audubon* 79(5):142–45.

–. 1977c. *Steam Whaling in the Western Arctic*. Old Dartmouth Historical Society. New Bedford, Mass.

–. 1979a. The Arctic Whaling Disaster of 1897. *Alaska Geographic* 5(4):27–34.

–. 1978b. History of Commercial Whaling in Arctic Alaska. *Alaska Geographic* 5(4):17–25.

–. 1978c. A Prelumnary Estimate of the Western Arctic Bowhead Whale *(Balaene mysticetus)* Population by the Pelagic Whaling Industry: 1848–1915. *Rep. No. MMC77/08* (PB 286–797) *Nat. Tech. Info. Svc.* Springfield, Va.

–. 1980. Battle of the Bowheads. *Natural History* 89(5):52–61.

–. 1986. *Whales, Ice, & Men: The History of Whaling in the Western Arctic*. University of Washington Press.

–. 1990. Changing Images of the Northwest Passage. *National Geographic* 178(2):2–33.

–, AND D. B. BOTKIN. 1980. The Historical Status and Reduction of the Western Arctic Bowhead *(Balaena mysticetus)* Population by the Pelagic Whaling Industry: *Final Rept. to NMFS, Contract No.* 03-78-M02-0212. Washington, D. C.

BODFISH, H. H. 1936. *Chasing the Bowhead*. Harvard University Press.

BOERI, D. 1980. Oil on Troubled Alaskan Waters. *New York Times Magazine* Nov. 9, 1980:132–55.

–. 1983. *People of the Ice Whale*. E. P. Dutton.

BOGEN, H. S. I. 1954, Compañia Argentina de Pesca S. A. *Norsk Hvalfangst-Tidende* 43(10):553-88.

BONNER, W. N. 1982. *Seal and Man: A Study in Interactions*. University of Washington Press.

BOOTH, A. E. 1964. American Whalers in South African Waters. *S. Afr. Jour. Econ.* 32:278–82.

BOREAL INSTITUTE OF NORTHERN STUDIES. 1988. *Small-Type Coastal Whaling in Japan*. Boreal Institute for Northern Studies. Edmonton, Alberta.

BOWEN, S. L. 1974. Probable Extinction of the Korean Stock of the Gray Whale. *Jour. Mammal.* 55(1):208–9.

BRAHAM, H. W. 1982. Comments on the World Stocks of Bowhead Whales and Estimating Population Abundance in the Western Arctic. *Sci. Rep. Intl. Whal. Commn.* SC/34/PS13.

–. 1982. Uncontrolled Exploitation of White Whales and Narwhals. *Cetus* 4(2):6.

–. 1984a. The Bowhead Whale, *Balaena mysticetus*. *Marine Fisheries Review* 46(4):45–53.

–. 1984b. The Status of Endangerd Whales: An Overview. *Marine Fisheries Review* 46(4):2–6.

–. 1989. Eskimos, Yankees and Bowheads. *Oceanus* 32(1):54–62.

–, AND J. M. BREIWICK, 1980. Projection of a Decline in the Western Arctic Population of Bowhead Whales. *Nat. Marine Mammal Lab*. Seattle.

–, AND B. KROGMAN. 1977. Population Biology of the Bowhead *(Balaena mysticetus)* and Beluga *(Delphinapterus leucas)* whale in the Bering, Chukchi and Beaufort Seas. *Proc. Rep. U.S. Dept. Commerce. Northeast and Alaska Fish. Cntr.* Seattle.

–, B. KROGMAN, S. LEATHERWOOD, W. MARQUETTE, D. RUGH, M. TILLMAN, J. JOHNSON, AND G. CARROLL. 1979, Preliminary Report of the 1978 Spring Bowhead Research Program Results. *Rep. Intl. Whal. Commn.* 29:291–306.

–. B. KROGMAN, J. JOHNSON, W. MARQUETTE, D. RUGH, R. SONNTAG, T. BRAY, J. BRUEGGEMAN, M. DAHLHEIM, M. NERINI, S. SAVAGE, AND C. GOEBEL. 1980. Population Studies of the Bowhead Whale *(Balaena mysticetus):* Preliminary Results of the 1979 Spring Research Season. *Rep. Intl. Whal. Commn.* 30:391–404.

–, AND D. W. RICE. 1984. The Right Whale, *Balaena glacialis*. *Marine Fisheries Review* 46(4):38–44.

BREWINGTON, M. V., AND D. BREWINGTON. 1965. *Kendall Museum Paintings*. Kendall Whaling Museum. Sharon, Mass.

–. 1969. *Kendall Museum Prints*. Kendall Whaling Museum. Sharon, Mass.

BRITTEN, B. 1989. A Checkered Stewardship of Whales: The International Whaling Commission. *Whalewatcher* 23(3):14–17.

BROEZE, F. J. A. 1977. The Dutch Quest of Southern Whaling in the Nineteenth Century. In M. Nijhoff, *Economisch-En Sociaal-Historisch Jaarboek* 40:66–112.

BROWER, C. D. 1942. *Fifty Years Below Zero, A Lifetime of Adventure in the Far North*. Dodd, Mead.

BROWN, M. 1987. The Zeal of Disapproval. *Oceans* 20(3):36–41.

BROWNE, J. R. 1846. *Etchings of a Whaling Cruise, With Notes of a Sojourn on the Island of Zanzibar. To Which is Appended a Brief History of the Whale Fishery, Its Past and Present Condition*. Harper & Brothers. Reprinted 1968, Harvard University Press.

BROWNELL, R. L., AND C. CHUN. 1977. Probable Existence of the Korean Stock of the Gray Whale. *Eschrichtius robustus. Jour. Mammal.* 58(2):237–39.

BRUEMMER, F. 1969. The Sea Unicorn. *Audubon* 71(6):58–63.

–. 1971. Whalers of the North. *The Beaver* (Winter 1971):44–55.

–. 1974. The Northernmost People (Greenland's Polar Eskimos). *Natural History* 83(2):24–33.

BRYANT, J. 1982. Trends in Melville Scholarship. Dissertations in the 1970s. *Melville Society Extracts* 50:12--13.

BRYDEN, M. M. 1978. WHales and whaling in Queensland waters. *Proc. Royal Soc. Qld* 88:5–18.

BUDKER, P. 1959, *Whales and Whaling*. Macmillan.

BULLEN, F. 1899, *The Cruise of the »Cachalot«: Round the World after Sperm Whales*. D. Appleton.

BURN-MURDOCH, W. G. 1917. *Modern Whaling & Bear-Hunting*. Seeley, Service & Co. Ltd.

BURTEL, M. 1828. *Art de Faire Les Corsets, Les Guêtres et Les Gauts*. Andot.

BURTON, R. 1971. *The Life and Death of Whales*. Universe Books.

BURTON, R. F. 1875. *Ultima Thule; or, A Summer in Iceland*. William P. Nimmo.

BUSBY, L. 1986. Whaling at the Crossroads. *Greenpeace Examiner* 11(3):16–19.

BUSCH, B. C. 1980. Elephants and Whales: New London and Desolation. *American Neptune* 40(2):117–26.

BUSCH, B. C. 1985. Cape Verdeans in the American Whaling and Sealing Industry, 1850–1900. *American Neptune* 45(2):104–16.

BYRNE, M. ST. C. 1926. *The Elizabethan Zoo*. (Selected from

Philemon Holland's Translation of Pliny 1601 and Edward Topsell's »Historie of Fource-Footed-Beasters« 1607 & his »Historie of Serpents« 1608). Haslewood Books.

CALDWELL, D. K., AND M. C. CALDWELL. 1975. Dolphin and Small Whale Fisheries of the Caribbean and West Indies: Occurrence, History and Catch Statistics– with Special Reference to the Lesser Antillean Island of St. Vincent. *Jour. Fish. Bull. Canada* 32(7):1105–10.

–, W. F. RATHJEN, AND J. R. SULLIVAN. 1971. Cetaceans from the Lesser Antillean Island of St. Vincent. *Fish. Bull.* 69(2):303–12.

CAMERON, I. 1974. *Antarctica: The Last Continent.* Little, Brown.

CAPLIN, R. A. 1854. *Health and Beauty; or, Corsets and Clothing, Constructed in Accordance with the Physiological Laws of the Human Body.* Darton & Co.

CAREY, L. 1986. May the Moon Smile Upon the Hunters of the Sea (Lembata Whalers). *Ligabue* 5(9):102–24.

CARTER, N., AND A. THORNTON. 1985. *Pirate Whaling 1985 and a History of the Subversion of International Whaling Regulations.* Environmental Investigation Agency. London.

CHAPMAN, D. G. (WITH S. J. HOLT AND K. R. ALLEN). 1964. Special Committee of Three Scientists. Finals Report. *Rep. Int. Whal. Commn.* 14:39–106.

CHAPMAN, F. P. 1977. Some Notes on Early Whaling in False Bay. *Bull. Simon's Town Hist. Soc.* 9(4):132–59.

CHITTLEBOROUGH, R. G. 1954. Aerial observations on whales in Australian waters. *Norsk Hvalfangst-Tidende* 43(10):198–200.

CHRISP, J. 1958. *South of Cape Horn: A Story of Antarctic Whaling.* Robert Hale.

CHRISTRUP, J. 1988. Weird Science: Killing Whales in Order to Save Them. *Greenpeace* 13(5):12–13.

CHURCH, A. C. 1938. *Whale Ships and Whaling.* Bonanza Books.

CLARK, C. W. 1991. Moving with the Heard. *Natural History* 3/91:38–42.

CLARK, K. 1977. *Animals and Men.* William Morrow.

CLARK, M. 1980. *A Short History of Australia.* New American Library.

CLARKE, M. R. 1979. The Head of the Sperm Whale. *Scientific American* 240(1):128–41.

CLARKE, R. 1952. Electric Whaling. *Nature* (London) 69(4308):859–60.

–. 1953. Sperm Whaling from Open Boats in the Azores. *Norsk Hvalfangst-Tidende* 42(7):373–85.

–. 1954. Open Boat Whaling in the Azores. *Discovery Reports* 26:281–354.

COCKRILL, W. R. 1955. *Antarctic Hazard.* Frederick Muller.

COERR, E., AND W. E. EVANS. 1980. *Gigi: A Baby Whale Borrowed for Sciene and Returned to the Sea.* G. P. Putnam's.

COLMER, M. 1979. *Whalebone to See-Through: A History of Body Packaging.* Johnson & Bacon.

COLWELL, M. 1969. *Whaling Around Australia.* Rigby Ltd.

COMPTON-BISHOP, Q. M. 1982. Sperm Whaling in the Azores. *Whalewatcher* 16(3):9–11.

CONWAY, W. M. 1906. *No Man's Land: A History of Spitsbergen from its Discovery in 1596 to the Beginning of Scientific Exploration of the Country.* Cambridge University Press.

COOK, J. A. 1926. *Pursuing the Whale.* Houghton Mifflin.

COOPER, J. F. 1823. *The Pilot.* New York.

CRAWFORD, J. C. 1880. *Recollections of Travel in Australia and New Zealand.* Trubner.

CRAWFORD, M. D. C., AND E. A. GUERNSEY. 1951. *The History of Corsets in Pictures.* Fairchild Publications.

CREDLAND, A. G. (n.d.) *The Diana of Hull.* City of Kingston upon Hull Museums and Art Galleries.

–. 1982. *Whales and Whaling.* City of Kingston upon Hull Museums, Shire Books.

CREMERS-VAN DER DOES, E. C. 1980. *The Agony of Fashion.* Blandford Press.

CROWTHER, W. E. L. H. 1943. A Surgon as Whaleship Owner. *Medical Journal of Australia* 1(25):549–54.

CUMBAA, S. L. 1985. Archaeological Evidence of the 16th Century Basque Right Whale Fishery in Labrador. *Rep. Intl. Whal. Commn.* (Special Issue) 10:187–90.

CUSHING, D. H. 1988. *The Provident Sea.* Cambridge University Press.

DAKIN, W. J. 1938. *Whalemen Adventurers.* Angus & Robertson.

DALL, W. H. 1874. Catalogue of the Cetacea of the North Pacific Ocean. In C. M. Scammon, *The Marine Mammals of the Northwestern Coast of North America: Together with an Account of the American Whale Fishery.* Carmany and G. P. Putnam's.

DALL, W. H. 1899. How Long a Whale May Carry a Harpoon. *National Geographic* 10(4):136–37.

DAMPIER, W. 1702. *Dampier's Voyages.* 1906 edition edited by John Masefield. E. Grant Richards.

DARLING, J. D. 1988. Whales: An Era of Discovery. *National Geographic* 174(6):872–909.

DARWIN, C. 1860. *The Voyage of the Beagle.* 1962 Edition, Doubleday.

DAVIDSON, R. 1988. *Whalemen of Twofold Bay.* Privately printed, Eden, NSW.

DAVIS, E. Y. 1946. Man in Whale. *Natural History* 6:241.

DAVIS, L. J. 1986. *Onassis: Aristotle and Christina.* St. Martin's Press.

DAVIS, M. R., AND W. H. GILMAN. (EDS.) 1960. *The Letters of Herman Melville.* Yale University Press.

DAVIS, W. M. 1874. *Nimrod of the Sea, or, The American Whaleman.* Christopher Publishing House.

DAWBIN, W. H. 1954a. The Maori Went A-Whaling – and Became One of the World's Best Whalemen. *Pacific Discovery* 7(4):19–22.

–. 1954b. Maori Whaling. *Norsk Hvalfangst-Tidende* 43(8):433–45.

–. 1954c. Whales and Whaling in the Southern Ocean. In F. Simpson, Ed., *The Antarctic Today*, pp. 151–97. A. H. & A. W. Reed.

–. 1956. Whale marking in South Pacific Waters. *Norsk Hvalfangst-Tidende* 43(8):433–45.

–. 1966. The Seasonal Migratory Cycle of Humpback Whales. In K. S. Norris, Ed., *Whales, Dolphins, and Porpoises*, pp. 145–70. University of California Press.

–. 1967. Whaling in New Zealand Waters. In *An Encyclopedia of New Zealand*, pp. 3–7. Government Printer, Wellington.

–. 1984. Whaling and Its Impact on the People of the South Pacific. In P. Stanbury and L. Bushell, Eds., *South Pacific Islands*, pp. 77-90 The Macleay Museum, University of Sydney.

–. 1986. Right Whales Caught in Waters Around South Eastern Australia and New Zealand During the Nineteenth and Early Twentieth Centuries. *Rep. Intl. Whal. Commn.* (Special Issue) 10:261–67.

DAY, A. G. 1970. *Melville's South Seas.* Hawthorn Books.

DAY, D. 1987. *The Whale War.* Routledge & Kegan Paul.

DEIMER, P. 1983. Sperm Whale Fishery off Madeira. *Int. Whal. Commn.* SC/35/SP5.

–, J. GORDON, AND T. ARNBOM. 1988. Sperm Whales Killed in the Azores During 1987. *Int. Whal. Commn.* SC/40/SP5.

DE JONG, C. 1976. A Whaleboat the First Musuem Ship in South Africa? *Restorica* (Bulletin of the Simon van der Stel Foundation, Pretoria) 17(33):77–78.

–. 1978. *A Short History of Old Dutch Whaling.* University of South Africa.

–. 1983. The Hunt of the Greenland Whale: A Short History and Statistical Sources. *Rep. Int. Whal. Commn.* (Special Issue) 5:83–106.

–. 1986. Melville's Mockery of Foreign Whalers. *Deutsches Schiffartsarchiv* 9:217–26.

DE SMET, W. M. A. 1981. Evidence of Whaling in the North Sea and English Channel during the Middle Ages. In *Mammals in the Seas.* FAO Fisheries Series No. 5, Vol. III, pp. 301–9. Food and Agriculture Organization of the United Nations. Rome.

DEWHURST, W. H. 1835. *The Natural History of the Order Cetacea and the Oceanic Inhabitants of the Arctic Regions.* London.

DIAMOND, M. 1988. *The Seahorse and the Wanderer: Ben Boyd in Australia.* Melbourne University Press.

DIJKSMAN, R. 1986. Death on Jan Mayen: A Whaling Tragedy of 1634. *Polar Record* 23(143):196–201.

DINGHAM, R. 1978. Lessons from the History of Sealing and Whaling in Japanese-American Relations. In J. Schmidhauser and G. O. Totten, Eds., *The Wahling Issue in U.S.-Japan Relations.* pp. 17–27. Westview Press.

DOW, G. F. 1925. *Whale Ships and Whaling.* Marine Research Society. Salem, Mass.

DOYLE, A. C. 1893. The Glamour of the Arctic. *McClure's Magazine* 2:391–400.

–. 1897. Life on a Greenland Whaler. *The Strand Magazine* 13:16–25.

DRUCKER, P. 1951. The Northern and Central Nootkan Tribes. *Bull Bureau of American Ethnology* 144.

DUDLEY, P. 1725. An Essay upon the Natural History of Whales, with Particular Account of the Ambergris found in the Sperma Ceti Whale. *Phil. Trans. Royal Soc.* London 33(387):256–59.

DUGUY, R., AND D. ROBINEAU. 1973. *Cétacés et Phoques des Côtes de France.* Annales de la Société des Sciences Naturelles de la Charente-Maritime.

DU PASQUIER, T. 1982. *Les Baleiniers Français au XIXe Siècle 1814–1868.* Terre et Mer.

DURHAM, F. E. 1927a. Greenland or Bowhead Whale. In A. Seed, Ed., *Baleen Whales in Eastern North Pacific and Arctic Waters*, pp. 10–14. Pacific Search Press.

–. 1972b. History of Bowhead Whaling. In A. Seed, Ed., *Baleen Whales in Eastern North Pacific and Arctic Waters*, pp. 5–9. Pacific Search Press.

–. 1977. Subsistence Hunting by Natives of NW Greenland. In *Proc. (Abstracts) Second Conference on the Biology of Marine Mammals*, p. 62, San Diego.

–. 1979a. The Catch of Bowhead Whales *(Balaena mysticetus)* by Eskimos, with Emphasis on the Western Arctic. *Contrib. Sci. Nat. Hist. Mus. Los Angeles County* 314:1–14.

–. 1979b. An Historical Perspective on Eskimo Whaling and The Bowhead Controversy. *Orca* 1(1):5–6.

D'URVILLE, J. D. 1841. *Voyage au Pole Sud et dans l'océanie sur les corvettes l'Astrolabe et la Zélée.* Paris.

DUYCKINCK, E. A. 1851. Melville's *Moby-Dick; or, The Whale. New York Literary World* 9 (Nov. 22, 1851):403–4.

EDWARDS, E. J., AND J. E. RATTRAY. 1956. *Whale Off: The Story of American Shore Whaling:* Coward-McCann.

ELKING, H. 1722. *A View of the Greenland Trade and Whale Fishery, with the National and Private Advantages Thereof.* London.

ELLIS, L. B. 1982. *History of New Bedford and its Vicinity: 1602–1892.* D. Mason & Co.

ELLIS, R. 1977. Of Men, Whales, and Captain Scammon. *National Parks and Conservation* 51(10):8–13.

–. 1980. *The Book of Whales.* Alfred A. Knopf.

–. 1981a. Physty: An Encounter with a Sperm Whale. *Whalewatcher* 15(3):17–20.

–. 1981b. The Whale That Visited New York. *Underwater Naturalist* 13(3):5–12.

–. 1985. A Sea Change for Leviathan. *Audubon* 87(6):62–79.

–. 1986. The Hagiography of the Whale. *Whalewatcher* 20(1):11–15.

–. 1987. Painting a »Leviathan« Mural. *The Artist's Magazine* 4(5):76–87.

–. 1988a. The Flying Whalers. *Oceans* 21(4):60.

–. 1988b. The Whalers of Lomblen. *Intrepid* 3:16.

–. 1989a. Moby-Dick Comes to Hollywood, 1930 Version. *Underwater Naturalist* 18(3):14–16.

–. 1989b. Whales Down Under. *Australian Geographic* 16:58–79.

–. 1989c. The Exhibition of Whales. *Whalewatcher* 23(4):11–14.

ELY, B. E. S. 1849. *»There She Blows«: A Narrative of a Whaling Voyage, in the Indian and South Atlantic Oceans.* James K. Simon. 1971 edition, edited by Curtis Dahl, Wesleyan University Press.

ERNGAARD, E. 1972. *Greenland Then and Now.* Lademann Ltd.

ESCHRICHT, D. E., AND J. REINHARDT. 1866. On the Greenland Right-whale *(Balaena mysticetus,* Linn.), with especial reference to its geographic distribution and migrations in times past and present, and to its external and internal characteristics. In W. H. Flower, Ed., *Recent Memoirs of the Cetacea*, pp. 1–150. The Ray Society. Translated from K. *Videnskabernes Selskabs Skrifter* 5(1861).

EVANS, P. 1986. *Ari: The Life and Times of Aritstotle Onassis.* Summit Books.

EVERITT, R. D., AND B. D. KROGMAN. 1979. Sexual Behavior of Bowhead Whales Observed off the North Coast of Alaska. *Arctic* 32(3):277–80.

EWING, E. 1971. *Fashion in Underwear*. Batsford.

FISCHER. M. 1881. Cétacés du Sud-Ouest de la France. *Actes Soc. Linn. Bordeaux*, 4th series 5:5–219.

FISHER, R. H. (ED.) 1981. *The Voyage of Semen Dezhnev in 1648*. The Hakluyt Society.

FITZHUGH, W. W. 1988. Eskimos: Hunters of the Frozen Coasts. in W. W. Fitzhugh, and A. Crowell, Eds., *Crossroads of Continents: Cultures of Siberia and Alaska*, pp. 42–51. Smithsonian Institution.

FLAYDERMAN, E. N. 1972. *Scrimshaw and Scrimshanders, Whales and Whalemen*. N. Flayderman & Co.

FOOTE, D. C. 1975. Investigation of Small Whale Hunting in Norway. *Jour. Fish. Res. Bd. Canada* 32(7):1163–89.

FORTOM-GOUIN, J.-P., AND S. J. HOLT. 1980. Reasons for Recommending Zero Female Catch Limits for Sperm Whales. *Rep. Int. Whal. Commn. Sperm Whales* (Special Issue) 2:261–62.

FOWLER, O. S. 1846. *Tight-Lacing, Founded on Physiology and Phrenology: or the Evils, Inflicted on Mind and Body, by Compressing the Organs of Animal Life, thereby Retarding and Enfeebling the Vital Functions*. Privately published, New York.

FOX-DAVIES, A. C. 1909. *A Complete Guide to Heraldry*. Thomas Nelson.

FOY, S. 1982. *The World of Whales: The Story of Whales and Whaling at Albany, Western Australia*. Jaycees Community Foundation.

FRAKER, M. A. 1984. *Balaena mysticetus: Whales, Oil, and Whaling in the Arctic*. Sohio Alaska, Petroleum Company and BP Alaska Exploration Inc.

–. 1989. A Rescue that Moved the World. *Oceanus* 32(1):96–102.

FRANCIS, D. 1984. *Arctic Chase: A History of Whaling in Canada's North*. Breakwater Books.

FRANK, S. M. 1985. »Vast Address and Boldness«: The Rise and Fall of the American Whale Fishery. In G. S. Perry and H. Richmond, Eds., *The Spirit of Massachusetts: Our Maritime Heritage*, pp. 20–29. Massachusetts Department of Education. Boston.

–. 1986. *Herman Melville's Picture Gallery*. Edward M. Lefkowicz.

FRASER, F. C. 1937. Early Japanese Whaling. *Proc. Linn. Soc. London* 150th Session (1937–58):19–20.

–. 1970. An Early 17th Century Record of the Californian Grey Whale in Icelandic Waters. *Investigations on Cetacea* 2:13–20.

–. 1977. Royal Fishes: The Importance of the Dolphin. In R. J. Harrison, Ed., *Functional Anatomy of Marine Mammals*. pp. 1–44. Academic Press.

FREEMAN, M. B. 1976. *The Unicorn Tapestries*. The Metropolitan Museum of Art.

FRIZELL, J. 1981. The Pirate Whalers Versus the Environmentalists. *Oceans* 14(2):25–28.

FROST, S. (CHAIRMAN) 1978. *Whales and Whaling*. Australian Government Publishing Service.

FURUTA, M. 1984. Note on an Gray Whale Found in the Ise Bay on the Pacific Coast of Japan. *Sci. Rep. Whales Res. Inst.* 35:195–97.

GAMBELL, R. 1971. A Short History of Modern Whaling of Natal. *Mercurius* 14:37–44.

–. 1972. Sperm whales of Durban. *Discovery Reports* 35:199–358.

–. 1973. How Whales Survive (Sustainable Yields). In N. Calder, Ed., *Nature in the Round*. pp. 193–202. Weidenfeld & Nicolson.

GARCIARENA, D. 1988. The Effects of Whalewatching on Right Whales in Argentina. *Whalewatcher* 22(3):3–5.

GARDEN, D. S. 1977. *Albany: A Panorama of the Sound from 1827*. Thomas Nelson.

GARDNER, E. S. 1960. *Hunting the Desert Whale*. William Morrow.

GARNER, S. (ED.) 1986. *The Captain's Best Mate: The Journal of Mary Chipman Lawrence on the Whaler Addison. 1856–1860*. University Press of New England.

GASKIN, E. D. 1972. *Whales, Dolphins & Seals: with Special Reference to the New Zealand Region*. Heinemann Educational Books.

–. AND G. J. D. SMITH. 1977. The Small Whale Fishery of St. Lucia, W. I. *Rep. Intl. Whal. Commn.* 27:493.

GATES, D. J. 1963. Australian Whaling Since [the] War. *Norsk Hvalfangst-Tidende* 52(5):123–27.

GESNER, C. 1560. *Historia Animalium*. Zurich.

GILMORE, R. M. 1955. The Return of the Gray Whale. *Scientific American* 192(1)62–67.

–. 1959. On Mass Strandings of Sperm Whales. *Pacific Naturalist* 1(10):9–16.

–. 1960. A Census of the California Gray Whale. *U.S. Fish and Wildlife Service Special Scientific Report: Fisheries No. 342*.

–. 1961. *The Story of the Gray Whale*. Privately printed, San Diego.

–. 1969. Introduction and Annotations to Mocha Dick, or, The White Whale of the Pacific. *Oceans* 1(4):65–80.

–. 1978. Right Whale. In D. Haley, Ed., *Marine Mammals of the Eastern North Pacific and Arctic Waters*. pp. 62–69. Pacific Search Press.

GLASS, K., AND K. ENGLUND. 1989 Why the Japanese are so Stubborn about Whaling. *Oceanus* 32(1):45–51.

GLEICK, J. 1987. *Chaos: The Making of a New Science*. Viking Penguin.

GLOCKNER, D. 1983. Determining the Sex of Humpback Whales *(Megaptera novaeangliae)* in Their Natural Environment. In R. Payne, Ed., *Communication and Behavior of Whales*. pp. 447–64. American Association for the Advancement of Sciene.

GOLDER, F. 1914. *Russian Expansion in the Pacific 1641–1850*. Arthur H. Clark Co.

–. 1925. *Bering's Voyages: An Account of the Efforts of the Russians to Determine the Relation of Asia and America*. American Geographical Society.

GOODE, G. B. 1884. *The Fisheries and Fishery Industries of the United States*. U.S. Government Printing Office. Washington, D. C.

GOODWIN, G. G. 1946. The End of the Great Northern Sea Cow. *Natural History* 55(2):56–61.

GOSHO, M. E., D. W. RICE, AND J. M. BREIWICK. 1984. The Sperm Whales, *Physeter macrocephalus. Marine Fisheries Review* 46(4):54–64.

GRADY, D. 1982. *The Perano Whalers of Cook Strait*. A. H. & A. W. Reed.

–. 1986. *Whalers and Sealers in New Zealand Waters*. Reed Methuen.

GRAVES, W. 1976. The Imperiled Giants. *National Geographic* 150(6):722–51.

GREEN, L. G. 1958. *South African Beachcomber*. Howard Timmins.

GREENLAND HOME RULE AUTHORITY. 1988. *Our Way of Whaling. Arfanniariaaserput*. Copenhagen.

GREENPEACE. 1980. *Outlaw Whalers*. San Francisco.

–. 1983. *Unregulated Whaling*. London.

–. 1984. *Outlaw Whalers: Special Report 1984*. London.

–. 1985. *Scientific Whalers? The History of Whaling under Special Permits*. London.

GRIERSON, J. 1949. *Air Whaler*. Sampson Low, Marston & Co., Ltd.

HACQUEBORD, L. 1984. A History of Early Dutch Whaling: A Study from the Ecological Angle. In *Arctic Whaling: Proceedings of the International Symposium*, pp. 135–48. University of Groningen.

–. 1987. A Historical-Archeological Investigation of a Seventeenth-Century Whaling Settlement on the West Coast of Spitsbergen in 79° North Latitude. *Norsk Polarinstitutt Rapportserie* 38:19–34.

–. 1988. Three Seventeenth Century Whaling Stations in Southeastern Svalbard: An Archaeological Missing Link. *Polar Record* 24(149):125–28.

HAKLUYT, R. 1598. *The Principal Navigations, Voyages, Traffiques and Discoveries of the English Nation*. London. 1972 edition, Penguin English Library.

HALEY, N. C. 1948. *Whale Hunt: The Narrative of a Voyage by Nelson Cole Haley. Harpooner in the Ship Charles W. Morgan 1849–1853*. Ives Washburn.

HALL, E. W. 1982. *Sperm Whaling from New Bedford*. Old Dartmouth Historical Society. New Bedford, Mass.

HALL, J. W. 1968. *Japan: From Prehistory to Modern Times*. Charles E. Tuttle Co.

HARDY, A. C. 1967. *Great Waters*. Harper & Row.

HARLOW, V. T. 1964. *The Founding of the Second British Empire. 1763–1793: New Continents and Changing Values*. Longmans Green.

HARMER, S. F. 1928. The History of Whaling. *Proc Linn. Soc. London* 140:51–95.

–. 1931. Southern Whaling. *Proc. Linn. Soc. London* 142:85–163.

HARRISON, D. 1981. *The White Tribe of Africa*. Macmillan.

HARRISON, R. J. 1979. Whales and Whaling. In E. J. Slijper, *Whales*, pp. 391–431. Cornell University Press.

HASHIURA, Y. 1969. *Whaling at Taijiura: A Series of Scrolls*. Heibonsha.

HAVERSTICK, I., AND B. SHEPARD. 1965. *The Wreck of the Whaleship Essex*. Harcourt Brace & World.

HAWES, C. B. 1924. *Whaling*. Doubleday, Page.

HEADLAND, R. 1984. *The Island of South Georgia*. Cambridge University Press.

HEFFERNAN, T. H. 1981. *Stove by a Whale: Owen Chase and the Essex*. Wesleyan University Press.

HEGARTY, R. B. 1964. *Birth of a Whaleship*. New Bedford Free Public Library.

HEINZELMANN, W. 1980. *The Azores*. Published by the author, Basel.

HEIZER, R. F. 1943. Aconite Poison Whaling in Asia and America: An Aleutian Transfer to the New World. *American Ethnologist* 133:415–68.

HELMS, P., O. HERTZ, AND F. KAPEL. 1984. The Greenland Aboriginal Whale Hunt. *Report to the Standing Subcommittee on Aboriginal/Subsistence Whaling. Intl. Whal. Commn.* TC/36/AS/2.

HEMBREE, E. D. 1980. Biological Aspects of the Cetacean Fishery at Lamalera, Lembata. *World Wildlife Fund Project No. 1428*. Gland, Switzerland.

HENDERSON, D. A. (ED.) 1970. *Journal Aboard the Bark Ocean Bird on an Whaling Voyage to Scammon's Lagoon. Winter of 1858–1859*. Dawson's Book Shop.

–. 1972. *Men & Whales at Scammon's Lagoon*. Dawson's Book Shop.

–. 1984. Nineteenth Century Gray Whaling: Grounds, Catches and Kills, Practices and Depletion of the Whale Population.
In M. L. Jones, S. L. Swartz, and S. Leatherwood, Eds., *The Gray Whale: Eschrichtius robustus*. pp. 159–86. Academic Press.

–. 1991. Gray Whales and Whalers on the China Coast in 1869. *Whalewatcher* 24(4):14–16.

HERRMANN, P. 1954. *Conquest by Man*. Harper & Brothers.

HERRON, M. 1976. A Not-Altogether Quixotix Face-off with Soviet Whale-Killers in the Pacific. *Smithsonian* 7(5):22–31.

HILDER, B. 1958. Whaling at Norfolk Island. *Walkabout* 24:10–13.

HILL, D. O. 1975. Vanishing Giants. *Audubon* 77(1):56–107.

HIRASAWA, Y. 1978. The Whaling Industry in Japan's Economy. In J. Schmidhauser and G. O. Totten, Eds., *The Whaling Issue in U.S.-Japan Relations*, pp 82–114. Westview Press.

HIRATA, M. 1951. Experimental Investigation of Flattened Head Harpoon: An Attempt for Restraining Ricochet. *Sci. Rep. Whales Res. Inst.* 6:199–207.

HJORT, J. 1933. Whales and Whaling (Essays on Population). *Hvalradets Skrifter* 7:7–29.

–. J. LIE, AND J. T. RUUD. 1932. Norwegian Pelagic Whaling in the Antarctic. *Hvalradets Skrifter* 3:5–37.

–. 1933. Norwegian Pelagic Whaling in the Antarctic. The Season 1932–33. *Hvalradets Skrifter* 8:3–36.

–. 1934. Norwegian Pelagic Whaling in the Antarctic. The Season 1933–34. With a Note on the Limits of the Pack Ice in the Area Between 40° W and 110° E. *Hvalradets Skrifter* 9:5–43.

–. 1935. Norwegian Pelagic Whaling in the Antarctic. V. The Season 1934–35. *Hvalradets Skrifter* 12:5–52.

–. 1937. Pelagic Whaling in the Antarctic. VI. The Season 1935–36. *Hvalradets Skrifter* 14:5–30.

–. 1938. Pelagic Whaling in the Antarctic. VII. The Season 1936–37. *Hvalradets Skrifter* 18:5–51.

HOARE, M. 1982. *Norfolk Island: An Outline of Its History, 1774–1981*. University of Queensland Press.

HODGKINSON, R. 1975. *Eber Bunker of Liverpool*. Roebuck.

HOHMAN, E. P. 1928. *The American Whaleman*. Reissued 1972, Augustus M. Kelley.

HOLDER, C. F. 1884. Imprisoned in an Iceberg. *St. Nicholas Magazine* 12(2):143–45.

HOLLANDER, A. 1978. *Seeing Through Clothes*. Viking.

HOLT, S. J. 1977. International Cooperation to Protect the Whales. *Oceans* 10(4):62–64.

–. 1986. Loopholes for Leviathans. *BBC Wildlife* (June 1986):282–89.

HORRIDGE, G. A. 1982. *The Lashed-Lug Boats of the Eastern Archipelagoes, the Alcina MS and the Lomblen Whaling Boats.* No. 54, Marine Monographs and Reports, Trustees of the National Maritime Museum.

HOUSBY, T. 1971. *The Hand of God: Whaling in the Azores.* Abelard-Schuman.

HOWARTH, D. 1974. *Sovereign of the Seas: The Story of Britain and the Sea.* Atheneum.

HOYT, E P. 1975. *Mutiny on the Globe.* Random House.

HUBBS, C. L., AND L. C. HUBBS. 1967. Gray Whale Censuses by Airplane in Mexico. *Calif. Fish and Game* 53:23–27.

HUDNALL, J. 1977. In the Company of Great Whales. *Audubon* 79(3):62–73.

HUEVELMANS, B. 1965. *In the Wake of Sea Serpents.* Hill & Wang.

HUGHES, R. 1986. *The Fatal Shore: The Epic of Australia's Founding.* Alfred A. Knopf.

HUMBLE, R. 1978 *The Explorers.* Time-Life Books.

HUNT, W. R. 1975. *Arctic Passage: The Turbulent History of the Land and People of the Arctic Sea.* Scribner's.

HUNTER, R. 1978. *To Save a Whale: The Voyages of Greenpeace.* Chronicle Books.

–. 1979. *Warriors of the Rainbow: A Chronicle of the Greenpeace Movement.* Holt, Rinehart & Winston.

HUSTON, J. 1980. *An Open Book.* Alfred A. Knopf.

HWANG, S. Y., AND M. D. MUN. 1984. *Ban-qu Dae: Rock Pictures in Ul-Ju.* Dongguk University Press.

ICHIHARA, T. 1966. The Pygmy Blue Whale, *Balaenoptera musculus brevicauda*, a New Species from the Antarctic. In K. S. Norris, Ed., *Whales, Dolphins, and Porpoises*, pp. 79–111. University of California Press.

IHIMAERA, W. 1987. *The Whale Rider.* Heinemann.

INGALLS. E. 1987. *Whaling Prints in the Francis B. Lothrop Collection.* Peabody Museum of Salem. Salem, Mass.

INGE, M. T. 1982. Melville in the Comic Books. *Melville Society Extracts* 50:9–10.

–. 1986. Melville in Popular Culture. In J. Bryant, Ed., *A Companion to Melville Studies*, pp. 695–739. Greenwood Press.

INSTITUTE OF CETACEAN RESEARCH. 1990. *Japanes Research on Antarctic Whale Resources.* Tokyo.

INTERNATIONAL WHALING COMMISSION. 1950–1990. *Annual Report.* IWC. Cambridge.

–. 1977. *Report of the Special Meeting of the Scientific Committee on Sei and Bryde's Whales.* IWC. Cambridge.

–. 1982. *Aboriginal/Subsistence Whaling (with Special Reference to the Alaska and Greenland Fisheries).* IWC Special Issue 4. Cambridge.

IVASHIN, M. V. 1982 Russian Huntin for Right Whales in the Sea of Okhotsk (XVIII-XIX Centuries). *Intl. Whal. Commn.* SC/34/PS21.

–. 1985. Whale Hunting and Science. *Science in the USSR* 93:92–95, 113–19.

IVERSEN, B. 1955. Whaling Activity in Iceland. *Norsk Hvalfangst-Tidende* 44(10):362–68.

IVERSEN, I. 1957, Donkergat in Saldanha Bay Again in Operation. *Norsk Hvalfangst-Tidende* 46(6):308–18.

JACKSON, G. 1978. *The British Whaling Trade.* Adam & Charles Black.

JACOBS, W. 1985. *The Birth of New Zealand.* Kowhai Publishing.

JAPAN WHALING ASSOCIATION. 1977. *Whaling Controversy: Japan's Position.* JWA. Tokyo.

–. 1980. *Living with Whales.* JWA. Tokyo.

–. 1981. *Man, Whales & The Sea.* JWA, Tokyo.

–. 1987. *Whale and Traditions of Diet.* JWA. Tokyo.

JENKINS, J. T. 1921. *A History of the Whale Fisheries.* Reissued 1971, Kennikat Press.

JOHNSON, J. H., AND A. A. WOLAN. 1984. The Humpback Whale, *Megaptera novaeangliae. Marine Fisheries Review* 46(4):30–37.

JONAITIS, A. 1986. *The Art of the Northern Tlingit.* University of Washington Press.

JONES, A. G. E. 1986. *Ships Employed in the South Seas Trade 1775–1861.* Roebuck.

JONES, D. 1980. *The Whalers of Tangalooma.* The Nautical Association of Australia, Inc.

JONES, M. L., AND S. L. SWARTZ. 1984. Demography and Phenology of Gray Whales and Evaluation of Whale-Watching Activities in Laguna San Ignacio, Baja California Sur, Mexiko. In M. L. Jones, S. L. Swartz, and S. Leatherwood, Eds., *The Gray Whale: Eschrichtius robustus*, pp. 309–74. Academic Press.

JONSGARD, A. 1955. Development of the Norwegian Small Whale Industry. *Norsk Hvalfangst-Tidende* 44(12):697–718.

–. 1964. A Right Whale *(Balaena sp.)* in All Probability a Greenland Right Whale *(Balaena mysticetus)* Observed in the Bering Sea. *Norsk Hvalfangst-Tidende* 53(11):311–13.

–. 1980. Bowhead Whales *(Balaena mysticetus)*, Observed in Arctic Waters of the Eastern North Atlantic after the Second World War. *Sci. Com. Rep. Intl. Whal. Commn.* SC/32/PS23.

–, AND E. J. LONG. 1959. Norway's Small Whales. *Sea Frontiers* 5(3):168–74.

JONSSON, J. 1965. Whales and Whaling in Icelandic Waters. *Norsk Hvalfangst-Tidende* 54(11):245–56.

JOSSELYN, J. 1672, *New England Rarities Discovered.* Reprinted 1972, Massachusetts History Society.

KAEPPLER, A. L. 1978. *»Artificial Curiosities«: Being An Exposition of Native Manufactures Collected on the Three Pacific Voyages of Captain James Cook*, R. N. Bishop Museum Press.

KAPEL, F. O. 1975. Preliminary Notes on the Occurrence and Exploitation of Smaller Cetaceans in Greenland. *Jour. Fish. Res. Bd. Canada* 32:1079–82.

–. 1977. Catch of Belugas, Narwhals and Harbour Porpoises in Greenland, 1954–75, by Year, Month and Region. *Rep. Intl. Whal. Commn.* 27:507–22.

–. 1983. Whale Observations off West Greenland in June–September 1982. *Intl. Whal. Commn.* SC/35/03.

KAWASUMI, T. 1990. *John Manjiro (Manjiro Nakahama) and the American Whale Fishery: An Historical Approach.* Paper presented at the 15th Annual Whaling Symposium, Kendall Whaling Museum, Sharon, Mass. Oct. 13–14, 1990

KELLOGG, R. 1940, Whales, Giants of the Sea. *National Geographic* 77(1):35–90.

KERR, M., AND C. KERR. 1980. *Australia's Early Whalemen.* Rigby.

KNAPK (GREENLAND HUNTERS' AND FISHERMEN'S CO-OPERATIVES). 1987. *Whaling in Greenland.* Nuuk.

KOHLER, C. 1928. *A History of Costume.* George Harrap and Company. 1963 edition, Dover.

KOSTER, J. 1979. The Whales' Best Friend: Confederate Captain Who Would Not Surrender. *Oceans* 12(3):3–7.

KRAUS, S. D. 1989. Whales for Profit. *Whalewatcher* 23(2):18–19.

–, AND J. H. PRESCOTT. 1982. The North Atlantic Right Whale *(Eubalaena glacialis)* in the Bay of Fundy, 1981, with Notes on Distribution, Abundance, Biology and Behavior. *Intl. Whal. Commn.* SC/34/PS14.

KIM, W.-Y. 1986. *The Art and Archaeology of Ancient Korea.* Taekwang Publishing.

KRISTOF, E. 1973. The Last U.S. Whale Hunters. *National Geographic* 143(3):346–53.

KRUPNICK, I. I. 1984. Gray Whales and the Aborigines of the Pacific Northwest: The History of Aboriginal Whaling. In M. L. Jones, S. L. Swartz, and S. Leatherwood, Eds., *The Gray Whale: Eschrichtius robustus*, pp. 103–20. Academic Press.

–. 1988. Economic Patterns in Northeastern Siberia. In W. W. Fitzhugh and A. Crowell, Eds., *Crossroads of Continents*, pp. 183–90. Smithsonian Institution.

KUGLER, R. C. 1976. The Historical Records of American Sperm Whaling: What They Tell Us and What They Don't. *FAO Scientific Consultation on Marine Mammals.* ACMRR/MM/SC/105.

–. 1980. The Whale Oil Trade, 1750–1775. *Publications of the Colonial Society of Massachusetts* 52:153–73.

–. 1983. Historical Survey of Foreign Whaling: North America. In *Arctic Whaling: Proceedings of the International Symposium*, pp. 149–57. University of Groningen.

–. 1986. Random Notes on the History of Right Whaling on the »Northwest Coast.« *Rep. Intl. Whal. Commn.* (Special Issue) 10:17–18.

KUNZ, G. F. 1916. *Ivory and the Elephant.* Doubleday, Page.

LACEPEDE, B.-G. E. 1804. *Histoire Naturelle des Cétacés.* Chez Plassan.

LAKE, P. A. 1975. Harvesting: A Working Day of the Whale Catcher W-17. *Oceans* 8(3):40–43.

LAMPSON, H. H. 1929. »Whales and Whaling: Port Elizabeth's Priceless Skeletons.« *Port Elizabeth Advertiser* Oct. 29, 1929.

LANTIS, M. 1938. The Alaska Whale Cult and its Affinities. *American Anthropologist*, n.s. 40:438–64.

LARSEN, H. E., AND F. G. RAINEY. 1948. Ipiutak and the Arctic Whale Hunting Culture. *Mem. Amer. Mus. Nat. Hist.* 42.

LARSON, K. 1978. Close Encounters (of the Whale Kind). *Sea Frontiers* 24(4):194–202.

LAWSON, W. 1949. *Blue Gum Clippers and Whale Ships of Tasmania.* D. & L. Books.

LAXALT, R. 1985. The Indomitable Basques. *National Geographic* 168(1):69–71.

LAYCOCK, G. 1988. Wilderness by the Barrel. *Audubon* 90(3):100–23.

LEAVITT, J. F. 1973. *The Charles W. Morgan.* Marine Historical Association. Mystic, Conn.

LEE, H. 1975, *The White Whale.* R. K. Burt.

LEHANE, B. 1981. *The Northwest Passage.* Time-Life Books.

LEY, W. 1948. *The Lungfish, the Dodo, & the Unicorn.* Viking Press.

–. 1968. *Dawn of Zoology.* Prentice-Hall.

LILLIE, H. R. 1955. *A Walk Through Penguin City.* Ernest Benn Limited.

LINDQUIST, L. 1972. Last American Whaling Operation Legislated Right out of Business. *National Fisherman* 52(10):20a–21a.

LIPTON, B. 1975. Whaling Days in New Jersey. *Newark Museum Quarterly* 26(2 & 3):1–172.

LOVERING, J. F., AND J. R. V. PRESCOTT. 1979. *Last of Lands: Antarctica.* Melbourne University Press.

LUBBOCK, B. 1937. *The Arctic Whalers.* Brown, Son & Ferguson.

LURIE, A. 1981. *The Language of Clothes.* Random House.

LYTLE, T. G. 1984. *Harpoons and Other Whalecraft.* Old Dartmouth Historical Society. New Bedford, Mass.

MACKAY, D. 1985. *In the Wake of Cook: Exploration, Science & Empire*, 1780–1801., St. Martin's Press.

MACKINTOSH, N. A. 1962. *The Stocks of Whales.* Fishing News (Books) Ltd.

MACLEOD, I. (ED.) 1979. *To the Greenland Whaling: Alexander Trotter's Journal of the Voyage of the* Enterprise *in 1856 from Fraserburgh & Lerwick.* The Thule Press.

MACY, O. 1835. *The History of Nantucket, Being a Compendious Account of the First Settlement of the Island by the English, Together with the Rise and Progress of the Whale Fishery; and Other Historical Facts Relative to Said Island and its Inhabitants.* Hilliard, Gray & Co.

MAHER, W. J., AND N. J. WILMOVSKY. 1963. Annual Catch of Bowhead Whales by Eskimos of Point Barrow. *Jour. Mammal.* 44(1)16–20.

MALLEY, R. C. 1983. *Graven by the Fishermen Themselves.* Mystic Seaport Museum.

MALLORY, G. K. 1977. Charles Melville Scammon. *Oceans* 10(4):40–44.

MANSFIELD, A. W. 1971, Occurrence of the Bowhead or Greenland Right Whale *(Balaena mysticetus)* in Canadian Arctic Waters. *Jour. Fish. Rev. Bd. Canada* 28:1873–75.

–, T. G. SMITH, AND B. BECK. 1975. The Narwhal, *Monodon monoceros*, in Eastern Canadian Waters. *Jour. Fish. Res. Bd. Canada* 32(7):1041–46.

MARINE FISHERIES REVIEW. 1974. *The California Gray Whale* 36(4):1–64.

MARINE MAMMAL COMMISSION. 1979. *Annual Report of the Marine Mammal Commission: A Report to Congress.* Marine Mammal Commission.

–. 1980. *Annual Report of the Marine Mammal Commission: A Report to Congress.* Marine Mammal Commission.

MARKHAM, C. R. 1881. In the whale fisheries of the Basque provinces of Spain. *Proc. Zool. Soc. London* 62:969–76.

–. 1889. *A Life of John Davis, the Navigator, 1550–1605, Discoverer of Davis Straits.* George Philip & Son.

MARQUETTE, W. M. 1977. *The 1976 Catch of Bowhead Wha-*

les (Balaena mysticetus) by Alaskan Eskimos, with a Review of the Fishery. 1973–1976, and a Biological Summary of the Species. Northwest & Alaska Fisheries Center Processed Report, NOAA/NMFS.

–. 1978. Bowhead Whale. In D. Haley, Ed., *Marine Mammals of Eastern North Pacific and Arctic Waters,* pp. 70–81. Pacific Search Press.

–. 1979. The 1979 Catch of Bowhead Whales (*Balaena mysticetus*) by Alaskan Eskimos. *Rep. Intl. Whal. Commn.* 29:281–89.

MARTIN, K. R. 1972. The Successful Whaling Voyage of the *Lucy Ann* of Wilmington, 1837–1839. *Delaware History* 15(2):85–103.

–. 1974. *Delaware Goes Whaling.* The Hagley Museum. Greenville, Del.

–. 1975. *Whalemen and Whaleships of Maine.* Marine Research Society. Bath, Maine.

–. 1979. Whalemen of Letters. *Oceans* 12(1):20–29.

MATSEN, B. 1986. The Aleutians: Black Current, Dark Land, Resilient Peoples. *Oceans* 19(1)39–43, 71.

MATTHEWS, L. H. 1938. The Sperm Whale, *Physeter catodon. Discovery Reports* 17:93–168.

–. 1968. *The Whale.* Simon and Schuster.

–. 1978. *Penguins, Whalers, and Sealers: A Voyage of Discovery.* Universe Books.

MAYNARD, F., AND A. DUMAS. 1858. *Les Baleiniers.* 1937 edition, Hillman-Curl.

MCCARTNEY, A. P. 1984. History of Native Whaling in the Arctic and Subarctic. In *Arctic Whaling: Proceedings of the International Symposium,* pp. 79–111. University of Groningen.

MCCLOSKEY, M. 1985. Whaling by Any Other Name: Report from Bournemouth. *Oceans* 18(5)65–66.

MCCRACKEN, D. R. 1948. *Four Months on a Jap Whaler.* National Travel Club.

MCGINNISS, J. 1980. *Going to Extremes.* Alfred A. Knopf.

MCHUGH, J. L. 1974. The role and history of the International Whaling Commission. In W. E. Schevill, Ed., *The Whale Problem,* pp. 305–35. Harvard University Press.

–. 1975. The Truth about Whaling. *Sea Frontiers* 21(6):371–73.

MCINTYRE, J. 1974. *Mind in the Waters.* Scribner's.

–. 1982. *The Delicate Art of Whale Watching.* Sierra Club Books.

MCLAUCHLAN, G. (ED.) 1985. *New Zealand.* Insight Guides, APA Productions, Hong Kong.

MCLAUGHLIN, W. R. D. 1962. *Call to the South: A Story of British Whaling in the Antarctic.* Harrap.

MCNAB, R. 1913. *The Old Whaling Days.* 1975 edition, Golden Press.

MCVAY, S. 1966. The Last of the Great Whales. *Scientific American* 215(2):13–21.

–. 1971. Can Leviathan Endure So Wide a Chase? *Natural History* 80(1):36–40, 68–72.

–. 1973. Stalking the Arctic Whale. *American Scientist* 61(1)23–37.

–. 1974. Reflections on the Management of Whaling. In W. E. Schevill, Ed., *The Whale Problem.* pp. 369–82. Harvard University Press.

MEAD, J. G. 1986. Twentieth-Century Records of Right Whales (*Eubalaena glacialis*) in the Northwestern Atlantic Ocean. *Rep. Intl. Whal. Commn.* (Special Issue) 10:109–19.

–, And E. D. MITCHELL. 1984. Atlantic Gray Whales. In M. L. Jones, S. L. Swartz, and S. Leatherwood, Eds., *The Gray Whale: Eschrichtius robustus,* pp. 33–53. Academic Press.

MEAD, T. 1961. *Killers of Eden.* Angus & Robertson.

MELVILLE, H. 1847. *Omoo: A Narrative of Adventures in the South Seas.* New York.

–. 1849. *Mardi.* New York.

–. 1851. *Moby Dick.* New York. 1967 Norton Critical Edition, edited by H. Hayford and H. Parker, W. W. Norton.

M'GONIGLE, R. M. 1980. The »Economizing« of Ecology: Why Big, Rare, Whales Still Die. *Ecology Law Quarterly* 9(119):120–237. School of Law. University of California, Berkeley.

MIALL, B. (TRANS.) 1923. *Master Johann Dietz. Surgeon in the Army of the Great Elector and Barber to the Royal Court.* London

MILAN, F. A. 1980. *On the Need of the Alaskan Eskimos to Harvest Bowhead Whales.* U.S. Dept. of Interior. Mimeo.

MILLAIS, J. G. 1907. *Newfoundland and its Untrodden Ways.* Longmans Green.

MILLER, P. A. 1979. *And the Whale Is Ours: Creative Writing of American Whalemen.* David R. Godine.

MILLER, T. 1975. *The World of the California Gray Whale.* Baja Trail Publications.

MITCHELL, E. D. 1973. The Status of the World's Whales. *Nature Canada* 2(4):9–25.

–. 1974. Trophic Relationships and Competition for Food in Northwest Atlantic Whales. *Proc. Can. Zool. Soc.* 1974:123–33.

–. 1975. *Porpoise, Dolphin and Small Whale Fisheries of the World: Status and Problems.* IUCN Monograph No. 3. Morges, Switzerland.

–. 1979. Comments on Magnitude of Early Catch of East Pacific Gray Whale (*Eschrichtius robustus*). *Rep. Intl. Whal. Commn.* 29, SC/30/41:307–14.

–. 1983. Potential of Logbook Data for Studying Aspects of Social Structure in the Sperm Whale, *Physeter macrocephalus,* with an Example – the Ship *Mariner* to the Pacific, 1836–1840. *Rep. Intl. Whal. Commn.* (Special Issue) 5:63–80.

–. 1986. Aspects of Pre-World War II German Electrical Whaling. *Rep. Intl. Whal. Commn.* (Special Issue) 7:115–40.

–, AND I. B. MCASKIE, 1974. Marine Mammals of British Columbia. *Bull, Fish. Res. Bd. Canada* 171:1–54.

–, AND R. R. REEVES. 1980. Factors Affecting Abundance of Bowhead Whales (*Balaena mysticetus*) in the Eastern Arctic of North America, 1915–1980. *Sci. Com. Rept. Intl. Whal. Commn.* SC/32/PS1.

–. 1981. Catch History and Cumulative Catch Estimates of Initial Population Size of Cetaceans in the Eastern Canadian Arctic. *Rep. Intl. Whal. Commn.* 31:645–82.

–. 1983. Catch History, Abundance, and Present Status of Northwest Atlantic Humpback Whales. *Rep. Intl. Whal. Commn.* (Special Issue) 5:153–212.

–, V. M. KOZICKI, AND R. R. REEVES. 1986. Sightings of Right Whales (*Eubalaena glacialis*) on the Scotia Shelf, 1966–1972. *Rep. Intl. Whal. Commn.* (Special Issue) 10:83–105.

MITCHELL, M. 1936. *Gone with the Wind.* Macmillan.

MIYAZAKI, I. 1955. Survey of Whaling Operations from Land Station in Japan in 1954. *Norsk Hvalfangst-Tidende* 44(4):189–200.

MIZROCH, S. A., D. W. RICE, AND J. M. BREIWICK. 1984a. The Blue Whale, *Balaenoptera musculus. Marine Fisheries Review* 46(4):15–19.

–. 1984b. The Fin Whale, *Balaenoptera physalus. Marine Fisheries Review* 46(4):20–24.

MIZUE, K. 1950. Factory Ship Whaling around Bonin Islands in 1948. *Sci. Rep. Whales Res. Inst.* 14:106–18.

MOOREHEAD, A. 1966. *The Fatal Impact: An Account of the Invasion of the South Pacific* 1767–1840. Hamish Hamilton.

MORCH, J. A. 1911. On the Natural History of the Whalebone Whales. *Proc. Zool. Soc. London* 92(15):661–70.

MOREBY, C. 1982. What whaling means to the Japanese. *New Scientist* 96(1335):661–63.

MORGAN, L. 1977. A New Look at Subsistence Whaling. *Alaska Geographic* 43(9):8–11.

–. 1978a. Early Native Whaling in Alaska. *Alaska Geographic* 5(4):45–49.

–. 1978b. Modern Eskimo Whaling. *Alaska Geographic* 5(4):135–43.

MORISON, S. E. 1962. *Whaler out of New Bedford.* (Introduction to a film based on the Purrington-Russell Panorama.) Old Dartmouth Historical Society. New Bedford, Mass.

–. 1971. *The European Discovery of America: The Northern Voyages A. D. 500–1600.* Oxford University Press.

MORLEY, F. V., AND J. S. HODGSON. 1926. *Whaling North and South.* The Century Co.

MORTON, H. 1982. *The Whale's Wake.* University of Hawaii Press.

MOSER, D. 1976. The Azores, Nine Islands in Search of a Future. *National Geographic* 149(2):261–88.

MOUNTFIELD, D. 1974. *A History of Polar Exploration.* Hamlyn.

MOWAT, F. 1984. *Sea of Slaughter.* Atlantic Monthly Press.

MUMFORD, L. 1929. *Herman Melville.* Harcourt, Brace & World.

MURPHY, R. C. 1922. South Georgia, an Outpost of the Antarctic. *National Geographic* 41(4):410–44.

–. 1933a. Floating Gold: The Romance of Ambergris. Part I. *Natural History* 33(2):117–30.

MURPHY, R. C. 1933b. Floating Gold. The Romance of Ambergris. Part II. *Natural History* 33(3):303–10.

–. 1947. *Logbook for Grace.* Macmillan.

–. 1967. *A Dead Whale or a Stove Boat.* Houghton Mifflin.

NAKASHIMA, L. 1977. Fall Whaling in Barrow. *Alaska Magazine* 43(9):97.

NELSON, R. K. 1969. *Hunters of the Northern Ice.* University of Chicago Press.

NERINI, M. 1984. A Review of Gray Whale Feeding Ecology. In M. L. Jones, S. L. Swartz, and S. Leatherwood, Eds., *The Gray Whale: Eschrichtius robustus*, pp. 423–50. Academic Press.

NICHOLS, G. 1975. *Eschrichtius robustus. Oceans* 8(3):60–65.

NICHOLS, T. L. 1983. California Shore Whaling: 1854 to 1900. Unpublished Master's Thesis, California State University, Northridge.

NICKERSON, R. 1978. *Lahaina: Royal Capital of Hawaii.* Hawaiian Service.

NICOL, C. W. 1980. *Down to the South Ocean.* Japan Whaling Association.

–. 1981. *Taiji: Winds of Change.* Japan Whaling Association.

–. 1987. *Harpoon.* G. P. Putnam's.

NIEUHOFF, J. 1673. *Embassy from the East-India Company of the United Provinces to the Grand Tartar Cham. Emperor of China. Deliver'd by Their Excellencies Peter de Goyer and Jacob de Keyzer. At His Imperial City of Peking. Wherein the Cities, Towns, Villages, Ports, Rivers, &c. In Their Passages from Canton to Peking, Are Ingeniously Describ'd.* London.

NIKONOROV, I. V., M. V. IVASHIN, V. G. MAKAYEV, AND I. PH. GOLOVOLEV. 1987. Soviet Whalemen at (the) Antarctic. *Rybnoe khozayistvo* 8:1–12.

NISHIWAKI, M. 1966. Distribution and Migration of Larger Cetaceans in the North Pacific as shown by Japanese Whaling Results. In K. S. Norris, Ed., *Whales, Dolphins, and Propoises*, pp. 171–91. University of California Press.

–. 1967. Distribution and Migration of Marine Mammals in the North Pacific Area. *Bull. Ocean Res. Inst. Univs. Tokyo* 1:1–64.

–. 1969. Tusks of unicorn (*Monodon monoceros*) owned by Prince Takamatsu. *Jour. Mam. Soc.Japan* 4:159–62.

–. 1978. Failure of Past Regulations and the Future of Whaling. In J. Schmidhauser and G. O. Totten, Eds., *The Whaling Issue in U.S.-Japan Relations.* pp. 44–59. Westview Press.

–, AND T. KASUYA. 1970. Recent Record of Gray Whale in the Adjacent Waters of Japan and a Consideration of its Migration. *Sci Rep. Whales Res. Inst.* 22:29–37.

NORDHOFF, C. 1856. *Whaling and Fishing.* Moore, Wilsatch, Keys & CO.

NORMAN, C. 1975. Plenty of Potential for Jojoba Oil. *Nature* (London) 265(5506):272–73.

NORRIS, K. 1973.*The Porpoise Watcher.* W. W. Norton.

–. 1978. Marine Mammals and Man. In H. P. Brokaw, Ed., *Wildlife and America*, pp. 320–38. U.S. Fish and Wildlife Service; U.S. Forest Service; National Oceanic and Atmospheric Administration.

O'BARRY, R. 1988. *Behind the Dolphin Smile.* Algonquin Books.

OHSUMI, S. 1958. A Descendant of Moby Dick, or, A White Sperm Whale. *Sci. Rep. Whales Res. Inst.* 13:207–209.

–. 1977. Bryde's Whales on the Pelagic Whaling Ground of the North Pacific. *Rep. Intl. Whal. Commn.* (Special Issue) 1, SC/SP 74/Doc. 23:140–49.

–. 1978. Provisional Report on the Bryde's Whales Caught under Special Permit in the Southern Hemisphere. *Rep. Intl. Whal. Commn.* 28:281–87.

–. 1979. Provisional Report of the Bryde's Whales Caught under Special Permit in the Southern Hemisphere in 1977/78 and a Research Programme for 1978/79. *Rep. Intl. Whal. Commn.* 29:267–73.

–. 1980. Catches of Sperm Whales by Modern Whaling in the North Pacific. *Rep. Intl. Whal. Commn.* (Special Issue) 2, SC/SP/1:11–16.

–. 1980. The Sperm Whale Catch by Japanese Coastal Whaling in the Sanriku Region. *Rep. Intl. Whal. Commn.* (Special Issue) 2, SC/SP78/7:161–68.

–, AND F. KASAMATSU. 1983. Right whale sightings in the waters south of Western Australia in summer, 1981/82. *Sci. Com. Rep. Intl. Whal. Commn.* SC/34/PS.

O'LEARY, B. 1977. Magic and Poison: The Whaling Technologies of Three Northern Cultures. Unpublished Manuscript. Kendall Whaling Museum Symposium, Sharon, Mass.

O'LEARY, B. 1984. Aboriginal Whaling from the Aleutian Islands to Washington State. In M. L. Jones, S. L. Swartz, and S. Leatherwood, Eds., *The Gray Whale: Eschrichtius robustus*, pp. 79–100. Academic Press.

OLMSTEAD, F. A. 1936. *Incidents of a Whaling Voyage.* Charles E. Tuttle, Rutland, Vt. Originally published 1841, Appleton.

OLSEN, O. 1913. In the external character and biology of Bryde's Whale *(Balaenoptera edeni)*, a new rorqual from the coast of South Africa. *Proc. Zool. Soc. London* 94:1073–90.

O'MAY, H. 1978. *Wooden Hookers of Hobart Town. Whalers out of Van Diemen's Land.* T. J. Hughes.

OMMANNEY, F. D. 1933. Whaling in the Dominion of New Zealand. *Discovery Reports* 7:239–52.

–. 1938. *South Latitude.* Longmans Green.

–. 1971. *Lost Leviathan.* Dodd, Mead.

OMURA, H. 1950, Whales in the Adjacent Waters of Japan. *Sci. Rep. Whales Res. Inst.* 4:27–113.

–. 1958. North Pacific Right Whale. *Sci Rep. Whales Res. Inst.* 13:1–52.

–. 1959. Bryde's Whale from the Coast of Japan. *Sci. Rep. Whales Res. Inst.* 14:1–33.

–. 1962. Further Information on Bryde's Whales from the Coast of Japan. *Sci. Rep. Whales Res. Inst.* 16:7–18.

–. 1974. Possible Migration Route of the Gray Whale on the Coast of Japan. *Sci. Rep. Whales Res. Inst.* 26:1–14.

–. 1977. Review of the Occurrence of Bryde's Whale in the Northwest Pacific. *Rep. Intl. Whal. Commn.* (Special Issue) 1, SC/SP74/Doc25:88–91.

–. 1978. The Origin of the International Whaling Commission. In J. Schmidhauser an G. O. Totten, Eds., *The Whaling Issue in U.S.-Japan Relations*, pp 28–34. Westview Press.

–. 1984. History of Gray Whales in Japan. In M. L. Jones, S. L. Swartz, and S. Leatherwood, Eds., *The Gray Whale: Eschrichtius Robustus*, pp. 57–77. Academic Press.

–. 1988. Distribution and Migration of the Western Pacific Stock of the Gray Whale. *Sci. Rep. Whale Res. Inst.* 39:1–9.

–, AND S. OHSUMI. 1974. Research on Whale Biology of Japan with Special Reference to North Pacific Stocks. In W. E. Schevill, Ed., *The Whale Problem*, pp. 196–208. Harvard University Press.

PAGE, C. 1981. *Foundations of Fashion. The Symington Collection. Corseting from 1856 to the Present Day.* Leicestershire Museums.

PALMER, H. V. R. 1974. An Old Ship and an New Coast of Paint (Restoration of the *Charles W. Morgan*). *Oceans* 7(4):66–67.

PARKER, A. 1957. »Larsen – Pioneered an Industry.« *Natal Daily News* April 13, 1957.

PARKS, G. B. 1928. *Richard Hakluyt and the English Voyages.* Special Publication No. 10. American Geographical Society.

PARR, A. E. 1963. Concerning Whales and Museums. *Curator* 6(1):64–76.

PARRY, J. H. 1974. *The Discovery of the Sea.* Dial Press.

PATERSON, R., AND P. PATERSON. 1989. The Status of the Recovering Stock of Humpback Whales (*Megaptera novaeangliae*) in East Australian Waters. *Biological Conservation* 47(1989):33–48.

PAULDING, H. 1831. *Journal of a Cruise of the U.S. Schooner Dolphin in Pursuit of the Mutineers of the Whale Ship* Globe. G. and C. Carvill. 1970 edition, University of Hawaii Press.

PAYNE, K. B. 1991. A Change of Tune. *Natural History* 3/91:45–46.

PAYNE, R. 1970. *Songs of the Humpback Whale.* (Phonograph record.) Capitol Records, ST–620.

–. 1972. The Song of the Whale. In *The Marvels of Animal Behavior*. pp. 144–67. National Geographic Society.

–, AND E. DORSEY. 1983. Sexual Dimorphism and Aggressive Use of Callosities in Right Whales (*Eubalaena australis*). In R. Payne, Ed., *Communication and Behavior of Whales*. pp. 295–329. American Association for the Advancement of Science.

–, AND S. MCVAY. 1971. Songs of Humpback Whales. *Science* 173:585–97.

–, O. BRAZIER, E. M. DORSEY, J. S. PERKINS, V. J. ROWNTREE, AND A. TITUS. 1983. External Features in Southern Right Whales *(Eubalaena australis)* and Their Use in Identifying Individuals. In R. Payne, Ed., *Communication and Behavior of Whales.* pp. 371–445. American Association for the Advancement of Science.

PEARSON, M. 1985. Shore-Based Whaling at Twofold Bay: One Hundred Years of Enterprise. *Jour. Royal Aust. Hist. Soc.* 71(1):3–27.

PEQUEGNAT, W. E. 1958. Whales, Plankton, and Man. *Scientific American* 1981(1):84–90.

PERLMAN, E. S. 1977. Confrontation: Greenpeace Foundation Puts Itself on the Line. *Oceans* 10(4):58–61.

PETERSEN, R., E. LEMCHE, AND F. O. KAPEL. 1982. Subsistence Whaling in Greenland. *Intl. Whal. Commn.* TC/33/WG/S3.

PHILLIPPS, G. F., J. A. GRIEG, AND J. LOGAN. 1983. *The Founding of the Eden Killer Whale Musuem with a Short History of Eden.* Privately published.

PIKE, G. C. 1954. Whaling on the Coast of British Columbia. *Norsk Hvalfangst-Tidende* 43(3)117–27.

–, AND I. B. MCASKIE. 1974. Marine Mammals of British Columbia. *Bull Fish. Res. Bd. Canada* 171:1–54.

PINKERTON, K. J., AND R. GAMBELL. 1968. Aerial Observations of Sperm Whale Behavior. *Norsk Hvalfangst-Tidende* 57(6):127–38.

PIVORUNAS, A. 1979. The Feeding Mechanisms of Baleen Whales. *American Scientist* 67(4)432–40.

PLANCHE, J. R. 1876. *A Cyclopaedia of Costume or Dictionary of Dress.* Chatto & Windus.

PLOWDEN, C., AND Y. KUSUDA. 1987. *Small-Type Commercial Whaling in Japan.* Humane Society of the United States.

PLUTTE, W. 1984. The Whaling Imperative: Why Norway Whales. *Oceans* 17(2):24–26.

PORSILD, M. P. 1918. On »Savssats«: A Crowding of Arctic Animals at Holes in the Sea Ice. *Geographic Review* 6:215–28.

PRICE, W. S. 1985. Whaling in the Caribbean: Historical Perspective and Update. *Rep. Intl. Whal. Commn.* 35:413–20.

PROULX, J.-P. 1986. *Whaling in the North Atlantic from Earliest Times to the Mid-19th Century.* Canadian Printing Service.

PURRINGTON, P. 1972. *4 Years A-whaling.* Barre Publishers.

QUAMMEN, D. 1985. Icebreaker: A Brief Rapprochement Between Whales and Russians. *Outside* 10(6):21–26.

RAINEY, F. G. 1940. Eskimo Method of Capturing Bowhead Whales. *Jour. Mammal.* 21(3):362.

RANDIER, J. 1966. *Men and Ships Around Cape Horn, 1616–1939.* David McKay.

RATHJEN, W. F., AND J. R. SULLIVAN. 1970. West Indies Whaling. *Sea Frontiers* 16(3):130–37.

RAY, C. G. 1962. Three Whales That Flew. *National Geographic* 121(3):346–59.

–, AND W. E. SCHEVILL. 1974. Feeding of a Captive Gray Whale. *Mar. Fish. Rev.* 36(4):31–38.

REEVES, R. R. 1976. Narwhals: Another Endangered Species. *Canadian Geographical Journal* 92(3):12–17.

–. 1977. Hunt for the Narwhal. *Oceans* 10(4):50–57.

–. 1979. Right Whale: Protected but Still in Trouble. *National Parks & Conservation* 53(2):10–15.

–. 1980. Spitsbergen Bowhead Stock: A Short Review. *Mar. Fish. Rev.* 42(9&10):65–69.

–. 1983. Bottlenose Whaling in the Arctic, Part I: The Scots. *The Beaver* 63(4):46–51.

–. 1948a. Bottlenose Whaling in the Arctic, Part II: The Norwegians. *The Beaver* 64(2):52–55.

–. 1984b. Modern Commercial Pelagic Whaling for Gray Whales. In M. L. Jones, S. L. Swartz, and S. Leatherwood, Eds., *The Gray Whale: Eschrichtius robustus*, pp. 187–200. Academic Press.

–, AND M. BARTO. 1985. Whaling in the Bay of Fundy. *Whalewatcher* 19(4)14–18.

–, AND E. D. MITCHELL. 1981. The whale behind the tusk. *Natural History* 90(8):50–57.

–. 1981. White Whale Hunting in Cumberland Sound. *The Beaver* (Winter 1981):42–49.

–. 1983. Yankee Whaling for Right Whales in the North Atlantic Ocean. *Whalewatcher* 17(4):3–8.

–. 1984. Catch history and Initial Population of White Whales *(Delphinapterus leucas)* in the River and Gulf of St. Lawrence, Eastern Canada. *Le Naturaliste Canadien* 111:63–121.

–, 1986a. The Long Island, New York, Right Whale Fishery: 1650–1924. *Rep. Intl. Whal. Commn.* (Special Issue) 10:201–20.

–. 1986b. American Pelagic Whaling for Right Whales in the North Atlantic. *Rep. Intl. Whal. Commn.* (Special Issue) 10:221–54.

–. 1987a. Catch History, Former Abundance, and Distribution of White Whales in Hudson Strait and Ungava Bay. *Le Naturaliste Canadien* 114(1): 1–65.

–. 1987b. Hunting Whales in the St. Lawrence. *The Beaver* 67(4):35–50.

–. 1988. History of Whaling in and near North Carolina. *NOAA Technical NMFS 65.* U.S. Department of Commerce.

–, AND S. TRACY. 1980. Monodon monoceros. *Mammalian Species.* American Society of Mammalogists.

REEVES, R. R., J. G. MEAD, AND S. KATONA. 1978. The Right Whale *(Eubalaena glacialis)* in the Western North Atlantic. *Rep. Intl. Whal. Commn.* 28:303–12.

REILLY, A. B. 1984. Assessing Gray Whale Abundance: A Review. In M. L. Jones, S. L. Swartz, and S. Leatherwood, Eds., *The Gray Whale: Eschrichtius robustus*, pp. 203–23. Academic Press.

REISCHAUER, E. O. 1974. *Japan: The Story of a Nation.* Alfred A. Knopf.

REYNOLDS, J. N. 1932. *Mocha Dick, or The White Whale of the Pacific.* Scribner's.

RIBEIRO, A. 1983. *A Visual History of Costume: The Eighteenth Century.* Batsford.

RICE, D. W. 1974. Whales and Whale Research in the Eastern North Pacific. In W. E. Schevill, Ed., *The Whale Problem*, pp. 170–95. Harvard University Press.

–, AND A. A. WOLMAN. 1971. *The Life History and Ecology of the California Gray Whale (Eschrichtius robustus).* Special Publication No. 3. American Society of Mammalogists.

–, AND H. W. BRAHAM. 1984. The Gray Whale, *Eschrichtius robustus. Marine Fisheries Review* 46(4):7–14.

RICHARDS, R. 1982. *Whaling and Sealing in the Chatham Islands.* Roebuck.

RICKARD, L. S. 1965. *The Whaling Trade in Old New Zealand.* Minerva.

RIENITS, R., AND T. RIENITS. 1968. *The Voyages of Captain Cook.* Hamlyn.

ROBERTSON, R. B. 1954. *Of Whales and Men.* Alfred A. Knopf.

ROBSON, F. 1976. *Thinking Dolphins, Talking Whales.* A. H. & A. W. Reed.

–. 1984. *Strandings: Ways to Save Whales. A Humane Conservationist's Guide.* Science Press.

ROBSON, L. 1985. *A Short History of Tasmania.* Oxford University Press.

ROSE, L. 1984. *Richard Siddons of Port Jackson.* Roebuck.

ROSE, T. 1989. *Freeing the Whales: How the Media Created the World's Greatest Non-Event.* Birch Lane Press.

ROSS, G. J. B. 1971. A Note on Early Whaling at the Cape of Good Hope. *Africana Notes and News* 19(7):300–2.

–. 1983. *Extracts on Whales and Whaling and Related Subjects from the Natal Pictorial Mercury* 1904–1914. Privately published.

ROSS, M. J. 1982. *Ross in the Antarctic: The Voyages of James Clark Ross in Her Majesty's Ships* Erebus *and* Terror, 1839–1843: Caedmon of Whitby Press.

ROSS, W. G. 1979. The Annual Catch of Greenland (Bowhead) Whales in Waters North of Canada, 1719–1915, *Arctic* 32:91–121.

–. 1985. *Arctic Whalers. Icy Seas.* Irwin.

–, AND A. MACIVER. 1982. *Distribution of Kills of Bowhead Whales and Other Sea Mammals by Davis Strait Whalers.* 1820–1910. Arctic Pilot Program.

ROUSSELOT, J.-L., W. F. FITZHUGH, AND A. CROWELL.

1988. Maritime Economies of the North Pacific Rim. In W. W. Fitzhugh and A. Crowell, Eds., *Crossroads of Continents: Cultures of Siberia and Alaska*, pp. 151–72. Smithsonian Institution.

ROWLEY, J. C. 1982. *The Hall Whale Fishery*. Lockington Publishing Company.

RUGH, D. J. 1984. Census of Gray Whales at Unimak Pass, Alaska: November–Dezember 1977–1979. In M. L. Jones, S. L. Swartz, and S. Leatherwood, Eds., *The Gray Whale: Eschrichtius robustus*, pp. 225–48. Academic Press.

RUHEN, O. 1966. *Harpoon in My Hand*. Minerva Limited.

RUUD, J. T. 1956. International Regulation of Whaling. *Norsk Hvalfangst-Tidende* 45(7):374–87.

SANDERSON, I. 1956. *Follow the Whale*. Little, Brown.

–. 1960. A-h-h, B-l-o-o-w-s! *American Heritage* 12:48–64.

SAYERS, H. 1984. Shore Whaling for Gray Whales along the Coast of the Californias. In M. L. Jones, S. L. Swartz, and S. Leatherwood, Eds., *The Gray Whale: Eschrichtius robustus*, pp. 121–58. Academic Press.

SCAMMON, C. M. 1874. *The Marine Mammals of the Northwestern Coast of North America: Together with an Account of the American Whale-Fishery*. Carmany, and G. P. Putnam's.

SCARFF, J. E. 1986. Historic and Present Distribution of the Right Whale (*Eubalaena glacialis*) in the Eastern North Pacific South of 50°N and East of 180°W. *Rep. Int. Whal. Commn.* (Special Issue) 10:43–63.

SCHEFFER, V. B. 1976. Exploring the Lives of Whales. *National Geographic* 150(6):752–67.

SCHERMAN, K. 1976. *Daughter of Fire: A Portrait of Iceland*. Little, Brown.

SCHEVILL, W. E. (ED.) 1974. *The Whale Problem*. Harvard University Press.

SCHILDKRAUT, L. 1979. The Killerwhale in the Art and Myth of the Tlingit Indians. *Carnivore* 2(3):4–8.

SCHMEMANN, S. 1985. Russians Tell Saga of Whales Rescued by Icebreaker. *New York Times* March 12, 1985:C3.

SCHMITT, F. P. 1971. *Mark Well the Whale! Long Island Ships to Distant Seas*. Kennikat Press.

–. 1973. Whaling's Last Refrain? *Sea Frontiers* 19(5):306–12.

–. 1979. Vessels vs. Whales. *Sea Frontiers* 25(3):140–44.

–, C. DE JONG, AND F. H. WINTER. 1980. *Thomas Welcome Roys: America's Pioneer of Modern Whaling*. University Press of Virginia.

SCHNALL, U. 1989. *North European Whaling in the Middle Ages*. Paper presented at the 14th Annual Whaling Symposium, Kendall Whaling Museum, Sharon, Mass. Oct 14–15, 1989.

–. 1989. *Whales and Whaling as an Economic Factor in Medieval Iceland and Norway*. Paper presented at the 14th Annual Whaling Symposium, Kendall Whaling Museum, Sharon, Mass. Oct. 14–15, 1989.

SCOGIN,R. 1977. Sperm Whale Oil and the Jojoba Shrub. *Oceans* 10(4):65–66.

SCORESBY, W. 1820. *An Account of the Arctic Regions with a History and a Description of the Northern Whale-Fishery*. Archibald Constable, Edinburgh. 1969 edition, David & Charles.

–. 1851. *My Father: Being Records of the Adventurous Life of the Late William Scoresby, Esq., of Whitby*. Longman, Brown, Green, and Longmans. 1978 reprint, Caedmon of Whitby Press.

SCOTT, W. 1821 *The Pirate*. 1876 edition, George Routledge & Sons.

SCUDDER, B. 1990. Ceasefire in the Whaling War. *Iceland Review* 27(4):39–41.

SEARLE, C. L. 1935. »When Whales were Hunted in Algoa Bay.« *Eastern Province Herald* May 7, 1935.

SERGEANT, D. E. 1953. Whaling in Newfoundland and Labrador Waters. *Norsk Hvalfangst-Tidende* 42(12):687–95.

–, AND P. F. BRODIE. 1975. Identity, Abundance, and Present Status of Populations of White Whales, *Delphinapterus leucas*, in North America. *Jour. Fish. Res. Bd. Canada* 32(7):1047–54.

SHEPARD, O. 1930. *The Lore of the Unicorn*. Houghton Mifflin.

SHERMAN, S. C. 1965. *The Voice of the Whaleman*. Providence Public Library.

SHIMADA, B. M. 1947. *Japanese Whaling in the Bonin Island Area*. U.S. Department of the Interior. Fish and Wildlife Service Fishery Leaflet 248.

SHINDO, N. 1975. *History of Whales in the Inland Sea*. Junnosoke Oomura.

SIGURJÖNSSØN, J. 1981. Icelandic Minke Whaling. *Intl. Whal. Commn.* SC/33/Mi9.

–. 1985. *Whale Research in 1986–1989: An Outline of Programme and Budget*. Hafrannsoknastonunin (Marine Research Institute). Reykjavik.

–. 1988. The Intensified Programme of Whale Research in Iceland. *Modern Iceland* 4:29–33.

–. 1989. To Icelanders, Whaling Is a Godsend, *Oceanus* 32(1):29–36.

SILALAH, I. S. 1980. Observation and Research on the Cetacean Fishery of Lembata, Indonesia. *World Wildlife Fund Project No. 1420*. Gland, Switzerland.

SIMPSON, M. 1986. *Whalesong: A Pictorial History of Whaling and Hawaii*. Beyond Words.

SIMPSON, M. B., AND S. W. SIMPSON. 1990. *Whaling on the North Carolina Coast*. Division of Archives and History. North Caroline Department of Cultural Resources. Raleigh.

SINCLAR, K. 1985. *A History of New Zealand*. Penguin.

SLIJPER, E. J. 1962. *Whales*. Cornell University Press.

SMALL, G. L. 1968. *The Virtual Extinction of an Extraterritorial Pelagic Resource – The Blue Whale*. Ph. D. Dissertation, Columbia University.

–. 1971. *The Blue Whale*. Columbia University Press.

SMITH, C. E. 1922. *From the Deep of the Sea*. Adam & Charles Black.

SOMNER, G. 1984. *From 70 North to 70 South: A History of the Christian Salvesen Fleet*. Salvesen Ltd.

SPENCE, B. 1980. *Harpooned*. Crescent.

STACKPOLE, E. A. 1953. *The Sea-Hunters: The New England Whaleman During Two Centuries, 1635–1835*. Lippincott.

–. 1972. *Whales & Destiny: The Rivalry between America, France, and Britain for Control of the Southern Whale Fishery, 1785–1825*. University of Massachusetts Press.

STACKPOLE R. A. 1969. *American Whaling in Hudson Bay, 1861–1919*. Mystic Historical Association. Mystic, Conn.

STAMP, T., AND C. STAMP. 1975 *William Scoresby: Arctic Scientist.* Caedmon of Whitby Press.

–. 1983. *Greenland Voyager.* Caedmon of Whitby Press.

STANTON, W. 1975. *The Great United States Exploring Expedition of 1838–1842.* University of California Press.

STARBUCK, A. 1878. *History of the American Whale Fishery From its Earliest Inception to the Year 1876.* Part IV, Report to the U.S. Commission on Fish and Fisheries, Washington. Reprinted 1964, Argosy-Antiquarian Ltd.

STARKS, E. C. 1922. A History of California Shore Whaling. *Fish. Bull. No. 6, State of California Fish and Game Commission.*

STEFFANSON, V. 1938. *The Three Voyages of Martin Frobisher.* Argonaut Press.

STEINBECK, J. 1951. *The Log From the Sea of Cortez.* Viking.

STEJNEGER, L. 1887. How the Great Northern Sea-cow Became Exterminated. *American Naturalist* 21(12):1047–54.

–. 1936. *Georg Wilhelm Steller: The Pioneer of Alaskan Natural History.* Harvard University Press.

STEVENS, C. 1974. Battle for the Whales. *Audubon* 49(4):307–9.

STEWART, H. 1979. *Looking at Indian Art of the Northwest Coast.* Douglas & McIntyre.

STONEHOUSE, B. 1972. *Animals of the Antarctic: The Ecology of the Far South.* Holt, Rinehart & Winston.

STORRAR, P. 1987. *Plettenburg Bay.* Struik.

STORRO-PATTERSON, R. 1977. Gray Whale Protection. *Oceans* 10(4):45–49.

–. 1980. The Hunt of the Gray Whale by Alaskan Eskimos: A Preliminary Review. *Sci. Repl. Intl. Whal. Commn.* SC/32/PS7.

SURMON, L. C., AND K. J. PINKERTON. 1961. Some Aspects of Offshore Whaling. *C.S.I.R. Symposium S-2. Marine Studies off the Natal Coast,* pp. 59–67.

–, AND M. F. OVENDEN. 1962. The Chemistry of Whale Products. *The South African Industrial Chemist* (April 1962):62–72.

SWARTZ, S. L., AND M. BURSK. 1979. The Gray Whales of Laguna San Ignacio: After Two Years. *Whalewatcher* 13(1):7–9.

SWIDERSKI, R. M. 1982. The Whale ist Listening: Music and Performance in Arctic Whaling. *Whalewatcher* 16(3):12–13.

TAYLOR, H., AND J. BOSCH. 1979. Makah Whalers. *Carnivore* 2(3):10–15.

TERRY, W. M. 1950. *Japanese Whaling Industry Prior to 1946.* U.S. Department of the Interior. Fish and Wildlife Service Fishery Leaflet 371.

THOMPSON, G. M. 1975. *The Search for the Northwest Passage.* Macmillan.

THOMPSON, W. W. 1907. The Early Days of the Cape Sea-Fisheries. *African Monthly* 2:166–72, 610–16.

TIEDE, T., AND J. FINDLETON. 1986. *The Great Whale Rescue.* Pharos Books.

TILT, W. 1986. Whalewatching Comes of Age. *Whalewatcher* 20(1):19–22.

TILTON, G. F. 1929. *»Cap'n George Fred« Himself.* Doubleday.

TØNNESSEN, J. N., AND A.O. JOHNSEN. 1982. *The History of Modern Whaling.* C. Hurst & Co., and Australian National University Press.

TOTTEN, G. O. 1978. Nature of the Whaling Issue in U.S. and Japan. In J. Schmidhauser and G. O. Totten, Eds., *The Wahling Issue in U.S.-Japan Relations,* pp. 1–16. Westview Press.

TOWNSEND, C. H. 1886. Present Condition of the California Gray Whale Fishery. *Fish. Bull.* 6:346–50.

–. 1935. The Distribution of Certain Whales as Shown by Logbook Records of American Whaleships. *Zoologica* 29(1):1–50.

TROUP, J. A. 1987. *The Ice-Bound Whalers: The Story of the* Dee *and the* Greenville Bay, *1836–37.* Orkney Press.

TRUE, F. W. 1904. The Whalebone Whales of the North Atlantic. *Smithsonian Contributions to Knowledge 33.*

TUCK, J. A., AND R. GRENIER. 1981. A 16th-Century Basque Whaling Station in Labrador. *Scientific American* 245(5):180–90.

–. 1985. 16th Century Basque Whalers in America. *National Geographic* 168(1):40–68.

UNION WHALING COMPANY, LTD. 1953–1971. *Reports and Accounts.* Union Whaling Company, Ltd., Durban.

VAN DEINSE, A: B., AND G. C. A. JUNGE. 1936. Recent and Older Finds of the California Gray Whale in the Atlantic. *Temminckia* 2:161–88.

VAN DOREN C. 1917. *The Cambridge History of American Literature.* Macmillan.

VAN GELDER, R. G. 1970. Whale on My Back. *Curator* 13(2):95–119.

VAN NOTE, C. 1979. *Outlaw Whalers.* The Whale Protection Fund.

VAUGHAN, R. 1984. Historical Survey of the European Whaling Industry. In *Arctic Whaling: Proceedings of the International Symposium,* pp 121–45. University of Groningen.

VAUGHAN, R. 1986. Bowhead Whaling in Davis Strait and Baffin Bay during the 18th and 19th Centuries. *Polar Record* 23(144):289–99.

VENABLES, B. 1969. *Baleia! Baleia! Whale Hunters of the Azores.* Alfred A. Knopf.

VERNE, J. 1870. *Twenty Thousand Leagues Under the Sea.* 1962 edition, Bantam.

VERNEY, P. 1979. *Homo Tyrannicus: A History of Man's War Against Animals.* Mills & Boon.

VERRILL, A. H. 1926. *The Real Story of the Whaler.* D. Appleton & Company.

VESILIND, P. J. 1983. Hunters of the Lost Spirit. *National Geographic* 163(2):150–96.

VIBE, C. 1950. The Marine Mammals and Marine Fauna in the Thule District (Northwest Greenland) with Observations on Ice Conditions 1939–41. *Meddeleser om Grønland* 150(6):1–115.

VILLIERS, A. J. 1925. *Whaling in the Frozen South: Being the Story of the 1923–24. Norwegian Whaling Expedition to the Antarctic.* Bobbs-Merrill.

–. 1958. *Give Me a Ship to Sail.* Hodder & Stoughton.

–. 1967. *Captain James Cook.* Scribners.

VINCENT, H. P. 1949. *The Trying-Out of Moby-Dick.* Houghton Mifflin.

VIOLA, H. J., AND C. MARGOLIS. (EDS.) 1985. *Magnificent*

Voyagers: The U.S. Exploring Expedition. 1838–1842. Smithsonian Institution Press.

VLADYKOV, V.-D. 1944. Chasse, biologie, et valeur économique de Marsouin Blanc ou Béluga *(Delphinapterus leucas)* de fleuve et de golfe Saint-Laurent. *Etudes sur les Mammifères Aquatiques* 15:1–194.

–. 1947. Nourriture du Marsouin Blanc ou Béluga *(Delphinapterus leucas)* de fleuve St. Laurent. *Etudes sur les Mammiferes Aquatiques* 19:1–160.

WALKER, L. W. 1949. Nursery of the Gray Whales. *Natural History* 58(6)248–56.

WALKER, T. W. The California Gray Whale Comes Back. *National Geographic* 139(3):394–415.

WANG, P. 1984. Distribution of the Gray Whale *(Eschrichtius Gibbosus)* off the Coast of China. *Acta Theriologica Sinica* 4(1):21–26.

WARD, N. F. R. 1987. The Whalers of Bequia. *Oceanus* 30(4):89–93.

WARD, S. (ED.) 1990. *Who's Afraid of Compromise?* Institute of Cetacean Research. Tokyo.

WARHOL, P. 1986. Humphrey. *Whalewatcher* 220(2):13–15.

WATERMAN, T. T. 1920. *The Whaling Equipment of the Makah Indians.* University of Washington Publications in Anthropology.

WATKINS, W. A., AND W. E. SCHEVILL. 1976. Right Whale Feeding and Baleen Rattle. *Jour. Mammal.* 57:58–66.

WATSON L. 1981. *Sea Guide to the Whales of the World.* Hutchinson.

WATSON, P., AND W. ROGERS. 1982. *Sea Shepherd: My Fight for Whales and Seals.* W. W. Norton.

WATTUM, C. 1953. The New Seafaring, Whaling, and Archaeological Section at the Vestfold Fylkesmuseum. *Norsk Hvalfangst-Tidende* 42(10):580–89.

WAUGH, N. 1954. *Corsets and Crinolines.* Theater Arts Books/Methuen.

WEAVER, R. 1919. The Centennial of Herman Melville. *The Nation* 109:146.

WEBB, R. L. 1982. Whale Hunters of the Northwest Coast. *Whalewatcher* 16(3):3–5.

–. 1988. *On the Northwest: Commercial Whaling in the Pacific Northwest. 1790–1967.* University of British Columbia Press.

WELLINGS, H. P. 1936. *Benjamin Boyd in Australia.* Bega.

WENDT, H. 1959. *Out of Noah's Ark.* Houghton Mifflin.

WERNICK, R. 1979. *The Vikings.* Time-Life Books.

WESTERKOV, K., AND K. PROBERT. 1981. *The Seas Around New Zealand.* A. H. & A. W. Reed.

WHIPPLE, A. B. C. 1954. *Yankee Whalers in the South Seas.* Doubleday.

WHITAKER, I. 1984. Whaling in Classical Iceland. *Polar Record* 22(134):249–61.

–. 1985. The King's Mirror *(Konungs skuggsjá)* and Northern Research. *Polar Record* 22(141):615–27.

–. 1986. North Atlantic Sea Creatures in the King's Mirror *(Konungs skuggsjá). Polar Record* 22(142):3–13.

WHITE, P. D., AND S. W. MATTHEWS. 1956. Hunting the Heartbeat of a Whale. *National Geographic* 110(1):49–64.

WHITE, T. H. 1954. *The Book of Beasts: Being a Translation from a Latin Bestiary of the Twelfth Century.* Jonathan Cape.

WHITING, E. M., AND H. B. HOUGH. 1953. *Whaling Wives.* Houghton Mifflin.

WHITMAN, W. 1855. *Leaves of Grass.* 1931 edition, Aventine Press.

WILKIE, D. 1929. Whaling Days in Tasmania: Hobart a Hundred Years Ago. *The Wentworth Magazine* (October 1929):4–6.

WILLIAMS, H. (ED.) 1964. *One Whaling Family.* Houghton Mifflin.

WILLIAMS, H. 1988. *Whale Nation.* Jonathan Cape.

WILSON, M. S., AND E. H. BUCK. 1979. Changes in Eskimo Whaling Methods. *Carnivore* 2(1):35–42.

WINN, L. K., AND H. E. WINN. 1985. *Wings in the Sea: The Humpback Whale.* University Press of New England.

WISE, T. 1970. *To Catch a Whale.* Geoffrey Bles.

WOLMAN, A. A. 1979. Current Status of the Gray Whale. *Rep. Intl. Whal. Commn.* 29:275–79.

WOOD, G. C. 1954. *In a Sperm Whale's Jaws.* Dartmouth College. Hanover, N. H.

WOOD, G. L. 1982. *The Guinness Book of Animal Facts and Feats.* Guinness Superlatives Ltd., Middlesex.

WOOLF, L. 1923. Herman Melville. *The Nation & The Athenaeum* 33:688.

WRAY, P. 1975. Nobody Needs to Kill Sperm Whales. *Cetacean Times* 1(3):32–34.

YAMAMOTO, Y., AND H. HIRUTA. 1978. Stranding of a Black Right Wale at Kumomi, Southwestern Coast of Izu Peninsula. *Sci. Rep. Whales Res. Inst.* 30:249–51.

YOSEI, Y. 1829. *Yogiotoru Eshi (»Whaling in Words and Pictures«). Investigations on Cetacea,* Vol. XIV (Supplementum), 1983.

YOUNG, G. 1978. Norway's Strategic Islands. *National Geographic* 154(2):267–83.

ZENKOVICH, B. A., AND V. A. ARSEN'EV. 1955. Short History of Whaling and Modern Conditions at USSR. In S. E. Kleinenberg and T. I. Makarova, Eds., *Whaling at USSR (Rybnoe khozayistvo)*, pp. 5–29. Moscow.

Bildnachweis

127: *Harper's Bazaar*, December 2, 1871
127: (oben) *Harper's Bazaar*, October 9, 1869
128: (unten) *Harper's Bazaar*, October 21, 1882
128: *Sketches and Cartoons* by Charles Dana Gibson

Fünf: Die Jagd auf den Pottwal

132: New Bedford Whaling Museum
137: Kendall Whaling Museum
139: Kendall Whaling Museum
141: New Bedford Whaling Museum
143: New Bedford Whaling Museum
144: New Bedford Whaling Museum
145: New Bedford Whaling Museum
146: Kendall Whaling Museum
147: (oben links) Kendall Whaling Museum
147: (unten rechts) Kendall Whaling Museum
151: (unten links) New Bedford Whaling Museum
151: (oben rechts) Kendall Whaling Museum
152: Kendall Whaling Museum
153: Kendall Whaling Museum
154: Kendall Whaling Museum
155: (oben) New Bedford Whaling Museum
155: (unten) New Bedford Whaling Museum
156/157: *Harper's New Monthly Magazine*, June 1860
158: *Harper's New Monthly Magazine*, June 1860
159: New Bedford Whaling Museum
162: Kendall Whaling Museum
163: Kendall Whaling Museum
164: New Bedford Whaling Museum
165: New Bedford Whaling Museum
166: *Nimrod of the Sea*
167: New Bedford Whaling Museum
169: (oben) New Bedford Whaling Museum
169: (unten) New Bedford Whaling Museum
170: New Bedford Whaling Museum
171: New Bedford Whaling Museum
173: New Bedford Whaling Museum
174: (oben) New Bedford Whaling Museum
174: (unten) New Bedford Whaling Museum
174: (oben links) Kendall Whaling Museum
175: (unten links) Kendall Whaling Museum
175: Kendall Whaling Museum
176: New Bedford Whaling Museum
177: Kendall Whaling Museum
179: Kendall Whaling Museum

Sechs: Die Jagd auf den Nordkaper und den Grönlandwal

182: Kingston upon Hull Museums
183: Kingston upon Hull Museums
185: New Bedford Whaling Museum
186: New Bedford Whaling Museum
188: The Peabody Museum of Salem
189: Kingston upon Hull Museums
190: Kendall Whaling Museum
191: (oben) Kingston upon Hull Museums
191: (unten) Kingston upon Hull Museums

192: Kingston upon Hull Museums
193: Kendall Whaling Museum
195: Kingston upon Hull Museums
196: Kendall Whaling Museum
200: Dave Withrow, National Marine Mammal Laboratory
203: (oben) New Bedford Whaling Museum
203: (unten) New Bedford Whaling Museum
204: New Bedford Whaling Museum
205: New Bedford Whaling Museum
206: New Bedford Whaling Museum
207: New Bedford Whaling Museum
209: Kendall Whaling Museum
210: New Bedford Whaling Museum
211: Kendall Whaling Museum
213: New Bedford Whaling Museum
214: Scammon, *The Marine Mammals of North America*
217: Scammon, *The Marine Mammals of North America*
219: The Bettmann Archive
220: Sketch by Richard Ellis
221: Courtesy Joan Bennett
222: Kendall Whaling Museum

Sieben: Schweres Geschütz

226: New Bedford Whaling Museum
228: Commander Christensen's Whaling Museum, Sandefjord
229: Kendall Whaling Museum
230: Roy Chapman Andrews, Neg. no. 229477, Department of Library Services, American Museum of Natural History
231: Kendall Whaling Museum
232: Kendall Whaling Museum
233: Kendall Whaling Museum
235: Kendall Whaling Museum
236: Roy Chapman Andrews, Neg. no. 26922, Department of Library Services, American Museum of Natural History
237: Roy Chapman Andrews, Neg. no. 218364, Department of Library Services, American Museum of Natural History

Acht: Walfang in den alten Stammeskulturen

242: Richard Ellis
246: William H. Dawbin
247: (oben) William H. Dawbin
247: (unten) William H. Dawbin
249: William H. Dawbin
251: Neg. no 1423, Department of Library Services, American Museum of Natural History
253: G. Hunt, Department of Library Services, American Museum of Natural History
257: Kendall Whaling Museum
259: Fred Bruemmer
261: Fred Bruemmer
264: Neg. no. 101042, Field Museum of Natural History
265: New Bedford Whaling Museum

267: New Bedford Whaling Museum
268: (beide Fotos) William H. Dawbin
269: (beide Fotos) William H. Dawbin

Neun: Walfang außerhalb der Antarktis

275: South African Library, Cape Town
276: (oben links) Richard Ellis
276: (unten) Local History Museum, Durban
277: Union Whaling Company
278: South African Library, Cape Town
279: South African Library, Cape Town
280: Local History Museum, Durban
281: Local History Museum, Durban
282: Union Whaling Company
284: (oben) Tangalooma Resort Hotels Proprietary Ltd.
284: (unten) Tangalooma Resort Hotels Proprietary Ltd.
286: Auckland Institute and Museum
287: Auckland Public Library Photograph Collection
288: William H. Dawbin
289: Roy Chapman Andrews, Neg. no. 23591, Department
      of Library Services, American Museum of Natural
      History
291: Neg. no 7511, Special Collections Division, University
      of Washington Libraries
292: Richard Ellis
293: Roy Chapman Andrews, Neg. no. 24365, Department
      of Library Services, American Museum of Natural
      History
294: Kendall Whaling Museum
295: Collection of Richard Ellis
297: (oben) Rick Miller, New York Zoological Society
297: (unten) Valerie Hodgson, New York Zoological Society

Zehn: Schicksale in der Antarktis

303: Christian Salvesen & Co., Ltd., Edinburgh
305: Christian Salvesen & Co., Ltd., Edinburgh
308/9: Christian Salvesen & Co., Ltd., Edinburgh
311: Kendall Whaling Museum
312: Commander Christensen's Whaling Museum,
      Sandefjord
315: (oben) Commander Christensen's Whaling Museum,
      Sandefjord
315: (unten) Commander Christensen's Whaling Museum,
      Sandefjord
316: Commander Christensen's Whaling Museum,
      Sandefjord
317: Tasmanian Museum and Art Gallery
319: Tasmanian Museum and Art Gallery
320: *Illustrated London News*
321: Commander Christensen's Whaling Museum,
      Sandefjord
322: Commander Christensen's Whaling Museum,
      Sandefjord
323: Commander Christensen's Whaling Museum,
      Sandefjord
324: Bjørn Basberg

327: Kendall Whaling Museum
328: (oben) Kendall Whaling Museum
328: (unten) Kendall Whaling Museum
329/30: (oben und unten) New Bedford Whaling Museum
330: Richard Ellis
331: Kendall Whaling Museum
332: Neg. no. 31716, Department of Library Services,
      American Museum of Natural History
333: Neg. no. 337536, Department of Library Services,
      American Museum of Natural History
334: (oben und unten) Kendall Whaling Museum
335: (oben rechts) *New York Daily News*
335: (unten) Richard Ellis
336: Ken Balcomb, Center for Whale Research, Friday
      Harbor, Washington
337: Frank Baker, BP Exploration, Alaska
339: Frank Baker, BP Exploration, Alaska

Elf: Der Anfang vom Ende

343: Kendall Whaling Museum
345: The Making New Zealand Collection, Alexander
      Turnball Library, Wellington
350: Kendall Whaling Museum
351: Christian Salvesen & Co., Ltd., Edinburgh
352: Dag Naevestad
356: Courtesy Seiji Oshumi, Far Seas Research Institute
358: Richard Ellis
360: Richard Ellis
361: Kendall Whaling Museum
362: P. Golubovsky
363: Courtesy M. V. Ivashin
364: P. Golubovsky
365: Courtesy M. V. Ivashin
366: Courtesy M. V. Ivashin
367: Richard Statile, Courtesy Victor B. Scheffer
369: Kendall Whaling Museum
371: Kendall Whaling Museum
372/373: W. L. van Utrecht
378: Courtesy Barthelmess Whaling Archive, Cologne
379: (oben) Richard Statile, Courtesy Victor B. Scheffer
379: (unten) Courtesy Barthelmess Whaling Archive, Cologne

Zwölf: Die Bewegung gegen den Walfang

383: Jim Hudnall
384: Animal Welfare Institute
385: Deborath Duff, Defenders of Wildlife
387: John Dumont, Animal Welfare Institute
388: Patricia Forkan, Humane Society of the United States
391: Rex Wyler, *Greenpeace*
392: Tanaka, *Greenpeace*
398: Marcus Halevi
399: Marcus Halevi
400: *Greenpeace*
401: *Greenpeace*
403: National Museum of American Art, Smithsonian
      Institution, Gift of William T. Evans

405: Richard Ellis
407: Don Moses, Pacific Whale Foundation

Dreizehn: Nach dem Moratorium

411: Sea World
412: Tia Collins, American Cetacean Society
419: Mats Forsberg
423: Dave Withrow, National Marine Mammal Laboratory
424: Dave Withrow, National Marine Mammal Laboratory

427: Dave Withrow, National Marine Mammal Laboratory
432: Japan Whaling Association
433: Richard Ellis
437: Japan Whaling Association
439: New Bedford Whaling Museum

Nachwort

444: Richard Ellis

Glossar

Akkumulator: Auf Fangbooten angebrachte Vorrichtung aus Leinen, Rollen und Federn, die die ruckartige Zugspannung eines flüchtenden harpunierten Wals auffängt.

Ambra, Amber, Ambergris: Wachsähnliche, graubraune bis grauschwarze Absonderung des Pottwaldarms; als Duftstoffträger für die Parfümherstellung hochgeschätzt und hochbezahlt.

Bark: Ein Dreimastsegler; die beiden vorderen Masten (Fock- und Großmast) mit viereckigen Rahsegeln, Besanmast mit dreieckigen Gaffelsegeln.

Barrel: Amerikanisches Hohlmaß (31,5 Gallonen = 119 228 l).

Barten: Hornplatten im Maul der Bartenwale zum Ausseihen von Kleinlebewesen aus dem Meerwasser.

Bartenwale: Mit Barten ausgestattete Waltiere der Unterordnung *Mysticeti*.

Blas, Blasstrahl, Blaswolke, Blast: Die von den Walen an der Wasseroberfläche ausgestoßene verbrauchte Atemluft. An der Form, Höhe und Neigung dieser weithin sichtbaren Fontänen kann man die Artzugehörigkeit des betreffenden Wals recht zuverlässig erkennen.

Blaslöcher: Die paarigen oder zu einem Loch verschmolzenen Nasenöffnungen der Wale; auch als Spritzlöcher bezeichnet.

Blauwaleinheit (BWE): Maßeinheit zur Berechnung von Fangquoten (1 BWE entspricht 2 Finnwalen, 2,5 Buckelwalen oder 6 Seiwalen).

Blubber: Die der Wärmeisolierung dienende dicke Speckschicht der Wale.

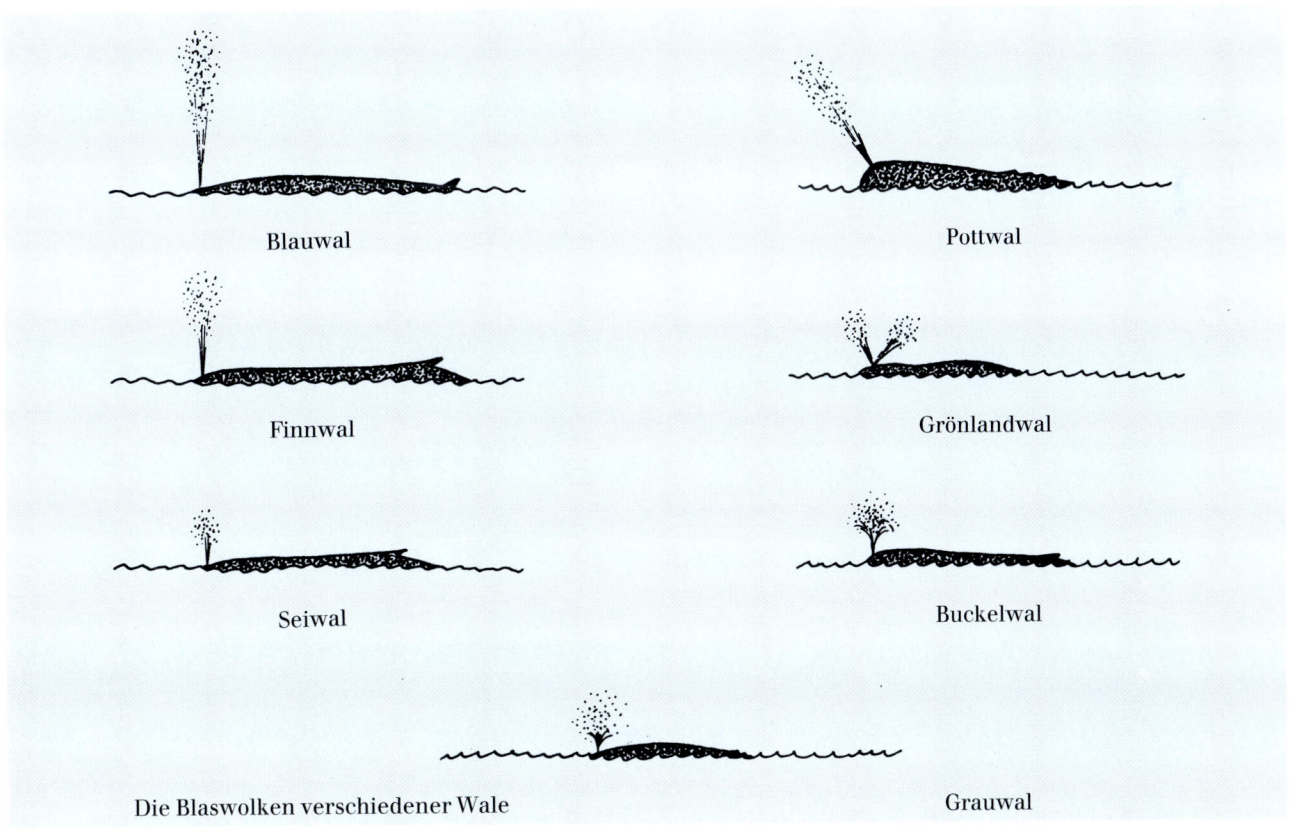

Blauwal

Finnwal

Seiwal

Pottwal

Grönlandwal

Buckelwal

Grauwal

Die Blaswolken verschiedener Wale

Brigg: Mit Rahen getakeltes zweimastiges Segelschiff.

Bulle: Männlicher Wal.

Cetologie: Wissenschaftliche Walkunde.

Echoortung: Orientierung der Zahnwale (und vieler anderer Tiere) durch selbstausgesandte (Ultraschall-)Laute, die von Gegenständen oder Beutetieren reflektiert und im Gehirn ausgewertet werden.

Eisen: Walfängerbezeichnung der Harpune.

Entenmuscheln: Niedere Krebstiere (Rankenfüßer), die sich auf dem Körper mancher Wale festsetzen.

Fabrikschiff: Großes Schiff, das die erlegten Wale mittels einer →Heckaufschleppbahn an Bord holt, wo sie anschließend vollständig verarbeitet werden.

Faden: Nautisches Längenmaß (6 Fuß = 1,89 m).

Finne: Rückenflosse der Waltiere.

Fischbein: Handelsbezeichnung der →Barten.

Flensen: Das Abschälen der Speckschicht von einem erlegten Wal mit Hilfe von Flensmessern oder -spaten.

Flipper: Die Vorderflossen eines Wals.

Fluke: Die (waagrechte) Schwanzflosse der Wale.

Furchenwale: Die mit Kehl-Bauch-Falten ausgestatteten Bartenwale der Familie *Balaenopteridae* (Blau-, Finn-, Sei-, Bryde- und Zwergwal).

Glattwale: Die mit einer furchenlosen Haut ausgestatteten Bartenwale der Familie *Balaenidae* (Grönland-, Kaper- und Zwergglattwal).

Harpune: Die mit Widerhaken versehene und mit einer Leine verbundene Wurfwaffe (Handharpune) der Walfänger, die im 19. Jahrhundert von der Explosivharpune abgelöst wurde.

Heckaufschleppbahn: Stern slipway; die schräge Rampe zum Hochwinden der erlegten Wale in der Hecköffnung von Fabrikschiffen.

International Whaling Commission (IWC): Die Internationale Walfangkommission, die 1946 zum Schutz der Walbestände ins Leben gerufen wurde.

Kalb: Junges Waltier.

Krähennest: Auch als Mastkorb bezeichneter Beobachtungsstand am vorderen Mast.

Krill: Hauptnahrung der Bartenwale, bestehend aus etwa 7,5 cm langen Leuchtkrebschen (*Euphausia superba*).

Kuh: Weiblicher Wal.

Moratorium: »Aufschub«; das Walfang-Moratorium wurde 1988 von der →International Whaling Commission beschlossen.

Population: »Bevölkerung«; die Gesamtheit der Individuen einer Tierart innerhalb einer umgrenzten Region.

Rahsegler: Ein mit Rahen (waagerecht am Mast angebrachte und horizontal schwenkbare Rundhölzer) und Vierecksegeln betakeltes Schiff.

Schoner: Segelschiff mit längsschiffs angeordneten Gaffelsegeln.

Schule: Eine zusammengehörige Gruppe von Walen.

Schwimmende Fabrik: Vorläufer des →Fabrikschiffs; die erlegten Wale wurden längsseits geflenst und an Bord verarbeitet.

Scrimshaws: Von Seeleuten beschnitzte Pottwalzähne oder sonstige Tierzähne und -knochen.

Seepocken: Schalentragende kleine Rankenfußkrebse, Verwandte der →Entenmuscheln; die Wal-Seepocken (Familie Coronulidae) verankern sich tief in der Haut von Walen.

Spermaceti: »Walsamen«; ältere Bezeichnung des →Walrats der Pottwale, die früher vielfach Spermaceti-Wale genannt wurden. Im Englischen heißt der Pottwal deshalb bis heute »Sperm Whale«.

Walfänger: Ein doppeldeutiges Wort, das sowohl den walfangenden Menschen als auch das Walfangschiff bezeichnet.

Walläuse: Keine echten Läuse, sondern Flohkrebse (Familie Cyamidae), die auf der Haut von Walen schmarotzen.

Walöl, Waltran: Das von Walen – mit Ausnahme des Pottwals – gewonnene Öl.

Walrat: Das hochwertige klare Öl, das aus dem Kopf des Pottwals gewonnen wird.

Waltiere: Oberbegriff für sämtliche Vertreter der Ordnung Cetacea.

Zahnwale: Bezahnte Waltiere (Unterordnung Odontoceti): Delphine, Tümmler, Schnabelwale, Pottwale u. a.

Register

Zeitschriften- und Buchtitel sind durch *kursive Schrift*, Begriffe
aus Abbildungen mit einem Stern * gekennzeichnet.

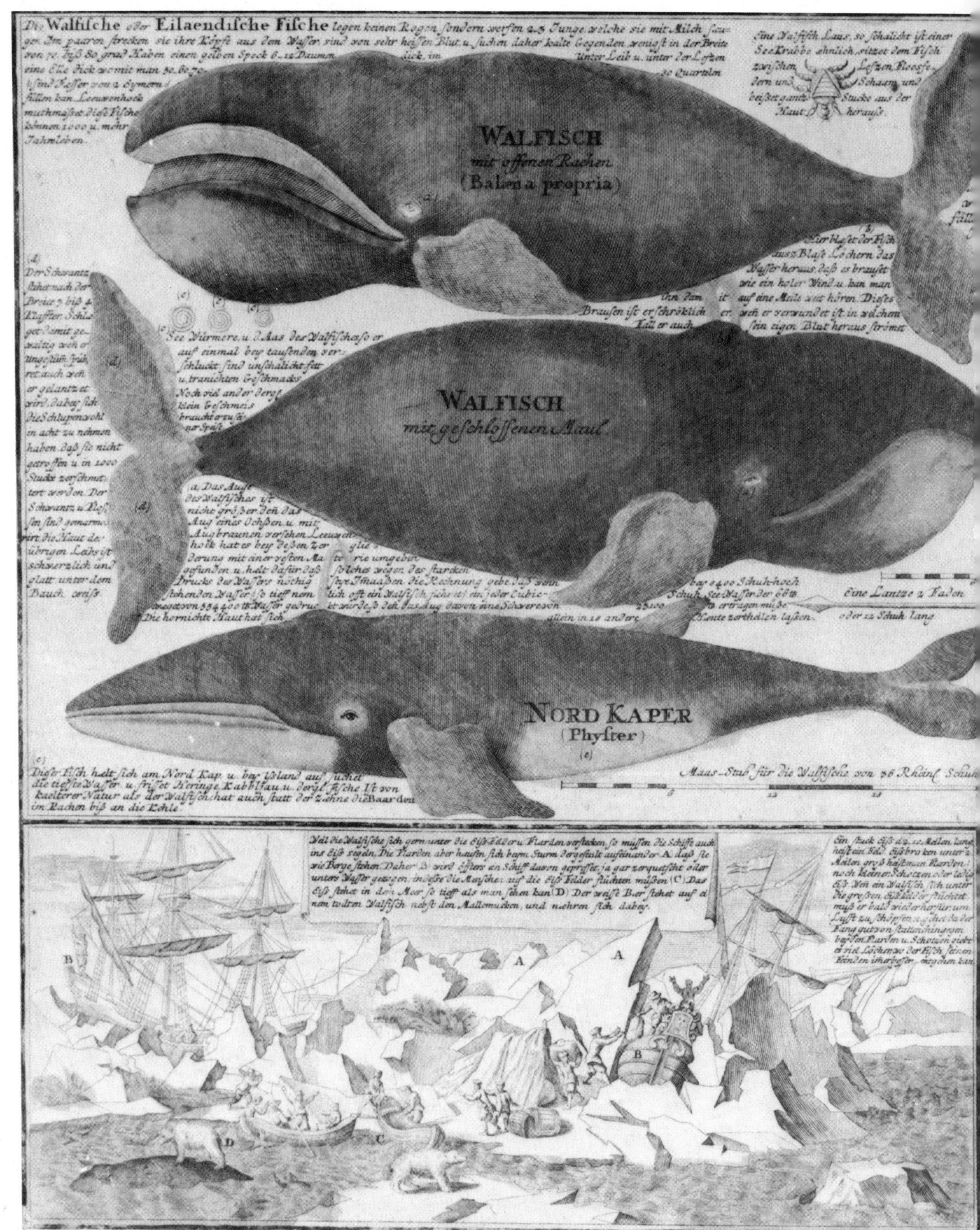